U0941114

2001

2007

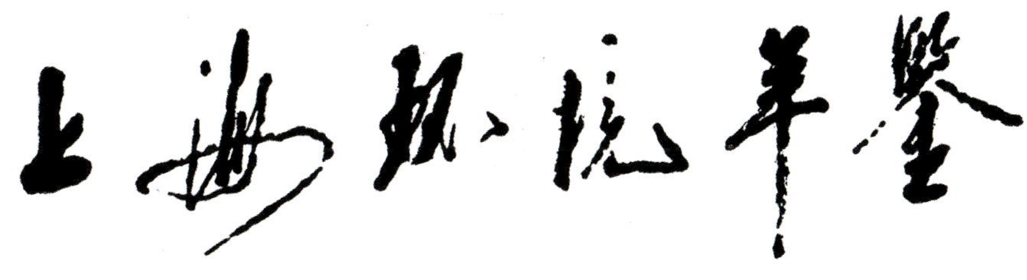

2007 Shanghai

Environment Yearbook

《上海环境年鉴》编辑委员会

上海人民出版社

编写单位

上海市人大城市建设环境保护委员会
上海市政协人口资源环境建设委员会
上海市发展和改革委员会
上海市经济委员会
上海市教育委员会
上海市科学技术委员会
上海市公安局
上海市建设和交通委员会
上海市农业委员会
上海市水务局
上海市环境保护局
上海市统计局
上海市新闻出版局
上海市城市规划管理局
上海市房屋土地资源管理局
上海市城市交通管理局
上海市绿化管理局
上海市市容环境卫生管理局
水利部太湖流域管理局
上海市海洋局
上海市地震局

浦东新区环境保护和市容环境卫生管理局
徐汇区环境保护局
长宁区环境保护局
普陀区环境保护局
闸北区环境保护局
虹口区环境保护局
杨浦区环境保护局
黄浦区环境保护局
卢湾区环境保护局
静安区环境保护局
宝山区环境保护局
闵行区环境保护局
嘉定区环境保护局
金山区环境保护局
松江区环境保护局
青浦区环境保护局
南汇区环境保护局
奉贤区环境保护局
崇明县环境保护局

编写说明

《上海环境年鉴》2007卷的编撰、出版受到了中共上海市委、市政府领导的高度重视。市人大、市政协各有关专业委员会，市政府有关委、办、局和各区、县政府给予了大力支持。

《上海环境年鉴》是一部环境综合类的大型权威性工具书，为上海环境保护事业年度信息、资料史实的总汇。2007卷为第六卷，客观记录了2006年度上海市环境保护的重大事件和环境建设的新成就。为方便读者查阅和内容的完整，有少量条目涉及到2005年度以前的情况。

2007卷《上海环境年鉴》采用分类编辑方法，内容按栏目—分目—条目三级结构层次编排。卷首为图片，正文分设特载、经济和社会发展、规划和计划、法制建设、环境质量、污染防治与环境建设、生态环境保护与建设、海洋环境保护、环境管理、环境监测、大事辑要等20个栏目。

2007卷《上海环境年鉴》编辑委员会由上海市政府和有关委、办、局，上海市人大、市政协有关专业委员会以及各区、县的有关领导组成，条目由上海市有关委、办、局和各区、县政府遴选的特邀编辑负责相关条目的编撰，成稿后，经所在部门有关领导审查定稿，最后由编辑部汇总编撰。

因机构改革、人事变动，编委会对编委、参编单位、特邀编审和特邀编辑成员作了相应调整。

衷心欢迎社会各界提出宝贵意见，使《上海环境年鉴》更好地为上海环境保护事业服务，并满足国内外各界人士了解上海环境保护事业发展变化之需求。

上海环境年鉴编辑部

2007年10月

Shanghai Environment Yearbook 2007

人民广场绿地

高污染车辆限行宣传

宝钢股份有限公司不锈钢分公司粉煤灰防尘网

长江三期工程污水管进行渗水试验

南汇污水处理厂

青浦赵巷河道植物生态治污

国家生态区闵行区一角

上海通用汽车公司冷却塔节能改造

紫竹科学园区总部

临港新城南汇嘴观海公园标志性建筑

九段沙湿地自然保护区

崇明现代农业示范基地

滨江大道

“6·5”世界环境日宣传活动主会场

目录

特载

专稿

领导讲话

领导视察

会议

人大、政协工作

经济和社会发展

经济和社会发展

规划与计划

规划

规划管理

计划

法制建设

立法

执法

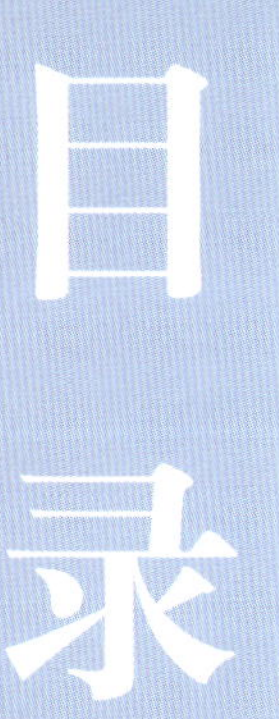

环境质量

大气环境质量

水环境质量

海洋环境质量

海洋功能区环境质量

声环境质量

辐射环境质量

污染防治与环境建设

大气污染防治

水污染防治

市容环境卫生整治

辐射环境污染防治

工业污染防治

市重大环境工程建设

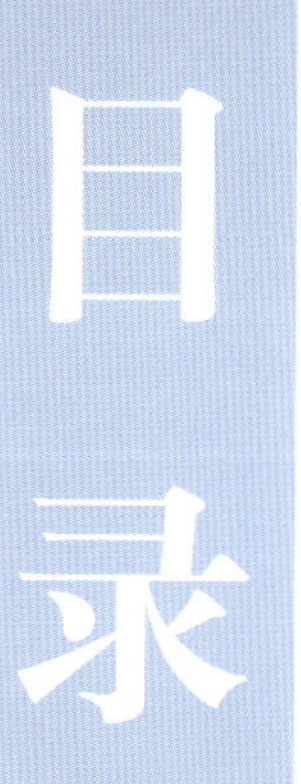

生态环境保护与建设

绿化建设

崇明“生态岛”建设

农业生态保护

自然保护区保护与建设

相关链接

野生动植物保护

相关链接

海洋环境保护

海洋环境监督管理

海洋公益服务

海洋灾害

环境管理

行政管理

行业管理

质量管理

环境监测

环境空气质量监测

水环境质量监测

海洋环境监测

声环境质量监测

辐射环境监测

科学与技术

获奖项目名单

科研学术活动

规划编制与管理研究

政策与策略研究

环境污染防治研究

生态系统研究

实用技术研究

行业标准与技术规范

教学科研单位与学术团体

目录

信息化建设

环境信息建设与运用

环境信息网站

资源保护与利用

水资源保护与利用

土地资源保护与利用

地质资源保护与利用

渔业资源保护与利用

可再生资源利用与新能源开发

能源结构调整与节能

环保产业与市场

环保产业

环保标志产品、绿色食品、优质农副产品

环境技术与装备展览会

社会团体与中介机构

国际合作与交流

国际合作项目

国际学术交流

公众参与

人大议案、政协提案办理

公众来信、来访、来电及处理

绿色创建活动

绿色志愿者行动

环境宣传

环境类期刊图书

区县环境保护

浦东新区

徐汇区

长宁区

普陀区

闸北区

虹口区

杨浦区

黄浦区

卢湾区

静安区

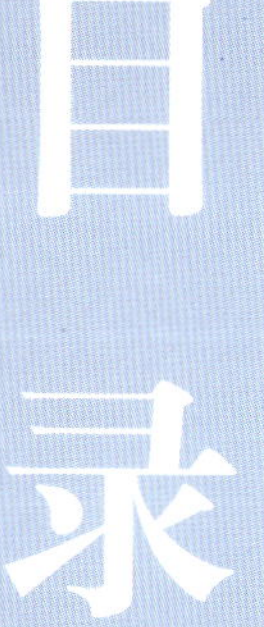

金山区

松江区

目录

青浦区

南汇区

奉贤区

崇明县

目录

与环境相关的统计

社会经济

城市建设

大事辑要

CONTENTS

Special Section

Special Events

Speeches by Leaders

Supervision by Leaders

Conferences

Work of Municipal People's Congress and Municipal Committee of CPPCC

CONTENTS

Economical and Social Development

Economical and Social Development

Planning and Plan

Planning

Planning Management

Plan

Legal Regime Construction

Legislation

CONTENTS

Enforcement

Environmental Quality

Atmospheric Environmental Quality

Water Environmental Quality

Marine Environmental Quality

Environmental Quality of Marine Functional Area

Sound Environmental Quality

Radiation Environmental Quality

Pollution Prevention and Environmental Construction

Air Pollution Prevention and Control

CONTENTS

Water Pollution Prevention and Control

Noise Pollution Prevention and Control

Solid Wastes Handling and Disposal

Rectification of City Appearance and Environmental Sanitation

CONTENTS

Radiation Pollution Prevention and Control

Industrial Pollution Prevention and Control

The Major Municipal Environmental Engineering Construction

Ecological protection and construction

Greening Construction

Construction of Chongming "Ecological Island"

Agricultural Ecological Protection

Conservation and Construction of Natural Conservation Area

Protection of Wild Animals and Plants

CONTENTS

Marine Environmental Protection

Marine environmental supervision and management

Marine Public Welfare Service

Marine disaster

Environmental Management

Administrative Management

Industrial Management

Quality Management

Environmental Monitoring

Ambient Air Quality Monitoring

Water Environmental Quality Monitoring

Marine Environmental Monitoring

Sound Environmental Quality Monitoring

Radiation Environmental Monitoring

Science and Technology

List of science awards

Science and technology activity

Study of Planning Compilation and Management

Study on Policy and Regulation

Study on Environmental Pollution Control

Study on Ecological System

Study on Practical Technology

CONTENTS

Industry Standards and Technological Norms

Education, Research Units and Academic Societies

Informatization Construction

Environmental Information Construction and Application

Website of Environmental Information

Conservation and Utilization of Resources

Conservation and Utilization of Water Resources

Conservation and Utilization of Land Resource

Conservation and Utilization of Geological Resource

Protection and utilization of fishing resource

Utilization of Renewable Resources and Exploitation of New Energy Sources

CONTENTS

Regulation of Energy Structure and Energy Saving

Environmental Industry and Market

Environmental Industry

Environmental label products, green food, high-quality agricultural products

Exposition of Environmental Technology and Equipments

Social Groups and Intermediary Medium

International Cooperation and Exchange

International Cooperation Program

International Academic Exchange

Public Participation

Handling of Bills of Municipal People's Congress and Municipal Committee of the CPPCC

Letters, Visits, Phones from the public and handling

CONTENTS

Green Creation Activities

Green Volunteers Action

Environmental Propaganda

The Century Mission for China Environment (Shanghai) Propaganda Activity

Environmental Education and Training

Environmental Education in School

Extracurricular Education Activity and Carrier

On-post Environmental Education

Environmental periodicals and books

Environmental Protection in District and County

Pudong New Area

CONTENTS

48

Xuhui District

Changning District

Putuo District

Zhabei District

CONTENTS

Hongkou District

Yangpu District

Huangpu District

Luwan District

Jing'an District

Baoshan District

Minhang District

Jiading District

Jinshan District

CONTENTS

Songjiang District

Qingpu District

Nanhui District

Fengxian District

CONTENTS

Chongming County

Environmental Related Statistics

Social economy

City construction

Outline of Major Events

特　载

专　稿

上海市人民政府关于贯彻《国务院关于落实科学发展观加强环境保护的决定》的意见

2006年8月1日，上海市政府颁布了《关于贯彻<国务院关于落实科学发展观加强环境保护的决定>的意见》（沪府发[2006]21号）（以下简称《意见》）。

《意见》指出，加强环境保护是落实科学发展观的重要举措，是促进可持续发展的重要支柱，是建设上海“四个中心”和现代化国际大都市的必然要求，必须把环境保护放在优化经济发展、保障人民身体健康、促进社会和谐的战略位置全面推进。按照加快实现三个历史性转变的要求，必须坚持环境保护与经济增长并重，把加强环境保护作为调整优化经济结构、转变经济增长方式的重要手段，在保护环境中求发展。坚持环境保护与经济发展同步，进一步加大环保投入，显著降低污染排放，不欠新账，加快还清旧账。坚持综合运用法律、经济、技术和必要的行政办法解决环境问题，自觉遵循经济规律和自然规律，全面提高环保工作水平。

《意见》明确，到2010年，上海要基本建成生态型城市框架体系。环境基础设施较为完善，城市发展更和谐；环境污染得到有效治理，城市环境更安全；环境监管体系不断完善，城市管理更科学；环境质量进一步改善，城市生活更美好。根据国家下达的任务和本市“十一五”环境保护规划，到2010年，单位生产总值能源消耗要比“十五”期末降低20%，化学需氧量排放总量要削减15%，控制在25.9万吨左右，二氧化硫排放总量要削减26%，控制在38万吨以内。城镇污水处理率达到80%，生活垃圾无害化处理率达到80%，环保重点监管企业污染物稳定达标排放率达到95%，环境空气质量优良率稳定在85%以上，饮用水源水质达标率达到90%以上。

《意见》要求，要按照在全面推进中重治本、在综合治理中重机制、在资金投入上重实效的原则，坚持标本兼治、重在治本，强化从源头上防治污染和保护生态；坚持城郊并举、重在郊区，强化郊区环境保护和生态建设；坚持基础设施先行、体制机制支撑，强化环保长效机制建设；坚持严格监管、严厉处罚，强化环保执法，以滚动实施环保三年行动计划为抓手，不断提高环境保护和环境建设水平。要严格实施污染物排放总量控制制度，通过层层分解，落实责任，采取切实措施，加强污染物排放总量动态管理，强化污染物排放总量跟踪监控，确保完成污染物总量控制任务，全面实现“十一五”环保目标，进一步提高上海整体环境质量。

《意见》强调，进一步加强新时期环境保护工作，上海必须坚持走科学发展和新型工业化道路。要进一步加强土地利用、区域开发、工业、能源、水利、交通、城市建设、旅游、资源利用等规划的环境影响评价工作，对相关政策开展环境影响论证，从决策源头预防污染。要实施区域优化开发，加快中心城区和郊区新城产业结构调整，加快郊区城镇和工业园区环境基础设施完善，加快工业园区产业升级改造和区域环境综合整治，加强自然保护区、水源保护区和生态敏感区的保护。要严格实施项目环境准入制度，对环保基础设施不完备、区域污染物排放总量超过控制指标的工业园区，要在招商和环评审批时严格把关，禁止引进新建项目，对未获得污染物排放总量指标或能耗和污染物排放超过国家和本市有关标准、无法做到增产减污或增产不增污的新建、改建、扩建项目，投资主管部门不得批准项目立项，环保部门不得批准环评文件，规划管理部门不得批准规划许可证，建设主管部门不得批准施工建设。要大力发展循环经济，坚持源头节约、过程控制、末端循环并重的方法，以减少资源消耗和废物排放为重点，以节约使用资源和提高资源利用效率为核心，积极推进循环经济试点，加快产业结构调整和技术升级，促进生产、消费方式的转变，提高经济增长的质量和效益，切实降低资源消耗，减少污染排放。

《意见》同时明确了今后一段时间必须着力解决好的六个环境重点问题，即：以加大水源地环境保护和安全检查力度、加强放射源监管、切实提高环境污染事故应急处置能力为重点，确保城市环境安全；以污水处理厂和污水收集管网建设以及河道综合整治为重点，逐步改善水环境质量；以燃煤电厂烟气脱硫、机动车污染、扬尘污染控制为重点，加强城市大气污染防治；以吴泾工业区环境综合整治、污染源达标治理和淘汰环保劣势企业为重点，全面推进工业污染防治；以生活和农业污染治理为重点，推进农村环境保护；以世博园和崇明岛生态建设为重点，提高上海环境保护理念和生态建设水平。

《意见》强调，完善环境法治、加强政策引导、强化全社会环保责任是进一步加强环境保护的重要保证。要进一步完善地方环保法规标准体系，从法制上规范环境行为，坚持日常执法和专项执法相结合，以深入开展整治违法排污企业保障群众健康环保专项行动为重点，坚决打击环境违法行为。要将环境保护的投入纳入各级政府财政支出的重要内容并逐年增加，制定有利于环保的价格财税政策，合理调整能源和水资源价格，全面实施城镇污水、生活垃圾处置收费制度，逐步提高排污费标准，全面推进污染治理项目招投标制度，引导社会资金投入环境保护和建设，加快推进污染治理设施建设和管理运营的市场化进程。要按照当地政府对当地环境质量负责、企业承担环境保护责任、社会实施有效监督的原则，重点完善街道、乡镇一级的环境管理责任体系，将环境保护纳入“两级政府，三级管理”的政府工作体系，加强环保监管能力建设，强化政府监管职能；增强企业环保意识，严格遵守环保法律法规，主动实施节能降耗和清洁生产，强化企业的社会责任；加强环保宣传，完善环境信息公开制度，拓宽公众参与渠道，强化公众参与和社会监督。同时，要将环境保护纳入各级政府领导班子和领导干部的考核，并将考核情况作为干部选拔任用和奖惩的依据之一；要将企业环保信息纳入企业联合征信系统，接受社会监督。

本市举办领导干部学习贯彻《国务院关于落实科学发展观加强环境保护的决定》、落实第六次全国环保大会精神专题研讨班

领导干部专题研讨班

6月26日，由市委组织部、市环保局和市委党校联合举办的领导干部“学习贯彻《国务院关于落实科学发展观加强环境保护的决定》(以下简称《决定》)、落实第六次全国环保大会精神专题研讨班”正式开班。本次研讨班旨在以科学发展观为指导，深入学习贯彻国务院《决定》和第六次全国环保大会精神，使本市有关领导干部进一步认识科学发展观对于增强上海城市国际竞争力、推进本市环保工作的重要意义。本市各区县分管环境保护工作的区（县）长，以及部分大口党委、委、办、局、企业（集团）相关领导干部60人参加了研讨班。

副市长杨雄在开班仪式上为学员们讲课。他指出，第一，要深刻领会国务院《决定》和第六次全国环保大会精神，把环境保护放在更加重要的战略位置，加快推进历史性转变。加强环境保护是推进上海科学发展的迫切需要。加快推进历史性转变是上海实现又快又好发展的重要途径。第二，要全面贯彻国务院《决定》和第六次全国环保大会精神，切实完成环境保护目标和任务。结合上海实际，进一步明确环境保护目标和任务。结合各部门、各区县职能，确保完成环境保护目标。第三，要结合“十一五”环保规划和第三轮环保三年行动计划的实施，全面推进上海科学发展。处理好环境与发展关系，以环境保护预防和解决发展中的环境问题。用好环境管理手段，以环境保护优化经济增长。强化环境保护推进机制，形成全社会环境保护合力。他强调，当前的工作要突出四个重点：一是全力推进世博会各项准备工作；二是扎实推进第三轮环保三年行动计划；三是加快推进社会主义新郊区新农村建设；四是组织落实好环保专项行动。

市委组织部有关领导作了开班动员。他对本次研讨班提出三点要求：第一，要认真参加学习，提高思想认识。做到三个“结合”：一是结合当前全国环境保护形势，把思想统一到国务院《决定》和第六次全国环保大会精神上来，牢固树立科学的发展观和正确的政绩观；二是结合上海经济社会发展全局，把环境保护放在更加突出的重要位置，促进环境与经济协调发展；三是结合本地区、本部门的实际，综合各方面优势和力量加强环境保护工作，努力以环境保护优化经济发展。第二，要认真思考，研究新情况新问题。第三，要勇于创新，探索环境管理的新模式新方法。

研讨班邀请了国家环保总局、市监察委、市环保局和市委党校的有关专家就国务院《决定》解读、第六次全

国环保大会精神传达、松花江流域环境污染典型案例分析、环境法规宣讲、监察法规辅导等进行专题授课并组织交流研讨。

领导讲话

市长韩正在市环境保护和环境建设协调推进委员会会议上的讲话

（2006年8月29日）

今天会议的主要任务是，全面贯彻落实《国务院关于落实科学发展观加强环境保护的决定》和第六次全国环境保护大会精神，结合上海实际，分解落实污染物总量控制任务，加快推进实施第三轮环保三年行动计划，进一步加强上海环境保护和环境建设各项工作。

韩正在环境保护和环境建设协调推进委员会会议上讲话

加强环境保护是落实科学发展观的重要举措，是促进可持续发展的重要支柱，是建设上海“四个中心”和现代化国际大都市的必然要求。上海人口多、地域小，环境承载力有限、历史欠账重，环境问题已经成为制约上海当前和长远发展的硬约束。党中央、国务院和市委、市政府高度重视环保工作，国家和上海“十一五”规划都有明确的目标和任务，提出了一系列污染物总量控制的核心约束性指标，这些都是硬指标。我们必须把环境保护摆在更加突出重要的战略位置，坚持不懈地滚动实施好环保三年行动计划，不折不扣地完成好“十一五”污染物总量控制各项目标，全面加强环境保护和环境建设工作，加快建设环境友好型城市，实现环境保护与经济社会发展相协调、相促进。

下面，我简要讲三点意见。

一、提高认识，迎难而上，进一步增强做好环保工作的责任感和紧迫感

这些年来，上海环保投入很大、成效也很大，总体环境质量跃上了一个新的台阶。但是上海环境保护和环境建设面临的形势依然严峻，控制污染物排放总量的压力还很大，必须把环境保护放在更加突出重要的战略位置，切实增强责任感和紧迫感，更加重视和加强环境保护各项工作。

上海要在更高的起点上，完成好“十一五”污染物排放总量控制目标，难度更大、任务更重。“十五”期间，上海单位GDP化学需氧量和二氧化硫的排放量大幅减少，分别下降了53%和46%，在全国处于领先。但绝对排放总量仍然较大。按照国家要求和本市“十一五”环境保护规划，到2010年，要完成COD排放量削减15%、二氧化硫排放量削减26%的目标，难度很大。

同时，我们也要清醒地认识到，不把污染物排放总量削减下来，上海整体环境质量就不可能有更大地提升。这几年，尽管上海环保工作力度持续加大，但水环境质量还没有得到彻底改善；空气质量指数二级和优于二级天数占全年比例徘徊在85%左右，可以说，污染物排放总量居高不下，已成为制约上海整体环境质量进一步提高的核心和关键，下一步必须花大力气把污染物排放总量削减下来。

全市上下、各区县、各部门、各单位必须进一步提高环境保护意识，变压力为动力、化困难为挑战，抓住有利机遇和时机，切实采取有效措施，进一步加大环境保护和环境建设工作力度，全力以赴完成好“十一五”环保各项目标和任务。

二、明确任务，落实责任，不折不扣地完成好“十一五”污染物总量控制目标

完成好“十一五”污染物总量控制目标和任务，必须强化责任制。要以环保三年行动计划为抓手、为载体，将污染物总量削减任务分解落实到各区县、各部门、各单位，落实到环保三年行动计划各个项目中，明确责任，突出重点，抓住关键，扎扎实实做好污染物总量控制各项工作。着力在“三个坚持、三个结合”上下功夫。

第一，坚持预防为主、标本兼治，把削减污染物排放总量与优化调整产业结构、转变经济增长方式有机结合起来。推进产业结构调整和经济增长方式的根本性转变，是削减污染物排放总量、改善环境质量的治本之策、治源之举。要坚持“两个优先”，把削减污染物排放总量、加强环境保护作为调整产业结构、转变经济增长方式的重要手段，加快形成低消耗、低排放、低污染、有利于保护环境的产业结构。要提高建设项目环保准入关，这是防止新增污染的重要关口。要强化环境影响评价制度，提高项目环境标准，严把项目环境准入关。凡不符合环保法律法规和标准的建设项目，不得审批或核准立项，不得批准用地。同时，要大力淘汰高污染劣势企业。要利用当前经济发展较快的有利时机，加大力度，加快淘汰高消耗、高污染、低效益劣势企业。

第二，坚持着眼长远、立足当前，把削减污染物排放总量与推进节能降耗、加快建设资源节约型、环境友好型城市有机结合起来。要把节约能源资源、减少资源消耗，作为降低排放、削减污染排放总量的重要举措。要多管齐下，综合运用经济、技术、法律、行政和宣传教育等多种手段，采取一系列管理性、政策性措施，特别是要运用市场机制和价格杠杆，大力推进能源资源节约，推进清洁生产，加强资源综合利用和循环利用，努力实现增产减污。

第三，坚持全面推进、重点突破，把削减污染物排放总量与重点地区、重点领域、重点单位污染整治有机结合起来。要紧紧抓住污染物排放大户，落实好污染物排放削减任务。要抓好重点地区污染整治，要加强工业区、特别是吴泾、桃浦、吴淞等重点工业区的污染治理。要抓好重点领域污染整治，如COD排放，重点是生活污水治理；二氧化硫排放，重点是电力行业烟气脱硫。要抓好重点单位污染整治，特别是钢铁、电力、石化、化工、建材等重点排污企业要加快技术和设备升级改造，加大对环保设施投入力度，大幅削减污染物排放量。

三、健全体制机制，完善法治政策，实现环境保护与经济社会发展相协调、相促进

健全的体制机制、完善的法制政策，是做好环保工作的制度基础，也是持续推进环保工作的重要保障。要着力在四个方面进一步强化环保制度建设。

第一，进一步强化环境保护领导责任制。各级政府主要领导和各部门、各单位主要负责人要切实增强环境忧患意识，明确环境保护领导责任，切实做好本行政区域和本系统、本单位环境保护工作。要加强责任考核，建立健全环保目标管理责任制，把环保目标纳入干部考核体系，建立环保工作问责制。要加强群众监督，定期公布各地区环境质量状况、污染排放情况，接受社会和人民群众监督。

第二，进一步强化环保长效机制建设。进一步提高全社会的环境意识，强化环境保护的社会责任、经济责任和法律责任。特别是要充分借鉴环保先进国家和地区的成功经验和有效做法，扩大生产者环保责任，积极探索运用市场机制推进污染治理，建立健全排污权交易制度、清洁发展机制等。

第三，进一步强化环保监管和执法。污染物排放总量控制目标分解到各地区、各系统、各单位后，要顺利实现目标，关键要抓落实。要加大监管力度，完善监管体制，严格实施排污许可制度，加强对排污单位的适时监控和检查，确保稳定达标。要严厉执法，进一步强化环境法治建设，对违反环保法律法规的污染事件，要向社会曝光，依法追究相关单位和人员的责任，坚决杜绝违法成本低、守法成本高的不正常现象。

第四，进一步强化环境应急管理能力建设。环境突发事件影响面广、社会震动大、持续时间长，对城市安全和人民群众的生命健康都将造成极大危害。要针对可能发生的潜在突发事件，制定和完善应急预案，加强应急演练，防患未然，以备万一，提高应对突发环境事件应急处置能力。

我们要以全面贯彻落实《国务院关于落实科学发展观加强环境保护的决定》和第六次全国环境保护大会精神为契机，坚持以科学发展观统领上海环境保护工作，滚动实施好环保三年行动计划，坚决完成好“十一五”污染物排放总量控制目标，推动上海环保工作不断跃上新台阶。

领导视察

国家环保总局局长周生贤来沪视察环保工作

11月6日至7日，国家环保总局局长周生贤一行五人视察上海环保工作。

6日下午，在副市长杨雄陪同下，周生贤乘船视察了苏州河，了解了苏州河综合整治历史及取得的成效，充分肯定了上海水环境治理的成果。随后，周生贤一行到市环境监测中心听取了市环保局关于上海市水和大气污染源监管情况、水和大气污染源在线监测工作情况的汇报。参加调研的还有市政府副秘书长洪浩及市环保局有关领导。

国家环保总局局长周生贤在沪视察环保工作

次日，周生贤在市环保局看望市环保系统干部职工时指出，中央已经明确了新阶段环境保护工作的目标、任务、工作思路和主要措施。新阶段中国环境保护的目标就是加快建设资源节约型和环境友好型社会；任务就是全力推进环境保护事业的历史性转变；工作思路就是全面推进，重点突破；主要措施是抓落实、抓实干、抓细节、抓基层。

他说，当前和今后一段时期环境保护的主要目标就是加快建设资源节约型、环境友好型社会，单位国内生产总值能源消耗比“十五”期末降低20%，主要污染物排放总量减少10%，发展不再是靠高污染排放和高能源消耗，而是要摒弃以牺牲环境换取经济增长的做法，提高资源利用效率，坚持以保护环境优化经济增长，促进环境与发展相协调。在谈到全力推进环境保护的三个历史性转变时，他说，历史性转变就是把环境保护高度融合在经济发展中，转变前环保工作处于消极被动、事后补救状态，转变后环境保护才能成为优化经济增长的手段，环保工作才能形成主动积极、事前预防的格局。推进历史性转变必须从两方面入手，一是解决认识问题，关键是从思想上把环境保护摆上更加突出的战略位置，环境保护不仅决定人的存在方式，还决定人的生活方式；二是推进历史性转变是当前和今后环保工作长期任务，要紧紧抓住不放。全面推进就是所有环境保护问题都要列入议事日程，以强化污染防治，保证饮水安全为重点，做好六方面工作。主要措施就是抓落实、抓实干、抓细节、抓基层，努力完成各项任务。

在谈到上海的环境保护工作时，周生贤说，上海环境保护工作有着特殊的意义，从上海的经济发展和人均GDP各方面情况、社会结构情况等来看，应该说城市化、工业化程度到了中期。所以上海的今天就是全国其他地方的明天，研究上海环保工作的经验和教训，就可以使全国环保工作积累经验少走弯路。上海这些年来环保工作一直走在全国前列，市委、市政府很重视环保工作，市领导的认识达到了相当的高度，真正把环保工作作为经济发展的一个需要来抓，认识很到位，措施很具体。希望在当前新形势下，上海市环保局认真贯彻党中央、国务院及市委、市政府关于新时期环保工作的一系列方针政策，趁势而上，开创上海市环保工作新局面。总局将从各个方面全力支持上海市环保局的工作，使上海的环保工作由始至终走在全国的前列，能够出好的经验，起到一个引领作用。

会　议

上海贯彻落实第六次全国环境保护大会精神会议

4月17日，第六次全国环境保护大会电视电话会议结束后，上海分会场立刻召开了贯彻会议。市委副书记、市长韩正要求各区县、各部门切实把思想和认识统一到党中央、国务院对环保工作的总体部署上来，切实把行动和措施落实到当前推进第三轮环保三年行动计划的各项工作中去。

韩正指出，这些年来，上海环保投入很大，成绩也很明显，但总体来看形势依然严峻，表现在全社会的环保意识还有待进一步增强，环境基础设施和环保体制机制还不够完善，控制污染物排放总量的压力还很大。为此必须把环境保护摆在更加重要的战略位置，进一步增强做好环保工作的责任感和紧迫感。要在增加环保投入的同时，切实提高环保投入效率。

促进经济社会发展与环境相协调，关键是要加快推进经济增长方式转变。对此，韩正提出了三点要求：第一，要把环保作为调整优化产业结构的重要手段，通过落实环境评价制度、完善环境标准、严格环保准入等多种措施，加快淘汰高污染劣势企业；第二，要把环保作为增强自主创新能力的重要领域，加强攻关、突破瓶颈，为上海环保提供技术支撑，积极培育环保产业；第三，要把环保作为发展循环经济、推进资源节约的核心内容，通过强化法律、经济等手段推动节地、节水、节能、节材和资源综合利用。

韩正表示，滚动实施环保三年行动计划，是坚持不懈推进上海环保工作的一个重要抓手。他要求全力推进第三轮环保三年行动计划，着力解决好人民群众关心的突出环境问题。同时，要强化环境监管和执法，建立健全环境保护的长效机制，切实解决“违法成本低、守法成本高”等问题。韩正特别强调了要加强环境应急管理，通过完善预案、加强演练、健全体系、强化保障、改进信息发布等措施，提高应对和处置突发环境事件的能力和水平，确保人民群众生命健康和城市安全。

上海贯彻落实《国务院关于落实科学发展观加强环境保护的决定》暨市环境保护和环境建设协调推进委员会第12次会议

8月29日，市政府召开贯彻落实《国务院关于落实科学发展观加强环境保护的决定》暨市环境保护和环境建设协调推进委员会第12次会议。中共上海市委副书记、市长韩正，市委常委、副市长周禹鹏，市人大常委会副主任陈豪，副市长杨雄、胡延照，市政协副主席谢丽娟等出席会议。

会上，为落实国家下达的本市“十一五”总量削减任务，市环保局受市政府委托，与部分区县政府和重点企业代表签订了污染物总量控制目标责任书。副市长杨雄就落实污染物总量控制、加快推进第三轮环保三年行动计划做了部署。市长韩正作重要讲话。

贯彻国务院《决定》暨上海市环保协调推进委员会第12次会议

韩正强调，加强环境保护是落实科学发展观的重要举措，我们必须把环境保护摆在更加突出的战略位置，坚持不懈地滚动实施好环保三年行动计划，实现环境保护与经济社会发展相协调、相促进。

韩正说，上海这些年来环保投入很大，总体环境质量跃上了一个新台阶，但环境保护的形势依然严峻，控制污染物排放总量的压力还很大。各区县、各部门、各单位必须进一步增强责任感和紧迫感，变压力为动力，化困难为挑战，抓住有利机遇和时机，切实采取有效措施，全力以赴完成好“十一五”环保各项目标和任务。

韩正指出，“十五”期间，虽然上海单位GDP污染物排放量已大幅下降，但排放总量仍居高不下，“不把污染物排放总量削减下来，上海整体环境质量就不可能有大的提升”。韩正要求着力从“三个坚持、三个结合”上下功夫，把总量削减任务落实到每一个环节：一是坚持预防为主、标本兼治，把削减污染物排放总量与优化调整产业结构、转变经济增长方式结合起来；二是坚持着眼长远、立足当前，把削减污染物排放总量与推进节能降耗、加快建设资源节约型、环境友好型城市有机结合起来；三是坚持全面推进、重点突破，把削减污染物排放总量与重点地区、重点领域、重点单位污染治理有机结合起来。

韩正强调，健全的体制机制、完善的法治政策是做好环保工作的制度基础，要进一步强化环境保护领导责任制，加强责任考核和社会监督；进一步强化环保长效机制，扩大生产者环保责任，积极探索运用市场机制推进污染治理；进一步强化环保监管和执法，杜绝违法成本低、守法成本高等不正常现象；进一步强化环境应急管理能力建设，提高应对突发环境事件的应急处置能力。

上海第二轮环保三年行动计划总结表彰暨第三轮环保三年行动计划动员大会

1月12日，市政府召开第二轮环保三年行动计划总结表彰暨第三轮环保三年行动计划动员大会，市委副书记、市长韩正，市委常委、副市长周禹鹏，副市长杨雄、胡延照等出席会议并讲话。

韩正在会上指出，加强环境保护和生态建设是一个持续、渐进的过程。当前上海环保工作正处于逆水行舟、不进则

第二轮环保三年行动计划总结表彰暨第三轮环保三年行动计划动员大会

退的攻坚阶段，必须全力以赴、持续推进。

韩正在充分肯定了第二轮环保三年行动计划所取得的成效之后指出，加强环境保护和生态建设，是贯彻落实科学发展观的实际行动，是切实转变经济增长方式，大力发展循环经济，加快建设资源节约型、环境友好型城市的具体举措。必须清醒地看到，目前所取得的成绩只是阶段性的，基础还不稳固。保持并稳步提高上海环保工作水平，持续改善城市环境质量的难度越来越大，决不能有丝毫放松和懈怠。

韩正要求，在实施第三轮环保三年行动计划的过程中切实做到“四坚持四强化”：第一，必须坚持标本兼治、重在治本，强化从源头上防治污染和保护生态。要不断加强预防和源头治理，同时高度重视环境灾害的预防和应急处置；第二，必须坚持城郊并举，重在郊区，强化郊区环境保护和生态建设。郊区环境质量改善得好不好，从某种意义上讲是衡量第三轮行动计划成功与否的重要标志；第三，必须坚持基础设施先行、体制机制支撑，强化环保长效机制建设。要从生产者、消费者两方面，综合运用法律、经济、行政和宣传教育等多种手段，落实环保责任，建立长效机制；第四，必须坚持严格监管、严厉处罚，强化环保执法。韩正指出，要提高环境标准、加大处罚力度，做到全覆盖、全时段监管。

会上，对第二轮环保三年行动计划实施模范单位和先进单位进行了表彰。

市政府邀请部分人大代表政协委员参加环保工作座谈会

12月7日，市政府邀请部分人大代表、政协委员进行座谈，听取对2006年本市环保重点工作的意见和建议。会议由副市长杨雄主持，市政府有关委办局领导出席会议。会上，市环保局向人大代表和政协委员报告了2006年本市环境质量状况和环保重点工作的进展情况。

2006年的全市环保投入继续保持较高强度。全市环境质量持续改善，水环境质量总体保持稳定，局部地区河道水质有不同程度改善；环境空气质量继续保持良好状态。第三轮环保三年行动计划开局良好，256个项目的立项完成率达到90%以上，158个重点建设项目的开工率超过50%，为计划的全面完成奠定了扎实的基础。为贯彻《国务院关于落实科学发展观加强环境保护的决定》以及第六次全国环保大会精神，本市组织落实了“十一五”污染物总量控制任务，层层分解指标，落实削减措施。同时从完善机制和强化分类管理入手，加大污染源监管力度和污染治理力度；围绕群众最关心、最直接、最现实的环境问题，健全了环境事故的应急处置建设，加大了对环境违法行为的查处力度，以切实保障人民群众身体健康，为科学发展和城市安全保驾护航。

12位与会的人大代表和政协委员对本市环保工作给予了一致的肯定，同时也就如何提高本市应对突发性环保事件能力、加强立法和政策支持等方面提出了建议。

杨雄对代表和委员们对环保工作的支持表示感谢，并提出要把上海建设成资源节约型、环境友好型城市，关键是要将环境保护融入社会经济发展全局，更加突出主动保护环境、以环境保护优化发展，促进社会和谐。重点要处理好规划发展与环境保护、产业发展与环境保护、长远发展与解决当前突出环境问题这三个关系；要用好污染物总量控制、项目审批、淘汰污染劣势企业这三项环境管理调控手段；要强化环境法治、经济政策引导、全社会环保责任这三方面环境保护推进机制，同时加强能力建设，不断推进环境保护深入发展，促进实现本市社会经济又好又快发展。

第三轮环保三年行动计划专家座谈会

1月4日，华东师范大学陈吉余院士等本市20多位知名环境专家应市政府之邀，为第三轮环保三年行动计划建言献策。副市长杨雄主持了专家座谈会。

会上，专家们对即将推出的第三轮环保三年行动计划提出了很多建设性的意见。建议和意见主要集中在以下三个方面：1.抓住2010年世博会的机遇，以环保三年行动计划为抓手大力推进环境保护，促进经济增长方式的转变和产业结构的调整，努力建设资源节约型、环境友好型城市。2.要“硬件”和“软件”并举，加快还清环境污染历史欠账，进一步提高环境保护的能力和水平，进一步强化全社会的环境意识。3.要进一步加大水环境和大气环境治理与保护、固体废物的利用与处置、工业污染治理和清洁生产与循环经济、农村环境保护与农业污染治理、生态保护与崇明生态环境建设等六大领域的环境保护和建设力度，同时进一步加强环境法制、监测、执法能力建设，重点要完善机动车污染等与市民生活密切相关的环境监测体系，加大对违法排污行为的惩治力度，提高污染事故应急处置能力，加大科技投入，以科技为引领进一步推进环境保护和环境建设工作。

杨雄对专家的意见、建议给予高度评价，表示将汲取专家的智慧，完善新一轮环保三年行动计划，同时加强前瞻性问题的研究，扎实、稳步推进本市的环境保护和环境建设工作。

2006中国国际循环经济博览会（苏州）暨循环经济立法与政策研讨会在苏州举行

7月8日至9日，2006中国国际循环经济博览会(苏州)暨循环经济立法与政策研讨会在苏州市举行。全国人大常委会副委员长盛华仁、全国人大环资委主任委员毛如柏出席会议并讲话。上海市人大常委会副主任刘伦贤、城建环保委主任委员参加了本次会议。盛华仁说，发展循环经济是我国建设节约型社会的重要步骤，也是我国经济向更高层次发展的必经过程。循环经济立法工作需要实践及实践探讨，目前有关循环经济立法已进入新阶段。

循环经济立法与政策研讨会

人大、政协工作

市人大审议通过修改的上海市河道、供水、排水管理条例

2006年6月22日，市十二届人大常委会第二十八次会议表决通过了关于修改《上海市河道管理条例》、《上海市供水管理条例》、《上海市排水管理条例》等三件地方性法规的决定。上述三件地方性法规将根据决定作相应修改，重新公布，自2006年7月1日起施行。

市人大审议通过《关于进一步加强节约能源工作的决定》

4月4日，市人大常委会副主任周慕尧带队赴上海交大等单位调研节能技术进步情况。调研组赴上海交通大学闵行校区调研软件大楼天然气冷热电联供系统；赴上海建筑科学研究院（集团）有限公司和上海太阳能科技有限公司，实地考察了生态建筑示范楼和太阳能电池生产车间，并听取了这两家单位的汇报。

4月11日，市人大常委会副主任刘伦贤、王培生带队对本市建筑节能工作进行了调研。视察了碧林湾苑小区，并召开座谈会，听取设计单位、开发商等有关方面对建筑节能的想法、意见和建议。

4月13日，市人大常委会副主任包信宝就本市民用生活节能情况赴上海国美电器有限公司开展调研。调研组实地考察了国美电器上海旗舰店，了解国美电器公司节能家电的市场销售情况和久隆电力公司待机节电器的推广普及情况。听取了上海市节能监察中心、上海市家电行业协会关于本市民用生活节能推进情况、节能电器市场普及和存在瓶颈等情况的汇报，并与部分市人大代表及有关节能专家进行了座谈。

4月21日，市人大常委会副主任刘伦贤对本市建筑节能工作进行调研，视察了奉贤碧海金沙·嘉苑钢结构绿色节能住宅建筑施工现场，并召开座谈会，听取发展商对钢结构绿色节能住宅建设情况介绍。

在4月25日、26日举行的市十二届人大常委会第二十七次会议上，市人大常委会行使重大事项决定权，审议并通过了《关于进一步加强节约能源工作的决定》。

9月14日，市人大常委会副主任包信宝听取了上海高新铝质股份有限公司关于企业开展建筑节能工作的情况汇报。包信宝副主任在听取情况汇报后说，建筑节能是一个重要领域，政府相关部门对本市新建筑要设定节能标准，对既有建筑要通过改造逐步达到节能标准；在建设节能示范小区和改建既有建筑时，市、区政府要支持一点，企业要让利一点，个人也要出一点；政府要加大节能宣传力度，提高人们的节能意识。定期发布本市建筑业节能信息，并在发挥行业协会作用的同时，要注意保护企业的利益；市人大常委会要加强对节能工作的监督。

9月21日，市人大常委会副主任刘伦贤及部分常委会组成人员赴浦东新区旭辉新构想在建小区视察本市建筑节能推进情况，听取了相关人员关于生态型住宅建设理念、目标体系、节能效果的汇报。

市人大审议修改《上海市绿化条例（草案）》

9月6日，市人大城建环保委员会对《上海市绿化条例（草案）》进行立法调研。

10月8日，市人大城建环保委员会召开座谈会，听取市政府有关部门专家和市人大代表对《上海市绿化条例（草案）》的意见。

10月25日，市十二届人大常委会第三十一次会议对《上海市绿化条例（草案）》进行一审。与会的常委会组成人员对条例草案适用范围、公园绿地周边的规划控制管理、建设项目配套绿化比例标准、相关行政许可事项等方面，提出了意见和建议。

11月30日，市人大常委会第三十二次会议听取了市人大法制委员会关于《上海市绿化条例（草案）》审议结果的报告，并进行了第二次审议。一审之后，市人大法制委员会根据常委会组成人员以及其他各方提出的修改意见，对条例草案进行了修改，其中对绿化规划建设指标的内容修改较多。此外，根据有关意见，修改后的条例草案中关于绿线确定与调整的规定，增加了公众参与及公众监督的内容，且更多地体现政府的服务性。条例草案修改稿还对占绿等行为作了更严格的限制。

12月14日，市人大首次在社区举行立法听证会，听取市民对《上海市绿化条例（草案）》（修改稿）作进一步修改的意见和建议。徐汇区康健社区的20位居民作为听证陈述人参加了会议。市民们对市人大常委会走进社区进行立法听证的形式十分欢迎。

市人大听取《实施<大气污染防治法>办法》修改工作的汇报

12月26日，市人大城建环保委、法工委召开座谈会，听取市环保局关于《实施<大气污染防治法>办法》修改工作的汇报。市环保局领导介绍了修改的进展情况、主要内容和思路。机动车尾气污染是造成本市大气污染的重要原因之一，在对《实施<大气污染防治法>办法》进行修改中，重点是对机动车排气检测以及超标排污机动车上路行驶处罚进行修改。市人大城建环保委员会、法制工作委员会、市政府法制办的有关同志参加了会议。

市人大组织开展水环境综合整治跟踪监督和专项评议

2006年市人大组织开展了历时七个月的河道水环境整治专项工作检查。期间共组织了3次集中检查和2次暗访，召开了5次专题会议，有65人次常委会组成人员和45人次人大代表参加有关检查活动。

4月27日，青浦区市人大代表小组对淀山湖开发利用和综合整治情况进行了实地视察，并听取了青浦区政府关于淀山湖水域综合治理工作情况汇报。代表们对近年来青浦区在淀山湖水域整治方面所做的大量工作及取得的成效给予了肯定。同时希望青浦区继续抓好淀山湖的综合整治、保护和开发利用。

4月29日，市人大常委会副主任刘伦贤、市人大城建环保委委员、部分市人大代表视察了青浦南蟠龙港、骑龙港、官路浜、福人台港、普江庙等郊区河道，并听取了市水务局关于新一轮中小河道水环境治理工作的汇报。

5月25日，市人大城建环保委有关领导率部分市人大代表视察了南汇康桥镇、大团镇和松江九亭镇等郊区河道，并听取了两个区关于河道水环境治理工作的汇报。

6月12日，市人大常委会副主任刘伦贤率人大常委会部分组成人员和市人大代表先后视察了嘉定、金山、奉贤等区的10多个河道整治现场。市人大常委会检查组对市、区两级水务部门大力推进近郊黑臭河道整治和郊区“万河整治行动”给予了充分肯定，并提出了许多指导性意见。市水务局、嘉定、金山、奉贤区有关领导陪同视察。

8月8日，在沪全国人大代表第四调研组开展水环境保护专题调研活动。市有关部门分别汇报了本市郊区农村水环境保护工作情况、郊区农村畜禽牧场污染治理、农业环境污染情况、郊区农村水环境保护财政投入和水资源费使用情况、郊区农村环境卫生建设情况等。代表们就本市郊区农村水环境保护工作现状和存在的问题提出了建议和意见。

8月17日，市人大水环境监督检查组组织部分常委会组成人员和市人大代表视察本市中心城区河道巩固提高情况。检查组在对杨浦、闸北、普陀、长宁、徐汇区等河道现场进行检查后，对市、区两级水务部门大力推进中心城区黑臭河道深化整治、巩固和提高整治成果所做的工作，给予了充分肯定。市水务局及各区有关领导陪同视察。

8月22日至24日，在沪全国人大代表第四调研组到本市金山、浦东新区和松江三区专题调研郊区农村水环境保护工作。调研过程中，代表们充分肯定了近年来本市郊区农村水环境治理工作所取得的成绩，同时就水环境流域治理、水源地保护、生态涵养林建设中农民镇保、郊区河道保洁机制、农业污染治理、市区两级财政转移支付支持新农村建设等问题与有关区县领导进行了探讨交流。

9月29日，市人大水环境监督检查组召开会议，就进一步深入开展水环境保护监督检查工作进行研究。市水务局主要领导及有关部门负责人也参加了会议。

11月7日，市人大水环境监督检查组及部分市人大代表在市水务局和南汇区政府、区人大有关领导陪同下，视察了南汇周浦镇、康桥镇河道水环境治理工作。市人大代表们指出，为消除近郊河道黑臭，市水务局和相关区、镇政府已经作了大量卓有成效的工作，取得了显著的成绩，希望在下阶段工作中，要继续努力工作，加大投入力度，进一步改善郊区水环境。

11月10日，在市人大常委会副主任刘伦贤率领下，城建环保委赴市水务局，就第三十二次常委会将审议的河道水环境综合整治工作报告进行商谈。市水务局领导班子全体出席，局长就本市河道水环境综合整治工作情况作了汇报。委员们就汇报内容提出了意见建议，刘伦贤指出，在水环境的治理中，要坚持综合治理，坚持长效管理机制，以真正实现“天更蓝，地更绿，水更清”。

11月16日，市人大常委会组成人员分两路对本市郊区河道水环境综合整治工作进行集中检查。常委会主任龚学平，副主任周慕尧、包信宝、刘伦贤、王培生以及部分委员、媒体记者等40余人参加了检查活动。检查组分别查看了南汇区周浦镇、康桥镇的部分河道，听取了南汇区政府以及市水务局有关工作情况的汇报。刘伦贤在检查结束时作了讲话，对进一步搞好河道水环境工作提出了要求。第一，要保持奋发有为的精神状态，再接再厉，做好郊区中小河道水环境治理；第二，注意把与农民日常生活密切相关的中小河道先治理好，体现以人为本的科学发展观；第三，要整合各方资源，发挥各方积极性，切实把治理成果巩固好，维护好。

11月30日，市十二届人大常委会第三十二次会议听取和审议了市水务局关于本市河道水环境综合整治的专项工作报告，听取了市人大常委会检查组关于以河道整治为切入点的水环境保护工作跟踪监督情况报告。委员们在审议中希望各级政府部门继续推进中心城区河道治理，进一步提高水环境质量，使中心城区中小河道全部消除黑臭；积极推进郊区河道治理，因地制宜，注重实效，从源头上减少中小河道污染；建立郊区中小河道长效管理机制，确保河道治理成果；进一步发挥水务、环保、环卫、绿化、农业、综合执法等政府相关部门工作积极性，共同推进郊区中小河道长效管理工作，并将网格化管理引进中小河道水环境管理中来。市人大常委会主任龚学平在会上讲话。

12月28日，市人大年终视察水环境综合整治工作。部分市人大代表在市水务局局长和嘉定区有关领导陪同下，视察了嘉定区华亭镇毛桥村的河道水环境治理工作，并对市、区两级政府和水务部门推进水环境治理工作给予了充分肯定。

市人大常委会主任龚学平
对继续做好河道水环境保护提出三点要求

11月30日，市人大常委会主任龚学平在听取和审议河道水环境综合整治专项工作报告和跟踪监督情况报告后，对本市今后继续做好河道水环境保护提出三点要求：

龚学平指出，经过两轮环保三年行动计划集中整治，本市河道水环境治理工作成效明显，但河道水环境整治的历史欠账还未还清，河道水环境质量与人民群众的期望，与举办世博会以及国际大都市的要求还存在较大差距。总体上，本市中小河道水环境治理情况还不理想，容易反复，治理成果有待进一步提高，后面的整治任务更为艰巨。本市各级政府必须举全市之力，继续加大河道水环境整治力度，确保第三轮环保三年行动计划和“十一五”规划确定的各项水环境治理任务全面完成，为2010年上海世博会的举办和基本建成生态型城市框架体系打好基础。

市人大常委会主任龚学平在南汇调研郊区河道水环境综合整治工作

龚学平强调，治理郊区河道水环境，不仅是建设社会主义新郊区的重要任务，也是在解决郊区农民最关心、最直接、最现实的利益问题。相比中心城区，郊区农村河道水环境历史欠账更多，但投入却相对更少，政府相关部门必须落实“工业反哺农业”、“城市反哺农村”的政策，进一步加大郊区河道水环境整治投入，改变郊区的环境面貌，让郊区农民切实享受到新郊区建设的成果。

龚学平希望市政府整合各方面力量，发挥水务、环保、环卫、绿化、城管执法等相关职能部门的积极性，形成河道水环境整治的长效管理机制，提高管理效率，做到“两个确保”，即确保城乡居民饮用水源安全，确保工农业生产用水质量。政府执法部门要加强执法力度，严格控制污染物排放，要杜绝污水直排河道的不法行为，防止经过治理后的河道再度污染。还要加大环境保护的宣传力度，进一步提高市民环境保护意识，树立“只有人人爱护环境，才能享受环境”的理念。

市人大常委会上报国家三部污染防治法实施执法检查情况报告

根据全国人大常委会办公厅关于检查《固体废物污染环境防治法》、《水污染防治法》和《大气污染防治法》实施情况的要求，5月22日，市人大城建环保委员会召开会议，听取市环保局、市水务局、市市容环卫局关于贯彻实施以上三部法律的情况汇报，形成执法检查情况报告初稿，经市人大城建环保委员会会议审定，报市人大常委会办公厅行文，以《上海市人大常委会办公厅关于<固体废物污染环境防治法>、<水污染防治法>、<大气污染防治法>执法检查情况报告》报送全国人大常委会。报告包括上海在贯彻实施三部法律中的基本情况、存在的问题及建议两个部分。

市人大城建环保委调研本市电子废弃物处理情况

伟翔电子废弃物处理厂

5月16日，市人大城建环保委赴嘉定伟翔（中国）公司调研本市电子废弃物处理情况。伟翔（中国）公司2005年9月在上海投资设立的电子废弃物处理工厂已开始正式运营，年处理能力1万吨。市人大城建环保委负责同志及市环保局有关领导参加了调研。

市人大常委会组织污染防治的专项视察

12月28日，市人大常委会组织市人大代表对本市水资源保护、城市垃圾处理情况开展了集中视察，约40名市人大代表和部分在沪全国人大代表参加了此次视察活动。视察中，代表们分别听取了市水务局关于今年本市河道水环境综合整治工作情况、市环保局关于本市危险废物监管工作情况、市市容环卫局关于本市生活垃圾处理情况的汇报；实地视察了嘉定区华亭镇毛桥村河道整治情况、上海市固体废物处置中心危险废物填埋情况、上海江桥生活垃圾焚烧厂生产运行情况。

市人大“网议日”开展关于环境保护的网上交流

4月25日，市人大网议日以“节约能源，从我做起”为议题，与市民进行面对面交流。聊天现场气氛融洽，围绕技术节能、照明节能、可再生能源的开发利用、构建节约型社会等，代表、嘉宾和网友们进行了充分互动。

为了迎接“世博会”，体现“城市，让生活更美好”的主题，7月10日，市人大代表、上海亚龙投资有限公司董事长张文荣，市人大代表、致公党上海市委副主委张立军，以及市世博局有关领导作客“人大网议日”嘉宾聊天室，与网友共话“关注世博文化环境建设”。

11月24日的“人大网议日”活动，市人大城建环保委员会、市环保局有关领导和市人大代表、杨浦区环境保护局副局长，与网民们就“上海目前的空气质量如何、公园周边是否允许建造高楼、如何协调环境保护和经济发展之间的关系”等展开了热烈的讨论。

全国人大来沪考察

2月23日，全国人大财经委副主任委员贾志杰一行来沪开展《节约能源法》执法检查的前期调研工作。

5月22日，全国人大环资委副主任委员冯之浚一行来沪出席中日循环经济论坛。

7月4日，全国人大环资委副主任委员冯之浚一行为在苏州召开的循环经济论坛来沪作准备工作。

7月26日，全国人大环资委调研室主任徐晓东一行来沪对部分科研单位和企业在新能源利用等方面的技术进行调研。

9月13～15日，全国人大环资委主任委员毛如柏一行来沪对《中华人民共和国环境保护法》修改的必要性和可行性进行调研。在沪期间，调研组召开座谈会，听取了本市有关政府部门及专家学者的意见和建议。市人大常委会副主任刘伦贤参加座谈会。

外省市人大来沪交流

3月14日，四川省人大常委会副主任李洪仁一行来沪考察循环经济方面的法制建设、立法效果评估的做法等。

3月17日至19日，湖南省人大环资委一行7人来沪考察。市人大城建环保委负责同志主持召开了座谈会，向客人们介绍了有关本市苏州河、黄浦江水污染防治；三年环保行动计划和崇明岛自然保护区等方面的情况。湖南省人大一行在沪期间，还专赴崇明岛实地考察东滩自然保护区保护情况。

4月11日至13日，青岛市人大常委会副主任程友新一行11人来沪考察。市人大城建环保委负责同志主持召开了座谈会，向客人们介绍了有关本市水环境整治、水源地保护、清洁生产等方面的情况。青岛市人大一行在沪期间，还参观考察了浦东新区市容市貌、科技馆、金茂大厦等。

4月12日至17日，青海省人大常委会副主任洛桑一行6人来沪考察学习水环境保护立法、农业面污染防治立法和土地管理立法情况，市人大城建环保委组织安排了市有关部门与青海省人大进行了交流座谈。市人大常委会副主任刘伦贤参加了座谈会。

4月19日，河南省人大法制委主任委员一行来沪学习考察《中华人民共和国水法》的贯彻、实施办法。

8月15日，陕西省人大常委会法工委副主任一行来沪考察有关建筑节能方面的做法。

10月22日，内蒙古自治区呼伦贝尔盟人大常委会副主任一行来沪考察矿产资源开发与生态环境保护工作。

10月26日至27日，浙江省人大常委会副主任李志雄一行11人来沪考察，市人大城建环保委员会召开了座谈会，约请市政府有关部门负责同志介绍了有关本市滩涂管理、河口划界定线等方面的情况。浙江省人大一行在沪期间实地考察了海港新城围海大堤以及南汇东滩工程等。

12月15日，新疆维吾尔族自治区人大常委会副主任胡吉汉·哈克莫夫一行来沪考察资源开发中的做法。

市人大常委会主任龚学平会见韩国釜山广域市议会代表团

8月31日，应上海市人大常委会主任龚学平的邀请，由议长曹吉宇率领的韩国釜山广域市议会代表团一行10人于2006年11月1日至7日访问了中国。龚学平代表上海市人大常委会欢迎曹吉宇议长再次率团访华。龚学平表示，上海市与釜山市自1993年8月签署友好城市关系协议书以来，双方在经济、文化、教育、城市建设和环境保护等诸多领域开展了广泛的交流，取得了可喜的成就。希望两市人大与议会在原有的基础上，能进一步推进全方位的合作。

市人大领导会见爱尔兰议会通讯、海洋和自然资源委员会主席

应全国人大邀请，由爱尔兰议会通讯、海洋和自然资源委员会主席诺埃尔·奥弗林率领的爱尔兰议会通讯、海洋和自然资源委员会代表团一行7人于8月28日至31日访问了上海。市人大常委会副主任任文燕会见并宴请了奥弗林主席一行。

市政协主席蒋以任到上海国翔科技公司、老港垃圾场调研

市政协主席蒋以任在老港垃圾填埋场调研

2月13日，市政协主席蒋以任带队赴上海国翔科技公司调研本市污物处理利用粪便制成“人造煤”项目研发进展情况和产品应用试验情况。

5月18日，市政协主席蒋以任率部分市政协委员前往老港垃圾填埋场调研。市政协副主席俞云波及其他有关人员陪同调研。委员们对老港生活垃圾卫生填埋场四期工程项目给予充分肯定，认为老港四期项目本身引进先进技术、理念及体制，为环保工作走出了新的路子；四期项目为南汇临港新城的人口和产业集聚后的生活垃圾处置创造了良好条件。委员们还对进一步做好上海的垃圾处置工作提出了建议。

蒋以任在总结讲话中高度评价了老港四期项目。一是老港四期项目建设，给上海垃圾卫生填埋带来巨大变化。二是老港四期体现了垃圾处置的市场化、国际化、科学化水平，体现了资源节约、环境友好，创建新型城市的特点。老港四期采用的先进技术，对上海垃圾处置具有积极意义，希望能在能源利用方面也发挥一定作用。建议：一是要充分发挥四期工程的规模效应。二是要重视技术输出。三是要发挥四期的带动效应。四是要进一步完善上海生活垃圾处置的总体规划。五是要研究填埋场消化污水厂污泥的难题。

市政协组织政协委员参加视察活动

3月10日，市政协人口资源环境建设委员会主任率市政协部分委员视察南汇区老港四期生活垃圾填埋场。考察中，委员们首先听取上海老港生活垃圾处置有限公司总经理介绍四期生活垃圾卫生填埋场的有关情况，对老港生活垃圾卫生填埋场四期工程项目的设计、施工情况表示赞赏，同时，对运营中的问题进行了讨论。委员们建议：一是利用填埋场部分处置上海几大污水处理厂的污泥，缓解这一长期难以解决的难题；二是加强管理，扩大处理规模，降低成本，形成长效机制。

4月30日，为配合迎接上海合作组织六国峰会的市容环境整治工作，市政协人口资源环境建设委员会主任带领10名委员对本市部分景观和交通枢纽地区的市容环境卫生情况进行随机视察。本次视察选点是按《上海市市容环境卫生管理条例》（以下简称《条例》）中关于市容环境卫生责任区的“车站、码头、公共绿地、体育、娱乐”等公共场所展开的。委员们冒着32度高温，先后对中山公园、人民广场、虹口足球场、上海火车站北广场等处的环境卫生面貌进行了实地视察。委员们在视察后认为，上海经过这几年的建设和管理，市容环境卫生面貌总体上是好的。但某些地区出现一些问题，有损上海的形象。希望有关部门：一是进一步加大管理力度，切实贯彻好《条例》，把门前责任制落到实处；二是举一反三，对一些重点地区进行全面的排查，抓紧整改薄弱环节，尽可能消除卫生死角；三是结合胡锦涛同志关于“八荣八耻”的要求，宣传好《条例》，使全社会形成以遵纪守法为荣，以违法乱纪为耻的良好氛围，共同维护好上海的市容环境。

7月13日，市政协经济委员会、上海德国商会在市政协文化俱乐部联合召开“节能——让生活更美好”研讨会，参加会议的市政协委员、中德专家学者以及企业界人士共160余人，分三部分专题就节约能源、推进可持续发展问题进行了研讨。研讨会由市政协经济委员会主任主持，市政协主席蒋以任出席并致词，副主席宋仪侨及市政协秘书长、副秘书长和有关专业委员会领导出席。

7月20日，市政协经济委员会召开经济界别座谈会。邀请上海节能行业协会、上海设备管理协会、上海资源综合利用协会、上海废旧物资回收行业协会和上海化学建材行业协会，围绕“进一步发挥行业协会的作用和功能”主题召开座谈会，并考察上海建筑科学院莘庄科技园区。

8月2日，市政协副主席宋仪侨带领60余位政协委员对本市节能工作情况进行视察。委员们实地视察了上海建筑科学研究院生态示范楼、上海太阳能科技公司和上海化学工业区；听取了市经委和市建设交通委关于节能工作情况的汇报；围绕本市节能工作情况进行了座谈讨论。委员们认为：节能工作是本市“十一五”期间的重点工作，上海市委、市政府高度重视节能降耗工作，采取了一系列有力措施，扎实、深入地开展节能降耗工作，在节能方面取得了一定成效，但与世界发达国家的城市相比，仍存在较大差距。为此，委员们建议：一、以科学发展观为统领。二、加大落实节能措施的力度。三、加大既有建筑的节能改造力度。四、加强太阳能的开发与利用。

10月23日，市政协副主席宋仪侨调研循环经济发展——关于城市污泥处理即人造煤工作推进情况，视察国翔科技有限公司、浦东水泥厂有关人造煤的生产和使用情况，并听取有关情况汇报。市政协秘书长、副秘书长及有关专业委员会负责同志参加。

市政协召开
“加快在本市推广建筑节能措施”重点提案办理协商会

10月27日，市政协召开“加快在本市推广建筑节能措施”重点提案办理协商会，视察了闵行区浦江镇节能生态型商务园——“浦江智谷”，听取了市建设交通委领导关于本市推广建筑节能有关情况及提案办理情况汇报。市政协副主席王新奎主持会议并讲话。市政协人口资源环境建设委员会主任、副主任，提案委员会常务副主任及部分政协委员、专委会特聘成员和党派团体代表等参加。

委员们对市建设交通委认真办理市政协提案，积极采纳提案建议表示满意。委员们表示，市委、市政府高度重视建设资源节约型社会工作，但是，上海的建筑节能在技术、管理、政策、法规、观念、体制等方面还存在着一些问题，需要政府部门和全社会的共同努力，扎实工作。为此建议：

一、建立积极的政策激励机制。建立财政专项资金，制定积极的财政税收政策，推进既有建筑的改造。如，从墙体建筑基金中划出一部分资金，对既有公共建筑进行节能改造；对节能材料的生产企业、实施既有建筑节能改造的企业予以税收减免、适当的财政补贴或低息贷款等优惠政策。

二、加强建筑节能相关技术的研发力度。加大新材料、新技术、新工艺的研究，聚焦建筑节能关键技术、重点领域，探索节能改造的多元化措施。

三、实行建筑节能产品的市场准入、市场监管、施工企业人员的资质管理。加强新型材料节能产品质量的管理，进一步明确新型墙体材料生产管理的职责。如明确出厂产品质量的标准和监管部门；规定现场材料质量由建设主管部门控制，制定检测标准，加强现场送检抽检。

四、完善相关标准规范。进一步完善建筑节能的相关标准规范，加强对新建、改建或扩建建筑节能的监管。如，既有建筑改造的主要内容和标准、节能材料(如粘合剂、保温板材等)的产品标准、施工工艺的规范流程、现场采样和检测标准等。

五、完善管理体制，建立协同管理机制。建筑节能的监管涉及市、区政府有关职能部门，需要建立部门协调机制，共同推进建筑节能工作开展。建议设定建筑保温工程资质，实施资质管理；建立建筑节能产品的备案、资质的准入机制；建立建筑节能培育、评估、检测机制，发展节能中介服务业；明确统一的区级建筑节能主管机构，以及管理责任范围、节能管理的法定程序和目标任务。

六、加强宣传教育，营造推广建筑节能的氛围。利用多种形式，加强节能宣传教育。如，积极宣传建筑节能的意义、建筑节能产品的功能、使用、效果，加大建筑节能示范工程的宣传 ，使广大群众相信节能、参与节能、享受节能。

市政协人口资源环境建设委员会召开提案办理会议

3月7日，市政协人口资源环境建设委员会召开提案办理会议，市世博局有关负责同志就“关于结合世博会开展水环境建设的建议”提案办理情况进行答复。市世博局同志认为提案涉及的内容均是目前水环境治理和保护工作及世博会地区建设中尚需完善和研究的地方，具有重要的指导意义，对提案内容将部分采纳，并表示将适时组织水务、绿化、环保等部门，结合规划方案的深化细化与政协委员专题研讨和沟通世博会水环境建设的相关事宜。

市政协组织上海建筑节能现状分析和对策研究

市政协人口资源环境建设委员会在4～5月参加了政协党组交办、由经济委员会牵头的课题——“关于上海市能源发展问题形势分析及对策研究”。主要承担其中的节能部分研究，并参与总报告的形成工作。

委员会组织委员和有关专家学者集中力量完成任务，形成建筑和交通节能两个分报告。在此基础上，委员会又对建筑节能专题作拓展和深化研究，确立了“上海建筑节能现状分析和对策研究”课题，并参与竞标获得市科委软课题项目。课题组依托政协委员中的专家和复旦、同济、东华3所大学以及市建委、市经委、市房资局、市建科院等力量，通过选择部分独立式住宅、公寓和经节能改造的住宅（海军干休所、常德路药水弄），11处公共建筑(浦东机场、恒隆广场、上海市科技馆等)，部分工业建筑（中微半导体设备有限公司、上海烟草集团、闵行开发区）等进行调查分析，并结合典型案例的调查，走访专业部门，分别召开居民、市区建设主管部门、建筑节能材料供应商及施工企业、房地产开发企业座谈会。

市政协组织“上海市能源发展形势分析和若干建议”课题调研及研讨会

2006年4月至5月，根据市委的要求，市政协由经济委员会牵头，与人口资源环境建设委员会、教科文卫体委员会联合组成课题组，内设经济、城建、科技3个分课题组，着手对本市能源发展形势作对策性研究。

市政协主席蒋以任先后多次就调研重点、建议内容作出指示，并主持召开“本市能源形势通报会”。副主席宋仪侨等市政协领导多次带队深入基层开展调研，先后赴杨树浦发电厂、外高桥发电厂等10余家企业调查了解情况，召开能源利用现状及前景预测、公共交通节能、建筑节能、电力系统优化、能源价格机制、生活和宾馆商厦节能、耗能大户改造、氢能源开发利用等各类专题座谈会近20次，广泛听取本市能源生产、使用单位以及社会各方面专家学者的意见和建议。

5月8日，市政协召开“本市能源形势发展和对策研究”专题研讨会，分析能源发展形势，讨论完善能源对策建议。蒋以任主持会议，副市长周禹鹏讲话。政协委员与有关方面领导、专家学者100余人出席。在调研和研讨会的基础上，形成市政协常委会建议案《上海市能源发展形势分析和若干建议》，报送中共上海市委、市政府参考。建议案针对国内外能源形势的不断变化，全面分析本市能源发展的现状、趋势和主要问题，阐明能源发展基本思路，提出加快实施能源发展六项重大工程、抓好节能降耗八项重点工作、从政策法规和体制机制上推进本市能源发展等3个方面21项建议。

7月26日，市委常委会听取课题组的专题汇报。市政府采纳建议案的部分建议。

市政协组团参加第二届中国吉林·东北亚投资贸易博览会

9月2～6日，第二届中国吉林·东北亚投资贸易博览会在吉林省长春市隆重举办。市政协副主席王荣华作为上海代表团团长参加了博览会。科促会秘书长一行4人携带了突出上海中小企业自主创新型节能、环保类技术和产品14个项目赴长春博览会参展，在展会上倍受投资合作机构的青睐和新闻媒体的关注，先后接受了中央电视台、吉林电视台等记者现场采访达20余次，在当地引起了关注。

市政协科促会组织“建设资源节约型社会”主题系列沙龙

2月23日，市政协科促会与市科协、文汇新民报业集团在市政协文化俱乐部联合举办“建设资源节约型社会主题沙龙”——日本环保节能技术专场。市政协副主席谢丽娟、市政协副秘书长，文新报业集团、文汇报、全国工商联的有关领导等出席活动。

3月30日，市政协科促会举办“建设资源节约型社会——节水技术专场主题沙龙”，市水务局有关领导作了“上海用水供应状况及节水应对策略”的主题报告。报告以大量的数据和实例，剖析了上海目前生活和工业用水面临的状况，提出节约用水的宏观应对策略。

4月28日，市政协科促会联合市科协、文新报业集团、闸北区政协、闸北区科委等单位，共同举办“建设资源节约型社会主题沙龙——科技走进闸北”专场活动。市政协副主席宋仪侨、有关副秘书长及专业委员会主任、副主任，市科协副主席、闸北区委、区政府、区政协领导出席活动。市政协科促会向大宁街道赠送安装20套屋顶水箱柔性内胆，既推广转化了科技成果，又解决了居民饮水污染的实际问题。

5月25日，市政协科促会、市科协、文新报业集团在市政协文化俱乐部联合举办“建设资源节约型社会——建筑节能专场主题沙龙”。上海建筑科学院副总工程师徐强作了“国家和上海建筑节能管理相关政策与措施”主题演讲，在建筑节能的政策导向和理念转变上作了深入的阐述。随后，有关项目单位推介了“防火节能轻质建材——酚醛泡沫夹心板”、“太空隔热防晒涂料”等一批建筑节能新材料和节能技术改造项目。

6月29日，科促会和市节能技术服务中心在市政协文化俱乐部联合举行“建设资源节约型社会主题沙龙——节能技术服务专场”。市节能技术服务中心主任作了“当前节能形势与任务”主题发言。有关专家作了“常用节能新技术新工艺”推介发言，重点介绍了照明系统和空调系统的有关节能新技术和新工艺。

科促会组织有关节能产品推介会和环境资源高新技术合作研讨会

3月17日，市政协科促会、上海市海外经济技术促进会、澳大利亚澳华友好协会在市政协文化俱乐部联合举办“澳洲高效环保节能‘奥得利’涂膜技术推介会”。科促会秘书长陈之进、市归国华侨联合会副主席沈伟娟、澳华友好协会会长沈娟伦出席会议并讲话。

6月19日，上海科技成果转化促进会、日本日中中小企业交流中心联合在市政协文化俱乐部召开了“中日环境资源高新技术交流合作研讨会”。市政协副秘书长、市工商联党组书记、市政协办公厅副主任、全国工商联海外联络委员等出席了会议。

8月21日，科促会、工商联、日中环境资源建设交流中心在市政协文化俱乐部联合举行“环境、资源、建设高新技术交流合作研讨会”。市政协副秘书长、教科文卫体委员会副主任、全国工商联海外联络委员出席会议并分别讲话。

科促会举办“节能科技成果主题展”

7月5日，“节能科技成果主题展”通过征集整理，共展出节能新项目250余项，其中实物160余项。全年接待95批参观团，其中外省市政协代表团41批，外省市经济、科技代表团32批，国外经济、科技、企业、行业协会等代表团22批（日本代表团10批）。

7月13日，“上海节能科技成果主题展”在文化俱乐部展出。展览由上海科技成果转化促进会、市政协经济委员会、市节能协会、节能中心联合举办，共向社会推出200余项节能成果。

有关民主党派组织提出有关环境资源保护的提案

农工党市委在市政协10届4次会议上的集体提案“从现在就开始抓声环境整治迎接2010世博会”。提案根据2005年5月25日国家环保总局发布的“2004年中国环境状况公报”提供的数据，指出本市声环境方面存在一些严重问题，并据此提出建议:

1.要采取切实的管理措施和技术手段，缓解城市声环境与城市现代化建设之间的矛盾。

2.完善城市噪声污染管理的框架建设，随着城市的发展，针对新出现的噪声源，补充和完善原有政策、法规和管理办法与发展趋势不协调的现象，提高控制和管理实效。

3.科学合理地进行城市建设规划其他管理措施。如交通干线道路两侧住宅建筑，离开交通干线的防噪距离要大于30米。

4.进一步加强充实城市声环境监控管理的网络建设投入，要对本市城市声环境实行网络化、数字化管理。建立城市噪声动态监控网，对噪声源声级进行实时监测，掌握其规律、分析其构成，根据其频谱特性，制定行之有效的防控办法，加大管理力度。建立城市声环境管理网络平台，对声环境现状分析、各种噪声污染治理办法、治理效果预测、管理方式等资源实现信息共享，为政府部门和市民了解噪声等级、明确管理目标提供便利。

5.加强有关宣传教育。

民进市委提出“公交车也要在‘绿标’上达标”的提案。

2005年底，上海市政府出台了《关于对高污染车辆实施限制通行措施的通告》，自2006年2月15日上海实施“绿标”以来，上海市内道路空气污染并无较大改观，公交车成了城市道路主要空气污染源。民进市委为此建议:

1.根据前期针对全市上“绿标”的经验，对全市公交车进行环保检测，对那些达不到环保标准的公交车也要出示“红牌”。环保部门和交通部门不能在“绿标”上设立双重标准。

2.我国现阶段在全国范围实行的“国Ⅱ标准”环境质量标准不匹配，发动机技术及燃油品质不适应。例如我国的燃油标准与欧美不同，而排放标准沿用欧洲体系，两套密切相关的体系在使用标准上各有各的区域特色，加大了对标准的执行难度。因此，根治“冒黑烟”要从燃油新品研制抓起。建议研制同国际接轨的燃油。

3.加大新型环保公交车研制和维护保养力度。现在，我国新型客车与世界差距越来越小，希望政府能舍得在公交环保上加大资金投入。另外，建议公交公司把驾驶员的奖金同车辆保养程度和使用年限挂起钩来。

4.充分利用上海公交电车线路，要加大对无轨电车的使用和线路维护，这样既环保又降低了我国对石油产品的过分依赖。

致公党开展有关环境资源保护的课题研究

致公党市委组织开展《上海市非居住既有建筑节能改造对策研究》课题研究。

该课题在调研分析上海市非居住类既有建筑用能现状的基础上，对上海公共建筑能耗的原因、对非居住类既有建筑节能改造中面临的主要问题进行深入研究，并提出了一系列推进非居住既有建筑节能改造的对策建议，这些建议分别从政府、行业协会、业主等不同角度展开，主要有:

人民大厦节能降耗成效显著

政府主管部门

（一）根据实际情况，对非居住类既有建筑提出分类型、分批次、分阶段的节能改造计划，使节能改造工作稳步推进，并保持一定的速度。可以按建筑使用年限、用能效率等条件划分批次。建议按以下顺序推进:

1. 政府机关办公楼应率先进行节能改造，起到表率和示范作用;

2. 医院、学校等政府投资的公益设施也应尽早进行节能改造，既能起到示范作用，又能提高这些建筑的性能和能源利用效率;

3. 规模大、能耗高的公共建筑，如旅馆、商场、高档办公楼等;

4. 普通公共建筑。

（二）财税手段。

1. 通过宏观的能源调控，采取“政策倒逼”的手段，间接地迫使各个用能单位进行节能改造，提高用能效率。对实施了节能改造的项目，经有关部门审查后，在税收、贷款利息等方面给予扶持。

2. 结合能效级别评定和能源标识制度，对建筑物的用能水平进行奖惩，制定相应的税费和能源费征收办法。

3. 鼓励自觉进行节能改造，对这类项目经审核和登记备案后给予一次性奖励或在贷款、税收和能源费方面给予优惠。在节能改造项目结束后，根据其节能收益和经济性评估结果，再给予补贴或奖励。

4. 设立节能改造的专项基金，对该领域内的科学研究、产品开发、技术革新等工作给予资金方面的扶持；还可设立针对单位和个人的奖项，对在建筑节能改造领域做出突出贡献的单位和个人给予表彰和奖励。

行业协会

（一）协助政府主管部门做好建筑节能领域的产品、技术和材料的管理，提供需禁止和淘汰的技术、产品目录，推荐应推广的技术、产品目录，并建立市场准入制度。但是这项工作应根据具体情况，有步骤、有计划地进行，不能“一刀切”。分阶段、分批次地禁止和淘汰一些低效率、高耗能的产品、技术和材料。有效地推动成熟技术在节能改造中的使用。

（二）开展节能大检查和评优活动。对节能改造成果显著的建筑物授予节能贡献奖；对建筑能耗水平合理、管理制度完善、管理手段先进的建筑物授予节能管理奖；对采用新技术、新产品和可再生能源的建筑物授予节能创新奖等等。对获奖单位给予表彰和奖励，宣传其在建筑节能方面的经验。对检查中存在问题的建筑物给予通报批评和罚款，限期整改，并不得参加系统内的其他评选活动。

建筑业主

进行节能宣传，推广行为节能。如人民大厦是上海市的一幢比较典型的办公建筑，它的许多用能设备都已使用10年以上，运行效率比较低。该大厦从2004年起实施了建立制度落实责任实现精细化管理、相互配合加强监督形成节能“联合阵线”、推广节能新技术从源头上做到降低能耗等节能改造措施，在没有置换主要设备的情况下，2005年比2003年节约用电10.8%，节约用煤气13.9%，节约用水20.7%。

致公党对市容环卫的建议

市容环卫作业服务单位的市场化运作

“十一五”时期，上海将迎接2008年奥运会的部分比赛和举办2010年世界博览会。如何适应上海建设可持续发展和资源节约型城市要求，市容环卫作业服务单位的市场化运作是个关键。因此促进城市垃圾“减量化、资源化、无害化”，加快形成“两级政府、三级管理、四级网络”的管理体系已成为当务之急。

致公党为此建议：

1. 市容环卫作业服务以公益性为主，有的还具有公共服务和市场化双重性质，而不完全是市场化的，因此，要给予企业相应的自主权、必须的产权和政策扶持。如特殊情况下的政府指令性任务必须及时地、不计成本地、且可能是没有任何收益地去完成。同时，推进企业改革的不断深化，要逐步具备市容环卫市场化运作的基本要素、要逐步确认市场主体、要逐步清晰并完善产权和作业质量的监管手段及标准、要逐步建立和完善作业招投标机制等。如垃圾处置费的结算，可以采纳上海普环实业有限公司的建议，实行总量承包，三年不变，节余归企业的结算方法，更有效地达到对垃圾的“三化”处理目的。

水域市容环卫作业

2. 尽快形成市容环卫的劳动定额、价格体系，并争取早日试行。如为满足市民需求，行业要求延长公厕开放时间，公益性服务行业又必须考虑劳动力成本，而公厕管理人员超时工作违反《劳动法》的有关规定，应有允许超时工作的规定，在职工自愿前提下，企业以支付加班费形式进行劳动补偿。

3. 各级政府按劳动定额、指导价格实行市容环卫服务采购。在采购成本中，应包含静态成本（劳动力成本、财务成本、设备折旧费、税费、道路养护费等）和动态成本（应急处置费）两部分，对油价等费用的上涨，应及时出台指导性意见。

4. 确认市场主体。政府应从转变机制着手，有选择性地培养本行业知名品牌企业，造就一批市容环卫行业的国有企业家，因为并非只有多元企业才能够产生出品牌企业和知名企业家。由这批主体企业的发展和演变，带动市容环卫作业的市场化运作，带动改革的不断深入，在应急处置经费没完全到位之前，确保政府指令性任务的完成。

5. 组织专人对企业改制工作进行专题调研和研究。设计市容环卫改制框架和模式，减少盲目改制的失败成本。界定并制定政府对企业监管的项目、内容、要求、标准和手段，将政府的要求有序地转化为事业单位的考核标准和手段、转化为企业作业服务的质量方针和目标。

6. 有计划地分批对机关、事业、企业的管理人员进行企业管理持证上岗培训，使他们懂得如何适应市场运作，如何接受政府监督，使行业管理要求与公司法人治理结构的规范运行有效衔接。

干电池回收利用

近年来随着现代信息通讯业的快速发展，干电池的使用量不断增加。据有关部门统计资料显示：光上海每年消耗电池6000吨，约4～5亿节，但每年回收量约50吨，不足实际消耗量的1%。据调研，使用后的废电池一般都与其他生活垃圾一起打包扔弃，由环卫车辆运送到郊外深埋地下。然而废电池中的汞、镉、铅等重金属，都会随渗液一起流出，造成对地下水、土壤的污染，危害广大市民及子孙后代的健康。另一方面，废电池又浑身是宝，其中锌和锰粉就约占电池总重量的50%，这些都是可利用的再生资源。

为此，致公党上海市委建议：

1. 当前应充分发挥电视、电台、报刊新闻媒体的舆论导向作用，并切实加强对广大中小学生的环保教育，从而使创建资源节约型、环境友好型城市的目标成为全社会公民的自觉行动。

2. 为确保回收废电池工作落到实处，应由各级环卫局牵头，通过各区县、街道社区、居委会最终落实到楼组长。应在每幢楼的信报箱旁安放一只废电池回收箱，每月统一回收一次，并做好记录。

3. 为激励全社会高度重视环保工作，应将每幢楼、每个街道社区回收废电池的重量，作为评选文明市民、文明楼组、文明街道社区的具体数据之一，让自觉节电、节水、节气，人人为搞好环保工作添砖加瓦蔚然成风。

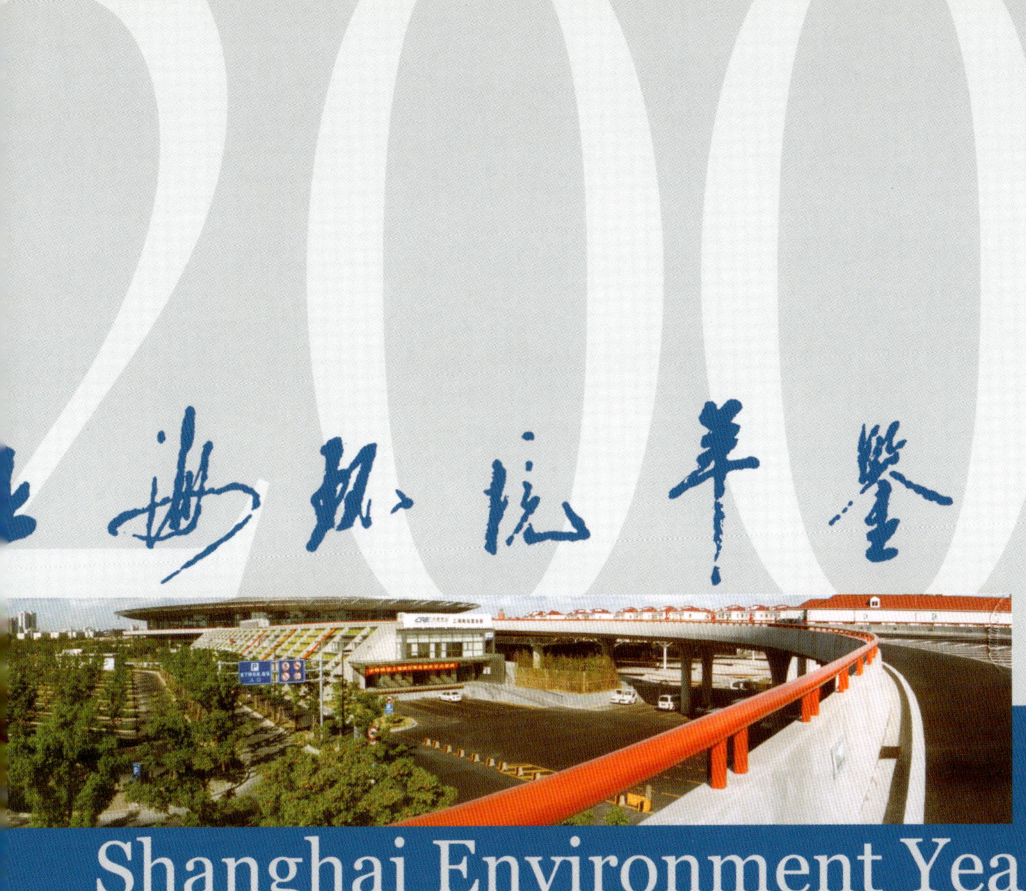

Shanghai Environment Yearbook 2007

经济和社会发展

经济和社会发展

2006年上海市国民经济和社会发展统计公报（摘录）

2006年是上海全面实施“十一五”规划的第一年。一年来，全市人民在党中央、国务院和中共上海市委、市政府的领导下，以邓小平理论和“三个代表”重要思想为指导，全面落实科学发展观，加快构建社会主义和谐社会，积极贯彻中央各项方针政策，团结一致，扎实工作，国民经济呈现增长平稳、结构改善、效益提高的良好态势，各项社会事业加快发展，人民生活水平持续提高，全面完成了年初确定的经济社会发展目标和任务，实现了“十一五”时期的良好开局。

综　合

国民经济保持平稳增长。经国家统计局联审通过，全年实现上海市生产总值（GDP）10296.97亿元，按可比价格计算，比上年增长12%，已连续第15年保持两位数增长（见下图）。其中，第一产业增加值93.81亿元，比上年增长0.8%；第二产业增加值4997.81亿元，增长12.8%；第三产业增加值5205.35亿元，增长11.5%。第三产业增加值占全市生产总值的比重为50.6%。

上海市生产总值与增长图

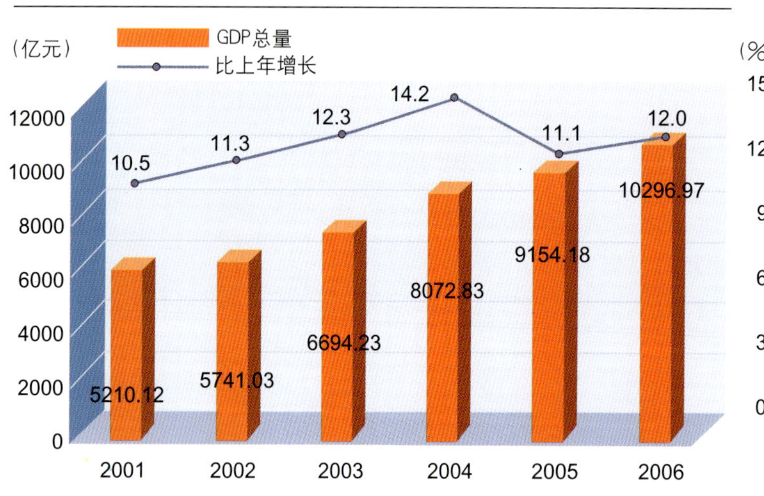

非公有制经济发展势头良好。在全市生产总值中，公有制经济增加值5756.87亿元，比上年增长8.9%；非公有制经济增加值4540.1亿元，增长16.2%，占全市生产总值的比重由上年的42.4%上升到44.1%。其中私营及个体经济增加值1748.42亿元，增长16%，占全市生产总值的比重达到17%。

财政收入增长平稳。全年地方财政收入1600.37亿元，按可比口径计算，比上年增长11.6%，其中税收收入1393.97亿元，增长12.6%。在税收收入中，增值税270.21亿元，增长19.5%；营业税558.67亿元，增长8.9%；个人所得税131.07亿元，增长17.1%；房产税42.68亿元，增长25.1%。全年地方财政支出1813.8亿元，比上年增长9.2%。其中，基本建设支出395.58亿元，增长7.1%；科教文卫事业支出316.12亿元，增长13.9%；企业挖潜改造资金支出251.99亿元，增长5.9%。

固定资产投资增幅回落。全年完成全社会固定资产投资总额3925.09亿元，比上年增长10.8%，增幅比上年回落4个百分点（见右图）。其中建设改造投资2246.93亿元，增长13.2%。投资结构进一步优化。从产业投向看，第一产业投资14.29亿元，比上年增长1.6倍，占全社会固定资产投资总额的比重为0.4%；第二产业投资1212.71亿元，增长12.1%，所占比重为30.9%；第三产业投资2698.09亿元，增长9.9%，所占比重为68.7%。从投资主体看，国有经济投资1460.09亿

全社会固定资产投资总额与增长图

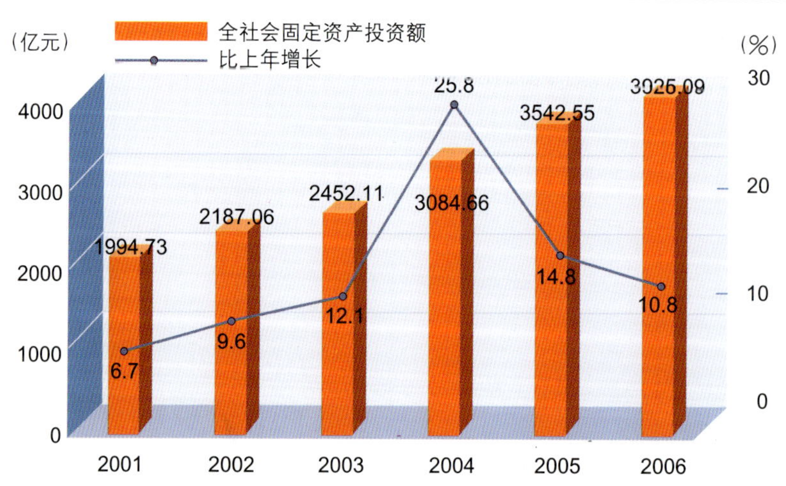

元，比上年增长17.7%，占全社会固定资产投资总额的比重为37.2%；集体经济投资159.31亿元，增长21.6%，所占比重为4.1%；股份制经济投资910.31亿元，下降0.7%，所占比重为23.2%；外商及港澳台地区投资725.85亿元，增长13.4%，所占比重为18.5%。

市场价格保持基本稳定。全年居民消费价格总水平比上年上涨1.2%（见右表）。

生产领域价格水平涨幅回落。全年原材料、燃料、动力购进价格水平比上年上涨4.8%，涨幅比上年回落2个百分点；工业品出厂价格水平上涨0.6%，涨幅回落1.1个百分点。

房地产价格稳中有降。全年房屋销售价格水平比上年下降1.3%。商品房销售价格水平比上年下降3%，其中商品住宅销售价格水平下降3.2%。全年房屋租赁价格水平上涨4%。全年土地交易价格水平比上年上涨1.2%，涨幅比上年回落5.7个百分点。

居民消费价格指数表

指　标	指数（上年＝100）
居民消费价格指数	101.2
食品	102.5
烟酒及用品	100.2
衣着	106.4
家庭设备用品及维修服务	102.7
医疗保健和个人用品	101.1
交通和通信	97.3
娱乐教育文化用品及服务	98.2
居住	102.9

农　业

农业经济保持稳定增长。全年完成农业总产值237.89亿元，比上年增长0.4%。其中，种植业产值123.37亿元，增长6.6%；畜牧业产值43.4亿元，下降15.5%；渔业产值55.66亿元，增长6.4%。

农业生产能力继续提高。全年粮油作物优质化率分别达到95%和70%。全年粮食种植面积达到16.5万公顷，粮食产量达到111.3万吨。主要农副产品产量保持稳定（见左表）。

主要农副产品产量表

产品名称	单位	产量	比上年增长（%）
粮食	万吨	111.30	5.6
蔬菜	万吨	420.79	2.9
生猪出栏	万头	252.70	-9.8
牛奶	万吨	22.09	-7.1
鲜蛋	万吨	6.76	-19.6
水产品	万吨	38.50	8.9

食用农产品安全性进一步提高。已认证无公害农产品、安全卫生优质农产品、有机食品和绿色食品356个，形成品牌农产品100多个。加快推进有机农业发展，全年有机肥推广使用面积5.33万公顷，绿肥种植面积2.19万公顷。

农业基础设施进一步完善。全年市区两级政府农业投入达到45亿元，比上年增长17%。至年末，全市建成5.53万公顷设施粮田、0.67万公顷设施菜田。建成农业标准化示范区（场）203个，其中国家级37个。农业组织化程度继续提高。全市有12个市级现代农业园区；有农业产业化龙头企业425家，农业专业合作社510家，带动农户52万户。

工业和建筑业

工业生产保持快速增长。全年实现工业增加值4641.58亿元，比上年增长13%（见右图）。其中规模以上工业增加值4456.04亿元，增长13.4%。在规模以上工业增加值中，轻工业增加值1223.64亿元，增长6.4%；重工业增加值3232.4亿元，增长16.3%。全年工业总产值19631.23亿元，比上年增长13.9%，其中规模以上工业总产值18316.23亿元，增长14.7%。

区县工业持续增长。全市区县规模以上工业总产值11140.81

工业增加值与增长图

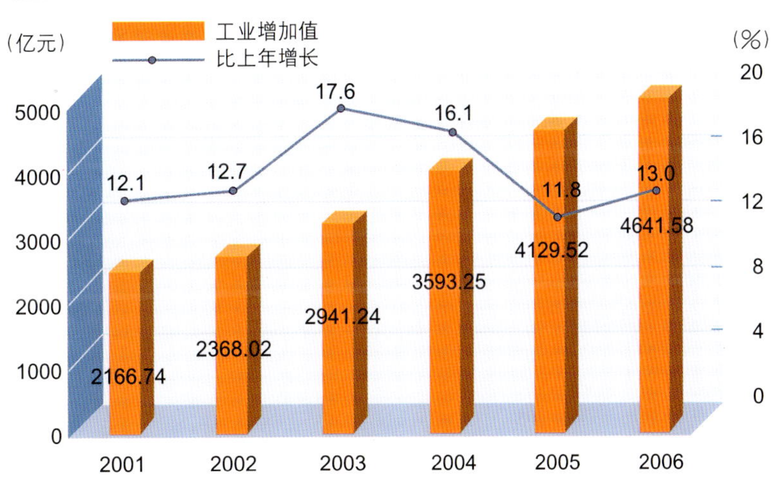

亿元，比上年增长14.7%。占全市规模以上工业总产值的比重达到60.8%。

重点发展行业发展态势良好。电子信息产品制造业、汽车制造业、石油化工及精细化工制造业、精品钢材制造业、成套设备制造业、生物医药制造业等六个重点发展工业行业完成工业总产值11789.46亿元，比上年增长17.9%，占全市规模以上工业总产值的比重达到64.4%（见右图）。

六个重点发展工业行业占工业总产值的比重图

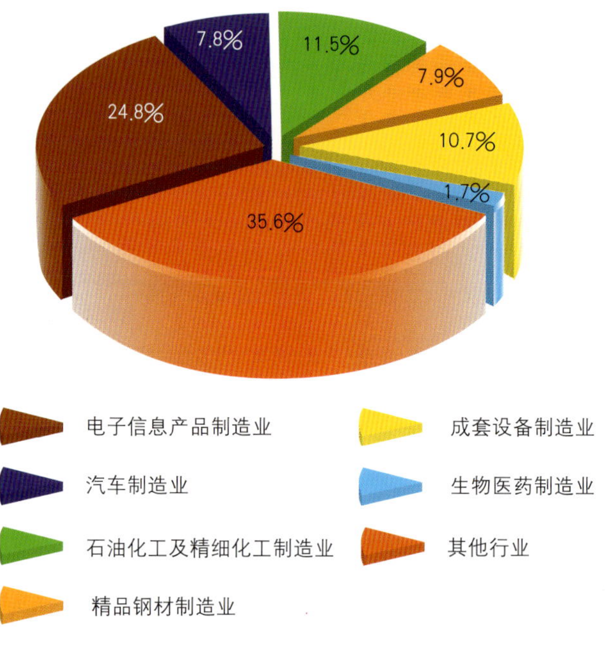

高技术产业快速增长。全年高技术产业完成工业总产值4460.97亿元，比上年增长16.3%。占全市规模以上工业总产值的比重达到24.4%。

工业生产产销衔接良好，全年规模以上工业企业产品销售率达到99.1%。适应市场需求的工业产品产量大幅增长（见下表）。

工业企业经济效益总体水平继续提高。工业企业实现利润总额1086.7亿元，比上年增长16%；实现税金总额679.87亿元，增长13.9%。其中，国有及国有控股工业企业实现利润557.32亿元，增长12%；实现税金444.59亿元，增长13.7%。占全市工业税金总额的65.4%。全市工业企业亏损面为17.6%。盈利工业企业盈利额1296.52亿元，比上年增长15.4%；亏损工业企业亏损额209.82亿元，增长12.4%。全年工业企业经济效益综合指数为218.44，比上年提高13.97点。

建筑业保持稳定增长。全年实现建筑业增加值356.23亿元，比上年增长10%。

全市建筑企业全年完成施工产值2107.57亿元，比上年增长11.3%；施工面积14462.5万平方米，增长6.4%；竣工面积5122.77万平方米，增长7.6%。建筑企业按施工产值计算的全员劳动生产率达到人均19.79万元，比上年提高2%。

主要工业产品产量表

产品名称	单 位	产 量	比上年增长（%）
大规模集成电路	亿块	30.44	30.1
发电设备	万千瓦	2944.71	37.7
微型电子计算机	万部	2670.09	22.7
钢材	万吨	2129.78	8.4
汽车	万辆	68.22	40.8
# 轿车	万辆	67.41	40.2
家用洗衣机	万台	288.74	20.5
家用电冰箱	万台	117.41	39.3
彩色电视机	万部	251.67	71.7
原油加工量	万吨	1823.21	−6.8
民用钢质船舶	万总吨	295.48	25.4
发电量	亿千瓦小时	710.96	−2.3

交 通

交通运输、仓储和邮政业发展不断加快。全年实现交通运输、仓储和邮政业增加值683.61亿元，比上年增长13.8%。

客货运输全面增长。全年各种运输方式完成货物运输总量72605.33万吨，比上年增长5.6%。旅客发送总量10205.42万人次，增长7.6%。

国际航运中心建设加快推进。年内洋山深水港二期工程建成并投入运营。全年上海港货物吞吐量达到5.37亿吨，比上年增长21.3%，位居世界第一大港。全年港口集装箱吞吐量达到2171.9万国际标准箱，增长20.1%，居世界第三位。上海浦东、虹桥两大机场全年共起降航班40.95万架次，比上年增长9.2%；进出港旅客达到4601.54万人次，增长11.3%。其中，国内航线进出港旅客2996.76万人次，增长11.9%；国际及地区航线进出港旅客1604.78万人次，增长10.3%。

公交优先战略加快实施，城市交通运营能力不断提高。年内新辟和调整公交线路154条，中心城区新辟公交专用道31.73公里。轨道交通基本网络建设全面推进，年内3号线北延伸、2号线西延伸相继投入试运营。至年末，全市轨道交通营运线路长度达到140.2公里（不包括磁浮线）。至年末，全市公交线路达到944条，公交运营车辆1.7万辆，运营出租车4.8万辆。全年市内公共交通客运量44.71亿人次，比上年增长1.5%。其中，轨道交通客运量6.56亿人次，增长10.4%；公共汽电车客运量27.4亿人次，下降1.5%。

各类民用车辆拥有量继续增长。至年末，全市拥有各类民用车辆238.12万辆，比上年增长7.4%，其中汽车拥有量107.04万辆，增长12.5%。在民用汽车拥有量中，私人汽车拥有量50.94万辆，比上年增长24.2%。

浦东改革开放

浦东新区张家浜一瞥

浦东综合配套改革试点不断深入，浦东新区继续在体制机制改革、扩大开放等方面发挥示范带头作用。新区全年实现增加值2365亿元，比上年增长13.4%（见下表）。陆家嘴功能区域依托金融贸易优势，金融机构加快集聚。至年末，已有380余家中外资金融机构进驻。外高桥保税区现代物流功能进一步拓展。全年物流企业营业收入1771亿元，比上年增长24.1%。外高桥港口货物吞吐量达到11344万吨，比上年增长6.6%；集装箱吞吐量达到1373万国际标准箱，增长7.9%。金桥出口加工区产业功能不断提升。全年完成工业总产值1467亿元，比上年增长15.9%。张江高科技园区以科学城建设为核心，加快推进自主创新示范引领区建设。全年电子信息产品制造业完成工业总产值179亿元，比上年增长37.1%；生物医药制造业完成工业总产值49亿元，增长16.4%。

浦东综合配套改革试点取得积极进展。按照国务院确定的“三个着力”的要求，浦东综合配套改革试点“三年行动计划”60项具体改革事项中，70%已经展开，国家10多个部门在浦东开展了20多项改革试点。浦东新区经过四轮行政审批制度改革，缩减行政审批事项近70%。

浦东新区主要经济指标表

指　标	单　位	绝 对 值	比上年增长（%）
增加值	亿元	2365	13.4
工业总产值	亿元	4760	13.3
固定资产投资总额	亿元	660	-4.8
社会消费品零售总额	亿元	400	13.1
外贸出口总额	亿美元	445	19.5
外商直接投资合同金额	亿美元	48.43	-14.3
外商直接投资实际到位金额	亿美元	32.20	3.5

城市基础设施和房地产

枢纽型、功能性、网络化的城市基础设施建设加快推进。全年完成城市基础设施建设投资1125.54亿元，比上年增长27.1%，占全社会固定资产投资总额的比重为28.7%。其中，交通运输邮电通信投资703.24亿元，市政建设投资249.84亿元，公用事业投资56.23亿元（见下表）。年内铁路上海南站、中环线浦西段等一批重大城市基础设施项目相继建成并投入运营。浦东国际机场扩建工程、上海长江隧桥工程和一批黄浦江越江通道、高速公路等项目加快建设。全市高速公路网通车里程达到581公里。

城市基础设施建设投资表

指　　标	绝对值（亿元）	比上年增长（%）
城市基础设施建设投资	1125.54	27.1
电力建设	116.23	-6.4
交通运输	589.52	52.9
邮电通信	113.72	95.0
公用事业	56.23	36.0
市政建设	249.84	-9.6

公用事业综合服务水平继续提高。全市自来水日供水能力达到1138万立方米。全年全市用电量990.15亿千瓦小时，比上年增长7.4%。至年末，全市家庭人工煤气用户230.02万户；家庭液化气用户260.5万户；家庭天然气用户达到216.9万户（见下表）。

公用事业表

指　标	单　位	绝 对 值	比上年增长（%）
自来水日供水能力	万立方米	1138.00	3.8
自来水售水总量	亿立方米	23.30	2.2
# 生活用水	亿立方米	16.87	2.9
工业用水	亿立方米	6.43	0.2
用电量	亿千瓦小时	990.15	7.4
# 城市居民生活用电	亿千瓦小时	122.37	12.1
煤气销售总量	亿立方米	19.20	-3.7
液化气销售总量	万吨	45.90	1.3
天然气销售总量	亿立方米	22.60	29.1

房地产业保持基本稳定，宏观调控效应不断显现。全年完成房地产开发投资额1275.59亿元，比上年增长2.3%，增幅比上年回落3.8个百分点；商品房施工面积10938.75万平方米，增长4.6%；竣工面积3274.27万平方米，增长5.8%；销售面积3025.4万平方米，下降4.2%，其中商品住宅受配套商品房销售量减少的影响，全年销售面积2615.49万平方米，下降8.1%。而据市房地产交易中心统计，2006年全市市场化新建商品住房成交面积2004.75万平方米，比上年增长0.5%。全年商品房销售额2177.08亿元，比上年增长0.7%，其中商品住宅销售额1841.04亿元，下降3.4%。全年存量房成交过户面积1706.81万平方米，比上年下降13.4%。

科学技术

科技创新体系建设深入推进。年内颁布了《上海中长期科学和技术发展规划纲要》，出台与之相关的“36条”配套政策及实施细则。全年用于研究与试验发展（R&D）经费支出257.8亿元，相当于全市生产总值的比例为2.5%。

全年共取得科技成果1953项。其中，属于国际领先的有250项，达到国际先进水平的有675项。科技创新成效不断显现。全年受理专利申请量3.6万件，比上年增长10.1%，其中发明专利1.21万件，增长15.4%。全年专利授权量1.66万件，比上年增长31.7%，其中发明专利2644件，增长32.4%。53个重大科技攻关项目完成专利申请789件，其中发明专利609件。全年新认定高新技术成果转化项目786项。其中，电子信息、生物医药、新材料等重点领域的项目占84.1%；拥有自主知识产权的项目占98.5%；达到国际先进水平的项目占87.2%。至年末，全市共认定高新技术成果转化项目4327项，其中80%的项目已实现产业化，累计新增产值2864亿元。

R&D支出及其相当于生产总值的比例图

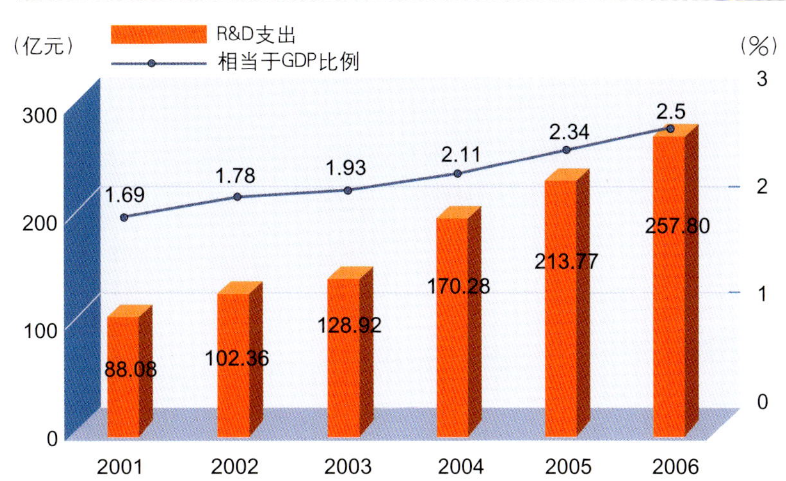

企业自主创新能力不断提高。至年末，全市共有32家国家级企业技术中心和167家市级企业技术中心，其中年内新认定3个国家级企业技术中心。技术交易活跃。全年共签订各类技术交易合同2.82万项，比上年下降6.9%；合同金额344.43亿元，增长48.6%。

人　口

至年末，全市户籍人口1368.1万人。全年出生人口8.12万人，出生率为5.95‰；死亡人口9.8万人，死亡率为7.18‰；人口自然增长率为-1.23‰。至年末，全市常住人口达到1815万人。

环境保护

环境保护取得积极成效。全年用于环境保护的资金投入310.85亿元，相当于全市生产总值的比例达到3.02%。主要污染物排放总量得到控制。全年空气质量优良天数达324天，环境空气质量优良率达到88.8%。全市区域月降尘平均值为8吨／平方公里，比上年下降9.1%。全年建成37.34平方公里“无燃煤区”。污水处理能力达到487.9万吨／日，比上年增加16.9万吨／日；城市污水集中处理率达到71%。全年新增生活垃圾无害化处理能力600吨／日。

城市绿化建设全面推进。全年新建绿地1691公顷，其中公共绿地808公顷。年内相继建成炮台湾湿地公园（一期）、滨江森林公园（一期）、北外滩（置阳段）等一批大型公共绿地。全年新建居住区绿地473公顷。至年末，城市绿化覆盖率达到37.3%，人均公共绿地面积达到11.5平方米。全市有125座城市公园实行免费开放。林业建设平稳发展，年内新增造林面积4394公顷，其中防护林3863公顷。森林覆盖率达到11.6%。

说明：1.本公报数为初步统计数。
2.本公报上海市生产总值、各产业增加值和总产值绝对数按当年价格计算，增长速度按可比价格计算。

环境保护投入连续保持较高水平

2006年，全市环保投入资金约310.85亿元，占同期本市国内生产总值（GDP）的3.02%。其中，城市环境基础设施建设投资为177.81亿元；污染源治理投资为56.37亿元；生态建设投资为6.84亿元；环境能力建设投资为2.80亿元；环保设施运转费为41.65亿元；循环经济及其他方面投资为25.18亿元，分别占总投资的57.2%、18.2%、2.2%、0.9%、13.4%和8.1%。

本市循环经济规划体系和工作推进思路基本形成

2006年，本市编制完成了《上海市循环经济白皮书》，明确了到2020年上海发展循环经济的总体战略、分阶段目标和主要行动。编制了《上海市循环经济试点工作实施方案》，明确了到2008年和2010年两个阶段的主要工作。同时，在能源、土地、水等资源节约领域组织编制了一系列专项规划或政策文件，如《上海市关于进一步加强本市节能工作的若干意见》、《上海市节能“十一五”规划》、《上海市土地资源集约利用“十一五”规划》、《上海市“十一五”节水型社会建设规划》等。本市已基本形成了覆盖资源节约和综合利用各领域，近期、中期、远期相结合的循环经济规划体系和工作推进思路。

上海化工区循环经济示范试点项目启动

位于上海化工区内的人工湿地

2006年，上海化工区建设重点之一“33公顷的大型湿地和7公里长的成片防护林”项目正式启动。

作为全国循环经济30个示范试点之一，上海化工区当年一大亮点就是与联合国环境署商议合作建设的“人工湿地”项目将正式投入建设并使用。在园区东侧圈定的人工湿地，主要起到生态净化废水作用，使区内污水零排放。利用天然河道和栽种的各种植物，“养育”出柔润氤泽的人工生态湿地，芦苇、菖蒲等水生植物先提取废水中的重金属，浮萍、水藻等负责“吞食”水中有机废物，使经过污水厂处理达标的可排放水在湿地植物、微生物和土壤联合作用下进一步净化。经过这一处理后的水质达到或超过地表三类水标准，水质相当于黄浦江上游的取水源。所有处理后的水回用作为工业水源、景观用水和绿化喷灌用水，每天可节省10万吨自然水源。

金桥功能区结合实际构筑现代循环经济体系

上海金桥功能区是浦东新区六大功能区之一，其核心部分即原金桥出口加工区。功能区94平方公里左右的区域内，拥有近300家现代制造企业，其中有名列世界500强的跨国公司78家。2006年，金桥功能区构筑循环经济体系初步形成。

鼓励推广清洁生产绿色认证。至2006年底，全区已有77家企业通过ISO14000环境管理体系认证，多家企业通过了清洁生产审计，或成为“排污绿色等级企业”、“环境保护诚信企业”、“绿色照明节电示范点”等。

推行集中供热，降低能源消耗。以美亚金桥能源公司为中心建立了大型集中供热系统，用户从最初的十几家发展到现在的106家，其中通用汽车、华虹电子、西门子、可口可乐、贝尔、日立、夏普等都放弃了自己独门独户的锅炉，改为集中供热。这样既为各企业节约了大批建锅炉房、堆煤的土地和许多开支，还大大提高了燃料管理水平，并使热能总利用效率提高了30%以上。

推广节水型生产和中水循环利用。区内耗水大户京瓷电子公司、索广电子公司等电子企业，分别选用了上海轻工业研究所理日公司的水处理技术和国外最新水处理技术，使冷却塔用水量减少了40%，生产过程中的废水经过处理后，几乎全部可作为中水进行利用。

建设工业废弃物再生循环利用基地。对区内数量较大的电子废弃物和废矿物油，率先开展了再生资源化。目前电子废弃物拆解系统、废旧电子线路板金属处理系统、废硒鼓墨粉盒处理系统均已投入正常生产。

上海金桥功能区管委会正积极研究设立循环经济发展基金，创建金桥开发区生态工业园，建立“金桥生态俱乐部”，以进一步推进清洁生产、降低水耗能耗和废物资源化等方面的工作，使全区循环经济体系更趋完善，为浦东新区“十一五”期内工业总产值在2005年基数上翻一番、万元GDP综合能耗在2005年0.6吨标准煤基础上再降低25%奠定坚实基础。

Shanghai Environment Yearbook 2007

规划与计划

规 划

市政府批准《上海市城市近期建设规划（2006～2010）》

9月18日，市政府批复原则同意市规划局按照建设部《关于抓紧组织开展近期建设规划制定工作的通知》，结合《上海市国民经济和社会发展第十一个五年总体规划》，组织编制的《上海市近期建设规划（2006～2010）》。

城市近期建设规划总体目标是：贯彻科学发展观，落实“科教兴市”主战略，实现经济社会又好又快发展，办好一届成功、精彩、难忘的世博会，形成国际经济、金融、贸易、航运中心的基本框架，积极推进社会主义新郊区新农村建设，取得社会主义现代化国际大都市建设的阶段性进展，增强国际竞争力，为上海新一轮发展奠定坚实基础。

城乡空间发展规模和布局为：坚持长江三角洲区域联动发展，加强区域城镇群、综合交通、能源、生态环境保护和科技创新服务等方面的规划衔接。在市域范围内，逐步构建中心城、新城、新市镇和中心村四个层次的城乡规划体系，构筑协调有序的城乡空间布局。到2010年，全市常住人口规模预计为1900万人左右，城市化水平约85%。全市城市建设用地约为2160平方公里。

产业发展布局规划是：逐步形成城市创新体系，继续坚持“三、二、一”产业发展方针，优先发展现代服务业和先进制造业，构建现代化农业框架，实现创新融合的产业发展。重点建设外滩—陆家嘴金融贸易区等20个左右现代服务业集聚区，重点发展微电子产业等六大产业基地，确保农业生产用地规模。

城乡发展及资源利用规划为：中心城要坚持“双增双减”，有序推进旧城改造；郊区要坚持“三个集中”，加快推进新郊区新农村建设。全面加强能源供应能力和能源安全保障体系建设，积极开发清洁能源，提高能源利用效率。优化水源地布局，建设青草沙水库，加强水资源综合利用。加强地下空间综合开发和合理利用，推进建设世博会园区、虹桥综合交通枢纽等一批标志性地下空间工程。还提出了绿化系统、生态环境、城市景观和风貌保护、公共服务设施、城市基础设施等规划内容以及规划实施政策。

市政府批准《上海市宝山区区域总体规划（2005～2020）》

宝山区牡丹江路街景

2月21日，市政府批复原则同意市规划局、宝山区政府组织编制的《上海市宝山区区域总体规划（2005～2020）》。该规划是在国务院2005年10月批准长兴、横沙两岛划归崇明，市委、市政府又批准宝山区区域功能定位，市领导圈阅原则同意《上海市宝山区区域总体规划纲要（2004～2020）》，市规划局批准了《上海市宝山区区域总体规划实施方案(2004～2020)》的基础上，结合宝山区近年来经济社会发展以及城市建设的实际情况编制的。

该规划确定宝山的区域性质是：上海北翼连接长江三角洲沿江城市发展带上的重要门户；世界级精品钢制造以及物流等相关产业集聚辐射区；上海国际航运中心的重要组成部分；生态、生活、生产协调发展，具有辅城功能的现代化滨江新区。

发展规模为：至2020年，区域人口总规模为150万人，其中城镇人口约148万人；区域总面积293.7平方公里，城市建设用地规模约232平方公里，其中中心城范围内建设用地为58平方公里。

空间布局为：按照城乡一体、资源共享、协调发展的方针，统筹区域的城镇和产业发展，形成以宝山新城为核心，以“一带、两轴、三片区”为特征轴向带状发展的组团布局结构，即沿长江、黄浦江滨江发展带，以新兴城市功能为重点的东西向综合发展轴和以城镇组团发展为重点的南北向城镇发展轴，以及中心城宝山部分、新城区和北部综合产业区为三个片区。

城镇体系为：规划宝山区域城镇体系由中心城（上海中心城宝山部分）、新城、新市镇和中心村4个层次组成。宝山区外环线以内区域为中心城范围，人口规模约50～55万人；新城规划用地规模约57平方公里，人口规模约60～65万人；新市镇包括罗店镇、罗泾镇、月浦镇，规划建设用地约21平方公里，人口规划约30万人。

产业发展规划为：按照“二、三、一”产业发展方针，以技术创新为主要动力，全面推进产业结构优化、升级、合理布局、集约发展，大力发展循环经济。坚持特大型企业与区域联动发展，重点发展精品钢及其延伸业，培育房地产业、现代生产性服务业和休闲度假相关的产业集群。还提出了综合交通、环境景观、市政设施等规划意见。

市政府批准《崇明三岛总体规划（崇明县区域总体规划）(2005～2020)》

3月27日，市政府批复原则同意市规划局、崇明县政府组织编制的《崇明三岛总体规划（崇明县区域总体规划）2005～2020年》。

该规划明确崇明发展的总体目标：是21世纪上海可持续发展的重要战略空间，要以科学发展观为统领，按照构建社会主义和谐社会的要求，坚持三岛功能、产业、人口、基础设施联动，将崇明、长兴、横沙三岛分别建设成综合生态岛、海洋装备岛、生态休闲岛，依托科技创新，推行循环经济，发展生态产业，努力把崇明建成环境和谐优美、资源集约利用、经济社会协调发展的现代化生态岛区。严格控制城镇人口和建设用地规模。

到2020年，三岛人口规模控制在80万人以内。其中崇明岛人口规模控制在65万人以内，长兴岛规划人口13万人左右，横沙岛规划人口2万人以内。

至2020年，三岛城镇建设用地约为274.6平方公里，占总用地的19.5%左右，农田、林地和水域面积约为1136.4平方公里，占总用地的80.5%左右。大力加强生态保护和环境建设。

按照不同区域的生态保护和发展要求，将三岛划分为四类区域并加强建设控制：永久保护区约占三岛土地面积的55%，此区域内禁止开发建设，只允许进行生态培育和维护；开发控制区约占三岛土地面积的20%，此区域内以生态保护为主，允许在其间进行适度的生产、生活；战略储备区约占三岛土地面积的10%，此区域内为市级重大项目进入三岛预留的发展备用地和为部分城镇、产业区远景发展预留的备用地；适度建设区约占三岛土地面积的15%，此区域内为规划期内的建设发展用地，包括城镇建设用地和产业用地。统筹安排城镇功能和空间布局。

按照城乡统筹、协调发展的要求，三岛规划形成“新城—新市镇—中心村”三级城镇体系。其中，1个新城为城桥新城，规划建设成为田园城市、亲水城市和适居城市；9个新市镇包括陈家镇（东滩）、堡镇、北湖、明珠湖、向化、新河、庙镇、凤凰、新民等；规划形成200个左右中心村。还提出了现代化综合交通体系、市政基础设施建设规划。

市政府批准《上海市南汇区区域规划纲要（2005～2020）》

12月18日，市政府批复原则同意市规划局、南汇区政府组织编制的《上海市南汇区区域规划纲要（2005～2020)》。

该规划的目标定位为：按照上海建设“四个中心”的国家战略要求，聚焦航运中心建设，接轨浦东联动发展，依托深水港、航空港和保税港，全力打造上海国际航运中心核心功能区。以建设现代装备制造业基地为主体，努力发展海洋事业、现代物流产业和都市型农业，建设融生态文化旅游于一体的休闲家园，把南汇区建成富有航运经济特色的现代化海港新城。

发展规模为：规划至2020年，全区常住人口总规模控制在180万人左右，其中外环线以内人口约3万人，区域城市化水平90%以上。南汇区各类城镇建设用地总面积约336.7平方公里，其中外环线以内约6.7平方公里。按照全市“十一五”滩涂资源开发利用与保护规划，统筹促淤圈围和没冒沙水源地实施工程，将促淤113平方公里，圈围约40平方公里。

城镇体系：按照上海郊区“新城、新市镇和中心村”三级城乡体系要求，南汇区规划形成由“1860”三个层次所构成的城乡体系。第一层次为临港新城，是上海郊区重点建设和推进发展的新城之一，是南汇区政治、经济、文化中心，规划城镇总人口约81万人，近期到2010年，人口控制在30万人左右。第二层次为周浦、惠南、祝桥、航头、六灶、新场、大团和老港镇等8个新市镇。其中，重点发展周浦和惠南新市镇，规划成为具有居住、产业、科教、研发、商贸等综合功能的现代城镇，规划城镇总人口约57.5万人。祝桥、航头和六灶镇依托各自的区位优势，重点发展临空产业、商贸物流业和旅游服务业。新场主要加强历史文化风貌保护，建设以水乡古镇旅游业为特色的城镇。大团、老港镇主要建设以特色农业、都市农业及其相关产业为特色的城镇。第三层次为60个左右的中心村，根据农业产业结构调整和土地规模经营要求，规划形成布局均衡、具备生活服务功能的中心村，每个中心村人口规模约为1000～3000人，总人口约11.5万人。

产业发展规划：强化第二产业，坚持改造、提升传统产业和发展高科技产业并重，以信息化带动工业化。重点发展先进装备制造业、电子信息业、汽车及零部件业、医药及医疗器械制造业四大支柱产业，并预留发展航空产业的战略空间。按照“三个集中”要求，加大工业向园区集中力度，提高土地综合效益。提升第三产业，坚持加快发展现代服务业和提升传统服务业并重，加快培育现代物流业、旅游业、商贸业、房地产业四大主导产业。优化第一产业，按照土地利用规划要求，推动农业产业化进程，加快农业结构调整，做好基本农田保护，发展生态化现代都市型农业。

上海临港新城展示中心

生态环境规划：以生态绿化建设为重点，构筑由防护林地、休闲林地组成的生态绿地系统，保护区域的传统特色风貌，塑造滨海特色景观，保护滩涂、湿地资源，形成人与自然和谐的生态环境。规划城镇人均公共绿地在15平方米以上，全区绿化覆盖率大于35%。还提出了社会事业、道路交通规划意见。

市政府批准《金山新城总体规划（2004～2020）》

3月20日，市政府批复原则同意市规划局、金山区政府组织编制的《金山新城总体规划（2004～2020）》。

金山新城规划范围：金山卫镇、山阳镇的莘奉金公路以南行政辖区和石化街道的全部行政辖区，总面积为80.66平方公里。规划人口规模40万人。金山新城城区范围：西至张泾港，北至莘奉金高速公路后退绿地与红旗港，东至龙泉港，南至金卫护城河、卫二路以及杭州湾海岸线，总面积为34.04平方公里，其中城市建设用地30.4平方公里，规划城镇人口规模38万人。

规划功能定位：金山新城是金山区的政治、经济、文化中心；是环杭州湾产业带的重要节点；是具有花园城特色的现代化滨海城市。总体布局：规划沿海滨在莘奉金高速公路以南呈组团式发展，形成“一线两带三区四团”的组团式结构。新城区规划为“一个核心、三个景观轴、三个绿带和六个城市片区”的总体发展结构。

道路交通规划：道路系统由高速公路、城市主干路、城市次干路和城市支路四个等级组成，新城内形成“五横七纵”的干道网系统。还提出了绿化景观、历史文化风貌保护、环境保护和市政基础设施的规划及近期建设规划。

市政府批准《松江新城主城总体规划（2004～2020）》

松江新城绿地

4月17日，市政府批复原则同意市规划局、松江区政府组织编制的《松江新城主城总体规划（2004～2020）》。

规划规模：松江新城是由松江新城主城、九亭和泗泾三个组团形成的组合新城。其中，松江新城主城的规划范围为东起沪松公路、西至油墩、南至沪杭铁路、北至花辰公路，总用地面积60.8平方公里，人口规模60万。松江新城主城的规划功能定位：是松江区的政治、经济和文化中心，要建设成为以科教和创新为动力、以高新技术产业为支撑，以现代服务业为导向的现代化新城，成为接纳上海中心城人口的重要聚居区，重要高等教育基地，适宜居住的生态园林城区，历史与文化相辉映的旅游城区。

规划布局：松江新城主城要形成沪杭高速公路南北新老两片城区的“一城两貌”特色，形成老城商业中心和新城行政中心的“两个中心”，松江大学城“一个专业园区”，嘉松南路－人民路、中山路、中心绿带“三条轴线”以及“七个居住园区”和“十个专业中心”的布局。规划松江新城主城形成五条主干道七条次干道的干道网络，加强主城与两翼产业区以及松江区域的交通联系，加强综合交通规划。要求依托松江区域黄浦江、佘山等自然环境和景观优势，形成传统古镇、现代都市中心、现代科教园等景观区；沿沈泾塘、通波塘等主要河流和嘉松南路－人民路等主要干道，形成景观轴线，布置多个景观节点；规划绿地占城市建设用地比例为23.9%，人均公共绿地21.4平方米。

市政府批准《上海市南桥新城总体规划（2004～2020）》

9月20日，市政府批复原则同意市规划局、奉贤区政府组织编制的《上海市南桥新城总体规划（2004～2020）》。

南桥新城规划范围：北至大叶公路，南至平庄公路，东至金汇港，西至沙港，总面积约84平方公里，规划总人口规模约45万人。其中，南桥新城城区范围为：北至团南公路、奉浦大道，南至A30高速公路，东至金汇港，西至沙港，总面积为34.27平方公里，其中城市建设用地31.9平方公里，规划城镇人口规模40万人。

南桥新貌

功能定位：南桥新城是奉贤区政治、经济、文化中心，是杭州湾北岸滨海城市群的重要组成部分，是具有综合服务功能的现代化新城。

总体布局：以新城主要道路和轻轨交通线及站点为开发导向，以新城内水系为新城空间开发的依托，形成“五心五片区”的布局结构。“五心”分别为公共活动中心、现代服务业集群副中心、商务及文化副中心、商业服务中心和景观休闲中心，“五片区”为老城区、东部片区、西部片区、北部片区和东北片区。

道路系统规划：南桥新城由高速公

路、城市主干路、城市次干路和城市支路四个等级组成，形成“五纵五横”的干道网系统，并预留综合交通枢纽设施的空间。还提出了绿地景观风貌、环境保护和市政基础设施等方面的规划内容。

市政府批准《嘉定新城主城区总体规划（2006～2020）》

9月20日，市政府批复原则同意市规划局、嘉定区政府组织编制的《嘉定新城主城区总体规划（2006～2020）》。

嘉定新城是上海“1966”城乡规划体系中9个新城之一，由主城区、安亭和南翔三个组团构成。新城主城区规模：到2020年，主城区规划范围内实际居住人口约52.5万人，城市建设用地约68平方公里，其中，城镇建设用地约48.8平方公里，人均城镇建设用地93平方米。

主城区功能定位：是嘉定区的政治、经济、文化中心，嘉定新城的主体与核心，重点发展以汽车产业为依托的现代服务业，建设集科研教育、运动休闲、生活居住、商业贸易、文化娱乐、旅游度假和都市工业等功能为一体的现代化城区。

空间布局：主城区以南部城区为核心，形成区域公共活动中心，服务整个嘉定新城，并辐射周边区域；以绕城森林为“环”、以胜辛路、伊宁路－双丁路、练祁河、沪宜路－城中路为“轴”，形成“一环多轴”的城市空间结构。空间上形成北部城区（包括嘉定老城在内）、南部城区、F1体育休闲区、生态文化公园、都市产业区和绕城森林“六大分区”。规划形成四级公共活动中心体系，即南部地区形成区域公共活动中心，老城建成区域副中心，菊园新区北水湾、南门入城口建成地区中心，菊园东、南门、新成、马陆等建为社区中心。还设置F1体育休闲和菊园西商贸服务两个专业中心。环境景观规划：绿化、水系、道路和城市用地有机结合，保证主城区良好的环境品质，创造公共开敞空间。形成“一环、多楔、多廊、多园”的绿地体系。规划至2020年，人均公共绿地面积达到16平方米以上。主城区以区级骨干河道为基础，形成“两环、四射”为主骨架的棋盘式水网格局，分别与市级骨干河道盐铁塘和蕰藻浜相沟通。

历史风貌保护规划：坚持保护和利用相结合，开发与保护并重，继承和发扬历史文化，保护古镇特色。继承并延伸嘉定老城环形加十字的传统空间格局，重点控制西门和州桥两处历史文化风貌区，重点保护嘉定老城内以西门、法华塔和州桥、秋霞圃、孔庙等为核心的四处重点保护区。还提出了综合交通、用地布局、地下空间、城市防灾和市政设施、近期建设等规划意见。

市政府批准《张江高科技园区中区总体规划》

10月3日，市政府批复原则同意浦东新区政府、市规划局组织编制的《张江高科技园区中区总体规划》。

张江高科技园区中区规划范围：华夏中路（规划中环线）以北，罗山路以东，川杨河以南，申江路（规划中环线）以西。规划总用地面积约466.77公顷。

功能定位：规划以商务活动为重点，以科教研发、总部经济为基础功能，将成为具有科技园区特征的服务中心，是张江功能区的重心、区域中心和公共活动中心，实现科研、生活、文化休闲一体化。结构布局：根据功能定位，规划建设以水系、绿化为基调，形成智慧岛、研发区、创业服务区和教育区“一岛三区”为特征的布局结

张江高新技术园区

构。开发控制：按照张江高科技园区的总体定位和要求，规划范围内绿化、道路、水域及市政设施的面积占较大比例，约为总用地的57%，可建设用地面积约201公顷，约为总用地的43%。规划该地区总建筑面积约330万平方米，其中科教研发约300万平方米，商务办公约12万平方米，商业文化娱乐体育约18万平方米。

市政府批准《苏州河滨河地区控制性详细规划》

10月16日，市政府批复原则同意市规划局组织编制的《苏州河滨河地区控制性详细规划》。

规划范围：黄浦江以西、外环线以东苏州河两岸各1～2个街坊，总用地面积约20.17平方公里，河道长度约20.5公里。规划目标：加强苏州河地区空间景观建设，打造安全、舒适、优美的亲水环境，将苏州河建成为水质清洁、环境优美、生活和谐、设施健全的城市休闲景观廊道。

规划基本原则：体现市民化、人性化的特点，重点建设向公众开放的、连续贯通的、具有活力的滨水开敞空间；要挖掘苏州河两岸的自然与人文历史景观资源，加强对历史建筑（群）的保护和利用；优化地区的空间形象，创造丰富而有序的建筑序列；加强滨河地区商务、文化、展示和商业服务等复合型现代服务功能的建设。

用地布局：规划居住用地约685公顷，其中新增住宅用地不高于171.5公顷，新增社区服务设施、基础教育设施用地不低于28.5公顷；规划公共设施用地约348.5公顷，其中新增用地不高于203.8公顷；规划公共绿地311.7公顷，其中新增公共绿地不低于212.3公顷。建筑的退界控制要求：内环线以内苏州河两岸规划建筑后退道路红线10米以上（河南路以东按照历史文化风貌区保护规划执行），长寿路至内环线区段北岸规划建筑后退道路红线20米以上；内环线和外环线之间南岸规划建筑后退苏州河蓝线30米以上（古北路至真北路段后退道路红线30米以上），北岸规划建筑后退苏州河蓝线50米以上。建筑的高度控制要求：在满足机场、微波等高度控制要求的基础上，内环线以内滨河建筑高度不得大于建筑后退河道蓝线距离；内环线和外环线之间建筑高度不得大于建筑后退河道蓝线距离的二分之一。还提出了综合交通设施、市政基础设施、公共服务设施、公共开放空间、公共地下空间、岸线、桥梁和防汛、历史文化风貌保护等专业系统规划。

市政府批准
《黄浦江南延伸段A单元（WS1单元）控制性详细规划》

8月31日，市政府原则同意《黄浦江南延伸段A单元（WS1单元）控制性详细规划》。

规划范围：东起鲁班路，西至规划瑞金南路、日晖港，北临中山南一路，南至黄浦江，总用地面积约53.4公顷。总体布局和开发控制要求。A单元规划形成滨水活动丰富、生态环境良好的现代服务业和居住功能并重发展的综合区。规划以中部滨水公园为核心，沿瑞金路南端形成商业办公区，沿黄浦江结合公共绿化带，形成滨水开放空间和休闲商业娱乐区，地区东部和北部为滨江生活区。规划总建筑面积约75.5万平方米，其中住宅建筑面积约41.7万平方米。结合项目实施，进一步完善落实社区公共服务设施。

绿地布局和空间景观规划：结合道路、公共步行通道和滨水公园，规划滨江绿带和垂直岸线的公共绿地和景观通道，加强滨江绿化景观向基地内部渗透。规划公共绿地面积不小于8.75公顷。从黄浦江向中山南一路，滨江绿带中的建筑控制在10米；临绿化带第一层面建筑高度一般不超过30米，形成向北依次升高的滨江建筑界面。结合项目建设，加强城市设计引导，严格控制沿江建筑高度，形成良好的滨江界面景观。还提出了道路交通、基础设施规划。

市政府批准《吴泾工业区环境综合整治实施规划》

1月20日，市政府批复原则同意市规划局会同市经委、市环保局编制完成的《吴泾工业区环境综合整治实施规划》，并要求抓紧实施，加快吴泾工业区的环境综合整治。

总体要求：以树立和落实科学发展观，促进区域的协调发展为核心，统筹考虑吴泾地区的规划结构、功能布局、产业发展和环境整治。按照全面改善区域环境质量的总要求，综合考虑产业调整、污染治理、居民搬迁、绿化建设和环保监管等多项措施，逐步形成吴泾地区经济、社会、环境和谐发展的新格局。

规划原则：强化环境治理，控制污染源头；深化结构调整，推进循环经济；完善功能布局，优化空间结构；阶段目标明确，强调实施操作；研究配套政策，形成推进机制。

规划范围：吴泾工业区规划范围保持不变：东起黄浦江；北抵双柏路、龙吴港务公司；西至虹梅南路；南达放鹤路，总占地面积11.94平方公里。在此基础上在外围增设约12平方公里的控制保护区域，形成吴泾工业区环境综合整治结构规划范围：东起黄浦江；北抵金都路；西至莲花路；南达剑川路，总面积约24平方公里。

环境保护目标：2007年，吴泾地区环境质量基本满足相应功能区要求，环境空气中主要污染物达到国家环境空气质量二级标准，基本消除工业废水排放对地表水的影响。2008~2010年，按照2010年上海世博会对城市环境质量的总体要求，全面推行清洁生产，建立长效环境管理机制，工业区全面实现污染源达标排放。2010年，吴泾地区环境质量全面改善，环境空气质量全面达到国家环境空气质量二级标准，全面消除工业区企业特征因子对地表水的污染。

用地布局规划：为进一步完善资金平衡方案，加快吴泾工业区环境综合整治的推进实施，本着既要体现高起点又要考虑可操作性的原则，本次规划将原规划的部分用地进行了适当调整。调整后吴泾工业区公共设施用地为25.1公顷，占总用地的2.1%；工业用地为688.2公顷，占总用地的57.4%；仓储用地91.7公顷，占总用地的7.7%。绿化用地为242.8公顷，占总用地的20.2%；道路用地为107.1公顷，占总用地的8.9%。还提出了产业结构调整目标、规划建设目标、道路系统、市政基础设施等规划。

市政府批准《上海市公共厕所规划纲要》

3月20日，市政府批复原则同意市规划局组织编制的《上海市公共厕所规划纲要》。

公共厕所现状分析：2004年初，上海市共有公共厕所3781座，其中中心城1601座，郊区2180座，平均每万城市居民拥有2.22座，低于全国平均每万城市居民拥有3.18座公共厕所的平均水平，也低于北京和广州等其他大城市的水平。在布局方面，目前主要存在大型商业步行街、商场、娱乐场所等公共活动中心和公共交通枢纽站点等地区用厕不方便，公共厕所配置相对缺乏；公共厕所在地域空间的分布不均衡，浦西内外环之间和浦东地区部分新建地区存在服务盲区；厕所导向标志设置位置不合理，不易寻找等问题。

规划总体目标：到2020年，根据城镇布局和人口分布，按照科学的服务半径，合理安排公共厕所的空间布局，建立统一规范的公厕标志，形成布局合理、使用方便、形象优美、整治有序的公共厕所服务体系。

公共厕所规划布局的原则：“总量合理，明确重点；就近服务，便民利民；规划指导，确保落地”。公共厕所布局要与市民公共活动特征相适应，原则上按照300米左右的服务半径，步行3～5分钟左右能到达，并重点增加公共交通枢纽和公共活动区域的公共厕所配置。

规划布局：1.结合城镇人口布局和使用特点，合理确定规划总量。规划中心城公共厕所2407座，新城、新市镇规划公共厕所3960座，每个中心村至少建设1个公共厕所。全市域规划建设公共厕所总量约7000座。2.按照不同人流密度和活动类型，分别制定配置标准。在中心城公共交通枢纽地区，规划公共厕所约600座，其中轨道交通站点387座。火车站、长途客运站、客运码头、主要公交始末站和停车场库等人流量大的地区，应按实际需要，加强公共厕所的配置，多线换乘的轨道交通站点按照线路数量配置公共厕所。出租车营运管理站应设置公共厕所。在中心城公共活动区域，例如市级商业中心、城市副中心等公共活动区域，按照200米服务半径设置，步行约3分钟到达，规划公共厕所约300座。居民生活区，按照300～400米服务半径设置，步行约3～5分钟到达。内环线以内规划约400座，内外环之间约800座。在工业生产区域和绿化休闲区域，适当布局公共厕所，步行约8～10分钟到达。在郊区新城、新市镇（包括配套商品房基地），按照300米服务半径配置，规划总数约3960座，其中郊区新城约2200座。在中心村，每处至少设置一座公共厕所。3.按照网格化管理的要求，明确公共厕所规划数量的分解。中心城将规划公共厕所的数量落实到242个中心城控制性编制单元。4.明确建设标准，规划中心城每座公共厕所建筑面积约60～100平方米，郊区为50～80平方米，在重点区域、人流密集的区域，按照有关标准，相应提高建设规模。近期建设规划：2007年，重点做好交通枢纽站点、公共活动中心的公共厕所建设，中心城内环线以内地区满覆盖，内外环线之间达到70%覆盖率，郊区各区县达到50%覆盖率。2010年举办世博会时基本实现规划纲要确定的规划目标，其中中心城实现覆盖。还提出了公共厕所设置导则。

市政府批准《上海市综合客运交通枢纽布局规划》

12月23日，市政府批复原则同意市规划局、市交通局组织编制的《上海市综合客运交通枢纽布局规划》。

规划编制目的：进一步构筑长江三角洲大都市交通圈，把上海建成“四个中心”和现代化国际大都市，进一步完善网络化、功能性、枢纽型的城市综合交通体系，促进公交优先发展，必须配合城市发展进程，统筹规划，适时建设，建立布局合理、结构完善的综合交通枢纽系统，促进交通、土地资源的合理配置和综合利用。规划原则：坚持科学发展观，将先导性和可操作性相结合的原则；坚持以人为本、系统衔接、方便换乘的原则；坚持因地制宜，集约利用土地的原则；坚持条块结合的原则。

综合交通枢纽梳理分类和基本布局：本次枢纽布局规划在市域范围内选择了145个枢纽站点，根据枢纽承担的交通功能和规模大小，分为A、B、C、D四类。

上海南站

A类：以大型对外交通设施为主体的综合交通换乘枢纽，共5个。以航空、铁路等大型对外交通设施为主，配套设置轨道交通车站、公交枢纽站、社会停车场、出租车营运站等市内交通设施，形成的市内外综合交通枢纽。全市共形成虹桥综合交通枢纽、浦东国际机场、铁路上海站、铁路上海南站和铁路浦东客站枢纽共五个一体化市内外综合交通换乘枢纽。

B类：以轨道交通设施为主体的综合交通换乘枢纽，共88个。以轨道交通车站为主，结合常规公交站点、出租汽车营业站、社会停车场和长途客运站等其他交通设施，形成的综合交通换乘枢纽，也包括单纯的大型常规公交始末换乘站。根据不同的客流规模，又细分为两类：B1类：以三线及三线以上轨道交通换乘站为主体的大型枢纽15个。B2类：其他以轨道交通站点为主体的中型枢纽73个。

C类：以大运量公交和机动车换乘为主体的停车换乘枢纽，共37个。在靠近主要公路和轨道交通站点的区域设置大中型社会停车场，提供优惠的停车收费条件和便捷的换乘条件，适当截流进城机动车，形成C类停车换乘枢纽。

D类：以单纯常规公交换乘站点为主体的小型枢纽，共15个。这类枢纽通常是距离轨道交通站点较远的、多条常规公交线始末站集中布局而形成的枢纽，例如：军工路枢纽、南浦大桥枢纽等。

上海市综合客运交通枢纽在“十一五”期间规划建设完成60个，其中包括A类枢纽3个（虹桥综合交通枢纽、浦东国际机场枢纽和铁路上海站枢纽）；B类枢纽36个、C类枢纽16个、D类枢纽5个。加上目前已建成的枢纽24个，到2010年，本市共建成综合交通枢纽84个。

规划管理

太湖流域规划和前期工作会议在沪召开

2月26日，太湖流域规划和前期工作会议在上海召开。会议标志着第二轮治理太湖工作的帷幕已经全面拉开。水利部副部长翟浩辉出席会议并作重要讲话。水利部有关部门领导到会指导。太湖局局长主持会议并作了会议总结。

东太湖综合整治规划完成

1月14～15日，水利部太湖流域管理局在江苏吴江组织召开了东太湖综合整治规划编制工作领导小组第一次会议，标志着东太湖综合整治规划编制工作正式启动。领导小组和办公室成员及江苏省水利厅、江苏省环境保护厅、江苏省太湖渔业管理委员会办公室、苏州市人民政府、吴江市人民政府、吴中区人民政府、苏州市水利（水务）局、吴江市水利局、吴中区水利局、上海勘测设计研究院等单位的代表参加了会议。

东太湖是太湖东南部的一个湖湾，位于江苏省苏州市境内，是太湖重要水域之一，具有蓄泄洪水、向下游地区供水和水产养殖等多种功能。东太湖是太浦河、吴淞江等重要河流的源头，是太湖洪水的主要下泄通道，也是下游淀泖区、嘉北地区以及上海市的主要水源地。

目前，东太湖东茭嘴至太浦河进口段水质基本为Ⅲ类，太浦河以北湖区水质逐步变差，为Ⅳ类、Ⅴ类，甚至劣Ⅴ类，围垦、围网养殖污染是主要原因。由于围垦、围网养殖等人类活动影响，东太湖生态系统遭到破坏，生物物种多样性减少，沼泽化进一步加剧，湖泊消亡特征明显。

东太湖综合整治规划，按照人与自然和谐相处的总体要求，采取退垦还湖、退渔还湖、行洪供水通道疏浚、污泥生态疏浚和生态修复等措施进行湖泊综合整治，修复东太湖生态系统功能，减缓湖泊沼泽化进程，保护湖泊水域空间，维护东太湖生命健康。满足流域防洪减灾、生态环境保护和水资源可持续利用需要，促进流域经济社会可持续发展。

2006年7月，《东太湖湖面利用调查报告》完成，并通过了领导小组审查。2006年9月，《东太湖综合整治规划总体布局方案》完成；2006年12月上旬，就规划关键问题基本达成一致意见。

《上海市环境保护和生态建设“十一五”规划》（草案）编制完成

按照2005年3月市政府对全市“十一五”规划编制工作的部署，上海市环保局随即开展了上海市“十一五”重点专项规划之一——《上海市环境保护和生态建设“十一五”规划》（以下简称《规划》）的编制工作。2006年12月编制完成了《规划》（草案），市发展改革委组织专家对《规划》进行了评估论证。

一、《规划》指导思想和基本原则

《规划》的指导思想概括为“三个转变”、“四个有利于”和“四个坚持”。温家宝总理在第六次全国环境保护大会上提出，做好新形势下的环保工作，关键是要加快实现“三个转变”（一是从重经济增长轻环境保护转变为保护环境与经济增长并重，在保护环境中求发展；二是从环境保护滞后于经济发展转变为环境保护和经济发展同步，努力做到不欠新账，多还旧账，改变先污染后治理、边治理边破坏的状况；三是从主要用行政办法保护环境转变为综合运用法律、经济、技术和必要的行政办法解决环境问题，自觉遵循经济规律和自然规律，提高环境保护工作水平。）韩正市长在2003年9月第二轮环保三年行动计划实施之初，提出了上海的环境保护和环境建设工作要着眼于实现城市发展总体目标，要做到“四个有利于”（有利于城市布局的优化，有利于产业结构的调整，有利于城市管理水平的提高，有利于市民生活质量的改善。）2006年8月上海市人民政府颁发的《关于贯彻<国务院关于落实科学发展观加强环境保护的决定>的意见》中，提出的要做好环境保护工作的方针是“四个坚持”（必须坚持标本兼治、重在治本，强化从源头上防治污染和保护生态；坚持城郊并举、重在郊区，强化郊区环境保护和生态建设；坚持基础设施先行、体制机制支撑，强化环保长效机制建设；坚持严格监管、严厉处罚，强化环保执法。）

结合上海环境保护的当前形势和长期的工作实践，《规划》确立了“十一五”期间环境保护的基本原则，即“多还旧账，不欠新账；以人为本，环境优先；创新机制，强化监管；突出重点，确保实效”。

二、《规划》目标与指标

“十一五”环境保护目标，涵盖了环境保护与生态建设的四个不同层次，即环境基础设施、环境污染治理、环境监管体系、环境质量改善，与其对应的目标能够普遍被公众所接受，已经成为上海市贯彻《国务院关于落实科学发展观加强环境保护的决定》的意见中的“十一五”环境保护目标：

整治后的大淀湖

到2010年，基本建成生态型城市框架体系，以良好的环境质量迎接世博会的召开。环境基础设施较为完善，形成全市环境保护总体格局，城市发展更和谐；环境污染得到有效治理，大幅度削减污染物排放总量，城市环境更安全；环境监管体系不断完善，环保监督执法能力得到提升，城市管理更科学；环境质量进一步改善，城市生态与人居环境健康舒适，城市生活更美好。

《规划》中最终确定的环境保护指标有12项，包括了水环境和大气环境质量、环境污染

治理、环境监管、总量控制、节水和环保投入等方面的内容，其中5项为预期性指标，7项为约束性指标，具体为:

1. 环境空气质量优良率85%以上（预期性）;
2. 饮用水源地水质达标率90%以上（预期性）;
3. 城镇污水处理率80%以上（约束性）;
4. 工业区污水集中处理率95%以上（约束性）;
5. 生活垃圾无害化处理率80%以上（约束性）;
6. 环保重点监管工业企业污染物排放稳定达标率95%以上（约束性）;
7. 机动车环保定期检测率80%以上（预期性）
8. 建成区全面建成“扬尘控制区”，郊区建成“烟尘控制区”;
9. 化学需氧量排放总量控制在25.9万吨（约束性）;
10. 二氧化硫排放总量控制在38万吨（约束性）;
11. 万元生产总值用水量下降率16%（预期性）;
12. 环保投入相当于全市生产总值比值3%（预期性）。

三、《规划》主要任务与重点实施工程

“十一五”期间《规划》的主要任务有六项:

一是完善环境基础设施，保障经济社会持续发展。主要内容包括: 城镇污水治理设施建设与完善、生活垃圾无害化处置设施建设、工业固体废物收集处置系统建设、工业区环境基础设施建设。

二是控制环境污染排放，促进经济增长方式转变。主要内容包括: 污染物排放总量控制、水环境污染源治理、大气环境污染源治理、机动车尾气污染控制、固体废物减量化与资源化、危险废物污染防治、核安全和辐射环境监管。

三是深化环境综合整治，解决突出环境问题。主要内容包括: 水源地环境保护、河道整治与生态修复、噪声污染防治与餐饮业整治、重点区域环境整治。

四是加强生态环境保护，促进人与自然和谐。主要内容包括: 城市生态建设、农村生态建设、自然生态保护、崇明生态岛建设。

五是推动循环经济发展，建设环境友好型城市。主要内容包括: 大力促进循环经济发展、全面推行清洁生产和清洁能源、强化环境准入和淘汰制度、积极发挥典型示范作用。

六是强化环保能力建设，提高环境管理水平。主要内容包括: 环境质量监测能力建设、污染源监控和执法能力建设、突出性环境污染事故应急监控能力建设、环境监测实验室能力建设、环境管理信息化建设。

围绕上述六项规划主要任务，以第三轮环保三年行动计划明确的重点项目为基础，《规划》从水环境治理与保护、大气环境治理与保护、固体废物利用与处置、工业污染治理与循环经济发展、农业污染治理与农村环境保护、生态保护与崇明环境基础设施建设、环保能力建设工程等七大领域，提出了37项“十一五”期间重点实施工程。

苏州河西藏路桥远眺

启动饮用水水源地环境保护规划编制工作

本市饮用水水源地环境保护规划的编制工作由上海市环境科学研究院牵头承担。2006年，该院已初步制订了编制工作方案，并已派员参加了国家环保总局在南京举办的《全国饮用水水源地环境保护规划》编制技术培训，规划编制工作已正式启动。

为贯彻落实《国务院关于落实科学发展观加强环境保护的决定》和国务院《研究饮用水安全有关问题的会议纪要》精神，切实加强饮用水水源保护和水污染防治工作，国家环保总局决定在全国范围内开展《全国饮用水水源地环境保护规划》编制工作（以下简称《规划》）。该工作旨在进一步掌握饮用水水源地环境状况，加强饮用水水源地污染防治和管理能力建设，建立完善水源地保护相关技术方法、法律法规，解决目前危害饮用水安全的重大问题，切实推动我国饮用水水源地保护工作的全面开展，并为后续饮用水水源地保护的各项工作奠定基础。各省（自治区、直辖市）的规划编制工作要求于2007年9月完成，整个《规划》的编制工作将于2007年12月完成。

《规划》的主要内容包括: 1.以饮用水水源地环境基础情况调查为基础，评价饮用水水源地环境状况; 2.全面核定已经划分饮用水水源保护区的水源地，补充划分没有划定保护区的饮用水水源地，为规划方案提供基础; 3.制定饮用水水源地环境保护规划方案，主要包括集中式饮用水水源地污染控制工程规划、管理能力建设规划、工程实施效益评估等，并在典型区进行技术示范。

本市严控历史文化风貌区核心保护范围内新建、扩建工程

优秀历史建筑维护

12月14日，市规划局为严格实施《上海市历史文化风貌区保护规划》，进一步加强历史文化风貌区的保护工作，针对目前历史文化风貌区核心保护范围内出现新建、扩建地下室的问题，印发《关于严格控制本市历史文化风貌区核心保护范围内新建、扩建地下室规划管理的若干意见》。

“意见”明确规定: 凡列入各级文物保护单位、上海市优秀历史建筑名单的建筑底部，以及已建公园地下，不得新建、扩建地下室; 严格控制利用建筑的庭院新建、扩建地下室，确因建造建筑附属设施需要新建、扩建地下室的，地下室的离界退让和建筑间距必须符合《上海市城市规划管理技术规定》的控制要求; 经批准以拆除重建方式改造的建筑，确因建筑附属设施需要设置地下室的，应符合地下室离界退让要求，且地下室范围一般不得超过地上建筑的占地范围; 确因建造建筑附属设施需要设置地下室的建设工程，建设单位应当处理好与周边建筑、设施、绿化等相邻关系，不得破坏历史风貌。

城市雕塑规划建设积极推进

2006年，按照《上海市城市雕塑总体规划》和《关于推进上海市城市雕塑的若干意见》，全面开展上海市区县域城市雕塑布局规划的编制、审批工作。19个区县的城市雕塑布局规划中期成果评审工作已基本完成，绝大部分区县已进入深化阶段，其中，卢湾、青浦、黄浦、虹口、宝山等区的城市雕塑布局规划已经市城雕办、市规划局批准。

积极推进各重点项目的规划编制，市城雕办与市世博局共同研究、主持完成了世博园区城市雕塑总体规划编制及审批工作，正逐步推进规划的实施。静安雕塑公园（暂用名）、闸北区大宁灵石“寓言雕塑”主题公园、杨浦

区新江湾城雕、松江区上海市残疾人综合基地中外残疾名人雕塑园建设项目等已完成规划编制，正在积极推进实施。

长寿绿地雕塑主题公园

全年全市建成了长寿绿地以“和谐、具象”为主题的雕塑公园项目18座，延虹绿地大型城市雕塑“花树”1座，临港新城南汇嘴“观海公园”主题雕塑司南及南汇嘴围海造田英雄事迹的雕塑10座等，共新建城市雕塑215座。正在规划建设的有上海静安雕塑公园、大宁灵石“寓言雕塑公园”、特奥会运动员村（松江）残疾名人雕塑、黄浦区“爱恩斯坦”雕塑等。在上海城市雕塑艺术中心成功举办了“2006年迎世博，春季邀请展——‘雕塑让生活更美好’”、“罗丹雕塑艺术展”。

市容环卫专业规划组织编制

2006年，市市容环卫局组织编制《虹桥综合交通枢纽地区市容环卫专业规划》，根据虹桥综合交通枢纽地区总体规划方案的调整优化，已完成修改稿上报市建委。并就垃圾气力输送规划方案，组织编制专题材料与虹桥枢纽建设指挥部多次沟通。组织对世博会地区市容环卫专业规划的修改完善，积极争取、协调世博会地区各类环卫基础设施的规划落地。完成《崇明岛固体废弃物处置发展规划》编制，并通过专家评审；完成《崇明县城市保洁专业规划》初稿的编制和专家论证；完成《崇明县市容景观建设与管理规划》初稿编制。

计 划

2006年第三轮环保三年行动计划开局良好

2006年，在市委、市政府的高度重视和全社会共同努力下，第三轮环保三年行动计划启动情况良好，实现了年度节点目标。第三轮环保三年行动计划的启动实施具有四大特点：

一是开局良好，第一年项目启动率达到90%以上。1月12日，市政府召开了动员大会，以市政府、市政府办公厅两个1号文形式，明确了第三轮环保三年行动计划的目标和主要任务，安排了254个项目。其中156个重点建设项目中的16个项目已竣工，83个项目已开工，48个项目已经完成立项，分别占重点建设项目总数的10%、53%和31%；98个管理型项目中的16个项目已完成，其余项目正在按照节点有序推进。19个区县的项目启动情况良好。

二是进展顺利，三分之二的重点建设项目已经开工。工业污染治理专项组开工率超过85%，30%已竣工；生态保护专项组开工率超过70%，水环境治理专项组和大气环境治理专项组开工率超过50%。城市污水处理厂建设稳步推进。竹园第二污水厂土建主体工程已建成，竹园第一污水处理厂和白龙港污水处理厂改扩建工程正在积极准备开工；郊区建成了嘉定北区、青浦西岑、金泽、临港新城、金山朱泾、新江等6座污水处理厂，新增污水处

老港垃圾填埋场污水处理设施

理能力16.9万吨/日。燃煤电厂烟气脱硫工作开局良好。外高桥电厂1号、2号机组和宝钢电厂2号机组的烟气脱硫工程已投入试运行，申能星火、上海石化、外高桥电厂、华能石洞口一厂、石洞口二厂、吴泾第二热电厂等6个电厂的烟气脱硫工程已经开工；其余电厂烟气脱硫工程的开工建设也在积极准备之中。工业污染治理取得重大成效。吴泾工业区整治工作进展顺利，关停了焦化厂1号焦炉、上海白水泥厂和上海碳素厂重污染生产线。郊区工业区污水集中治理工作取得重大成效，78%的工业区管网基本完善，新增管网覆盖面积120平方公里，污水集中处理率达到80%；松江、青浦、嘉定三个区工作进展较快。

三是科技创新，政策引导项目安排更加科学。市发改委、市财政局等部门制定了燃煤电厂脱硫、吴泾工业区环境综合整治、郊区污水管网建设、工业区内企业污水纳管、水源保护区污水厂运行、外环生态专项和公交车提前实施"国三"标准等相关政策。市法制办牵头出台了《上海市医疗废物管理办法》，开展了"大气法"实施办法调整的立法调研。市科委组织力量，制定和落实了《崇明生态岛建设科技支撑方案》，基本建成了"上海市崇明生态科技创新基地"，开展了水环境生态修复和城镇生态型污水处理技术等研究，组织开展清洁能源替代、清洁生产、生态建筑、生态农业、电厂脱硫副产品和电子废弃物资源化利用等关键技术的攻关和示范，加强了环境监管能力建设。

四是重在实效，环境建设更加注重工程效益。环境基础设施更趋完善。新增污水处理能力16.9万吨/日，建成污水收集管网长度约280公里；新增生活垃圾处理能力200吨/日；外环生态专项已建成160公顷，郊区建成2000多公顷生态公益林。环境质量得到改善。水环境质量逐步改善，突出表现在苏州河下游水质与上游基本持平，黄浦江取水口水质优于上游来水。空气质量保持优良水平，新增1677平方公里烟尘控制区和225平方公里扬尘控制区，中心城区实施了高污染车辆限行措施，空气质量优良率为88.8%，连续四年保持在85%以上。环境监管进一步加强。建成重点监管企业污水排放实时在线监测系统，市级水环境重点监管企业排放达标率达到90%以上，提高了10个百分点；市级大气重点污染源排放达标率达到84%，提高了26个百分点。区县环境保护结出硕果。闵行区创建成全国第一个地级生态区，浦东新区创建成国家环保模范城区，青浦、嘉定、宝山、浦东新区有7个镇通过了全国环境优美乡镇的考核验收。

整治"乱设摊"三年行动计划编制完成

为进一步加强对中心城区乱设摊问题的综合整治，市市容环卫局开展了为期一年多时间的专题调研，编制完成了《2006～2008年本市中心城区综合整治乱设摊工作实施方案》，经市政府常务会议讨论通过并施行。

多年来，全市城管执法中乱设摊案件数量居各类案件之首。仅2005年，各区城管大队处罚乱设摊案件就达13万多起，占执法案件总数的40%;市容和城管服务热线接到市民反映乱设摊投诉1万多个，占整个市容和城管投诉总量的30%。

此次综合整治乱设摊方案以"标本兼治、重在治本，堵疏结合、因势利导，条块结合、以块为主"为原则，实行差别管理，分类整治。通过3年努力，达到严禁新设摊，严管流动设摊、跨门营业，逐步解决现有设摊问题，进一步提升上海市容环境整体水平的目标。用三年时间(2006～2008年)，全面遏制中心城区乱设摊、跨门营业现象，主要道路、重点地区无乱设摊、无跨门营业现象。2006年，中心城区的严禁区域做到基本消除乱设摊、跨门营业；2007年，中心城区的严控区域做到基本无乱设摊、无跨门营业；2008年，严禁、严控区域整治乱设摊工作形成长效管理机制，中心城区乱设摊、跨门营业得到全面有效整治。

法制建设

立　法

《上海市环境保护条例》正式实施

《环保条例》实施工作座谈会

2005年10月28日，上海市十二届人大常委会二十三次会议审议通过《上海市环境保护条例（修订草案）》（以下简称《环保条例》）。该《环保条例》自2006年5月1日起施行。

2006年4月27日，市人大城建环保委组织召开了《环保条例》实施工作座谈会。市人大常委会副主任刘伦贤出席会议并讲话，市环保局作了《环保条例》实施准备工作的发言，市政府有关部门作了交流发言。市人大常委会副主任刘伦贤指出，环境保护涉及方方面面，仅靠环保部门一家是远远不够的。有关部门要分工协作、各司其职，依法做好环境保护工作。市环保局要履行好统一监督管理的职责，组织好《环保条例》的实施工作。及时出台有关规范性文件，保障《环保条例》的贯彻实施；完善管理制度，强化执法能力，加大环境执法的力度。在《环保条例》实施中遇到有关问题，要及时向市人大常委会报告。

座谈会就《环保条例》的贯彻实施工作提出了两点要求：

一是要深刻认识实施《环保条例》、加强环境保护的重要意义。实施好新修订的《环保条例》是本市贯彻科学发展观，转变发展思路，实践可持续发展的一项重要举措，也是本市改善环境质量，保护市民健康的民心工程。贯彻《环保条例》，要把环保工作作为转变增长方式、调整产业结构、优化生产布局的重要手段，通过落实环境评价制度、完善环境标准、严格环保准入等多种措施，加快淘汰高污染劣势企业，保障市民环境安全，促进上海环境质量的进一步改善。

二是各部门要团结协作，贯彻实施好《环保条例》，推动上海环保工作再上新台阶。各级政府要着力按照《国务院关于落实科学发展观加强环境保护的决定》和《环保条例》的要求，落实环境目标责任制，加大环境保护投入，对本区域的环境质量负责；实行环境保护行政首长负责制，把环境保护作为向人大述职的重要内容。有关部门要分工协作、各司其职，依法做好环境保护工作。市环保局要履行好统一监督管理的职责，组织好《环保条例》的实施工作。企业界要以高度的社会责任感，积极落实各项环保管理制度，争创绿色楷模；全体市民要关心身边的环境，积极参与环境管理和建设；广大媒体继续关注环境保护，宣传环保先进、曝光违法企业，形成全社会支持环保工作的良好舆论氛围。

新修订的《上海市环境保护条例》体现四方面创新

2005年10月28日，上海市十二届人大常委会二十三次会议审议通过了《上海市环境保护条例（修订草案）》，决定自2006年5月1日起施行。这标志着列入本市第二轮“环保三年计划”的《上海市环境保护条例》（以下简称《环保条例》）的修订工作，经过两年多努力，得以圆满完成。

《环保条例》以科学发展观为指导，以促进可持续发展为目的，明确“坚持环境保护与经济、社会发展并重的方针，实行环境与发展综合决策，促进循环经济发展，实现经济效益、社会效益和环境效益的统一”作为指导思想，做到了“政府监督、企业自律、市场规范、公众参与相结合；前瞻性、针对性、可操作性相统一”，以强化污染源头控制、规范企业行为、解决“执法难”的问题。

《环保条例》共六章六十条，主要内容和创新体现在以下四个方面：一、进一步规范了政府行为，强化统一监督管理职能。明确了政府的环境保护职责；强调了环保部门统一监督管理职能；强化了环保部门的层级监督。二、注重环境污染的源头控制，突出规划、区划的龙头作用。一是突出环境规划的整体性；二是进一步明确了环境功能区划的法律地位；三是对开发区和居住区的环境基础设施建设与预防污染作出了规定；四是明确了防止环境污染事故和应急处置的有关要求。三、规范企业排污行为，加大违法行为惩治力度，缓解环境执法难问题。一是明确了环保设施运行管理的要求；二是规范企业的排污口设置和使用；三是规定了企业报告污染物排放状况的义务；四是对部分违法行为直接设定罚则，以缓解“取证难”问题；五是明确在线监测的法律地位；六是赋予环保部门暂扣、封存权；七是明确环保部门可公布违法排污单位名单。四、完善环境法律制度，弥补管理真空，提高法规的可操作性。一是完善了建设项目试生产和竣工验收制度，明确了在建设项目试生产或者试运行期间的排放要求，补充了阶段性验收的规定，赋予了环保部门在审批阶段对不达标项目的否决权；二是完善了排污许可制度，进一步明确了排污许可证的法律地位、无证排污的法律后果，以及核发主体及内容；三是完善了限期治理制度，明确了限期治理期限及期间的排放和监督要求。

地方性法规提高环保类规章设定的罚款限额

8月11日，市人大常委会发布《关于修改<上海市人民代表大会常务委员会关于市人民政府制定规章设定行政处罚罚款限额的规定>的决定》，将市政府规章设定的涉及生态环境保护方面违反行政管理秩序行为的罚款上限，从原来的3万元提升到10万元。

市政府发布《上海市医疗废物处理环境污染防治规定》

市政府于2006年11月2日发布了《上海市医疗废物处理环境污染防治规定》（市政府令第65号），自2007年3月1日起施行。

该规定在国务院发布的《医疗废物管理条例》以及其他有关规定的基础上，结合本市实际情况，进一步强化了医疗废物污染防治的全过程控制、集中处置和监督管理。

该规定有以下特点：一是在《医疗废物管理条例》规定的基础上，进一步细化和完善了覆盖医疗废物产生、收集、包装、临时贮存、收运、处置各环节全过程管理的具体操作规范和管理要求。二是进一步细化了医疗废物集中处置的相关规定，划定了集中处置的具体实施范围，明确对医疗废物集中处置实施特许经营，并要求集中处置单位根据医疗废物的处置规范，配备完善的医疗废物收运、处置设施，统一收运、处置医疗废物。三是进一步强化了医疗废物若干监督管理制度，完善了申报登记、转移联单、在线监控和应急管理等制度，并提出了具体的要求。

市政府出台危险化学品安全管理办法

市政府发布的《上海市危险化学品安全管理办法》（市政府令第56号），自2006年4月1日起施行，原《上海市化学危险物品安全管理办法》、《上海市化学危险物品生产安全监管办法》同时废止。

该办法在国家《危险化学品安全管理条例》和有关规定的基础上，对生产、经营、储存、运输、使用危险化学品和处置废弃危险化学品提出了具体的要求。其中，与环境安全相关的主要有以下几方面的规定：一是在危险化学品生产、储存单位选址方面，规定新项目应在工业园区或者其他专业区域建设，现有生产装置或者构成重大危险源的储存设施应当按规划向工业园区或者其他专业区域集中。二是在废弃危险化学品处置方面，明确危险化学品单位应当及时自行处置或者委托有资质的专业单位代为处置；对于有关部门在行政管理活动中发现、收缴的废弃危险化学品，由发现、收缴的部门委托有资质的专业单位处置；对于公众上交的废弃危险化学品，由公安部门依法接收，并委托有资质的专业单位处置。

《上海市市容环境卫生管理条例》修订调研

针对《上海市市容环境卫生管理条例》在适用过程中出现的问题以及城市管理中遇到的新情况，2006年积极开展《上海市市容环境卫生管理条例》修订的调研工作，收集相关资料，组织相关管理部门对重点问题开展了专项研究。在此基础上，完成了《上海市市容环境卫生管理条例》修订所涉及的主要内容和重点研究方向的梳理、确立工作。

《上海市生活垃圾管理办法》草案稿完成

在前期资料收集和专项研究的基础上，进行了《上海市生活垃圾管理办法》草案稿框架的编制并积极开展草案稿的修改工作，先后两次将草案征求意见稿（意见稿第一稿和第二稿）发送至相关委、办、局以及各区、县市容环卫管理部门和城市管理监察大队征求意见，根据反馈意见对《管理办法》草案稿进行修改和完善。同时，完成了《上海市生活垃圾管理办法》报送稿和说明的编制。

执 法

整治违法排污企业保障群众健康环保专项行动

“6.08”危险废物倾倒案专题会议

2006年，根据国务院七部委和市政府关于深入开展环保专项行动的部署，本市重点开展了五方面的整治工作，即集中整治威胁饮用水源安全的污染和隐患，集中整治工业园区建设、管理过程中的环境违法问题，集中整治建设项目环境违法问题，集中查处危险废物经营行业、进口废物利用行业的违法行为，集中整治群众投诉的环境热点、难点问题。同时，结合日常环境监察工作，重点解决未执行建设项目环境保护管理规定的问题、重点污染源未能稳定达标的问题、群众反复投诉的环境污染问题、区域内河道的黑臭问题、饮食服务业环境污染的问题。

7月至11月专项行动期间，全市环保系统共出动执法检查16701人次，检查企业12117户，查处违法企业467户，立案企业数465户。其中，停产治理的88户，取缔或关闭的25户，限期治理的37户，责令停止违法行为的14户，处以警告等其他措施的42户，对261户企业给予经济处罚共计1005.32万元。

市环保局还联手市监察委等部门开展水源保护区等重点区域和市级重点督办企业等重点单位的执法督查。

环保违法企业名单上网公布

2006年，市环保局通过“上海环境”网站分两批公布了当年全市环保系统查处的违法单位的名单，其中6月5日世界环境日前公布了729家，年底又公布了741家。

污染源现场执法

为确保上海市第三轮环保三年行动计划的全面实施，2006年全市环境监察机构对污染源现场执法检查共出动24044批次、59408人次；检查45562户次；处罚违法单位1367户次，处罚金额2555.91万元。

市级环保重点监管企业实际监管户数为145户，现场监察1429户次；对27户次进行行政处罚，罚款金额合计77.6万元。其中废水重点监管企业为86户，共采样823户次，超标率14%。通过强化现场监管，废水排放达标率由2005年的79%提高到2006年的86%。对市级重点企业所有废水排放口以及雨水排放口，进行了卫星定位，收集并整理了卫星定位资料，纳入了企业一厂一档；大气污染重点监管企业57户，为控制二氧化硫浓度排放，改善大气环境质量，对13户燃煤电厂的每月一次入炉煤煤样进行采集，年平均含硫率为0.44%；对19家企业废气超标排放限期治理并处罚款52.5万元；此外，还检查了固废重点监管企业22户。

行政处罚统计表

区县	处罚户数							罚款金额（元）	处罚形式	
	总数	废水	废气	噪声	固废	建设	其他		简易	一般
黄浦区	8	0	1	2	0	3	2	28900	6	2
卢湾区	16	0	8	7	0	1	0	67500	0	16
徐汇区	25	0	5	0	0	18	2	151600	0	25
长宁区	25	1	7	2	0	15	0	127500	0	25
静安区	18	0	4	0	0	14	0	19400	1	17
普陀区	35	6	12	1	12	4	0	665000	0	35
闸北区	15	1	8	0	0	4	2	294000	0	15
虹口区	7	0	1	0	0	1	5	13800	5	2
杨浦区	126	33	42	0	24	14	13	394200	102	24
闵行区	155	29	39	26	4	57	0	2867000	22	133
宝山区	59	19	17	0	0	23	0	1786000	0	59
嘉定区	68	33	23	5	1	6	0	1217000	0	68
浦东新区	83	50	6	0	1	26	0	2321000	0	83
南汇区	204	79	34	0	17	71	3	3626000	0	204
奉贤区	93	26	10	7	0	50	0	1734000	0	93
松江区	110	18	34	0	1	55	2	2549200	10	100
金山区	74	38	8	1	3	23	1	1083000	0	74
青浦区	168	25	18	8	8	109	0	4878000	5	163
崇明县	24	12	10	0	1	1	0	311000	0	24
总队	54	19	25	0	1	9	0	1425000	6	48
合计	1367	389	312	59	73	504	30	25559100	157	1210

重点工业区企业执法检查

根据《吴泾工业区环境综合整治计划》，市环境监察总队每月对吴泾工业区市级重点企业进行了现场检查，对所有涉及关停及调整的企业及生产线（装置）和环境综合整治项目进行了现场拍照、摄像并归档。对吴泾工业区7家企业进行行政处罚，共罚款27.5万元。

对吴淞工业区内8家废水直排河道和10家废气重点企业，按要求每月进行检查。对已完成整治工作的33家企业堆场和26家码头堆场的整治效果进行检查，对已关停的17家企业、40条生产线进行回访，未发现有擅自恢复生产的情况。

上海健全环境事故应急处置体系

环境污染事故应急处置联合演练

为吸取"吉化"污染事故的教训，2006年本市组织开展了全市性的环境安全大检查。在市、区两级重点监管企业自查的基础上，环保部门重点开展了饮用水源地周边企业和高风险化工企业专项安全检查行动，排查环境污染事故隐患，督促企业建立污染事故防范的动态管理系统，切实做到"关口前移，预防为主"，把预防措施和应急预案落到实处。在此基础上，重点完善了全市环境污染事故应急预案和应急工作网络，组建了环境污染事故应急处置中心，充实了应急装备，组织环境监察、环境监测、环境辐射、危险废物处置四支应急队伍开展专项培训，组织开展环境污染事故应急处置演练，锻炼队伍，提高对突发性环境污染事件的应急能力。

上海突发事件市容应急预案发布

2月12日，上海市市容环卫局、市城管执法局制定完成并发布《上海市突发公共事件市容环境卫生及城管执法应急预案》，该预案从即日起启动实施，今后每隔三年重新发布一次新编预案。突发公共事件按可控性、严重程度、影响范围分为四级：即一般、较大、重大和特大突发公共事件。

该预案首次规定，上海市市容环境卫生及城管执法应急处置指挥分中心在接到有关区的报告后，应在1小时内向市市容环境卫生及城管执法应急处置指挥部办公室报告。当"红色警报"拉响时，灯光广告管理部门和应急队伍实行24小时值班，直至红色警报解除。同时拆除所有的临时性广告，切断景观灯光设施电源，确保景观灯光设施处于断电状态，并对每一处墙面和屋顶的广告及非广告设施落实专人看护。

环境安全大检查

市环境监察总队根据《关于开展环境安全大检查的紧急通知》的要求，一是成立了专项检查领导小组；二是制订工作方案，明确检查重点；三是加强宣传，引起被检查企业的重视；四是明确职责。对市级重点环保监管单位和2004年后市环保局审批的已投入试生产的化工项目进行了检查。

检查结果表明：大部分企业都已制订应急预案，尤其是一些大型企业，应急预案内容充实、具体，章节清晰，格式规范，应急设施设备材料完备，有防止安全隐患的措施，有雨污口紧急关闭措施，有应急关闭措施和应急贮存能力。但也有一部分企业雨水管不能截断，没有有效的应急措施，有的单位认为危险品用量小，所以不重视应急预案的制订，没有防止安全隐患的措施，市环境监察总队对这些企业提出了整改要求。

市辐射环境监理站根据国家环保总局开展环境安全执法大检查的要求，对全市90多家辐射安全隐患单位进行了重点监督检查，立案调查的近30家，其中被立案查处的18家。

新化学物质环境监管执法检查

根据国家《新化学物质环境管理办法》要求，2006年，市环保局组织市固废管理中心、徐汇、浦东新区环保部门对辖区内新化学物质开展环境执法检查。这也是自2003年国家颁布该法以来，本市组织的第一次对新化学物质开展的执法检查。

本次执法检查根据国家环保总局新化学物质监管通知单，在企业申报的基础上，检查海关报关单、企业销售记录等资料。针对近两年来国家环保总局化学品登记中心核准发放的16种新化学物质登记证和部分免于申报新化学物质，共现场检查6家单位，涉及全部16种新化学物质登记管理证持有单位，另外还抽查了2家免于申报新化学物质单位十余种免于申报类新化学物质。执法人员针对执法检查中发现的问题，对未按环保要求的企业提出立即整改的要求。

“上合组织峰会”期间冒黑烟违法行为专项检查

为确保上海经济合作组织峰会顺利召开，全面开展了查处冒黑烟违法行为的专项检查，市环境监察总队对市级重点环保监管企业在排查的基础上确定了28家重点控制单位，督促这些企业加强治理设施管理、对有隐患的设备在5月底前完成改造或设施调整，消除冒黑烟现象。对全市重点监管企业以及相关道路两侧进行了巡查，总体情况较好。会同市城市交通管理局执法总队开展了对公交车辆冒黑烟专项整治工作，重点检查行驶在会议活动区域内公交车辆。峰会期间共出动247人次检查82条公交线路，检查监测1634辆柴油公交车，尾气排放超标的车辆占10.89%。

“上合组织峰会”期间开展供水水质专项检查

5月29日起，开展了为期两周的水质安全专项执法检查，以确保重点区域内的供水水质安全。

市水务执法总队执法人员对浦东新区威立雅自来水有限公司下属5个水厂、浦东国际机场、小陆家嘴区域内宾馆及附近公共场所等单位的供水水质进行了重点检查。提取的水样经上海市供水调度监测中心检测，常规微生物指标（细菌总数、总大肠菌群）平均为零，明显优于国家标准；7家供水企业出厂水平均浊度为0.22NTU，21家单位的管网水平均浊度为0.47NTU，9项自来水水质常规指标全部达标。另外，对非常规微生物指标中的蓝氏贾第鞭毛虫、隐孢子虫的检测结果均符合建设部2005年颁布的《城市供水水质标准》要求。

“上合组织峰会”期间开展固废环境安全突击检查活动

为配合上海合作组织峰会顺利召开，6月5日至8日，市固废管理中心对处于敏感地区的部分危险废物经营许可证持证企业和进口废物定点处置单位进行了环境安全突击检查。督促企业加强管理，落实环境污染防治措施，调整生产计划，坚决杜绝污染事故的发生。

建设项目监察

市环境监察总队根据市环保局的要求，组织开展建设项目监察，对未履行环评审批程序、配套环保设施未建设或未验收，擅自投入建设或擅自生产的企业，依法责令停止建设或停止生产；对未按规定申请环保验收，长期以试生产名义违法排污的企业，一律停产整治。

6月至9月，全市共检查建设项目957个。在检查过程中，各区县结合区内企业特点，突出了整治重点：如金山区集中力量抓工业区内企业的环保“三同时”执行情况；宝山、虹口区抓重点及敏感区域环境信访矛盾的解决；闵行区在各镇、街道普查汇总的基础上，对有废水排放企业、存在厂群矛盾或规模较大的项目进行集中整治；松江区对涉及化工、电镀、印染、涂装以及食品等高污染行业的单位进行检查。

能源执法监察

上海市节能监察中心认真贯彻中央和市委的建设资源节约型社会的精神，在市经委的直接领导下，积极推进节能，努力实现对全社会节能工作的监控。2006年，提出被企业采纳实施的节能建议，直接节能效益为可节煤5.8万吨，节电940万kWH，折合标煤约4.5万吨，可减排CO_2约为11.2万吨。

2006年，市节能监察中心对涉及石油、化工、钢铁、建材、医药、集成电路、电子、纺织、食品饮料、航运等10大行业的共80家企业进行了监察，据不完全统计，其中80%以上为重点用能单位，这些企业总能耗达150万吨标准煤。经监察，签发了22份《节能监察建议书》和《节能监察意见箱》，提出290条节能建议及意见，建议采纳率高达60%以上。直接节能效益为可节煤5.8万吨，节电940万kWH，折合标煤4.5万吨，可减排CO_2约为11.2万吨。

市节能监察中心对94家大学、医院和商用建筑等公共建筑进行了监察，监察的商用建筑有47家是四星级和五星级宾馆、高级办公楼和公寓楼，年度的综合能耗量为30万吨标煤。监察查获的问题和提出的建议近300条。

市节能监察中心又对新建工程项目进行了监察。48家设计院共提交设计项目1101个，投资额达1400亿元，建筑面积约4000多万平方米，抽查了其中114个项目，抽查项目的投资额约470多亿元，共发现问题129项。发现有60%左右的设计院只根据冷热负荷选用设备，而对设备的能效比未经核实计算，所选用的空调的能效比低于国家标准。

长江干流取用水安全专项执法检查

3月13～14日，长江水利委员会检查组联合市水务局水资源处、政策法规处、供水处、排水处、水务稽查总队等部门和单位，对市原水公司长江原水厂和宝钢集团宝钢分公司两家重点企业的取用水情况进行了专项执法检查。

检查组现场察看了陈行水库和宝钢水库的取水头部、长江引水三期工程现场、宝钢电厂取、退水口，并听取了市原水公司关于陈行水库取用水情况、长江三期建设情况、安全保障和应急机制，以及宝钢分公司关于公司总体取用水、排水、节水情况，宝钢电厂的取用水和排水情况的汇报。检查组对两家公司的取用水工作给予了充分肯定，要求加强水质监测，注重信息沟通，完善应急机制，切实做好水污染事故的防范工作；从流域管理出发，推进建设省（市）间的联防机制，开展流域水资源调度，尽快建设长江口徐六泾水文站。

沿海油轮、散装化学品船舶排污专项检查

上海海事局从7月1日起至10月31日在上海港辖区针对沿海油轮、散装化学品船舶开展专项检查活动。主要对油轮、散装化学品船舶进行检查，重点对船舶污油水处理装置的使用情况，污油水排放符合标准情况、机舱残油处理情况进行检查，并跟踪货舱压载水、洗舱水的处理和污液舱残液的去向，严厉打击船舶不按规定使用船上防污设备、违法排放污染物的行为。

水务行政执法检查

年内，市水务行政执法重点围绕三方面开展：一是认真开展和做好汛前、汛期专项执法检查工作，集中力量、集中时间、针对薄弱环节，认真开展专项执法，确保汛期安全。二是抓住重点，严厉打击各类水事违法行为，严

肃查处擅自填堵河道、在防汛墙管理范围内违章堆放货物、搭建各类建筑物、带缆泊船等违法行为；严肃查处向排水管道排放施工泥浆、排水水质超标等违法行为；严肃查处无证取水等违法行为。三是认真履行对被许可人从事水务行政许可行为的监督检查，切实承担起法律赋予的职责，在法定权限范围内管理好水务行政许可事项。

据统计，2006年度全市水务系统查处各类水事违法案件1690件，罚款1115.9万元。

机动车尾气排放执法检查

市环境监察总队于5月20日起，联合上海市城市交通行政执法总队在中心城区30个路口，对行驶中的公交车辆冒黑烟情况调查，发现有907辆公交车不同程度地存在冒黑烟情况。8月29日到9月8日，调查377条公交线路，现场目测了2929辆在用公交车，其中有305辆公交车尾气排放烟度超过了林格曼黑度2级，占总调查数的10.4%；其中4级以上为严重超标的77辆，占总调查数的2.6%；超标线路共计140条，占总调查数的37.1%；严重超标线路共计56条，占总调查数的14.9%。

机动车尾气排放执法检查

全年共教育查处违法鸣喇叭28001起

2006年，上海市公安局交警总队在上年禁鸣范围的基础上，又确定部分外环线路段为禁鸣范围，并设置禁鸣标志。同时，将禁鸣管理规定列为驾驶员培训考核内容之一。各交警支队的宣传部门会同本市各新闻单位，广泛、深入地开展了宣传工作，大力营造遵守鸣号规章的良好社会氛围；负责交通宣传的民警还深入到公交、出租、专业运输单位，上门对驾驶员进行禁鸣喇叭的宣传教育，并督促使用车辆单位从制度上加强管理。各交警支队的勤务部门要求执勤民警在日常执勤时，对违法鸣喇叭发现一起，查处一起。据统计，全年共教育查处违法鸣喇叭28001起。

“绿色护考”保安静

2006年上海市近30万名高、中考考生分别在151个高考试区、205个中考试区参加了考试。市政府于5月底向社会发布了《关于本市高考、中考规定时间内禁止建筑施工作业的通告》（沪府发[2006]14号），环保、公安等部门以加强建筑施工、社会娱乐场所、机动车违法鸣号等噪声污染为工作重点，在5月31日至6月18日“绿色护考”期间开展专项执法检查，确保环境安静。

全市环境监察部门共出动2272人次，669批次，检查建筑工地、娱乐场所等4356户次，对噪声超标违法行为当场制止300家，立案处罚32家，并在考试期间及时处理各种突发性噪声多起。公安、城管等部门也出动护考人员，以查处机动车违法鸣号、查处“乱设摊、乱堆物、乱停放”等违法行为为整治重点，同时指挥部分考场周边机动车改道，尽可能减少了交通噪声对考场的影响。各类建筑工地也按照市政府通告，在“绿色护考”期间夜间停止施工作业，位于考场周边100米内的工地在白天考试期间也停止了施工作业。

“安静行动”专项整治执法

7～8月，全市开展了以整治夜间建筑施工噪声为重点的城管执法“安静行动”。对市民关心的市政、绿化、环保、市容等城市管理相对集中的问题开展了专项整治执法活动。期间，全市城管共出动执法人员93456人次，出动执法车辆13404辆次，巡查道路27355条次数；教育纠正73347起。查处市容类案件15697起，绿化类案件249起，查处夜间施工案件39起，查处占道无证无照设摊类案件16482起。

城市管理行政执法初步形成上海特色

2006年，全市城管执法部门共查处违法违规案件21.24万件，行政处罚金额2171.90元。城市环境和秩序得到有效控制，一整套具有上海特色的城市管理行政执法工作套路初步形成。

一、转变执法理念，完善工作思路。在工作方式方法上，注重“四个结合”：管理与执法相结合、治标与治本相结合、教育与处罚相结合、重点突破和整体推进相结合。在具体举措上，做到“五个坚持”：坚持依法行政，切实解决城市管理的各项难题顽症；坚持执法为民，忠实实践全心全意为民服务的宗旨；坚持综合协调，探索建立多方协同的工作机制；坚持从严要求，切实推进城管执法队伍建设；坚持科技兴业，不断提高城管执法信息化水平。

城管执法队员整装待发

上海市城市

上海市城市管理综合执法汇总表

		市容环境卫生管理		绿化管理		市政工程管理		环境保护管理		水务管理	
		件数	金额	件数	金额	件数	金额	件数	金额	件数	金额
简易程序案件	黄浦	4681	313140	444	9380	1840	162370	3	1800	0	0
	徐汇	9335	737890	17	8950	342	118300	430	19720	1	500
	浦东	9937	1199257	93	55900	961	351530	94	46050	17	10850
	卢湾	2210	345068	54	11570	583	250210	18	7160	0	0
	静安	7225	797860	56	23650	2773	502330	112	41600	0	0
	闸北	4519	651400	19	14700	443	184000	6	8000	2	8200
	普陀	2294	147170	3	900	28	6550	1	600	0	0
	长宁	1296	163614	14	5650	103	36600	17	16000	0	0
	虹口	4009	562390	11	6100	405	173350	33	26300	0	0
	杨浦	20050	1282200	54	6600	1985	52050	35	7900	2	100
	青浦	1597	261090	7	4300	205	13350	15	11100	5	5000
	金山	786	164690	4	3300	45	20350	1	1000	0	0
	宝山	1919	188330	6	4300	22	4150	6	4050	0	0
	松江	1580	339640	0	0	338	67200	5	2000	0	0
	水管处	239	52170	0	0	0	0	0	0	0	0
简易案件合计		71677	7205909	782	155300	10073	1942340	776	193280	27	24650

二、围绕热点难点，开展专项执法。市城管执法局坚持把市民百姓反映的难点问题，舆论监督批评的热点问题，作为城管执法工作的着眼点和着手点，努力做到勇于负责，敢于牵头，主动协调，加强执法。一是抓好全市性城市管理的热点难点整治。二是积极协同市有关部门共同抓好全市性专项整治工作。三是围绕政府的中心工作，做好重要节庆、重大活动执法保障工作。如三大长假节日保障，第48届世乒赛、F1大奖赛，浦东开发15周年庆典等重大活动，特别是2006年上半年圆满完成了上海合作组织峰会活动保障任务，得到了各级领导的充分肯定。

三、狠抓队伍建设，提高整体素质。按照市领导提出要从难、从严、从实战出发，以“准军事化”标准，建设一支政治强、业务精、执法严、作风硬的队伍要求，全面加强队伍建设，努力提高行政执法水平。一是加强宣传教育，激励广大执法队员敬业精神和自觉意识。二是加强执法纪律。研究制订了《上海城管执法人员“八项不准”的规定》，严格约束执法人员行为，向全社会公布，接受社会监督。三是加强素质培训，进一步提高执法队员政治素质、法律素质和业务素质。四是加强政风建设，不断提升政风行风水平。

城管执法完成各项预定工作任务

2006年，城管执法以迎峰会、作保障为工作主线，以“应对夏令热线”和“开展执法行动”，结合市府和市市容环卫局的有关布置，以“三全三化”为目标，推进有关区县建队，较好地完成了各项预定工作任务。

据统计：全年城管执法系统共开展行政处罚211956件，处罚金额21188412.1元。其中市容环境卫生管理类行政处罚76818件，处罚金额10893010.2元；绿化管理类行政处罚1244件，处罚金额774790元；市政工程管理类行政处罚11759件，处罚金额2847339.6元；环境保护类行政处罚1088件，处罚金额2066490元；水务管理类行政处罚186件，处罚金额189320元；无证设摊和堆物管理类行政处罚120423件，处罚金额4259631.3元；违法建设管理类行政处罚293件，拆除违章建筑136327.695平方米，处罚金额4711元；建设管理类行政处罚50件，处罚金额44100元；其他管理类行政处罚95件，处罚金额108570元。

综合执法汇总

无证设摊和堆物管理		违法建筑管理		建设管理			其他管理		合计	
件数	金额	件数	平方米	金额	件数	金额	件数	金额	件数	金额
20501	882190	0	0	0	0	0	0	0	27469	1368880
7423	233880	51	1551	561	5	4100	0	0	17604	1123901
7244	288971.3	2	1.6	1000	2	1500	24	580	18374	1955638.3
6184	269150	1	2	0	3	1500	3	150	9056	884808
29336	655510	0	0	0	0	0	0	0	39502	2020950
14065	601040	0	0	0	1	1000	0	0	19055	1468340
10249	234040	58	100370	0	0	0	0	0	12633	389260
20658	762798	33	408	150	0	0	0	0	22121	984812
439	15360	0	0	0	0	0	1	50	4898	783550
3973	166740	0	0	0	1	1000	1	1000	26101	1517590
0	0	0	0	0	0	0	0	0	1829	294840
0	0	0	0	0	0	0	16	2000	852	191340
16	600	0	19770.5	0	0	0	10	590	1979	202020
0	0	0	0	0	0	0	0	0	1923	408840
0	0	0	0	0	0	0	0	0	239	52170
120088	4110279.3	145	122103.1	1711	12	9100	55	4370	203635	13646939.3

（续表）

		市容环境卫生管理		绿化管理		市政工程管理		环境保护管理		水务管理	
		件数	金额	件数	金额	件数	金额	件数	金额	件数	金额
一般程序案件	黄浦	176	104560	3	8100	99	49250	16	105300	0	0
	徐汇	251	386400	39	107300	44	58600	31	312500	0	0
	浦东	135	237051.2	15	117900	46	56134.6	27	263000	22	90100
	卢湾	149	596500	10	17220	51	169650	34	311010	0	0
	静安	39	37550	8	49400	16	15575	13	44900	0	0
	闸北	52	137420	1	1500	22	45300	2	7000	1	8000
	普陀	54	41000	8	10200	14	14200	17	53500	0	0
	长宁	117	474200	20	147800	80	124900	28	445100	0	0
	虹口	15	30200	4	11500	6	6700	16	74600	1	500
	杨浦	1185	355650	303	63270	564	126990	98	76750	111	22970
	青浦	80	144400	3	5500	0	0	11	29000	7	13500
	金山	60	225800	8	19400	664	142500	5	50000	1	2000
	宝山	2794	722600	39	52900	75	27600	14	101000	16	27600
	松江	23	182170	1	7500	5	67600	0	0	0	0
	水管处	11	11600	0	0	0	0	0	0	0	0
一般案件合计		5141	3687101.2	462	619490	1686	904999.6	312	1873660	159	164670
总　计		76818	10893010.2	1244	774790	11759	2847339.6	1088	2066940	186	189320

区际结合部专项整治

城管执法总队以“跨前一步，为民服务，破解难题，建立长效”为指导思想，每季度会同相关区和有关管理部门制订区际结合部专项整治计划，并有针对性地牵头组织多次联合整治行动。

一季度组织黄浦、卢湾、徐汇、静安四区城管大队，成立“四区际结合部整治协调领导小组”，制定了一套完整的整治方案。二季度配合市局、虹口、闸北城管对新闻媒体曝光的七浦路、河南中路口马路乱设摊现象进行集中整治，并加强了不同时段的巡查。三季度针对张虹路出现乱设摊的回潮现象，及时组织召开了张虹路乱设摊回潮协调会，组织三区（长宁、闵行、徐汇）的城管大队对张虹路马路集市进行集中整治，加强城管、协管联动管理机制，及时调整固守时间，有效控制乱设摊，巩固成果，杜绝乱设摊的回潮。四季度与普陀区城市管理监察大队、嘉定区市容监察支队共同开展两区结合部定边路及其周边区际结合部道路的乱设摊专项整治。在总结整治经验的基础上，城管执法总队每周不定时检查各区际结合部的情况，及时调整管理方法，有效控制了整治后的区际结合部乱设摊回潮现象。

市绿化管理局开展“绿盾行动”

按照《国家林业局关于开展“绿盾行动”的通知》及《上海市绿化管理局关于开展“绿盾行动”的通知》要求，本市从11月1日至12月10日，在全市范围内组织开展了以打击破坏林地和野生动物资源违法犯罪活动为主要内容的“绿盾行动”。

这次行动中，本市各级野生动物保护部门克服执法人员不足、执法经费短缺等困难，在各自管辖区域范围内开展了多次打击破坏野生动物资源违法犯罪活动的执法检查行动。截至2006年底，根据各区县上报的材料统计，全市共出动执法人员859人次，车辆277车次，检查入沪车辆810辆，检查了沿海滩涂、野生动物重要栖息地、大

无证设摊和堆物管理		违法建筑管理		建设管理			其他管理		合计	
件数	金额	件数	平方米	金额	件数	金额	件数	金额	件数	金额
31	47122	19	117.765	0	0	0	0	0	344	314332
210	70700	60	3052	1000	3	4500	0	0	638	941000
22	21500	13	9714.33	0	1	2000	0	0	281	787685.8
0	0	1	0	2000	4	10000	0	0	249	1106380
0	0	5	0	0	0	0	0	0	81	147425
0	0	0	0	0	0	0	0	0	78	199220
0	0	0	0	0	0	0	0	0	93	118900
2	1900	33	256	0	4	5000	0	0	284	1198900
2	400	8	0	0	0	0	0	0	52	123900
31	4930	5	70	0	26	13500	4	1000	2327	665060
1	1000	0	0	0	0	0	0	0	102	193400
0	0	0	0	0	0	0	4	1200	742	440900
36	1800	4	1014.5	0	0	0	32	102000	3010	1035500
0	0	0	0	0	0	0	0	0	29	257270
0	0	0	0	0	0	0	0	0	11	11600
335	149352	148	14224.595	3000	38	35000	40	104200	8321	7541472.8
120423	4259631.3	293	136327.695	4711	50	44100	95	108570	211956	21188412.1

型林地及经营场所共478处，查获野生鸟类2648只，兽类41只，两爬类708只（条），动物产品53斤，捣毁“窝棚”72个，没收各种网具302张（个）。行政立案2起，没收CITES附录II物种辐纹陆龟2只，罚款4000元。

“绿盾行动”有效遏制了本市破坏野生动物资源的违法犯罪活动，极大地打击了破坏野生动物资源的不法分子，野生动物资源得到了有效保护。南汇区野生动物保护管理检查站被国家林业局授予“绿盾行动”先进集体称号。

《上海市供水水质管理细则》实施

为加强本市供水水质管理，保障供水安全，根据《中华人民共和国水法》、《上海市供水管理条例》、《城市供水水质管理规定》等法律法规，市水务局制定了《上海市供水水质管理细则》，自2006年6月1日起施行。

市环保局出台实施暂扣、封存措施程序规范

为规范环境保护暂扣、封存措施的实施，2006年6月市环保局出台了有关暂扣、封存的程序规范，明确了对违法转移处置放射源或者危险废物，以及造成或者可能造成严重环境污染这两种情形可以实施暂扣、封存的具体条件、实施范围，并对实施暂扣、封存的程序、时间、后续处理及有关文书作了具体的规定。

环保系统首次开展行政执法效能评估

为加强对本市环保系统行政执法工作的监督，进一步规范环保执法行为，市环保局印发了《2006年上海市环

保系统行政执法效能评估实施方案》，决定自2006年起开展环保行政执法效能评估工作。2006年下半年，市环保局组织有关单位开展执法效能自查和检查，以法制队伍建设、贯彻落实执法责任制、加强执法管理、规范行政处罚、行政强制和行政许可工作为重点开展了评估工作，取得了初步的经验。

浦东新区城市管理行政执法局成立

3月28日，浦东新区城市管理行政执法局和六个功能区域的城市管理监察大队成立，标志着新区城市管理综合执法体制进入了新的起点、新的阶段。

新区城市管理行政执法局在浦东综合配套改革总体部署下，按照“一个作用三个区”的功能定位要求和“执法主体唯一”和“管理重心下移”的原则，逐步扩大城市管理综合执法领域，综合行使以市容市貌为主要内容的有关市容环卫、绿化、市政、水务、环保、公安、工商、城市建设、交通运政、规划、房产等方面全部或部分的行政处罚权。

新区城市管理行政执法局在浦东新区环境保护和市容卫生管理局增挂牌子，下设新区城市管理综合执法办公室，负责城管执法局的日常工作。陆家嘴、金桥、外高桥、张江、三林（世博）、川沙六个功能区域城市管理监察大队，隶属于功能区管委会，以城管执法局名义行使执法权，接受执法局业务领导。

10起危险废物应急事故得到安全处置

2006年，本市共发生了“1·12酸雾泄漏事故”、“2·24清运处置含苯化学品”、“6·08倾倒蒸馏残渣事件”等10起危险废物污染应急事故，市固废管理中心反应迅速、处理及时、措施得当，使危险废物污染事故都得到了安全处置，保护了环境安全。

6月8日发生在嘉定区江桥镇曹安公路13号桥北侧的危险废物任意倾倒污染环境事件，固废管理中心遵照市领导的批示和市环保局领导指示精神，在嘉定区环保局、青浦区环保局、南汇区环保局的大力协助下，严格按操作规程，对事发现场作了清理，及时消除了环境污染，并完成了对受损环境的土壤修复。

7月20日，市环保局在嘉定组织召开了“整治违法排污企业，保障群众健康暨‘6·08’危险废物倾倒案专题会议”，市环保局主要领导到会作了重要讲话，要求与会单位从中吸取教训，认真守法，采取有效措施，切实做好危险废物管理工作。

本市第一起重大环境污染事故案宣判

11月20日，嘉定区法院以重大环境污染事故罪一审判处被告肖苍旺有期徒刑1年6个月，罚金人民币10万元。这是自1997年新刑法修订以来，本市查获的第一起重大环境污染事故案。

被告人肖苍旺为牟取非法利益，假冒本市某危险废物经营许可证持证单位业务员，持伪造的危险废物经营许可证，与某精细化工有限公司签定危废处理协议，并趁深夜将电解残渣等危险废物运至嘉定区江桥镇随意倾倒，骗取危险废物处理费用。2006年3月至5月，肖苍旺分两次倾倒危险废物29吨；6月8日，肖苍旺再次倾倒10余吨。经环保部门监测，发现从废渣中挥发出的气体氯化氢、氟化氢严重超标。案发后，经有关部门认证鉴定，肖苍旺的行为所造成残渣处理费、土壤修复费、运输费等直接经济损失计33万元。受污染的两处土壤现已得到修复。

Shanghai Environment Yearbook 2007

环境质量

大气环境质量

环境空气质量

建筑工地扬尘污染监控

2006年，本市环境空气质量总体较2005年有所好转。本市环境空气质量为优良的天数有324天，较2005年增加2天。优良率为88.8%，较2005年上升0.6个百分点。

1．二氧化硫

2006年，本市二氧化硫年日均值为0.051mg/m³，达到《环境空气质量标准》(GB3095-1996)二级标准，较2005年下降0.010mg/m³。

2．二氧化氮

2006年，本市二氧化氮年日均值为0.055mg/m³，达到《环境空气质量标准》(GB3095-1996)二级标准，较2005年下降0.006mg/m³。

3．可吸入颗粒物

2006年，本市可吸入颗粒物年日均值为0.086mg/m³，达到《环境空气质量标准》二级标准，较2005年下降0.002mg/m³。

4．酸雨和降尘

2006年，全市降水pH平均值为4.73，酸雨频率为56.4%，较2005年上升16.4个百分点。

全市区域平均降尘量为8.0吨/平方公里·月，道路降尘量年均值为20.1吨/平方公里·月。与2005年相比，区域降尘量下降0.8吨/平方公里·月，道路降尘量下降2.3吨/平方公里·月。

5．各区县环境空气质量优良率

2006年各区县环境空气质量优良率在81.6%～93.2%之间，平均优良率为88.0%。各区县中，奉贤区的优良率最高，宝山区的优良率最低。奉贤区、金山区、南汇区和崇明县的优良率均在90%以上。

环境空气质量指标对照图

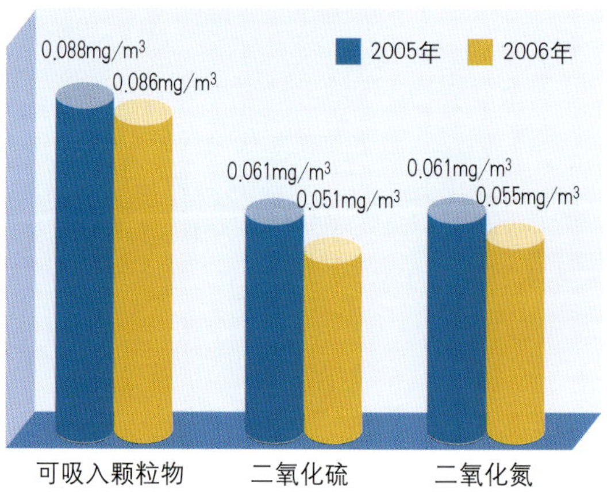

2006年各区县环境空气质量优良率

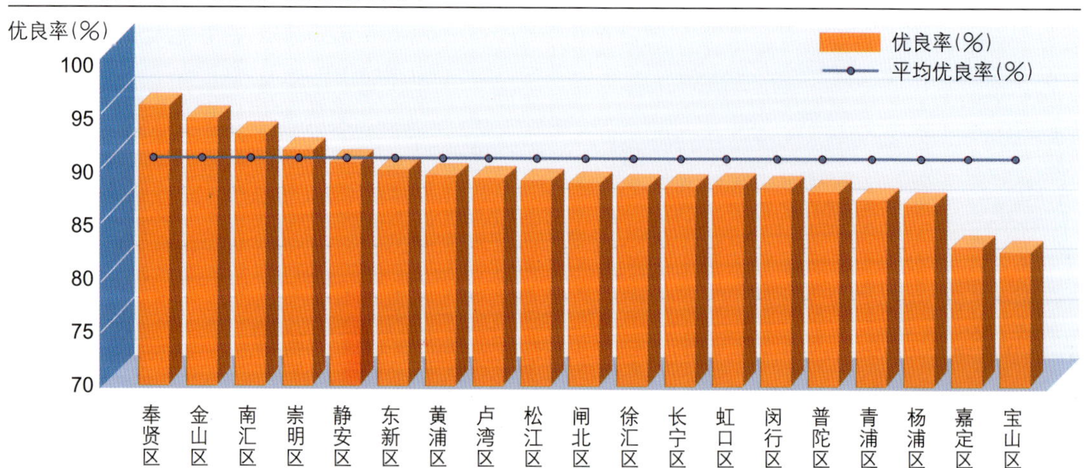

水环境质量

地表水环境质量

2006年，本市水环境质量与2005年基本持平。与2005年本比，黄浦江、苏州河和长江口水质状况保持稳定，全市水环境重点整治河道和水环境质量考核河道总体水质状况基本持平（以溶解氧、高锰酸盐指数、五日生化需氧量、氨氮、化学需氧量、石油类、挥发酚、总磷、铜、汞、镉、氰化物12项污染物作为主要污染因子进行综合评价）。

1．黄浦江

2006年，黄浦江淀峰和临江2个断面的水质较2005年有所下降，松浦大桥、南市水厂、杨浦大桥和吴淞口4个断面的水质与2005年基本持平。黄浦江总体水质状况与2005年基本持平。

黄浦江综合水质标识指数

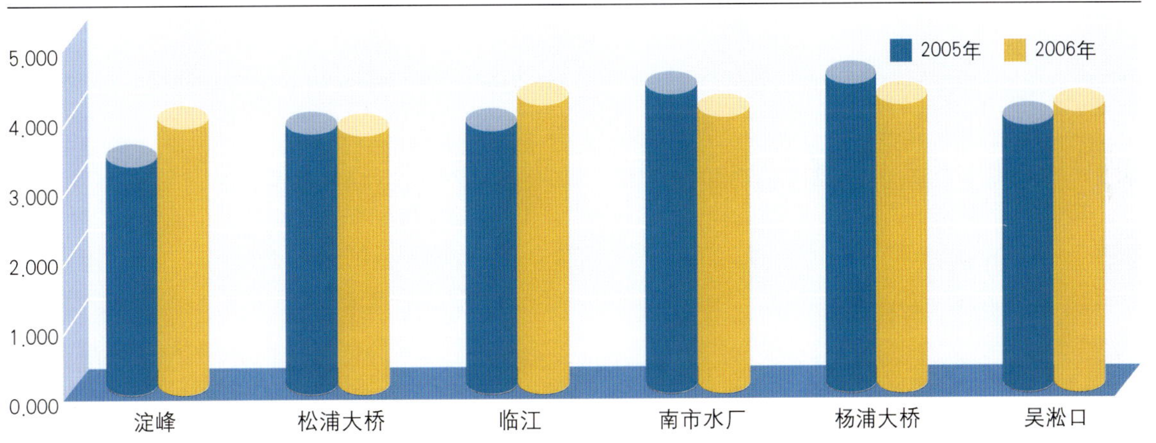

2．苏州河

2006年，苏州河白鹤、黄渡、华漕、北新泾桥、武宁路桥和浙江路桥6个断面的水质均与2005年基本持平。苏州河总体水质状况与2005年基本持平。

苏州河综合水质标识指数

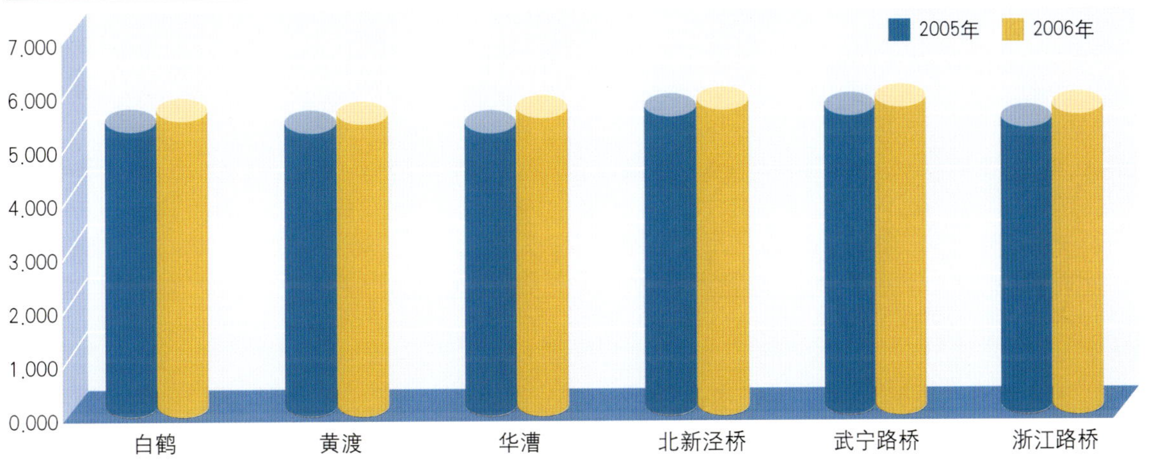

3．长江口

2006年，长江口徐六泾、浏河、吴淞口、竹园、白龙港和朝阳农场6个断面的水质均与2005年基本持平。长江口总体水质状况与2005年基本持平。

长江口综合水质标识指数

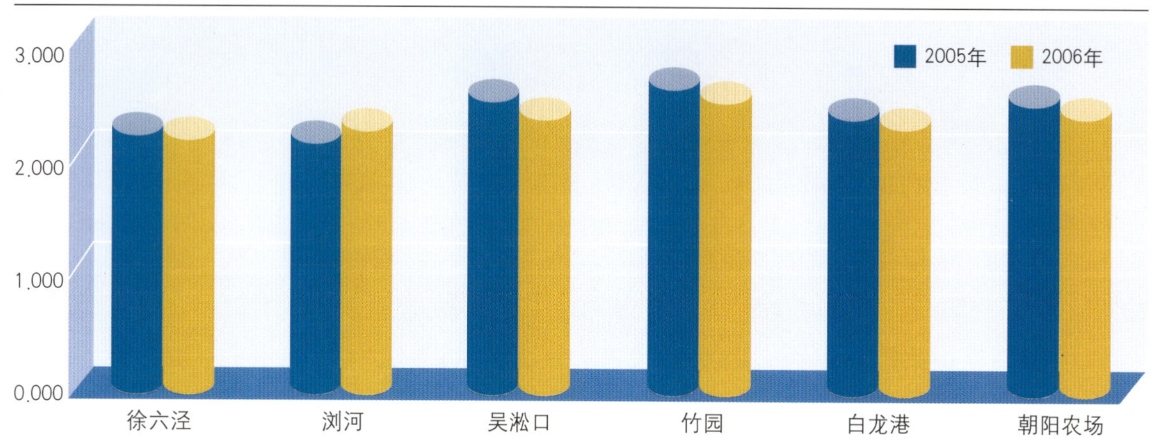

4. 水环境重点整治河道

2006年，全市水环境重点整治河道监测断面共计40个，综合水质标识指数在2.300～8.254范围内。其中，中心城区水环境重点整治河道监测断面综合水质标识指数在4.710～7.842之间，郊区水环境重点整治河道监测断面综合水质标识指数在2.300～8.254之间。与2005年相比，22个可比重点整治河道断面中，有81.8%的断面综合水质基本持平或有所改善，18.2%的断面水质有所恶化，水环境重点整治河道水质改善不明显。

2006年，全市重点整治河道黑臭断面比例为22.5%。22个可比重点整治河道断面中，有7个断面综合水质指数大于7.0（黑臭），占相应断面数的31.8%，与2005年相比，全市黑臭断面数有所减少。

5. 水环境质量考核监测断面

金山吕巷生态河道

2006年，全市水环境质量考核监测断面共计48个，综合水质标识指数在2.200～7.842范围内。其中，中心城区水环境质量考核监测断面综合水质标识指数在4.720～7.842之间，综合水质标识指数平均值为6.3，断面水质达标率为25.9%；郊区水环境质量考核监测断面综合水质标识指数在2.200～7.442之间，综合水质标识指数平均值为5.5，断面水质达标率为42.9%。总体水质郊区优于中心城区。

与2005年相比，45个可比水环境质量考核断面中，57.8%的断面综合水质基本持平，22.2%的断面有所改善，20.0%的断面有所恶化，全市水环境总体水质与2005年基本持平，但全市水环境质量考核河道黑臭断面有所减少。

2006年，全市各区县综合水质指数在2.3～7.0之间，其中，普陀区最高，崇明县最低。中心城区各区综合水质指数在5.4～7.0之间，其中，普陀区最高，虹口区最低；郊区各区县综合水质指数在2.3～6.1之间，其中，嘉定区最高，崇明县最低。16个区县中，虹口区、金山区和崇明县所有考核断面的水质均达到相应的水环境功能区要求，达标率为100%；杨浦区、奉贤区、闸北区、浦东新区和嘉定区部分考核断面的水质达到相应的水环境功能区要求；普陀区、长宁区、徐汇区、宝山区、闵行区、南汇区、青浦区和松江区所有考核断面的水质均未达到相应的水环境功能区要求。

太湖各湖区水质

1. 水质

2006年全年期太湖9个湖区中Ⅲ类3个，Ⅳ类2个，Ⅴ类1个，劣于Ⅴ类3个，超标水体湖区面积占74.2%。汛期水质略好于非汛期，主要超标项目为氨氮、五日生化需氧量、化学耗氧量、高锰酸盐指数和溶解氧。

2006年全年期太湖各湖区中五里湖、竺山湖和西部沿岸区均劣于Ⅴ类，共占11.7%，约273.9平方公里；湖心区和南部沿岸区为Ⅳ类，占57.1%，约1339.5平方公里；梅梁湖为Ⅴ类，占5.5%，约124平方公里；其余为Ⅲ类，共占25.8%，共604.2平方公里。

汛期各湖区中五里湖和西部沿岸区为劣于Ⅴ类，共占8.8%，约205.6平方公里；梅梁湖和竺山湖为Ⅳ类，占8.2%，约192.3平方公里；其余湖区均为Ⅲ类或优于Ⅲ类，共1940.1平方公里，占83.0%。

非汛期各湖区中五里湖、竺山湖和西部沿岸区均劣于Ⅴ类，共占11.7%，约273.9平方公里；梅梁湖为Ⅴ类，占5.5%，约124平方公里；湖心区和南部沿岸区为Ⅳ类，占57.1%，约1339.5平方公里；其余湖区均为Ⅲ类，共604.2平方公里，占25.8%。

2006年度太湖各湖区水质类别图

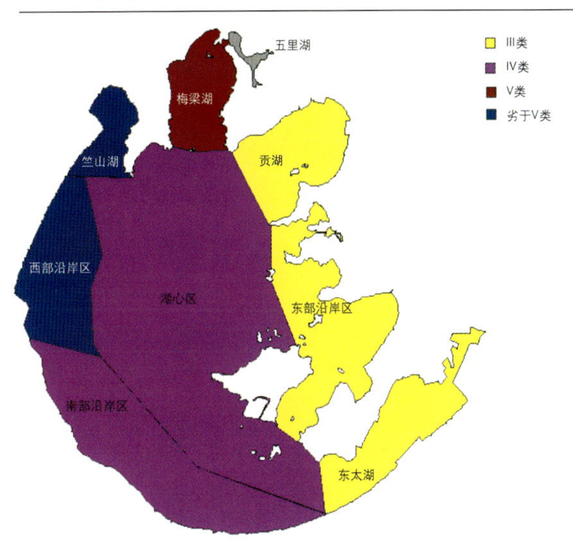

2006年太湖各湖区水质类别比较表

湖　区	湖区面积（km^2）	全年期	汛期	非汛期
五里湖	5.8	劣于Ⅴ	劣于Ⅴ	劣于Ⅴ
梅梁湖	124	Ⅴ	Ⅳ	Ⅴ
竺山湖	68.3	劣于Ⅴ	Ⅳ	劣于Ⅴ
贡湖	163.8	Ⅲ	Ⅲ	Ⅲ
东太湖	172.4	Ⅲ	Ⅱ	Ⅲ
湖心区	972.9	Ⅳ	Ⅲ	Ⅳ
西部沿岸区	199.8	劣于Ⅴ	劣于Ⅴ	劣于Ⅴ
东部沿岸区	268	Ⅲ	Ⅱ	Ⅲ
南部沿岸区	363	Ⅳ	Ⅲ	Ⅳ

2．富营养化水平

2006年全年期东太湖为轻度富营养水平，占湖区总面积的7.4%，其他湖区为中度富营养水平，占92.6%。汛期东太湖和东部沿岸区为轻度富营养水平，占18.8%，西部沿岸区为重度富营养水平，占8.5%，其余湖区为中度富营养化水平，占72.7%。非汛期与全年期相同，见下表。

2006年太湖各湖区富营养化水平比较表

湖　区	全年期	汛期	非汛期
五里湖	中度富营养	中度富营养	中度富营养
梅梁湖	中度富营养	中度富营养	中度富营养
竺山湖	中度富营养	中度富营养	中度富营养
贡湖	中度富营养	中度富营养	中度富营养
东太湖	轻度富营养	轻度富营养	轻度富营养
湖心区	中度富营养	中度富营养	中度富营养
西部沿岸区	中度富营养	重度富营养	中度富营养
东部沿岸区	中度富营养	轻度富营养	中度富营养
南部沿岸区	中度富营养	中度富营养	中度富营养

太湖水质基本保持稳定，扣除总磷与总氮，1997～2005年太湖整体评价为Ⅲ类，2006年水质有所恶化，为Ⅳ类，上升了1个类别。太湖富营养化程度有加重趋势，已由轻度富营养水平变为中度富营养水平，富营养化评分值逐年上升。

东太湖仍是太湖水质最好的区域，各类污染指标含量均最低，其次为东部沿岸区、湖心区、南部沿岸区和贡湖。从水质指标超标率来看，五里湖仍是太湖水质最差的区域，但从污染物浓度变化趋势分析，该湖区水质已有明显好转。整体来看，太湖北部湖湾区水质恶化趋缓，其他湖区水质保持较好。值得注意的是，近年西部沿岸区水质有恶化的趋势，有机综合指标和营养盐含量都有所上升。

太湖仍以有机污染为主，近年来有机污染指标含量有升高之势，高锰酸盐指数等指标与1997年相比升幅在20%以上，但与“十五”初期基本持平。从营养指标来看，总磷指标出现下降趋势，总氮有小幅上升。

太湖叶绿素含量升幅较大，表明湖区藻类生物量增加，富营养化加剧。目前，一方面北部湖湾重污染湖区富营养化程度基本稳定，另一方面蓝藻的发生面积和数量在不断扩大。特别是2006年9～10月，太湖西部沿岸区蓝藻极度爆发持续时间长，单点测得叶绿素最高含量达3361mg/m³，是以往测得最大值的10倍，其余水质指标也大幅升高，导致2006年太湖年度评价水质达Ⅳ类，比往年恶化1个类别。

省界水体水质

1．省界河流

省界河流断面13个，分别为苏沪边界6个，浙沪边界7个。

2006年全年期太湖流域省界河流13个断面中，水质为Ⅲ类3个，Ⅳ类2个，Ⅴ类1个，劣于Ⅴ类7个，超标率为76.9%，水质比上年有所好转。汛期水质为Ⅲ类的有1个，Ⅳ类5个，Ⅴ类1个，劣于Ⅴ类6个，超标率为92.3%；非汛期水质为Ⅲ类的有2个，Ⅳ类3个，劣于Ⅴ类8个，超标率为84.6%，详见下图。主要超标项目为氨氮、高锰酸盐指数、生化需氧量、化学需氧量、溶解氧、石油类、氟化物。

2006年省界河流水质类别比较图

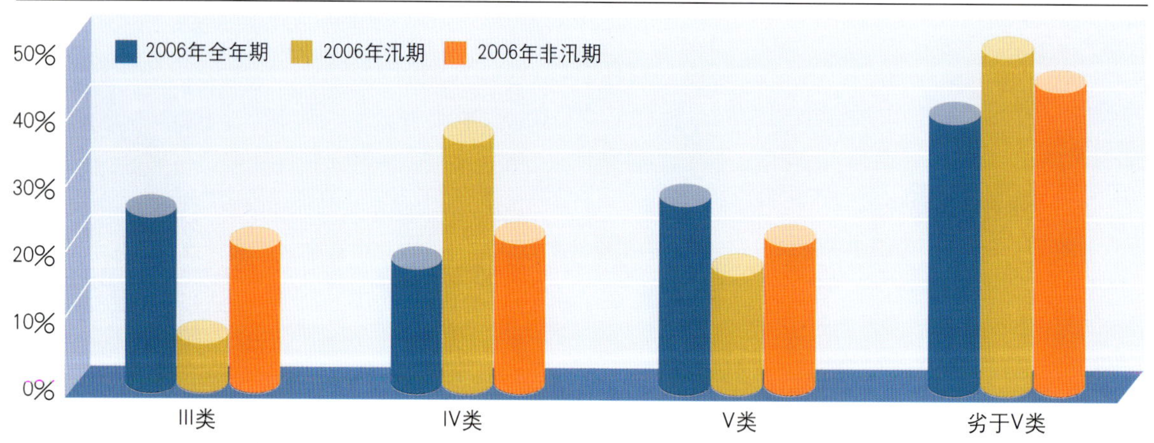

2006年全年期、汛期与非汛期苏沪、浙沪边界河流断面水质情况详见下列各表。

2006年省界河流全年水质类别表

水质类别	苏沪边界		浙沪边界		省界河流合计	
	断面数	%	断面数	%	断面数	%
Ⅲ类	1	16.7	2	28.6	3	23.1
Ⅳ类			2	28.6	2	15.4
Ⅴ类	1	16.7			1	7.7
劣于Ⅴ类	4	66.6	3	42.8	7	53.8

2006 年省界河流汛期水质类别表

水质类别	苏沪边界		浙沪边界		省界河流合计	
	断面数	%	断面数	%	断面数	%
Ⅲ类	1	16.7			1	7.7
Ⅳ类	2	33.3	3	42.9	5	38.5
Ⅴ类			1	14.3	1	7.7
劣于Ⅴ类	3	50.0	3	42.8	6	46.1

2006 年省界河流非汛期水质类别表

水质类别	苏沪边界		浙沪边界		省界河流合计	
	断面数	%	断面数	%	断面数	%
Ⅲ类			2	28.6	2	15.4
Ⅳ类	1	16.7	2	28.6	3	23.1
Ⅴ类						
劣于Ⅴ类	5	83.3	3	42.8	8	61.5

太湖流域省界水体以有机污染为主，综合各区域超标率排名，化学耗氧量排在第一位，达54.3%，五日生化需氧量、高锰酸盐指数和氨氮超标率均为47%，排列第二。

太湖流域河道水体营养盐含量很高，若参照水质标准对总氮、总磷指标进行评价，则超标率第一为总氮，其次为总磷。

太湖流域省界河流水质污染严重，目前除太浦河及其支流河道省界断面可达到Ⅲ～Ⅳ类外，其余河道省界监测断面水质长年为Ⅴ～劣于Ⅴ类。其中苏沪边界入淀山湖河流急水港、千灯浦水质污染尤其严重，长年劣于Ⅴ类，定类指标为氨氮，对下游淀山湖、黄浦江水质均造成负面影响。省界河流污染特征为：苏沪边界河流氨氮超标率最高，浙沪边界河流除有机综合指标超标外，氟化物、阴离子表面活性剂等微量化合物指标超标也较为严重。

2．省界湖泊

省界湖泊为太湖与淀山湖。其中太湖布设监测点33个，淀山湖布设监测点3个。2006年淀山湖水质劣于Ⅴ类。主要超标项目为氨氮、五日生化需氧量、高锰酸盐指数和化学需氧量。2006 年淀山湖为中度富营养化水平。

环太湖主要河流水质

环太湖主要河流监测面 38 个，其中江苏省入湖河流 17 个，浙江入湖河流 8 个，出湖河流 13 个。

太湖流域 2006 年环太湖水质类别比较图

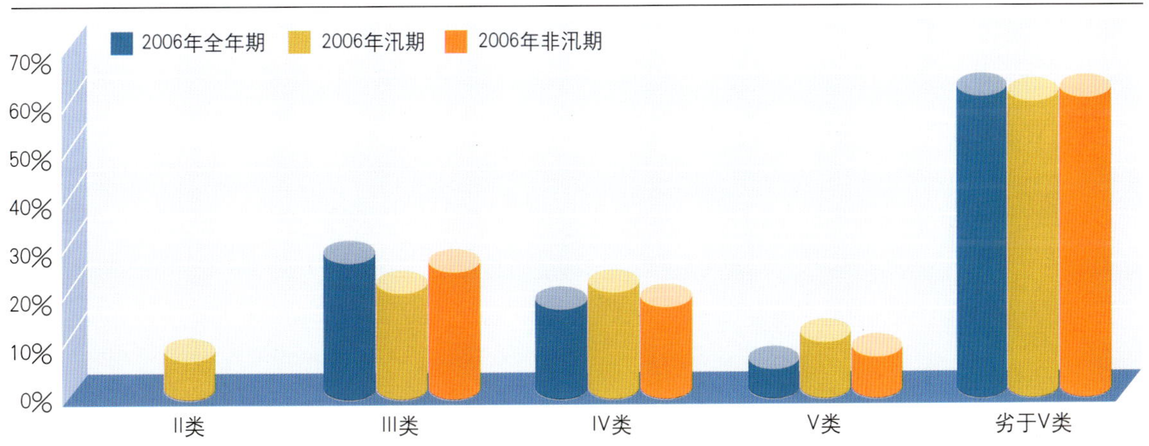

2006年全年期太湖流域环太湖主要河流中水质为Ⅲ类的有9个，Ⅳ类5个，Ⅴ类1个，劣于Ⅴ类23个，超标率为76.3%。汛期水质为Ⅱ类的有2个，Ⅲ类4个，Ⅳ类7个，Ⅴ类6个，劣于Ⅴ类19个，超标率为84.2%。非汛期水质为Ⅲ类的有8个，Ⅳ类5个，Ⅴ类2个，劣于Ⅴ类23个，超标率为78.9%。详见2006年环太湖水质类别比较图。主要超标项目为溶解氧、氨氮、五日生化需要量、化学耗氧量和挥发酚。环太湖河流分时段水质情况见下列各表。

2006年太湖流域环太湖主要河流全年水质类别表

水质类别	江苏省入湖河流		浙江省入湖河流		出湖河流		环太湖主要河流合计	
	断面数	%	断面数	%	断面数	%	断面数	%
Ⅲ类			5	62.5	4	30.8	9	23.7
Ⅳ类	1	5.9	1	12.5	3	23.1	5	13.2
Ⅴ类	1	5.9					1	2.6
劣于Ⅴ类	15	88.2	2	25.0	6	46.1	23	60.5

2006年太湖流域环太湖主要河流汛期水质类别表

水质类别	江苏省入湖河流		浙江省入湖河流		出湖河流		环太湖主要河流合计	
	断面数	%	断面数	%	断面数	%	断面数	%
Ⅱ类			1	12.5	1	7.7	2	5.3
Ⅲ类			3	37.5	1	7.7	4	10.5
Ⅳ类	2	11.8	2	25.0	3	23.1	7	18.4
Ⅴ类	3	17.6			3	23.1	6	15.8
劣于Ⅴ类	12	70.6	2	25.0	5	38.4	19	50.0

2006年太湖流域环太湖主要河流非汛期水质类别表

水质类别	江苏省入湖河流		浙江省入湖河流		出湖河流		环太湖主要河流合计	
	断面数	%	断面数	%	断面数	%	断面数	%
Ⅲ类			3	37.5	5	38.5	8	21.0
Ⅳ类	1	5.9	3	37.5	1	7.7	5	13.2
Ⅴ类	1	5.9			1	7.7	2	5.3
劣于Ⅴ类	15	88.2	2	25.0	6	46.2	23	60.5

地下水环境质量

2006年上海市地下水环境综合评价类别采用《地下水质量标准(GB/T14848-931)》，以单项组分评价为基础，并综合多要素进行。总体评价结果表明：全市潜水及各深层承压水水质大多位于较好类别，仅溶解性总固体大于3克/升的咸水分布地区水质较差，但其分布范围很小。影响水质质量分类的要素主要为铁、氯化物、TDS等。

2006年上海市地下水环境质量状况见下表。

2006年上海市地下水环境质量状况表

地下水层次	评价结果	影响因素
潜水层	基本属于Ⅱ类、Ⅲ类水，Ⅳ和Ⅴ类水较少	铁、氯化物、TDS
二层	基本属于Ⅲ类水，Ⅳ类水较少，咸水区为Ⅳ类水	铁、氯化物、总硬度、TDS
三层	淡水Ⅲ类水为主，微咸水区以Ⅳ类水为主，咸水区为Ⅴ类水	铁、氯化物、总硬度、TDS
四层	以Ⅲ类为主，Ⅱ类和Ⅳ类水次之	铁、氯化物、总硬度、TDS
五层	淡水Ⅲ类水为主，Ⅱ类和Ⅳ类水较少，咸水区为Ⅴ类水	铁、氯化物、总硬度、TDS

全海域环境质量概述

上海海域清洁海域面积同比增加3.8%，劣四类海域面积减少了11.8%。主要污染物为无机氮、活性磷酸盐，但含量较2005年分别降低了29%和24%，受其有利影响，赤潮发生次数和累计影响面积均少于2005年；铅、汞和油类有不同程度超标，油类含量增加近69%。沉积物质量状况整体良好，个别站位铬含量超一类标准。海洋生物质量较差，17%的水产批发市场贝类样品检出赤潮毒素。

长江与黄浦江入海污染物总量均与2005年基本持平。黄浦江入海营养盐减少了40%，但化学需氧量增加了20%。94.7%的受监控排污口污染物排放超标，主要污染物质是氨氮、磷酸盐、TOC和COD_{Cr}，个别排污口还检出持久性有机物（POPs）。

受海洋工程施工影响，其邻近海域油类含量增加，沉积物环境受到总氮和总磷的污染，浮游动植物和底栖生物的丰富度、多样性和均匀度均低于全海域平均状况。金山三岛保护区海域污染严重，保护区内牡蛎样品中重金属含量超一类海洋生物质量标准；浮游动物种类数、密度明显下降。金山城市滨海旅游度假区综合环境质量良好，适宜开展海滨观光和沙滩娱乐活动。水资源保护区检出环境激素类物质，陈行水库遭盐水入侵时间提前并延长，程度加剧。

近岸海域海洋生态环境质量

1．海洋生物多样性

浮游植物生物群落结构状况较差，浮游植物生态类型主要为河口及近岸低盐性类群、外海高盐性类群和淡水性类群三种。5月平均密度1.44×10^6细胞／立方米优势种为中肋骨条藻和尖刺拟菱形藻，8月平均密度1.962×10^7细胞／立方米；优势种为中肋骨条藻、菱形海线藻和尖刺拟菱形藻。

浮游动物密度和生物量明显偏低，5月份和8月份分别鉴定出73种和87种（不包括浮游幼体和仔鱼），其中桡足类最多。

8月份底栖生物栖息密度分布（个／平方米）

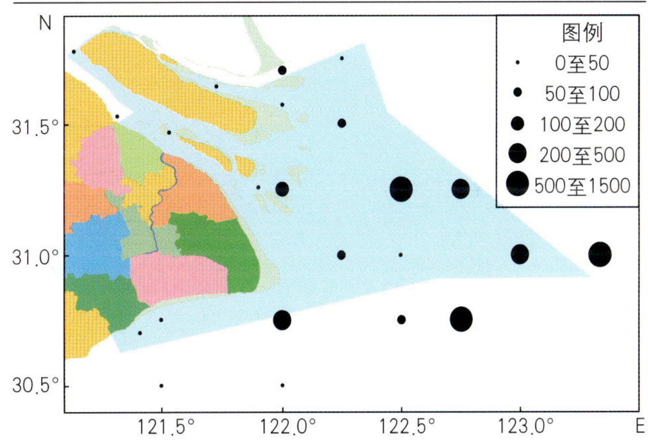

底栖生物5月份栖息密度为114个／平方米，略低于8月份；生物量为26克／平方米，略高于8月份。优势种为尖叶长手沙蚕、背蚓虫、不倒翁虫和双形拟单指虫。长江冲淡水区底栖生物群落结构基本稳定，生物种类、密度和生物量比长江口门内区域高。长江口水域的底栖生物密度和生物量呈现减少趋势，口门以内区域变化更为剧烈。

产卵场退化，鱼卵、仔鱼的种类少，密度低，平均每百立方米有7个鱼卵和29尾仔鱼。崇明东滩、南汇边滩、断面潮间带生物量依次降低。8月份栖息密度和生物量高于5月份。

2．近岸生态系统

水体营养盐失衡，富营养化严重，N/P比值失调进一步加剧，60%海域无机氮和40%海域活性磷酸盐劣四类。东北部海域底层出现低氧区（溶解氧含量低于2mg/L）。

沉积环境总体质量良好，沉积物主要类别是粘土质粉砂。86.7%的生物样品符合二类生物质量标准，其余均超过三类标准。

生物群落结构趋于简单，基本保持稳定，总体上仍然较差。外来海洋生物形成入侵趋势的风险逐渐增加。有毒赤潮次数增加，危害程度继续加大。

长江口栖息地状况一般。围填海监管得到了加强，围垦速率降低了89.9%。横沙东滩和崇明岛北沿促淤工程进展顺利，改善了潮滩湿地质量。

总而言之，2006年上海市近岸生态系统健康状况总体处于恢复状态，生态系统健康指数有所增加。

海水质量

上海海域面积约11920平方公里，丰水期（8月份）未达到一类水质标准的面积约10 680平方公里，其中二类水质、三类水质、四类水质和劣四类水质海域面积分别约为510平方公里、470平方公里、530平方公里、9170平方公里。清洁海域所占比例由2005年同期的3.9%上升至2006年的10.4%。

主要污染物为无机氮、活性磷酸盐，其次为铅、汞和油类。

2006年四次海洋环境监测水质类别占上海市海域总面积比例表（%）

监测时间（月）	一类	二类	三类	四类	劣四类
2	4.50	16.28	5.50	3.84	69.88
5	15.27	3.36	3.36	2.52	75.50
8	10.40	4.28	3.94	4.45	76.93
11	7.63	7.13	9.48	8.39	67.37

2006年四次海洋环境监测水质分布示意图

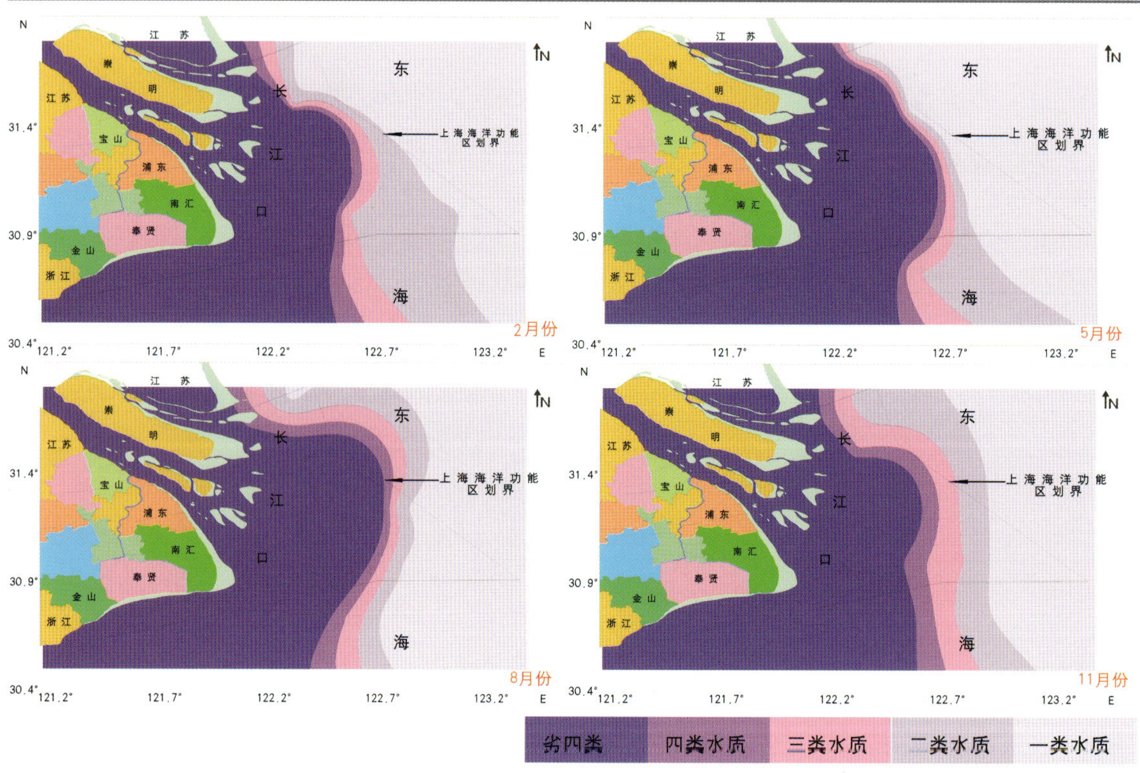

海洋沉积物质量

22个站位中86%的监测站位沉积物质量符合一类海洋沉积物质量标准。监测海域东部和南部边界处3个监测站位的铬含量超一类海洋沉积物质量标准，其中东部边界处的2个站位位于长江口外海洋渔业水域。

海洋生物质量

采集自崇明东滩、东海农场、南汇边滩、金山等地的15个生物质量样品中均有不同检测项目超生物质量一类标准。主要污染物是重金属，铅超标率达100%。镉、砷、锌、铜的超标率分别为73.3%、26.7%、20%、20%。东海农场梅童鱼体内铜含量是生物质量一类标准的28.7倍。

所有样品均检出666和DDT，60%的样品检出多氯联苯（PCBs），但以上几种持久性有机污染物均未超出一类海洋生物质量标准。

海洋赤潮监视监测及赤潮毒素检测

1. 赤潮灾害

5月共鉴定出赤潮生物种33种，有毒藻类5种。8月共鉴定出赤潮生物种44种，有毒藻类4种。长江口锚地未监测到入侵物种。

2006年上海海域共发现赤潮3起，累计发生面积约1080平方公里，赤潮发生期未发现有毒赤潮藻种。

受赤潮毒素污染的贝类样品

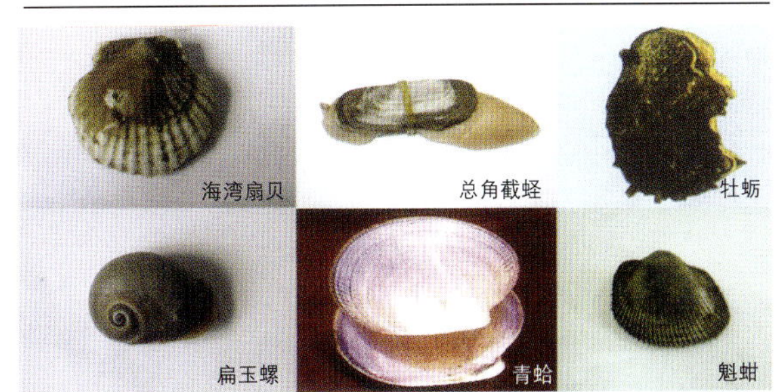

2. 上海市场海产品赤潮毒素跟踪监测

5月到10月，在上海市四大水产品批发市场采集样品159份，检出PSP（麻痹性贝毒）和DSP（腹泻性贝毒）毒素的样品各占12%和5%，但所有样品均未超出安全警戒值。海湾扇贝、扁玉螺、魁蚶和总角截蛏等海产品中赤潮毒素含量较高，检出时间集中在5~9月份。

海洋功能区环境质量

海洋功能区环境质量

1. 海洋自然保护区

崇明东滩鸟类自然保护区（长江口中华鲟自然保护区）

崇明东滩鸟类自然保护区邻近海域水质不满足功能区的要求，全年无机氮和活性磷酸盐超一类海水水质标准，5月份石油类超一类海水水质标准。

金山三岛海洋自然保护区

金山三岛保护区海域污染严重，不满足功能区要求，主要超标因子为无机氮、活性磷酸盐及铅，石油类、总汞、铜、砷也有不同程度超标。铅含量连续四年呈增加趋势。该保护区内牡蛎样品中总汞、铜、铅、砷、锌含量均超一类海洋生物质量标准。

九段沙湿地自然保护区

九段沙湿地自然保护区邻近海域水体质量基本与上年一致，仍不能满足功能区的要求，主要超标因子为无机氮、活性磷酸盐及重金属铅，总汞5月份超标。

2. 滨海旅游渡假区

4~10月对金山城市沙滩滨海旅游度假区进行了167天的连续监测。浴场内水体无机氮和油类超标，水质指数

滨海旅游度假区各项评价指数所占天数统计表（天）

防晒指数		水质指数		海面状况指数		海滨观光指数	
最弱	0	极佳	0	极佳	7	极佳	0
弱	52	优良	0	优良	70	优良	0
中等	87	良好	0	良好	46	良好	75
高	28	一般	0	一般	0	一般	59
很高	0	差	167	差	47	差	33
合计	167		167		167		167

差，其余指标均较好，适宜开展海滨观光和沙滩娱乐活动。影响休闲（观光）活动的主要因素是台风、水体富营养化、降雨和雾等不佳天气状况。

3．水资源保护区

陈行水库取水口邻近水域氨氮、石油类、总汞和挥发酚多项指标超地表水Ⅱ类水质标准，检出环境激素类物质——邻苯二甲酸酯类物质。盐水入侵导致陈行水库不宜取水天数共计31天，期间水库取水头部盐度最多超标达5.6倍，接近历史最高值。

青草沙邻近水域水质石油类和挥发酚超地表水Ⅲ类水质标准，检出环境激素类物质——邻苯二甲酸酯类物质。

声环境质量

声环境质量

2006年，本市区域环境噪声达到相应功能的标准要求，但道路交通噪声未能达到相应功能的标准要求。

1．区域环境噪声

2006年，本市区域环境噪声昼间时段的平均等效声级为56.6dB（A），较2005年下降0.7dB（A）；夜间时段的平均等效声级为49.7dB（A），较2005年下降0.1dB（A）。

2．道路交通噪声

2006年，本市道路交通噪声昼间时段的平均等效声级为72.0dB（A），与2005年持平；夜间时段的平均等效声级为64.9dB（A），较2005年下降0.9dB（A）。主要道路交通干线昼间和夜间时段的平均车流量分别为2144辆／小时和1000辆／小时，与2005年相比，昼间时段的平均车流量增加16辆／小时，夜间时段的平均车流量减少94辆／小时。

辐射环境质量

电磁环境质量

一、环境背景水平

2006年对全市8个监测点：上海动物园、龙华烈士陵园、共青森林公园、世纪公园、陆家嘴中心花园、人民公园、奉贤古华园和嘉定孔庙，进行了一次电磁辐射环境背景水平的常规监测，测量项目包括综合电场强度、工频电场强度和工频磁感应强度。

上海市电磁辐射环境背景水平常规监测结果

测量频率	监测项目	测值范围	平均值	标准差
0.1～3000MHz	综合电场（V/m）	0.16～0.91	0.48	0.12
5～100kHz	工频电场（V/m）	0.05～0.19	0.10	0.02
5～100kHz	工频磁感应（nT）	17～62	31.5	6

监测结果表明，本年度上海地区电磁辐射环境背景水平与历年相比无明显变化。

二、电磁辐射源周围环境中电磁辐射水平

电视调频广播发射塔

电视塔	测量频率（MHz）	监测范围	测值范围（V/m）
奉贤电视塔	0.1～3000	发射塔一侧300m范围内	0.36～0.44
东方明珠电视塔	0.1～3000	发射塔一侧1000m范围内	1.29～2.32

监测结果表明，东方明珠广播电视塔和奉贤电视塔周围环境中电磁辐射水平与历年相比无明显变化。

中波广播发射塔

中波广播发射塔	测量频率（MHz）	监测范围	测值范围 (V/m)
唐家塔	0.1～3000	馈线下方	37.15
虹桥塔	0.1～3000	馈线下方	23.09
题桥塔	0.1～3000	发射塔一侧 300m 范围内	7.31～17.16

监测结果表明，唐家塔、虹桥塔和题桥塔3个中波广播发射塔周围环境中电磁辐射水平与历年相比无明显变化。但若干点位综合电场强度接近国家标准GB8702—88《电磁辐射防护规定》中对应频率范围（0.1～3MHz）公众照射导出限值40 V/m。

莘庄卫星地球站

卫星地球站	测量频率（MHz）	监测范围	测值范围（V/m）
莘庄卫星地球站	5800～6400	天线一侧 50～100 m范围内	<0.1

监测结果表明，莘庄卫星地球站周围环境中电磁辐射水平与历年相比无明显变化。

浦东国际机场雷达站

机场雷达站	测量频率（MHz）	监测范围	测值范围 (V/m)
浦东国际机场雷达站	1030～2700	机场大道启航路口	<0.1

监测结果表明，浦东国际机场雷达站周围环境中电磁辐射水平与历年相比无明显变化。

三、电力设施周围环境中电场、磁场强度水平

超高压变电站

超高压变电站	监测项目	监测范围	测值范围
220kV 万航变电站 全封闭	工频电场强度（V/m）	围墙外 1m	1.24～1.26
	磁感应强度（μT）		0.037～0.066
220kV 瑞金变电站 半蔽开	工频电场强度（V/m）	围墙外 1m	1.27～41.7
	磁感应强度（μT）		0.238～0.707
500kV 南桥变电站 蔽开	工频电场强度（V/m）	围墙外 20m	38.2
	磁感应强度（μT）		0.331
500kV 黄渡变电站 蔽开	工频电场强度(V/m)	围墙外 20m	41.2
	磁感应强度（μT）		0.215

监测结果表明，220kV万航变电站、220kV瑞金变电站、500kV南桥变电站、500kV黄渡变电站周围环境中工频电场、磁感应强度与历年相比无明显变化。

超高压输电线

超高压输电线	监测项目	监测范围	测值范围
220kV 港春 2221 线	工频电场强度(kV/m)	线下 0～20m	0.167～1.35
	磁感应强度(μT)		1.10～2.37
500kV 南桥送电线	工频电场强度(kV/m)	线下 0～30m	0.09～0.12
	磁感应强度(μT)		0.49～1.74
500kV 桥行 5110 线	工频电场强度(kV/m)	线下 0～30m	0.22～0.69
	磁感应强度(μT)		0.11～0.29

监测结果表明，220kV港春2221线、500kV南桥送电线、500kV桥行5110线周围环境中工频电场、磁感应

强度与历年相比无明显变化。

放射环境质量

气溶胶采样现场

天然放射性监测主要针对环境介质中的^{238}U、^{232}Th、^{226}Ra和^{40}K天然放射性核素，人工放射性监测主要针对^{137}Cs、^{90}Sr和^{3}H等人工放射性核素。

大气中的放射性水平

2006年，大气监测点设在上海市辐射环境监督站。

本年度大气中的气溶胶全年采样4次，采样周期为每季度1次；沉降物全年采样2次，采样周期为半年1次；氚化水蒸气全年采样2次，采样周期为半年1次，采样点均设在市辐射站。

本年度大气中的气溶胶、沉降物的总α、总β放射性和氚化水蒸气浓度监测结果列入下表。

大气中的放射性水平

监测项目		样本数	测量结果范围	平均值
大气气溶胶	总α放射性(Bq/m3)	4	6.1×10^{-4}～7.6×10^{-4}	6.4×10^{-4}
	总β放射性(Bq/m3)		3.3×10^{-3}～4.2×10^{-3}	3.8×10^{-3}
大气沉降物	总α放射性(Bq/ m2.d)	2	0.69～1.1	0.91
	总β放射性(Bq/ m2.d)		0.56～1.3	0.93
大气中氚浓度（Bq/l）		2	$<1.14\times10^{-5}$	$<1.14\times10^{-5}$
降水中氚浓度（Bq/l）		2	<0.94	<0.94

监测结果表明：本年度上海市大气中放射性水平比较稳定，属于正常本底水平。

水体中的放射性水平

2006年，上海市地表水采样2次，采样点设在黄浦江复兴码头、宝钢水库、陈行水库和淀山湖水；海水采样2次，采样点设在金山车客渡码头和洋山至舟山的东海海面；地下水采样1次，采样点设在中远两湾城。

监测项目主要包括总α、总β、总铀、总钍、^{226}Ra、^{137}Cs、^{90}Sr。监测结果见表。

上海地表水、地下水中放射性核素浓度(Bq/l)

	宝钢水库	陈行水库	黄浦江水	淀山湖	中远地下水
总α	0.031	0.034	0.070	0.071	0.087
总β	0.075	0.078	0.32	0.27	0.059
^{90}Sr	5.4×10^{-3}	8.5×10^{-3}	8.4×10^{-3}	8.6×10^{-3}	—
^{226}Ra	3.2×10^{-3}	3.4×10^{-3}	5.2×10^{-3}	4.0×10^{-3}	2.0×10^{-2}
总U(μg/L)	0.82	0.73	0.94	0.98	0.95
总Th(μg/L)	0.030	0.10	0.26	0.090	0.056
^{137}Cs	$<1.1\times10^{-4}$	$<1.4\times10^{-5}$	$<1.4\times10^{-4}$	1.3×10^{-4}	—

上海海水中放射性核素浓度(Bq/l)

分析项目	东海海水	金山海水
^{90}Sr	2.2×10^{-2}	1.4×10^{-2}
^{226}Ra	4.6×10^{-3}	4.8×10^{-3}
总U(μg/L)	3.3	2.6
总Th(μg/L)	0.94	1.61
^{137}Cs	8.8×10^{-4}	7.4×10^{-4}

监测结果表明：上海各水体中放射性核素浓度处于正常本底水平，上海水系中没有受到放射性污染。

土壤中的放射性

在上海崇明、共青森林公园、南汇、金山、奉贤、青浦、嘉定和宝山设了8个监测点，全年采样1次，用γ能谱方法测量土壤中^{238}U、^{232}Th、^{226}Ra、^{40}K和^{137}Cs的含量，监测结果见表。

上海市土壤中放射性含量(Bq/kg)

	总α	总β	^{238}U	^{232}Th	^{226}Ra	^{40}K	^{137}Cs
崇明	8.2×10^{2}	7.6×10^{2}	66±16	52±5	36±2	$(5.6\pm0.3)\times10^{2}$	2.3±0.8
共青森林公园	7.5×10^{2}	7.7×10^{2}	29±14	60±6	39±5	$(5.0\pm0.3)\times10^{2}$	<0.7
南汇	9.3×10^{2}	8.4×10^{2}	<19	56±6	36±3	(5.4±0.3)×102	2.8±1.2
金山	1.2×10^{3}	9.6×10^{2}	34±13	53±3	40±2	$(6.3\pm0.2)\times10^{2}$	<0.3
奉贤	8.0×10^{2}	8.3×10^{2}	55±19	60±6	42±4	$(6.0\pm0.3)\times10^{2}$	1.8±1.6
青浦	8.9×10^{2}	6.6×10^{2}	63±12	61±3	45±3	$(4.3\pm0.1)\times10^{2}$	<0.2
嘉定	9.1×10^{2}	8.2×10^{2}	79±22	59±7	53±5	$(5.2\pm0.3)\times10^{2}$	2.2±1.0
宝山	7.0×10^{2}	7.3×10^{2}	41±15	56±4	39±3	$(5.5\pm0.2)\times10^{2}$	4.5±1.0

监测结果表明：本市各区县土壤中放射性核素含量与往年相比无明显变化，处于正常水平。

γ空气吸收辐射剂量

环境天然贯穿辐射包括陆地γ辐射和宇宙射线辐射，这是环境γ辐射的主要部分。本年度设上海动物园、闸北公园、世纪公园、龙华烈士陵园、共青森林公园、上海植物园、陆家嘴中心花园和人民广场8个监测点，上下半年各监测一次。这些点周围环境开阔，测量结果受周围建筑物影响较小。监测结果见表。

γ空气吸收剂量率监测结果(nGy/h)

	测量结果范围	平均值
上海动物园	50.5～72.4	61.5
上海植物园	66.3～81.6	74.0
龙华烈士陵园	69.9～85.3	77.6
共青森林公园	55.4～86.6	71.0
闸北公园	69.4～89.0	79.2
人民广场中心绿地	55.3～82.3	68.8
世纪公园	63.5～69.2	66.4
陆家嘴中心绿地	65.4～86.9	76.2

注：本表及环境放射性内容中所涉及的所有γ辐射空气吸收剂量率和X、γ辐射空气吸收剂量率的监测数据均未扣除本市约0.03μGy/h的宇宙射线贡献。

监测结果表明：2006年度上海环境天然贯穿辐射与历年比无显著变化，处于正常水平。

γ 辐射累积剂量

采用热释光剂量片，每季度测量一次。

γ 辐射累积剂量监测结果(nGy/h)

	测量结果范围	平均值
长风公园	109～114	112
共青森林公园	95.3～114	103
闸北公园	111～120	115
世纪公园	103～114	109
上海植物园	94.5～110	104
上海动物园	63.1～113	80
龙华烈士陵园	125～131	128

监测结果表明：上海环境 γ 辐射累积剂量处于正常本底水平。

主要辐射源周围环境质量

微型反应堆 2006 年，每季度对某研究院微型反应堆周围环境进行了监测，结果见表。

某微型反应堆周围环境放射性监测结果

空气	气溶胶(年平均)				
γ 空气吸收辐射剂量率 (nGy/h)	总 α (Bq/m^3)	总 β (Bq/m^3)	^{40}K (Bq/m^3)	^{137}Cs (Bq/m^3)	^{7}Be (Bq/m^3)
69.1 ± 2.4～93.7 ± 1.4	5.7×10^{-4}	3.9×10^{-3}	$<9.4 \times 10^{-3}$	$<2.6 \times 10^{-4}$	$<2.3 \times 10^{-4}$

监测结果表明：该微型反应堆周围 γ 空气吸收辐射剂量率较往年没有明显变化，气溶胶中总 α 、总 β 放射性水平与本市其他环境中一致。

射线装置 对 3 家典型的使用射线装置的单位进行了工作场所周围环境的监测。监测结果表明：射线装置使用场所周围环境中的 X、γ 剂量当量率基本处于环境本底水平。

同位素应用设施 选择了 5 家工业单位和 2 家医院进行了放射性同位素应用设施周围环境监测。工业单位涉及放射性废源收贮、天然放射性伴生矿、放射性核素添加剂使用以及曾经大量使用放射性物质的使用单位。医院核医学科主要应用医用放射性同位素，如 131I、18F、钼—锝发生器等，具有寿命短，易沾污的特点。

监测结果表明: 5家工业单位周围环境中的 γ 辐射剂量当量率基本处于该地本底水平，与历年监测结果相比无明显差异，原先的污染地域未受进一步污染。2 家医院的放射性污染总体情况较好。

加速器 对 3 家加速器应用单位进行了 X、γ 剂量当量率监测。监测结果表明：加速器应用场所周围 X、γ 剂量当量率基本处于环境本底水平。

密封源 对 3 家密封放射源使用单位进行了监测。监测结果表明：在密封源使用场所周围部分点位 γ 辐射剂量当量率高于环境本底水平，但符合《电离辐射防护与辐射源安全基本标准》(GB 18871-2002)的年累积剂量限值。

城市放射性废物库 对城市放射性废物库周围环境进行了 X、γ 剂量当量率监测，测值范围为: 80.0～110nCos/h，监测结果表明: 废物库周围环境中的 X、γ 剂量当量率与正常环境本底相当。

2007

上海环境年鉴

Shanghai Environment Yearbook 2007

污染防治与环境建设

大气污染防治

本市燃煤电厂全面开展烟气脱硫

2006年2月上海市人民政府转发了市发改委等六部门制定的《上海市“十一五”期间燃煤电厂脱硫工程实施方案》，在2010年以前，全市共有14家电厂总装机容量9572MW的燃煤机组需要完成烟气脱硫或结构调整，其中列入2006年至2008年第三轮环保三年行动计划的共有11家电厂燃煤机组。至2006年底已有6个项目开工，开工率达55%，总体进度达到了三年行动计划2006年的推进要求。

年内，相继建成外高桥电厂2台300 MW和宝钢自备电厂1台350 MW机组脱硫工程并投入试运行，全市二氧化硫排放总量比2005年下降1%，约5000吨。

基本无燃煤区燃煤设施清洁能源替代继续推进

2006年，本市在“基本无燃煤区”区划内继续推进燃煤锅炉设施清洁能源替代，共完成40台，合计104蒸吨，年减少用煤量近2.6万吨，削减二氧化硫排放近30吨。

2006年，共有5个区的7个街道（镇）创建成无燃煤街道。

2006年度创建的无燃煤街道（镇）

浦东新区：花木镇、周家渡街道
长宁区：周家桥街道
徐汇区：枫林路街道
普陀区：曹杨新村街道
杨浦区：控江路街道、延吉新村街道

烟尘控制区创建面积达1677平方公里

按照第三轮三年行动计划，外环线以外的区域全部创建烟尘控制区，实现烟尘控制区的全覆盖。2006年共有8个区的39个街道（镇）经过努力创建成烟尘控制区，创建面积1677平方公里。

相关链接

2006年度创建的烟尘控制区

宝山区：城市工业园区
嘉定区：新成路街道、菊园新区管委会、嘉定工业区管委会、南翔镇、江桥镇、黄渡镇
金山区：枫泾镇、朱泾镇、亭林镇、张堰镇、漕泾镇、廊下镇
松江区：车墩镇、新桥镇、九亭镇、泗泾镇、佘山镇、永丰街道、中山街道、松江科技园区
青浦区：夏阳街道、盈浦街道、徐泾镇、重固镇
南汇区：书院镇、宣桥镇、六灶镇、祝桥镇、南汇工业园区、康桥工业区
奉贤区：南桥镇、庄行镇、柘林镇、海湾旅游区
崇明区：堡镇、竖新镇、向化镇、中兴镇

上海落实《“十一五”二氧化硫总量削减目标责任书》

根据国务院“十一五”期间二氧化硫排放总量控制计划下达给上海的二氧化硫总量控制指标，2006年上

半年，市环保局牵头制定了《"十一五"期间二氧化硫总量控制方案》，并于8月获市政府批准，将二氧化硫总量指标下达到19个区县人民政府和宝钢股份、中石化上海石化、中石化高桥石化等3家中央在沪企业。10月，市环保局代表市政府与19个区县政府、3家中央企业签订了"十一五"二氧化硫总量控制目标责任书，落实了全市二氧化硫总量控制和减排目标责任。

华能上海石洞口第一发电厂

《上海市"十一五"期间工业企业二氧化硫总量指标分配方案》编制完成

2006年第四季度，根据国家环保总局下达的二氧化硫总量指标分配技术指南，市环保局成立了《上海市"十一五"期间工业企业二氧化硫总量指标分配方案》研究课题小组，研究编制《上海市工业企业二氧化硫总量指标分配方案》，制定《上海市二氧化硫排放总量控制技术指南》和《上海市"十一五"期间工业企业二氧化硫统计和考核工作要求》，规范全市的工业企业二氧化硫排放统计、考核工作，以确保本市"十一五"二氧化硫排放总量控制目标的实现，已完成《分配方案》和《技术指南》的初稿。

上海实施高污染车辆限行措施

2006年，市政府颁布的《关于对高污染车辆实施限制通行措施的通告》开始生效，对领有本市牌证和领有外省市牌证长期在沪使用的，达不到欧I标准的高污染汽车采取限行措施。

限行措施分两个阶段实施：第一阶段自2006年2月15日起，7时至20时，本市内环（含）以内高架道路、延安、沪闵高架全线禁止高污染车辆通行；第二阶段自2006年10月1日起，7时至20时，在第一阶段禁行区域的基础上，扩大到内环（含）以内的所有地面道路。据对35万辆左右的高污染车辆进行分析，去除货运车辆、沪C牌照车辆受现行交通管理措施限制等因素，实际全市约有近20万辆汽车将受此影响。

1月16日，市环保、公安、市政等部门联合宣布，1月20日起至2月14日，有关部门将向尾气排放达标的车辆发放具有多种防伪功能的"环保标志"。自2月15日起，只有贴有"环保标志"的车辆才能在申城高架畅行无阻，如无"环保标志"的高污染车辆违禁，将被处以200元罚款并记2分。

根据车辆悬挂本市牌照、外地车辆在沪逗留时间长短、车辆上牌时间等不同情况将有不同规定。本市环保部门委托公安交通管理部门设立了56个本地车辆和18个外省市车辆申领服务点。

交通环境监测表明，采取限行措施后的道路空气质量有所改善，其中CO的改善率平均达50%左右，NO_2的改善率约30%左右。与之相反的是内环线以外的道路空气质量有所下降。

公交、出租业新车提前实施国III排放标准

根据本市第三轮环保三年行动计划的要求，经市政府批准，从7月31日起，本市公交、出租行业新车提前实施国家机动车第三阶段排放标准。

公交、出租行业在本市公共交通领域承担着重要作用，全市80%以上的客运量由公交及出租车辆完成，公交、出租车的能源消耗也在全市交通耗能中占据较大比重，由于公交、出租车辆相比社会其他车辆的运行频率比较高，对城市空气环境的影响也十分明显，据调查显示，公交、出租车辆行驶里程占全市总行驶里程的57%，燃料消耗占全市的60%。研究结果显示，中心城区公交车氮氧化物（NOx）、颗粒物（PM）排放分担率分别达到37.6%、45%，出租车CO的排放分担率达到30%。

根据国家环保总局发布的《车型型式核准公告》，全国不少新开发的车型已达到第三阶段排放标准，市交通局

启动了"'国三'排放公交车百辆路线试验计划"，截止到2006年底，共投入公交车144辆。为"国三"排放公交车的使用、维修保养等积累了经验。

为保证新标准实施取得预期效果，油品质量须与发动机的控制要求相匹配。目前本市社会加油站提供的汽油油品质量较好，能基本满足国Ⅲ标准发动机的使用要求，而柴油油品质量还不能全面达到欧Ⅲ标准发动机的使用要求，因此要求油品供应商在向公交加油站定点供油时应提供能满足国Ⅲ标准发动机的使用要求的柴油，特别是含硫量应低于350ppm以确保发动机排放控制系统正常发挥作用。

市环保局网站还公布了达到国家机动车第三阶段排放标准的车型目录。

公交行业开展柴油公交车尾气冒黑烟整治

2006年，市公交行业开展了多次柴油公交车尾气冒黑烟整治工作。结合六国峰会在上海召开，第一轮对47个路口3711辆公交车的尾气排放进行了检查；第二轮在82条线路上检查了1634辆公交车的尾气排放，对其中58辆严重冒黑烟的公交车采取了限运措施。

交警总队整治轻便摩托车违规登记

2006年，市公安局交警总队针对部分厂商将轻便摩托车大排量小标识的违规登记现象，下发了《关于进一步加强轻便摩托车登记和安全技术检测工作的通知》，从车辆注册登记、技术检测、监管控制等环节，查处轻便摩托车的大排小标违规行为，对在售的因技术参数与国家发改委《公告》不一致的16种型号轻便摩托车，停止办理注册登记。

225平方公里扬尘污染控制区建成

建筑工地采用高围挡措施防止扬尘污染

为保证创建工作质量，推进创建工作有序开展，2006年初，上海市环境保护和环境建设协调推进委员会办公室颁发了《关于在本市开展"扬尘污染控制区"创建工作的通知》，下发了《创建"扬尘污染控制区"实施办法》，明确了扬尘污染控制区的创建范围、责任主体、创建目标、考核标准、考核验收等实施事项，规范了创建工作开展。创建扬尘污染控制区主要有两种形式：一是由本区直接创建为扬尘污染控制区；二是分批、分年度组织创建扬尘污染控制街道、镇，经过三年努力，最后形成扬尘污染控制区。

第三轮环保三年行动计划中提出了创建扬尘污染控制区的目标任务，创建区域为外环线内所有区域，以及外环线外区县政府所在地的城镇，创建面积为728平方公里。通过创建，使全市的扬尘污染得到有效控制，全市降尘量削减约达20%，降尘水平下降至8吨/平方公里·月，环境空气质量优良率稳定在85%以上。

2006年，全市19个区县中除3个示范区外有13个区启动了创建工作，其中有2个区进行直接创建，其他11个区的40个街道、镇创建扬尘污染控制街道、镇，共计42个创建主体。年底，有37个创建主体申请考核验收，申请验收率（占当年创建数）达88%。上海市环境保护和环境建设协调推进委员会办公室牵头组成由市环保局、市建设交通委、市市政局、市公安局、市交通局、市市容环卫局、市港口局等职能部门有关人员参加的考核验收专家组。考核验收工作中专家听取了街道、镇、区创建工作汇报，查阅了创建工作资料，审核了考核指标，各自实地检查了房屋建设、道路与管线、拆房或堆场等施工现场，还巡查了道路、河道、居住小区的裸土绿化与铺装，道路保洁，植物栽种和养护防尘等方面的情况，对施工企业进行了公众知晓率调查，最后形成书面考核验收意见。

2006年，上海37个创建主体全部通过考核验收，合计建成扬尘污染控制区面积225平方公里，占第三轮环保三年行动计划728平方公里的31%，完成了创建总量约达三分之一的创建任务。

通过2006年的创建工作，本市环境空气质量优良率较2005年上升0.6%，可吸入颗粒物较2005年下降0.002mg/m^3，全市区域降尘量较2005年下降0.8吨/平方公里·月，道路降尘量较2005年下降2.3吨/平方公里·月。在本市在建工程量依然较大的情况下，本市扬尘污染防治呈现“基本控制，略有好转”的局面。

2006年度上海市扬尘污染控制区、街道、镇名单

上海市扬尘污染控制区

黄浦区

上海市扬尘污染控制街道

五角场街道	四平路街道	徐家汇街道	斜土路街道	长风新村街道	甘泉路街道
曹杨新村街道	石泉路街道	长寿路街道	宜川路街道	方松街道	彭浦新村街道
临汾路街道	大宁路街道	共和新路街道	枫林路街道	湖南路街道	天平路街道
友谊路街道	吴淞街道	延吉新村街道	控江路街道	江浦路街道	陆家嘴街道
潍坊新村街道	花木街道	浦兴路街道	沪东新村街道	龙柏街道	古美路街道

上海市扬尘污染控制镇

彭浦镇　惠南镇　金桥镇　淞南镇　高境镇

注：虹口区内环区域2006年已通过市考核验收专家组考核验收，待全区创建通过考核验收后一并命名。

建筑、市政工程扬尘污染控制四管齐下

2006年，建设行政部门继续贯彻《上海市扬尘污染防治管理办法》，在建筑、市政道路工程扬尘污染控制方面主要做了以下工作：

1.进一步提高防治标准化水平。市建设和交通委员会颁发了《建设工程扬尘污染防治规范》(DGJ08－121－2006)。规定该规范自2006年4月1日起实施。规范要求上海市行政区域内新建、改建和扩建的工业与民用建筑和市政基础设施及各类房屋拆除、装饰、装修工程施工现场施工企业，应当遵守国家和地方有关环境保护法律、法规，保证工程施工对环境的影响降到最低程度，工程开工前，应将本工程扬尘污染防治方案在工地大门口醒目位置向社会公众公布，接受社会公众的监督。规范的出台标志着上海建筑、市政道路工程扬尘污染防治工作走上标准化的轨道。

2.市政行业采取积极措施防治施工扬尘。市市政局结合市政道路与管线工程的特点，组织编写并发布了《上海市道路与管线工程施工及高架道路保洁作业防尘的有关要求》。规定凡在本市中心城、新城、中心镇等范围内承揽道路与管线工程施工或养护维修的企业，应当编制扬尘污染防治方案，落实防尘措施；同时，要求行业管理部门在编制或修订有关道路与管线工程施工及养护技术规范时，应当纳入《防尘要求》的内容。《防尘要求》的实施，为规范市政工程施工企业的施工行为起到了积极的指导作用。

3.开展渣土运输车辆专项整治动员。为防治建筑渣土车辆运输产生的扬尘等污染，7月11日，市建设和交通委员会召开了“上海市渣土运输车辆专项整治动员大会”，动员部署相关工作。市建筑业管理办公室积极响应，制定《关于规范建设工地建筑垃圾装运工作的通知》(沪建建管[2006]106号)，并在陆家嘴功能区建设工地进行试点。市市容环卫部门开展了渣土运输企业资质审批和车辆检验工作，当年已有28家企业取得资质，备案达标车辆362台。内环线内已有18个工地同获得渣土运输企业资质的企业签定运输合同，并使用达标车辆。

4.加强检查，督促措施落地。建设行政部门结合文明工地的创建，将工地扬尘污染防治工作作为文明工地的考核内容，规定对于三次以上因扬尘污染遭到市民投诉的，经查实的，取消其文明工地评选资格；已评为文明工地的，取消其文明工地称号。市政行业还开展市、区二级管理部门联手的专项检查，重点查扬尘污染防治方案备案情况。

预拌（商品）砂浆推广使用

预拌（商品）砂浆（不含特种商品砂浆）不仅能促进散装水泥使用率的提高和扩大粉煤灰利用领域，而且是节能降耗的新产品，也是绿色建筑材料。2006年上海市预拌（商品）砂浆推广通过修订、完善预拌、干粉砂浆生产与应用技术规程；对施工、监理等相关人员进行商品砂浆业务知识培训；加快散装干粉砂浆生产、运输、储存、搅拌、使用国产设备一体化在建设工程使用进度等，在困境中求发展，使用量同比递增2%，达到92.3万吨（其中散装干粉砂浆的比例达到45%），共节约水泥3.95万吨、石灰3.14万吨、砂4.56万吨，利用粉煤灰7.8万吨，折合节煤0.83万吨，减少二氧化碳排放8.32万吨。

全市渣土运输车辆开展专项整治

2006年7月，市建设和交通委员会与市市容环境卫生管理局联合下发了《渣土运输车辆专项整治方案》。7月11日，市建设和交通委员会在市建筑建材业行政管理服务中心召开本市渣土运输车辆专项整治动员大会。规定渣土运输企业达到审批条件，并具有检测合格的5辆以上（含5辆）渣土运输车辆的单位可获得在本市行政区域内从事渣土运输服务的许可。通过车容车况专项检验的渣土运输车辆，凭检验合格证明到机动车辆管理所变更车身颜色，使用统一的渣土车标识色，由市市容环卫局发放编码证。全市渣土车总量控制在1500辆以内。并在浦东陆家嘴功能区开展试点，试点区内渣土运输车辆的运营要符合标准规范。获得渣土运输服务资质的单位和获得编码证的车辆信息将在相关媒体和网站上公布，供建设施工单位选择。

水污染防治

苏州河整治一期工程荣获首批“国家环境友好工程”奖

整治后的苏州河

6月9日，国家环保总局在京举行颁奖仪式，授予全国10个建设项目“国家环境友好工程”荣誉称号，这是我国建设项目环境保护的最高奖项。本市苏州河环境综合整治一期工程名列其中。

环保总局局长周生贤在颁奖仪式上指出，要在加大环境执法力度的同时辅之以激励措施，大力表彰宣传先进典型，认真落实环评七项承诺，动员全社会关心环保、重视环保、支持环保，为建设环境友好型社会而奋斗。此次荣获第一批国家环境友好工程奖的10大项目坚持以人为本，切实维护群众利益和国家长远利益，坚持依法施工，严格执行《中华人民共和国环境影响评价法》和《建设项目环境保护管理条例》，自觉执行环境影响评价的各项要求，为工程建设项目树立了榜样。

首批10个“国家环境友好工程”经过包括3位院士在内的15位评审专家严格的初评、复评、现场核查和公示等程序，从全国163个参选项目中脱颖而出。评选过程中聘请了100位环保志愿者作为义务监督员，全过程进行监督，确保公正性。获奖项目严格履行环境影响评价、“三同时”等环保制度，环保表现在同类项目中最为出色，总投资额超过1000亿元人民币，具有很强的示范性和代表性。

市政府副秘书长洪浩代表上海市政府出席了颁奖典礼，并代表市政府发表了热情洋溢的祝词。在随后举行的“绿色中国与环境友好高端研讨会”上，洪浩应邀作了题为“让东方明珠更加光彩照人”的主题发言，从促进城市功能布局优化、积极引导产业结构调整和技术升级、加快推进环境基础设施与城市经济同步发展、着力解决人民群众关心的突出环境问题等方面全面介绍了上海市在环境保护工作方面取得的成绩以及今后工作的打算。市水务局、市环保局以及苏州河治理办公室的有关负责人也出席了会议。

上海积极贯彻落实全国水污染防治工作电视电话会议精神

7月21日，全国水污染防治工作电视电话会议结束后，上海分会场召开贯彻会议。市政府副秘书长洪浩指出，要以“重点削减，面上确权，增产不增污，发展要减污”为原则，对本市实施污染物排放总量控制，努力完成水污染物削减任务，逐步改善本市水环境质量。

洪浩指出，国家“十一五”规划明确提出，2010年上海市化学需氧量(COD)排放总量要在2005年基础上削减15%。这既是中央对上海的要求，也是上海对中央和全市人民的承诺。我们必须按照中央的要求，采取有力措施，确保完成本市“十一五”期间水污染物总量削减目标。

洪浩强调，到“十一五”期末，本市经济总量将增长60%以上，人口将不断增加，用水量和污水排放量也将不断增加，要完成国家下达的水污染物总量削减目标，必须根据本市实际情况，制定科学合理的削减方案，进一步落实总量削减责任制，把总量削减的任务层层分解、层层落实。从全市层面来讲，COD排放总量要下达到各区县政府、相关职能部门（或市级公司）和中央在沪企业。各区县、各部门、各单位要根据各自实际制定具体削减计划，提出可核查、可考核的指标体系，并把总量和考核指标层层分解到辖区内各街道、镇和有关企业。

市环保局、市发改委、市水务局、市城投公司等相关部门、各区县政府及区县环保局、水务局有关负责人出席了分会场会议。

上海市落实《“十一五”水污染物总量削减目标责任书》

2006年8月，市政府召开全市大会，落实污染减排任务。9月以后，受市政府委托，市环保局陆续与各区县政府、城投公司、宝钢集团公司、高桥石化公司、上海石化公司等签订了《2010年COD总量控制目标责任书》，并多次召开会议，研究污染减排工作。11月，市环保局着手研究编制“十一五”COD排放总量任务削减考核办法，制定评估指标和评分标准。结合“十一五”环境保护和工业污染防治目标任务的落实，市环保局初步制定了淘汰劣势企业的工作思路和方案，采用加强环境监管、利用环境执法等手段，促进严重污染环境的劣势企业加大结构调整和淘汰力度，腾出总量支持优势企业的发展。同时，大力推进工业企业清洁生产，对污染物排放浓度严重超标或超过排放总量的重污染企业依法开展清洁生产强制性审核。

2006年，全市新增污水处理量20万吨／日，关闭了污染严重的上海化纤浆粕总厂，上钢五厂实现了工业废水循环利用，COD总量在2005年基础上削减约0.7%，完成了2006年总量削减任务。

城乡水环境综合整治实现预期目标

2006年是实施上海市第三轮（2006～2008年）环保三年行动计划的第一年。水环境治理范围从中心城区向郊区延伸，治理重点向郊区转移。

在市委、市政府的领导下，在各级水务部门的共同努力下，第三轮水环境治理工作实现良好开局。到年底，上海市污水治理三期总管和竹园第二污水处理厂主体工程基本建成；郊区完成新建扩建污水厂6座，新增污水处理能力16.9万立方米／日；新增一、二级污水管网400余公里，全市城镇污水处理规模达到487.9万立方米／日。

整治后的南汇祝桥周家河

中心城区河道基本消除黑臭成果得到巩固和提高，苏州河水质稳中有升；近郊六镇共完成了10条53公里黑臭河道的整治；远郊23条94公里骨干河道整治有序推进；在郊区“万河整治行动”中，共有5031条段总长4816公里镇村级河道得到整治。

市人大常委会在开展跟踪监督和专项评议中，对本市河道水环境综合整治工作予以高度评价。

保留工业区管网建设和企业纳管工作稳步推进

截至2006年底，80个保留工业区内已建管网长度达1480公里，62个工业区管网密度达到完善或基本完善，占工业区总数的78%。与2004年工作初期相比，实现污水集中处理的工业区数量由35个增加到57个，增幅达62%；管网服务面积由285.8平方公里增加到406.2平方公里，新增120平方公里，增幅为42%；新增污水厂5座，新增污水处理能力26.5万m^3/d。80个保留工业区内污水纳管处理总量为46.4万m^3/d，污水纳管处理率为78%；纳管企业数由1228家增加到3627家，新增纳管企业2399家，新增企业纳管污水量约15万m^3/d，占企业污水总量的27%，新增纳管生活污水量3.1万m^3/d。

治太一期骨干工程全面竣工验收

3月25日，太浦河、望虞河工程竣工验收正式启动，水利部在苏州召开技术预验收会议，听取太湖局关于“两河”工程实施情况汇报，拉开了治太一期骨干工程全面竣工验收的序幕。

望虞河工程

4月3日，水利部会同江苏省人民政府在苏州主持召开望虞河工程竣工验收会议。竣工验收委员会同意工程质量监督机构核定望虞河工程总体质量等级为优良，并同意通过竣工验收。水利部副部长胡四一、江苏省副省长黄莉新、水利部总工程师刘宁，国家发改委、财政部、水利部等国家有关部委，太湖局，江苏省水利厅和江苏省人民政府有关部门、江苏省有关地方人民政府，工程建设、设计、监理以及施工单位的代表参加了会议。

太浦河工程

4月4日，水利部会同江苏省、浙江省、上海市政府在苏州主持召开太浦河工程竣工验收会议。竣工验收委员会同意工程质量监督机构核定江苏段、浙江段、上海段太浦河工程质量等级为优良，并同意通过竣工验收。水利部副部长胡四一、江苏省副省长黄莉新、水利部总工程师刘宁、浙江省政府副秘书长俞仲达、上海市政府副秘书长洪浩，水利部建管司司长孙继昌，太湖局局长叶建春，国家发改委、财政部、水利部等国家有关部委，水利部太湖局，苏、浙、沪两省一市水利（水务）厅（局）和人民政府有关部门、有关地方人民政府，工程建设、设计、监理以及施工单位的代表参加了会议。

环湖大堤

7月31日～8月2日，由太湖局组织的环湖大堤(浙江段)工程财务预验收会议在湖州召开。会议通过了环湖大堤(浙江段)工程财务预验收专家组报告。水利部财经司、财政部驻上海专员办、浙江省水利厅等单位的专家参加了会议。

8月9日，太湖环湖大堤工程（浙江段）通过由太湖局会同浙江省水利厅和浙江省档案局共同组织的档案专项验收，为工程进入竣工验收打下了基础。

9月17～18日，太湖局会同浙江省水利厅在浙江省湖州市长兴县主持召开了太湖环湖大堤工程（浙江段）竣工验收会议。水利部建设与管理司、财政部驻上海专员办，水利部太湖局，浙江省水利厅、国家发改委、财政厅、国土资源厅、档案局，湖州市人民政府及有关部门，长兴县人民政府、有关部门以及质量监督、运行管理等有关单位的代表参加了会议。

太湖流域重点骨干工程后续工程项目建议书工作大纲通过审查

2月6～7日，太湖流域重点骨干工程望虞河、太浦河后续工程项目建议书工作大纲通过了太湖局、江苏、浙江、上海水行政主管部门组织的审查。水利部水利水电规划设计总院以及流域内相关省（市）水利设计、勘测等有关单位的专家、领导和代表参加了会议。

7月27～28日，太湖局主持召开二轮治太工程前期工作项目工作组会议，重点讨论环湖大堤后续工程可行性研究、望虞河后续工程方案、吴淞江行洪工程专题研究工作大纲等二轮治太工程前期工作。

太湖流域片省界缓冲区水质查勘完成

根据水利部关于加强省界缓冲区水资源保护和管理工作的要求，太湖流域水资源保护局会同太湖局水文水资源监测局对流域片52个省界缓冲区进行了联合查勘。查勘工作分两个阶段进行，10月24日至10月27日查勘太湖流域43个省界缓冲区，11月5日至11月11日查勘东南诸河9个省界缓冲区，现已顺利结束。

查勘中，依据水利部《省界水体水质站设置导则》相关条款规定，对各省界缓冲区的水质水量监测点进行了核查、调整和补充，并会同地方水文部门对站点设置等具体问题进行了现场讨论。本次查勘摸清了流域片省界缓冲区的具体情况，调整完善了省界缓冲区监测点的布设，为流域片省界缓冲区水资源保护和管理工作的进一步深入开展奠定了基础。

太湖局力保省界和饮用水源地安全

2006年年底，为组织做好太湖流域片重要饮用水水源地突发性水污染事件的应对工作，太湖局按照水利部的统一部署，在充分听取流域片各省市水行政主管部门意见的基础上，制定了《太湖流域管理局应对流域片重要饮用水水源地突发性水污染事件应急预案（试行）》。

该预案明确了污染事件的分级分类、应对污染事件的组织体系与职责、运行机制、应急响应和保障及后期处置等相关内容，预案印发流域片各水利厅（局），并抄送各省（市）政府办公厅，于2007年1月1日开始实施。

根据水利部《关于加强省界缓冲区水资源保护和管理工作的要求》(办资源[2006]131号文)，2006年10～11月，太湖局组织对流域片52个省界缓冲区进行了全面查勘，并依据水利部《省界水体水质站设置导则（试行）》等规范的相关规定，对省界缓冲区的水质站进行了核查、调整和补充，制定了《太湖流域片省界水体水质站调整方案》，印发流域片各水利厅（局），在2007年流域片省界监测工作中予以实施。

应急预案和水质站点调整方案的实施，将为保障重要饮用水水源地安全及省界缓冲区监督管理提供支撑，从而进一步推动流域片水资源管理和保护工作。

2006年引江济太工作

2006年引江济太工作主要分为两阶段开展：第一阶段为2006年3月22日至4月5日，开展了《太浦河流量与下游水源地水质影响关系试验》；第二阶段为8月13日至10月20日，主要为通过望虞河引水补充太湖水量、改善太湖水环境。

2006年汛期，水利部太湖流域管理局密切关注气温高、降雨偏少的不利气候条件，在保证防洪安全的前提下，8月份适时开启望虞河常熟枢纽引水，在望虞河水质得到改善的情况下，8月18日果断开启望亭立交枢纽将长江水引入太湖，有效地抑制了太湖水位持续下降和饮用水水源地附近水域蓝藻的爆发，改善了太湖供水条件和太湖水环境。

针对临近望虞河的白屈港启用引江泵站，致使望虞河西岸污水在望虞河启用泵站条件下仍然流入望虞河等新问题，太湖局及时调整方案、措施，于9月1日开始增加对西岸入望虞河支流断面的监测频次，并每周一次将望虞河水质状况通报相关水环境保护部门，进一步推动《引江济太期间望虞河限制排污总量试行意见》的落实，较好的保证了入湖水质要求，如期完成年初制定的6～8亿立米引水入湖的水量任务。

从9月以来的水质资料分析，望虞河干流和西岸主要支流入望虞河口断面水质，在引江济太期间均得到明显改善，但西岸主要支流入望虞河口断面水质仍然明显劣于望虞河干流水质。综合水量水质分析，在闸泵联合调度的情况下，由于沿江引水和东岸分流量加大等综合因素作用，望虞河西岸支流仍然以入望虞河为主，而望虞河西岸支流水质明显劣于长江水2～3个类别，故对于望虞河引江济太入湖效果而言，起着较大的负面影响。从望亭立交断面水质分析， COD_{Mn} 为Ⅱ～Ⅲ类，TP为Ⅲ类，NH_3-N为Ⅳ～劣Ⅴ类，波动较大，主要在Ⅲ～Ⅴ类之间变动。

望虞河东岸主要支流水质较好，其中湖桥断面 COD_{Mn}、TP、NH_3-N等水质指标均符合Ⅱ～Ⅲ类水标准；出入阳澄湖的水质监测断面的 COD_{Mn} 在类别上变化不大，浓度略有降低，NH_3-N和TP浓度则得到明显改善，分别改善1个类别。

2006年对太湖饮用水源地贡湖水厂、金墅湾水厂、胥口水厂、小湾里水厂和锡东水厂水源地的水质监测增加了叶绿素a（chl-a）指标，从主要水质指标高锰酸盐指数（COD_{Mn}）、总磷（TP）和氨氮（NH_3-N）与近年同期对比表明，2006年位于太湖的饮用水水源地水质总体保持稳定，没有出现2004年和2005年的异常高浓度值；叶绿素a浓度年内变化表明，入汛后，位于太湖的饮用水水源地水域叶绿素a浓度出现不同程度的升高，7月下旬太湖饮用水水源地水域叶绿素a浓度开始降低，在望亭立交开启引水入湖后，由于水体流动加快，太湖水源地叶绿素a浓度保持在较低的水平，为保证供水安全提供了较好的条件。

太浦河流量与下游水源地水质影响关系试验

为进一步研究探索利用水利工程改善水环境的能力，统筹、整合流域与区域调度，2006年3月22日至4月5日，太湖局组织江苏省、浙江省和上海市有关部门开展了太浦河流量与下游水源地水质影响关系试验（以下简称调水试验），通过太浦闸和太浦河泵站联合调度向下游供水，研究对下游水源地水质的影响。

根据调水试验安排，太浦闸于3月17日关闭，3月22日太浦闸重新开启向下游地区供水，太浦闸供水流量从50立方米每秒逐步加大至300立方米每秒，3月29日由于太浦闸供水能力下降，太湖局于当天启动太浦河泵站运行，同时关闭太浦闸。从3月22日8时至4月4日8时太浦河通过太浦闸和太浦河泵站共计向下游供水2.49亿立方米，平均每天供水量1918万立方米，日平均流量为222立方米每秒。通过太浦河练塘断面进入上海的水量为2.20亿立方米，其中1.55亿立方米来自太浦闸供水，占练塘断面水量的70%。3月22日～4月3日，黄浦江上游三支夏字圩累计泄量3.20亿立方米，占三支来水量的57.1%；三角渡1.72亿立方米，占三支来水量的30.7%；泖港0.68亿立方米，占三支来水量的11.2%。

试验期间，太湖局与江苏省、浙江省和上海市水文部门在调水影响范围内的东太湖、太浦河、黄浦江上游干流及主要支流布设了44个的水量水质监测断面，在太浦河练塘、黄浦江上游三支及黄浦江淞浦大桥断面开展了全潮流量测验，开展了大量的水质水量监测工作。监测结果表明，太浦河干流各水质监测断面的主要水质指标均符合Ⅱ～Ⅲ类水标准，且比试验前关闸期间，氨氮指标总体改善1个类别，由开闸前的Ⅲ类改善为供水期间稳定在Ⅱ类。随着太浦河水向下游水量持续增加，黄浦江上游三支水质主要超标项目氨氮指标从Ⅴ类或劣于Ⅴ类不断改善到Ⅲ～Ⅳ类，改善了两个类别。淞浦大桥主要超标项目氨氮从劣于Ⅴ类逐步改善到Ⅳ类（4月3日 NH_3-N实测值1.2mg/l），改善了两个类别，水质改善效果明显。

试验结果表明：1.太浦河长期供水对下游和黄浦江上游水源地水体水质改善效果明显，太浦河仍需继续长期向下游供水，以保障下游供水安全。2.泵站运行期间，太浦河持续大流量向下游供水将直接增加黄浦江上游清水水量，对黄浦江上游水体水质改善明显，这为今后编制应对黄浦江上游水污染突发事件应急预案提供了依据。3.太浦河加大供水水量，对黄浦江上游水源地水质改善起到重要作用，但是黄浦江上游水源地三支来水的水污染问题依然严重，为保证黄浦江下游地区的供水安全，进一步加强该地区水污染的治理势在必行。

黄浦江水域突发性污染应急处置演习

6月5日，由上海环境集团主办、水域公司承办的“2006年‘世界环境日’黄浦江水域突发性污染应急处置演习”取得圆满成功。

演习充分展现了水域公司应对突发性水域污染的应急处置能力。演习得到了上海市市容环境卫生管理局、国家交通部上海海事局、上海市市容环境卫生行业协会、上海市水上公安局等政府执法管理部门的重视和大力支持。新华社、中国新闻报、解放日报、上海文广新闻传媒集团、国际金融报、劳动报、青年报、新闻晨报、新闻晚报、城市导报、东方早报等十多家传媒纷纷派出记者对演习进行现场采访报道，新浪、搜狐、上海热线等20多家网站予以转载。

苏州河整治三期工程正式启动

3月1日，市政府以沪府办秘（2006）000722号批复同意市发改委、市建设交通委和市苏办联合上报的《关于苏州河环境综合整治三期工程的请示》，并要求三期工程项目年底前落地。苏州河整治三期工程共有5个项目，总投资计划31.4亿元，期限为2006年至2008年。根据市政府的要求，市苏办就项目立项、工程建设涉及的权证办理、管线搬迁和动拆迁等前期工作，加大了推进和协调力度，基本完成节点目标。

1.苏州河市区段底泥疏浚和防汛墙改建工程。

市发改委以沪发改投（2006）066号文批复立项。工程包括防汛墙改建和底泥疏浚两部分。其中防汛墙改建部分的工可报告按专家评估意见进行完善补充。有关单位和区政府也积极配合开展各项前期准备工作。计划2007年开工。

底泥疏浚部分因疏浚及底泥的处置对环境和水质改善的影响，进行了专家咨询，并由市科委立项开展“苏州河底泥污染评价、疏浚与综合利用”的专项研究。

2.苏州河水系截污治污工程。

市发改委以沪发改城（2006）215号文批复立项。工程的总可行性报告以及5个子项目的单项工程可行性报告均通过行业评审，上报审批。

3.苏州河青浦地区污水收集管网工程。

市发改委分别以沪发改城（2006）142号、452号对青浦区白鹤镇白鹤地区、赵屯地区污水收集管网工程可行性报告予以批复。工程包括华新镇、白鹤镇白鹤地区和赵屯地区污水收集管网系统建设。华新镇污水管网工程已经开工建设。白鹤地区污水管网工程的初步设计（技术部分）已由市建设交通委批复，赵屯地区污水管网工程初步设计正在编制。

4.苏州河长宁区环卫码头搬迁工程。

发改委以沪发改城（2006）312号文批准立项。工程包括垃圾中转站、粪便污水预处理厂和城市通沟污泥处理厂3个项目，年底前工程可行性报告已编制完成，准备上报。

5.苏州河综合监控管理工程。

5月份由市港口局上报市发改委立项。由于正在进行全市综合监控工程的规划，但考虑苏州河防汛墙改造，市发改委认为可结合防汛墙改造先实施该工程的管线工程。视频和监控部分待“上海城市图象监控系统建设规划”经市政府批准后统一实施。

苏州河整治二期工程扫尾情况

由于受动拆迁、工程建设方案调整及其他在建工程的影响，苏州河整治二期的主体工程在2005年建成后部分项目要到2006年才能建成。

1.二期工程水务项目中，到2006年底苏州河河口水闸已经移交管理部门并投入运行，实施苏州河的综合调水；苏州河上游地区－黄渡镇污水收集系统工程已经建成并发挥工程效益，已进入工程审价阶段；苏州河中下游水系截污工程完成了新增加的污水收集管道工程和污染源的截污纳管工作；成都路调蓄池已投入运行。

需要扫尾的工程主要是芙蓉江路、昌平路和江苏路3座调蓄池项目。按照市政府领导的要求，全部调蓄池在2007年汛期发挥作用。经协调，预计芙蓉江路调蓄池上半年建成，但因进水总管无法施工，2007年汛期不能发挥作用；昌平路调蓄池将于2007年上半年建成并在主汛期发挥作用，江苏路调蓄池与万航排水系统的泵站合并建设且开工较晚，需要在2007年7月完成，梦清园调蓄池因宜昌路截流管地下施工条件复杂，施工多次受阻，预计2007年8月完成。

2.二期工程绿化项目中，2006年计划上半年完成中山西路、白玉路、W西地块、曹家渡等绿地，由于动迁和调蓄池与泵站建设问题没有全部完成。

面粉厂绿地经普陀区与规划部门协调，计划2007年上半年完成建设。苏州河整治二期的绿化项目预计可完成

23.9万平方米，比计划增加8万平方米。

3.二期工程截污纳管工作，2006年在虹口、闵行和宝山3个区适当增加铺设污水收集管道，完成318家污染源单位的截污纳管。

苏州河整治二期工程计划截流直排污染源636家，实际完成912家，超计划完成276家。

污水处理设施建设有序推进

污水治理三期总管和竹园第二污水处理厂主体工程基本建成；郊区污水厂网建设项目有序推进，完成新建扩建污水厂6座，新增污水处理能力16.9万m^3/d；新增一、二级污水管网400余公里，其他厂网建设项目均已全面开工，全市污水处理规模达到487.9万m^3/d。

全市城镇污水处理率达70.8%

嘉定北区污水处理厂

2006年上海市城镇污水总量为22.16亿m^3，折合日均城镇污水量607.1万m^3。其中，工业废水7.31亿m^3，生活污水14.85亿m^3。2006年上海市共有45座城镇污水处理厂，总处理能力487.9万m^3/d，全市城镇污水处理厂日均处理污水量429.8万m^3，全市城镇污水处理率为70.8%。

2006年上海市排水设施情况表

指标	污水处理	设计规模	
污水处理厂	全市45座污水处理厂	487.9万m^3/d	
	其中：市属15座污水厂	383.7万m^3/d	
	区属30座污水厂	104.2万m^3/d	
污水输送干线	全市六条污水输送干线	415万m^3/d	
	其中：中心城区三条干线	380万m^3/d	
	郊区三条干线	35万m^3/d	
	全市污水输送干线总长	449.14km	
	其中：市属	总管：144.83km	
		支管：207.54km	
	区属	总管：51.13km	
		支管：45.64km	
排水泵站	全市排水泵站	泵站数量（座）	排水能力
	合计	236	1917.57m^3/s
	雨水泵站	119	1196.83m^3/s
	合流泵站	117	720.74m^3/s
污水厂和干线系统	污水厂厂外输送泵站	101	170460m^3/s
	干线输送泵站	128	483.66m^3/s

上海最大的污水输送管道成功穿越黄浦江

11月16日，上海污水治理三期工程2.6标段工程完成重大节点，本市最大的污水输送管道成功穿越黄浦江江底。该工程是整个污水治理三期工程中技术难度最大的工程之一。

污水治理三期工程2.6标(从浦西的嫩江路至浦东的东塘路)全长682.5米。两根污水管直径各为2.7米。2.6标段是连接杨浦、虹口、宝山、闸北区集纳污水的主要咽喉。该工程成功穿越黄浦江江底后，标志着上海市25公里长的污水治理三期总管工程完成重大节点，为年底全线贯通打下了坚实的基础。

奉贤区西部污水处理厂开工

该工程位于柘林镇团结塘北侧、南竹港西侧。工程按近、远期实施，近期占地约11万平方米，日处理能力为10万吨，远期日处理能力30万吨。工程建设采用BOT的招商形式，一期投资估算为34778万元。该工程污水收集范围为金汇港以西的南桥新城、庄行镇、柘林镇、海湾旅游区西块地区。

郊区村镇“万河整治行动”计划全面铺开

为加快本市社会主义新郊区新农村建设，市水务部门提出了“万河整治行动”计划，力争用三年时间对郊区2万条、2万多公里的村、镇级河道进行以清淤泥、清垃圾、建护岸为主的整治。市财政部门计划三年投入2亿元用于该项计划补贴，区县政府落实配套资金。“万河整治行动”计划获得区县各级政府的大力支持，2006年3月底启动以来，已在郊区全面铺开。市水务部门通过机制引导，指导各区县建立整治样板，将此项工作进一步推向深入。列入当年计划完成的5000条（段）、5000公里的河道，到11月中旬已完成年度计划的75%，部分区县如奉贤、金山两区已分别完成100%和90%。经过8个月的推进，“万河整治行动”计划取得初步成效，有效改善了郊区村镇级河道环境面貌。

相关链接

“万河整治”行动启动 市郊3年内消除大半臭水浜

本报讯（记者 宋鹏霞）昨天是第14届世界水日，上海全面启动以村级河道为主的“万河整治行动”。据悉，“十一五”期间，上海河道消除黑臭战役将从中心城区转入市郊，力争3年使大部分村级河道变清。

“十五”期间，上海中心城区河道已实现基本消除黑臭，但市郊河道面貌不容乐观。据统计，上海市郊有大小河道近两万条，总长超过两万公里，其中村级河道脏、乱、臭、塞现象较为突出。今年上海启动的第三轮环保行动计划，争取通过3年整治，使本市郊区出现一批水清、面洁、流畅、有景的景观河。

昨天，青浦区上达河（徐泾段）综合整治工程率先启动。这条全长16.34公里的规划河道建成后，将串起西大盈港和西向阳河，成为市郊青浦、松江地域内的景观“清水走廊”。类似上达河这样的郊区骨干河道整治项目，今年上海将开工19个，分别位于徐泾、九亭、南翔、江桥、周浦、康桥等六镇。

昨天，市人大常委会副主任刘伦贤、副市长杨雄为整治开工仪式纪念牌和万河整治行动启动纪念牌揭牌。

《解放日报》2006-3-23

噪声污染防治

18个小区建成市“安静居住小区”

普陀区白丽苑等18个小区被命名为2006年度上海市“安静居住小区”称号。这是本市第四年开展安静居住小区创建工作，至2006年底共有66个小区获得该称号，并覆盖了本市14个行政区。

18个居住小区总建筑面积126.7万平方米，受益居住人口约4.6万人。各小区在业委会支持下，制定并公示了

安静小区嘉利豪园

小区环境噪声管理制度、公约，开展了行之有效的宣传发动工作。此外，还因地制宜地整治各类噪声污染源，如普陀区白丽苑每户业主出资50元安装了空调滴水管，物业投资3万余元治理了水泵房噪声，市电力公司也为小区变电站噪声治理投入资金5.2万元。闸北区艺康苑投资8万元安装静音锁，解决了公共设施噪声扰民问题。凤翔新村、钟楼新村在朱泾镇支持下，通过创建引导业主移风易俗，改变了以往居民在小区吹吹打打办丧事影响相邻方休息的情况。民意调查表明居民满意率平均在95%以上。据统计，2006年在各方大力支持下安静居住小区创建经费逾百万元。

相关链接

2006年“安静小区”名单

普陀区：白丽苑
虹口区：良辰美景公寓
闸北区：艺康苑
闵行区：名都新城　鸿发家园
长宁区：古北新苑　虹桥华庭　嘉利豪园
杨浦区：书香公寓　锦杨苑
松江区：江虹小区　江中小区
黄浦区：东淮海公寓
卢湾区：名盛苑
青浦区：尚美社区　东方社区
金山区：凤翔新村　钟楼新村

上海建立夜间施工噪声管理新机制

针对本市夜间施工噪声管理工作中存在的多头管理、职责交叉，管理信息交换不够，执法效率有待提高等新情况、新问题，2006年，市建设交通委、市环保局、市城管执法局、市市政局下发《关于加强建筑工程夜间施工噪声管理的通知》，就夜间施工审批范围与要求、建筑行业文明管理、执法首问责任制、管理信息交换、投诉受理与处理程序、建设施工单位责任与义务等提出明确要求。

《通知》要求，今后环保部门对建筑工地夜间施工实行严格审批制度，市政道路与管线工程的夜间施工作业管理要求由市政局另行制定。环保、城管、建筑业管理、市政部门对夜间施工扰民实行首问责任制，根据属地化管理原则严格执法。被市民投诉并查实三次以上的夜间施工严重扰民的建筑工地，取消其当年度参加文明工地评比资格；对同一建设单位或施工单位三个月内有三个以上工地发生夜间施工扰民的，按有关规定实施处罚。各部门间建立互通信息网络，由市建设交通委牵头成立协调办公室，形成市、区两级管理的合力。对建设、施工单位明确应当履行的义务和措施，如悬挂《夜间施工告示》牌，禁止夜间使用空压机等设备和工艺，实施夜间施工的正副项目经理应当轮流值班，及时妥善处理市民投诉。

市环保局加强夜间建筑施工作业环保审批管理

为规范和统一全市建筑工地夜间作业审批及其相关管理活动，控制夜间作业过程中产生的噪声污染，保障居民正常的生活环境，2006年，市环保局出台了《关于严格本市夜间建筑施工作业环保审批管理工作的通知》(以下简称《通知》)。

《通知》进一步明确了夜间建筑施工审批范围和条件，即在本市范围内，除抢修抢险外，夜间（22: 00至次日6: 00）因连续捣搅混凝土、钻孔灌注桩、实施深基坑开挖等生产工艺上需要及其他特殊需要必须进行夜间建筑施工作业的纳入审批范围。

根据《通知》要求，环保部门今后将采取更严格的审批要求和审批程序。对夜间施工时间，强调根据审批条件和核定的工程量，批准夜间连续施工作业活动的时间，原则上不超过3天。对批准夜间连续施工超过3天的，必须有有关专业主管部门出具的技术报告，并在审批当日向市环保局备案。《通知》还要求根据市人民政府《关于本市高考、中考规定时间内禁止建筑施工作业的通告》(沪府发[2006]14号)，每年高考、中考期间及考前一周，停止产生环境噪声污染的夜间建筑施工作业的审批；同一工地两次获准的夜间施工之间必须有24小时以上的间隔。同一工地不同施工队必须统一申请夜间作业时间。涉及钻孔灌注桩、混凝土浇捣等必须延续到夜间作业的，应当要求提早开工时间，压缩夜间施工时间，并在夜间时段内不允许新开桩基。每年7—8月期间，本市中心城区受货运机动车限制通行范围内的工地夜间出土应限制在当日24: 00前完成。

《通知》还明确夜间建筑施工审批信息必须在“上海环境”等政府网站上公示，获准夜间施工作业的工地必须以“夜间施工告示牌”的形式提前1天公布夜间作业内容，接受社会监督。

本市试行施工隔声棚操作作业

市建设交通委从2006年开始，组织了有关人员研究开发小型施工隔声棚装置，并已在福州路管线施工中进行了试用，取得了一定降噪效果。市市政局与市电力部门也联合开展了“道路开挖防尘降噪移动作业间”课题研究和样品研制，以解决市政施工过程中噪声、扬尘扰民等存在的问题。管理部门考虑试点后进一步推广，力求从源头降低噪声。

高架防噪屏新增3602米

2006年上海市高架防噪屏新增3602米，更新1466米，加固13455米。该工程质量达到优良等级，同时该项目获得2006年度上海市市政养护文明工地称号。

上海市原有高架防噪屏49千米，此次新增的防噪屏主要安装在高架周边15米范围内建筑物噪声问题严重及人民来信中反映较集中的地方。新增的防噪屏高2.8米，宽2米，为翻窗式防噪屏，降噪系数不小于0.65，平均隔声量不小于30dB。该项目的顺利完成，部分缓解了高架沿线噪声污染和扰民问题，同时也为大规模解决高架噪声问题开了个好头。

内环线内公交车起始站点严禁铃声提示发车

2006年，市公交行业规定，内环线内的公交车起始站点严格禁止铃声提示发车，一律采用电子屏幕显示形式提示。内环线外的公交终点站也在逐步完善电子屏幕的安装。

固体废物处理与处置

上海筹建电子废弃物回收三级网络体系

4月28日，来自全国的专家就“电子废弃物”回收在沪进行了研讨。上海将花两年时间筹建电子废弃物回收三级网络体系，即全市已有的废品交投站为一级网络，各行业分中心为二级网络，各区县分中心为三级网络。预计将用3至5年的时间建成。在每个区都设立一个回收分中心。

上海每年约产生20万吨电子废弃物潜在资源，市民的环保意识较高，使得上海有条件率先建立低成本高效率的电子废弃物回收体系。在宝山建立的交投中心已进入调试设备阶段，2006年下半年便可启用。

推进电子废弃物无害化回收处置工作

2006年本市重视推进电子废弃物无害化回收处置工作。一是抓好示范试点，建立上海电子废弃物交投中心有限公司、上海伟翔（集团）、金桥废弃物处置公司三家回收处置基地。二是2006年底，市经委批准同意建立上海电子废弃物资源化推广中心，作为政府与企业之间的桥梁，做好规划协调工作。三是以全市275个回收交投站为基础，建立点面结合、覆盖全市的电子废弃物回收网络。

市固废管理中心开展医疗废物处置突击检查

按照国家环保总局、卫生部联合发文《关于对部分省、直辖市医疗废物管理情况进行检查的通知》要求，9月16日，上海市固废管理中心对本市宝山、浦东、南汇、奉贤、金山等5个区的15家医疗卫生机构进行了检查，对检查中发现的少数小单位存在的一次性医疗废物临时贮存点选址不妥、贮存点警示标识不醒目、一次性医疗废物收集、交接记录不规范等问题，及时与区卫生局进行沟通，督促落实了整改措施。

全年安全处置一次性医疗废物3711吨

按照《关于本市一次性使用医疗用品废弃物临时处置的意见》的有关要求，为加强对一次性医疗废弃物运输与焚烧处置单位的监管工作，市固废管理中心对处置单位进行每月不少于2次的不定期现场检查，完善了事故防范措施和应急预案，克服了处置一次性医废对设备损坏严重等困难，确保一次性医疗废物处置工作的正常、安全运行。至12月底，共安全处置一次性医疗废物3711吨。

工业固体废弃物综合利用工作取得显著成绩

上海工业固体废弃物综合利用工作坚持循环经济“减量化、再利用、资源化”原则，取得了比较显著的成绩。2006年排放量约1830万吨，其中粉煤灰532.8万吨，冶金渣1110万吨，煤渣80万吨。在这些固体废弃物产生量中，宝钢集团和电力系统占总产生量的74.32%（分别为48.96%和25.36%）；综合利用率分别为95.77%和100%。宝钢股份有限公司的冶炼渣和电力公司的电厂粉煤灰的综合利用率均达到100%，这些工业固体废物主要用于建材行业（如制砖、生产水泥等）和市政建设中，由此节约了大量宝贵的土地资源。

粉煤灰综合利用率接达100%

东海大桥建设中采用掺有粉煤灰的优质水泥

2006年，本市粉煤灰排放量532.5万吨，综合利用量545.1万吨（包括外地进沪的粉煤灰），综合利用率102.3%，综合利用率连续10年达100%。

分析本市粉煤灰各分项利用情况可以看出：墙体材料、水泥生产、回填的利用量变化不大；砂浆和混凝土的利用量继续保持逐年增长的势头，这主要是因为近年来混凝土方量仍在增加和商品砂浆的使用所致；筑路的利用量持续下降，已从2001年的200万吨减少到2006年的155万吨。

2006 年粉煤灰分项利用量及比例表

利用项目	利用量（万吨）	比例（%）
墙体材料（砖、砌块）	5.0	0.92
砂浆和混凝土	227.9	41.81
水泥生产	111.4	20.44
筑路	155.1	28.45
回填	33.8	6.20
其他	11.9	2.18
合计	**545.1**	**100.00**

开展脱硫废渣综合利用

2006 年本市积极开展脱硫废渣综合利用工作，通过科研成果推广，进一步开拓综合利用新途径；加强企业经营行为的日常监督检查，规范脱硫废渣市场；协调相关部门，做好脱硫废渣综合利用工作等。全年首期外高桥、宝钢两家电厂 3 万余吨脱硫废渣实现当年排放，当年利用。

全市生活垃圾清除量达 658.26 万吨

2006 年全市共清除生活垃圾 658.26 万吨，平均每天清除量为 18034 吨，与去年同期相比增长了 5.8%。生活垃圾的具体处置流向：浦东御桥焚烧厂处理 44.5 万吨、江桥焚烧厂处理 66.7 万吨、奉贤焚烧厂处理 2.75 万吨、浦东美商生化处理 40.97 万吨、老港四期卫生填埋 177.94 万吨、松江填埋场卫生填埋 23.25 万吨、崇明填埋场 6.59 万吨、嘉定综合处理厂处理 12.29 万吨、回收利用 14.59 万吨、餐厨垃圾单独处理 14.31 万吨、老港三期填埋 86.78 万吨、浦东黎明 28.07 万吨、青浦赵屯堆放 12.56 万吨、临时堆放 126.96 万吨。

生活垃圾分类收集小区数达 3746 个

2006 年，市市容环卫部门进一步加强了生活垃圾源头分流、分类管理，生活垃圾分类覆盖率中心城区生超过 65%，焚烧厂服务区域超过 90%。截止到 2006 年 12 月，开展分类收集小区数达 3746 个，覆盖居民户数达 400 万户居民；在此基础上，为进一步深化垃圾分类工作，在黄浦区紫华、荣福坊和桃源新村开展了居住区生活垃圾分时分类投放试点工作，在豫园地区开展了公共场所分类试点，并形成了调研报告。

生活垃圾收集点汇总

生活垃圾收集点汇总表

单位：个

单位	收集点总数	压缩式收集站		垃圾间					单放桶		管道		拉臂箱		其他		收集方式		
		座数	箱数	收集点	间数	无容器	桶数	拉臂箱	收集点	数量	收集点	数量	收集点	数量	收集点	数量	定时	上门	其他
黄浦区	1279	14	14	588	588	99	2236	1	195	597	72	94	1	1	409	409	664	603	12
卢湾区	541	21	21	432	432	40	1705		2	5	57	57			19	19	376	27	138
徐汇区	2231	18	47	1738	1738	57	16139	18	367	1623	51	51	27	27	30	30	1677	537	17
长宁区	1516	38	38	1223	1223	63	9595		117	450	91	91			47	47	1455	61	

（续表）

单位	收集点总数	压缩式收集站		垃圾间					单放桶		管道		拉臂箱		其他		收集方式		
		座数	箱数	收集点	间数	无容器	桶数	拉臂箱	收集点	数量	收集点	数量	收集点	数量	收集点	数量	定时	上门	其他
静安区	781	26	26	608	608	161	1569		89	194	31	31			26	26	218	18	545
普陀区	1023	88	88	881	881	599	1033	10	9	23					45	45	773	88	162
闸北区	1062	40	40	623	623	70	5358		2	20	54	118			331	331	1006	45	11
虹口区	1642	96	96	931	931	227	3631	98	174	933	158	182	1	1	281	281	1531	181	2
杨浦区	1573	56	56	1193	1193	200	1863	136	56	255	126	126			42	42	1327	163	83
闵行区	2900	62	62	2128	2128	83	16210	11	668	2965	6	6	4	8	28	28	2108	781	11
宝山区	2361	50	50	2095	2095	338	4665		85	257	61	62			68	68	2356	5	
嘉定区	2887	3	3	1760	1760		5857		1122	1756					2	2	2870	9	8
浦东新区	4119	60	60	3607	3607	1927	7070	74	159	821	74	86	1	4	217	217	3538	541	40
金山区	263	1	1	247	247	1	1659								15	15	244	18	1
松江区	693	13	13	329	329	178	997		167	382					181	181	625	61	7
南汇区	1409			1402	1402	1236	1388		1	12							1094	183	132
奉贤区	623	9	9	541	541	299	1599		3	51					70	70	424	190	9
青浦区	1637	5	5	1264	1264	881	840		187	486	2	2			144	144	1441	195	1
崇明县	1272			1272	1272		4608										1272		
合计	29812	600	629	22862	22862	6459	88022	348	3403	10830	783	906	34	41	1955	1955	24999	3706	1179

生活垃圾收集情况汇总

生活垃圾分类收集情况汇总表（居民）

单位	实有数		实现分类收集数			废塑料（吨）	泡沫塑料饭盒（万只）	废纸（吨）	废玻璃（吨）	废电池重量（吨）	废金属（吨）
	小区数（个）	居民户数（个）	小区数（个）	居民户数（个）	收集点数（个）						
黄浦区	112	178273	213	154074	439	0.26	127.72	0.22	184.04	3.64	0.19
卢湾区	125	120000	112	58000	219	1096.19	495.18	15387.26	824.24	1.81	2215.53
徐汇区	457	319619	349	284124	716	928.89	890.82	6286.73	731.09	8.99	1041.76
长宁区	412	216915	401	186405	549	1008.83	2991.49	6953.61	58.08	1.12	5213.32
静安区	110	105000	100	95054	585	0.00	2651.88	33.80	10.70	0.76	10.20
普陀区	348	315654	295	279502	353	2959.57	1693.62	6460.32	1173.04	0.51	2824.62
闸北区	293	267929	211	161940	356	305.00	344.00	45402.00	111.00	0.00	155.00
虹口区	319	151393	224	117806	589	275.92	196.56	448.80	365.03	0.00	0.00
杨浦区	495	444300	344	257700	597	16.00	376.00	34.00	34	0.00	7.00
闵行区	446	919885	243	377153	352	300.66	4272.26	240.12	184.53	6.42	75.52
宝山区	139	151018	90	106707	505	0.00	0.00	0.00	0.00	0.00	0.00
嘉定区	166	97912	128	74325	542	322.79	459.58	28.82	103.61	3.61	21.58

（续表）

单位	实有数		实现分类收集数			废塑料（吨）	泡沫塑料饭盒（万只）	废纸（吨）	废玻璃（吨）	废电池重量（吨）	废金属（吨）
	小区数（个）	居民户数（个）	小区数（个）	居民户数（个）	收集点数（个）						
浦东新区	746	510973	680	463993	2340	568.00	5739.00	380.00	480.00	0.00	899.00
金山区			158	93816	837	0.00	1164.60	0.00	0.00	1.21	0.00
松江区	167	105909	121	78023	202	58.02	154.7	179.61	69.67	3.90	28.87
南汇区	95	35035	47	14380	71	0.00	316.54	0.00	0.00	0.28	0.00
奉贤区	22	48853	8	1350	2	0.00	185.00	0.00	0.24	4.90	0.00
青浦区	138	124498	114	73391	669	98.13	627.64	401.93	151.6	0.00	247.61
崇明县	46	30239	8	29239		0.00	0.00	0.00	0.00	4.23	0.00
合计	4636	4143405	3846	2906982	9923	7938.27	22686.49	82237.83	4480.73	41.38	12740.20

注:空格是本年未列入数据采集范围

暴露垃圾监管治理机制成效明显

全面实施暴露垃圾监管与适时清除并联运行机制，适时清除率达到90.1%；暴露垃圾治理网络实现全覆盖，督察范围拓展到全市19个区（县）231个街道、镇，居住小区暴露垃圾控制数达到1861个（约占1/3）；对街道实行分类管理，第一批32个绿色街道已在网上公示；中小道路两侧垃圾暴露现象得到了有效控制，百车公里巡查垃圾暴露频率在1.2处以下；郊区行政建制镇、旅游集散地、主要交通要道周边区域暴露垃圾治理初见成效，检查合格率达到75%。市区市容环卫管理部门加大人、财、物投入，提高暴露垃圾治理适时纠错能力。据统计，全市配置专用于暴露垃圾督察的车辆总计达40余辆，直接用于暴露垃圾治理费用投入1500万元，直接参与清除暴露垃圾达120万人次。

暴露垃圾监管与适时清除并联运行机制向街道社区延伸，对本市231个街道（镇）实施“绿、橙、红”分色等级管理，即根据暴露垃圾发生频率及适时清除情况，把本市街道分别命名为绿色、橙色、红色等不同颜色的街道，并实施不同的巡查督察频率。绿色街道予以三个月免检，期间如有投诉并查实的，即降为橙色。通过区域自行申报，市暴露垃圾治理办公室督察核实，第一批32个绿色街道已通过网站予以公布。实行街道分类管理，使暴露垃圾治理成效得到了客观、实际、准确的反映，管理紧逼效应也得到进一步实现。

单位生活垃圾申报情况汇总

单位生活垃圾申报情况汇总表　　单位：个

单位	应申报数	实际申报数	机关	工厂	饭店	菜场	娱乐场所	商场	其他	申报数（t）
黄浦区	6490	6028	45	37	741	2	1537	3666		60743
卢湾区	4138	4138	228	61			905	2927	17	84315
徐汇区	1443	1417	38	491	148	220	128	240	152	182160
长宁区	5399	5036	16	108	728	26	21	2256	781	49589
静安区	1061	962	39	9	210		471	112	21	26280
普陀区	975	945	8	159	231	18	21	43	465	162951
闸北区	8288	922	158	3	675					98185
虹口区	1189	1086	84	100	128			565	101	14064

（续表）

单位	应申报数	实际申报数	机关	工厂	饭店	菜场	娱乐场所	商场	其他	申报数（t）
杨浦区	480	450	38	133	67	3	111	33	65	150015
闵行区	2447	2427	159	1800	84	58	46	56	224	364171
宝山区	1100	1020	42	675	39	5	84	98	77	36865
嘉定区	2680	2893	118	1850	650	83	738	57		113723
浦东新区		1621	2	159	501	2	9	9	939	128902
金山区	1787	1595	44	780	109	22	237	341	62	342370
松江区	760	577	45	302	38	4	21	11	156	198800
南汇区	2289	1489	77	380	103	25	46	778	80	210324
奉贤区	8800	2200	320	150	600	124	251	229	526	122467
青浦区	163964	164274	4677	37072	5088	16327	3141	2140	39696	154830
崇明县	700	516	166	232	45	7	8	35	23	194615
合计	213990	199596	6304	44501	10185	16926	7772	13596	43385	2605369

城区生活垃圾确保日产日清

2006年，市、区环卫部门沟通协调，以高度的责任感，精心组织，确保了城区生活垃圾日产日清。如环卫虎林路码头服务闸北、宝山、普陀、虹口、杨浦、静安等6个区局，为了提升虎林路码头的运营能力，满足生产作业需求，物流公司精心调度，平均每天中转运输量达到2600吨，与年初计划日运量1995吨相比增加了30%。

2006年，转制后的环境集团承担并完成生活垃圾和粪便水陆中转运输463万吨、驳运243.6万吨（老港）、填埋处置148.5万吨、焚烧处置66.3万吨和发电上网10672万度，分别比上年增长了13.45%、14.95%、2.42%、17.65%和30.6%。水域公司2006年完成上船服务18.07万艘次，打捞收集水域、船只生活废弃物97623吨，比上年分别增长了106.72%和10.76%，确保了上海城区主要景观水域环境的清洁。

3家区县级生活垃圾综合处理厂开工建设

青浦生活垃圾综合处理厂位于赵屯镇金米村庙港桥西侧地块，总投资1.17亿元，占地面积100亩，处理能力500吨/日，采用封闭槽式强制通风和翻堆好氧发酵工艺，并加强了生活垃圾的前道破袋、分拣工序，以及发酵后的筛分工序，保证堆肥的质量。年内已建成综合楼，完成主体厂房80%的工作量，生产设备开始安装。预计2007年下半年建成试运行。

普陀生活垃圾综合处理厂位于普陀区桃浦镇和宝山区南大村交界处，占地62.4亩，总投资2.97亿，处理能力800吨/日。该项目设有两条生活垃圾分选线，垃圾分拣采用垃圾破袋、人工分选、机械筛分、风选、磁选等方式，实现可发酵垃圾和纸张、玻璃、塑料等物质的分离，达到发酵处理生活垃圾的物料要求；发酵垃圾的含固率在30%以上，发酵温度为55℃，发酵周期为20天；厌氧发酵产生生物气经过脱硫工艺后，主要由4台1500kW的内燃机发电上网；环保设施主要是气体除臭、渗沥水处理等。项目土建进展顺利，已完成80%的工程量，设备已开始安装，预计2007年下半年进入设备调试阶段。

崇明县生活垃圾综合处理场一期工程位于崇明县堡镇港北闸东侧，占地约305亩，工程总投资约人民币1.1亿，设计填埋库容量为267万立方米，处理能力400～600吨/日，服务范围覆盖崇明岛全岛。2006年7月1日开始试运行，截止2006年底，已处理生活垃圾6.59万吨。

三林垃圾堆场关闭

2006年，上海老港废弃物处置有限公司按照上级有关要求，关闭始建于20世纪50年代的三林应急中转垃圾堆场。7月9日，陈垃圾的搬迁工作正式启动，通过与物流公司、汽运处等兄弟单位密切配合，12月26日顺利完成陈垃圾的突击清运工作，合计共运输处置陈垃圾399122吨，其中水运250868吨，陆运148254吨。

餐厨垃圾收运处置能力进一步提升

2006年，全市餐厨垃圾产生申报单位达7700家，申报率达到76%，申报总量为674吨／日，年内，共收运餐厨垃圾14.51万吨，比去年同期增长22%，29家厨余垃圾收集企业取得行政许可，占全市收运单位的90%，餐厨垃圾收运专用车达44辆，收运人员达670名，首批取得行政许可的废弃油脂收集企业已达到7家，基本实现专业化收运，规范化管理。处置能力相应提升：7家大型厨余垃圾处置厂取得了处置资质许可，两家处置厂进行了扩建，总处置能力比去年提升14%，达800吨／日，废弃食用油脂处置厂基本建成并投入试运营，处置能力达80吨／日。积极开展处置技术比选、推进以厨余为原料的饲料、肥料产品标准制订工作。

白色污染治理力度加大

截止到2006年底，共回收处置塑料饭盒2.8亿只，造粒915吨；进一步完善市、区二级管理、执法应急处理互动网络，对重点区域适时开展专项执法整治，加大对非法销售等行为的打击力度；拓展了管理范畴，从5月1日起，将一次性塑料托盘纳入一次性塑料饭盒管理范畴，上海对托盘生产厂家、回收系统的管理已基本走上正轨。

2006年全市生活废弃物收集处理情况

2006年全市生活废弃物收集处理情况表

单位：万吨

单位	粪便				生活垃圾									生活垃圾合计	建筑垃圾合计
	黄粪	坑粪	水域	合计	居民	集市	水域	清道	乡镇	大件	单位	餐厨	回收利用		
黄浦区	13.82	3.45		17.27	9.75	1.1	0	3.72	0	0.53	3.28	0.67	0.03	19.08	08
静安区	5.79	4.34	0	10.13	6.7	0.73	0	0.55	0	0.58	2.92	0.57	0.01	12.06	2.57
卢湾区	5.15	4.4	0	9.55	8.7	0.66	0	0.36	0	1.79	0	0.8	1.95	14.26	5.13
徐汇区	1.24	11.8	0	13.04	19.57	3.93	0.49	4.66	0	0.23	7.59	0.37	0.91	37.75	17.66
长宁区	4.68	9.42	0	14.1	14.82	2.31	0	1.84	0	1.16	4.34	1.1	1.1	26.67	8.44
虹口区	7.62	7.25	0	14.87	19.28	2.61	0.07	2.63	0	0.14	1.41	0.58	0.11	26.83	2.33
普陀区	13.14	8.76	0	21.9	15.77	5.38	0.28	7.31	0		7.88	1.43	3.67	41.72	25.27
闸北区	11.02	7.26	0	18.28	17.29	4.36	0	2.83	0	5.47	2.38	0.19	0.43	32.95	14.45
杨浦区	13.88	7	0	20.88	21.73	3.31	0.07	3.76	0	0.11	4.02	0.49	0	33.49	2.21
闵行区	4.93	1.92	0.07	6.92	40.1	5.11	0	5.11	4.21	0	10.3	0.45	0.04	65.32	9.15
宝山区	3.59	13.64	0	17.23	35.03	1.8	0.55	3	4.52	0	3.34	1.06	2.48	51.78	26.44
浦东新区	12.39	19.33	0	31.72	57.92	1.1	0.22	5.8	34.63	0.05	8.64	1.41	3.36	113.13	1.13
水域	0	0	1.82	1.82	0	0	1.82	0	0	0	0	0	0	1.82	0
市区合计	97.25	98.57	1.89	197.71	266.66	32.4	3.5	41.57	43.36	10.06	56.1	9.12	14.09	476.86	115.58
嘉定区	4.1	5.28	0.19	9.57	20.95	3.72	0.17	1.22	5.49	0.05	3.65	0.54	0.02	35.81	7.96
金山区	4.76	0.93	0.37	6.06	10.5	1.51	0.12	1.09	3.1	0	3.98	057	0	20.87	2.89
松江区	6.34	0	0	6.34	10.06	5.56	0.71	4.14	8.29	0.1	4.11	1.16	0.38	34.51	10.5
南汇区	0.67	2.99	0	3.66	2.47	0.78	0	0.57	20.04	0	0.07	0.8	0	24.73	0

（续表）

单位	粪便				生活垃圾									生活垃圾合计	建筑垃圾合计
	黄粪	坑粪	水域	合计	居民	集市	水域	清道	乡镇	大件	单位	餐厨	回收利用		
南汇区	0.67	2.99	0	3.66	2.47	0.78	0	0.57	20.04	0	0.07	0.8	0	24.73	0
奉贤区	2.22	1.62	4.5	8.34	13.61	3	2.11	3.41	4.47	0	3.72	0.64	0	30.96	6.05
青浦区	5.92	2.3	4.26	12.48	9.74	3.11	3.65	2.78	0.82	0	7.09	0.73	0	27.92	3.5
崇明县	0	2.66	0	2.66	2.7	1.07	0	0	1.98	0	0	0.75	0.1	6.6	0
郊区合计	24.01	15.78	9.32	49.11	70.03	18.75	6.76	13.21	44.19	0.15	22.62	5.19	0.5	181.4	30.9
全市合计	121.26	114.35	11.21	246.82	336.69	51.15	10.26	54.78	87.55	10.21	78.72	14.31	14.59	658.26	146.48

虹口、普陀、闸北三区粪便预处理厂改建

为解决虹口、普陀、闸北三区粪便的出路问题，虹口、普陀、闸北三区建设了粪便预处理厂，共投资6070万元，处理能力达到1650吨／日。2006年，又追加投资1081万元，实施了除臭改建，取得了很好的环保效果。主要工艺是在车间喷洒植物提取液，臭气收集后用高能氧离子除臭。

渣土排放、回填情况

渣土排放、回填情况表

单位	渣土排放工程数量(个)	排放渣土数量(吨)			渣土排放处置费(元)	处置证发放数(张)	渣土回填工程数量(吨)	回填渣土数量(吨)	渣土回填处置费(元)
		小计	陆运数量	水运数量					
黄浦区	429	578210			289105	1345	42	30100	15050
卢湾区	240	195950	159900	33050	97975	662	13	142050	71025
徐汇区	81	457650	324420	133230	251800	884	84	325006	162503
长宁区	685	2101430	2101430		1128365	3500	8	22900	114500
静安区	563	753960	682450	71510	376980	1901	14	18930	9465
普陀区	68	911657	911657		450604	476	196	154200	77100
闸北区	158	325070	325070		152535	1380	8	10500	5250
虹口区	159	1306156	1306156	407644	005840	2071	14	87400	43700
杨浦区	422	413280	413280	964320	574000	7824	126	590400	246000
闵行区	100	442260	442260		154487	382	129	429770	130253
宝山区	293	1595468	1595468	124600	860034	1770	592	2376092	1188046
嘉定区	176	306350	306350	99250	202800	93	370	1932636	966318
浦东新区									
金山区	541				203265	2482	513	262440	131220
松江区	128	528000	582000		264000	725	329	1613800	806900
南汇区	117	548166	548166		274083	481	283	1279834	639917
奉贤区	16	18900	18900		9450	69	24	53700	26850

(续表)

单位	渣土排放工程数量(个)	排放渣土数量(吨)			渣土排放处置费(元)	处置证发放数(张)	渣土回填工程数量(吨)	回填渣土数量(吨)	渣土回填处置费(元)
		小计	陆运数量	水运数量					
青浦区	27	384426	384426		172213	170	54	896994	448497
崇明县	74	108770	108770		54385	150	74	108770	54385
合计	4227	10156703	10156703	1833604	6421921	26365	2873	10335522	5136979

市容环境卫生整治

综合管理水平、水域市容环卫质量双提高

2006年，上海市水域市容环境卫生水上管理处扎实推进水域市容环境卫生管理、河道城管执法工作，综合管理水平和水域市容环境卫生质量双双得到提高。

完成水域市容保障任务

根据“四重”（重大活动、重大节日、重要来宾、重要地区）节点，完成了“春节、五一”、“苏州河国际龙舟邀请赛”、“龙耀浦江”等重大活动的水域保障任务。尤其是在“上合组织五周年峰会”的水域市容保障工作中，主动牵头、多方协调、市区联动，开展系列整治活动，黄浦江两岸修缮建筑物、屋顶置换共1万余平方米，粉刷外滩防汛墙2公里，在6月13～18日峰会期间，清除漂浮废弃物990吨。

环境卫生整治

市管水域暴露垃圾整治初见成效

通过召开行业管理工作大会，在摸底调查的基础上制定了市管水域暴露垃圾治理工作计划，完了黄浦江、苏州河、长江口等暴露垃圾污染点的整治方案，开展竞赛活动、推广承诺制度，把落实暴露垃圾治理纳入责任区管理工作。对市管水域散货装卸类单位开展专项整治，对苏州河三期防汛墙改造、底泥疏竣和黄浦江世博项目开发的工地，加强事前告知、事中管理、事后检查的终端管理，对环卫作业类单位运用三级检查机制。整合社会和相关职能部门资源，深入开展暴露垃圾治理工作。市区联手，专群联动，共整治了66处、27994平方米的暴露垃圾污染点。

强化船舶废弃物管理

根据沪容环发[2005]196号文《关于同意设立上海市船舶生活垃圾收费管理中心的批复》，成立了上海市船舶生活垃圾收费管理中心，启动收费工作，全年共发放定额票据面值1190万元，回笼资金274万余元；加强对船舶环卫设施配置、使用和船舶容貌的管理，全年共检查船舶4202艘次；积极推行船舶废弃物接收凭证管理制度，2006年共发出《接收凭证》23750份。

提高区管水域市容环卫管理水平

一是按照市局事权下放工作的总体部署，在专题调研、专业巡查的基础上，将相应管理职能逐步下放到松江、奉贤、闵行、青浦、嘉定等5个区的市容环卫管理部门，并做好指导和协助工作；二是依托三类区域创建、整洁村建设两个市局平台，加大巡查力度，有力推进城市化地区河道管理和村沟宅河的整治工作，评定出市容环卫主要水域（河道、湖泊）50条（段），全年共检查区管水域河道2494条（段），区管水域共打捞水面漂浮物26万余

吨，636个村的村沟宅河以及99条（段）三类区域的河道得到整治；三是加大应急、投诉工作力度，修订《上海市水域市容环卫及城管执法突发公共事件应急处置预案》，完善《投诉受理管理办法》，联合浦东、徐汇、闵行等区市容环卫管理部门开展宣传进社区活动，接受市民举报，全年共受理投诉案件68件，处理率100%，满意率100%。

整治水生植物污染

针对上半年绿萍、下半年水葫芦污染，加强巡查，多方协调，及时启动预警监控、作业服务系统，把水生植物污染控制在苏州河、黄浦江上游地区，黄浦江、苏州河全年共打捞绿萍5100余吨、水葫芦85000余吨。

拓展河道城管综合执法

完成了市河道城管执法人员换装、换证工作，组织执法技巧、水务、环保等专题业务培训，编制《河道城管执法实务手册》，实行 “勤务日志”、“岗前列队”、“行政检查告知” 等制度；联合水务执法、环保监察、堤防管理等三家单位，组建 “上海市城市管理执法（河道）联席会议”，建立河道综合执法协查机制，增强了执法合力；

市容环境工

卫生整治情况汇总表

单位	拆除违章		搬调拆摊	整治卷帘	更新遮	整治阳台	整治
	数量(间)	面积(平方米)	亭棚(只)	门(平方米)	阳篷(只)		衣架
黄浦区	110	3928	36	14364	5602	412	168
卢湾区	3	10	19	3088	637	18	22
徐汇区	17	323	13	11415	1034	123	14
长宁区	733	22795	41	7059	3994	9090	290
静安区	339	7140	9	13000	130	2100	156
普陀区	357	72200	17	13308	1085	310	52
闸北区	4650	131538	55	22967	3059	1687	278
虹口区	491	3289		4440	1240		35
杨浦区	1715	60031	9	12817	3145	1997	240
闵行区	1225	104455	72	16875	635	124	118
宝山区	12859	303046	361	9736	4187	6342	31
嘉定区	893	24852	2	3298	417	1348	15
浦东新区	2030	71873	56	17746	13142	60	430
金山区	1618	66474	91				
松江区	2167	346424	227	595	3896	1253	17
南汇区	2070	71127	45	690	380	89	36
奉贤区	641	51117	99	822	352	2065	135
青浦区	2606	90284	31	1400	721	430	86
崇明县	220	40746	77	35777	146	97	19
合计	34744	1471652	1260	189397	43802	27545	252

全市洁净区域达到613万平方米

通过发动社会单位广泛参与，全市洁净区域达到613万平方米。主要做法是：

1．以区域联动的形式，逐步推进。卢湾区开展以“一线两点”（淮海中路一线，新天地、锦江宾馆两点）创开展"双清"系列整治行动，执法力度得到加强。据统计，全年开展行政检查6659次，行政处罚1528起、处罚金额369880元，涉及违章共8大类、18种，其中运用水务、环保法规处罚占54%，实现了综合执法的突破。

推进水域市容环卫信息化建设

制订《2006年度水域市容环卫信息化建设工作计划》，开展水管处本部网络扩容、对外门户网站建设、管理业务数据库和多媒体资料库建设工作，实现了处本部与各基层单位网络的连通，初步搭建了OA系统的应用平台。同时，还对"电电组合"新能源技术在监察船上的应用进行了试验。

开展应用课题研究

加强基础管理工作，开展了党建工作、综合执法、事权下放等10方面的调研，完成了《市管水域市容环卫装备三年行动计划》编制工作，制定了《上海环境卫生质量标准》(水域部分)，尤其是《郊区水域市容环境卫生管理机制研究及方案设计》课题通过了专家评审，为农村水域市容环境卫生建设和管理提供了决策参考。

治情况汇总

整治店招店牌(块)	整治弄口环境(处)	无证设摊		建构筑物清洗粉刷(m^2)	景观围墙建设(m)	整治中小道路(条、段)
		整治(个)	疏导(个)			
2340	256	17523	176	160000	3000	10
454	15	16321	45	35670	10956	11
3036	203	405	6	159489	11081	12
1408	252	52809	211	360912	7790	13
1200	101	702			9200	3
1284	37	24624	47	107605	3100	9
1991	114	10702	8874	224100	7590	5
1060			12	110871	2619	10
7181	36	2180	875	286958	4040	20
8177	151	22	12	241206	24232	88
3137	508	21053	7668	1617287	25979	180
1214	11			72428	2270	12
13400	148	61900	30	4658	27290	83
120	15	19344				10
14675	270	21600	73216	159520	5700	54
250	21	4800	560	1897	51	20
1850	50	256	738	224708		77
2690	848	31649	6706	60095	80	114
1249	254	1524	1879	22790	6370	152
66716	3290	287414	101055	3850194	151348	883

建"席地而坐"示范区域；闸北推行创建"4+1+1"(4块道路保洁示范区域，1个道路机械化保洁区域，1个"席地而坐"保洁区域)道路保洁精细区域，采取新型道路保洁法、两班半作业方式，以机械清扫、水冲洗为主，每天清洁"4+1+1"版块内的道路和广场，达到常态洁净效果；静安区结合三类区创建，推行"一线一块"(南京西路一线，静安寺一块)精细化保洁区域。

2．发动社会单位参与。卢湾、徐汇等区采取签订责任书，落实门责，建立健全协调、互动机制，完善考核、监督标准，全面落实广场、人行道保洁。

3．作业工具、工艺的改进。长宁区在主干道的人行道和公共广场开展“席地而坐”洁净活动，采用小型三轮高压冲洗车对人行道进行冲洗保洁，基本做到每周覆盖一次；黄浦拓展广场“席地而坐”区域，在去年66万平方米的基础上今年增加到80万平方米；普陀区引进进口设备，对区政府周边的道路、广场、人行道进行精细化保洁；宝山区为广场冲洗增添机扫冲洗设备，试点开展组合式保洁。

屋顶垃圾治理取得新突破

长宁区、静安区、卢湾区、浦东新区、黄浦区开展楼顶垃圾治理试点，通过建立楼顶垃圾观测点，建立管理网络及举报、奖励等机制，对发现的问题当场反馈，督促整改。长宁、卢湾、静安、浦东等区在管理力量及资金方面加大了投入。如：卢湾动员各街道市容管理所和相关单位部门在本区域内排摸，和大楼物业管理部门及时沟通，聘请楼宇观测员，按要求、按时间完成前期试点工作，并开展了两次屋顶垃圾的整治活动。长宁、静安、虹口等区充分发挥街道的作用，对一些重点区域的建构筑物外立面由街道适当补贴资金组织力量进行系统性整治取得了良好的整体效果。截止到2006年底，12个中心城区观测点共计246个。

各类道路保洁水平均有提高

2006年，各区环卫部门针对各类道路特点，采取多种作业方式，使各类道路保洁水平均有提高。

普陀区采用不锈钢小木车、小型机扫车、04型保洁车等“五小”设施进行道路保洁；长宁、闸北、虹口等区运用小型冲洗车冲刷沟底，特别是杨浦区克服资金缺口，为每个街道作业队配置了小型冲洗车。

长宁、闸北、普陀、静安等区采用改装自行车巡回保洁。黄浦、徐汇、宝山等区根据中小道路的实际情况，推行上门收集垃圾，减少了垃圾乱扔、乱抛现象。

静安、卢湾、黄浦等区在菜场、集市、公交始末站等周边道路采用循环、跳跃式的保洁方式，缩短了垃圾的暴露时间。普遍将作业时间延长至晚上7点或9点，基本改变了原先中小道路晚上五点以后无人保洁、大路好看小路脏的状况。黄浦、静安、卢湾等区针对晚上7点～10点之间环境卫生的薄弱点，由原来二班保洁增加为早、中、晚、常日班四班不间断循环保洁，确保道路环境的整洁。根据道路的变化情况和位于功能区域环境质量的要求，静安、卢湾等区的中小道路在原有的保洁水平上提高一、二个等级；杨浦区全年有346条（段）道路升级，保洁水平也大幅度提高。

道路新型保洁法汇总

道路新型保洁法汇总表

单位	新型保洁法道路总数			一级道路			二级道路			三级道路		
	段数（段）	长度（米）	面积（平方米）	段数（段）	长度（米）	面积（平方米）	段数（段）	长度（米）	面积（平方米）	段数（段）	长度（米）	面积（平方米）
黄浦区	292	56225	1464902	282	54933	1445644	10	1292	19258			
卢湾区	131	25118	849765	120	23530	819492	11	1588	30273			
徐汇区	474	151289	3486608	256	85734	2226880	128	38632	783606	90	26923	476122
长宁区	296	117871	3006515	95	49975	1322440	137	44624	1274408	64	23272	409668
静安区	63	15222	40009	53	12798	359758	10	2424	40251			
普陀区	83	63691	1833158	32	35339	1275170	40	22688	470587	11	5664	87401
闸北区	318	105561	2216137	145	34477	1091975	69	26165	433552	104	44919	689610

（续表）

单位	新型保洁法道路总数			一级道路			二级道路			三级道路		
	段数（段）	长度（米）	面积（平方米）	段数（段）	长度（米）	面积（平方米）	段数（段）	长度（米）	面积（平方米）	段数（段）	长度（米）	面积（平方米）
虹口区	366	106220	2670644	160	41318	1363698	151	43955	892287	55	20947	414659
杨浦区	63	25993	1022258	63	25993	1022258						
闵行区	86	55098	1347224	18	14072	408677	57	35930	835351	11	4096	103195
宝山区	271	163746	4778955	69	57298	2259707	202	106448	2519248			
嘉定区	447	328006	6640096	68	50231	1150633	134	108748	2497929	245	169027	2991534
浦东新区	181	148554	3225493	60	47018	1447692	121	91626	1724972	23	9909	52829
金山区	93	72452	1272231	62	52050	832757	25	17475	386853	6	2927	52621
松江区	36	24316	677828				36	24316	677828			
南汇区	27	44200	1305070	25	41400	1221070	2	2800	84000			
奉贤区	5	11843	387558	1	1200	46875	3	9703	314363	1	940	26310
青浦区	12		476090	12		476090						
崇明县	13	16629	235840	9	8974	139015	4	7655	96825			
合计	3257	1532034	36936381	1530	636340	18909831	1140	586069	13081591	610	308624	5303949

主要道路、景观区域外墙颜面明显改观

通过对主要道路和景观区域内（除三类创建区域）临街建筑物外墙面整洁情况的调查统计，不洁楼宇共有1607幢，需清洗整治面积达100多万平方米。市市容环卫局主动牵头，积极协调城管执法、房地、街道（镇）以及物业管理等部门，借迎峰会之力，开展建筑物外墙面整洁和清洁活动，共整治面积450154平方米，外墙颜面明显改观。其中，长宁、卢湾、静安、浦东的整治力度、资金投入较大，效果更为明显。

市容环境三类区域建设新形象

2006年，市容环境“三类区域”中的示范区域和规范区域创建工作被列入市政府实事工程之一。市、区两级市容环境综合建设和管理工作联席会议积极整合各相关部门的力量资源，按照职责分工，紧密配合、协调作战，形成了创建工作的合力。各区县高度重视创建工作，在进一步完善2006～2008年市容环境“三区”创建规划的基础上，全面推进创建工作的组织开展，并结合上海合作组织迎峰会市容环境保障工作开展了市容环境示范区域、规范区域速建行动。

全市共创建完成示范区15块、面积27.07平方米，规范区15块、面积27.85平方米，达标区35个。长宁、静安、闵行、虹口、青浦等区创建工作推进有力，质量较高，且注重为市民解决实际困难，做到了实事实做，受到市民的称赞。

阶段性市容环境整治工作有序推进

2006年，市区两级市容环境管理部门重点对阶段性市容环境加大了综合整治的力度。一是组织相关区县和部门，开展F1汽车大奖赛、亚洲审计组织大会、世界乳业大会、歌德堡号访沪活动、上海旅游节等重要活动的市容环境保障工作；二是组织各区县市容环卫和城管执法部门开展学校周边市容环境整治工作，结合秋季开学，重点对列入今年实事工程的133所学校周边的乱设摊、乱堆物等违章现象进行了集中整治，并落实了长效管理，为广

大师生创造了良好的教学环境；三是全面做好春节、五一、国庆等重要节庆期间的市容环境保障工作；四是做好了54次外宾访沪期间的市容环境保障工作。

市、区店招店牌三年整治计划实施

上海市店招店牌整治工作现场推进会

在2005年全市对300余条道路开展店招店牌集中整治的试点取得良好效果的基础上，市市容环卫局根据市委、市政府的要求，拟定了《关于开展店招店牌三年专项整治的实施意见》（以下简称《实施意见》），并经市政府办公厅同意转发至各部门和区县政府。《实施意见》提出，争取用三年时间对全市城市化地区的店招店牌开展有计划、有步骤的专项整治，其中，2006年、2007年、2008年整治任务分别为30%、40%、30%，从而使本市的店招店牌管理达到设置规范、安全可靠、管理有序、环境协调的要求，成为城市市容景观的新亮点，为2010年世博会的召开打造一个和谐优美的市容环境。

户外广告设置情况汇总

户外广告设置情况汇总表

部位	形式	合计		店招店牌		公益		商业		公益商业兼有	
		数量（个）	面积（平方米）	数量（个）	面积（平方米）	数量（个）	面积（平方米）	数量（个）	面积（平方米）	数量（个）	面积（平方米）
屋顶	灯箱	80	4777	21	453	1	150	58	4174		
	霓虹灯	480	73096	73	6069	40	5856	365	60874	2	297
	外投光广告	1679	355586	105	10709	223	29385	1337	314642	14	850
	其他	389	23505	61	1262	23	2730	302	19189	3	324
墙面	灯箱	2576	37613	429	7071	255	2691	1892	27851		
	霓虹灯	278	13906	88	4661	14	1513	174	7726	2	6
	外投光广告	1553	93632	97	4005	150	13344	1306	76283		
	其他	1983	82621	313	7677	84	5681	1576	66582	10	2681
地面	落地灯箱	5294	25645	42	618	1716	8417	3533	16610		
	立杆灯箱	8943	48502	200	1396	2336	12960	6289	33782	118	364
	其他灯箱	1897	9100	16	37	345	2772	1484	6159	52	132
	霓虹灯	89	1974	7	65			82	1909		
	广告牌	1910	106910	82	1148	252	24856	1455	75060	121	55846
	外投光广告	567	46524	66	2632	123	12181	364	30369	14	1342
	跨街广告	341	17326	4	230	33	3788	301	12728	3	580
	高炮广告	1921	265427	24	1362	627	96058	1246	165188	24	2639
	亭棚广告	18	36			1088	2448	9750	22069	1	
	实物造型	76	555	6	8	58	248	12	299		
	其他	475	7551	205	959	26	1281	215	4850	29	461
合计		41370	1238587	1938	50362	7397	226359	31741	946344	393	15522

100

道路两侧“三乱”污染逐步减少

各区县充分利用城市网格化管理优势，发挥市容环境协管员作用，切实加大道路巡查和清除力度。首先是完善对“三乱”（乱招贴、乱涂写、乱刻画）污染的管理网络，组织保洁队伍对“三乱”污染清除工作；此外是积极与治安管理部门联手，加强了对“三乱”行为人的打击力度，逐步遏制了违章行为的发生，中心城区道路两侧“三乱”污染明显减少。

迎上海合作组织峰会市容环境保障工作圆满完成

各级市容环境管理部门积极发挥市、区两级市容环境综合建设和管理工作联席会议办公室的牵头协调作用，明确目标，制定计划，细化方案，落实责任，广泛发动，全面开展了市容环境建设和整治工作。全市共整治店招店牌6.56万平方米，新增、更新道路废物箱4620只，翻修增设公厕及调整导向牌95处，新建改造围墙24.38万平方米，搬调亭棚、卷帘门、雨篷3549只，整治河道1297处，打捞漂浮垃圾9121.9吨，清除黑色广告145.97万处，黄浦江两岸整治户外广告19处35块（其中浦东15处25块，黄浦4处10块），清洗粉刷建筑物外墙542.22万平方米，整治屋顶22.98万平方米，拆除破棚简屋41.34万平方米，等等。其中，重点保障区长宁、浦东、黄浦、虹口等区，以及大型动态景观灯光建设、市容环境示范区速建行动等工作，时间把握好，完成质量高，成效明显。

环卫车辆装备向高配置方向发展

2006年，全市共购置环卫车辆534辆，其中垃圾车402辆，吸粪车52辆，扫路车48辆，清洗车32辆。购置的车辆具有以下特点：

1. 生活垃圾收运车辆向全密闭、压缩化方向发展。全市生活垃圾密闭化运输率继续得到发展，具有厢式密闭功能的生活垃圾车辆占垃圾车购置总数的81%；压缩式垃圾车继续成为本市生活垃圾收运的主要车型，2006年压缩式垃圾车购置量占垃圾车购置总数的59%。

2. 郊区环卫车辆更新改造力度不断加大。在全市环卫车辆新增、更新中，郊区继续保持着加快发展的态势，2006年郊区环卫车辆购置数量占全市环卫车辆购置总数的49%。

新能源冲洗车完成研制

3. 车辆装备性能得到明显提升。在压缩式垃圾车中，具有整车性能良好的中外合资的生活垃圾车辆成为主要选购车型，占压缩车购置总数的50%；郊区环卫车辆的配置性能开始向高端产品方向发展，嘉定等区新购置的生活垃圾车辆已达到中心城区的装备水平。

环卫作业车辆及建筑垃圾运输车辆添美行动

2006年3月开始持续至年底，环卫作业部门开展环卫作业车辆及建筑垃圾运输车辆添美行动。从事本市环卫作业及建筑垃圾运输的单位基本建立健全车辆保洁责任制度，配置车辆清洗保洁设备，落实清洗保洁措施；生活垃圾清运、转运车辆实行密封化运输，消除飞扬散落，控制渗滤液滴漏，减少视觉污染；内环线内，建筑垃圾运输车辆基本符合建筑垃圾运输作业扬尘污染防治要求，标识清楚、土不外露、设施完好；环卫作业车辆、建筑垃圾运输车辆车容车貌整洁率分别达到85%和50%。

2006年度整洁村创建圆满完成

为改变城乡发展不平衡造成的环境问题，市市容环卫局制定《上海市新郊区村容整洁达标建设指导意见》（2006～2008年），组织开展新郊区农村村容整洁达标建设活动，在2～3年内把上海郊区1809个建制村建成“村容整洁达标村”。2006年是开展村容整洁达标建设活动的第一年，全市10个区（县）90个乡镇中的640个建制村参与了创建工作。经市、区县两级验收、新闻媒体公示合格，截止到年底，全市626个申报村被命名为2006年度“上海市整洁村”。

据统计，通过“整洁村”验收的626个申报村，共新（修）筑硬化道路4772条，改（新）建公共厕所1451座，改（新）建三格化粪池23703只，改（新）建垃圾转运房1110座，新配置垃圾收集桶18666个，新增垃圾收集车（人力）3039辆，新增农户垃圾储存桶225651只，新增废物箱7211个，有自制容器收集车275辆。

各申报村共清除暴露垃圾196139处（次），治理村级生活垃圾堆点31347处，其中覆土539758平方米，植树绿化1550503平方米。清理堆物119353处，整理小集市店招店牌3843家，外立面整治面积8294826平方米，拆除违章建筑367494平方米，整治村沟宅浜13297条（段），农村人居环境得到基本改善。

整洁村建设五种模式

模式一：环境整治型。即动员和组织农民开展从平面到立面、陆域到水域、村前宅后堆物的集中整治，改变农村居住区环境卫生脏、乱、差现象，改善农村人居环境。

模式二：保洁服务型。即配齐配足道路、水域、环卫公共设施保洁员，实现环境卫生保洁服务全覆盖。

模式三：设施建设型。即根据需求，合理规划、投资建设环卫公共设施，改变农村居民集中活动区、外来务工人员集中居住区、镇村结合部环卫公共设施配置不足的状况，提高农村环卫公共设施建设配置标准。

模式四：规范管理型。即建立农村环境卫生日常监督队伍，建立农村环境卫生志愿者队伍，整合原农村生活垃圾收集队伍，开展农村保洁员岗位技能培训，文明作业，规范服务。

模式五：资源整合型。即将“整洁村”建设与开展国家卫生区、卫生镇和文明城区复查工作相结合；与创建市级文明村、卫生村工作相结合制度，并作为其参评前提条件。

“三乱”整治力度进一步加大

2006年，“三乱”整治的力度进一步加大，“三乱”停复机执法程序操作得到简化，主要道路、景观区域、示范区和内环高架内城区10点后基本不见“三乱”。年内共受理“三乱”案件5420起，处罚397起，罚款70570元；其中实施停机处理1976起，处罚236起，罚款49800元。语音告知停复机案件全年无差错，通信工具中止和语音告知工作及时率、合格率达到100%。协管队伍在责任区制度落实工作中发挥对“三乱”行为的监督劝导和对城管执法部门的联络协助作用，配合执法部门取证，积极清除“三乱”，加强对非法散发小广告及“三乱”的整治，保持责任区环境整洁。

夏令乱设摊、夏令热线整治成效明显

在“夏令热线”开通期间，城管执法总队以夏令乱设摊专项整治工作为中心，有计划地推进对12个中心城区的西瓜摊、蔬菜摊、早点摊、夜排档等无证流动摊和跨门营业的巡查工作。

针对“夜排档扰民”这一突出顽症，总队成立以总队领导挂帅的夏令整治工作小组，制定了“8.17”行动计划，开展全市夜排档集中专项整治。同时还积极联手其他各职能部门，配合市建委“12319”投诉中心开展了“夏令热线特别行动”，对夏令期间市民投诉较多的问题开展联合整治。

7月1日至8月31日，全市共整治乱设摊1650处、跨门营业513处、夜排档520处，处置建筑垃圾12处。成规模的夏令乱设摊违法行为在卢湾、静安等地区基本消除，杨浦、闸北等区域明显减少，其他地区得到较好的控制。

交通主干道乱设摊现象得到基本控制

2006年，市政府办公厅转发了《关于本市中心城区综合整治乱设摊工作实施方案（2006～2008年）》，明确了“标本兼治、重在治本，堵疏结合、因势利导，条块结合、以块为主”的整治原则。按照整治进度，各区一手抓严禁区域整治，一手抓好试点街道综合治理。一是结合夏季工作，开展了以西瓜摊、夜排档、早点摊为重点的“三大战役”集中整治工作。二是组织力量，开展了中心城区乱设摊情况调查统计，制定综合整治的推进计划，并作为对各区综合整治工作的量化考核依据。三是召开了本市中心城区综合整治乱设摊工作现场会，副市长杨雄出席会议并讲话，市府副秘书长洪浩代表市政府与各区分管区长签订了中心城区综合整治乱设摊目标责任书。本市乱设摊整治已初步做到两个基本控制，一是交通主干道乱设摊现象得到基本控制，二是重大活动保障期间，乱设摊现象得到基本控制。

继续开展拆除违法违章建筑工作

坚持新账不欠、老账逐年还清的工作原则，继续加大拆除违法违章建筑工作力度，重点对占路违章、居住小区公共空间违章、有碍市容观瞻的违章，加大了拆除的力度，同时坚决遏制了一批新产生的违章建筑。据统计，全市共拆除违法违章建筑119万平方米，遏制新的违法违章建筑5.1万平方米，创建无违小区19个，改善了地区环境。

申城最大动态景观灯试灯

6月1日晚，在黄浦江畔，“和平畅想”大型景观灯首次全方位试灯。这组“和平畅想”景观灯是申城迄今最大最亮眼的动态景观灯。景观灯从浦西延安东路至外白渡桥、浦东东昌路到陆家嘴各绵延1.5公里。相关部门在黄浦江沿江两侧、外滩楼顶和浦东沿江分别设置了10组大功率彩色探照灯。探照灯总量约达100只，分别投射出五颜六色的强光束，光束颜色主要以黄、蓝为基调。

30余公里景观围墙美化建设完成

按照区域功能定位、建筑物特点、历史文化底蕴等各种要素，在完成了长宁、静安、卢湾、徐汇等区试点工作的基础上，全面推进了围墙建设，完成了30余公里长的特色历史文化围墙、现代围墙、透景透绿围墙、生态围墙、艺术围墙和工地围墙的建设工作，成为上海城市围墙一道亮丽的风景线。除试点区以外，杨浦区结合上海理工大学和同济大学百年校庆开展的文化围墙建设、浦东新区围绕峰会保障的工地围墙整治、闸北区工地围墙整治，以及闵行区结合市容环境“三类区域”创建工作开展的围墙建设等也有不少亮点。

建筑物外立面、屋顶整治取得成效

一方面加强建筑物外立面整治工作。通过对主要道路和景观区域内（除示范、规范创建区域）临街建筑物外墙面整洁情况的调查统计，不洁楼宇共有535幢，需清洗整治面积达100多万平方米。各区市容管理部门主动牵头，积极协调城管执法、房地、街道（镇）以及物业管理等部门，开展建筑物外墙面整治和清洁活动，共整治楼宇353栋，整治面积2058289平方米，外墙环境明显改观。

另一方面加强屋顶市容环境卫生管理。建立楼顶垃圾观测点，推行政府采购信息，建立管理网络及举报、奖励等机制，目前12个中心城区全部建立观测点，共计246个。对重点区域的屋顶垃圾组织力量进行系统性整治，清除屋顶垃圾 2024.1 多吨，取得了良好的整治效果。

重要景观区统一公厕导向标志

为美化城市市容环境、体现国际大都市形象和以人为本的理念，上海市市容环境卫生管理局开展了公共厕所导向标志设计方案征集和公众评选活动，以进一步规范、统一本市公厕导向标志的设置。上半年主要景区已逐步统一了新的公厕导向标志。新标志符合国家环卫设施设备图形符号、设施标志的相关规定，通过网上评选、市民评选和专家评选相结合，体现了方便市民和游客寻找公共厕所的功能，与上海国际大都市的市容景观相匹配。

辐射环境污染防治

个别公用移动通信基站周围环境局部电场强度超标经过整改已达标

2005年监测中发现五原移动通信基站周围环境局部电场强度超标问题，经过上海移动通信公司采取整改措施，2006 年，经监测已全部达标。

石材抽检结果符合国家建材标准

2006 年度在汇中石材有限公司和塔星石材有限公司各随机采了两个石材样品，对其中的铀 -238、钍 -232、镭 -226、钾 -40 核素含量进行了监测，监测结果见下表。

上海市天然石材中放射性含量表(单位：Bq/kg)

监测项目	塔星石材有限公司		汇中石材有限公司	
	加里奥金	香槟金麻	黄金麻	香槟金麻
总 α	2.4×10^3	7.0×10^2	5.0×10^2	8.6×10^2
总 β	2.5×10^3	1.4×10^3	1.4×10^3	1.7×10^3
^{238}U	70 ± 31	<11	19 ± 9	30 ± 19
^{232}Th	$(2.8 \pm 0.1) \pm 10^2$	73 ± 5	45 ± 2	45 ± 5
^{220}Ra	53 ± 3	32 ± 3	12 ± 1	26 ± 3
^{40}K	$(1.3 \pm 0.1) \pm 10^3$	$(1.1 \pm 0.1) \pm 10^3$	$(1.2 \pm 0.1) \pm 10^3$	$(1.2 \pm 0.1) \pm 10^3$

监测结果表明：上海石材中放射性核素浓度与往年相比无明显变化，所抽样测试的石材样中的^{232}Th、^{226}Ra、^{40}K的放射性比活度符合中华人民共和国国家标准《建筑材料放射性核素限量》(GB 6566-2001)中对 A 类装修材料的要求。

工业污染防治

工业系统环保工作点面结合取得新成绩

2006年，按照《上海市环境保护和环境建设第三轮“三年行动计划”》的要求，上海市工业环保治理工作点面结合，取得新成绩。

一是工业区环境基础设施建设工作顺利开展。38项工业区污水治理设施建设项目全面启动，其中完成宝山区罗店工业小区污水收集管网等10项工程；工业区内企业污水纳管按计划组织实施；在吴泾工业区、宝山工业区、金桥出口加工区等有条件的工业区新建集中供热设施和热网扩建。

二是吴泾工业区综合整治工作已取得了显著的效果。焦化公司1号焦炉、上海碳素厂、上海白水泥厂、宝隆白水泥公司等实施了关停，这些重污染企业及生产线的关停，是工业区环境整治的治本之举。据不完全统计，仅华谊集团企业及生产设备的关停将削减污染物排放量为：废水47.71万吨／年，其中SS 3.72吨／年、COD 3.58吨／年；废气1107万标立方米／年，其中$SO_2$1164吨／年、HCL 120.25吨／年、CL_2 0.15吨／年；烟尘1417吨／年；废渣978.69吨／年；苯并（a）芘0.32吨／年。

三是加强重点污染源治理与监管。在推进电站锅炉及20吨以上燃煤锅炉在线监测设备安装工作中，年内完成了6家单位、7套试点设备的安装、调试和验收。

四是推进工业企业清洁生产和循环经济示范试点。巩固和推进100家企业实施清洁生产，2006年度又新增了20家企业。根据国家环保总局“关于开展重点企业清洁生产审核程序的规定”要求，通过调研初步选定2007年度本市重点企业清洁生产审核试点名单。在金桥出口加工区、金山第二工业区、宝山工业园区、莘庄工业区开展了循环经济示范试点工作。在创建环境友好企业工作中，编制完成“创建国家环境友好企业，促进人与自然和谐发展”宣传手册，并向有关单位宣传，指导符合条件的企业开展创建工作。

电镀行业启动清洁生产

为贯彻落实《中华人民共和国清洁生产促进法》和第六次全国环保大会精神，推进上海电镀行业清洁生产工作，2006年8月，市电镀协会召开电镀行业清洁生产动员大会，近100家企业的厂长、经理和环保管理人员参加了会议。

市环保局有关部门向与会代表传达了全国第六次环保大会的主要精神，要求市电镀协会对行业内现有的“双超”（超标、超总量）和“双有”（使用或排放有毒有害物质）企业进行调研和梳理，分批开展清洁生产审核。通过试点，积累经验，并逐步在全行业内推行清洁生产审核工作。市经委节能环保部门也在会上强调清洁生产给电镀行业提供了生存发展的机会，开展清洁生产审核是电镀行业可持续发展的唯一出路。

会上，市电镀行业清洁生产工作委员会宣布成立，市怡标电镀有限公司等12家企业列为行业试点单位，这标志着本市电镀行业清洁生产工作正式启动。

上海积极调整产品结构、工业布局

2006年，在各委办局、各区县的配合下，本市调整劣势行业、淘汰劣势产品、淘汰落后工艺的工作形成合力。

一是资源得以盘活，环境得到改善。全市调整淘汰劣势企业640家左右，腾地近1万亩，涉及职工1.5万人，一年减少耗能约50万吨标准煤，减少工业废水排放量637万吨，减少废气排放量15亿立方米。

按照国家淘汰落后产品和落后工艺的要求，先后对小化肥、小水泥、小冶炼等污染能耗大、产出水平低、生产工艺差、社会就业少的行业分别制订调整规划，这对减少资源消耗和污染排放产生一定效果。

中心城区通过创意产业园区建设，推动劣势企业加快退出。截至2006年底，全市已授牌的创意产业集聚区有75家，吸引创意企业2000多家，相关从业人员超过2万人，涉及美国、日本、比利时、法国、新加坡、意大利等30多个国家和地区。其中，通过保护性开发的老厂房、老仓库和老大楼占创意产业集聚区总量的2/3以上，并逐步形成区域特色。近郊区推动了老工业区向生产性服务业功能区的转变，推进了金桥、西郊、市北、九亭等工业开发区向生产性服务业功能区转型，推动了城市建设和产业升级的互动发展。

二是促进了产业结构优化升级。通过技术改造推进淘汰劣势产品和落后工艺，这部分投资占全社会工业投资比例的40%。如上海焦化厂用关闭一台焦炉后的场地，投资18亿元的一氧化碳联产甲醇项目来调整产品结构；宝钢集团抓住世博园区建设和浦钢搬迁的机会，投资130亿元建设全球首台C-3000COREX炉，用直接融熔还原新工艺冶炼钢铁。同时关闭了特钢分公司3台30吨以下转炉，整合浦钢的存量资源，新投资25亿元改造新建了特殊钢冶炼生产线。通过产品结构和工艺流程调整，确保上海工业持续健康稳定发展。

三是较好地保障了城市生活和生产安全。市安监和环保部门联手相关区县，调整关闭了一些因噪声、粉尘、危化等未达标的劣势企业，仅外环线附近就有83家存在安全隐患的企业被关闭，保障了城市安全和居民生活，减少了安全生产事故。

上海焦化有限公司1号焦炉顺利关停

2月18日，上海华谊集团公司、上海焦化有限公司在上海焦化有限公司举行1号焦炉关停仪式，这标志着吴泾工业区环境综合整治进入了全面启动阶段。

上海焦化有限公司1号焦炉建成于1958年，经过48年的运行，共产出1790万吨焦炭、32亿立方米煤气，为上海的社会经济发展做出了贡献。但由于技术水平限制、设备老化等原因，1号焦炉和2～4焦炉一样，对周围环境产生了不良影响。作为环保三年行动计划吴泾工业区环境综合整治的重点项目，上海焦化有限公司1～4号焦炉已列入关停计划。根据市政府统一部署，华谊集团公司和上海焦化有限公司在2005年底开始着手关炉准备，并在2月16日启动关停工作，于2月18日安全地关停了1号焦炉。

市人大、市经委、市发改委、市吴泾办和闵行区政府领导，以及市环保局、市市政局等有关部门出席了关停仪式。

《吴泾工业区环境综合整治实施方案》出台

2006年，闵行区《吴泾工业区环境综合整治实施方案》正式出台，成为指导吴泾工业区环境综合整治工作的重要依据。方案依据沪府[2006]8号文批准《吴泾工业区综合整治规划》、沪府[2006]45号文批准《吴泾工业区环境综合整治实施计划纲要》、沪府[2006]3号文批准《关于吴泾工业区环境综合整治配套政策的若干意见》以及上海市环境保护和建设三年行动计划的要求，根据闵行区实际，明确了闵行区在吴泾工业区综合整治中的任务职责、资金安排、工作机构和推进机制，为有序推进区级任务的完成，以及协作推进市级任务的完成起到了有力保证。

方案明确，吴泾工业区综合整治区属部分的整治工作，由区环保局总牵头，区房资局、规划局等各相关部门共同参与，梅陇、吴泾两镇予以积极配合，重点做好“污染源治理、城市绿化、市政道路、河道整治、村宅拆迁、污水纳管、码头整治和环境监测”等各项工作。

市重大环境工程建设

青草沙水源地北堤上段护底工程动工

2006年，青草沙水源地的北堤上段护底工程已经顺利动工，北堤护底工程可为上海第三水源地——青草沙水库建设奠定基础。

青草沙水源地位于长江口南北港分流口下方，长兴岛头部和北部外侧的中央沙等水域。计划圈围造地2.27万亩的中央沙圈围工程已顺利开工，在这一工程的施工过程中，将同步完成青草沙北堤上段护底潜堤工程，为实施青草沙水库建设打好基础。

有关设计研究单位曾对青草沙北堤上段进行了全面勘测和可行性调查，并由两家专业设计研究院联合完成了中央沙圈围工程、青草沙北堤上段护底工程设计。

护底潜堤工程就是在青草沙北堤的上游江底，铺设长达5公里的混凝土铰链排，防止江水对青草沙主体工程所在区域的冲刷，可为青草沙水库工程的顺利实施“保驾护航”。工程总工期为4个半月，预计将于2007年3月全部完成。

青草沙大型水库预计于2010年建成，建成后与长江陈行水库、黄浦江输水系统相接，每天供水规模将达719万立方米，占全上海原水供应总规模的50%以上，主要供给杨浦、浦东、南汇等10个区全部及宝山、普陀、崇明等5个区县的部分地区，可保证在咸潮入侵期连续68天正常供水，受益人口超过1000万人。

上海将建设第三水源地以缓解咸潮影响

长江口咸潮频频来袭，上海为从根本上解决取水水质问题，将尽快建设第三水源地。记者昨天获悉：青草沙大型水库建设年内启动，预计2010年建成，设计水库库容可保证咸潮期连续68天正常供水，供水规模占全上海原水供应总规模的50%以上。

上海市供水水源地主要由黄浦江上游、长江口陈行水库以及部分内河和地下水组成，原水供水规模为1096万立方米／日。其中，黄浦江上游及长江口陈行水库集中供应量约810万立方米／日。2000年以来，城市供水量每年以20万立方米／日以上速度递增，夏季高峰用水连年突破历史纪录。目前，全市最大日供水量已突破970万立方米／日。

专家介绍，黄浦江上游的取水总量已超过多年平均流量的30%，取水规模已近极限。按照城乡统筹发展的要求，“十一五”期间，上海原有取自内河和地下水的100座乡镇小水厂将被逐步归并，必须用新的水源和水厂替代。根据上海市城市总体规划预测，2010年和2020年上海原水供应缺口将分别为400万立方米／日和600万立方米／日左右。从长远战略考量，上海必须加快长江新水源地建设，扩大长江优质原水供应，以满足城市进一步发展的需要。

青草沙水源地位于长江口南北港分流口下方，长兴岛头部和北部外侧的中央沙、青草沙以及北小泓、东北小泓等水域。青草沙水源地原水工程将包括青草沙水库工程及取水泵闸工程、长江原水过江管工程、陆域输水管线及增压泵站工程三大主体工程，供水规模为719万立方米／日，主要供给杨浦、虹口、闸北、黄浦、卢湾、静安、长宁、徐汇、浦东、南汇等10个区全部及宝山、普陀、崇明、青浦、闵行等5个区县的部分地区，受益人口超过1000万人。青草沙水源地建成后，北与长江陈行水库系统相连，南与黄浦江输水系统相接，互为补充和备用，将使全市市民饮用水水质得到普遍改善。

《解放日报》2006-10-20

长江引水三期一阶段工程全部建成通水

长江引水三期工程一阶段工程包括新建设计规模为430万m^3/d取水泵站1座及16.8km输水管道（管径2400mm）工程。一阶段输水管线工程于6月底建成，7月6日正式通水；取水泵站工程于12月底建成通水。

104岁南市水厂实施大规模改造

2006年，上海计划投资9.5亿元，引进国际先进技术和管理理念，对上海第一个由中国人开办的自来水厂——上海市南市水厂进行大规模改造。

位于半淞园路黄浦江北岸的南市水厂，建于1902年，主要承担卢湾、黄浦、徐汇、静安等中心城区的生产和生活供水任务。南市水厂改造，主要依据上海市总体规划和中国2010年上海世博会地区规划，将在世博浦西园区内移建改造成为一个现代化水厂。新的南市水厂总设计规模为70万立方米／日，能满足规划中2010年至2020年该区域的总体水量需求。

南市水厂净水核心技术将采用法国德利满高效澄清池新型沉淀处理工艺，并在此基础上进行臭氧活性炭深度处理，整套工艺将跻身国际先进水平。改造后南市水厂的生产和监控，将由中央控制中心通过中心控制室、现场PLC和数据通讯网络实施生产全过程的集中调度和管理，基本实现全自动化。出厂水质除符合新颁布的国家《生活饮用水卫生标准》和《城市供水水质标准》外，还将与国际接轨。

今年动工的南市水厂，有望成为世博园区首个开工的大型市政配套项目。水厂在建筑景观设计上，将采取具有韵律感和节奏感的素混凝土造型和通透玻璃体相结合的方式，追求水厂建筑与世博环境的整体协调。在总体布局中，水厂将保留原南市水厂内的法式小洋楼，并将小洋楼修缮为厂史博物馆，留下百年老厂的历史文化。同时，还将增设游人参观长廊，让广大市民实地了解水厂净水处理程序。

上海江桥生活垃圾焚烧厂工程通过国家环保总局验收

8月2日，国家环境保护总局在上海主持召开江桥生活垃圾焚烧厂一期、二期工程国家环保验收会，验收

江桥生活垃圾焚烧厂

组专家在听取上海环城再生能源有限公司（以下简称“环城公司”）的汇报、现场检查环境保护设施的建设与运行情况、审阅并核实了各项实测数据和有关资料后认为：上海江桥生活垃圾焚烧厂落实了环评报告和批复的要求，在设计、施工和试运行阶段均采取有效措施，控制了对环境的影响，主要污染物的排放均达到国家环保标准的要求，环境保护手续齐全，符合建设项目竣工环境保护验收条件，一致同意通过国家环境保护验收。

验收组专家充分肯定了环城公司在项目建设过程中坚持环保优先，科技创新，采取有力措施，使排放的烟气二恶英含量大大低于国家标准，达到严格的欧盟排放标准；生活垃圾渗沥液达标处理后，纳管排放，为国内生活垃圾焚烧产业有效处理垃圾渗沥液提供了成功范例。

6月27日，上海市市容环卫局与上海城投总公司举行“上海江桥生活垃圾焚烧厂特许经营协议签约仪式”。有关部门领导参加了签约仪式，本次特许经营权的年限为20年。

老港四期生活垃圾填埋场建成运行

2006年11月，上海老港生活垃圾卫生填埋场四期建成了渗沥液处理厂，总投资7600万元，采用上流式厌氧污泥反应（UASB）和批序式活性污泥反应（SBR）工艺，渗沥液处理能力1635吨／日，处理后达到填埋场三级排放要求，再经南汇污水处理厂处理后达标排放。2006年底填埋气体发电利用系统基本建成，该项目总投资3500万元，填埋气体经收集、净化后，由内燃机发电。2006年老港四期卫生填埋场处理生活垃圾178.84万吨，也使上海市生活垃圾无害化处理率达到61.1%。

400吨矿化垃圾反应床示范工程开工

4月14日，经上海市建委批准立项，由上海城投环境投资有限公司投资的上海老港生活垃圾填埋场一二三期渗沥液矿化垃圾床处理工程开工。该工程总投资538万元，总占地面积约为25.7亩，总处理规模为400m^3 /d，8月份投入试运营，是国内目前同类工程中规模最大的工程。矿化垃圾示范工程位于10＃填埋单元内，矿化垃圾的开采在25＃填埋单元内。该工程的建立大幅提高了老港公司垃圾渗滤液的处置质量，并且将作为示范向国内垃圾填埋场推广应用。

太浦河工程通过竣工验收

4月4日，太浦河工程顺利通过竣工验收。该工程是太湖流域综合治理10项骨干工程之一，也是国家“八五”和“九五”期间的重点工程，具有防洪排涝、水资源调度、航运及水环境综合治理等综合效益。其中太浦河（上海段）工程主要建设内容包括新建300立方米／秒太浦河泵站1座、疏浚河道30.24公里、填筑堤防30.48公里、新建护岸63.14公里等。太浦河泵站工程获得上海市白玉兰奖、中国水利优质工程奖、中国电力优质工程奖和国家优质工程银质奖。

2007

上海环境年鉴

Shanghai Environment Yearbook 2007

生态环境保护与建设

绿化建设

绿化、林业稳步发展

2006年，本市绿化部门按照“一环二区一岛”的绿化发展布局，加强政策研究，着力破解难题，确保绿化、林业稳步发展。

完成了“十一五”绿化林业发展规划修编，组织编制了崇明三岛绿化系统、虹桥综合交通枢纽绿地系统等多项专业规划。

坚持城乡统筹协调发展，推进生态绿化建设取得了新的进展。全年新建绿地1691公顷，其中公共绿地808公顷，人均公共绿地可达11.5平方米，绿化覆盖率37.3%。辰山植物园、外环生态专项、滨江森林公园、世博公园等绿化重点工程建设总体进展良好。

积极推进老公园改造，完成或基本完成了一批老公园改造任务。积极组织实施居住区绿化调整，加强与区(县)、街道及房地部门的协作，完成了300多个旧居住区的绿化调整。

在浦东新区世纪公园成功举办了上海国际立体花坛大赛，共有15个国家55个城市的82件作品参赛，累计游客量超过80万人次。

以“迎接世博、保障峰会”为契机，调整改造街道绿地约80万平方米，行道树及附属设施更新7万个，花卉景点制作39处，用花约270万盆。

新创星级公园15座、优美绿地景点17处、景观道路8条，全市星级公园总数达69座、优美景点总数达119处，景观道路96条，

新建“上海市花园单位”112家、“园林式居住区”49个，全面提升城市绿化面貌。结合纪念全民义务植树活动开展25周年，以“绿色人生，绿色守望”为主题，不断丰富全民义务植树活动形式和内容，全市共设立春季义务植树点62个，参与义务植树活动的市民达2.1万人；1.4万市民和200家单位参与认建认养，募集资金150多万元。

行业地方性法规立法取得阶段性成果，《上海市绿化条例》进入市人大审议程序。行业信息化建设继续加快，初步建成行业网络平台，拓展了网上为民服务通道和网上信息交流平台。

浦东新区滨江森林公园生态林

三方合作推进世博生态环境建设

3月29日，上海市人民政府、国家林业局、中国林业科学研究院在上海签订合作协议。三方将进一步提升上海绿化林业发展的总体水平，围绕世博生态环境建设、植物引种驯化、湿地保护研究等方面加强配合，协调联动，构建经济社会与人居环境协调发展的和谐社会。

市委副书记、市长韩正，国家林业局副局长赵学敏，中国林业科学研究院院长江泽慧，副市长杨雄出席签约仪式。

上海市人民政府与国家林业局、中国林业科学研究院签署的合作协议，开创了部、市合作的新领域和新模式，大力推进了上海生态环境的建设。三方的合作，将进一步发挥上海市人民政府的地方优势，中国林业科学研究院的科研优势，以上海生态环境建设为平台，为世博园区的绿化建设、辰山植物园的植物引种、湿地保护与合理利用及相关领域提供强有力的政策支持、技术支撑。

中国林业科学研究院与上海市绿化管理局(市林业局)启动了首批科研合作项目。双方将在辰山植物园树种引种

及世界各国国树、国花引种，建设新郊区林地生态——经济复合高效经营模式研究，湿地生态质量评价研究，生物防治绿化林业害虫集成技术研究等方面共同开展科研工作，为上海辰山植物园建设、湿地保护研究等方面提供技术支撑和服务。

全民义务植树活动内容丰富形式多样

2006年是我国开展全民义务植树活动25周年，本市绿化部门认真总结多年以来开展全民义务植树的成功经验，出台了《上海市绿地认建认养实施意见（试行）》。在义务植树宣传活动中，以“绿色人生，绿色守望”为主题，开展形式多样的宣传活动，吸引市民和社会广泛参与。

植树节前后，绿化部门制作了宣传版面进行巡回展览，集中展示25年来的绿化成果；全市共设立了近百个宣传点，4.8万人次参加宣传活动；市、区两级绿化部门共发放和张贴宣传画3万套，免费发放《家庭养花指南》2.5万册，深受广大市民的好评。同时，还组织开展了“世界环境日绿色行动”活动，发动香港汇丰银行、日本东芝公司及东风日产乘用车公司等多家单位认养了绿地。据统计，本市19个区县春季共设立植树点62个，有2.1万人参加了种树活动，1.4万名市民及近200家单位参与认建认养，募集资金150多万元。

上海铁路南站景观绿化工程完工

1月24日，上海铁路南站景观绿化工程宣告建成，8公顷3000多株苗木绿化造型土和各色建筑小品，营造出绿树成荫、曲径通幽的氛围，彻底改变了传统概念中铁路枢纽站嘈杂喧嚣的景象。

上海铁路南站率先试验“绿化先于工程竣工”的办法取得成效，有望使上海铁路南站开通后就成为真正的城市绿色景观。上海铁路南站不仅是一项交通枢纽工程，而且是一项具有综合休闲功能的大型开放式景观绿化工程。为此，工程批准立项后，工程建设指挥部就未雨绸缪，展开前期策划。园林绿化专家经过方案论证，相继精选出香樟、广玉兰、雪松、榉树等一批品种成熟，既符合南站工程特点，又体现上海地区特色的树种。

上海铁路南站的广场绿化绝大部分属于“屋顶绿化”(广场为地下两层结构，结构层顶部通过回填厚达1.5米的绿化造型土，种植各类绿色植物)，有着降温、隔热、蓄水等多种功效。但是，由于必须确保“给排水”的顺畅，其绿化施工的难度非同一般。目前，这一施工难关已经克服，绿化景观和建筑结构互不影响，均能确保质量。

实施老公园改造提升城市绿化面貌

为提升和拓展本市公园绿地的综合服务功能，市、区绿化部门积极推进老公园改造工作。年初制定下发了老公园改造实施意见和改造计划，明确改造范围、内容、原则、程序，年内基本完成蓬莱、红园、世纪、罗溪、汇龙潭、金山、荟萃、大观园、航华9座公园的整体或局部改造，闸北、复兴、桂林、曲水园4座公园也在年内开工，和平、杨浦、川沙、临江、沪太、临沂、吴泾7座公园开展了改造前期工作。

市、区绿化部门同时结合新郊区、新农村建设，着眼于城乡统筹、绿林一体，拟订了镇级公园改造的初步计划，完成了梅陇休闲园、纪王、陈行、旗忠、田园、诸翟等7座镇级公园的局部改造。

旧居住区绿化调整加快推进

为规范旧居住区绿化调整行为，市绿化局与市房地资源局于年初下发《关于本市旧居住区绿化调整实施办法（试行）》，为实施旧居住区绿化调整，解决市民投诉反映强烈的树木生长影响居室通风、采光和安全问题提供了依据和技术规范。

在实施旧居住区绿化调整过程中，各级绿化、房地部门按照构建社会主义和谐社会的要求，着力解决人民群众最关心、最直接、最现实的利益问题，以市民满意为出发点，努力做到“民有所呼、我有所应”，全力推进旧居住区绿化调整。年初，通过调研走访、实地踏勘、召开推进会等形式，对全市旧居住区影响居民采光、通风等问题的小区开展了全面调查，确定全年计划完成178个旧居住区绿化调整工作。在政风行风建设的推动下，各区县绿化部门主动加压，加大力度，至年底实际完成了300个旧居住区的绿化调整任务。

炮台湾湿地森林公园建成

位于上海市宝山区的炮台湾湿地森林公园于年底竣工。该公园占地53.46公顷，沿江岸线长1974米。

为营造休闲、健身、娱乐、温馨的环境，弘扬炮台湾的历史文化，公园建设突出自然、生态、湿地、森林，休闲、军事、文化、历史的主题，设计成六个功能区。

湿地景观区：5.4公顷的原生态长江滩涂地是整片湿地的雏形，与新建湿地连接形成一体，内外由栈道连接，沿江的观江平台与内水的栈道形成连贯的湿地观景体系，利用湿生与水生的植物相结合，突出湿地景观特色。

瀑布景观区：利用地形的优势，建造落差达5米的落瀑景观，是全园的制高点。让人们可以体会到人工水体——瀑布景观与自然形态水体——长江的呼应，既感受到长江的大气磅礴，又体会到瀑布溪流景观的秀丽精致。

草坪活动区：近1.6公顷的草坪活动区以勇攀珠峰为中心，以炮台山为背景，地势平缓，空间开阔，适合放风筝、野外活动。儿童活动区：挑战者、星球大战、迪斯尼城堡、跟踪追击、嘉年华项目、梅花桩、秋千、爬网、滑滑梯等多样的游戏形式，适合3岁以上的儿童及青年使用。

炮台湾湿地森林公园

中央广场：是公园的主体广场，能容纳上千人，可以作为大型娱乐活动承办地。广场以炮台山为背景，背山面水，视野开阔，是观赏长江景观的最佳点。中央以退役的大炮为主景，喷雾景观为辅，烘托硝烟弥漫的气氛，体现军事文化主题。

安静休息区：周边茂密的植物围合形成了幽静的休息空间。曲线形的平面构图，波浪形的种植带，表现长江冲刷的作用力，体现对场地的记忆，以大面积的乔木种植提高区域的造氧量，形成舒适的休息氧吧。

2006年上海国际立体花坛大赛成功举办

“2006上海国际立体花坛大赛”于9月15日至11月30日在上海世纪公园举办，由立体花坛国际委员会、上海市人民政府、中国风景园林学会主办，上海市人民政府外事办公室、上海市绿化管理局、上海市浦东新区人民政府承办。本次立体花坛大赛以“地球·家园”为主题。

本届立体花坛大赛主要有以下特色：

一是参赛城市多、展览规模大。有来自加拿大、法国、美国、希腊、韩国、日本、中国等15个国家的55个城市，其中国际城市24个，共展出并参与评比的立体花坛作品82件；室外布展面积30万平方米，分银杏大道、十八花径、梧桐大道、蒙特利尔园四个展区。大赛展览期间组织了一系列活动，主要内容有：上海国际烟花节、玫瑰婚典、花车展示等。同时，还组织了奇花异草、盆景赏石、插花艺术、菊花精品等一系列室内展示活动，以及全国晚报摄影记者聚焦大赛活动、专家评比和市民评选活动等。

二是作品浸透了异国风情和丰富的文化内涵。如加拿大蒙特利尔的“蒙特利尔大舞台”，美国雷丁的“西部牛仔”，法国马赛的“圣母加德大教堂”，希腊雅典的“帕德教神殿”，法国巴黎的“埃菲尔铁塔”等构成了异国风情画卷；而韩国釜山的“翱翔”以电影胶片的形式表现出大长今、候鸟栖息地、东莱鹤舞等场景；武汉的“知音”通过作品讲述了“高山流水觅知音”的感人故事，广州的“西关风情”、太原的“晋商文化”、合肥的“九狮城雕”、大连的“兰疆舞曲”、扬州的“五亭桥”等作品无不传递出丰富的文化内涵。

三是体现造型艺术与园艺技术的有机结合。立体花坛是园林艺术的奇葩，是有生命的植物雕塑。立体花坛以造型为基础，一般运用钢材作为造型骨架，然后在填充了栽培土的造型上种植植物，通过植物不同的形态和本身的色彩，形成独特的植物造型艺术。

四是集中展示立面植物。用于立体花坛的植物材料要求矮生、蔓生、耐修剪，能体现平面效果。本次大赛共用花草植物390个品种1200万株，其中用于立面植物100多个品种，其中三成是从加拿大、日本等地引进的新品种。

崇明“生态岛”建设

院士专家为崇明生态岛建设出谋划策

5月19日，由上海市科学技术委员会、上海市崇明县人民政府和院士中心共同主办的“落实《崇明三岛总体规划》及推进崇明生态岛建设科技支撑”院士专家研讨会在科学会堂召开，翁史烈、陈吉余、项海帆、沈允钢4位院士，市科委、市世博局、市气象局、崇明县委、县政府和上海博物馆等有关单位领导，上海交通大学、复旦大学、同济大学、华东师范大学、上海大学、中国社会学会、市环科院、原水股份、上实集团等高校、科研院所和企事业单位的专家学者60 余人与会，会议由院士中心主任翁史烈院士主持。

会上，院士、专家们围绕崇明生态岛建设的规划布局、能源开发与利用、生态保护等领域，对涉及经济、文化等社会可持续发展问题展开讨论，提出了诸多意见和建议:

1.功能分区应注重现状和未来的连贯性。陈吉余、沈允钢等院士专家建议，根据岛上湿地多、海岸长等特征，崇中森林区不应盲目追求树冠覆盖率，而忽视地表覆盖率；针对上沙水田多，下沙旱地多的特征，生态农业也应合理布局；崇北生态农业区应综合考虑有机农业的比重以及生态农业和自然保护的协调统一，力争高效，带动岛内其他产业的联动发展；崇明的现代观光农业应以循环农业为主要内涵，在生态农业方面争取重大突破，初步建立中国现代农业发展模式与示范。项海帆院士认为应结合自身特色，充分利用现有资源，合理规划、集成创新，比如：工业方面应围绕长兴海洋装备岛深入发展，带动人才的培养；农业方面需因地制宜，逐步推广。

2.优化能源结构，推广建筑节能技术。针对目前崇明能源结构不合理、效率低等现状，有关能源方面专家认为，建立一套可再生能源自维持系统才是长远的理想目标，过渡阶段应大力发展生物质能，在不浪费现有资源的基础上，注重科技创新，推动渐近式发展模式。在开发与利用可再生能源的同时，应加大对功能性建筑材料的开发力度，比如苔藓技术与现有房屋结合，达到地热、保温和建筑的有机统一。

3.重视水污染控制，改善水环境质量。有关水污染方面专家纷纷表示，崇明依水而生，由于缺少丘林，导致水流速度减缓，加重了水污染的程度，应从当前前卫村小水系治理着手，进一步影响和完善整个岛内大水系，同时从宏观角度出发，科学规划岛内给排水工程建设，保障水环境的健康发展，避免不可逆转的生态破坏。

4.保护与发展的和谐统一。专家认为崇明的生态保护与经济发展息息相关，两者应互相促进，以提高资源使用效率；同时应从人文生态等社会学角度着手，注重本岛民风及文化遗存的保护，通过社会政策及软科学的支撑，解决利益协调问题。开展“环境容量”研究，控制人口规模，避免人口增长对生态保护、环境建设和污染负荷的压力，同时通过生态补偿机制，减少产业调整对居民的影响。

5.加强崇明、世博联动发展。翁史烈院士等专家建议崇明建设应以世博为契机，为世博提供示范经验，两者联动发展；同时要做好世博会“城市试验区”总体策划与生态崇明的结合工作，确保“城市更发展，生活更美好”的理念。

6.重视人文建设。世博局有关部门领导建议加大岛内教育的投资比重，培养具有一定科学素养的人才队伍。崇明的建设离不开文化支撑，体系化、概念化的文化风格将有力促进生态岛的平衡发展。

崇明县委、县政府主要领导在讲话中强调，首先要以科学发展观为统领，增强“科技是第一生产力”和“人才是第一资源”的理念，积极配合市科委科技支撑的实施，为参与建设的院士专家提供科研所需的必要条件；其次认真听取与会院士专家的建议，纳入今后生态岛建设的指导工作中；崇明县将继续保持与院士专家的沟通和联系，依托科技创新，推行循环经济，发展生态产业，共同探索一条生态建设和经济发展和谐统一的可持续道路，努力把崇明建成环境和谐优美、资源集约利用、经济社会协调发展的现代化生态岛区。

崇明环境基础设施建设专项推进

2006年，崇明环境基础设施建设继续推进，完成了万亩有机农业示范基地建设、崇明环境保护规划与建设计划编制和完善、崇明生态环境保护关键技术研究；基本完成了集中式生活垃圾无害化处理处置系统建设和污染源普查、生态环境本底调查等工作；长兴岛、新河、堡镇、陈家镇、城桥等污水厂配套管网已开工建设，生态林建成3.1万亩。

崇明东滩可持续管理国际合作项目完成

为进一步加强崇明东滩的建设和管理，推进崇明东滩在全球迁徙鸟类资源保育和湿地持续管理方面的能力建设，2003年7月，国家林业局野生动植物保护司、世界自然基金会（WWF）、上海市林业局（原上海市农林局）经友好协商，决定在崇明东滩开展为期三年（2003年7月～2006年7月）的可持续管理项目。

崇明东滩可持续管理项目内容包括编制崇明东滩管理计划、崇明东滩栖息地基本生态特征和服务功能评估、制定崇明东滩自然保护区管理办法、建立崇明东滩自然保护区管理协调机制、编制崇明东滩科研监测计划并组织实施监测活动、编制生态旅游计划并组织实施推介活动以及组织开展宣传教育活动等。

在项目实施期间，项目主管单位先后与10家单位签署了近20份项目合同，推进了协议框架内10多个项目工作的开展。经过近3年的努力，基本完成了项目协议框架提出的各项活动以及相关研究工作，取得了良好的效果，有力的推进了保护区各项工作的有效开展，在依法治区、资源监测、管理制度建设以及国际交流合作、对外宣传教育等方面取得了良好的效果。

农业生态保护

上海市生态村建设标准制定

借鉴国家环保总局和兄弟省市的先进经验，结合本市社会主义新农村建设中环境保护的要求，在广泛征求市各有关部门、区县、乡镇意见的基础上，市环保局制订并印发了《上海市生态村指标体系（试行）》和《上海市生态村考核管理办法（试行）》。

《上海市生态村指标体系（试行）》主要考核指标

指标名称	指标值
地表水环境质量	达到功能区要求
农户生活饮用水卫生合格率(%)	≥90
生活污水集中处理率（%）	≥80
生活垃圾收集清运率（%）	100
工业污染源稳定达标排放率(%)	≥90
村民对环境状况满意率（%）	≥90

上海大力推广使用有机肥

大力推进畜禽粪便资源化工程，利用全市40余家畜禽粪加工厂生产有机肥，并在农业生产中推广使用。2006年，本市在郊区共推广有机肥12万吨，应用面积80万亩，其中在粮田上推广使用9万吨，粮田面积达到60万亩，蔬菜地上推广使用3万吨，面积达到20万亩。通过有机肥的推广使用，既治理郊区畜禽粪便污染，又培育了耕地土壤质量，提高了其综合生产能力。

实施化肥农药减量化技术，控制农业面源污染

推广绿肥养地轮作休耕制度，累计种植冬作绿肥31万亩，完成既定任务；在粮田和蔬菜地实施测土配方施肥工程，研究开发多种类型农作物专用肥（BB肥），累计推广面积达到80万亩。通过公开招标，确定10个高效、低毒、低残留农药品种为主推品种，加快喷雾机（器）更新换代，提高农药利用率。推进村级为农综合服务站建设，指导区县组建各类植保专业防治队，配置各类喷雾机9385台。在蔬菜生产中推广应用新型太阳能杀虫灯，新安装200台。

农作物秸秆机械化还田成效明显

2006年在10个郊区区县75个乡镇、768个村开展秸秆机械还田项目。全年共新增各类秸秆还田机具369台，提高装备水平，同时，通过召开现场演示会、举办培训班等措施，提高农民技术水平。到年底，机械化还田面积为155万亩，占种植面积的65%，达到了预期目标。

自然保护区保护与建设

崇明东滩鸟类国家级自然保护区授牌暨《崇明东滩国际重要湿地》首发仪式举行

7月22日，市绿化管理局举行了纪念崇明东滩晋升国家级自然保护区一周年暨《崇明东滩国际重要湿地》首发仪式。市政府、市建设交通委、市绿化局、崇明县政府等有关领导出席了仪式。

市政府副秘书长洪浩向崇明东滩鸟类国家级自然保护区授国家林业局颁发的国家级自然保护区铭牌；会议向市野生动物保护特色学校协调单位国际野生生物保护学会中国项目、市野生动物保护协会、市青少年科技教育中心以及崇明县教师进修学校崇明东部两所中学的代表赠送了《崇明东滩国际重要湿地》大型画册；市绿化局聘请了复旦大学陈家宽等16名专家、学者为崇明东滩鸟类国家级自然保护区首届专家顾问委员会委员。

相关链接

提升崇明东滩国际影响力 上海加大自然保护区投入

本报讯（记者 宋鹏霞 实习生 郭艺珺）记者从日前举行的纪念崇明东滩晋升国家级自然保护区一周年会议上获悉："十五"期间，上海对自然保护区的年均投入已达到每平方公里1.5万元，接近国际水平；未来五年，上海将继续加大投入力度，并把崇明东滩建设成国内领先、国际具有影响力的自然保护区。

市绿化管理局有关负责人介绍，上海计划投入资金，在总面积为241.55平方公里的崇明东滩国家自然保护区，建立起一个信息化、全天候的湿地野外巡护执法体系。先进的巡护体系"基本装备"是3个定点的远红外摄像探头，"视力"极佳，监控半径可达7至9公里，保护区内的风吹草动都逃不过它们的"眼睛"。由于它们对湿地内部情况了如指掌，可以有效地遏制非法进入自然保护区和偷猎等行为。此外，保护区人员的装备也将更新换代，他们进行野外巡护时，携带手持式信息采集器，只要到相应的巡护点"刷卡"，就能够获得相应的信息，从而动态快捷地掌握东滩自然保护区内水鸟栖息活动情况以及人为干扰活动情况，便于实施高效管理。

鸟类无国籍，作为"鸟的天堂"的崇明东滩，未来将建设一个开放性、国际化的研究基地，研究鸟类栖息规律，湿地生态系统服务功能、鸟类疾病传播规律、滩涂演变动态规律等。去年，崇明东滩升格为国家级自然保护区后，上海首次鸟类栖息地现状评估研究在这里展开，鸟类"家底"基本被摸清。今后，崇明东滩还将建立鸟类公共研究平台，通过为候鸟携带环志、彩色旗标等方式，积累鸟类迁徙的基础数据，让国内外的专家学者在这里研究鸟类选择栖息地的规律及生活史。

在自然保护区的科学管理实践方面，崇明东滩湿地也将成为"先行者"。据悉，"十一五"期间，上海将在崇明东滩建立全国湿地管理培训基地，为全国湿地多个相同类型的自然保护区提供管理培训服务。培训基地建成后，还有望成为中小学生的科普教育基地。为解决自然保护区多头管理等问题，崇明东滩保护区已在全国率先实施通行证管理办法。

《解放日报》2006-7-24

崇明东滩鸟类保护区完成首次鸟类栖息地现状评估

为阐明近10年来崇明东滩不同类型的资源利用方式对保护对象的影响，揭示保护区鸟类栖息地现状及近10年来的变化过程，并提出相应的栖息地管理建议，从2004年3月开始，世界自然基金会北京办事处委托复旦大学生物多样性科学研究所的有关专家开展了崇明东滩鸟类自然保护区鸟类栖息地现状评价研究工作。经过近两年的辛勤工作，评估组完成了崇明东滩鸟类国家级自然保护区首次鸟类栖息地现状评估。形成的《崇明东滩鸟类自然保护区鸟类栖息地现状评价报告》于2006年1月通过了由复旦大学、华东师范大学、上海师范大学、上海市林业局、上海市水务局和上海市环保局组成的专家评审组的评审。

通过栖息地评估，了解了不同历史时期崇明东滩国际重要湿地的变化、分析了近20年来不同湿地鸟类群落的变化趋势以及外来植物入侵对鸟类群落的影响，为保护区的持续管理积累了丰富、翔实的基础数据资料。项目研究的成果已在保护区管理处编制新一轮基础设施建设规划以及区域范围和功能区划战略调整研究中得到了广泛应用，也为市政府可持续利用崇明东滩的湿地资源提供了重要的科学依据。

崇明东滩环志数量位列全球单点环志数量之首

2006年，崇明东滩鸟类国家级自然保护区共环志鸻鹬类40种7265只。其中春季北迁季节环志鸻鹬类31种3886只；秋季南迁季节环志鸻鹬类39种3379只。全年共回收鸟类10种50只，分别来自澳大利亚、新西兰、日本和中国台湾，环志回收种类和数量再创历史新高。

2006年环志持续时间为历年最长，前后长达123天，不仅覆盖了鸻鹬类迁徙的高峰期，而且基本覆盖了整个迁徙期。为进一步揭示鸻鹬类在东滩迁徙停留的规律提供了详细的数据资料。

由于近年来坚持不懈地努力，崇明东滩水鸟环志量以每年25%速度持续增加，2006年环志数量突破了7000大关，已成为世界上年环志水鸟数量最多的环志点之一。随着环志数量增加及编码旗标的启用，越来越多的携带崇明东滩黑白旗标组合的水鸟被各个国家和地区的鸟类研究者们观察到，为东亚水鸟迁徙研究提供了大量详实的数据，也进一步提高了崇明东滩的国际知名度。

崇明东滩已成部分珍稀濒危鸟类稳定越冬地

2006年，崇明东滩鸟类国家级自然保护区继续组织高校和社会各方面的力量，对崇明东滩鸟类国家级自然保护区核心区滩涂湿地、崇明东滩国际重要湿地鱼蟹养殖塘进行了16次同步调查。全年共调查记录到水鸟90种，123593只，分别隶属于8目14科。根据20世纪90年代及2000年至2004年的数据，保护区记录的水鸟种类约为110种，此次调查鸟种数量90种，约占历年调查总数的80%。

在2006年水鸟同步调查中，还调查到国家重点保护的珍稀濒危鸟类14种，其中国家一级重点保护鸟类2种，国家二级重点保护鸟类8种。调查还发现国家重点保护鸟类白头鹤129只、灰鹤8只，东方白鹳4只，未识别琵鹭76只(包括黑脸琵鹭和白琵鹭)。调查结果表明，崇明东滩已成为白头鹤、灰鹤、白琵鹭等珍稀濒危鸟类的稳定越冬地。

相关链接

30万迁徙候鸟将经停崇明东滩 监测人员天天“数”鸟

随着天气转暖，申城即将进入春季候鸟迁徙期。连日来，东滩鸟类自然保护区的监测人员几乎每天都去滩涂“数”鸟。

据专家介绍，世界上有三大候鸟迁徙路线：亚洲迁徙路线、欧非迁徙路线和美洲迁徙路线。上海位于亚洲迁徙路线的东部，每年约有100万只次的候鸟经过。根据多年研究结果，春季第一批抵达崇明东滩的候鸟绝大部分来自澳大利亚。随后，东南亚一带，包括我国南方一些省份的越冬鸟类也将大规模穿越本市。到4月中旬，东滩将迎来候鸟迁徙的高峰，预计整个春季迁徙期约有30万只候鸟经停东滩。

本市绿化林业部门一直在密切关注候鸟的动向，全市共设置了14个监测点。在崇明东滩，只要天气情况允许，监测人员就会带上望远镜、GPS定位仪、观测记录本、防护设备和处理死鸟的工具，出发前往滩涂巡视。专家提醒，部分候鸟可能会选择市区公园、绿地栖息，市民应与这些野生鸟类保持必要的距离。

《解放日报》2006-3-2

上海首次发现沙丘鹤

2月24日，上海市野生动物保护管理站在崇明东滩过冬的白头鹤和灰鹤群中，发现了一只体型略小、羽色相异的鹤。经拍摄照片后仔细辨认，确认是一只沙丘鹤。这是上海市首次记录到该种鹤类，全国之前只有5次发现过这种鹤。

沙丘鹤亦称加拿大鹤、棕鹤，是全球种群数量最大的鹤类，数量超过50万只，繁殖地广泛分布于北美和西伯利亚东部。由于在我国数量稀少，该鹤被列为国家二级重点保护野生动物。

根据多年的观察及文献记载，上海原有3种越冬鹤类，本次沙丘鹤的发现将上海的越冬鹤类增加为4种。

四项措施监测春季候鸟迁徙

2006年春季候鸟迁飞高峰来临之际，上海林业部门提出了四项工作措施，切实做好对春季候鸟等野生鸟类的监测防控工作。有关专家还提醒市民，切勿近距离接触迁徙候鸟等野生鸟类，切勿乱用、滥食来源不明和检疫不清的野生鸟类，及时向有关部门检举乱捕、滥猎野生鸟类的行为。

上海春季候鸟北迁一般从3月下旬开始，历时约60天。4月上旬至下旬（即清明至谷雨期间）是过境高峰。由于沿海、沿江滩涂的开发利用，部分鸟类栖息地内移，专家建议养殖户要减少家禽与野生禽类的混养，避免野生鸟类与家禽家畜接触，消除禽流感传播的隐患。

针对候鸟迁飞的特点和上海的实际情况，上海市林业局提出了四项措施:

1.继续坚持日报告制度，及时掌握候鸟的迁飞情况。全市15个监测站将继续坚持日报告、零报告制度和每日值班制度。

2.完善监测预警体系，规范开展监测工作。根据国家林业局的有关规定，修订《上海市野生动物疫源疫病监测预警体系建设规划》，细化本市野生动物疫源疫病监测技术规范。

3.加大执法力度，阻断疫情传播途径。积极指导并配合重点区（县）开展打击非法猎捕、经营野生鸟类的行动。在鸟类迁徙高峰期，严格控制野生鸟类的运输、经营利用、展示、参观等活动。

4.加强横向沟通，建立快速反应机制。加强与相关部门（工商、食品、畜牧等部门）的协调联系，一旦有疫情发生，立即上报监测信息，并在第一现场采取严格的控制措施，防止疫情向人、饲养动物的扩散。

“电子警察”东滩护鸟

晨报讯　崇明东滩鸟类自然保护区正计划安装一批摄像头，用于疫源疫病控制、反偷猎、重大自然灾害预警等。届时，美丽的东滩飞鸟将有望全面受到“电子警察”的保护。目前，专家组已对保护区功能规划、重点监测区域进行了全方位考察，并对监控探头布点、施工方案等细节进行了讨论。

前不久，项目组成员已经使用一套“电子警察”系统进行过小型实验，这套装置主要由户外视频监控系统和远程传输控制系统构成，其中监控摄像头采用最新3CCD超低照度全天候摄像系统，360度回转，监控半径达9公里，5个探头将能覆盖崇明东滩国际重要湿地全部区域。

目前，崇明东滩监控鸟类活动及非法偷猎鸟、鱼等情况主要采用人工方式进行，监控人员每天背着GPS定位仪等工具在东滩行走、观察。

《新闻晨报》2006-6-30

九段沙湿地科学考察研究取得可喜成果

年内，在九段沙湿地自然保护区开展了鸟研、植研、地研等“三研”科考工作，取得了可喜成果。

在鸟研方面，依托上海师范大学的研究力量，与全市性的鸟类调查相结合，开展了4次鸟类专项调查。

在植研方面，对九段沙湿地的植物量进行了全面摸底，全年共进行了春、夏、秋三次植物调查，新发现了16种植物物种，在下沙首次发现苔藓植物，表明下沙的部分高潮滩开始具备生长高等植物的土壤理化特性。

在地研方面，开展了滩涂、边坡淤积处、侵蚀点的观测以及水样采集和盐度、悬沙量分析工作，收集整编了丰水期上沙码头处流速、流向、雨量、潮位的基础水文资料，对研究长江口地质、地貌和生境变化具有重要的科学价值。

此外，九段沙湿地自然保护区新发现了弹涂鱼属的一个中国新记录种，即大鳍弹涂鱼，迄今为止，在九段沙生活的弹涂鱼种达到了5个，这不仅表明九段沙环境的自然性，还表明了九段沙是我国弹涂鱼类的分布中心。

九段沙湿地保护进一步加大执法力度

2006年，根据《上海市九段沙湿地自然保护区管理办法》的有关规定，进一步加大执法力度，提高巡查频次，全年共出动船只16艘次，人员126人次，先后展开了冠名为“春光”、“夏清”、“秋引”、“冬护”的四次联合执法整治行动，对违法渔猎行为进行了重点打击，震慑了违法人员、遏制了破坏岛内及九段沙周边水域动植物资源的违法现象。

野生动植物保护

上海积极贯彻《濒危野生动植物进出口管理条例》

2006年8月，市绿化管理局联合市人大环保委、市政府法制办、市建委法规处、市外经贸委、市水产办、市渔政监督管理处、上海海关法规处、上海海关缉私局、东亚野生生物贸易研究委员会以及有关专家和进出口贸易单位召开了《濒危野生动植物进出口管理条例》(以下简称《条例》)贯彻座谈会。

与会人员表示，要积极贯彻《条例》精神，严格按照《条例》规定的程序开展进出口管理工作，进一步完善制度，并且做好宣传和培训工作，特别是对海关各口岸一线关员及进出口贸易企业开展培训，使他们充分了解《条例》的重要性，并在实际工作中贯彻执行《条例》的有关规定。

为进一步贯彻宣传《条例》精神，提高各进出口企业主动正确办证意识，规范办证程序，2006年12月，上海市绿化管理局和国家濒管办上海办事处联合在上海师范大学国际教育交流中心举办《条例》宣传培训班，来自湖北、安徽、江苏、上海四地50多家进出口企业共计70多人参加了此次培训。培训主要就《条例》出台后进出口企业正确申报、办理证书的注意事项及海关商品编码填写的注意事项等内容进行重点讲解，并印发《条例》文本，解答进出口企业存在的各类疑惑和问题。

野生动植物资源利用管理进一步加强

2006年，本市进一步加强野生动植物资源利用的管理工作。

一是组织推进专用标识管理。按照国家林业局关于使用野生动植物产品专用标识和开展标记试点企业要求，全市32家企业产品开展标识管理试点工作，使用专用标识产品达5类13种1485.6万件，销售金额1亿多元。

二是依法开展野生动植物经营利用管理。到12月上旬共对213项经营利用行为实施审核监管，监管物种近200种，涉及野生动植物活体392.8万株(只)、制品24.7万件和原料49.6万公斤，申报金额1.96亿元。

三是对重点敏感物种进行严格监管。首次组织清查全市濒危野生动植物药材库存，掌握了全市38家中药饮片企业的8个濒危物种药材库存情况。会同市保护站对全市17种敏感活体野生动物的驯养繁殖和个体信息全面调查统计，为敏感活体野生动物实行标记管理提供基础数据。

配合海关做好野生动植物走私案件的物种鉴定

作为濒危野生动植物进出口主管部门，国家濒管办上海办事处一直配合着周边海关做好野生动植物走私案件的物种鉴定工作。2006年全年共出具“进出口野生动植物鉴定证书”75份(象牙及其制品鉴定证书45份)，其中为上海海关出具鉴定证书56份，为杭州海关(包括萧山国际机场海关)出具鉴定证书16份，为温州海关出具鉴定证书3份。共涉及动物物种24个，其中国际贸易公约附录物种有10个。

鉴定的具体物件包括鉴定整根象牙16根，制品622件，重量达到53431克；涉及其他公约附录物种36件；非保护物种36件。

野生动物驯养繁殖及栖息地调查完成

2006年，本市在全市范围内对野生动物驯养繁殖单位进行了一次地毯式拉网调查，进一步掌握了驯养繁殖单位的动物种类、性别以及联系方式、从业状况等。结果显示，目前全市共有养殖单位100余家，饲养国家重点保护动物的有63家。

根据国家林业局保护司《关于开展活体野生动物驯养繁殖情况调查的函》(护动函[2006]70号）的要求，对本市上海动物园、上海野生动物园、上海杂技团、杨浦公园、和平公园、申隆生态园、上海大学等7家单位依法驯养繁殖的虎、豹、狮、象、野马、野驴、羚牛、大熊猫、小熊猫、熊、猩猩、长臂猿、金丝猴、叶猴、鹤、鹳、天鹅等17种（类）敏感活体野生动物的驯养繁殖和个体信息进行全面调查统计，为敏感活体野生动物实行标记管理提供了基础数据。

另外，2006年还初步完成了上海市野生动物重要栖息地的调查。结果显示，目前本市10个郊区县共上报区域内的野生动物重要栖息地41块。争取在2007年进一步做一些栖息地质量和评价标准的研究，从这41块重要栖息地中初步确定具有重要生态价值或为野生动物生活所需要而要加以重点监测或保护的栖息地，制定上海市野生动物重要栖息地保护的优先名录。

野生动物资源监测工作稳步推进

一是2006年继续开展了越冬及北迁水鸟全市同步调查。本次调查得到了崇明东滩鸟类自然保护区管理处、上海九段沙湿地自然保护区管理署和上海野生动物保护协会鸟类分会的支持，全年共组织9期150人次开展调查，截止到11月，记录各类水鸟100种，共171532只次。

二是区县积极开展资源调查。2006年以来，市林业局先后协助指导浦东、奉贤和松江等基层开展区域野生动物资源调查工作，调查结果显示，浦东新区范围内野生动物资源194种，其中两栖类8种，爬行类10 种，鸟类152种，兽类24种，并发现了以往调查样带上没有记录到的刺猬、华南兔和虎纹蛙的分布。奉贤区共调查记录到各种鸟类174种，16725只次，其他有金线侧褶蛙等6种两栖爬行类和刺猬、华南兔、黄鼬等兽类。松江区作为丘陵地带次生林的生境，完成了其重点调查区域的选定和第一次野外调查工作，共记录两栖爬行类7种，鸟类70种，2154只次，并记录到了鸳鸯、红隼、白腹鹞等国家级保护动物。

三是认真开展公园绿地的资源调查工作。市林业局开展的“上海公园绿地野生动物多样性调查研究”项目于4月正式启动，对全市18个公园绿地进行了每月1次的鸟类野外调查工作，共记录鸟类89种，13219只次；记录到兽类3种，26只次；两栖爬行类4种，28只次。

杨浦区新江湾湿地

野生动物及其产品实行“生态标记”管理

自2003年3月国家林业局、国家工商管理总局发出《关于对利用野生动物及其产品的生产企业进行清理整顿和开展标记试点工作的通知》以来，本市林业、工商、药监和卫生等部门通力合作，推动了一批野生动物制品使用“野生动物经营利用管理专用标识”和部分生产企业开展标记试点工作。

到2006年，经市林业局核查审定，报经国家林业局批准使用“野生动物经营利用管理专用标识”的野生动物制品有象牙及制品、蟒皮及制品、皮具及制品、麝香及制品、熊胆及制品五大类13个产品，涉及试点生产企业32家（含3家已申报未批复企业)，申报野生动物制品标记数量1363万件。2006年1～6月标记产品的销售额20425万元。

进入库存（存栏）调查和标记申报的利用种类有：部分人工养殖用于展览、表演的活体野生动物和部分用于生产中医药饮片的动物药材，涉及动物种类超过30种，试点生产、养殖企业27家。

相关链接

野生动物及其产品“生态标记”

目前，全国实施标记的野生动物产品有六大类，共183家企业开展标记试点工作。据了解，国家林业局、国家工商管理总局年内可能出台《野生动物经营利用管理专用标识管理办法》，国家林业局建立了象牙原料注册及使用监控数据库。国际上将这一做法称为“生态标记”，让大众容易识别、购买对环境无害或有益的产品，向消费者传递某一产品生态可持续性的信息。从我国实际情况分析，实施“野生动物经营利用管理专用标识”管理制度，对于保护和合理利用野生动物资源至少有四方面作用：一是有利于对有限的野生动物资源消耗量实行宏观调控；二是有利于防止非法来源的野生动物资源进入市场；三是有利于珍贵的野生动物资源实现定向流通；四是有利于维护野生动物保护法律法规和有关国际公约的严肃性。

野生动物疫源疫病监测网络体系全面建立

截至2006年底，本市已建立了5个国家级野生动物疫源疫病监测站、13个市级监测站和48个区县级野外监测站点的监测网络体系。2006年以来，根据国家林业局关于监测站点建设的要求，市林业局保护处、保护站先后召开4次专题部署工作会议，调研、检查共10余次60多人次。全年共接到并相应处理群众反映鸟类异常情况的电话130起，共收到各级监测站点的日监测报告3878份，向国家林业局监测总站、市重大疾病防治中心和市林业局上报快报831份，完成《鸟情通报》10期，成功地处理了3期突发性、群体性动物死亡事件，并与畜牧兽医部门积极联系，对死亡动物进行及时的检测。

积极开展野生动物疫源疫病监测技术平台与研究前期工作，其中确定了“崇明东滩鸟类国家级自然保护区监测站”和“松江区野生动物疫源疫病监测站”分别为国家级和市级监测示范站点建设，明确了其监测示范站点建设内容，与华东师范大学合作开展《上海野生鸟类禽流感监测与防控对策的初步研究》的科研课题，编制了《上海市陆生野生动物疫源疫病监测体系建设规划（草案）》和《2007年野生动物疫源疫病监测工作经费预算》等项目。

扬子鳄野外种群重建研讨会在崇明东滩举行

由国家林业局全国野生动植物研究与发展中心、国际野生生物保护学会、上海市野生动物保护管理站和上海东滩国际湿地有限公司共同发起的扬子鳄野外种群重建研讨会，于9月13～15日在崇明东滩国际会议中心召开。来自国际野生生物保护学会中国项目办、世界自然基金会中国项目办、复旦大学、浙江大学、华东师大、安徽师大，浙江、安徽和上海市林业厅（局），以及安徽扬子鳄国家级自然保护区、浙江长兴扬子鳄自然保护区、上海崇明东滩鸟类国家自然保护区的近30位野生动植物保护专家、学者参加了研讨会。与会代表还考察了崇明东滩湿地公园建设工地和崇明东滩扬子鳄野外释放点等。

扬子鳄是全球23种鳄类中最受威胁的鳄类，国际社会对扬子鳄保护高度关注，IUCN通过《扬子鳄保护决议》，全面支持中国保护扬子鳄工作重点由人工繁育转向放归自然和加强野外种群保护并重的努力。WCS积极支持崇明东滩扬子鳄野外释放研究推进，2006年5月从美国引入12条扬子鳄，以丰富国内扬子鳄的遗传多样性，并支持崇明东滩扬子鳄野外释放工作。WCS计划在国家林业局指导和浙江、上海林业部门的帮助下，于2007年5月分别在浙江长兴尹家边和上海崇明东滩进行扬子鳄野外释放，并依托华东师大进行一年的野外跟踪调查，研究评估野外释放结果。WCS正在努力将崇明东滩扬子鳄野外释放纳入国家林业局的濒危物种拯救计划，通过中外专家合作研究，在不久的将来在崇明岛重建扬子鳄野外种群，使崇明东滩湿地公园成为全国重要的扬子鳄保护教育基地。

中国鸟类保护科学崇明岛论坛在崇明东滩举行

2006年中国鸟类保护科学论坛于4月17～18日在上海崇明东滩举行。此次论坛的参加人数和影响范围都超过以往两次。会议代表分别来自北京师范大学、武汉大学、复旦大学、北京林业大学、海南师范大学、中国科学院动物研究所、台湾中央研究院、浙江自然博物馆等高校和研究单位。中国科学院院士、我国著名鸟类专家郑光美先生出席了本次论坛。

会议由中国动物学会鸟类学分会秘书长、北京师范大学张正旺教授主持。专家们就近年来各自研究领域的最新科研成果进行了介绍和交流，涉及我国东南沿海、亚太迁徙水鸟及我国水鸟研究历史等课题，并重点讨论了长江河口地区生境变迁和人类活动对迁徙水鸟的影响，以及黑脸琵鹭等关键物种的保护等问题，取得了丰富的成果。

Shanghai Environment Yearbook 2007

海洋环境保护

海洋环境监督管理

长江口及毗邻海域碧海行动计划

2006年初，国家环保总局污控司召开了长江口及毗邻海域碧海行动计划工作会议，明确了长三角两省一市编制长江口及毗邻海域碧海行动计划，该规划以海定陆，主要控制氮、磷、COD指标，以减少该海域富营养化物质的输入。行动计划主要通过加快城镇污水处理厂除磷脱氮工艺的改造、控制农业径流污染、推进无磷洗衣粉使用等措施控制区域氮、磷对近海的影响。

2006年度，本市完成了部分海域及主要入海河流断面春季监测；建立和完善长江口及毗邻海域水质水文模型分析；计算了两省一市影响长江口及毗邻海域的环境容量，确定区域主要污染物总量控制分配方案；为下一步两省一市政府制订区域污染防治规划（碧海行动计划）奠定了良好的基础。

长江口及毗邻海域生态环境质量调查结束

2006年6月，国家环保总局在沪召开两省一市陆源污染源调查、长江口及毗邻海域生态环境质量调查工作验收会。国家环保总局海洋办主任主持会议，两省一市环保部门、华东师范大学河口所、总局舟山环境监测站以及中国环科院参加了会议。

上海市环科院牵头完成了本市重点工业污染源实测，黄浦江、苏州河水文水质同步实测，生活、船舶和农业径流污染负荷实测与估算等调查工作总结，为制定污染物排放控制和削减计划奠定了基础。

海洋工作得到高度重视

市委、市政府高度重视海洋开发和保护工作。2006年，市政府先后印发了《上海市人民政府〈关于本市加强海洋管理工作实施意见〉的通知》、《上海市人民政府关于印发〈上海海洋经济发展“十一五”规划〉的通知》，要求各涉海洋部门和单位，认真贯彻国务院印发的《全国海洋经济发展纲要》和国务院《关于进一步加强海洋管理工作若干问题的通知》精神，切实加强上海的海洋综合管理工作；围绕“十一五”期间上海市的海洋经济和海洋事业发展的目标，全面推进本市海洋经济建设。两个重要文件的出台，为切实促进“十一五”期间上海市的海洋经济发展，规范海洋开发活动和开发秩序，保护海洋环境和减灾防灾，提出了一系列可供操作的建设性、指导性意见与要求。

在市政府海洋工作思想指导下，沿海区县相继成立海洋管理机构，根据本区域实际情况，各自提出了富有针对性的海洋发展思路，对促进区县海洋资源开发利用与保护具有重要意义。

海洋资源开发和海洋环境保护并重推进

2006年，本市海洋经济继续保持快速增长。全年主要海洋产业总产值达到3156.17亿元，同比增长9.8%。上海国际航运中心洋山深水港二期建成投入运营，长江口深水航道三期工程开工建设。上海港集装箱吞吐量2171万标准箱；全年上海港货物吞吐量达到5.37亿吨，跃居世界第一大港。海洋清洁能源利用持续推进。东海平湖油气田产气量达6.3亿立方米，东海大桥海上风电场和崇明、长兴风电场一期工程顺利建设。

洋山保税港夜景

2006年，市海洋局加大了海洋环境保护管理力度。继续推进沪苏浙区域海洋生态环境保护与建设合作；贯彻落实《防治海洋工程建设项目污染损害海洋环境管理条例》，加大重大海洋工程建设环境保护的监督管理；严格执行还有倾倒许可证制度，调整了海洋倾倒收费标准，加强海洋倾倒区的跟踪监测和监督管理工作；协调和落实了海洋生态自然保护区的环境保护工作。《上海市海洋保护规划》通过专家论证并上报；《上海市大比例尺海洋功能区划》修编完成。

海洋环境监测和海洋安全保障服务进一步深化

2006年，市海洋局继续加强海洋环境监督监测。深入开展了全海域海洋环境质量状况及趋势性监测，陆源入海排污口和长江、黄浦江入海污染物通量监测，海洋工程建设项目海域环境跟踪监测，海洋功能区环境监测，水源地水资源环境监测、长江口生态监控区监测和海岸侵蚀监测等，基本掌握了本市海域环境质量状况，了解了海洋环境质量变化趋势。同时，其他相关部门也开展了港口等区域的专项环境监测工作。

2006年，为深化海洋安全保障服务工作，市应急办和市海洋局共同编制完成《上海市处置海洋灾害应急预案》，并获市政府批准实施。长江口外大型海洋观测浮标的增设、B平台自动化海洋观测站的建成以及“三维海流数值预报”模式的研发启用，较大程度提高了风暴潮、海啸、巨浪、赤潮等海洋灾害预警报、防御应急处置的能力，并直接服务于上海的海洋工程建设，多次成功协助海事等部门的搜救工作，实现了对人民生产安全和生命安全的保障，凸显了应急服务的能力建设对上海市减灾防灾预警能力的积极作用。卫星、航空遥感、船舶等多种高科技手段应用于赤潮监视监测，结合市场海产品赤潮毒素检测，实现对市民食用安全的保障。通过实施盐水入侵调查，完成海水入侵业务化监测和预测方法的研究，实现对市民饮用水原水安全的保障。

强化海洋环境保护执法监督

上海市海洋局组织中国海监上海市总队加强了对上海及邻近海域环境保护执法监督工作。一是对长江口、杭州湾等海洋倾倒区和重点海域进行了巡航监视和监督检查，有效维持了海洋倾倒秩序。二是强化海洋自然保护区执法监督，对上海市所属海洋自然保护区开展了专项执法行动，有效地落实了国家、地方自然保护区管理规定。三是开展了海洋石油勘探开发专项执法检查，并派遣海监船、飞机对平湖等油气田周围海域海洋环境保护情况进行监视。四是对上海市所有排污口的举报进行了调查核实。

加强港口、船舶污染控制与管理

上海海事局开展了船舶及相关作业防污染专项检查，进一步规范了上海港船舶污染物的申报、接收和处置作业，制定了《上海海上搜救和船舶污染事故应急预案》，成功处置多起船舶污染事故。市渔政主管部门积极开展进港渔船排污设备和配备及运转情况监督检查，规定机电渔船配备有效的防污设备，要求本市远洋渔业船舶根据国际有关公约制定《船上油污应急计划》。其他涉海部门加强对船只的污染控制工作，实施了油污水接纳处理和垃圾分类回收。以上行动措施对减轻海域污染、保护海域环境发挥了积极的作用。

海洋倾废管理

2006年使用倾倒区15个，发放倾倒许可证169个，倾倒疏浚物总量3892.6万立方米，骨灰撒海1619盒。上海市主要海洋倾倒区吴淞口北倾倒区全年累计倾倒量234.2万立方米。

海洋倾倒作业未对该海域海洋环境造成明显的不良影响。水下地形测量结果显示，整个吴淞口北倾倒区地形呈自西北和东南向中间倾斜降低的走势。

海洋石油平台管理

2006年在东海区实施海洋石油勘探和开发作业的平台有东海平湖天然气生产平台、春晓气田群中心平台、天外天平台、春晓平台和八角厅五座平台，其中春晓中心平台和天外天平台用栈桥相连。

2006年，加强了对海洋石油勘探开发环境保护力度，严格要求业主按《海洋环境保护法》和《海洋石油勘探开发环境保护管理条例》及《海洋石油勘探开发环境保护管理条例实施办法》的有关规定，做好海洋石油勘探开发的海洋环境保护工作，严格审批《溢油应急计划》，通过登检强化平台的监督检查工作，并严格要求业主按时填写和报送《防污记录簿》、《海洋石油平台防污染情况月度报告表》等。12月份对中海油（中国）有限公司上海分公司在东海海域的春晓气田群进行了竣工检查。

2006年，东海区海洋石油勘探开发共生产原油27.9万方，生产天然气7.2亿方；在开发中产生生产油污水161.7万方，符合国家规定标准排放；产生泥浆1963方，钻屑1023方；机舱污水179.3方，生活污水17837.2方，生活垃圾290.8吨。其中生活垃圾运回陆地处置。

海洋公益服务

海洋环境保障预报

上海海洋预报台开展沿海及邻近区域海洋环境预报和海洋灾害预报警报，制作并发布上海市沿海(金山卫、金汇港、芦潮港、外高桥、堡镇)的波浪、潮位、水温预报，汛期风暴潮、巨浪等海洋灾害预报警报，上海市邻近海域的海洋环境预报和海洋灾害预警报，以及赤潮灾害信息和预警。向社会提供海洋环境基础资料和发布各类海洋预报、海洋灾害警报，取得了明显的社会和经济效益，对全市的经济发展、防灾减灾发挥了重要作用。建立了海洋环境应急预案体系，进一步拓展海洋环境及海洋灾害预警报服务功能，为上海市社会发展与减灾防灾和经济建设做好服务。

上海市2006年海洋预报工作情况表

项目名称	单位	数量
风暴潮预警	次	9
蓝色风暴潮警报	次	8
黄色风暴潮警报	次	9
海浪预报	次	730
海滨旅游区预报	次	365
赤潮通报	期	4
长江口赤潮条件预测	次	26
海温预报	次	730
东海大桥安全保障预警报	份	16
台风路径预报	份	112
台风预报和警报	次	55
专项预报	次	12045
累计预报		14089

海洋灾害

风暴潮

2006年，共有5次台风引起风暴潮，上海市海洋环境预报台及时将风暴潮对本市影响及潮位和海浪做出准确预报和预警，为防汛、指挥、调度决策提供了科学依据，减轻了灾害损失。由于防范周密，2006年本市无人员伤亡和重大经济损失。

Shanghai Environment Yearbook 2007

环境管理

行政管理

上海市建设项目环境影响评价管理工作会议召开

2006年市环保局组织召开了上海市建设项目环境影响评价管理工作会议，此次会议是上海规模最大的环境影响评价管理工作会议。会议传达了国家环保总局局长周生贤和副局长潘岳在全国环境影响评价管理会议上的讲话，对上海环境影响评价工作进行了全面的总结，对贯彻落实全国环评工作会议精神提出了要求。

切实落实重大建设项目环境影响评价制度

2006年，环保部门加强和市有关部门的沟通，积极参与重大工程项目的前期协调和综合决策，从环境保护角度论证项目建设的可行性并提出相关的要求，确保重大项目的建设能够顺利进行。全年共完成8829个环境影响评价文件的审批，其中256个建设项目编制了环境影响报告书，8573个建设项目填写了环境影响报告表(登记表)，并对14个项目出具了地方环保意见。

建设项目审批统计表

区 县	审批项目数(个)	总投资(万元)	环境影响报告书	评价审批报告表	当年建成投产项目数(个)	环评执行率(%)	“三同时”执行率(%)
市环保局	546	2060.67	150	353	372	100	100
黄浦区	118	27.22	0	118	62	100	100
卢湾区	154	52.41	3	146	48	100	100
徐汇区	227	19.13	0	227	228	100	100
长宁区	482	54.18	3	469	365	100	100
静安区	306	6.75	0	282	306	100	100
普陀区	532	68.00	11	324	63	100	100
闸北区	396	44.02	1	395	135	100	100
虹口区	241	22.52	0	241	156	100	100
杨浦区	134	11.54	0	134	51	100	100
闵行区	92	141.09	8	78	76	100	100
宝山区	123	120.61	6	117	58	100	100
嘉定区	442	112.9	33	408	116	100	100
浦东新区	609	272.35	5	604	201	100	100
金山区	1469	184.08	9	248	26	100	100
松江区	1621	145.37	7	552	180	100	100
青浦区	504	213.93	14	332	200	100	100
南汇区	380	250.40	4	376	135	100	100
奉贤区	409	178.88	0	409	32	100	100
崇明县	44	6.17	2	30	4	100	100
合 计	8829	3992.22	256	5843	2814	100	100

建设项目“三同时”执行情况汇总表

指　　标	总计	市环保局	区县环保局
当年建成投产项目数（个）	2814	372	2442
应执行“三同时”项目数（个）	2814	372	2442
实际执行“三同时”项目数（个）	2814	372	2442
实际执行“三同时”项目总投资（亿元）	931.15	423.87	507.28
实际执行“三同时”环保投资（亿元）	37.77	16.85	20.92
“三同时”合格数（个）	100	100	100
“三同时”合格率（%）	100	100	100
“三同时”执行合格率（%）	100	100	100

上海市固体废弃物处置发展规划（修订稿）环境影响报告书通过评审

10月9日，市环保局召开了“上海市固体废弃物处置发展规划（修订稿）环境影响报告书专家评审会”。市规划局、市市容环卫局，市城市投资开发总公司有关领导以及市环境科学研究院环评人员参加了会议，会议特邀8位专家参加报告书的审查。

自2006年3月24日市建设和交通委员会正式委托环科院开展本环评工作以来，课题组进行了广泛的资料调研，系统地踏勘和了解了上海市已建和在建的生活垃圾收集、中转以及处理处置项目的运行或建设情况，整理了各种处理工艺的实测数据，收集了这些工程的环境影响评价技术文件和环境保护行政管理部门的批复文件。由于规划中和其他相关部门提出的调整优化建议存在几个特别关注的焦点问题，因此本次规划环评具有较显著的现实意义。

经过认真评审，专家们一致认为，报告书对本市的生活垃圾处理处置基本情况的调研较充分，评价专题的设置符合政府决策的实际需要，分析具有一定的深度和广度，采用的综合分析方法对规划环评是个较有效的技术方法，对规划提出的调整、优化建议方案具有可实施性。

规划环境影响评价工作全力推进

根据从规划的源头控制污染的要求，2006年着力推进专项规划环评工作的开展。上海轨道交通网络规划环境影响评价报告书通过国家环保总局审查；上海世博会场地规划、上海城市生活垃圾处置规划、上海“十一五”风力发电规划环境影响评价报告书通过上海市环保局组织的审查；上海城市污泥处置规划环境影响评价专家评审会和上海“十一五”能源发展规划环境影响评价方案论证会已经完成。

上海确保新化学物质处于环保受控状态

2006年，本市共有11家企业获得国家许可进口20种新化学物质，另有不少企业获得312种免于申报类新化学物质的许可通知。至目前本市首次进口或国内生产未列入《已在中华人民共和国境内生产或者进口的化学物质名单》的化学物质共获得77个登记证，38种新化学物质获许进口，实际进口27种新化学物质。

鉴于新化学物质对环境的特殊敏感性和风险不确定性，按照国家《新化学物质环境管理办法》，本市组织了专项执法检查，相关企业在基础台账、转移申报登记等方面工作较好，未发现有危害环境的异常行为。

“苏办”整建制划转市水务局

根据上海市机构编制委员会《关于同意上海市苏州河环境综合整治领导小组办公室整建制划转上海市水务局管理的批复》（沪编[2006]53号），自2006年3月28日起，上海市苏州河环境综合整治领导小组办公室整建制划转市水务局管理。

“三监联动”推进污染源达标排放

2006年度，市环保局构建和完善“三监联动”机制，进一步推进污染源达标排放。一是监管、监察、监测部门定期召开例会，并对超标排放企业进行现场执法，促进企业污水达标排放。二是加强重点水环境污染源在线监控系统建设与管理。建立与完善在线监测信息平台查询和统计的功能，依托和利用在线监测报警系统，查处了超标排放企业。

市环保局还根据近几年的变化，结合重点企业的新扩建、污水纳管、关停并转等情况对现有市级水环境重点监管企业进行了调整，市级监管重点企业从116户调整为91户，优化了监管对象。

保留工业区污水收集系统规划评估完成

为全面掌握工业区污水管网建设及企业污水纳管情况，市环保局于2005年底发出《关于开展保留工业区污水收集处理系统规划与评估工作的通知》，要求各保留工业区开展污水专项规划编制或进行污水收集系统评估。2006年6月，80家保留工业区完成了污水专项规划或评估报告编制工作，市环保局于8月组织完成了审查工作。通过审核，市环保局掌握了全市保留工业区管网、污水处理厂建设运行情况、企业分布及纳管情况。

在此基础上，市环保局还开发完成了保留工业区污水治理地理信息系统，其中包含了信息存储、显示与检索，综合查询与统计分析功能。包括三年行动计划信息、分阶段任务目标、污染物纳管标准等信息查询功能；各企业纳管率统计、目标完成率统计，各区县管网建设进度分析、企业纳管率分析等综合分析功能，并实行动态管理。

郊区污水管网建设实行市级资金补贴政策

市发改委、市建设交通委、市财政局、市水务局、市环保局联合制定了2006～2008年郊区污水收集管网建设市级财政补贴政策。补贴范围为列入第三轮环保三年行动计划的青浦等郊区10个区县和临港新城地区。

补贴标准为四类，第一类为崇明、第二类为黄浦江上游水源保护区、第三类为嘉定区、金山区（部分）、南汇区、奉贤区及临港新城地区、第四类为闵行、宝山、浦东三区。其中前三类的补贴额度原则均以2008年底新增污水处理量为依据，第四类的补贴额度原则以管网长度为依据，补贴资金三年总计近9亿元。

进口废物管理进一步加强

根据国家环保总局对进口废物管理的要求，市固废管理中心重新修订和完善了进口废物申报制度，明确了换领进口废物批准证书的程序，加大了对进口废物利用单位的检查频次，有效避免了环境污染事故和倒卖批文案件的发生。完成了46家进口废物加工利用企业2006年度首次申请和延期申请的受理和实地核查工作，以及25家进口废物加工利用企业2007年申请的实地核查工作。市固废管理中心还会同区、县环保局完成了对17家第七类进口废物定点申请单位的材料审核、现场核查与考评。

放射源数据库正常运行

2006年，本市放射源数据库运行正常，并且根据监管工作获得的信息，新增和更新了库内放射源的信息，为本市的放射源的全面管理提供了基础数据。

《辐射工作安全许可证》换证与发放

2006年3月1日《放射性同位素与射线装置安全许可管理办法》(国家环境保护总局令第31号)正式实施，《辐射工作安全许可证》开始发放。对核与辐射安全监管工作实行三证合一，即将原卫生部门发放的《放射性同位素工作许可证》、公安部门发放的《放射性同位素工作登记证》和环保部门发放的《放射性水污染排放许可证》换发为统一的《辐射工作安全许可证》(以下简称许可证)，并明确由环保部门承担主要监管职责。

截止到12月31日，共有200多家核技术利用单位取得了许可证，全年共有7家核技术利用单位注销许可证。

地震灾害防御工作进一步加强

2006年，上海市地震局对本市19项地震安评报告进行了评审，先后参加了上海铁路南站、上海漕泾电厂和崇启通道等重大建设项目的工程可行性报告审查会，认真履行地震部门职责，依法管理防震减灾公共事务。

10月份，上海市地震局组织闵行、虹口、普陀和崇明地震办公室代表参加了第十八届中国东部十省市防震减灾工作研讨会，闵行、崇明、普陀地震办公室分别向大会递交了本市防震减灾特色学校建设的报告材料，崇明、普陀地震办公室代表在大会上作了交流发言。在2005年度全国市县防震减灾工作综合评比中，闵行区地震办公室荣获中国地震局防震减灾三等奖;嘉定区地震办公室荣获中国地震局防震减灾社会动员奖和优秀奖;浦东新区地震办公室荣获中国地震局法制工作单项奖和优秀奖。

根据市政府的要求，上海市地震局积极会同有关部门做好《上海市防震减灾条例》的立法调研工作，先后3次陪同市人大常委、法工委委员，市人大法工委、科教文卫工作部门、市法制办、市科委领导到市地震局、佘山地震台和崇明县开展立法调研工作。在全国防震减灾法制工作暨“四五”普法表彰会议上，闵行区地震办公室荣获了中国地震局“四五”普法先进单位称号。

全国农村民居防震保安工作会议召开后，市地震局认真研究部署贯彻落实措施，并向市政府常务会议进行了汇报，提出了四点建议: 1.进一步明确相关部门管理职责; 2.出台农村村民建房管理办法; 3.抓紧制定村民建房防震技术标准; 4.对农村民居防震实施分类管理。

继续推进生活垃圾收费制度

为规范对全市单位生活垃圾的收费行为，市市容环卫局制定了《上海市单位生活垃圾处理费征收合同》，将于2007年推行使用。相关专业单位对全市环卫公共服务项目的价格进行了详实的调查和测算，研究制订出本市环卫公共服务项目指导价格（试行)。各区也按照本区域的特点正在研究具体的收费方案。

居住区环卫管理水平普遍提高

市市容环卫局与市爱卫会联手在卫生月期间开展了以“人人参与、清洁小区”为主题，以垃圾箱房（桶）整治为重点，加强居住区环境卫生综合治理的卫生月活动。全市普遍开展了“清洁垃圾桶、消除污染点”、“垃圾不落地”等专项活动，共设置近1000个点，出动19000余人次，拾拣、清除垃圾1400余吨，清除小区三乱20000余处，整治卫生死角900余处，通过活动开展，初步建立居民自我参与、自我管理、自我监督的环境卫生公众参与机制，居住区环境卫生得到全面提高。

全市高层楼宇垃圾井道共封闭354道，超额完成年度任务量的24%。其中普陀、闵行、嘉定、青浦、松江、南汇等区垃圾井道已全部封闭。

环卫作业资质审批工作扎实推进

截至12月底，共受理行政审批事项191件，办结186件，批准企业169家，发布获准企业公告12批。配合渣土车专项整治，稳步推进渣土运输资质，建立审批快速办理机制，批准企业23家、车辆350台;参与餐厨垃圾处理管理，积极推进废油收运资质审批，建立废油运输车辆数据库，批准企业8家;制订环卫作业市场培育政策，启动环卫作业服务备案管理，备案企业5家;探索环卫作业市场监管工作，建立企业基础信息电子档案，组织有关部门开展厨余垃圾、前置审批、水域作业等企业专项检查，完成检查75家次，责令改正13家次。

城市公共设施保洁管理有突破

为有效推进城市公共设施保洁管理工作，下半年利用迎上海合作组织峰会市容保障期间建立的联系网络，并借助市联席会议平台，建立了全市公共设施保洁管理联席会议制度，组织发动城市交通、电信、东方书报、邮政、电力等相关单位，开展了清洗保洁、整修和维护工作，初步建立了长效管理机制。在第三季度社会公众满意度测评报告中，市民对公共设施保洁管理在30项具体指标中位列第四。同时，各区投入大量的人力、财力对沿街公共设施进行保洁，采用高压水枪冲、人工铲等方式对乱招贴、乱涂写、乱刻画等进行清除，提升了城市环境水平。

市容环卫十大便民利民措施继续落实

位于丽蒙绿地内的环保公厕

2006年，市容环境卫生十大便民利民措施主要以新标准新规范来推进落实。先后出台了《上海市城市道路清扫保洁作业规范》、《上海市公共厕所保洁服务规范》、《城市道路保洁导则（试行稿）》、《公共广场、人行道保洁操作导则（试行稿）》、《上海市新郊区村容整洁达标建设指导意见（2006～2008）》，完善了《上海市环卫作业扰民治理容忍度设置与使用办法》，会同市规划局和相关单位完成了《上海市公共厕所布局规划纲要》和《上海市公厕建设和管理发展纲要（2006～2010）》等一系列规范性文件，通过标准和规范来推动便民利民措施的深入开展。继续开展“洁净上海夏季活动”、“环卫车辆车容车貌添美行动”、“作业扰民治理活动”、“道路清洁周”等一系列活动，有效推动了十大便民利民措施的落实。

排污费全年征收3.46亿元

市环境监察总队3月份对市级重点环保监管企业开展了排污申报核定工作。现场检查执法人员在对企业日常监察的基础上，认真核对企业填报的排污申报表，对申报企业，现场指导并认真解释，确保排污申报表的真实性，准确性。嘉定区支队在年初集中力量，对辖区内的600家排污申报企业的申报登记表进行了审核。通过开展排污申报的核定工作，为开展排污收费、现场执法打下了坚实的基础。2006年，对全市6447家排放污染物的企业征收了排污费，征收金额为3.46亿元，其中总队对市级重点环保监管企业征收2.66亿元。

我国开始实施统一的“水域纳污能力计算标准”

12月1日，中国首部《水域纳污能力计算规程》正式开始实施。该规程首次统一了全国“水域纳污能力”的计算程序、方法与要求，为中国开展水功能区管理，实行排污总量控制、防治水污染、保护水资源奠定了基础。

《水域纳污能力计算规程》由水利部委托长江流域水资源保护局编制。该规程科学地提出了水域纳污能力计算的基本程序和方法，对“开发利用区和缓冲区”水域纳污能力主要采用数学模型计算法，对“保护区和保留区”水域纳污能力主要采用污染负荷计算法，为制定水功能区的限制排污总量提供了科学依据。规程不仅适用于中国的江河、湖泊、水库、运河、渠道等已划定水功能区的地表水域，未划水功能区的水域也可参照执行。

行业管理

餐厨垃圾监管体系逐步完善

2006年，本市餐厨垃圾监管体系逐步完善。

一是对各区县的餐厨垃圾管理现状进行了全面检查评估，建立了收运、处置企业的监管档案和记分制度。

二是与相关管理部门建立了长效管理互动机制。与市农委畜牧部门建立了 “倒查机制”，与工商部门建立了审批信息抄告制度，形成了管理叠加放大效应。

三是加强了社会监管能力。组建了餐厨垃圾管理社会监督小组，协助管理部门进行行业监督。

四是组织各区管理部门联合城管、公安等相关部门开展了全市性的餐厨垃圾专项整治活动。据不完全统计，共出动执法检查人员151人次，查获违章收集餐厨垃圾的自行车47辆，机动三轮车20辆，卡车14辆，收集容器61个，收缴餐厨垃圾35吨。

餐厨垃圾处理管理社会监督小组成立

4月6日，上海市餐饮、企事业单位生活后勤、旅游饭店、市容环卫行业等协会，向本市社会餐饮业、旅游饭店餐饮业、企事业单位员工餐厅及餐厨垃圾收运处置单位发出“源头减量、分类投放、规范收运、资源利用、诚信自律”五项倡议，同时，成立上海市餐厨垃圾处理管理社会监督小组。根据《上海市餐厨垃圾处理管理办法》相关要求，监督小组对本市从事餐厨垃圾收集、处理的企业进行监督。

装修垃圾管理启动

2006年，市市容环卫局编制了《装修垃圾申报处理系统实施方案》，确定了装修垃圾管理的新体系，其中合同范本、联系卡等规范文件已在部分区投入使用。在静安区开展了试点工作，实现申报电话开通、投放袋装化、堆点管理标准化、收运单位专业化;黄浦、卢湾、虹口、长宁、徐汇、普陀等6个区启动装修垃圾申报处理系统建设，通过发放宣传资料、设置堆点标牌等方式，提高市民规范投放意识。年内以上7个区申报电话均已向社会公布，设置堆点标牌800余块，发放联系卡3000多张。

垃圾箱房管理推行“六定”制度

按照十大便民措施中“消除垃圾箱无人保洁的盲点”的要求，各区普遍开展了垃圾箱房“六定”活动（定编码、定清运单位、定保洁频率、定保洁责任单位、定市容环卫专业管理监督单位、定投诉电话），加强了垃圾箱房的标准化管理，其中，黄浦、普陀、静安、徐汇、长宁、南汇、松江等区“六定”标识上墙工作已经完成。

各区具体做法：一是增加了保洁频率，垃圾箱房保洁普遍由原来3天一次变为每天清洗或2天清洗一次;二是建立了垃圾箱房巡查机制，大部分区的街道（镇）市容所每天负责巡视检查一遍，发现问题，及时要求整改。垃圾箱房（桶）监管工作做得比较好的区有黄浦、静安、卢湾、徐汇、松江、南汇等区;三是加强垃圾箱（桶）保养和维护工作，对破损的垃圾桶要求及时更新，如黄浦区近日更换垃圾桶300余只。郊区市容管理部门也能结合新农村达标建设、国家卫生镇的创建活动，根据“十大便民利民措施”要求，着手从机制上解决问题，金山、松江、南汇等区，以村为单位，成立了保洁服务社和专业保洁队伍，增加城区或农村地区的环境卫生保洁覆盖率，取得了明显的社会效应。

汽修行业加强对机动车维修保养环保监管

2006年，汽车修理行业加强了对机动车维修保养的环保监管，在汽修企业开业条件、管理要求以及贯彻落实相关法规方面强化了以下措施:

1. 规定内环线内的维修企业涂漆车间应有废水排放及处理设施;采用干打磨工艺应有粉尘收集装置和除尘设备，并设有通风设备。
2. 规定内环线内的维修企业调试车间或调试工位安装汽车尾气收集净化装置。
3. 维修企业全部配置排气分析仪或烟度计，检测维修竣工出厂车辆尾气排放是否符合国家相关标准。
4. 每年组织对维修企业排气分析仪进行计量检定，确保排气分析仪的技术良好和检测结果正确。
5. 维修车辆二级维护以上竣工出厂前必须在机动车综合性能检测站，对汽车排气污染物进行检测，对不达标的车辆则强制返修。

质量管理

环境监测系统建立质量管理体系

自2004年，上海市环境监测系统的20个区县监测站均已按照上海市计量认证评审准则的要求，建立了以ISO/IEC17025：1999为基础的质量管理体系。至2006年上半年，上海市共有19个区县监测站取得了国家实验室认可资质，部分监测站已接受了认可监督评审。

市水环境监测中心通过国家计量认证复审

上海市水环境监测中心顺利通过国家计量认证复查评审。国家认监委水利评审组认为：上海市水环境监测中心自2001年换证工作以来做了大量工作，各级领导重视、行业管理有效、宣贯工作执行有力、质量体系完善、运行规范可行、网点管理到位、仪器设备先进，综合检测能力、检测水平、管理人员和检测人员素质有了新的提高，总体考核成绩优良，计量认证工作走在全国水利行业前列。

市容环卫质量评价机制逐步建立

市容环境卫生质量评价机制逐步建立，质量监督工作在实践中不断向纵深推进。通过市区联动，条块结合，做到每月按街道对中心城区的市容环境卫生质量状况普查、每季对郊区（县）四个镇的市容环卫质量状况抽查，探索市容环境卫生质量指数和等级应用的办法，逐步调动街道层面的责任意识和争先意识，增强第三层面的管理力度和效果。

全年对中心城区100个街道检查覆盖12次，对郊区（县）抽查4次，合计采集样本32479个次，比去年23289个次增长了39.4%，发现问题12725个次，对严重问题发出整改移送单537件。其中检查道路11070条次;公共场所2790个次;检查公共厕所4352座次;居住区5619个次;生活垃圾收集点8648个次。

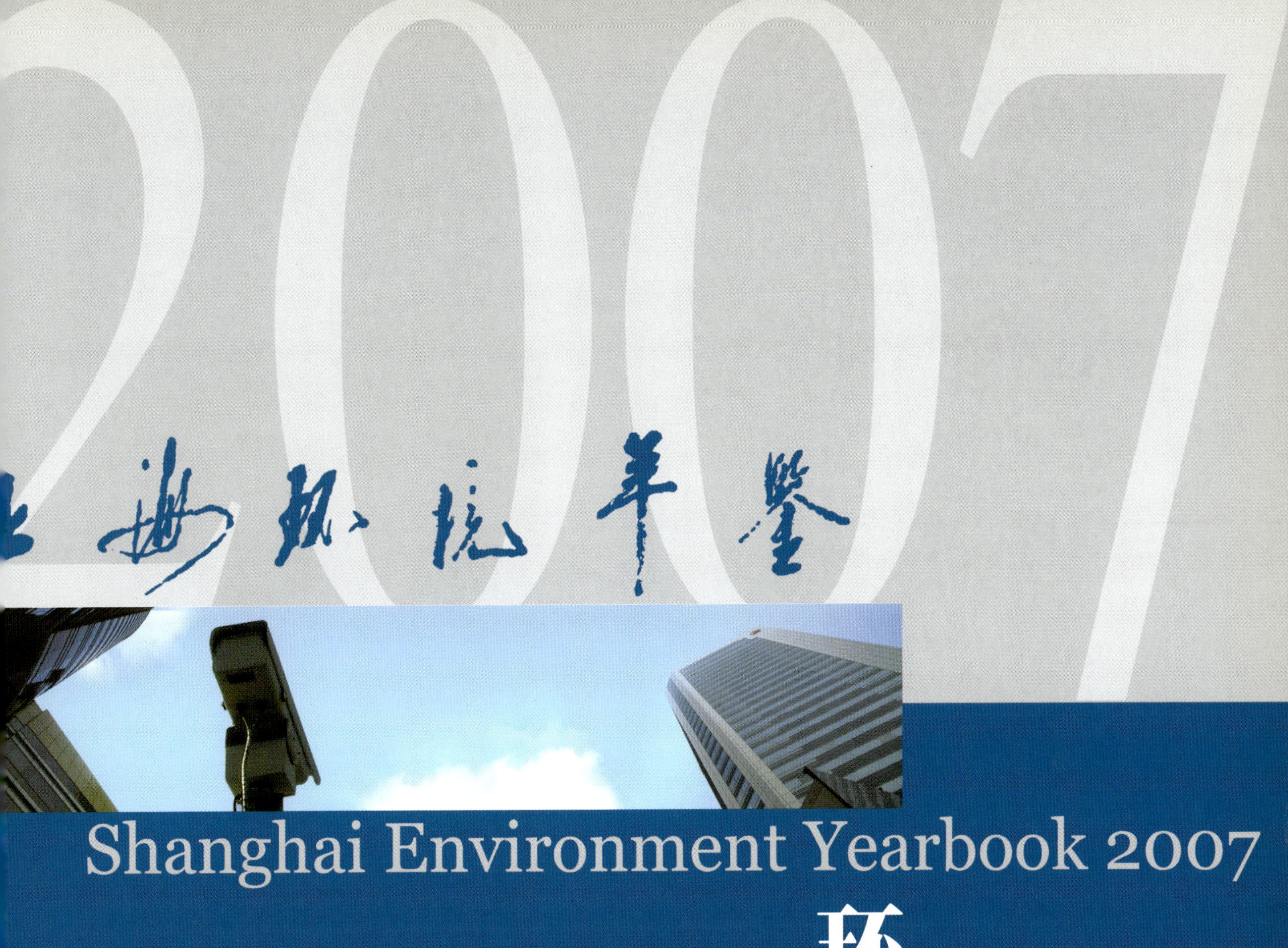

环境监测

环境空气质量监测

环境空气质量监测

上海市环境空气质量监测网络所采用的方法由连续自动监测和连续采样实验室分析（化学法）两部分组成。监测项目包括二氧化硫（SO_2）、二氧化氮（NO_2）、可吸入颗粒物（PM_{10}）、总悬浮颗粒物（TSP，包括铅）、一氧化碳（CO）、臭氧（O_3）、降尘（包括可燃物）、硫酸盐化速率、氟化物等11项，其中二氧化硫、二氧化氮和可吸入颗粒物3个项目为每天向公众公布环境空气质量日报和预报的主要项目。降水监测项目包括降水量、pH、电导率、硫酸根（SO_4^{2-}）、硝酸根（NO_3^-）、铵（NH_4^+）、钙离子（Ca^{2+}）、氯离子（Cl^-）、镁离子（Mg^{2+}）、钠离子（Na^+）、钾离子（K^+）和氟离子（F^-）共12项。

空气质量日报显示屏

2006年，本市环境空气质量例行监测点分为国控点和市（区）控点。其中环境空气质量国控点10个（含对照点1个），区控点30个；降水国控点4个，市控点18个；降尘测点276个（其中区域环境降尘测点229个，内环线道路降尘测点19个，放射道路降尘测点25个，对照道路降尘测点3个）；总悬浮颗粒物测点23个（其中市控点6个，区控点17个；19个加测铅）；可燃物、硫酸盐化速率和氟化物测点各44个。

上海市环境空气质量分区日报6月5日起实施

市环保部门从2006年6月5日世界环境日起，在原有发布全市空气质量信息的基础上，通过环保局政府网站、室外噪声屏和公共媒体等对外发布19个区县的环境空气质量分区日报，内容包括各区县的空气污染指数（Air pollution Index， 简称API）、污染等级以及可吸入颗粒物、二氧化硫、氮氧化物等三种污染物的分区指数情况。

分区API的数据来源是各区县的共40多个监测站的监测数据，代表了上海19个区县各自的空气质量水平；相比于原有的9个国控监测站点所代表的全市环境空气污染指数，从空间上来说更为详实、更具针对性，对市民了解自己所在区域的空气质量更有实际意义。

从6月5日起，广大市民可以在环保局政府网站www.sepb.gov.cn 上查询详细信息；同时在外滩、黄陂南路、南丹路等街道路口的室外噪声屏上也将滚动播放各区县的API日报。随着分区日报系统的不断完善，市环保部门还将发布各区县的环境空气质量预报，这将更好地为市民的日常生活及出行提供参考。

相关链接

空气污染指数(API)

空气污染指数(API)是将常规监测的几种空气污染物浓度简化成为单一的数值形式，并分级表征空气污染程度和空气质量状况，可以简单直观地来表示城市的短期空气质量状况和变化趋势。API指数与空气污染等级相对应：Ⅰ级优(0至50)、Ⅱ级良(50至100)、Ⅲ级轻度污染(100至200)、Ⅳ级中度污染(200至300)和Ⅴ级重度污染(300至500)。污染等级越高，对人的身体健康影响越严重。

水环境质量监测

两座水质自动监测站启动建设

青浦区环城河、太浦河原水厂两座水质自动监测站启动建设。该项目总投资280万元，包括两座固定式水质自动监测站（青浦练塘镇太浦河原水厂和青浦城区环城河）、一个水质监控管理信息中心。预计2007年4月完成包括监控管理中心在内的全部系统建设，并正式投入运行。

地表水环境质量监测

2006年，本市地表水环境质量监测围绕中心城区河道消除黑臭，郊区河道基本达到功能区标准，全市河道水质持续改善的目标，以第三轮“环保三年行动计划”各区县水环境质量评估监测和水环境综合整治重点河道效果评估监测工作为重点，加强污染物入境通量监测、水环境功能区水质监测、水环境生态监测、饮用水源地水质监测和上游来水中微量有机物监测，开展苏州河生态恢复和淀山湖富营养化状况的监测工作。

地表水质采样

监测的主要水域为水环境质量评估监测断面、水环境综合整治重点河道考核监测断面、黄浦江及其上游来水支流（包括太浦河、园泄泾、大泖港）、淀山湖、苏州河、长江口及近岸海域、城市集中式饮用水源地、太湖流域省界断面以及市级主要河道监测断面，监测断面／测点共计343个，其中市控断面148个，区、县控断面195个。

黄浦江松浦大桥断面、淀山湖急水港桥断面和大泖港横潦泾交汇口断面采用自动连续监测，其余所有河流的水质监测均采用人工采样实验室分析的方法。

类　别	监测河道	项目数	监测项目（项）	监测数据数（个）	监测目的
骨干河道	16条河道 1个湖泊	25	水温、pH值、电导率、悬浮物、氯化物、总硬度、溶解氧、高锰酸盐指数、化学需氧量、五日生化需氧量、氨氮、总磷、总氮、铜、锌、氟化物、砷、汞、镉、六价铬、铅、总氰化物、挥发酚、石油类、阴离子洗涤剂	31577	积累资料
中心城区整治河道	201条	9	水温、pH值、溶解氧、高锰酸盐指数、化学需氧量、五日生化需氧量、氨氮、总磷、总氮	21820	整治效果
近郊六镇重点整治河道	23条	9	水温、pH值、溶解氧、高锰酸盐指数、化学需氧量、五日生化需氧量、氨氮、总磷、总氮	4679	整治效果
郊区重点整治骨干河道	24条	9	水温、pH值、溶解氧、高锰酸盐指数、化学需氧量、五日生化需氧量、氨氮、总磷、总氮	6294	整治效果
重点考核河道	35条	9	水温、pH值、溶解氧、高锰酸盐指数、化学需氧量、五日生化需氧量、氨氮、总磷、总氮	10633	环境保护考核效果
水环境质量评估河道	37条	9	水温、pH值、溶解氧、高锰酸盐指数、化学需氧量、五日生化需氧量、氨氮、总磷、总氮	11509	河道水环境质量评估
				86512	

2006年，对黄浦江、苏州河以及部分入境断面实施水文、水质同步监测工作，所涉监测断面7个，具体为：黄浦江淀峰和松浦大桥断面、苏州河赵屯断面、主要入境河流中的淀山湖急水港桥和大朱厍港断面、胥浦塘东新镇轮渡断面、大蒸港和尚泾桥断面。

根据第三轮环保三年行动计划水环境专项实施意见河道整治任务和目标，制定了2006～2008年水质监测任务书，以中心城市河道（19条）、近郊六镇重点整治河道（24条）和郊区重点整治骨干河道（25条）等68条整治河道为重点监测对象，加大监测力度。目前监测范围基本覆盖了全市的骨干河道、水利控制片河道、中心城区河道以及水功能区河道。常规水质监测点从272个增加到346个，检测项目33项。为科学评定河道整治效果提供了依据。

此外，2006年度对本市600余家排水户继续开展排水执法的水质的有效监测，提高了执法部门对排入管网水质不达标案件的查处率，为保证污水管网和处理设施的安全提供了有力保障。

海洋环境监测

海洋环境监测

2006年，上海市海洋局开展了上海市全海域海洋环境质量状况监测，陆源入海排污口和长江、黄浦江入海污染物通量监测，海洋工程建设项目海域环境跟踪监测，海洋功能区环境监测（重点监测金山城市沙滩滨海旅游度假区、自然保护区和水源地水体环境）、长江口生态监控区监测、市售水产品安全检测、赤潮监控区监测和海岸侵蚀监测等工作，共计8大类17个监测项目。全年出动26航次，监测海域面积27000平方公里，全年累计监测648个水质站、90个沉积物站、352个生物站、39条断面。监测介质囊括了海洋水环境质量、沉积物、生物及潮间带断面四大类，涉及到的监测项目包括COD、营养盐、重金属、浮游动植物、赤潮毒素等60余项。采集样品10998个，获得监测数据3万余组、18万个。

声环境质量监测

区域、道路交通、功能区噪声监测

2006年，本市声环境质量监测工作主要包括区域环境噪声、道路交通噪声和功能区噪声监测等。同时，配合交巡警做好机动车禁鸣效果监测。

2006年，全市共布设区域环境噪声测点222个（其中城考点位214个）；道路交通噪声监测点位133个（其中城考点位125个）；机动车禁鸣效果监测点70个（其中外环线外12个）；功能区噪声测点36个，其中一类功能区（居住、文教区）10个，二类功能区（居住、商业、工业混合区）13个，三类功能区（工业区）13个。

各类噪声测点均按昼间和夜间2个监测时段进行监测和统计，评价标准见《标准》。

辐射环境监测

常规辐射环境监测

2006年，完成了本市电磁辐射环境质量常规监测，包括8个公园的环境背景水平，奉贤、东方明珠电视调频广播发射塔，唐家、虹桥、题桥中波广播发射塔，500kV南桥、黄渡变电站，220kV瑞金、万航变电站，220kV、500kV黄渡送电线，五原、朱家桥、长清移动通信基站等。检测结果显示，所测点位环境中电磁场水平与历年数据基本处于同一水平。

在放射性常规监测方面，完成了两次自来水、淀山湖、陈行水库、黄浦江、金山、舟山水样中总U、总Th、^{226}Ra、^{40}K、总α、总β、^{90}Sr、^{137}Cs等核素的分析；2个地下水样品中总U、总Th、^{226}Ra、^{40}K、总α、总β等核素的分析；8个土壤样品中总U、总Th、^{226}Ra、^{40}K、总α、总β、^{90}Sr、^{137}Cs核素的分析；4个原料（产品）中的^{228}U、^{232}Th、^{226}Ra、^{40}K、总α、总β的分析；8个气溶胶样品中的总α、总β及γ核素的分析；2个沉降物样品中的总α、总β分析；水汽和降水样品中的^{3}H分析。至10月底，共完成γ空气吸收剂量率监测26次；γ辐射累计剂量24次。

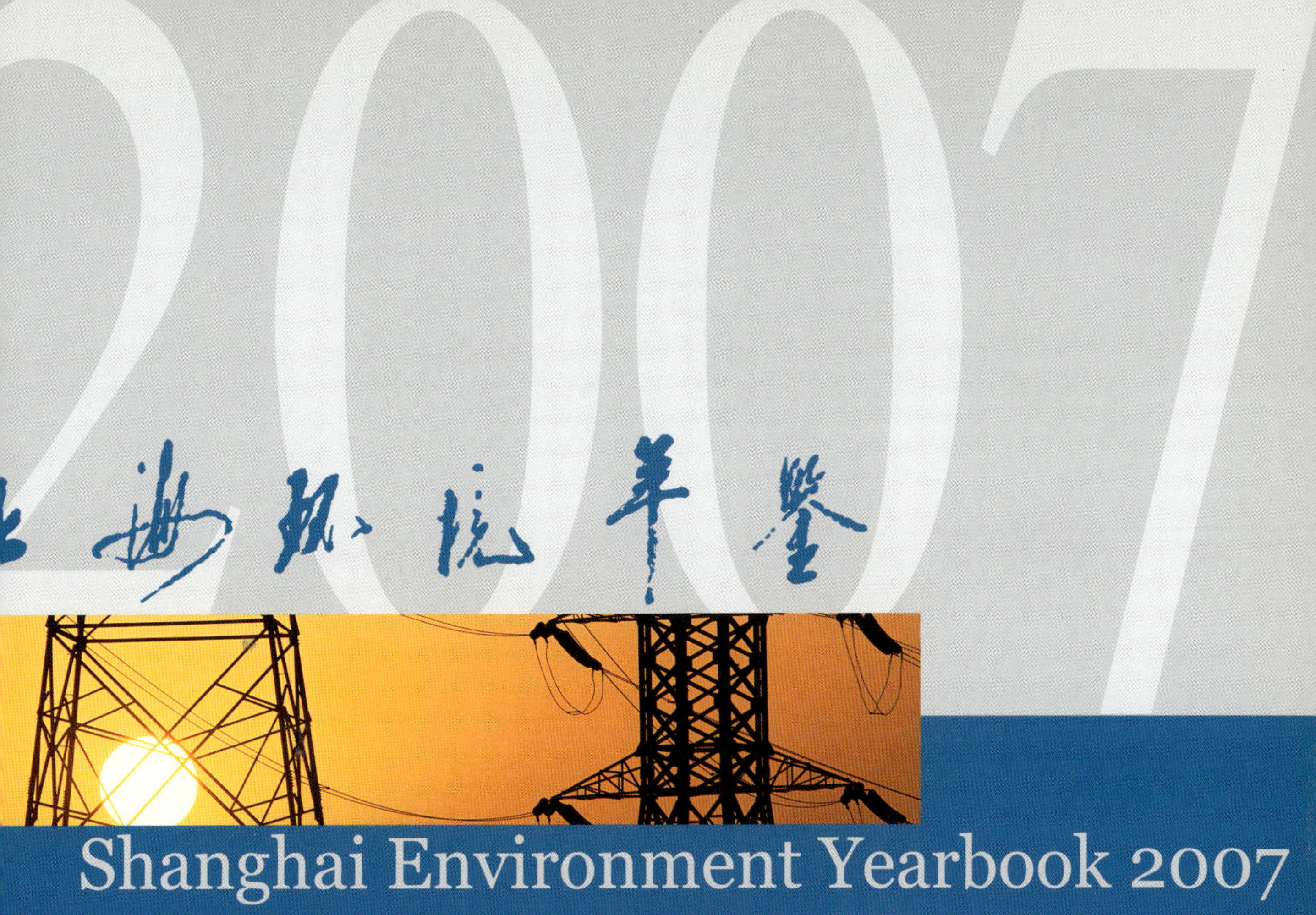

Shanghai Environment Yearbook 2007

科学与技术

获奖项目名单

上海市科技进步奖（环境部分）

一等奖项目

获奖号	项目名称	主要完成单位	主要完成人员
20063038	汽车尾气三效净化催化剂	华东理工大学，无锡威孚力达催化净化器有限责任公司	卢冠忠 郭 耘 张志刚 郭杨龙 王幸宜 欧建斌 王家明 王筠松 褚 霞 刘晓晖 王艳芹 蒋平平 王晓红 张顺海 齐 延
20064518	气相法乙苯清洁生产成套技术及高效催化剂	中国石油化工股份有限公司上海石油化工研究院	杨为民 邵百祥 孙洪敏 刘文杰 卢文奎 钟思青 杨卫胜 李英武 朱慧芬 沈 伟 张忠群 李向勇 杨书江 陆敏侠
20064069	生态建筑关键技术研究与系统集成	上海市建筑科学研究院（集团）有限公司，上海交通大学，上海理工大学，上海电力学院，上海植物园	汪 维 韩继红 何孝磊 王如竹 陆善后 胡永红 张道方 邱江平 杨金焕 徐 强 朱伟峰 安 宇 李德荣 何晓燕 代彦军
20064332	炼油厂焦化冷焦水密闭循环利用成套技术与示范	华东理工大学，中国石化上海石油化工股份有限公司，中国石化洛阳石油化工工程公司	汪华林 张连忠 胡江青 徐江华 薛 旭 王正东 范 强 李和杰 王建文 白志山 钱卓群 侯天明 徐成裕 陈于勤 石 岩

二等奖项目

获奖号	项目名称	主要完成单位	主要完成人员
20064233	三维过电位电解——高效复合菌处理制药废水	上海市政工程设计研究总院，上海美境环保工程有限公司，复旦大学，上海市政工程设计研究总院科学研究所	王国华 严 青 侯惠奇 张 辰 彭武厚 张仁熙 卢 峰 孙 晓 刘 翔 房豪杰
20063007	新型钢渣处理装置的研究和应用	宝山钢铁股份有限公司，上海宝钢工程技术有限公司，宝钢机械厂	崔 健 郁祖达 陈 华 曹志栋 王建刚 肖永力 陈 平 李永谦 刘 茵 娄柏麟
20063037	辐照技术制备智能材料及在环境中的应用	上海大学，中国科学院合肥智能机械研究所	吴明红 焦 正 刘锦淮 赵 兵 张忠平 顾建忠 陈 捷 李 珍 周瑞敏

(续表)

获奖号	项目名称	主要完成单位	主要完成人员
20064307	环保新冷媒R410A旋转式压缩机	上海日立电器有限公司	周　易　杨　军　褚　瑾　应哲强　王硕渊　侯旻卉　顾添其　茅立华　彭真义
20064366	航运水污染综合治理研究及在上海国际航运中心的应用	上海海事大学	施　欣　顾　伟　周舫震　袁　群　褚建新　章长江　周甫宾　李跃旗　陈维皓　董乐义

三等奖项目

获奖号	项目名称	主要完成单位	主要完成人员
20064469	难降解腈纶废水治理技术的开发和应用	上海大学，上海上大科技园区环境工程有限公司	孙在柏　王晓枫　裴福沪　段晓东　郭宝珠　史云峰　刘红岩
20064605	合流制排水系统初期雨水污染控制技术	上海市水务局，上海市城市排水有限公司，上海地球咨询工程有限公司，上海市政工程设计研究总院，上海市水务规划设计研究院	朱石清　张善发　王绥娟　李　田　张　辰　徐贵泉　周　骅
20064626	郊区污染河道的水环境治理技术研究与示范	上海市农业科学院	宋祥甫　邹国燕　付子轼　潘　琦　许蔚文　罗国安
20064091	上海河道环境综合整治决策支持系统研究	上海市环境科学研究院，上海市环境保护信息中心，同济大学	曹芦林　刘东胜　林卫青　罗清吉　顾珏蓉　卢士强　矫吉珍
20064087	上海城市土壤污染历史演变、风险甄别和安全管理研究	上海市环境科学研究院，华东师范大学	沈根祥　黄沈发　杨　凯　刘　敏　吴　健　吴永兴　徐启新
20063016	新型中置式高密度沉淀池研究与开发	上海市政工程设计研究总院，嘉兴市嘉源给排水有限公司	郑毓佩　沈裘昌　许嘉炯　查人光　雷　挺　陈　群　肖敏杰
20064607	上海市污泥处理处置关键技术研究与应用	上海市水务局，上海市城市排水有限公司，上海市政工程设计研究总院，同济大学，上海市园林科学研究所	顾金山　朱石清　马德荣　黄建平　张善发　张　辰　吴今明
20064393	中国战略环境评价理论、方法体系及实施框架	同济大学，东北师范大学，复旦大学	包存宽　尚金城　陆雍森　马蔚纯　舒廷飞　蒋大和　余　琦

上海市获得国家环保总局“环境保护科学技术奖”项目名单

获奖等级	项目名称	主要完成单位	主要完成人
一等奖	化学—生物絮凝组合技术与设备研究	同济大学，中国环境科学研究院，上海环保（集团）有限公司	夏四清　周岳溪　杨殿海　张玲洁　蒋进元　陈　玲　傅以钢　王海燕　王荣昌　王学江　刘永宏　饶应福　王　峰　刘双江　郜洪文
二等奖	秦山第二核电厂核安全研究	国家环保总局核安全中心，机械院核设备安全与可靠性技术中心，上海核工程研究设计院	汤　搏　张英振　柴国旱　朱　宏　朗爱国　姚伟达　杜爱玲　常向东　吴问广

科研学术活动

“上海水源地污染应急措施”院士沙龙

4月28日，由院士中心主办的“上海水源地污染应急措施”院士沙龙（总第29期）在科学会堂召开。会议由中心主任翁史烈院士主持，陈吉余院士及市科委、市建委、市水务局、市环保局、市卫生局、交通部长江口航道管理局、水利部太湖流域管理局、长江流域水资源保护局、上海交通大学、复旦大学、同济大学、华东师范大学、上海理工大学、城投公司等相关单位的院士专家40余人出席会议。

2005年以来，重特大水环境污染事故相继发生，松花江水污染事故尚未完全平息，广东北江镉污染事件、珠江三角洲咸潮入侵、湖南湘江镉污染事件、黄河油污染事件陆续发生，可谓“一波未平，一波又起”。水源地是为城市生存发展提供清洁、充足水源的生态环境基础。突发性污染事件具有不确定性、危害紧急性、需快速响应性等特征，突发性污染事件对水源地生态环境安全构成严重威胁，有可能在短时间内迅速影响城市供水系统，其造成的城市停水等事件可能对一个城市社会经济系统造成重大影响，并引发重大社会问题。

黄浦江重大油污染等事件的发生给上海市城市供水系统安全性、可靠性敲响了警钟。在水源对城市供水系统重要性日益显著的背景下，一个核心城市的供水系统在建立多水源组合供水格局的同时，必须制定水源地保护以及突发性污染事故应急预案等相关法规和制度，以提高供水系统运行的稳定性和可靠性。

上海市水利学会、上海市水务局、上海市原水股份有限公司及长江勘测规划设计研究院的有关人士就黄浦江和长江过境水量水质的特征，水源地污染事故的应急处置体系、水源地突发污染事故应急预案和非工程性措施，青草沙水库防范水库富营养、突发水质事故、咸潮入侵的有关措施以及长江口咸潮严重入侵提出了相应的对策措施。

与会院士专家分析上海水源地现状，就水源地污染应急工程性措施和非工程性措施进行了热烈讨论。院士专家们呼吁，“十一五”期间上海应进一步加快水源地建设的同时，加强水源地保护，完善水源地污染事故反应和处置机制，实施流域引清调度，加强水文、水质监测，建立快速反应机制等，以保证上海城市供水的长治久安。

“海洋安全，上海从哪里做起”研讨会

2月10日，由市科委、市科协、市政协人口资源环境建设委员会共同主办，市海洋局、地震局、同济大学共

同承办的“海洋安全，上海从哪里做起”研讨会在科学会堂举行。会议围绕上海在国家海洋战略中的定位，海洋安全保障系统建设、海洋观测台综合平台建设以及海洋气象发展的现状和思路等问题，与会专家展开讨论，并为未来发展提出积极建议。

“水生态修复的理论和实践探讨”讲座

为配合“世界水日”纪念活动，3月20日，市水利学会在科学会堂举行了“水生态修复的理论和实践探讨”讲座，由汪松年理事长主讲。他从全市河道、湖泊不容乐观的水质现状、太湖流域来水水质恶化的趋势和上海面临的污染情况严重等方面，强调了修复水生态系统的重要性和必要性。他回顾了上海河道、湖泊水体遭受污染、水生态系统的破坏、水体严重黑臭的形成过程，分析了生物链在这个过程中不可替代的作用，指出了水环境治理、保护和建设，必须同时或及时开展水生态的修复，创造水边和水中生物多样性的环境的建议，并因地制宜地提出了在当前条件下，修复河道、湖泊水生态系统的“两岸造树林、河坡植草坪（灌木）、墙上攀绿藤、水边栽植物、水流多样化、水中建湿地、水面养萍草、水下种水草、水里养鱼虾、水底爬螺蚌、曝氧放细菌、管理经常化”等12条具体操作性意见。

上海市能源、清洁能源汽车发展战略咨询会

受上海市发展和改革委员会和上海市科学技术委员会共同委托，院士中心于6月13日至15日在虹桥宾馆召开了“上海市能源、清洁能源汽车发展战略咨询会”。来自全国各地能源、清洁能源汽车领域的翁史烈、徐旭常、蔡睿贤、汪耕、饶芳权、衣宝廉、郭孔辉等15位院士专家、以及市发改委、市科委、市建委等委办局的领导专家共80 余人参加了会议。

本次咨询会就“十一五”期间如何实现能源的清洁利用和在新能源技术上带动汽车自主知识产权的发展展开研讨。围绕能源和清洁能源汽车两大主题，专家就如何立足于上海的社会发展现状，统筹布局，合理发展各类清洁能源；基于我国汽车能源动力系统面临的挑战和机遇以及上海的特定条件，如何因地制宜的发展上海的清洁能源汽车达成了共识。如积极做好节能规划和先进节能技术研发，优化产业用能结构；充分认识煤炭作为主流能源的重要性；积极推广太阳能热利用；正确处理发展节能汽车和开发清洁能源汽车的关系；形成一支高水平、专业化的政策研究队伍，为政府决策提供技术支撑和信息采集。

“太阳能热发电技术及其应用”研讨会

由上海市科委社会发展处和院士中心共同主办的“太阳能热发电技术及其应用”研讨会9月28日在科学会堂召开。项海帆、叶可明、江欢成、刘高联等院士以及来自能源、建筑、农业等相关领域的近30 位专家参加了会议。

会上，华东电力试验研究院胡立业高工向大家介绍了太阳能热利用发电的新思路，并提出在上海建设“100MW 级太阳能热气流发电电站”的工程构想。江欢成院士介绍了1000 米超高塔的设计可行性。

与会院士专家们对这种新颖的太阳能利用方式及工程实现，见仁见智，从技术、装备、环境、土地等方面发表了自己的看法。

专家认为，随着石油资源日益紧张，太阳能作为可再生能源越来越受到我们的重视。太阳能热发电是一种新颖的太阳能利用方式，国际上也只有50kW 的试验电站，对于这种新技术应该以严谨的科学态度做好研究和技术储备，特别是工程的实现更应进行深入的综合可行性研究。

上海市环境科学学会第十二届学术年会

9月27日，上海市环境科学学会第十二届学术年会在上海科学会堂隆重召开。年会共收到论文100余篇，本

市环境科学学会的专家、学者和环保系统的管理工作者近300多人参加了年会活动。

规划编制与管理研究

上海市综合减灾“十一五”规划环境污染事故减灾分规划

2006年1月，上海市环境科学研究院完成了《上海市综合减灾“十一五”规划环境污染事故减灾分规划》。

该课题以邓小平理论、“三个代表”重要思想和科学发展观为指导，对上海市环境污染事故减灾体系建设和相关工作做了全面的调研和分析，初步评估了目前上海市环境事故减灾体系的现状，并对本分规划要解决的主要问题进行了全面的分析。分规划从综合领域和单灾种领域两个方面制定了分规划的主要任务，提出了分规划的保障措施。该减灾分规划对于建立健全应急管理体系、有效规避突发性环境污染事故发生和进一步完善管理机制提供了科学依据和指导，有利于上海市从体制、机制和法制上全面地防范突发性环境污染事故，有利于确保上海市的城市安全、维护人民群众正常生活和生产秩序。

上海市环境保护“十一五”规划研究

2006年9月，上海市环境科学研究院完成了《上海市环境保护“十一五”规划研究》。

该课题对上海全市社会、经济以及生态状况开展了深入调研，全面客观地回顾了“十五”期间环保工作取得的进展，分析了当前存在的主要问题，判断了“十一五”面临的环境形势。以《国务院关于落实科学发展观加强环境保护的决定》和全国第六次环境保护大会精神为指导，紧密围绕上海市到2010年基本建成生态型城市框架体系的总体要求，明确了环境保护目标和指标。

该课题从完善环境基础设施、控制环境污染排放、深化环境综合整治、加强生态环境保护和强化环保能力建设等五个方面，明确了“十一五”期间的主要规划任务和方向，以“环保三年行动计划”为切入点，制定了六大领域的实施计划，并从制度创新、法规建设、科技引领、公众参与和区域合作等五个方面，提出了规划实施保障措施。该规划措施具体、远近结合，有较强的可操作性，对上海市“十一五”期间环境保护和生态建设具有科学的指导意义。

黄浦江上游区域发展规划与水源保护协调分析及管理和政策体系研究

2006年1月，上海市环境科学研究院完成了《黄浦江上游区域发展规划与水源保护协调分析及管理和政策体系研究》。

该课题系统地分析了黄浦江上游区域的社会、经济发展现状与规划发展方向；全市水源保护中的地位；环境治理状况与水源保护政策法规；水环境污染负荷特征与水环境质量变化趋势。深入研究了黄浦江上游区域人口规模、土地利用、经济发展、城镇建设以及上游来水等众多因素对上游地区水环境质量的影响，初步获得了影响上游水源地水质的关键影响因子。

通过国内外相关案例的调研，结合黄浦江上游地区特征，从水源保护和整体促进生态与经济协调发展的角度出发，提出了上游地区可持续发展与水源保护战略方案，开发建立了环境规划与管理的辅助决策支持系统。研究成果达到国际先进水平。

上海九段沙湿地自然保护区科学考察与总体规划研究

尽管湿地占地球表面积的1.5%，但提供了全球可更新的生态服务价值的40%，其中河口与海滨湿地又是生态服务功能最强的湿地生态系统类型。国际大都市无一例外以河口与海滨湿地为其持续发展的物质基础之一。湿地占上海市总面积的20%以上，提供90%以上的生态服务功能。而建立自然保护区则是保护与利用湿地的最主要途径。到2001年底，上海市是除港、澳、台外唯一没有国家级自然保护区的省（自治区、直辖市）。市政府为了改变这一局面，在2003年发布的《上海2003～2005年环境保护和建设三年行动计划实施意见》中明确提出了"要创建1～2个国家级自然保护区"这一战略任务。复旦大学、上海师范大学和华东师范大学等多所学校的专家开展了"上海九段沙湿地自然保护区科学考察与总体规划"的研究。

九段沙湿地位于长江河口与东海交汇处，位于海岸、河流及陆地三大生态系统的作用界面上，是世界上最重要的生态敏感区之一，具有极高的生态服务价值。其保护与可持续利用对长江三角洲和上海市社会经济发展具有长远而深刻的影响。研究人员对九段沙湿地进行了3次大规模科考，获得大量的原始资料，并查考了大量历史资料，据此撰写和出版了《上海九段沙湿地自然保护区科学考察集》，该著作内容十分丰富，是一份十分宝贵的科学考察报告。《总体规划》以科考为基础，以国家法律、法规及政策为依据编制而成，具有鲜明的科学性、前瞻性及可操作性。

该项研究成果揭示了我国第一、世界第三大河——长江河口新生湿地生态系统的特征；科学判定了九段沙湿地自然保护区的主要保护对象；功能区规划时，在充分考虑有效保护主要保护对象的同时，兼顾区域社会、经济发展需要；探索较短时间内完成申报国家级自然保护区这一复杂工作的科学方法。研究成果在上海市政府向国务院申报国家级自然保护区时全部被采用，并取得申报成功。因此，九段沙湿地已成为上海市及邻近地区区域生态安全的重要屏障，也已成为中国湿地科学研究的重要基地；同时，也大大提升了上海市作为国际大都市的形象；申报经验也在全国环境保护会议作介绍；《科考集》也被科学家多次引用；《总体规划》中的重大项目正在被实施。该项成果为九段沙湿地成功申报国家级自然保护区奠定了科学基础，从而结束了上海市没有国家级自然保护区的历史，进一步完善了我国自然保护区体系，并为上海市加快生态安全建设、提升上海市湿地科学研究水平起了重要作用。

该项研究成果获得2006年度上海市科技进步奖二等奖。

上海市实施规划环境影响评价技术指南研究

2006年1月，上海市环境科学研究院完成了《上海市实施规划环境影响评价技术指南研究》。

该课题在总结了国际上战略环境影响评价的发展和特点，用环评的层次观分析了规划环评在我国环境影响评价体系中的地位，分析了不同层次的环境影响评价间的共同点和主要差异，提出了规划环评和政策环评、区域环评的界定原则，以及规划环评与"整体建设项目规划的环评"和建设项目环评的界定原则，解决了规划环评评什么的问题。

经研究该课题制定了规划环评的两条基本指导思想：1.规划环评要解决建设项目环评不能解决的问题，2.要分析政府行政决策中可能存在的矛盾。同时又提出了规划环评五个工作重点：（1）从宏观资源平衡的角度解决规划的发展规模问题，（2）作为政府各类相关规划交流的平台，（3）解决区域性的环境容量，环境污染影响的累积和叠加效应问题，（4）识别上下游相关产业的制约问题，（5）扩大社会评价的范围和深度。

该课题研究编制的城市总体规划环境影响评价技术要点，城市交通规划环境影响评价技术要点，电力规划环境影响评价技术要点和城市轨道交通网络规划环境影响评价技术要点，较好地反映了各专项规划的行业特征及其环境影响特点，环评技术要求明确，达到了技术指南的深度，具有可操作性，可以指导本市的评价机构开展规划环境影响评价。研究成果达到国内领先水平。

上海市整体煤气化联合循环(IGCC)发展规划研究

该项目通过对我国和上海煤炭资源、电力资源、技术力量的分析研究，确定上海IGCC的发展定位（发展模式与发展方向）和发展规划，找出上海发展IGCC的技术难点，提出适合上海使用的IGCC容量系列，设备选型及系统形式，根据上海电气现有的技术能力和生产能力，设计上海IGCC产业化规模。

电子废弃物交投回收与运营体系研究

该项目以可持续发展和科学发展观为理念，资源循环利用和材料无害化处理为核心，实际应用工程为背景，形

上海电子废弃物交投中心拆解车间

成规范、有序、统一、协调的电子废弃物资源化产业链、实现废弃物资源循环产业化，研究构建适合上海地区的电子废弃物回收利用的管理模式，建立符合上海实际的电子废弃物交投回收运营体系模型；有效推进上海电子废弃物资源化的政策研究、技术开发、实践和推广工作的开展。

创新点：（1）对上海市电子废弃物产生及流向进行全面的分析；（2）通过对三种管理模式进行对比分析，选择适合上海市的运营管理模式；（3）将交投回收体系分为社会源、工业源分别建立相应回收网络；（4）制订适宜于上海本地的法律保障体系、产业政策、价格系统及废弃物循环再利用的评价指标体系，为电子废弃物的资源化产业发展提供相应的政策支撑。

园区供能系统优化与产业节能指标体系的研究

该项目通过技术优化组合与技术创新，对张江高科技园区能源系统进行优化，形成有利于循环经济与节能型社会发展的高科技园区能源系统优化方案，根据能源效率和能源成本效益，建立生物医药和集成电路产业节能指标体系，作为全市新型高科技园区示范，为建设资源循环节能型园区提供科学依据。

临港新城可再生能源发展应用研究

该项目系统研究新能源和可再生能源在临港新城的应用和发展趋势，分析临港新城可再生能源的现状，结合临港新城的地理位置特点，深入研究临港新城分布式可再生能源发电系统并网的最佳容量和接入位置、风光互补发电系统以及集成电网系统，解决并网所存在的孤岛问题，研究临港新城的新能源综合利用发展规划。

废弃热固性塑料资源化利用技术和管理对策研究

该项目通过调研废弃热固性塑料产生量、处置和资源化现状，分析并预测其发展趋势，提供《热固性塑料资源化利用研究》报告， 完成自主开发的热固性塑料资源化技术，建立热固性塑料资源化技术方案，投入1～2条年产1000吨的生产线，生产的复合材料托盘规格为1100 × 1000（mm），动载1000kg，静载2000kg。

关键技术有：（1）废弃热固性塑料再生利用；（2）热固性塑料再生利用的特殊的化学配方研究；（3）再生工艺的开发。

农村废弃物清洁能源转化研究与应用

该项目旨在研究开发适用于混合型农村废弃物的高效节能集成化沼气发酵设施设备，利用沼气发酵技术全面实现从废弃物到能源的转化，进而在农村地区广泛实现清洁能源对非再生燃料能源的全面替代，以获得环境与资源的双重收益。项目试点村废弃物无害化处置率达到100%，清洁能源对非再生性燃料的替代率为100%，设施建设成本不高于政府对现有农村废弃物治理的硬件设施投入，设施的运行成本处于政府能承担和群众能接受间的平衡，在全面解决典型村落（30户左右）废弃物的前提下，产沼率不低于同等条件下的沼气发酵设施。

太湖污染底泥疏浚规划研究

太湖污染底泥的清淤疏浚工作论证和组织实施，是国务院批复的《太湖水污染防治“十五”计划》中提出的明确要求。自2001年起，水利部太湖流域管理局按照上述要求，组织开展了太湖污染底泥疏浚研究前期工作，并于2006年7月，编制完成了《太湖污染底泥疏浚规划总报告》。

7月29～30日，太湖流域管理局在上海主持召开“太湖底泥生态疏浚分区研究”和“太湖底泥生态疏浚专项规划”审查会。12月5日，水利部在北京主持召开了“太湖污染底泥疏浚规划总报告审查会”。

与会专家和代表充分肯定了太湖底泥疏浚规划工作成果，认为太湖局组织开展的污染底泥测量和调查分析、内源释放试验、污染底泥生态疏浚分区、底泥疏浚工程规划等专题调查和研究工作，基本查清了太湖底泥的分布、蓄积量和理化特征，基本掌握了太湖各湖区代表点的底泥内源释放情况，成果可信。《规划报告》确定的底泥疏浚工程规模基本合理，可作为指导下阶段太湖污染底泥分期疏浚的依据。

专家和代表认为：在对外部污染源进行治理和控制的前提下，开展重点污染湖湾的底泥生态疏浚是改善太湖水质、缓解湖泊富营养化的一项重要措施，但是，湖泊污染底泥疏浚的工程投资大，疏浚底泥余水处理、二次污染的防范等工程技术问题复杂，应在底泥污染严重的区域先行实施底泥疏浚试点工程，应就此开展各项准备工作。

《世博会前上海内环线内市容景观基本形态及其管理对策研究》

由上海市市容环卫局委托上海环境卫生工程设计院进行的《世博会前上海内环线内市容景观基本形态及其管理对策研究》课题已顺利完成，并于2006年1月26日通过专家评审。

该课题专门研究内环线内市容景观的基本形态及其主要管理对策，其总体框架完整、技术路线正确，站在建设和谐社会的高度，从以人为本的原则出发，结合上海市容景观建设与管理的现状，着眼于上海城市景观的未来发展，从理论和实际相结合的角度对市容景观的概念进行了分析和定义，提出了世博会前上海市容景观的基本形态构想与管理的基本思路、主要对策。研究结论具有一定的创新性，对今后上海市容景观的规划、建设与管理具有一定指导作用。

政策与策略研究

中国战略环境评价理论、方法体系及实施框架

20世纪80年代后期，因SEA（战略环境评价）能够从更高层次、更为系统、更加充分地考虑战略决策的环境影响及在更大范围设计或选择替代方案、提高战略决策的有效性、推动更为广泛的公众参与等优势及特点，并作为实施可持续发展战略的重要工具，逐渐被学术界及政界所重视。目前，许多国家和地区建立了SEA制度，涉及城市建设、资源开发、区域开发、工业、农业、交通、电力、土地利用、经济体制转型、贸易与投资、财政与金融服务、废物管理等领域，覆盖了政策、计划、规划等战略层次。国内SEA正在发展之中，理论研究与实践比较分散，缺乏系统性与整体性。

同济大学的科研人员历经近10年所完成的“战略环境评价理论、方法体系及实施框架”取得一系列创新性成果。该研究课题在国内较早且较系统、全面、深入地研究了SEA的基本理论、技术方法与实施框架、应用与示范性案例，发表了具有代表性的SEA论文18篇，专著2部，并撰写了相关博士学位论文、博士后出站报告及课题报告。经专家鉴定总体水平达到国内领先、部分成果达到国际先进水平。

该研究成果在系统学、战略与政策学、环境经济与产业经济学及国情与国策理论、可持续发展理论等应用于SEA并进行研究与整合的基础上，提出了可持续发展的EIA（环境影响评价）体系，提出将SEA融入决策过程并分析了预测性SEA、监控性SEA和回顾性SEA等3种形式；以系统输入与响应关系、产业组织学的结构行为绩效与主导产业建立与发展的联系效应等理论为依据，基于根源、发生途径、承受体构建了战略环境影响的发生机理与影响识别模型；提出了包含战略的一般分析和失效分析等2个环节，战略的内容、执行、组织3方面内容的战略分析框架结构与模型；提出了SEA及规划环评的管理模式、工作程序，归纳、总结尤其是分析了SEA各类方法的适用性、使用条件及特点等，并提出了针对不同类型规划、不同专题的SEA要点、基本内容、指标体系，并开展了规划环评的技术导则的应用研究。目前该项研究成果已经被国家及地方环保部门采纳，其成果得到国内学术界的高度评价。

研究成果获得2006年度上海市科技进步奖三等奖。

环境污染防治研究

现代生物污染物对环境的影响与对策

2006年12月，上海市环境科学研究院完成了《现代生物污染物对环境的影响与对策》。

该课题在深入上海全市各个生命科学研究机构、高等学校和生物技术企业进行现场调查，同时又进行了大量文献调研，了解、分析国内外生物安全管理相关法规、制度、体系和生物废弃物处理处置技术，针对上海提出了生物废弃物排放管理对策。该课题还组成多个专项研究课题，分别完成《上海市生物废弃物排放现状调查》、《上海市生物废弃物公共处理处置设施调研》、《生物废弃物环境排放危害性分析》、《国内外生物废弃物管理体系调研与评估》、《生物废弃物处理处置建设调研与分析》、《上海市生物废弃物排放控制管理对策研究》六项专题报告。

该课题经研究初步摸清了上海市生命科学和生物技术领域研究、生产过程产生的污染物排放现状和存在的主要问题，为污染物的及时控制和防治对策措施的制定打下了良好基础。研究提出的生物废弃物分级分类管理和收集处置措施切合实际、针对性强，有现实性和前瞻性。

上海农业土壤二恶英类化合物筛查和污染溯源

该项目通过：1.预筛查，采用随机采样方法，在典型区域获取典型样品；2.按土壤研究技术规范制定筛查计划；3.技术准备，建立EIA分析和HRGC/HRMS分析的土壤样品前处理方法；4.建立HRGC/HRMS分析方法，确立筛查基准值；5.对土壤样品进行大量筛查；6.对典型污染样品进行二恶英模式分析和溯源分析等的研究，建立适合我国国情的二恶英土壤环境污染筛选评估体系，丰富检测方法种类、缩短检测时间和降低费用，建立检测灵敏、快速、经济适用的生物检测方法，以使在我国利用有限的资金和技术资源完成大规模的环境样品检测及风险评估成为现实；查明上海地区土壤二恶英的污染水平和主要影响污染源，对与政治、经济有关的重要区域的土壤二恶英污染水平进行调查；完善上海（中国）二恶英污染数据库，为进一步制定土壤环境质量控制标准及制定上海二恶英污染控制策略和防治措施提供科学根据。

世博园区原工厂旧址受损土壤修复技术与应用

该项目采用人体健康和生态安全风险评价的方法，提出了适合于世博园区污染场址土壤质量评价标准和修复指导限值，是我国第一部用于场地土壤污染修复的标准个案，通过污染场址评价、修复标准制定、污染土壤采样分析、废旧工厂拆除规范及污染土壤修复技术和方案，形成适合于世博园区原工厂旧址受损土壤修复主体技术和工程实施方案。

主要研究内容：1.世博园区原工厂旧址受损土壤质量评价标准和土壤修复指导限值的研究；2.世博园区原工厂旧址受损土壤的采样和监测方法研究；3.废旧工厂拆除规范研究；4.典型污染地块的土壤修复技术研究；5.世博会园区污染土壤修复工程的方案。

崇明岛域水环境演变规律与水质改善技术研究

该项目通过对崇明岛河网水系和封闭性水体水环境演变和典型污染物赋存现状的调查分析，揭示崇明岛域和典型村镇水环境演变规律，建立基于崇明岛域村镇水环境特征的污染水体修复和饮用水安全评估与保障技术体系，并利用基于“3S”虚拟表征技术实现面源污染的可视化。不断完善实验室的各项基础设施建设，并通过开展崇明岛水环境与饮用水领域的系列研究和科普活动，建立科研设施完备、具有区域特色的水环境研究实验室和科普基地，为崇明生态岛水环境建设提供科技支撑。

主要研究内容：1.崇明岛河湖水系水质变化与水生态系统演化规律；2.岛域和典型村镇水体点面源污染可视化研究；3.村镇水域的污染控制与生态修复；4.村镇河网水系护岸工程生态效应评估与生态复育技术优化；5.崇明岛苦咸水的水质改善与饮用水安全保障技术。

世博园区空气环境治理分析研究与应用

该项目通过世博园区及其周边污染监测与分析，为世博园区提供建筑群室外空气污染物扩散的大型环境风洞实验系统装置，提供治理空调水循环系统军团菌有效且经济可行的高价银化合物杀菌剂及其制备技术，形成符合世博园区规划要求的一系列技术方案与对策措施建议。

主要创新点有：1.世博园区建筑群室外空气污染物扩散规律、室内外空气污染特性及其日变化规律与相关性；2.世博园区建筑群室外空气污染物扩散的大型环境风洞实验系统装置；3.空调水循环系统军团菌的高价银化合物特效杀菌剂；4.满足世博园区展览建筑室内大空间节能、健康和舒适性热环境及其空气气流组织的优化方案；5.使用空间统计方法获得的世博园区扬尘量时空分布特征。

苏州河环境综合整治二期水务工程环境效益研究

《苏州河环境综合整治二期水务工程环境效益研究》荣获全国优秀工程咨询成果二等奖。该研究以苏州河环境综合整治规划为指导，紧密结合相关子课题研究成果，第一次利用合流制排水系统雨天溢流水量水质初步研究变化规律以及调蓄池处理技术的创新成果，系统研究苏州河环境综合整治二期工程的实施效果以及排水系统在不同设计标准降雨条件下的溢流污染对苏州河的水质影响，并科学计算苏州河的水环境承载能力，结合水环境的污染负荷现状，提出合理、可靠的污染物总量控制方案，为正确处理好水环境的质量、容量、污染物控制总量三者之间的定量协调关系提供关键技术支持，为评估苏州河二期工程环境效益和编制三期工程规划方案提供了科学依据和技术支撑。

上海市水环境污染源和入河排污口调查报告

《上海市水环境污染源和入河排污口调查报告》是反映全市的居民小区、企事业单位、宾馆餐饮单位、工业企业和禽畜牧场排水（污）情况以及全市的市管、区（县）管河道和中心城区所有河道入河排污口的分布、数量、水质、水量以及其来源等相关情况的综合性报告。《调查报告》自2004年9月起开始起草，于2006年10月份完成，并于年内通过专家评审。

嘉定重机（上海）有限公司内的水污染源在线监测站点

《上海市水环境污染源和入河排污口调查报告》的编制完成，将为全市各有关部门提供较为详尽的水环境污染源和入河排污口以及上海地区COD排污总量削减措施等提供相关依据。《调查报告》的编制完成有利于进一步完善全市排水数据库，对今后上海市进一步开展雨污混接的整治具有重要的指导意义，更为今后的水环境污染源普查和信息化管理工作积累了经验。

上海市水环境重点企业水污染物排放规律研究

2006年7月，上海市环境科学研究院完成了《上海市水环境重点企业水污染物排放规律研究》。

该课题在深入调研各重点企业的生产情况、污染治理情况、污染物排放情况等资料及广泛听取有关管理部门意见的基础上，分析了各重点企业的雨污分流情况、污水收集处理情况、污水处理设施情况、用水量变化情况等影响企业排污规律的因素，找出了企业排污在水量及水质两个方面的变化规律，提出了针对性的监管及改进建议。该研究得出的重点企业"一厂一方案"监管建议及改进建议，具有较强的实用性，为加强监督管理和管理部门制定相关政策提供了一定的参考依据。

青草沙水源地污染通量与控制

该项目开展饮用水源地环境管理状况调查评估；青草沙水源地水质变化规律及主要影响因素；长江口陆源污染通量影响调查分析；长江口水质净化关键参数；长江口水质数学模型、溢油和化学品事故排放预报模型；青草沙水源地与保护区范围划分；潮汐河口水源地保护区划分技术方法和导则；青草沙水源地水污染控制对策和环保规划方案的研究。

揭示水源地水质与潮汐河口水流运动、污染源及排放方式等之间的影响规律，明确水源地水质主要影响因素，提出污染源及排放控制要求，确定青草沙水源地保护区范围，形成潮汐河口水源地保护区的划分技术方法体系，填补潮汐河口水源地保护区的划分技术方法的空白。

上海市保留工业区污水治理方案研究

2006年12月，上海市环境科学研究院完成了《上海市保留工业区污水治理方案研究》。

该课题通过广泛深入的调研，从工业区与企业两个层面首次系统全面地摸清了上海市80家保留工业区污水治理基础设施建设的现状及存在的问题，绘制了包含工业区开发情况、污染源分布、管网建设计划等内容的GIS分布图，为保留工业区的污水治理方案研究和管理创造了基本条件。并对保留工业区的污水治理进行了"一区一方案"的研究，有针对性地制定了每个保留工业区污水治理的具体实施方案，促进了保留工业区污水治理目标的实现。

该课题还对保留工业区污水治理方案与上海市污水排放系统总体格局的相关性进行了评价，为完善全市污水处理系统总体格局提供了依据。在研究过程中还探讨了工业区污水基础设施改造实施方案的合理路线，提出推动保留工业区污水治理方案实施的政策和机制保证，为有关职能部门推动"上海市第三轮环保三年行动计划"和"十一五"规划中工业区污水治理目标的实现提供了技术保障。

上海市突发性环境事故的影响与防范研究

2006年1月，上海市环境科学研究院完成了《上海市突发性环境事故的影响与防范研究》。

该课题基于上海特大城市特点和未来发展需要，从体制、机制和法制上进一步完善本市处置突发环境事件的应急反应体系，提高政府应对突发公共事件的能力，维护城市安全和社会稳定，保障公众的生命财产安全，保护环境，促进社会经济全面、协调、可持续发展。其主要研究成果：

1.在对国外突发环境事件应急体系与防范体系的调研基础上，得出了上海市突发环境事件应急防范可以借鉴的经验。调研国内外影响很大的突发环境污染事故，进一步分析了突发环境事件的危害和影响。在国务院和国家环保总局有关突发环境事件分级标准的基础上提出了符合上海市特点和实际情况的分级标准。

2.在统计了上海市2000～2005年突发环境事件发生起数，对事件类型、事件发生原因、事件分级统计以及事件的影响后果做了详细分析，对这些事件发生后的实际应急反应和处置情况做出评价，并对上海市一些潜在突发环境事件新类型做了初步分析和预测。

3.在以上调研、研究基础上，揭示了上海市突发环境事件应急体系存在的主要问题。筛选出目前可能造成危害的主要化学品清单，建立了备用危险化学品信息库。以《国家突发环境应急预案》和《上海市突发公共事件应急预案》为框架指南，结合上海实际情况和突发环境事件救援工作的自身特点，修订编写了《上海市处置环境污染事故应急预案》，编制了《上海市突发环境事件应急手册》，建立了大气环境突发环境事件应急响应及灾害评估系统，提出建立上海市突发环境事件应急反应专家库的操作方案。

为进一步加强上海市防范和处置突发环境事件管理能力，可持续地提高上海市环保局公共服务水平，确保上海市的环境安全和城市安全，该课题分别从加强机构建设、加强能力建设、加强制度建设、加强法制建设和加强监管工作等五个方面，提出了上海市加强防范和处置突发环境事件应急反应能力的建议。

上海市突发性环境事故应急反应软件包研究

2006年1月，上海市环境科学研究院完成了《上海市突发性环境事故应急反应软件包研究》。

该课题在根据上海地区已登记的生产、使用、贮存化学品的单位调查结果的基础上，根据国家重大危险源辨识标准，对化学品重大危险源进行了标识，筛选出主要的危险源，建立了上海市潜在危险化学品污染源数据库，并基于GIS技术对污染源进行了空间定位，为重大化学品危险源的管理提供了先进的技术手段。

该课题还根据上海市内各重点企业危险化学品的使用情况，筛选出目前可能造成危害的主要化学品清单，收集并整理了各种常见危险化学品物质的标识、理化特性、对环境的影响、现场应急监测方法、实验室监测方法、环境标准以及现场应急处理处置方法等，建立了备用危险化学品信息库。该信息库内容丰富，能为突发性环境事故的应急处理提供宝贵的资料。

该课题基于GIS集成技术，在市环保局已有的污染源管理地理信息系统的基础上，对可能发生突发性环境污染灾害事故的重大化学品危险源以及危险化学品信息库进行了集成和扩展，开发了重大化学品危险源管理模块、危险化学品名录查询模块以及多种方式的空间与属性查询模块，能有效地完成重点源单位基本情况数据的输入、编辑、查询及空间定位，能快速便捷地实现危险化学品的各种查询检索，为上海市突发环境事件应急指挥中心以及污染事故应急处置人员提供一个快速、便捷的化学品及危险源数据查询系统。

该软件操作方便，简单实用，查询功能强大，数据空间可视化程度高，具有较好的应用价值。一旦发生事故，可以快速查询有关危险源及化学品的特性，快速建立相应的应急监测方法和处理处置方法及早制定应急计划，在应急反应的第一时间为上海市的环境应急指挥中心提供决策依据。

黄浦江突发性水污染事故预警预报与河网水环境决策支持系统研究

2006年12月，上海市环境科学研究院完成了《黄浦江突发性水污染事故预警预报与河网水环境决策支持系统研究》。该课题研究由两部分组成。

1．黄浦江突发性水污染事故预警预报研究。

该课题普查了黄浦江上运输的主要化学品以及沿江散化码头主要化学品种类、沿黄浦江的主要排污口及排污源，统计分析了1985～2005年间黄浦江发生的突发性船舶事故。从风险评价的角度，尝试性地构建了水源地突发性污染事件的"时序风险评价体系"，重点提出了基于"特征时间指数法"的风险应急评估方法，从城市供水应急管理的角度，提出和探讨了黄浦江上游水源地突发污染事件应急管理的相关建议。

该课题还开展了潮汐流对黄浦江中、下游河道溢油漂移扩散水槽实验研究，建立了适用于变态水流模型的风场模拟方法，得到了溢油油膜在风场环境下、潮汐水流中扩展、漂移的基本规律。

该课题经研究建立了450种常见化学品环境模型参数查询数据库。为开展化学品环境模拟提供了十分便捷的参数获得方式。应用MIKE21HD和SA模型开发了黄浦江二维水动力和溢油模型，采用Chemmap模型系统，建立了黄浦江二维化学品迁移扩散模型。利用建立的模型，编制了黄浦江溢油应急速查手册。针对不同性质的化学品，模拟分析了黄浦江事故易发地段化学品泄漏事故的可能影响。该课题建立的黄浦江突发性溢油、化学品泄漏影响预警预报系统，在溢油和化学品事故发生后可提供污染物漂移轨迹、污染物/油膜长度和面积、影响范围、到达敏感水域的时间、污染物/油品属性变化等信息，为事故预警预报和应急以及损害评估等提供决策支撑。

该课题建立的突发性水污染事故模拟系统已成功应用于黄浦江化学品泄漏事故模拟，为事故应急处理提供了较好的预警预报服务。

2．黄浦江苏州河水环境决策支持系统研究。

该课题建立了全市比较完善的河道基础信息系统数据库，开展了苏州河、黄浦江主要水质模型参数实验研究和水文水质同步测验，建立了包括全市700多条主要河道的一维水动力模型、河网水环境容量模型、面源污染负荷计算模型，形成了功能比较齐全的河网水环境决策支持系统。

该课题建立的河网水环境决策支持系统已在全市“环境保护‘十一五’规划”、“苏州河综合整治二期工程效益评估”、“上海市水环境污染总量控制”等项目中得到应用。该课题研究成果为今后开展更大规模的水源安全保障相关技术研究奠定了很好的基础。开展的溢油、化学品模拟以及河网决策支持系统研究，达到国际先进水平。

洋山海域海洋环境安全保障系统技术研究及应用示范

该项目通过开展港口及航道作业安全保障海浪、海流信息快速预报及应用示范研究；台风和风暴潮精细化预报及应用示范研究；洋山港附近海域大雾实时监测和预报技术；自航式海洋环境无人监测装备技术研究，开发港口及航道海浪、海流信息快速预报及应用示范；研究影响上海的疑难台风路径和强度的预报方法，优化台风场预报模型和台风数值预报模式，建立大风、台风、风暴潮预警报应用系统，预警时间提前12小时以上，大风预报模式空间分辨率不大于3公里，预报时效为72小时；研究大雾遥感自动跟踪识别和云雾分离技术，发展海雾诊断模式和预报方法，建立业务化海雾预报系统，警报时效为3～48小时；在东海大桥及港口码头等处建立若干个预警预报电子屏幕系统。

航运水污染综合治理研究及在上海国际航运中心的应用

上海海事大学科研人员以上海国际航运中心流域为切入点，在对航运与水环境相关关系展开系统完整的实证分析的基础上，一方面从理论层面对航运水污染的风险组合评价、航运水污染损失价值测定和环境浓度税的设计、航运水污染的宏观政策调控与治理、航运水污染的行政、法律、经济和技术治理框架与基本模式、船舶溢油应急决策支持系统开发等问题展开研究；另一方面以上海国际航运中心流域的航运水污染治理为对象，在政府部门、港航企业以及施工设计单位推广应用研究成果，以便对理论研究成果的可行性和效益进行验证。

该研究项目由涉及水路运输、海洋污染防治、信息技术等领域的若干课题综合集成，包括理论研究和应用研究两部分。其中理论研究在国家自然科学基金等的资助下，对航运水污染影响与治理进行了系统集成性研究；应用研究则注重将研究成果具体应用于上海国际航运中心流域的航运水污染治理之中。

研究项目以系统思想为基准，综合应用不同领域的理论方法，构造了较系统的航运对流域水环境的经济和技术影响的技术方法框架；并揭示了船舶溢油污染事故的内在规律；首次以船舶溢油事故案例为样本，对污染损失额进行了估算；建立了流域水环境可持续发展系统模型及航运污染宏观治理目标控制体系；开发了具有新意的船舶溢油应急决策支持系统。项目理论研究成果填补了国内该领域的空白，总体技术达到国际先进水平。

项目研究成果经部分港航企业和设计施工单位应用后，产生了非常可观的经济效益，初步估算超过上亿元。此外，研究所揭示的船舶溢油污染事故的内在规律、所构造的船舶溢油风险和损失综合评价模型、所提出的航运污染综合治理措施、所开发的船舶溢油应急决策支持系统等研究成果对政府部门的航运污染防治工作也具有非常重要的决策参考价值。

该项研究成果获得2006年度上海市科技进步奖二等奖。

生态系统研究

中国气溶胶的特性、来源、转化、传输及其对全球环境变化的影响

复旦大学开展的《中国气溶胶的特性、来源、转化、传输及其对全球环境变化的影响》项目系统全面地研究了我国气溶胶（包括沙尘暴）及其中污染物的理化特性、来源、时空分布、组分转化机理、长距离传输及其对全球环境变化的可能影响。

研究人员从20世纪90年代初起长期研究这一课题，先后提出了大气中的铁是大洋海区表层海水海洋初级生

产力的决定因素和气溶胶长距离传输中铁—硫耦合机制，尤其是指出了我国气溶胶（包括沙尘暴）长距离传输对全球环境变化的可能影响，受到国际大气和海洋科学界的广泛重视。

该项研究成果获得2006年度上海市自然科学奖二等奖。

大气气溶胶和痕量气体

大气气溶胶和痕量气体因其复杂的物理化学特性及高变率的时空分布，通过影响大气辐射、大气化学及云和降水过程等，改变地水气系统内部的辐射能量收支和水循环，最终对酸沉降及全球生态环境变化产生巨大影响，被认为是导致环境和气候变化的最重要和最不确定因素之一。城市大气污染物与沙尘的相互作用并形成二次气溶胶不仅造成我国大多数大中城市空气的严重污染，其长距离传输更会对东亚乃至整个太平洋的海洋大气体系及大洋的初级生产力发生重要影响。我国所属海域上空的非海盐气溶胶约有81%～97%来自我国大陆人为源的排放。我国沙尘暴可远征数千公里至一万公里以上，沉降于远离其来源的北太平洋直至美洲大陆，是全球生物地球化学循环的重要途径之一。2001年我国东海上空经过沙尘暴后的气溶胶表层pH值甚至低至小于2.0。这一对当今国际大气化学有重大影响的发现预示了急剧的人为活动影响对流层化学，尤其是气溶胶的来源、分布、组分转化及其对区域生态环境乃至全球变化的影响远远大于人们的预料，引起了国际科学界的广泛关注。来自于中亚覆盖大半个中国的沙尘气溶胶的长距离传输，与我国急剧人为活动产生的污染物的相互作用，使我国成为研究对流层化学的最佳平台。

陈行水库微囊藻水华生态治理

该项目创新点是控藻食物网与流量调控有机结合。通过水库生态基础性调研，包括气象、水文、生物、化学因子及水体藻类种类、来源，特别是微囊藻分布规律及其在高流量水体内的生态特征等研究；对库内现存的微囊藻控藻技术试验及研究。

提出控藻方案：对水体藻类生长状态进行监控，对水库内越冬后内源性微囊藻进行治理，严格控制外源性微囊藻大量流入，调整已有的一些引水方式；探索建立早期控藻人工技术：进行人工流量调控，去除早期微囊藻颗粒，降低水体蓝藻密度，修复水体食物链，建立稳定的生态系统；建立水库水质状态的预报技术。

根据长江原水水质状况（高氮、高磷、富营养化）及陈行水库高流量、水体限制条件严格的特定水体环境，应用生态平衡原理，建立特定的滤食鱼为主的食物网系统，以不同时期生态系统结构为依据，结合流量调控，有效控制水库蓝藻水华。

中心城区河流水质改善与生态修复技术研究

结合国家水污染控制与治理重大专项的工作成果，针对上海市第三轮环保三年行动计划和2010上海世博会的总体要求，通过中心城区中小河道水质改善与生态修复关键技术及管护机制研究，建立示范工程并应用与推广，深化和集成提高科学治水水平，有效促进上海城市水环境和城市面貌的改善。

主要研究内容：中心城区河流环保型复合制剂开发及应用技术研究；中心城区河流水生生态重建成套技术研究；中心城区河流护岸改造方法及应用技术研究；中心城区河流环境改善与生态修复系统集成方法研究与工程示范；中心城区河流环境改善与生态修复管理系统及运行机制研究。

生态修复评价指标体系及底泥就地处理技术研究

2006年12月，上海市环境科学研究院完成了《生态修复评价指标体系及底泥就地处理技术研究》。

该课题进行了黄浦江、苏州河全面的生物学调查和监测，连续14个月的监测程序涵盖了黄浦江（三个断面）

苏州河（四个断面）初级生产力和各营养级，包括大型水生植物、浮游植物和浮游动物、周丛（着生）藻类、大型脊椎动物和鱼类、首次给出了它们在水生生态系统中的季节变化和自然演替规律。对照近20年的历史数据，该课题认为黄浦江、苏州河的水生生态问题不少，提出应注重两条河流流域管理和流域生态学的研究。

该课题在评述OECD和其他发达国家河流水生生态学评价方法的基础上，研究了周丛藻类群落、大型底栖动物群落、鱼类群落作为黄浦江、苏州河水生生态系统主要指示物种的可能性，提出了“基于生物多样性的河流水生生态修复评价指标体系及评价方法”。推荐了以黄浦江、苏州河七个断面的现实生态状况作为评价参照，选取周丛（着生）藻类（初级生产力），大型底栖动物（营养级I）和鱼类（营养级II）的群落作为指示生物，采用周丛（着生）藻类优势群落的结构，大型底栖动物的生物量、密度和物种数，以及鱼种结构和在不同断面上的重现等指标来评价黄浦江、苏州河的水生生态系统，采用浮游生物的急性试验评价黄浦江、苏州河生态安全。

该课题还在实验室水平上对苏州河底泥就地处理技术进行了系统研发，为苏州河底泥处理提供了一整套替代集成技术。以环境矿物材料磷灰石和膨润土、高吸水性材料树脂以及不同的化学稳定药剂为处理材料，采用原位投加化学药剂稳定和原位活性帽封的集成方法，是一种突破并改进传统原位帽封的新方法。研究还对强化的自然修复技术，热解技术解决含POPS底泥的综合利用等问题做了具有开拓意义的研究。该课题对苏州河进行了深入的调查和分析，对苏州河沉积物／底泥的污染物、污染特征和物化形态，毒性和生物有效性，以及生态安全有了更深更系统的认识，对苏州河底泥中有机污染物多环麝香的污染状况也有了了解。该课题研究已申请发明专利两项，适用新型专利一项。

黄浦江、苏州河受污染水体生态修复关键技术研究

《黄浦江、苏州河受污染水体生态修复关键技术研究》通过市科委验收。该项目属市科委重大科研项目。该项目针对黄浦江、苏州河及其支流所面临的污染问题，在水生生态系统状况、动态变化与复育技术、污染水体生态修复及评价指标体系技术与规范、土壤生物工程在坡岸侵蚀控制和生态修复中的工程性研究、生态浮床技术修复水生态系统的作用及其工程模式、高效人工湿地修复受污染河水技术等方面取得了多项重要研究成果和技术创新，并申报了2项国家发明专利。

中心城区河流生态维护成套装置研制和示范

该项目通过开展高效藻类分离单元的研制，侧向过滤装置的研制，新型絮凝药剂的研制，成套技术的协同作用研究，藻类“收割”作用对氮、磷的深度去除效果研究，水体主要理化指标对藻类生长和水体感观指标影响的研究，研制一种针对富营养化为主要特征的中心城区河流的支流或盲端及景观水体的生态维护和水质改善成套装置，该装置占地小、高效低耗、运行稳定，并具有一定的普适性；形成中心城区河道支流或盲端及景观水体流生态维护成套技术，为我国环保装备产业化进程的加快实施提供技术支持，为上海支流及景观水体的生态改善与治理提供成套技术。

新江湾城生态保育与恢复技术研究

该项目通过对新江湾城生态资源和建成绿地的调查分析，开展不同类型生态绿地的生态结构和功能的比较研究，按照分类管理的途径，以生态源的生态保育为核心，研究新江湾城的生态恢复和重建的技术体系，并进一步优化绿地群落结构，完善绿地养护管理技术，不断提高新江湾城绿地的生态服务和休憩康乐功能，创造环境优美、健康舒适、生态健全的居住环境。主要内容：研究自然保育技术在新江湾城的应用，对自然生境和植被进行原地保护；同时，对部分入侵植物占优势的群落进行符合潜在植物特征的生态恢复；研究以生态廊道（“生态走廊绿带”）连接主要生态板块，形成绿色生态网络体系，有望实现较少的土地发挥最大生态功能，这是景观生态学理论和方法在住区内的应用和体现；通过定位研究新江湾城的绿地生态结构和功能，特别是“生态源”近自然植被，将生态研究与绿地建设管理有机结合。

新型农村生态社区建设技术研究与集成示范

该项目通过开展生态建筑技术，生态社区规划设计导则，太阳能和地热能复合空调及采暖供热技术，太阳能

结合燃气的户式热水系统，雨水收集和中水利用技术，生活垃圾资源化利用技术，河道生态护坡技术，生态道路建设技术等崇明岛新型生态节能社区建设技术研究与示范，提供技术准入标准，将先进的、符合岛域特征的生态技术，集成应用于包括11.5万平方米住宅和5320平方米公共建筑的示范社区，使之成为新型农村生态社区建设的典范。建立适用于崇明岛屿特征的新型农村生态社区建设技术规范与标准体系。其中建筑综合节能50%以上，径流量与面源污染负荷削减30%。

崇明岛农村生态社区水环境保护与水循环利用技术研究及示范

崇明东平渡假村污水生态净化处理

该项目针对崇明岛农村特点，通过开展新建农村社区水环境保护和示范工程，旧式农民居住区水环境保护，生活污水直排小型封闭水体的就地净化技术研究，农村污水处理及污染防治技术政策研究，开发一套利用植物、水塘、湿地处理污水并考虑土地灌溉、洗盐和水肥利用的生活污水循环利用体系，其中新建农村社区污水处理技术建设费用比常规减少10%，运行费用比常规减少35%；旧式农民居住点污水处理技术运行费用比常规减少60%以上，不需日常维护。依托陈家镇人工湿地污水处理工程建设项目，实施一种新型人工湿地集成技术，使系统出水达到一级并且湿地占地不超过$4m^2/m^3.d$、固体废弃物得到有效资源化处置、有效实现防堵塞，整个污水站实现无臭、无噪、园林化。

崇明生态指数研究与应用

该项目通过国际经验调研分析与生态岛建设内涵和任务研究，崇明生态岛建设指标体系构建，崇明生态指数的评价方法与模型开发，崇明生态指数的操作与应用研究，深入剖析崇明岛域生态系统特征，明确生态岛建设的理念与内涵、方向与任务，开发一套国际认可的“崇明生态岛建设指标体系”及其评估方法和计算模型，并以“崇明生态指数”的直观形式应用于崇明生态岛建设进程跟踪评估，对生态岛建设的实际成效做出动态评估，为政府管理部门决策的制定和调整提供依据，成为崇明生态岛建设的“风向标”。

东滩生态社区发展模式设计与指标体系研究

该项目通过探索东滩生态社区的发展模式，根据中央提出的建设社会主义新农村的总体目标——“生产发展、生活宽裕、乡风文明、村容整洁、管理民主”，以及上海市政府对于崇明岛发展现代生态农业的要求，结合东滩的资源环境以及未来建设项目的特点，对东滩农业发展的总体思路、发展定位、形态布局、关键技术以及商业模式等进行研究和规划设计，将东滩建成国际化生态示范区。

崇明岛湿地的合理利用与保护技术研究

该项目在区域已有研究工作的基础上，开展组织与原“引鸟工程”相关的工程维护及配套和崇西湿地生态修复实验基地的日常管理，崇西湿地鸟类栖息地生态系统恢复技术研究，滩涂有林湿地生态重建区的关键技术研究和示范。深化湿地保护与利用相关技术研究，形成区域湿地保护与利用适用技术与方案，并促进相应研发基地的建设，更好服务于崇明生态岛的发展建设。

崇明滩涂湿地的合理利用与保护技术研究

该项目遵循滩涂湿地结构重建与功能恢复的思想，综合运用植被优化和湿地修复技术，底栖动物、鱼类和鸟类生境保育技术，污染物控制技术，建立崇明东滩受损湿地生态修复示范样带（2～3条50米 x 600米示范样带）。湿地修复的目标和宗旨是修复并建立健康的湿地生态系统，重点在于恢复与优化湿地生态系统的结构与功能，使其充分发挥生态服务功能。主要研究内容: 1.滩涂湿地的合理利用与保护评估技术和动态模型研究; 2.滩涂湿地生态功能的优化、修复与保护技术。

崇明农林生态安全关键技术集成和示范

从崇明生态岛建设对林业发展的要求和实际情况出发，通过对岛域造林植树种、类搭配比例的研究，林木病虫草害监测体系和防治技术的研究，林木花卉适宜种质资源的筛选和引种研究，形成适宜崇明地区不同功能要求、科学合理、安全有序的林相结构，有效安全的突发性、灾害性病虫草害的预警监测系统和应急防治技术，并通过千亩农林生态安全示范基地的建设，使项目的研究成果在基地上得到有效示范，为崇明的生态林建设奠定技术基础的同时也为生态岛建设做出重要贡献。

主要研究内容: 1.崇明岛生态绿化过程中林相结构研究; 2.林木、花卉种质资源的引进和适应性; 3.有害生物入侵与灾害性病虫草害发生的监测和防治技术研究; 4.千亩农林生态示范基地建设。

崇明林农复合生态系统种养模式及其关键技术

该项目根据崇明的自然和社会经济条件，针对崇明现存的人工林类型和未来人工林建设，通过研究、开发和技术集成等途径，在同一土地上，把林、农、牧、副等有机地结合在一起，构建具有多种群、多层次、多效益、高产出特点的复合生态系统，为全国生态林和经济林的合理利用和管理提供示范。

主要研究内容: 1.构建适宜的林分密度和郁闭度; 2.林—草—动物（羊、麝、獐、禽）复合系统构建及其养殖关键技术; 3.林—经济植物（野菜和熊掌木）复合系统构建及其关键种植技术。

实用技术研究

上海市电厂烟气脱硫产物循环利用技术研究

2006年9月，上海市环境科学研究院完成了《上海市电厂烟气脱硫产物循环利用技术研究》。

该课题在广泛调研国外相关文献和国内燃煤电厂烟气脱硫现状的基础上，对国内现有脱硫产物的特性（种类、理化特性、发生量、趋势等）进行了分析，实施了利用脱硫副产物改造上海盐碱地的实验室研究，为探索恢复海滩盐碱地的试探环境提供了新的途径。并完成脱硫副产物综合利用可行性分析（技术可行性、社会需求及成本效益分析）。在上述工作基础上，提出了符合上海实际的烟气脱硫产物循环利用方案及配套政策和监管措施的建议。主要研究成果:

1.首次在国内对电厂烟气脱硫副产物的循环利用进行了全面的调查分析，获得的结果和大量数据，为上海科学合理利用脱硫副产物提供了基础。

2.通过对脱硫工艺、副产物特性研究，认为脱硫石膏（$CaSO_4 \cdot 2H_2$）的品质高于天然石膏，在建筑领域应用具有一定的优势。

3.通过试验研究和效益分析发现在上海科学利用脱硫石膏与天然石膏相比有其独特的优势，展示了综合利用脱硫副产物的明显的社会、经济、环境效益。

该课题通过研究认为火电烟气脱硫副产物的品质，决定于脱硫过程的许多相关因素，同时也决定着它的使用价值和技术经济性能以及利用途径。该成果为我国科学利用电厂烟气脱硫石膏指明了方向，具有指导意义，从而为上海市政府主管部门决策、监管提供技术支持和科学决策依据。

苏州河环境综合整治三期工程实用技术研究

2006年12月，上海市环境科学研究院完成了《苏州河环境综合整治三期工程实用技术研究》。

该课题针对苏州河综合整治三期工程的需要和水环境的特点及主要问题开展了5个专题的研究，取得了相关的研究成果。

1.摸清了苏州河环境综合整治工程范围内排水系统现状，提出支流排涝泵站截污治污技术方案，基于CHM和GIS，采用先进的仿真模拟技术对城市排水系统进行动态的模拟、评估和优化，自主开发了系统优化计算程序，建立了典型的城市排水系统动态模拟示范。该成果已应用于苏州河环境综合整治三期工程的排水系统的设计。

2.基于农村分散点源污染“适度回用、适度处理”原则，自主研发出工艺流程简单、污水处理效果好、投资运行费用低廉、操作管理简便的农村生活污水直接回灌式地下渗滤土壤处理技术，以及小型封闭受污染水体水葫芦塘就地净化技术，并建立了相应的工程性试验基地。

3.系统研究了滨岸缓冲带对农业面源污染的防治效果及生态效益，建成了苏州河上游支流东风港滨岸缓冲带工程性试验基地，研究确定了滨岸缓冲带适用类型及物种配置，提出了滨岸缓冲带适宜宽度的确定方法，制定出滨岸缓冲带技术应用的管理措施体系。

4.广泛调研了国内外污染河道底泥处置技术和经验，试验分析了不同疏浚方式对苏州河干流水质的影响程度和范围，总结归纳出苏州河底泥环保疏浚的技术方案。

5.研究开发了苏州河水环境污染治理DSS系统，并对苏州河环境整治三期工程的环境效益进行了全面的模拟分析。

该课题研究成果能为苏州河环境综合整治提供相应的技术支持和技术储备，同时也为上海乃至全国水环境治理提供了经验、示范和参考，具有明显的应用前景，该研究总体达到国际先进水平。

临港新城河道水质改善关键技术研究

针对滴水湖水质改善与保持的需求，开展引水河道截污治污方案研究，临港新城河道水体原位生物净化技术研究，“引水河—滴水湖—排水河”的综合水流调度技术研究，在全面摸清滴水湖引水河道汇水区域污染源与现状截污治污设施和河道生态现状的基础上，提出引水河道的截污治污技术方案；通过实验，比选提出水质改善效果明显的临港新城河流水体原位净化处理技术；确定“引水河—滴水湖—排水河”的综合水流调度技术，确定闸门群体的联合调度方式、最优引排水通道、最佳引水量和换水时间等。

滴水湖

城市餐余垃圾流向监控应用示范

该项目旨在研究和开发城市餐余垃圾流向实时监控系统的核心技术，研制低成本智能追踪监控设备，形成对城市餐余垃圾实时联网流向监控，建立餐余垃圾流向监控的安全保障体系。

主要研究内容：1.在国内城市首次建立城市餐余垃圾流向的信息化管理平台，首次实现对城市餐余垃圾流向的实时联网监控； 2.实现对城市餐余垃圾处置过程中流向、时间、种类、流量等信息一体化监控；3.建立城市餐余垃圾流向的智能统计和决策分析系统；4.对城市餐余垃圾流向实时监控系统进行应用示范。

海洋综合观测与试验平台关键技术研究

该项目通过开展东海961109海洋地震观测台集成、优化与升级技术研究，海底观测组网技术的试验与初步应用研究，海上锚系大型浮标综合观测系统技术研究与示范，综合观测系统的海底布设、能源动力以及通讯传输集成关键技术研究，东海观测系统综合数据接收分析与数据管理关键技术研究，结合东海北缘海洋地震观测台的建设，建成一个多功能的地震、海啸、水文、气象、底质、泥沙、化学等要素的海洋综合观测与试验站，地震井深300米，平台距离水面18米，构建一个边长为1～2千米的多边形海底星形综合观测试验组网与示范系统，综合开展海底地磁、温度、声学信号、沉积及泥沙等要素观测，综合开展海洋水文、水质、海表面气象和海雾等要素的综合观测，建立海洋数据共享平台，实现监测数据的快速分发、传送及应用。

赤潮毒素快速检测鉴别关键技术研究

该项目通过开展贝类赤潮藻毒素快速联检与提取纯化技术、市场安全监控、评估技术与决策支持系统的研究，建立2～3种东海赤潮毒素快速联检、提取、分离与纯化方法与技术，分离纯化得到赤潮藻类毒素标准品1～10mg;建立赤潮毒素源产地档案，研发市场流通领域的安全监控与评估决策支持系统。

现代生态办公楼综合技术研究与应用示范

该项目综合应用目前国内外领先的生态建筑技术，同时结合崇明江南水乡的人文特点，将该示范建筑打造成为一个生态人文并重的超低能耗生态办公示范楼，节能技术目标为综合节能75%～80%，可再生能源利用率大于50%，再生资源利用率大于60%。在课题实施过程中，实现超低能耗建筑关键技术的自主创新、技术体系的集成创新，探索产学研共同研发的创新开发模式。在办公楼建设和运营过程中，总结能源、材料、水资源和技术经济性等全生命周期涵盖的要素，建立体现崇明当地资源特点、产业优势、设计和管理模式在内的适宜推广应用的生态建筑技术体系，在崇明和世博建设项目中加以推广应用。

太湖流域饮用水安全保障技术

国家“863”重大专项“太湖流域饮用水安全保障技术”课题顺利通过国家级验收。2006年3月，经科技部专家的现场评审考核，国家“863”重大专项“太湖流域饮用水安全保障技术”课题顺利通过国家级验收。课题从原水水质改善、水厂高效处理和安全输配等环节进行系统的研究和技术开发，在输水渠道沿程生物预处理技术、新型复合混凝剂、管网水质监控等方面取得了创新，共完成了40个单项技术研发和六大领域的技术集成，申请国家专利15项（其中14项发明专利），3项专利已获授权；完成了11项行业标准和企业标准的编制工作，同时培养和锻炼了一大批青年科技人才。

苏州河底泥污染评价、疏浚与综合利用研究

该项目结合苏州河水环境综合整治三期治理工程，主要开展苏州河底泥耗氧特性及其疏浚影响研究；苏州河底泥重金属形态研究及毒性研究；苏州河底泥污染评价体系研究；底泥通量模型研究；疏浚底泥的资源化利用研究，研究底泥疏浚的环境效益，提出底泥疏浚优化方案及底泥综合利用途径，为工程决策和实施提

供科学依据。

具体是针对苏州河底泥疏浚工程，通过现场监测、模拟实验、数学模型等手段，对苏州河底泥污染开展全面的评价；分析苏州河底泥耗氧的机理、影响因素，建立底泥污染物通量和上覆水水质耦合的数学模型，进而预测底泥疏浚对苏州河水体耗氧的影响；总结以往苏州河底泥资源化研究的成果，在此基础上提出疏浚底泥环境经济可行的资源化利用途径。

焦炉煤气在透氧膜反应器中重整制氢的应用研究

该项目通过研究，筛选出适合于焦炉煤气甲烷部分氧化重整用的混合导体透氧膜材料，开发出透氧膜反应器的结构组件、组件的密封材料与工艺，通过多孔材料与致密材料的复合克服透氧膜反应器的机械稳定性和化学稳定性难点。在实验室研究的基础上，完成用于焦炉煤气部分氧化重整的小型反应器装置，装置规模为≥10Nm^{3}H^2/h。主要创新点：（1）通过部分氧化重整反应实现无需或少需外供热条件下甲烷向氢的高效转化；（2）甲烷部分氧化重整过程中供氧器与反应器的一体化，使制氢成本大幅度降低。

电厂脱硫石膏在建筑墙体保温材料中综合利用研究

为使上海的电力增长与环境保护协调发展，有效改善大气环境质量，上海在新一轮环保三年行动计划（2006～2008年）中已提出将对全市11家电厂的35台约6508MW燃煤机组实施烟气脱硫。在未来的5～10年中，上海市燃煤电厂的烟气脱硫建设将进入大发展阶段。该项目利用电厂脱硫石膏研制的轻质保温砖、板材料性能指标达到：保温材料干密度≤800kg/m^3；抗压强度≥1MPa；导热系数为≤0.3W/（m·K）。

有机垃圾高效厌氧发酵综合利用研究

该项目结合有机垃圾综合利用，建成1吨/日有机垃圾厌氧发酵产氢产甲烷示范工程：产沼气110立方米/吨，产纯氢气25立方米/吨；在矿化垃圾协同作用下，把氢气的含量从1%提高到20%以上；产氢后的原料进一步厌氧发酵产甲烷，保持沼气中甲烷含量仍然为50%以上；处理负荷提高到8.5～9.5kgVDM/（m^{3}有效容量·天）；在实验测量和理论分析的基础上，建立有机垃圾厌氧发酵系统的性能评估模型，并开展垃圾衍生燃料的制备研究，为将来的系统优化设计和性能改善提供参考性依据。

利用生活垃圾焚烧飞灰制备生态水泥关键技术研究与示范

在危险废物安全处理处置的框架约束下，以垃圾焚烧飞灰的资源化，以替代水泥原料制备生态水泥为目标，以物理化学预处理为手段，通过在危险废物填埋场规模中试的系统研究，确立预处理垃圾焚烧飞灰制备生态水泥的预处理工艺、控制参数，建立一套完整的飞灰化学性质分析测试方法，以及处理过程中预处理控制和污染控制的监测方法与手段，在此基础上，通过关键技术装备的创新开发，研发垃圾焚烧飞灰稳定化预处理工艺和技术平台，通过两个示范工程（利用污水处理过程循环水日处理80吨/天的垃圾焚烧飞灰资源化预处理示范工程、利用预处理飞灰水泥窑生产生态水泥无害化资源化示范工程）的建设，实现御桥、江桥日排垃圾焚烧飞灰零填埋。

兆瓦级BIPV并网系统应用技术研究

该项目主要结合“上海太阳能工程技术研究中心”建设，开展与建筑相结合的光伏组件及实用化技术，电站控制、逆变、测控及系统安全与保护技术研究。建立一座实用化的兆瓦级BIPV光伏系统，重点解决工程应用中所涉及的影响并网发电系统大规模发展的技术瓶颈，为在2010年上海世界博览会上更多的光伏并网及建筑一体化建设提供可借鉴的经验和数据。

太阳能发电及雨水综合利用示范研究

该项目通过开展太阳能光伏发电及景观水循环技术，雨水综合利用及景观水循环系统，自动灌溉生态系统技术的研究，建成太阳能及雨水综合利用示范基地，年利用雨水10万立方米，年利用太阳能电力12.14万度。

上海海上风能资源利用关键技术研究

风能利用

该项目通过课题研究，摸清上海市近海海域不同高度风能资源蕴藏量、可开发量、风频分布特点、风能分布变化特点和台风等灾害性天气对海上风电场的影响程度，结合对上海近海风速随高度变化规律及湍流强度分布特征的研究，为风电场选址、风机设备选型、风电场运行年限确定等提供科学依据，建立风能资源评估成果数据库。同时该课题的研究方法和技术手段将为建立海上风电场及资源评估技术规范和标准提供依据，为其他沿海地区的风能资源评估工作提供借鉴。

中型秸秆发电锅炉的研究及应用

该项目结合我国淘汰小型燃煤发电机组的指导方针，充分利用农村丰富的秸秆废弃物，开发秸秆发电锅炉技术，开展“悬浮燃+层燃”燃烧方式的设计技术，燃烧特性，焦油产物控制技术，运行优化技术，压块秸秆炉前破碎、运输及进料系统技术研究，达到单台锅炉蒸发量75t /h ，锅炉效率85%以上，并建成应用示范工程。

秸秆焚烧发电关键技术研究与应用

上海市科委2005年组织上海发电设备成套设计研究院等单位对秸秆焚烧发电技术进行攻关，2006年12月研制成功2台15MW秸秆发电机组并通过专家验收。该机组每年消耗秸秆20万吨，以每吨收购价300元计算，每年给农民带来6000万元的收益，节约标准煤10万吨，增加发电近9亿度。

大型煤化工综合节能技术研究与示范

该项目主要研究：甲醇生产工艺的查定；系统热能综合利用优化实施；德士古气化炉炉温软测量；IGCC项目的论证。达到煤浆浓度由目前的61%～62%提高到62%～63%，提高1%，德士古合成气中有效气组分提高0.5%，甲醇耗德士古气降低约19m^3/t，年节约合成气665万m^3，节约能耗折标煤3850吨／年的目标。

城网钠硫电池储能系统关键技术研究

该项目是在现有的车用型电池基础上，研究适用于规模化制备的电池材料部件和单体电池制备技术，对电池的安全性、可靠性、稳定性进行系统的研究和提高。项目的关键技术和难点在于：（1）电网接入系统的主电路数字仿真研究、初步设计；（2）电解质陶瓷管烧结过程中的形变问题；（3）电池的密封问题；（4）电池的安全装置的可靠性。

氢能微型汽车用轮毂电机及其驱动器的开发

该项目主要开展电动车辆分布式电动轮的工况需求分析和模型研究；适合车用工况的减速式轮毂电机与悬架结构可靠性耐久性、轻量化和防水防尘问题研究；电机减速器一体化油冷结构研究；基于霍尔传感器的系统低成本弱磁控制策略研究；各种悬架结构与轮毂电机、减速器及制动器结构匹配研究；悬架—电动轮模块车轮定位参数与悬架系统参数的优化与构件轻量化问题研究。以2010年上海世博会清洁能源电动场馆车的需求为契机，根据电动车辆要求，开发结构紧凑、高效耐用的轮毂电机、轮毂电机专用轮边减速器及悬架结构模块，研制产品样车一辆，为整车开发和产业化发展提供关键零部件技术支撑。

燃料电池公交客车核心技术研究

该项目攻克燃料电池公交客车动力系统集成及整车布置与结构设计核心技术，研制一辆适合城市行驶工况的燃料电池公交客车样车，为燃料电池客车的产业化提供技术支撑。样车性能达到：最高车速达到80 ± 5% km/h，爬坡度不小于 17% ，0～50km/h 加速时间 ≤ 30s，百公里氢气消耗小于10 kg，续驶里程不小于200 km。创新点：（1）综合控制的双动力系统结构、参数配置与集成测试技术；（2）双动力系统机械耦合与传动技术；（3）可实现高经济性与动力性的动力系统功率分配机效率优化控制策略；（4）基于多CAN总线网络的分布式控制通讯协议；（5）车载信息综合显示及远程诊断技术。

液压混合动力城市公交车研制成功

上海交通大学机械工程学院的科研人员，经过11年的协作攻关，潜心研制成功液压混合动力城市公交车，2006年7月通过科技鉴定。经测试表明，液压混合动力城市公交车同比节油率达30%以上，减少尾气排放大于50%。

液压混合动力城市公交车，是一种环保节能型城市公交车。它是在燃油或燃气发动机为动力的公交车基础上，增加一套液压辅助动力系统，使之成为液压混合动力公交车。

液压混合动力城市公交车经国家机动车检测中心检测，各项技术指标达到国际领先水平。美国福特公司开发的液压混合动力车节能率为30%，价格为10万美元左右，投资回收期10年。而我国的液压混合动力公交车节能率可达30%以上，价格7.5万元人民币，投资回收期一年。

燃料电池轿车核心技术研究

该项目研发我国自主品牌燃料电池轿车动力系统及总成，研究具备低温启动和环境适应性的动力平台技术和基于网络的分布式电—电混合多能源动力系统控制技术和安全技术，完成一辆自主品牌燃料电池轿车样车研制，完成在转鼓上的动力性能和燃料消耗性能测试。创新点：1.自主品牌燃料电池动力系统的总体布置，进一步提高动力性和经济性的动力系统集成和匹配技术；2.动力系统低温启动和环境适应性的技术；3.基于网络的分布式电—电混合多能源动力系统控制技术和安全技术。

混合动力公交客车核心技术研究与示范运营

该项目通过研究，研制具有完全自主知识产权、适合上海市城市工况用于示范运营的混合动力公交客车，整车动力性能：0～50km/h 加速时间不大于25秒，最高车速不小于80km/h；燃料经济性：与内燃机公交客车相比，降低油耗25%以上，示范车队年行驶里程不少于30万公里，单车出勤率不低于85%，为推进混合动力公交客车的产业化和市场化进程提供科技保障。创新点：1.基于国内自主研发技术和关键零部件产品的混合动力大巴士；2.混合动力方案较易于产业化，与原普通柴油大巴士可共享平台；3.驱动电机及其控制器技术可用于纯电动和燃料电池大巴士；4.项目引入竞争机制，降低示范运营风险。

汽车尾气三效净化催化剂

华东理工大学自90年代初开始对“汽车尾气三效净化催化剂”项目进行研究，在研究中得到国家自然科学基金、上海市纳米科技专项和上海市科委重点项目的资助，2004年被列为国家973计划项目的研究内容。

该项目根据汽车尾气催化净化反应和净化催化剂的特点，对“车尾气净化的关键反应、净化催化剂构成的关键材料、稀土与（非）贵金属组分的相互作用”开展了广泛的应用基础研究，发表论文55篇，为开发高性能的汽车尾气净化催化剂打下了坚实的理论基础。在此基础上，对催化剂的关键材料开展技术攻关，完成了高性能稀土基储氧材料及大表面积和高热稳定的氧化铝基复合材料的研制；结合我国丰富的稀土资源，实施了“稀土－非贵金属－微量贵金属”的催化剂设计方案，使催化剂的成本明显下降；发展了基于纳米组装技术的一次涂覆整体式汽车尾气净化催化剂的制备技术，解决了均质、稳定、高净化效率的整体式催化剂的制备和从实验室研究到工业化生产的工程化问题，并形成了批量生产技术。经整车排放性能测试，汽车尾气排放符合欧－Ⅲ排放标准；对于液化石油气汽车尾气的催化净化性能显著优于国外引进的原装催化净化器。

该技术已在国内最大的汽车尾气净化催化剂生产企业——无锡威孚力达催化净化器有限责任公司成功应用，2005年产值达到1.0亿元，利税3439万元。该项目的成功应用打破了国外产品在新车配套尾气净化器市场的技术垄断，同时为数量巨大的在用车市场提供了高性能的净化器产品，对促进我国环保产业的发展和我国稀土资源的平衡高质利用，具有重大的社会和经济效益。该项研究成果获得2006年度上海市技术发明奖一等奖。

世界首创雾化冷却式高效节能空调

上海科学院所属能源与环境研究发展中心研制出第三代具有使用价值、世界首创的雾化冷却式高效节能空调。

雾化冷却高效节能空调，经上海市产品质量监督检测所检测，对在用空调采用新技术加装雾化冷却装置，能效比提高8%～26%，每天节省电能1度以上。上海科学院成果转化基地现已全部采用这种新型高效节能空调总计300台。若每天按10小时使用计算，每天可节电300度～750度，全年累计可节电3万度～7.5万度。如果能将这一技术应用于上海现有在用的1600万台空调上，按1000万台空调同时正常使用计算，上海夏季用电高峰的峰值功率可下降100万千瓦～300万千瓦，全年节电10亿度～30亿度，便可节省电费6亿元～18亿元，相当于节煤40万吨～120万吨，减少发电用煤，意味着减少煤燃烧时产生的粉尘、二氧化碳、氮氧化物、二氧化硫和其他有害物质，采用这项技术还可消除空调外滴水，减少噪声。

中科院上海科技查新咨询中心查新检索认为，这项技术具有世界先进水平，不仅适用于空调生产企业新生产的空调，还可以对在用空调实施技术改装，操作简便，不需拆机、移机等复杂过程，只需对在用空调的室外机加装雾化冷却装置及控制器即可，其装置成本不超过200元，特别适合于娱乐场所、医院等夏季空调使用时间较长的企业，节能效果突出。这项技术降低了空调的制造成本，相对于同样能效比空调，其制造材料成本可减少100元，以2005年全国生产6000万台空调计算，可节省空调制造成本费60亿元，节约铜材6万吨，铝材6万吨，以目前生产厂生产空调全部达到能效5级标准计算，采用此项技术，制造成本增加30元，空调能效可达到2级，满足了国家关于2009年空调能效准入标准。这样可使中国空调产品一跃达到世界先进水平。

上海科学院已为此项新型节能技术申请了专利保护，已申请或授权发明专利3项，实用新型专利6项、国际PCT1项，香港专利登记1项。此项技术已经引起空调制造商、销售商、用户的广泛关注。广东TCL、广东美的、四川长虹、江苏新科、青岛海信等空调制造企业都已对采用新技术制作的样机进行了测试。

智能化生态建筑技术集成研究

该项目通过开展整体创意方案设计和基于虚拟现实的人居情景再现技术、基于4 C技术的智能家居系统、气候适应型建筑节能技术、和谐宜居建筑环境技术、资源高效循环利用技术等关键技术的集成研究，最终为在世博城市试验区内建设一座代表2030年前后的智能化生态建筑科技发展水平、符合上海地域特征和人文特色、充分诠释世博主题的未来智能化生态建筑展项提供完整的概念设计和技术集成方案，体现人与自然的和谐性，并传承城市的历史文脉，通过高科技手段的综合运用把智能生态建筑技术和未来人居前景展示功能结合起来，实体建筑和虚拟现实技术相互辉映，引导人们超前感受若干年后的城市居住生活形态模式，并借机建立未来的上海建筑新技术新材料的应用指南，引领未来建筑的发展潮流。

主要创新点：1.通过研究未来智能化生态建筑的规划布局、建筑风格、功能分区、展示内容、展示形式、参观导流等内容，形成完整的概念设计，引领未来建筑发展潮流；2.研究以虚拟现实技术为内涵的软件研发及硬件系统集成技术，研究包括气候适应型建筑节能技术、和谐宜居建筑环境技术、资源高效循环利用技术以及基于4C的智能家居系统等关键技术在未来建筑中的集成应用，营造便捷、高效、舒适、健康的人居环境；3.在空间规划、场景设置、技术运用的基础上，形成集成的创意方案与技术方案，实现环境展示内容穿插、人员分布导流与生态技术保障间的协调一致。并以展区整体创意设计和关键技术集成设计方案为蓝本，展开数字化制作创意及策划。

世博园区既有建筑可持续改造利用成套技术研究与示范

该项目针对世博园区大量既有工业建筑拟改造为展览场馆及后续利用的需求，以“传承文化、再生功能、提升性能、持续利用”为理念，将工业建筑改造利用作为研究重点，通过既有建筑可持续改造利用关键技术的研究与应用，使既有建筑的功能得到合理转换与延伸，安全性能、耐久性能、环境性能、使用舒适性能以及资源、能源利用效率等得到全面提升。在集成研究成果的基础上提出既有建筑可持续改造利用技术指南和评价体系，并应用于世博园区既有建筑改造利用示范工程，使其成为科技世博、生态世博的一个建筑展示精品，充分体现“城市，让生活更美好”的世博主题。

世博园区雨水收集利用关键技术研究

该项目旨在开发中小型模块化、适用于雨水／黄浦江原水净化的杂用水组合处理工艺，建立大型公共建筑屋面径流水质模型，研发渗透率高、净化能力强的生态渗透材料，建立屋面雨水收集、处理和回用系统，实现依靠屋面雨水与就地处理的黄浦江水组成的杂用水系统满足园区绿地灌溉、道路清洗的目标，为世博园区雨水综合利用提供技术支撑。

研究内容：1.屋面雨水的收集利用；2.屋面雨水／杂用水处理工艺；3.地表径流绿地蓄渗削减及污染物去除技术。

“辐照技术制备智能材料及在环境中的应用”研究

辐照技术具有高能、绿色无污染的特点，在材料科学领域有着重要的作用。上海大学和中科院合肥智能机械研究所开展了“辐照技术制备智能材料及在环境中的应用”的研究。

研究内容包括辐照合成智能凝胶材料，掌握热酸敏水凝胶互穿网络制备方法，研究热酸敏水凝胶各种控制因素的影响，对于废水中重金属离子吸附和解吸机理和控制提供依据。辐照合成纳米材料，以及利用辐照技术进行传感器改性。以辐照技术为基础，通过对辐照参数的优化与选择，利用电子束辐照技术，改变无机氧化物近表面结构，产生氧空位等表面缺陷和体缺陷，提高传感器灵敏度和选择性。利用蒙特卡洛技术模拟电子束穿透传感器件近表面敏感层并产生缺陷的机理和缺陷分布状况，并用以指导辐照条件的选择，制备多种高性能传感器件。该成果在辐照技术制备智能材料及在环境中的应用方面进行了基础和应用的大量具体有效工作。

该项成果获得国家发明专利12项并已推广使用，新增产值12150万元，利润1700万元，税收940万元，节支900万元；已发表50篇SCI论文，被他引385次。研究成果获得了2006年度上海市技术发明奖二等奖。

新型陶瓷膜在废水处理中应用研究与示范

该项目通过开展陶瓷基质材料的选择和研究；涂膜管的选择；涂膜工艺研究，包括涂膜设备的选择；烧结工艺研究，包括烧结设备、烧结时间、烧结温度等，重点为动态涂膜；组合技术设备化（设备设计、结构及形式）；设备制作工艺、技术参数；设备机性能测试、规模；膜组合技术应用研究。以新型陶瓷膜为主体结合其他治理和分离技术，完成一套工业废水深度处理及回用的组合技术，至少完成一项工程化废水回用项目，规模不小于100吨／日。

新能源高压冲洗车

由市市容环卫局和瑞华集团联合研发的纯超级电容高压冲洗车、电容和电池混合形式的两部高压冲洗车于2006年8月完成研制，并于8月24日在徐汇区上海铁路南站地区召开了新车试用新闻发布会。两辆车实地作业试验效果良好，车辆运转状况稳定，各相关单位正严格按照测试要求进行数据积累工作。

行业标准与技术规范

上海标准化发展战略纲要分报告完成编制

2006年，根据市政府要求，市环保局组织编制了《上海市标准化发展战略纲要（2006～2020年）》分报告《上海市环境保护现状和未来发展标准化工作的目标、任务和措施》。

纲要分报告提出，本市环境标准发展的总体思路是建立一个与国际接轨，符合本市城市发展水平和环境管理需要，以环保技术法规为主体和环保技术规范及产品类环保标准配套，国家和地方环保标准互补的上海环保标准体系。今后，本市将逐步完善本市环境标准体系，进一步加强标准制定和修订工作，增强标准的实用性、有效性和前瞻性。到2010年制定3～5个行业污染物排放标准、2～3个技术支持性环境标准，5～10个含有环境保护要求的产品标准，调研并做好一批标准的前期工作，形成本市环境标准体系建设的框架，到2020年建成与本市环境保护工作相适应、与城市竞争力相匹配、与国际接轨的上海环境保护标准体系，保证上海良好的城市环境质量和社会、经济、环境的协调发展。

为实现上述目标，上海将以完善排放标准、强化技术支持类标准、推进产品环保标准为主要任务，为支柱产业和新兴产业的环境监管、污染严重行业和劣势企业的淘汰、机动车污染控制、固体废物管理和资源再利用等提供标准支撑，大力推进环境保护标准化工作。

上海环境监察标准化建设通过国家验收

国家环保总局于2006年9月17日组成环境监察标准化建设验收委员会，按照《全国环境监察标准化建设标准（东部地区）》一级标准对上海市环保局环境监察标准化建设工作进行考核。验收委员会由国家环保总局环境监察局，14个省、自治区、直辖市及3个副省级城市环保局、环境监察机构负责人共27人组成，国家环保总局环境监察局陆新元局长任验收委员会主任。

经过认真考核和充分讨论，验收委员会全体成员一致表示上海市环保局环境监察标准化建设达到了国家规定的验收标准。上海市成为全国第一个通过国家验收的省市。

3项地方污染物排放标准发布

2006年，本市地方环保标准工作坚持为本市环境管理服务，配合I／M制度的推进和实施，制定发布了《在用点燃式发动机轻型汽车简易瞬态工况排气污染物排放限值》（DB31／357—2006）；为促进支柱产业和高新技术产业的健康发展，加大行业排放标准的覆盖面，制定发布了《生物制药行业污染物排放标准》（DB31／373—2006）和《上海市半导体行业污染物排放标准》（DB31／374—2006）。

上海相关单位参与国家标准征求意见活动

2006年本市环保部门、科研机构、企业积极参与国家环境标准颁布前征求意见的工作，对石油及成品油储运销售业大气污染物排放标准等4项国家污染物排放标准，危险废物焚烧设施废气中二恶英类监测规范等5项国家环境监测标准，饮用水水源保护区划分技术规范等7项国家环境保护技术规范，以及平板玻璃、水泥等行业清洁生产标准进行了研究，结合本市实际，提出了反馈意见。

《城市容貌标准》修订送审稿完成

2006年11月30日，《城市容貌标准》修订送审稿审查会在上海市环境工程设计科学研究院有限公司召开。建设部标准定额司有关人员在会上强调了修订《标准》的意义，并对《标准》审查提出了要求。有关单位的领导、专家和编制单位代表共计20余人参加了会议。

《标准》是在参照国家及国内各城市的相关法规、文件、标准规范、管理办法，总结各地城市容貌建设与管理经验的基础上，对原标准CJ/T 12－1999修订而成。专家一致认为本标准具有科学性、先进性和可操作性，可作为指导全国城市容貌建设和管理的重要依据。该项成果总体上达到国内领先水平。专家审查委员会对《标准》提出了修改意见：1.进一步明确适用范围和《标准》的总体原则要求。2.对各章节条理、内容进一步调整、梳理和完善，并按照强制性条文的确定原则，对《标准》的强制性条文重新调整。3.按照工程建设国家标准编写的规定，对《标准》中用词用语、条文表述进行修改，前后概念应一致。4.建议编制组根据专家提出的意见和建议，进一步修改完善。

编制渣土处置作业规范和标准

2006年，首部《上海市建筑垃圾和工程渣土处置作业质量要求及操作规程》（试行）编制完成。该《规程》对渣土运输处置作业除了提出统一要求，还对作业质量、操作规程制定了详细标准，并作了具体的规定。该《规程》于2006年10月经上海市市容环境卫生行业协会正式发布实施，对规范本市的建筑渣土运输、处置、服务提出了统一要求和标准，并为渣土运输的检查、考核提供了依据。

建设部城镇环境卫生标准体系修改完成

根据建设部标准定额研究所的有关要求，市市容环卫局作为全国城镇环境卫生标准归口管理单位，积极组织力量，对建设部城镇环境卫生工程技术标准体系进行了修订，按基础标准、通用标准、专业标准层次重新梳理确定了约60项标准，并根据年度计划编制进程表。同时自2006年7月对2007年市容环卫行业技术标准计划进行了征集，已根据各骨干单位和咨询专家申请情况，结合新修订的技术标准体系，拟定了约12项行业标准计划上报至建设部标准定额研究所。

城镇环境卫生技术标准归口管理工作研讨会召开

由建设部城镇环境卫生技术标准归口管理单位——市市容环卫局组织召开的“建设部城镇环境卫生技术标准归口管理工作研讨会”于2006年5月26～27日在上海市环境工程设计科学研究院召开。出席研讨会的有建设部标准定额所、上海市市容环境卫生管理局、建设部城建司、中国城市环境卫生协会、上海市质量技术监督局标准处，上海市建筑建材业市场管理总站、上海环境集团有限公司等单位的领导和来自全国各地城镇环境卫生标准技术骨干单位的领导专家等。会议专题讨论和分析了目前全国城镇环境卫生技术标准面临的形势、任务等情况，并对如何做好下一步城镇环境卫生技术标准管理工作进行了交流和讨论。

上海市环境工程设计科学研究院有限公司

上海市环境工程设计科学研究院有限公司（简称环境院）创建于1983年，系原事业单位上海市环境工程设计科学研究院转企而来，下设上海环境卫生工程设计院。现隶属上海环境集团有限公司，是集团公司的主要技术支撑单位。拥有6项技术专利、执有《市政公用行业（环境卫生）工程设计甲级证书》、《市政公用行业（环境卫生）工程咨询甲级证书》等专业资质证书，通过ISO9000质量管理体系、ISO14000环境管理体系认证。主要设有环境工程设计所、市容景观与环境卫生规划所、环境监测中心（已通过实验室计量认证），同时承担建设部城镇环境卫生标准技术归口单位职能。目前，环境院是从事环境卫生工程设计及科研工作的国内规模最大、专业设置最齐全、技术水平最高的科研设计专业单位之一。

建院二十几年来，环境院承担了上海市大部分环境卫生工程设计和科研任务，先后进行了生活垃圾静态和动态堆肥工艺、卫生填埋工艺、渗沥液处理技术、垃圾焚烧工艺、烟气控制和治理技术、粪便的无害化处理工艺、市容环境卫生专业规划、市容景观规划设计、垃圾处理设施环境监测、垃圾处理专用机械、各种类型的垃圾车、粪便车、水面垃圾清扫船、垃圾综合处理和利用、环卫洁具以及计算机在市容环卫行业的应用等方面的研究、设计和开发，先后完成了生活垃圾和粪便的收集运输、中转、处理、处置过程中的基础研究、处理工艺、专业规划、设备设施、专用器具、系统集成、环境监测和工程设计等上百项科研和工程项目。多次获得建设部和上海市科技进步奖等奖项。

城市环境管理研究中心成立

5月30日，“复旦大学城市环境管理研究中心”在复旦大学成立。该中心由复旦大学和上海市市容环境卫生管理局合作举办，将以城市环境管理体系建设和城市公共管理水平提升为研究方向，突出理论研究与应用研究相结合，最终形成比较完善的现代城市环境管理学科体系。

上海师范大学旅游学院环境科学与工程系

上海师范大学旅游学院的前身是上海师范大学城市与旅游学院。旅游学院环境科学与工程系是在1988年成立的环境科学研究所的基础上，于2000年组建而成。

环境科学与工程系于1997年开始招收环境科学专业硕士研究生。2005年10月，成功通过国务院环境学科评议组专家投票，获得环境科学二级学科博士点申办权，将于2007年开始招收环境科学专业博士研究生。

环境科学与工程系共有教师10名。其中：教授1名，副教授1名，副研究员3名，讲师5名；具有博士学位的教师4名，在读博士5名。目前的专业研究领域主要有：环境污染控制工程、环境规划与管理、环境影响与评价、环境生物与生态、环境工程设计和旅游景区环境规划与保护等。近5年来环境科学与工程系承担了国家“863”高技术发展计划项目1项、国家自然科学基金项目1项和上海市等地方科技项目多项，取得了一批较好的科研成果。获得了教育部技术发明二等奖1项，上海市科技进步奖2项，哈尔滨市科技进步奖1项。

环境科学与工程系现具有环境影响评价资质和环境工程方面的设计资质，拥有城市生态与环境修复重点实验室、环境科学与工程系水污染控制工程实验室、环境监测实验室、环境微生物实验室、大气污染控制工程实验室、环境规划与设计室、精密仪器室以及水环境修复实验基地，在浙江省安吉县建立了环境考察实习基地。实验室和实验基地的建设为环境科学与工程专业学科发展以及学生培养提供了良好的条件。

环境科学与工程系同清华大学、哈尔滨工业大学、同济大学、华东理工大学、美国亚利桑那州立大学、荷兰Delft工业大学、比利时根特大学等国内外著名高校的环境及相关专业保持着长期合作与良好的学术交流关系。

在上海师范大学以及旅游学院的支持下，环境科学与工程系形成了环境学科与旅游学科、地理学科融合交叉发展的态势，开展旅游景区环境规划与管理、旅游景区环境监测与控制、旅游景区污水处理技术应用开发等多项专题研究。

Shanghai Environment Yearbook 2007

信息化建设

环境信息建设与运用

苏州河河口水闸成功接入市水闸泵站自动监测系统

新建成的苏州河河口水闸于2006年11月22日成功接入上海市水闸泵站自动监测系统。至此，上海市水闸泵站自动监测系统实现了对全市89座一线重要水闸的实时监测。

监测内容包括：内河水位、外河水位、雨量及闸门水泵的运行工况等数据和闸站现场实景图像等信息，在市中心和9个分中心都能观测到各闸站的实时的数据和图像信息，为防汛、综合调水和行业管理提供了强有力的技术支撑。目前，整个系统运行正常稳定，2006年汛期的平均在线率为98%以上。

苏州河水闸

重点工业企业安装在线自动大气监测仪

根据《大气法》和国家有关法律法规的要求，上海确定了重点工业企业安装在线自动监测仪的名单，范围主要是电力、冶金和20吨／时（含）以上的燃煤锅炉和相当的燃煤设施。

为有效推进这项工作，本市制定了《上海市固定污染源烟气排放连续监测系统技术规范（试行）》、《上海市固定污染源烟气排放连续监测系统数据审核和处理规定（试行）》、《上海市固定污染源烟气排放连续监测系统通讯规范（试行）》、《上海市固定污染源烟气排放连续监测系统验收要求（试行）》等相关的技术规范和规定。2005年至2006年，本市在上海电力股份有限公司闵行电厂等6个单位开展了大气污染自动监控系统的试点工作，完成了上海市固定污染源在线监测的信息平台建设工作，为2007～2008年全面完成重点污染源的实时监控打下良好的基础。

企业环保信息纳入企业联合征信系统

5月31日，市环保局与上海资信有限公司签署合作备忘录，将企业环保违法或荣誉等信息纳入上海市企业联合征信系统。

按照市委、市政府关于建立社会诚信体系的总体部署，上海市环境保护局认真贯彻市诚信体系建设工作联席会议精神，以实施科教兴市主战略，改善环境质量为目标，充分结合环境保护工作特点，与上海市信息委员会（市征信办）、上海资信有限公司共同探索在环保管理中推行企业诚信建设之路，将企业环保信息逐步纳入上海市企业联合征信系统。

上海市工业区污水治理地理信息系统建立

在2005年组织实施的全市80个保留工业区污水治理设施“一区一方案”调查、工业区污水收集系统的规划／评估工作的基础上，为解决资料管理繁琐、信息存储分散、难以有效整合等困难，及时跟踪评估工业区污水治理工作的进展，提高工作效率，2006年，市环保信息中心开发建立了一个具有动态更新、信息整合，并具有空间统计分析功能的工业区污水治理地理信息系统。

该系统利用先进的计算机数据库技术、GIS技术完成了全市工业区污水处理设施、管网、污染源企业分布以及外部污水处理设施分布等信息的整理和GIS数字化建库工作，实现工业区污水治理信息的整合和动态管理，并开发了相关信息的空间统计和分析功能，为环保管理部门及时有效地跟踪评估工业区污水治理工作提供一个用户友好、操作便捷的计算机平台。

上海市环保系统业务专网建设积极推进

根据《上海市环境保护信息化建设“十一五”规划》中提出的网络建设任务，2006年，市环保局及市环保信息中心积极推进直属单位、区县环保局业务专网的建设，主要是依托全市公务网、政务外网，建成了互联互通的市区两级环保系统业务专网，为实现市区两级环保管理联动及信息资源共享提供了网络基础。

至2006年底，市环保局7家直属单位都已经接入政务内网，并开通应用系统；三家直属单位统一接入政务外网；全市范围19家区县环保局已经全部接入市政务外网，并开通了日常办公等应用系统；除南汇区环保局外，其余18家区县环保局接入市公务网。

环保法律法规信息库及检索系统开发研究

为提高环境执法的规范性、准确性、合法性和合理性，提高环境执法的效率和处罚效果，避免部分环境违法案件违法事实不清、证据不确凿、适用法律不准确、执法程序不合法、罚款幅度不合理等问题出现，市环保信息中心建立了适应性信息库并进行相关的研究开发。

该系统的信息库包含了经梳理的国家环境保护法律、行政法规、部门规章以及全市地方性法规、市政府规章共计近300部，环境保护强制性标准170余项；罗列了主要环境违法行为400余项，并将各违法行为与其执法主体、法律责任、调查取证的要求及相关的自由裁量权规定相关联，并包含了环保行政许可名录等。同时，该检索系统建立了行政处罚、行政强制等执法程序流程图；设计了行政处罚、行政强制和行政许可各类文书模板；开发了多方式的违法行为及适用法律、处罚标准的查询模式；建立了污染源重点监管对象GIS空间管理模块；提供了执法日志录入功能等。该系统所涉及的环境保护法律法规覆盖水、气、声、固废、辐射、建设项目等环保管理各领域。

市容和城管投诉政府公众信息处理系统正式启用

由市政府公众信息网管理中心组织开发的市容和城管投诉处理信息系统于10月10日正式启用。市容和城管投诉处理信息系统的应用，使市容和城管投诉做到了一口受理，节约了管理成本，实现了资源共享，工作效率将明显提高。

上海初步建立湿地保护GIS系统

上海地处长江河口，孕育了丰富的湿地资源，是全球238个生态热点区域之一。上海丰富的湿地资源是上海城市建设的重要生态基础，保护好湿地资源对于保障上海的城市生态安全具有重要意义。2006年，为准确掌握本市湿地资源的“家底”，为加强全市湿地资源的保护工作做好准备，本市林业主管部门在原有湿地调查数据的基础上，对面积大于100公顷的湿地信息进行梳理，组织专家进行了信息更新，完善了上海湿地资源信息库，初步建立了湿地资源信息管理系统。

本系统的建立将为本市湿地类型自然保护区、国际和国家重要湿地、有重要生物学价值的栖息地及其他面积大于100公顷湿地实行数字化动态管理奠定了坚实基础。本系统同时纳入了全市绿化林业GIS管理系统，实现了绿地、林地、湿地信息共享的GIS管理平台。

崇明东滩鸟类保护区地理信息管理系统开发成功

2006年9月，由崇明东滩鸟类自然保护区管理处和华东师范大学教育部城市遥感重点实验室联合主持开发的“上海崇明东滩鸟类国家级自然保护区地理信息管理系统”通过了专家的鉴定。这套系统的完成和应用将为保护区科学数据的共享提供了一个平台，有利于减少数据的重复采集及资源浪费，将发挥数据的综合效应，提高保护区科学研究水平。

该系统包括崇明东滩鸟类国家级自然保护区基础地理数据库、生境数据库、调查与监测数据库、文献资料库、多媒体资料库等，并在此基础上，利用ArcGIS开发了地理信息管理系统，具有查询统计、空间分析、趋势预测以及三维动态显示等功能。该系统的开发成功将有利于崇明东滩鸟类国家级自然保护区各类海量数据的有效管理，提高数据的安全性；且系统开发了一些实用的功能模块，能够更好的展示数据变化规律；同时也实现了地理信息系统与其他管理系统的集成，能在同一平台上开展不同的管理工作，极大提高了日常工作的效率。

环卫基础设施管理信息系统改进工作完成

原环卫基础设施管理信息系统已开发多年，存在数据量少、直观性不够、维护困难、实时性较差等缺陷。为弥补这些不足，市市容环卫局结合目前较为先进使用的地理信息系统和网络编程技术，对该系统进行了改进和提升。经过数据收集、数据校验、数据录入等步骤后，该系统新增了40层市容、环卫、城管等业务数据层，并开发了分权限维护系统，各区县和专业部门可对各自管辖的数据进行远程维护，系统的实时性得到了提高，同时也降低了维护难度。

地质资料电子阅览室正式投入使用

2005年底，市房屋土地资源管理局完成了地质资料电子阅览室的建设，并正式投入使用。该电子阅览室可供读者检索、借阅和浏览。截止到2006年底，电子资料阅览库已存入地质资料目录数据6890条，其中电子文档资料3122卷，占全部馆藏资料的42%。

地质资源目录查询服务开通

2006年，市房屋土地资源管理局在门户网站上开通了地质资料目录查询服务，共存资料目录6890条，并及时更新资料数据。全年提供成果地质资料查阅利用服务计1147人次、6200份次、19659件次；提供查阅利用实物地质资料2批次，计6个钻孔岩芯、270袋土样。

环境信息网站

“上海环境”网站改版

市环保局及信息中心以“上海环境”为载体，加强后台技术支持，并通过对网站页面、栏目的调整，丰富了网站内容，增强了市民对环保工作的参与度及为政府了解民意、集聚民智提供直接而快捷的渠道。2006年，网站重点增加了以下服务功能:

1.开通咨询投诉短信服务系统

该系统拓展了网站与市民快速沟通的渠道。手机用户可以直接发送短信，环保局网站管理人员即可在咨询投诉栏目中收到该咨询投诉信息；同时，咨询投诉的用户也可以通过电子邮件或手机短信的方式收到相关回复。短信服务系统的开通，方便群众不受时间、空间的限制通过手机短信或电子邮件反映各种问题，提出各种意见和建议，对于政府体察民情、了解民意、集聚民智，及时有效地处理人民群众反映的各种问题有着积极的作用。

2.开通“建设项目环境影响评价审批公众参与”栏目

根据国家环保总局有关要求，网站建立了建设项目环评审批系统的数据交换子模块，每天将新接收的受理信息从办公内网转入外网，在网站上公开，接受公众的留言；一定时限之后留言框关闭，随后这些公众评论信息将从外网转入办公内网环评审批系统，作为文档资料予以保存调用。

3.开通网上互动论坛栏目

2006年，网上开办了主题“如何创建环境友好型企业”的互动论坛，相关企业及部分市民参与了讨论。环保互动论坛的开通，对于增强市民环保意识及环保宣传有积极作用。

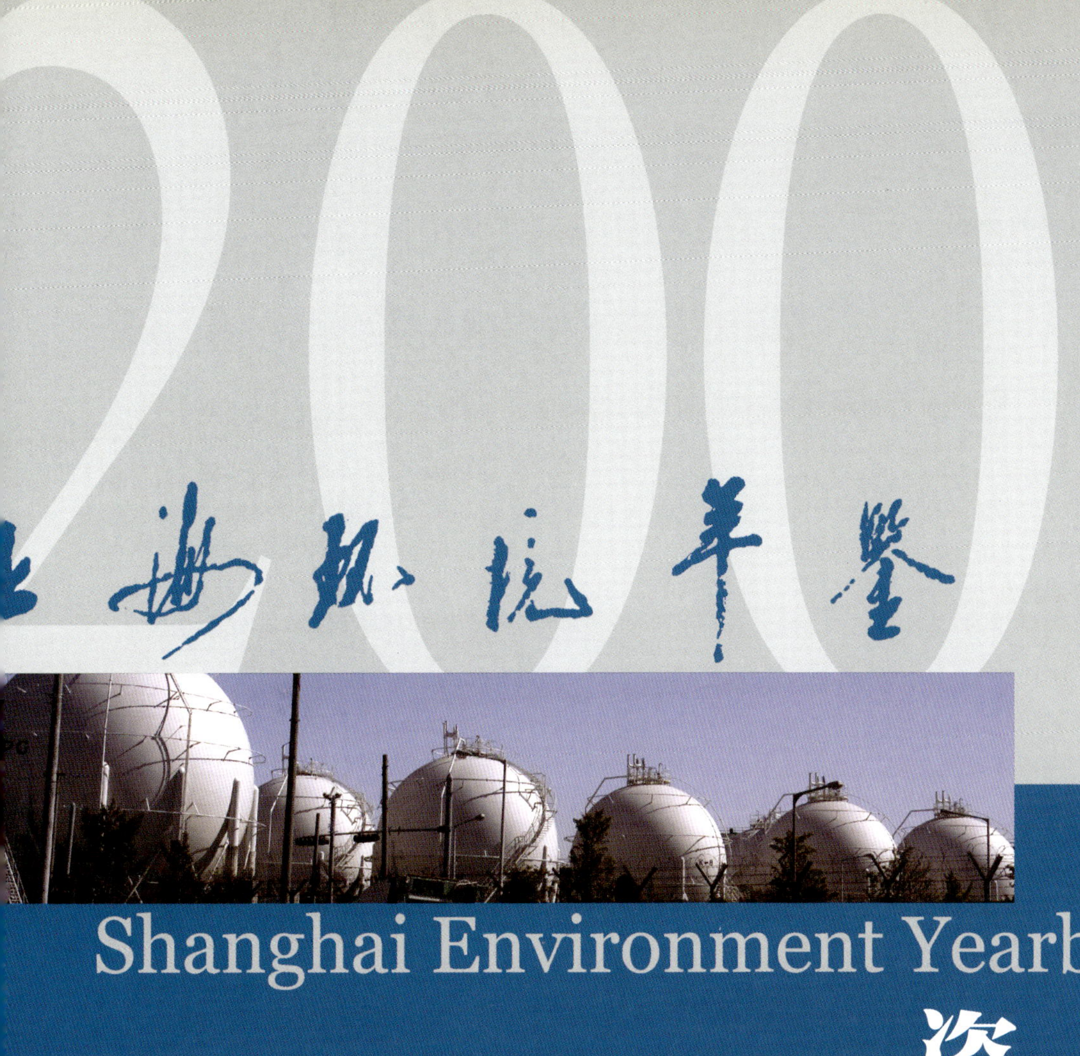

Shanghai Environment Yearbook 2007

资源保护与利用

水资源保护与利用

上海加强节水型社会（城市）建设

2006年6月6日，上海市人民政府批转了《关于本市巩固节水型城市创建成果加强节水型社会（城市）建设的实施意见》（沪府发〔2006〕15号）。

《实施意见》明确了上海市节水型社会(城市)建设总体目标是，到2010年，本市在巩固节水型城市创建成果的基础上，初步建成节水型社会(城市)框架，水资源利用效率和效益明显提高，万元GDP用水量下降到105立方米；计划用水率达到85%；工业用水重复利用率达到82.4%（不含火电）；污水处理率达到80%；人均居民生活日用水量控制在155升以内；农业灌溉水平均利用系数提高到0.75。

要实现节水型社会(城市)建设的主要任务，一是要加强宣传教育，增强全社会的水资源忧患意识和节约意识，营造节水的良好氛围。二是要加强法制建设，严格依法行政。三是要完善节水型社会(城市)建设的法规体系，按法定程序修订《上海市供水管理条例》、《上海市地面沉降防治管理办法》、《上海市取水许可制度实施细则》等。四是要调整产业结构，发展节水型工业，以火力发电、石化和化工、钢铁和电子等高耗水行业为重点，大力推广节水工艺、节水技术和节水设备，降低工艺取水量，发展节水型服务业，以宾馆、饭店、医院等用水量增长较快的相关行业为重点，推广节水型器具，加强冷却设施管理，制定强制更新标准，逐步实施节水型洗车。游泳场馆采用节水型冲淋设备，游泳池用水循环利用。

《实施意见》强调，要加强组织协调，建立节水型社会(城市)建设联席会议，由分管市领导任召集人，市有关部门为成员单位。各区县政府全面负责本地区的节水型社会建设，将节水责任和实际效果纳入目标管理责任制和干部考核体系中。

《实施意见》明确选择浦东地区、上海化学工业区两个工业园区，松江大学园区等10个校区，以及20个居民社区和100个企业作为节水型社会(城市)建设和示范试点，努力在节水型社会(城市)建设上取得重点突破。

上海向市民推荐“节水36计”

为配合全市正在进行的“创建节水型社会”活动，上海市供水管理处编制了“节水36计”的宣传资料，并于5月23日向市民推广，以便广大市民在日常生活中了解掌握，提高节水意识。

全市日供水能力达1138万立方米

2006年上海市共有自来水厂146座，比上年减少33座。全市日供水能力为1138万立方米，比上年增长3.8%。供水总量为29.19亿立方米，比上年增长1.9%。售水总量为23.30亿立方米，比上年增长2.2%。其中，工业用水量6.43亿立方米，比上年增长0.2%；公共生活用水量8.35亿立方米，，比上年增长1.0%；居民生活用水量8.53亿立方米 ，比上年增长5.0%。最高日供水量达1001万立方米，比上年增长6.1%。

2006年自来水供水情况表

指标	单位	合计
全市自来水综合供水能力	万立方米／日	1138
其中：地下水	万立方米／日	29.84
供水总量	万立方米	291908.2
售水总量	万立方米	233048.49
其中：工业用水量	万立方米	64296.54
公共生活用水量	万立方米	83502.02
居民生活用水量	万立方米	85249.93

（续表）

指标	单位	合计
免费供水量	万立方米	28461.58
漏损水量	万立方米	
最高日供水量	万立方米／日	1000.51
用水人口	万人	1815
供水管道长度	公里	26618.5
水厂个数	座	146

供水服务和集约化水平进一步提高

2006年，全市供水服务和集约化水平有新的提高。完成节水措施498项，检验各类水表60万余只，改造居民便器水箱4.2万套，万元GDP用水量从2006年的125立方米降至115立方米；控制地下水开采，全市地下水年开采量降至6800万立方米以下，比上年压缩9%；郊区供水集约化取得新进展，归并乡镇小水厂33座，新增集约化供水面积860平方公里、受益人口77万，全市累计集约化面积达1350平方公里，共131万人口受益。

土地资源保护与利用

冯国勤调研本市滩涂开发利用情况

3月9日，中共上海市委常委、常务副市长冯国勤率市发改委、市经委、市农委等市有关部门负责人赴崇明县调研本市滩涂资源开发利用情况和“十一五”期间滩涂资源开发利用规划。

在实地察看了崇明东滩湿地保护区、听取了市水务局关于“十一五”期间本市滩涂资源开发利用与保护的汇报后，冯国勤指出，滩涂资源是全市可持续发展的重要战略资源，做好“十一五”期间滩涂资源的综合开发利用是支撑全市发展的重要措施。要求市各有关部门以科学发展观为统领，遵循长江口、杭州湾河势演变自然规律，依据本市“十一五”总体规划纲要，统筹兼顾上海水源地建设、土地资源、湿地保护等对滩涂资源的综合需求，坚持“立足发展、兼顾长远、总体谋划”的观点，把握好“积极平衡、动态平衡、远近平衡和综合平衡”的关系，加快促淤，适度圈围，使滩涂资源的开发利用继续为上海经济社会可持续发展服务。

农田污染甄别与区域界定工作积极推进

在2002～2003年“上海市基本农田土壤环境质量普查”基础上，对重金属污染的农田地块开展甄别及区域界定工作。按照国家和农业部有关土壤环境质量标准，结合污染成因、农业利用现状和污染面积，对污染区域进行污染程度分级。对轻度污染的农田地块，采取修复改良与种植结构调整等技术手段，对严重污染、不适合种植食用农产品的地块则采取退出机制。2006年共有148亩农田退出而作其他农业用途。

地质资源保护与利用

矿产资源开采管理

采矿权审批和矿产资源储量管理　截止到2006年底，全市共设立采矿权115项，其中，96项为开采砖瓦用粘土，19项为开采饮用天然矿泉水。2006年度共批准采矿权延续登记115项，变更登记1项，注销登记3项。截止到2006年底，本市已探明的矿产资源共有三类五个矿种，即固体矿产—铜矿、砖瓦用粘土、建筑用安山岩；能源矿产—地热（医疗热矿泉）；水气矿产—矿泉水。其中，砖瓦用粘土及矿泉水已开发利用，地热（医疗热矿泉）及铜矿尚未利用，建筑用安山岩矿已禁止开采并全部关闭。已探明的矿种及储量已全部纳入储量登记统计系统。

矿产督察 按照《上海市矿产督察工作规定》的要求，规范矿产督察员的督察行为，对全市14位矿产督察员（其中部级督察员2位，市级督察员12位）进行业务培训和年度考核。各矿产督察员自觉履行矿产督察工作责职，依法做好矿产督察工作，全年共督察116个矿山、矿产资源勘查项目4个，现场督察次数240次，提交督察报告27份。经督察，本市绝大多数矿产资源勘查单位和采矿企业均依法持有勘查许可证和采矿许可证，采矿企业按规定办理了安全生产许可证；矿业权人能依法自觉履行法定义务，及时足额缴纳探矿权使用费、采矿权使用费和矿产资源补偿费；按规定接受年检，按时上报“矿产资源开发利用情况基础表”等相关材料；资源利用水平和安全生产意识明显提高；保护耕地、保护生态环境、保护好本市有限矿产资源的自觉性明显提高；未发生重大安全生产责任事故。

矿产资源补偿费、探矿权采矿权使用费核定、征收工作 全年对本市116家矿山企业核定、征收矿产资源补偿费623万元（其中矿泉水矿190万元，砖瓦粘土矿433万元），超额完成了国土资源部下达200万元的征收任务。征收探矿权使用费6.31万元，采矿权使用费7.48万元，全面完成了探矿权采矿权使用费征收任务。

矿山企业年检和矿山统计年报工作 全市有108个矿山企业接受了2006年度年检，年检率93%，实地抽检矿山数93个，抽检率86%。其中，要求整改矿山企业4个，年检不合格企业4个。据统计，全市共有各类矿山企业116个（其中砖瓦粘土矿96个，矿泉水矿20个），从业人员8310人，年采固体（粘土）矿石量281.98万吨，液态（矿泉水）矿石量53.62万吨，工业总产值38164.87万元。

地质灾害防治

加强了汛期地质灾害防治。经市政府同意，编制印发了《2006年上海市汛期地质灾害防灾预案》；开展了汛期地质灾害防治培训。

强化了突发性地质灾害的应急防治。按照《上海市人民政府突发公共事件总体应急预案》(沪府[2006]10号)的精神，编制完成《上海市处置地质灾害应急预案》，经市政府批复同意，组织实施。

开展了地质灾害危险性评估。2006年全市共有53个主要建设项目进行了地质灾害危险性评估，其中一级评估20个，二级评估13个，三级评估20个，并已全部登记备案。

上海市三维城市地质调查情况

上海市三维城市地质调查项目整体进展顺利，已取得阶段性成果并及时提供社会利用。2006年主要完成了基础地质、水文地质、工程地质、环境地质基础资料收集和各项数据库建设；基本完成三维城市地质调查信息系统的构建与调试工作；地球化学调查、地质环境容量评价等专题研究正常推进；临港新城规划区和世博会会址区两个示范区的调查成果通过专家评审，于11月份移交有关单位正式使用，并在工程建设中发挥了积极作用；土壤地球化学调查成果为建设以人为本的人居环境、科学编制土地利用规划提供了基础信息。对项目的初步成果以及成果的广泛应用，中国地质调查局和上海市人民政府都给予了充分肯定。

矿产资源勘查监督管理

2006年度本市登记并颁发矿产资源勘查许可证3项，其中延续2项，保留1项。截止到2006年底，本市有效矿产资源勘查项目4项，其中地热资源勘查项目3项，建筑用砂资源勘查项目1项，累计登记区块勘查面积271.93平方公里；同时开展了对探矿权人法定义务履行情况的检查工作，完成了探矿权年检工作，未发现有违法勘查行为。

矿泉水注册登记及水源地检查

2006年对全市32家单位34口注册登记矿泉水井水源地保护情况进行了检查，其中合格22口，封井7口，整改5口。另外，变更矿泉水注册登记证4口。通过严格管理，促进了饮用天然矿泉水水源地保护和饮用天然矿泉水产业的健康发展。

地质环境和地质勘查行业准入管理

继续强化地质灾害防治资质管理。至2006年底，全市共有地质灾害危险性评估资质单位10家；地质灾害防治勘查资质单位8家、设计资质单位5家、施工资质单位5家、监理资质单位1家。

为规范地质勘查市场准入，根据国土资源部的统一部署，组织开展了全市地质勘查资质注册登记工作，截止到2006年底，全市共有10家单位注册登记了8个类别共计27个地质勘查资质。

地面沉降的监督和防治

5月8日，市政府常务会议审议通过了《上海市地面沉降防治管理办法》，并于8月24日正式颁布。该办法对地面沉降监测、预防、治理和信息发布等进行了明确规定，上海市地面沉降防治工作全面纳入法制轨道。6月27日，市政府正式批准并同意组织实施《上海市地面沉降“十一五”防治规划》。《办法》与《规划》的出台充分体现了上海市委、市政府对地质工作的高度重视。

进一步调控地下水开采与人工回灌，确定了2006年度地面沉降控制目标，编制了《2006年度上海市地下水开采与人工回灌方案》。2006年度全市平均沉降7.5毫米。其中，中心城区沉降8.3毫米；郊区沉降6.7毫米，较2005年度沉降量进一步减少，达到了年初制订的预期目标；协同国土资源部研究建立长三角地质灾害防治区域联动机制；推进了地下水人工回灌专项试验工程建设；组织编制全市专门回灌井规划(2006～2010)；开展了工程建设引发的地面沉降问题研究，建立了工程性地面沉降防治管理若干制度；对重大市政建设项目，继续推行了预防地面沉降为主的地质灾害危险性评估工作。

2005年度、2006年度地面平均沉降量统计对比表（单位：毫米）

区域	2005年度	2006年度
中心城区	8.8	8.3
郊区	7.9	6.7
全市	8.3	7.5

注：中心城区指外环线以内的660平方公里区域。郊区指外环线以外的5680平方公里区域。

地下水的利用、开发与保护

2006年度全市地下水开采与回灌量情况图

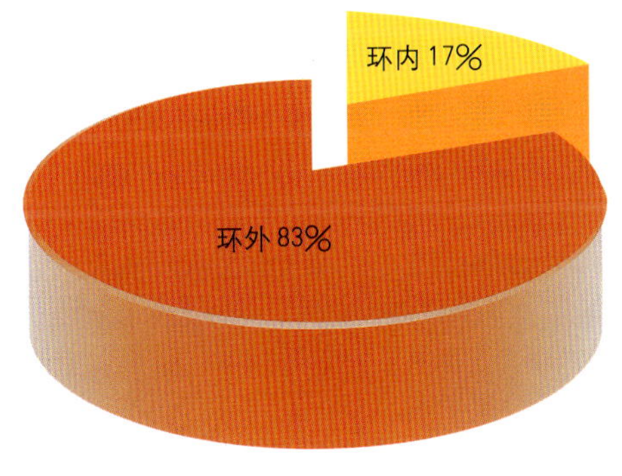

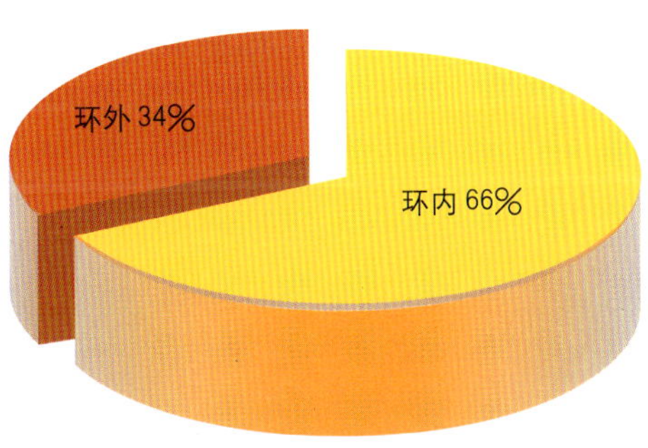

1. 地下水开采量和回灌量

根据水务系统的统计，2006年度全市地下水总开采量为5713万立方米，较2005年度减少了1738万立方米；人工回灌量1555万立方米，较上年增加50万立方米；2006年度中心城区、郊区的开采量和回灌量情况见图。

本年度上海市地下水开采与人工回灌格局基本保持不变：全市地下水开采的季节性差异已不明显，呈现常年性开采的特点（见图）；地下水开采空间上仍以浦东新区、崇明县为主，开采层次上以第四承压含水层为主；地下水人工回灌则主要集中于杨浦区、崇明县，回灌层次上以第二承压含水层为主（见图）。

2006年度全市地下水开采、人工回灌量时间分布图

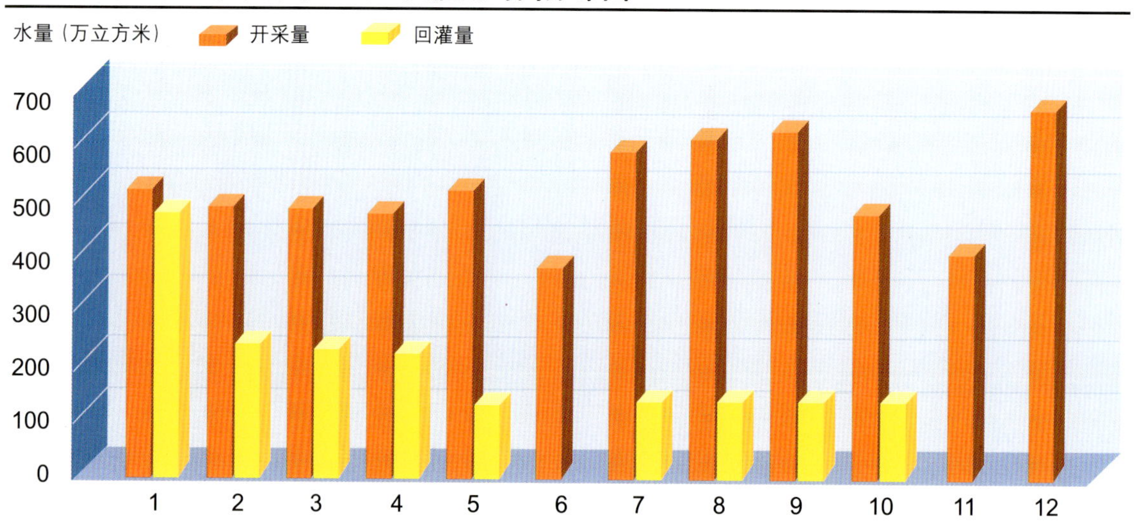

2006年度全市地下水开采、人工回灌量层次分布图

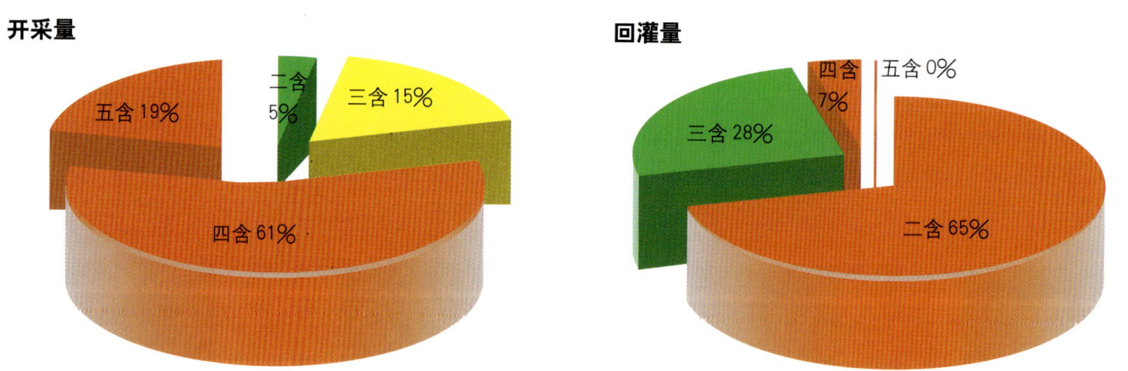

地下水水位动态

中心城区第二、三、四、五含水层地下水位均表现出与去年同期相似的上升态势，幅度分别为0.02～1.81米、0.02～2.60米、0.15～1.91米、0.01～2.07米。

郊区陆域北部大部分地区地下水位总体表现为上升的态势，南部的金山区、奉贤区、南汇区等各承压含水层地下水位略有下降，岛域的崇明县第二、三承压含水层水位基本持平，而第四、五、承压含水层有所上升。宝山区、浦东新区、嘉定区、闵行区、青浦区第四、五承压含水层较去年同期上升幅度较大，约1.5～5.5米，同时，受江苏地下水开采量压缩影响，崇明县第四承压含水层水位上升较明显，而金山枫泾—吕巷地区第二、三、四承压含水层水位较去年同期均下降了0.3米左右。本市典型地区地下水位变化情况见图。

典型地区2000～2006年地下水位变化情况

杨浦区第Ⅳ承压含水层地下水采灌、地下水位对比曲线

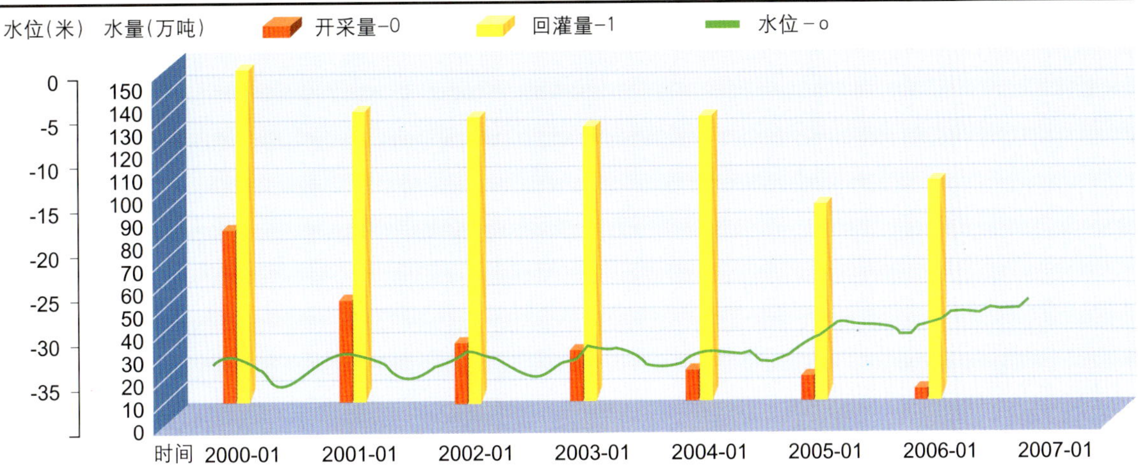

宝山区第Ⅳ承压含水层地下水位曲线

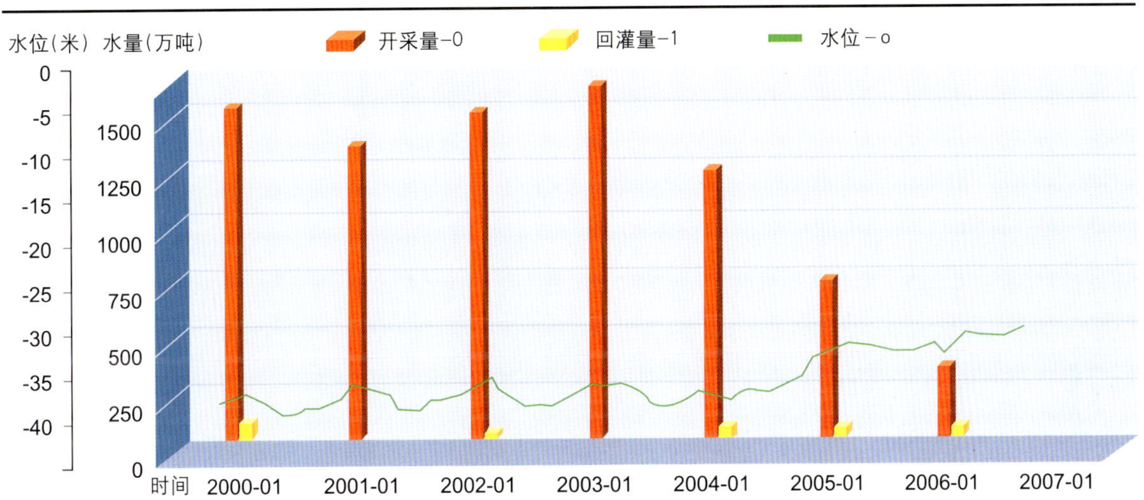

嘉定区第Ⅴ承压含水层地下水位曲线

2．矿泉水

2006年对19家单位的注册登记矿泉水井水源地保护情况进行了检查，其中18家单位合格，对另外存在问题的矿泉水井及时提出整改。

至2006年，本市可开采矿泉水资源量1260万立方米;2006年实际开采矿泉水总量60万立方米左右，有通过国家级注册登记的矿泉水水源数2个，通过省级注册登记的矿泉水水源数32个。本市检查合格的矿泉水水源地情况见表。

2006年上海市合格的矿泉水水源地一览表

序号	矿泉水水源地单位名称	矿泉水井编号	沪矿水注字
1	三得利啤酒（上海）有限公司	海94–1、海94–2	[2004]01号、02号
2	上海锦江麒麟饮料食品有限公司	宝173–2	[2004]03号
3	上海银杏树矿泉水有限公司	嘉96–2	[2006]03号
4	上海正广和饮用水有限公司	杨147–5	[2004]07号
5	上海思源天然矿泉水有限公司	普113–1	[2004]08号
6	上海松江花桥现代化农业有限公司	松31–1	[2004]10号
7	上海川崎食品有限公司	川34–1	[2004]11号
8	上海绿溪矿泉饮料有限公司	汇28–1	[2004]12号
9	上海沪峰矿泉水饮料厂	海98–1	[2004]13号
10	上海海鹰机械厂	宝102–1	[2004]14号
11	上海国奥工贸实业公司绿茵饮料食品厂	宝180–1	[2006]01号
12	上海东申天然矿泉水有限公司	川22–1	[2004]16号
13	上海久源矿泉水厂	松29–1	[2004]19号
14	上海天宝矿泉水厂	金27–1	[2004]20号
15	上海三和饮料有限公司	川62–1	[2004]22号
16	上海密纯饮料食品有限公司	嘉148–1	[2006]04号
17	上海高热实业美凌饮用水厂	浦66–3、浦66–4	[2004]25号、26号
18	上海航宇矿泉水厂	松6–6	[2004]27号
19	上海鸿达饮料有限公司	奉16–1	[2006]02号
20	红路水处理技术管理公司	青5–1	[2004]30号
21	上海豫园旅游商城股份有限公司	南12–1	[2004]33号
22	上海晨光林业开发有限公司	松32–1	[2004]34号

相关链接

控制地面沉降 上海地下水开采将递减只对啤酒饮料等倾斜

（新闻晨报首席记者 罗剑华）利用5年的时间，将上海地下水开采的规模从2005年的每年7452万立方米，压缩至2010年的2500万立方米以内。昨天，市水务局透露，为控制地面沉降、合理开发地下水资源，上海已经确定了每年递减开发地下水1000万立方米的管理目标，2006年的计划开采量控制在6800万立方米以内。

上海市水务局副局长沈依云昨天透露，早在2003年，上海已经对地下水开采实行总量控制，统计至2005年为止，上海历年的地下水开采量分别为9700万立方米、8700万立方米和7452万立方米，开采规模每年递减1000万立方米。根据市水务局的安排，今年上海的地下水开采规模仍将进一步压缩，计划开采量在6800万立方米以内，与此同时，回灌地下水的总量却要增加到1500万立方米。“我们的设想是，到2010年，上海地下水开采、回灌量基本持平。”沈依云说，届时，上海地下水的开采规模将减少到每年2500万立方米，达到建国以来的最低标准，通过等量回灌，上海对地下水资源的开发将不再有“亏空”。

在总量受限的前提下，上海对地下水资源的开发将遵循“优水优用”的原则。即地下水的利用将对啤酒、饮料、矿泉水等行业相对倾斜，而在公共供水（主要是乡镇小水厂）、工业冷却、养殖业等，对水资源消耗量较大的领域，地下水开采将受到严格限制。

目前，通过集约化供水，上海已经关闭了数百家乡镇小水厂，2004年至今，全市还关闭了各类深井31口。

近期，水务部门还计划通过新建水厂的方式，对现存长兴岛内的18口深井饮用水全部关闭。沈依云还透露，在地面沉降较突出的超采区，水务局今年将新开26口多用途采灌井，他们在对重点地区加强地下水回灌同时，也可为突发性事件提供应急取水水源。

《解放日报》2006-2-23

地下水污染现状调查工作启动

为贯彻落实《国务院关于落实科学发展观加强环境保护的决定》精神，全面遏制我国地下水污染趋势，改善地下水环境质量，保障城乡居民饮用水安全，国家环境保护总局与国土资源部决定联合开展《全国地下水污染防治规划》（以下简称《规划》）编制工作。《规划》编制工作确定辽宁、江苏、浙江、天津等四省（市）为试点地区，开展本辖区地下水污染防治规划编制工作，包括上海在内的其他省（自治区、直辖市）开展本辖区地下水污染现状调查工作。各省（自治区、直辖市）的规划编制与现状调查工作均要求于2007年6月完成，而整个《规划》的编制工作将于2007年12月完成并上报国务院审批。

本次地下水污染现状调查工作以集中式地下饮用水源地为重点，主要内容为调查、收集与分析地下水环境质量状况和污染特征、地下水水源地分布与特性、污染防治工程与监测系统状况等已有研究成果和数据资料，并在此基础上提出地下水污染防治的技术措施、工程措施和政策措施。

经与市房地资源局协商，本市地下水污染现状调查与评价工作将由上海市地质调查研究院与上海市环境监测中心共同承担。2006年，两家单位已派员参加了国家环保总局与国土资源部在北京举办的《全国地下水污染防治规划》编制技术培训，并正在制定调查实施工作方案。

渔业资源保护与利用

鱼种资源增殖放流与中华鲟放流

2006年市区两级共投入815万元经费，在黄浦江上游水源保护区、淀山湖及其他主要水域放流青、草、鲢、鲤、鲫、鳊等鱼种23.47万公斤，放流鲢、鲤、鲫、鳙夏片6364万尾，放流暗纹东方鲀、花鲈等长江特色鱼类167万尾，放流中华绒螯蟹180万只，放流青蛤1504万只。此外，加强长江口中华鲟保护区建设，对长江口中华鲟自然保护区及其周边水域进行了四次大规模的生态环境及渔业资源定点调查，基本摸清了水文、水质、污染物等关键生态环境因子基本情况以及季节动态变动规律，并举办了“关爱中华鲟、你我共行动”的长江口中华鲟放流活动，共放流3349尾各类中华鲟。

人工投放鱼虾贝藻

43万尾鱼苗放流东海

晨报实习生沙煜博 记者陈抒怡报道 昨天一大早，30余位市民亲手将43万条鱼苗放进大海。这是今年由东海渔政局举办的一次渔业增殖放流活动，30余位市民是认购放流苗种的代表。

来自加拿大的MARKJADINE是认购代表中唯一的老外，他告诉记者，当得知有认购鱼苗活动后，他和太太提前3个小时就到了认购现场，这次他们夫妇一共认购了1200尾大黄鱼，希望它们能更好地繁衍。放流现场最小的认购代表是8岁的小学生智皓位，因为年龄太小，原本主办方不准他登船，为此皓皓还专门写信给渔政部门恳求参加，最终渔政部门满足了他的要求。

这次放流的鱼类品种包括大黄鱼50万尾、海蜇1100万只、黑鲷10万尾和一部分三疣梭子蟹，均为东海“土著鱼”。其中，社会个人共认购了43万多尾苗种，认购金额近4万元。这些放流苗种已经被做了标记，几年后，专家将根据事先“绑”在鱼身上的标志，对放流成果作出评估。

《新闻晨报》2006-6-26

可再生资源利用与新能源开发

2006年能源消费和可再生能源利用情况

2006年全市综合能源消费总量8967万吨标准煤，比上年增长7.9%。全市用电量990亿千瓦时，比上年增长7.4%；天然气23.7亿立方米，比上年增长26.3%。

按照《上海市开发利用太阳能行动计划》，2006年本市安装完成近130家养老机构太阳能热水系统，集热面积8000多平方米；成立了上海太阳能工程技术研究中心；建设崇明前卫村兆瓦级光伏发电项目。年底前完成了东海大桥10万千瓦海上风电项目业主招标工作。

月饼适度包装推广工作初见成效

7月14日，有76家企业与市经委有关部门签订了月饼适度包装行业自律承诺书，为净化月饼市场做出了贡献。承诺书主要内容：一是月饼礼盒无搭售；二是月饼包装自觉瘦身，适度包装合格率达到95%；三是月饼盒瘦身降低成本，越来越多厂家采用纸盒包装，同时也平抑了价格。

上海接受居民个人认购“绿色电力”

2006年，作为全国率先实施“绿色电力”机制的城市，继15家企业单位订购“绿色电力”后，上海开始接受居民个人认购。

为缓解经济发展与能源供给、环境保护之间的矛盾，上海于2003年9月启动“绿色电力”机制示范工程，通过太阳能、风能等发电，减少煤电产生的二氧化碳对环境的污染，提高再生能源利用率。

由于利用太阳能、风能发电的投资成本较高，约为火电的10倍和两倍，因此这些“绿电”的价格比煤电高。上海目前“绿电”认购价格为每千瓦时（度）1．14元，比常规电价高0．53元，客户的“绿电”认购费用将全部用于发展绿电和平衡成本。专家称，风力发电每千瓦时可相应减少960克二氧化碳的排放量，创造至少0．25元环境效益。

上海“绿电机制”实行政府推动、用户自愿认购的运作模式，企业客户可按照规定的基本单位和最低份额确定认购。居民每年认购“绿电”最低额度为120千瓦时。客户可通过电话、信函、登录上海绿色电力网站或到电力公司有关营业网点提出购买申请。

能源结构调整与节能

单位GDP能耗比上年下降4%

2006年，上海国民经济平稳增长。经国家统计局联审通过，全年实现生产总值（GDP）10296.97亿元，按可比价格计算，比上年增长12%。与此同时，单位GDP能耗比上年下降4%。

市经委积极推进节能降耗工作

节电工程设备

2006年，上海市经委在节能降耗工作方面，重点开展了以下几项工作：

1．指标分解及考核体系。2006年，市经委会同市统计局、市国资委根据全市工业万元增加值能耗“十一五”期间下降30%的目标，按照条块结合的原则，对各有关控股（集团）公司、区县、电力行业企业分解、下发了各区县、集团公司工业产值能耗下降指标。同时，初步建立考核机制。一是市国资委将市属国有企业的节能降耗指标纳入国有企业领导干部的考核中；二是在2006年5月中旬对一批节能工作成绩突出的单位和个人进行了表彰奖励；三是2006年11月17日至12月5日市节能监察中心开展了节能专项检查。采取以自查为主，自查与监督检查相结合的方式，对全市百家年耗能5万吨标准煤以上的重点用能单位进行节能降耗专项监察。

2．积极推进重点用能单位管理。已会同市统计局、委托上海市节能协会开展对全市年耗能量在5000吨标煤以上的600多家工业企业的能源消费情况的调查工作。在调查的基础上，制定相关重点用能单位管理办法，加强对重点用能单位的跟踪监控，制定有关能源利用状况报告和公示制度。

另外，根据国家发展改革委办公厅《关于做好签订千家企业节能目标责任书等工作的通知》（发改办环资[2006]1381号）文件精神，市经委根据本市的实际情况，对节能目标进行分解，召集全市列入千家企业名单的11家企业和相关集团公司召开了工作会议，编写了《节能目标责任书》，部署了签约活动方案。全市有22家集团公司与市经委签订了《节能降耗责任书》，为全市工业商业系统开展“十一五”节能工作打下了坚实的基础，起到示范引领的作用。

同时，会同市统计局、委托市节能协会针对全市年耗能量在5000吨标煤以上的600多家工业企业的能源消费情况开展调查。特别是针对三季度能耗总量上升较快的严峻形势，围绕实现全年总体目标，及时采取对策，落实措施，狠抓用能大户的节能工作。在制定并实施四季度电力迎峰度冬节电措施时，排出电力调度运行计划，调整发电机组，尽量选用能效高的机组，降低发电煤耗。

3．重点实施10项节能工程，鼓励企业开展余热发电。“十一五”期间，为了强化能源终端需求管理，本市将重点实施10项节能工程，2006年主要开展了余热余压利用节能工程。钢铁、化工、纺织等高耗能工业行业中，许多工艺环节余热、余压回收利用节能潜力较大。市经委鼓励企业开展钢铁行业高、焦、转炉煤气回收利用，冶金、石化、化工、建材和纺织等行业余热利用、冷凝水回收及锅炉压差发电等项目。目前全市拥有资源综合利用发电企业21户，发电机组总装机容量45万千瓦（若加上宝钢3台35万千瓦高炉煤气机组，则全市余热发电总装机容量为150万千瓦）。2005年度发电15.8亿千瓦时（相当全市一周的用电量）。

4．全力推进合同能源管理，开展节能技术项目改造。一是积极开展合同能源管理。目前本市已有能源服务公司46家。广泛开展各类合同能源管理节能项目300多个，改造设备提高能源利用率，例如新亚药业循环冷却水系统节能改造等，东方明珠、市委办公厅等空调改造；利用峰谷电价差节约开支，例如紫丹印务冰蓄冷及带热回收空调节能改造等；二是推进企业节能技术改造项目实施。2006年，已申报节能技改项目107个，总投资约28亿元，预计节能量48万吨标准煤，其中2006年已实施项目20个，总投资约4.2亿元，节能量约10万吨标准煤。

上海清洁生产稳步实施

一、建立联合推进清洁生产管理机制

2004年至2006年市财政每年拨专款500万元，用于补贴清洁生产试点示范企业。上海市推进清洁生产办公室在各个层次的清洁生产宣传培训和清洁生产试点示范工作发挥了组织和指导作用，有力地推进上海市清洁生产各项工作全面扎实深入地发展。

二、建立清洁生产公共服务平台

至2006年10月，已建立了上海市清洁生产公共服务平台，为企业提供网上清洁生产的动态信息、循环经济、生态工业和清洁生产案例、政策法规等有关内容。依托本市工业系统、大专院校和科研院所雄厚的科技力量建立了本市清洁生产专家库，共有600多名以教授级高级工程师为主的行业专家成为本市清洁生产专家库的基本成员，涵盖了化工、冶金、医药、发电、纺织、机电、轻工、电镀、新材料等众多行业，为中小企业提供清洁生产技术服务和技术咨询。

三、开展清洁生产宣传和培训

组织了一批有实践经验的专家编写教材《清洁生产培训资料汇编》。该资料汇编主要包括了清洁生产概述和清洁生产审核两大部分，其中还收录了我国清洁生产的相关法规和政策以及上海市清洁生产的成功案例。该汇编已作为上海市清洁生产内审员和企业清洁生产培训的基本教材。编写了《上海市清洁生产试点示范企业清洁生产案例选编》，这些清洁生产的经验和成功案例通过新闻传媒广泛宣传，部分案例已被上海市发展改革委员会列为企业发展循环经济的成功典型。

截止到2006年10月，已为本市清洁生产试点示范企业开展了6期清洁生产内审员培训，使他们掌握了企业清洁生产审核基本程序和方法，壮大了各试点示范企业的清洁生产审核队伍。与国家清洁生产中心联合开展清洁生产审核师培训，上海市绿色工业促进会和上海环境科学研究院清洁生产的专业人员深入到试点示范企业内部，为企业中层以上的管理人员和清洁生产工作小组开展清洁生产培训，参加培训人员总计达1500多人。

同时上海市推进清洁生产办公室还与钢铁、化工、电镀等行业联合开展了对企业领导和管理层人员的清洁生产培训。试点企业要求职工对清洁生产的认知率达90%以上。2006年开始，本市将清洁生产列入了全市节能管理干部培训的主要内容之一。

四、开展清洁生产试点示范

为全面推进本市的清洁生产，在上海市第二轮环保三年行动计划期间（2003～2005年）选择了有代表性的50家企业开展清洁生产试点示范。各个试点示范企业的清洁生产方案涉及产品设计、清洁工艺、清洁设备改造、过程控制、清洁产品、清洁能源、余热利用、废弃物循环利用、有毒有害原料替代、水的重复利用、加强管理和人员培训等方面。第三轮环保三年行动计划期间（2006～2008年）又选择了有代表性的50家企业开展清洁生产试点示范。2006年10月始，10多家试点示范企业已开展清洁生产审核。

五、加强对“双超”和“双有”重点行业和企业的清洁生产审核力度

根据国家发改委和国家环保总局有关文件的要求，加强对“双超”和“双有”重点行业和企业的清洁生产审核力度。将上海华联制药有限公司、中国石化上海高桥石油化工公司、上海宝山月浦电镀厂作为重点企业清洁生产审核试点。2006年10月，市环保局又挑选了两家“双超”企业和两家“双有”企业作为重点企业清洁生产审核试点，为明年全面推进积累经验。

六、发挥行业协会作用

上海市电镀行业协会在调研的基础上制订了行业清洁生产规划，年初召开了企业动员大会，确定了上海造币厂等11家企业作为行业清洁生产试点，并在电镀行业中推广上海市轻工业研究所有限公司推出的电镀镀镍废水资源回收项目。至2006年三季度，该项目共在36个电镀点安装了60套回收装置，共回收我国主要依靠进口的镍8吨，每套装置每小时可回用中水1吨，年节水可达30万吨以上。

节能降耗突出“三个到位”

余热余压利用节能工程

2006年，市经委从加强宣传教育、加快推进节能技术改造、加大重点用能单位管理、提高能源利用效率等方面开展节能工作，突出“三个到位”:

一是目标明确到位。根据全市工业万元增加值能耗“十一五”期间下降30%的节能降耗任务，市经委进一步分解了工业节能降耗指标，将节能降耗指标逐级落实到最基层的有关责任单位，并会同市国资委、市统计局把节能考核责任和成效纳入干部考核体系中，对重点耗能大户进行及时而有效的监测和调控，逐步建立和完善万元生产总值综合能耗指标公报制度和能耗利用状况报告制度。

二是工作落实到位。2006年市经委按照“发展优势产业，稳定均势产业，淘汰劣势产业”的原则，继续大力推进产业结构调整，推动产业升级，2006年全市淘汰劣势企业600多家，综合能耗约50万吨标煤。并组织编制《上海产业能效指南（2006版)》、《常用节能技术指导目录》、《上海市节能产品应用推荐目录》（第一批）等工作，为指导本市开展节能降耗及淘汰劣势企业工作提供依据，为指导区县招商引资、建设节约型工业园区设立项目准入关。同时以效率为本，抓好“三大节能重点”，即重点用能单位、重点用能设备和重点产品单耗。目前部分企业已申报节能技改项目107个，总投资约28亿元，预计节能量48万吨标准煤，其中2006年已实施项目20个，总投资约4.2亿元，节能量约10万吨标准煤。

三是力量集中到位。节能降耗是综合性很强的工作，各相关委办、部门形成合力，在淘汰高耗能、高污染、低效益企业和淘汰落后产品、设备，实行国家能效标准，加强节能法规制度建设，调整和完善以合同能源服务为主的管理机制等方面，切实取得了一定的成效。目前本市已有能源服务公司46家，广泛开展各类合同能源管理节能项目300多个。另外，市经委根据国家统一部署，与相关委办一起开展了“节约能源，从我做起”的主题活动，组织了节能产品技术博览会和节能论坛，并在工博会举办了“建设资源节约型社会: 城市、产业和谐发展”2006市长与CEO对话论坛，上海科学节能展示厅于7月初建成，已接待近万人次参观学习，起到了良好的社会宣传效应。

上海建成首座燃气电厂

由上海设计、安装、调试和建造的沪上第一座燃气电厂——华能石洞口燃气厂于2006年全线并网发电。

华能石洞口燃气电厂是国家“西气东输”的配套建设项目和上海市重大工程之一。从开工到建成投产仅用了15个月的时间，创造了我国百万千瓦以上装机容量等级的燃气电厂安装建设的最快速度。

整个工程共安装了3套F级重型燃气轮机单轴联合循环机组，通过168小时满负荷试运行后投入了商业运行。在今年用电高峰期间，先期投产的1#、2#机组，为上海电网发挥了关键的调峰作用。两台40万千瓦天然气发电机组共参与电力调峰29次，调峰响应率100%，后停成功率100%。7月19日，上海电网负荷达到了1880.8万千瓦的历史最高值，当天华能石洞口燃气电厂为上海电网提供了顶峰电力43万度电／时，同时还备用37万度电／时，保证了上海电网的稳定、安全，随着电厂的全面建成投产，标志着上海首座天然气发电厂的顶峰电力能力增加到了120万度电／时，增强上海电网在用电高峰时段的调控、适应能力。

上海电气加速推进燃气机完全国产化，成功打破了以往国外厂商对该市场的垄断，改变了以前中国燃气机发电设备要依赖进口的局面。

宝钢等11户重点用能企业签订节能目标责任书

宝钢等11户列入国家《千家企业节能行动方案》的重点用能企业，7月5日与市经委签订节能目标责任书。

国家有关部门已将全国1000余家年综合能源消费量在18万吨标准煤以上的企业列为“十一五”期间国家用能和节能重点企业，上海共有11户企业入围，分别是：宝山钢铁股份有限公司、上海三钢有限责任公司、中国石化上海石油化工股份有限公司、中国石油化工股份有限公司上海高桥分公司、中国石化上海高桥石油化工公司、上海焦化有限公司、上海氯碱化工股份有限公司、上海吴泾化工有限公司、上海电力股份有限公司、上海卡博特化工有限公司、上海中远化工有限公司。这11户企业2005年综合能源消费总量约2600万吨标准煤，占全市能源消费总量的36%和工业能源消费总量的58%。

11户企业承诺将坚持节能优先方针，明确节能工作责任，落实节能任务目标，推广节能技术，加大节能宣传教育，确保上海实现“十一五”全市GDP增加值能耗下降20%、全市工业增加值能耗下降30%的节能目标。

宝钢股份有限公司不锈钢分公司厂区

外高桥建设节能示范粮仓

2月26日，上海良友（集团）有限公司与上海建科节能技术有限公司签订协议，双方就中国最大粮食现代物流基地之一——外高桥粮食储备库的电力节能、建筑节能采用可再生能源利用、电厂余热综合利用，以及提高建筑围护结构热工性能、降低空调系统能耗、道路照明节能新技术等方面进行项目合作。

2005年3月开建的外高桥粮食储备库及码头项目占地1020亩，总投资逾15亿元，建成后可储备35万吨粮食，储备及周转食用植物油20万吨，还附建有大米、面粉、植物油等加工车间。

上海《新能源汽车推进项目指南》公布

2006年，上海有关部门公布了《新能源汽车推进项目指南》(2006　2008年度)，新能源汽车的研发正在本市加速推进，预计到2010年将有6万辆新能源汽车上路。

按照《指南》的要求，从2006年开始到2008年，本市将进行混合动力轿车动力系统关键技术研发，形成具有自主知识产权的核心技术，在节油与排放等方面达到国际同类产品先进水平。2008年混合动力轿车将达到批量生产能力，完成500辆混合动力轿车，带动混合动力汽车产业链的发展。

新能源汽车主要分为氢动力的燃料电池汽车、兼含电能和燃料推动的混合动力汽车和使用二甲醚等能源的代用燃料汽车。

根据《指南》要求，混合动力公交车队和出租车队将有望建立，同时还要成立示范运行区和维修基地，设计和实施相应的培训、运行和管理体系，收集和整理运营数据。

根据《指南》要求，燃料电池汽车方面，年内将完成燃料电池客车样车试制，进行道路试验；2007年完成燃料电池客车满足商业化示范运行的认证试验，到2008年生产燃料电池客车不少于10辆并进行商业化示范运行。

上海市目前已有10余辆燃料电池汽车投入示范性运行，在运行的过程中，不断改进和完善。现有的燃料电池汽车所需的氢量不多，但目前上海也只有嘉定的一家燃料电池客车“加氢站”。随着燃料电池客车的大量投入使用，加氢站会随之增加。

根据《指南》要求，到2008年，将力争建立二甲醚燃料城市公交车队，实施二甲醚燃料城市公交车队示范，积累运行与管理经验，完善二甲醚燃料汽车技术、推动国产关键零部件和装备的应用，为大规模商业化推广应用打下基础。

液压混合动力城市公交车

年产5000吨的二甲醚装置目前已经建成投产，到明年将完成30辆示范车辆生产，到2008年力争组建至少一个由二甲醚燃料城市客车组成的公交车队，车队车辆不少于30辆，排放指标不低于国3标准；公交车示范运营线路单程不短于8公里。

超级电容车上线试营运节能环保效果佳

超级电容车使用超级电容作为驱动能源，达到环保和节能降耗的目的。在2005年完成样车的研制、开发工作，并经过试验路线、工博会试运行后，于2006年8月29日起在11路公交线路上正式上线试营运。上线以来，收到较好节能环保效果。

推广节约洗车用水技术

根据建设节约型城市要求，为解决洗车用水浪费现象，机动车车容保洁专业委在清洗作业会员中开展节约洗车用水调查。举办节约洗车用水讲座，普及节约洗车用水知识，宣传、推广利用循环水洗车，鼓励采用无水和微水洗车新技术。并帮助现有车辆清洗场站安装一批循环用水洗车设备，使节约洗车用水工作取得了较明显的效果。蒸汽洗车等新技术的推广也取得了很好的进展。《人民日报》2006年6月8日还对协会会员单位上海新世界绿英经济发展有限公司自行研制成功的蒸汽洗车设备投入使用后的节水效果作了专题报道，受到社会关注。

变频空调“节能身份证制度”出台

经上海市质量技术监督局审查批准，国内首部变频空调能效地方标准，2006年在上海率先出台，从6月1日起，所有未达标的国产或进口变频空调，一律不得进入上海市场，所有入市销售的变频空调，均须持有明示节能效率的“能效明示卡”。

由上海交电家电商业行业协会等牵头，并获得中国国家标准化研究院等全力支持，国内家电行业历经近一年的探索和反复论证，由市技监局以沪质技监标[2006]6号文形式正式发布的《变速(变频)房间空气调节器能效限定值及能源效率等级》，系我国首部有关变频空调能效认定的地方标准。该标准将变频家用空调能效水平划分为5个等级，等级1表示产品能效达到国际先进水平，等级5是市场准入限定指标，不达标的将限制入市。

上海交电家电商业行业协会同时还配套出台了“上海地区变频空调能效信息明示卡”，所有欲行销上海家电市场的各类变频空调，均须先实施能源效率的第三方检测，将检测结果向上海交电家电商业行业协会申报备案，获准领取该明示卡后，方能进入上海家电市场销售。

节能省地生态型住宅建设进一步推进

2006年，市房地资源局完成了85个“四高”（高起点规划、高水平设计、高质量施工、高标准管理）优秀小区的验收工作。

市房地资源局在住宅产业现代化方面，强化了“节能省地型”住宅建设技术支撑，推广应用成熟的住宅产业化成套技术，以实现住宅领域节能降耗的要求，确保了本市新开工的所有新建住宅的节能效率达到了50%以上。继续以全装修、“四新”成果集成、外墙外保温为切入口，推进“四高”优秀小区建设。据统计，在已通过验收的“四高”优秀小区中，中心城区50%的项目、郊区20%的项目实施了全装修，圆满完成了年初确定的工作目标。在“十五”期间建设的10个生态小区的基础上，2006年又创建了“金柳湾住宅小区”、“爱庐世纪新苑”等10个小区，作为“节能省地型生态示范小区”，积极贯彻党中央提出的“节能、节地、节水、节材、环保”的生态小区建设要求，为“十一五”期间上海的节能省地型住宅建设做好示范。截止到2006年底，全市节能省地型生态小区项目已有20个。全市经建设部批准，列入国家康居示范工程实施计划的项目已有9个，其中7个工程通过了建设部的达标考核验收。

青浦区金葫芦农民新村

上海军地共建资源节约型军营

在“八一”建军节到来之际，上海市经委和黄浦区政府在“南京路上好八连”驻地，举行军地共建资源节约型军营、上海市太阳能应用示范项目赠送仪式，市经委向驻沪解放军和武警部队赠送浴用太阳能装置。

这次活动共安装浴用太阳能装置4套。其中为上海警备区特警团安装的装置采用上海大学自主知识产权的技术生产，比常规产品导热功率高出50%，效率高出20%。

去年以来，上海市经委把节能和可再生能源利用示范项目的工作推向部队，与黄浦区民政局一起为南京军区上海油料储运基地、上海警备区特警团、南京路上好八连和武警一支队十中队4个单位安装了太阳能装置，支持部队节约能源，提高军营生活水平。

Shanghai Environment Yearbook 2007

环保产业与市场

环保产业

散装水泥使用率稳步上升

散装水泥得到广泛应用

上海市2006年发展散装水泥工作，以贯彻落实国家和本市禁止现场搅拌、加快发展散装水泥的政策、规定为抓手，以推广使用商品砂浆、提高散装水泥使用率为工作平台，扎实、稳步地推进，较好地完成了全年的工作目标。

本市完成散装水泥供应量914万吨，水泥散装率94.73%，已连续14年保持全国领先水平，并荣获“十五”期间全国发展散装水泥先进单位；本市使用散装水泥2007万吨（其中本市仅使用预拌混凝土5335万立方米，就使用了散装水泥1500万吨），使用率72.49%，同比提高2.3个百分点。按通用标准计算，2006年本市使用散装水泥约2007万吨，可为国家节约水泥包装费4亿元，节电1.45亿度，节煤15.7万吨，节水2408万立方米，因减少包装而节约木材66.2万立方米或减少石油损耗9万吨，减少粉尘排放7.93万吨，减少二氧化硫排放3612公斤，减少水泥破包损失100万吨，折合综合效益约10亿元。

新型墙材使用比例逐年递增

2006年，本市在黏土砖生产上采取“禁实限空”，在使用上采取“局部禁止、总体限制”等措施，使新型墙材使用比例逐年递增，全市墙体材料生产总量为48.16亿标砖；新型墙体材料生产总量47.01亿标砖，比上年增加5.4%，其中以混凝土小砌块、加气混凝土砌块、纸面石膏板、建筑复合板材为主的非黏土类新型墙材为35.87亿标砖 ，比上年增加7.6%，非黏土类新型墙材占全部墙材总量74.48%，比上年增长2.1%。多孔黏土砖严格按照限产指标13.54亿标砖内进行控制，取得了较好的成效。

6家上海企业被评为中国环保产业骨干企业

为进一步贯彻《国务院关于落实科学发展观加强环境保护的决定》（国发[2005]39号），加快环保产业国产化、标准化、现代化产业体系建设，重点发展具有自主知识产权的环保科技装备，培养一批拥有著名品牌、核心技术能力、市场占有率高的优势环保企业，推动环保产业健康发展，根据《中国环保产业骨干企业管理办法》，上海宝钢劳防用品厂、上海博格工业用布有限公司、上海袋式除尘配件有限公司、上海市凌桥环保设备厂、上海环保工程成套有限公司、上海新华净环保工程有限公司等6家企业被评为2006年度中国环境保护产业骨干企业。

上海市获得国家重点环境保护实用技术示范工程项目

编号	项目名称	技术依托单位	工程所属单位	工程所在地址
2006–S–003	燃煤锅炉烟气双碱法脱硫除尘工程	上海积卅环保技术有限公司	上海合成氨厂	上海市铁力路1号
2006–S–014	锅炉活性焦烟气脱硫工程	上海克硫环保科技股份有限公司	贵州宏福实业开发有限总公司	贵州省福泉市马场坪

上海市通过中国环境标志产品认证的企业名录

上海市通过中国环境标志产品认证的企业名录

序号	证书编号	产品类别	认证类型	企业名称	认证范围	批准日期
1	CEC-EL-002-491	水性涂料	初次认证	上海一田涂料有限公司	一田、嘉名仕、亚泰牌内墙乳胶漆：7001 环保亚光漆、8001 环保丝光漆、7000 环保亚光漆、8000 环保丝光漆；外墙乳胶漆：6001 亚光墙面漆、6000 亚光墙面漆	2006-1-24
2	CEC-EL-002-494	水性涂料	初次认证	上海蓝宝涂料有限公司	GD、乾龙牌内墙乳胶漆：N-1000、N-2000、N-3000、N-5000；外墙乳胶漆：W-3000、W-5000	2006-1-24
3	CEC-EL-002-495	水性涂料	初次认证	上海海吉雅涂料有限公司	百士乐牌内墙工程漆、内墙家装漆、内墙亚光漆、内墙丝绸漆、花冠内墙漆、花冠外墙漆、外墙工程漆、外墙全天候、百士乐墙面漆、高弹三合一	2006-1-24
4	CEC-EL-002-501	水性涂料	初次认证	得彩(上海)涂料有限公司	“优芬”、“DPI huven” 牌内墙：Interior Paint 优芬内墙乳胶漆，DH-5500(Ⅱ)优芬高级内墙乳胶漆，Anycolor 优芬丽彩内墙乳胶漆，Milk Paint 优芬牛奶健康内墙乳胶漆，Super 5 In 1 优芬五合一弹性 涂料；外墙：DH-5000(N)优芬经济型外墙乳胶漆，CLEANSOL 优芬超级外墙保护漆，3In 1 优芬三合一弹性涂料	2006-2-27
5	CEC-EL-008-133	粘合剂	初次认证	立邦涂料(中国)有限公司	立邦牌立邦环保白乳胶、立邦万能胶	2006-3-10
6	CEC-EL-002-509	水性涂料	初次认证	上海白猫正冠化工有限公司	白猫正冠牌超耐久外墙乳胶漆、高级内墙乳胶漆	2006-3-27
7	CEC-EL-010-264	人造板及其制品	初次认证	上海升达竹业有限公司	升达牌实木复合地板（厚度：10、12、15mm）	2006-4-7

（续表）

序号	证书编号	产品类别	认证类型	企业名称	认证范围	批准日期
8	CEC-EL-002-516	水性涂料	初次认证	上海易涂屋工贸有限公司	DOCOL 牌多时丽内墙环保墙面漆、多得丽内墙环保墙面漆、多得丽改性纳米墙面漆、三合一改性纳米墙面漆/三合一环保墙面漆、五合一改性纳米墙面漆/超易洗环保墙面漆、全效内墙环保墙面漆、多美丽内墙环保墙面漆、改性纳米丝绸乳胶漆、丙烯酸外墙乳胶漆/经济性外墙乳胶漆、超级外墙晴雨漆、改性纳米外墙保护漆、半光环保乳胶漆/防尘罩面涂料、恒久外墙乳胶漆	2006-6-1
9	CEC-EL-002-519	水性涂料	初次认证	上海欧瑞涂料有限公司	欧瑞尔牌 内墙：清新型内墙乳胶漆、精装六合一内墙乳胶漆、耐擦洗内墙乳胶漆 外墙：耐污型外墙乳胶漆	2006-6-6
10	CEC-EL-002-520	水性涂料	初次认证	上海亮迪涂料有限公司	好又安、不夜城牌 内墙：好易涂高级内墙乳胶漆、安吉丽高级内墙墙面漆、金装五合一环保型、高级内墙乳胶漆、全效五合一环保型高级内墙荷叶漆；外墙：8000 型纯丙烯酸外墙哑面漆、6100 型标准外墙乳胶漆	2006-6-6
11	CEC-EL-002-524	水性涂料	初次认证	上海琛丰涂料有限公司	龙涂士、琛丰牌 内墙工程乳胶漆、内墙三合一亚光墙面漆、内墙五合一丝光墙面漆、外墙豪华亚光水性乳胶漆、外墙全天候有光水性乳胶漆	2006-7-4
12	CEC-EL-002-540	水性涂料	初次认证	上海美收工贸发展有限公司	银河、加美来牌内墙乳胶漆	2006-10-17
13	CEC-EL-002-543	水性涂料	初次认证	艾思斯（上海）化工有限公司	莎迪 Sandy、爱酷 ECO、巴尔迪摩 PAL-DEMO、第 3419300 号商标牌内外墙乳胶漆	2006-10-27
14	CEC-EL-002-544	水性涂料	初次认证	上海奥宇纳米净化技术有限公司	AOWELLS 牌 内墙：纳米全效负离子墙面漆、八合一负离子纳米墙面漆/康丽彩纳米	2006-10-27

（续表）

序号	证书编号	产品类别	认证类型	企业名称	认证范围	批准日期
14	CEC-EL-002-544	水性涂料	初次认证	上海奥宇纳米净化技术有限公司	墙面漆、六合一净化空气纳米墙面漆／净丽彩纳米墙面漆、五合一纳米墙面漆／馨丽彩纳米墙面漆、卫丽300内墙乳胶漆／卫丽500内墙乳胶漆；外墙：华丽彩纳米外墙漆、洁丽彩纳米外墙漆、绚丽彩纳米外墙漆、绘丽彩纳米高弹外墙漆、幻丽彩纳米中弹外墙漆、绮丽彩弹性拉毛中涂漆、卫彩100外墙乳胶漆／卫彩101外墙乳胶漆	2006-10-27
15	CEC-EL-002-129	水性涂料	初次认证	庞贝捷油漆贸易（上海）有限公司（原上海森普有限公司被收购）	大师、MARSTER'S MARK牌44-2内墙底漆、44-710改进型内墙亚光泽面漆、45-2内墙底漆、45-110内墙亚光泽面漆（粉白基色）、46-2内墙底漆、46-32内墙封固底漆、46-110内墙亚光泽面漆（粉白基色）、46-310内墙亚光泽面漆（粉白基色）、46-410内墙蛋壳光泽面漆（粉白基色）、46-1010内墙亚光泽抗碱面漆（粉白基色）、46-2010室内低光瓷漆（粉白基色）	2006-11-7
16	CEC-EL-010-292	人造板及其制品	初次认证	上海柏迪雅木业有限公司	柏迪BO DI、益柏牌 浸渍纸层压木质地板（厚度：12mm）	2006-11-7
17	CEC-EL-019-007	轻型汽车	初次认证	上海大众汽车有限公司	波罗（POLO）牌SVW7144PRD、SVW7144QRD、SVW7144RRD、SVW7144SRD、SVW7164TSD、SVW7164USD、SVW7164VSD、SVW7164WSD上海波罗轿车；途安Touran牌SVW6440AAD、SVW6440BAD、SVW6440CAD、SVW6440DAD、SVW6440EBD、SVW6440FBD、SVW6440GBD、SVW6440HBD途安Touran多用途乘用车；桑塔纳牌SVW7180LED上海桑塔纳轿车，SVW7181LED	2006-12-27

（续表）

序号	证书编号	产品类别	认证类型	企业名称	认证范围	批准日期
17	CEC-EL-019-007	轻型汽车	初次认证	上海大众汽车有限公司	上海桑塔纳旅行轿车、SVW7182CQD、SVW7182DQD、SVW7202EQD、SVW7202FQD 上海桑塔纳3000轿车；帕萨特牌SVW7183MJD、SVW7203EPD、SVW7183LJD、SVW7203FPD、SVW7283KKD、SVW7183HJD、SVW7183GJD、SVW7203CPD、SVW7203DPD 上海帕萨特轿车	2006-12-27
18	CEC-EL-019-008	轻型汽车	初次认证	上海通用汽车有限公司	别克（BUICK）牌乘用车 君威Regal-SGM7200、SGM7251G、SGM7252 GL、SGM7200MT、SGM7250AT；凯越Excelle-SGM7161LX、SGM7161LE、SGM7161LX AT、SGM7161LE AT、SGM7180LE、SGM7180LS AT、SGM7180LE AT、SGM7161MT、SGM7161AT、SGM7180MT、SGM7180AT、SGM7163LX、SGM7163LE、SGM7163LX AT、SGM7163LE AT、SGM7163MT、SGM7163AT、SGM7181LE、SGM7181LE AT、SGM7181LS AT、SGM7181MT、SGM7181AT；君越LaCrosse-SGM7240G、SGM7240GL、SGM7240GS、SGM7240CWAT、SGM7305GL、SGM7305GS、SGM7240AT、SGM7305AT；凯迪拉克(Cadillac)牌乘用车 SLS赛威-SGM7364AT；	2006-12-27
19	CEC-EL-002-554	水性涂料	初次认证	上海卡谱乐尔建材有限公司	CAPAROL牌内外墙乳胶漆、底漆、腻子（详细型号规格见证书附件）	2006-12-27
20	CEC-EL-010-078	人造板及其制品	复评认证	美森耐(上海)贸易有限公司（美森耐国际公司生产）	美森耐牌模压门面板，木纹系列和无木纹系列(2050,2153,2440,2457)×(416-1220)×3.2(mm)	2006-1-23

（续表）

序号	证书编号	产品类别	认证类型	企业名称	认证范围	批准日期
21	CEC-EL-014-008	建筑用塑料管材	复评认证	上海上丰集团有限公司	上丰牌　铝塑复合管及管件、聚丙烯管及管件、聚乙烯管及管件、交联聚乙烯管及管件	2006-1-24
22	CEC-EL-002-121 CEC-EL-008-039	水性涂料 粘合剂	复评认证	上海中南建筑材料公司	中南牌　触变型外墙乳胶漆YBP-5A，LT-2平光外墙乳胶漆，996型纯丙外墙乳胶漆，牡丹漆，玫瑰漆，ZN-02型内墙乳胶漆，防火涂料ZN-1型，弹性外墙乳胶漆/无甲醛建筑用胶、801建筑用胶	2006-1-24
23	CEC-EL-002-144	水性涂料	复评认证	上海泰欧亚涂料有限公司	TOA牌　内墙：TOA 7合1高弹性墙面乳胶漆（内墙）、TOA天盾特超全能内墙乳胶漆、TOA新四季易擦洗、TOA新亮彩内墙乳胶漆、TOA天彩内墙乳胶漆、TOA特彩内墙乳胶漆、TOA佳彩调色内墙乳胶漆、TOA宜家内墙乳胶漆、TOA工程内墙乳胶漆、TOA Homematt；外墙：TOA天盾特超外墙乳胶漆、TOA新四季高级外墙乳胶漆、TOA 7合1高弹性墙面乳胶漆（外墙）、TOA弹性外墙乳胶漆、TOA弹性拉毛涂料、TOA厚质砂浆涂料、TOA浮雕涂料、TOA佳彩调色外墙乳胶漆、TOA classic Shield、TOA A186外墙乳胶漆、TOA工程外墙乳胶漆、TOA Shield-1、TOA天彩外墙乳胶漆；木器漆：TOA彩色水性木器漆；底漆：TOA特超丙烯酸抗碱底漆、TOA天彩底漆、TOA四季丙烯酸抗碱底漆、EPP外墙抗碱底漆、TOA工程底漆、TOA多功能抗碱底漆、TOA A188外墙专用底漆	2006-3-22

（续表）

序号	证书编号	产品类别	认证类型	企业名称	认证范围	批准日期
24	CEC-EL-002-104	水性涂料	复评认证	上海拜伦化工有限公司	鲨克、古马、拜伦欧豹、大狮、鲨龙、波鹰、靓格、尚格、劲钻、卫丽、保德丽牌 内墙乳胶漆：G900-I 高贵内墙乳胶漆，N900-II 高贵内墙乳胶漆，III 型高贵内墙乳胶漆，工程用乳胶漆，N931 高级三合一内墙乳胶漆，N951 特级五合一内墙乳胶漆，N903 豪华丝面乳胶漆；内墙抗碱底漆：G590 墙底宝超级抗碱底漆（内墙）；外墙乳胶漆：G500 墙得宝超级防霉外墙乳胶漆，G501 墙丽宝高级丙烯酸防霉外墙乳胶漆，G502 墙得宝高级弹性外墙乳胶漆；外墙抗碱底漆：G570 墙底宝超级抗碱底漆（外墙）	2006-4-10
25	CEC-EL-002-201	水性涂料	复评认证	上海赛格涂料有限公司（原名：上海加格涂料有限公司）	赛格牌 内墙乳胶漆：SR-900、SR-444、SR-400、SR-300、SR-200、SR-100、SR-088；外墙乳胶漆：SR-111、SR-222、SR-333、SR-600、SR-700、SR-800、SR-900、SH-201、SH-202、SH-203、SH-204、SH-205；真石漆：ST-1000、ST-2000、ST-3000	2006-4-13
26	CEC-EL-010-048	人造板及其制品	复评认证	上海常茂胶合板有限公司	第 1373339 号商标、第 1704632 号商标、第 1786149 号商标牌胶合板（厚度：2.7、3、5、9、12、15、18、20、25 毫米）	2006-4-27
27	CEC-EL-002-143	水性涂料	复评认证	上海奥可斯涂料有限公司	梦幻牌涂料（内墙：梦幻 E、梦幻 ES），多芬达牌（有效期 2006.12.13）内墙乳胶漆，OIKOS 牌外墙乳胶漆，OIKOS 牌弹性乳胶漆	2006-6-1
28	CEC-EL-002-136	水性涂料	复评认证	上海百威化工材料制造有限公司	威牌 W-100 高级防霉亚光内墙墙面漆、W-170 超强防霉亚光内墙墙面漆、W-300	2006-6-19

（续表）

序号	证书编号	产品类别	认证类型	企业名称	认证范围	批准日期
28	CEC-EL-002-136	水性涂料	复评认证	上海百威化工材料制造有限公司	家能健康环保型防霉亚光内墙墙面漆、W-350 家美健康环保型防霉亚光内墙墙面漆、W-500 新一代超耐污亚光内墙墙面漆、W-600 豪华型防霉丝面内墙墙面漆、W-650 第二代“五合一”亚光内墙墙面漆（黄金版）、W-680 第二代“五合一”亚光内墙墙面漆（白金版）、W-727 高性能内墙防霉抗碱封墙底漆、W-770 全能外墙防霉抗碱封墙底漆、W-771 特种加强型防霉抗碱封墙底漆、W-700 标准《施工型》防藻外墙乳胶漆、W-720 佳能健康环保型防藻外墙漆、W-750 高级防藻外墙水泥漆、W-800 豪华型高性能超耐污外墙漆、W-850 豪华型高性能超耐污外墙漆（高光）、W-870 弹性外墙保护漆（防藻）、W-880 高性能弹性外墙乳胶漆、W-900 抗积尘外墙高弹性乳胶漆	2006-6-19
29	CEC-EL-002-207	水性涂料	复评认证	紫荆花制漆（上海）有限公司	紫荆花、青蓝牌内、外墙乳胶漆，底漆（详细型号规格见证书附件）	2006-7-11
30	CEC-EL-002-168	水性涂料	复评认证	乐意涂料（上海）有限公司	鸽、第 1179968 号商标牌 内墙涂料：陶瓷乳胶漆、水性 1K 木器金属漆、水晶灵水性木器漆 外墙涂料：700#、1600#、1000CLA	2006-9-1
31	CEC-EL-002-142	水性涂料	复评认证	上海三银制漆有限公司	三银牌（有效期：2007.3.13）、雅丹尼、亿邦(有效期：2008.3.13)牌内、外墙乳胶漆，底漆（详细型号规格见证书附件）	2006-9-1
32	CEC-EL-032-001	塑料门窗	复评认证	皇家建筑系统(上海)有限公司	第 3637863 号商标牌 RP60 平开窗(PVC-U 平开塑料窗)	2006-9-8
33	CEC-EL-002-181	水性涂料	复评认证	上海圣丹化工涂料有限公司	圣丹、第 1972893 号商标、第 1929092 号商标牌	2006-9-30

（续表）

序号	证书编号	产品类别	认证类型	企业名称	认证范围	批准日期
33	CEC-EL-002-181	水性涂料	复评认证	上海圣丹化工涂料有限公司	NB300高级亚光内墙乳胶漆、NB500精品亚光内墙乳胶漆、NB550超级亚光内墙乳胶漆、NB600豪华丝绸半光内墙乳胶漆、NB600豪华丝绸亚光内墙乳胶漆、WB700高级防霉外墙乳胶漆、WB800豪华耐久外墙乳胶漆、WB940硅丙高级外墙面漆、高级工程内墙乳胶漆、高级工程外墙乳胶漆	2006-9-30
34	CEC-EL-003-056	洗涤剂	复评认证	上海和黄白猫有限公司（原名：上海白猫有限公司）	白猫、佳美、蓝洁灵牌白猫冷水洗衣粉（无磷）、白猫加香洗衣粉（无磷）、佳美洗衣粉（无磷）、白猫超浓缩无泡洗衣粉（无磷）、白猫威煌洗衣粉（无磷）、白猫洗衣液（无磷）、白猫丝毛洗涤剂、白猫羊毛织物洗涤剂（防蛀）、白猫洗洁精、白猫果蔬蔬菜水果专用清洗剂、白猫天然高级洗洁精、蓝洁灵厕盆自动冲洗剂（无磷）、白猫玻璃清洗剂、白猫油污清洗剂、白猫浴缸清洗剂、蓝洁灵洁厕液、白猫洁厕液、白猫洗手液	2006-11-10
35	CEC-EL-002-227	水性涂料	复评认证	上海欣隆化工涂料有限公司	古松、YULONG裕隆漆、第3114545号商标牌NB-1000惠佳内墙乳胶漆、NB-8000环保内墙乳胶漆、BC-102环保内墙乳胶漆、WB-8800工程外墙乳胶漆、WB-1000外墙乳胶漆	2006-12-27
36	CEC-EL-002-027	水性涂料	复评认证	亚士漆（上海）有限公司	亚士漆、SOK牌内、外墙涂料（详细型号规格见证书附件）	2006-12-27
37	CEC-EL-002-246	水性涂料	复评认证	上海金狮化工有限公司	高德兰牌 9808超强外墙乳胶漆（超耐久型）、8812多功能高级（豪华型）内墙乳胶漆、8808标准亚光内墙乳胶漆（家居型）、8805内墙工程漆	2006-12-27

（续表）

序号	证书编号	产品类别	认证类型	企业名称	认证范围	批准日期
38	CEC-EL-002-060	水性涂料	增项	卜内门太古漆油（上海）有限公司	ICI、多乐士、幻色家、梦色家、美时丽、利登、Dulux 牌内、外墙乳胶漆（详细型号规格见证书附件）	2006-7-11
39	CEC-EL-002-060	水性涂料	增项认证	卜内门太古漆油（上海）有限公司	ICI、多乐士、幻色家、梦色家、美时丽、利登、Dulux 牌内、外墙乳胶漆（详细型号规格见证书附件）	2006-4-10

上海市通过认证的环保产品目录

上海市通过认证的环保产品目录

序号	产品名称	获证单位	证书号	有效期
1	LJD 型复合式饮食业油烟净化设备 [风量(m^3/h)：≥6000～<12000]	上海绿得净化设备有限公司	CCAEPI-EP-2006-011	2006 年 1 月～2008 年 12 月
2	JD 静电式饮食业油烟净化设备 [风量(m^3/h)：≥12000～≤20000]	上海绿洲气体净化设备有限公司	CCAEPI-EP-2006-015	2006 年 1 月～2009 年 1 月
3	BLJ 型静电式饮食业油烟净化设备 [风量 (m^3/h)：≥2000～≤20000]	上海博朗环保科技有限公司	CCAEPI-EP-2006-027	2006 年 2 月～2009 年 2 月
4	CYJ 静电式饮食业油烟净化设备 [风量(m^3/h)：≥6000～≤20000]	上海弘成实业有限公司	CCAEPI-EP-2006-041	2006 年 3 月～2009 年 3 月
5	LCDM 型脉冲袋式除尘器	上海泰山除尘设备有限公司	CCAEPI-EP-2006-079	2006 年 6 月～2009 年 6 月
6	ZYJ-2 型机械式饮食业油烟净化设备 [风量(m^3/h)：≥6000～<12000]	上海紫业环保设备有限公司	CCAEPI-EP-2006-082	2006 年 6 月～2009 年 6 月
7	HJ 复合式饮食业油烟净化设备 [风量 (m^3/h)：≥6000～≤20000]	上海宏洁环保成套设备有限公司	CCAEPI-EP-2006-093	2006 年 7 月～2009 年 7 月
8	CSS70 型紫外（UV）吸收水质自动在线监测仪	上海恩德斯豪斯自动化设备有限公司	CCAEPI-EP-2006-099	2006 年 7 月～2009 年 7 月
9	SL 型静电式饮食业油烟净化设备 [风量(m^3/h)：≥6000～<12000]	上海西伦实业有限公司	CCAEPI-EP-2006-105	2006 年 8 月～2009 年 8 月
10	SL-A 型机械式饮食业油烟净化设备 [风量(m^3/h)：≥6000～<12000]	上海西伦实业有限公司	CCAEPI-EP-2006-106	2006 年 8 月～2009 年 8 月
11	LD 型袋式除尘器用滤袋	上海袋式除尘配件有限公司	CCAEPI-EP-2006-113	2006 年 8 月～2009 年 8 月
12	DMF 型袋式除尘器用电磁脉冲阀	上海袋式除尘配件有限公司	CCAEPI-EP-2006-114	2006 年 8 月～2009 年 8 月

（续表）

序号	产品名称	获证单位	证书号	有效期
13	DK 型袋式除尘器用滤袋框架	上海袋式除尘配件有限公司	CCAEPI-EP-2006-115	2006 年 8 月～2009 年 8 月
14	DKG 型袋式除尘器用电气控制柜	上海袋式除尘配件有限公司	CCAEPI-EP-2006-116	2006 年 8 月～2009 年 8 月
15	DMK 型袋式除尘器用脉冲喷吹控制仪	上海袋式除尘配件有限公司	CCAEPI-EP-2006-117	2006 年 8 月～2009 年 8 月
16	ZPJ 型袋式除尘器用专用配件	上海袋式除尘配件有限公司	CCAEPI-EP-2006-118	2006 年 8 月～2009 年 8 月
17	QM-U 型静电式饮食业油烟净化设备 [风量(m^3/h)：≥6000～≤20000]	上海齐明通风设备有限公司	CCAEPI-EP-2006-122	2006 年 8 月～2009 年 8 月
18	DJH 型静电式饮食业油烟净化设备 [风量(m^3/h)：≥6000～<12000]	上海通海厨房设备厂	CCAEPI-EP-2006-128	2006 年 9 月～2009 年 9 月
19	YS 型运水脱排油烟罩 [风量(m^3/h)：≥6000～<12000]	上海通海厨房设备厂	CCAEPI-EP-2006-129	2006 年 9 月～2009 年 9 月

上海市第一批环保产品认证检测机构名录

上海市第一批环保产品认证检测机构名录

序号	检测机构／联系方式	检验项目
1	机械工业锅炉及环保产品质量监督检测中心	1.电除尘器 2.脉冲喷吹类袋式除尘器 3.回转反吹袋式除尘器 4.分室反吹类袋式除尘器 5.锅炉多管旋风除尘器 6.湿式烟气脱硫除尘装置 7.花岗石类湿式烟气脱硫除尘装置 8.工业粉尘湿式除尘装置 9.中小型燃油、燃气锅炉
2	同济大学环境保护产品检测中心	1.转盘曝气机 2.曝气转刷 3.鼓风式潜水曝气机 4.射流曝气机 5.散流曝气器 6.中、微孔曝气器 7.油污水分离装置 8.竖轴式机械表面曝气机
3	上海环保产品质量监督检验中心	1.生物接触氧化成套装置 2.油污水分离装置 3.斜管(板)隔油装置 4.压力溶气气浮装置 5.格栅除污机 6.旋转式细格栅 7.竖轴式机械表面曝气装置 8.中、微孔曝气器 9.曝气转刷 10.鼓风式潜水曝气机 11.带式压榨过滤机 12.压力式滤料过滤器 13.水力旋流净化器 14.旋转式滗水器 15.污泥浓缩带式脱水一体机 16.电解法二氧化氯协同消毒剂发生器 17.化学法二氧化氯消毒剂发生器 18.电解法次氯酸钠发生器 19.臭氧发生器 20.电渗析器 21.工业锅炉多管旋风除尘器 22.湿式烟气脱硫除尘装置 23.电除尘器 24.脉冲喷吹类袋式除尘器 25.回转反吹袋式除尘器 26.湿法漆雾过滤净化装置 27.工业废气吸收净化装置 28.工业有机废气催化净化装置 29.饮食业油烟净化设备 30.低噪声型冷却塔 31.水处理药剂 聚合硫酸铁 32.悬挂式填料

上海市环境标志换证企业名录

上海市环境标志换证企业名录

序号	企业名称	产品类别	批准日期	有效期	证书编号	范围	备注
1	上海升达竹业有限公司	人造板及其制品	2006-6-19	2009-4-6	CEC-EL-010-264	升达牌实木复合地板(厚度：10、12、15毫米)，竹地板(厚度：14、15毫米)	增加型号
2	得彩(上海)涂料有限公司	水性涂料	2006-7-21	2009-2-26	CEC-EL-002-501	“DPI huven”牌内墙：Interior Paint内墙乳胶漆，DH-3000工程内墙乳胶漆、DH-5600高级内墙乳胶漆超白色，Anycolor丽彩内墙乳胶漆，Milk Paint牛奶健康内墙乳胶漆，Super 5 In 1五合一多功能弹性涂料；外墙：DH-5000豪华外墙乳胶漆，CLEANSOL超级外墙保护漆，DH-6000纯丙外墙乳胶漆、3 In 1三合一弹性涂料	变化商标、型号

2006年上海市暂停、撤销、注销企业环境标志产品认证证书名录

2006年上海市暂停、撤销、注销企业环境标志产品认证证书名录

序号	单位	备注
1	上海克络蒂涂料有限公司	注销
2	上海卡西龙涂料有限公司	暂停
3	上海汉斯木业有限公司	撤销

无公害农产品产地认定工作全面完成

截至12月31日，经过3年的努力，本市无公害农产品产地认定工作全面完成，详见下表。

类别	基地个数（共 393 个）		产业规模
种植业	138		229.7 万亩
水产业	94		20.1 万亩
畜牧业	猪场	74	89.86 万头
	奶牛场	55	2.7 万头
	禽场	35	844.4 万羽

绿色食品名录

绿色食品名录

序号	企业名称	商标	产品名称	标志编号
1	波力食品工业（昆山）有限公司	波力牌	波力海苔	LB-37-0312091420A
2	波力食品工业（昆山）有限公司	波力牌	波力海苔(辣味)	LB-37-0505090734A
3	上海妙士乳业有限公司	妙士牌	妙士一品乳	LB-34-0309090615A
4	上海仓桥水晶梨发展有限公司	仓桥牌	水晶梨	LB-18-0310090704A
5	上海上实现代农业开发有限公司	采莱牌	大米	LB-03-0312091419A
6	上海警备区副食品生产基地	富军牌	大米	LB-03-0312091496A
7	上海孙桥农业科技股份有限公司	孙桥牌	黄瓜	LB-15-0403090339A
8	上海孙桥农业科技股份有限公司	孙桥牌	番茄	LB-15-0403090340A
9	上海孙桥农业科技股份有限公司	孙桥牌	甜椒	LB-15-0403090341A
10	上海海丰米业有限公司	海丰牌	优质大米	LB-03-0404090460A
11	上海海丰米业有限公司	海丰牌	免淘米	LB-03-0511092159A
12	青浦县淀元水产养殖有限公司	淀元牌	中华绒螯蟹	LB-36-0409091392A
13	上海市宝山区粮油购销有限公司	宝宇牌	大米	LB-03-0410091445A
14	上海旭洋绿色食品有限公司	旭洋牌	绢豆腐	LB-08-0412092775A
15	上海绿瀛农业开发有限公司	绿瀛牌	冬瓜	LB-15-0501090126A
16	上海绿瀛农业开发有限公司	绿瀛牌	茄子	LB-15-0501090127A
17	上海绿瀛农业开发有限公司	绿瀛牌	白扁豆	LB-15-0501090128A
18	上海绿瀛农业开发有限公司	绿瀛牌	金瓜	LB-15-0501090129A
19	上海绿瀛农业开发有限公司	绿瀛牌	芦笋	LB-15-0501090130A
20	上海五库农贸发展有限公司	绿源牌	番茄	LB-15-0508091333A
21	上海五库农贸发展有限公司	绿源牌	西瓜	LB-15-0508091332A
22	上海天绿茶业有限公司	嘉然绿牌	龙井茶	LB-44-0508091225A
23	上海东美航空食品有限公司	东玫牌	东美香榧	LB-20-0508091288A
24	上海东美航空食品有限公司	东玫牌	野山核桃果	LB-20-0508091287A
25	上海东美航空食品有限公司	东玫牌	野山核桃果仁	LB-20-0508091286A
26	上海市黄山茶林场	黄山牌	黄山毛峰	LB-44-0510091790A
27	上海崇明县粮油购销有限公司	瀛洲牌	崇明大米	LB-03-0601090188A
28	上海淀元水产养殖有限公司	淀元牌	中华鳖	LB-36-0512093863A

（续表）

序号	企业名称	商标	产品名称	标志编号
29	上海前卫柑橘公司	前卫牌	蜜橘	LB–18–0602090319A
30	上海万事发实业总公司	露珠牌	大米	LB–03–0603090533A
31	上海正广和饮用水有限公司	正广和牌	蒸馏水	LB–38–0607091449A
32	上海正广和饮用水有限公司	正广和牌	饮用天然矿泉水	LB–38–0607091450A
33	上海丰科生物科技股份有限公司	Finc 牌	丰科蟹味菇(鲜品)	LB–21–0609092424A
34	上海丰科生物科技股份有限公司	Finc 牌	丰科白玉(白色蟹味菇)(鲜品)	LB–21–0609092425A
35	上海嘉定种子贸易中心	嘉蜜牌	大米	LB–03–0405090010AA
36	上海沪郊蜂业联合社	联峰牌	椴树蜂蜜	LB–35–0509090109AA
37	上海沪郊蜂业联合社	联峰牌	洋槐蜂蜜	LB–35–0509090110AA
38	上海沪郊蜂业联合社	联峰牌	活性鲜蜂王浆	LB–35–0509090111AA
39	上海森蜂园蜂业有限公司	森蜂园牌	椴树蜂蜜	LB–35–0607090222AA
40	上海森蜂园蜂业有限公司	森蜂园牌	椴树原蜜	LB–35–0607090223AA
41	上海森蜂园蜂业有限公司	森蜂园牌	鲜蜂王浆	LB–35–0607090224AA
42	上海良裕现代农业发展有限公司	金良裕牌	大米	LB–03–0511090291AA
43	上海良裕现代农业发展有限公司	金良裕牌	大米*(转换期产品)	LB–03–0611090438AA
44	上海景利欣农化有限公司	金球牌	增产素	LSSZ–0204010923A
45	上海未来企业有限公司	未来 1 号牌	消毒杀菌剂	LSSZ–0504010904A

有机农产品名录

有机农产品名录

序号	企业名称	商标	产品名称	标志编号
1	上海嘉定种子贸易中心	嘉蜜牌	大米／稻谷／水稻种子	COFCC–R–0405–0015
2	上海沪郊蜂业联合社	联蜂牌	椴树蜂蜜／洋槐蜂蜜／活性鲜蜂王浆	COFCC–R–0509–0052
3	上海中懋新生物科技工程有限公司	菽和源牌	植物酸乳	COFCC–R–0605–0080
4	上海森蜂园蜂业有限公司	森蜂园牌	椴树蜂蜜／椴树原蜜／鲜蜂王浆	COFCC–R–0607–0112
5	上海天英和生物技术有限公司	Organica(奥克)牌	微生物菌剂	COFCC–R–0608–0118
6	芬兰维利奥有限公司	维利奥牌	全脂奶粉／脱脂奶粉／脱盐乳清粉／芬兰无盐奶油／芬兰含盐奶油／维利奥工业大黄油／维利奥工业发酵大黄油	COFCC–R–0609–0134
7	上海南汇瓜果有限公司	碧露春牌	西瓜(转换期产品)	COFCC–R–0610–0202
8	上海良裕现代农业发展有限公司	金良裕牌	大米	COFCC–R–0511–0114
			大米(转换期产品)	COFCC–R–0611–0195
9	恒天然商贸（上海）有限公司	NZMP 牌	脱脂奶粉／全脂奶粉	COFCC–R–0612–0248

环境技术与装备展览会

2006年度环保相关展览会

2006年环保相关展览会

编号	时　间	展会名称	展会主要内容	展会地点	主办单位
1	3月1～3日	2006上海国际节能节电及新能源展览会	节能节电类、新能源类、各类太阳能产品及设备、生物质能、地热能等能源的高效利用技术及设备	上海展览中心	上海节能协会
2	3月6～8日	2006上海国际电厂电站设备与脱硫除尘技术展览会	电厂设备、电站设备及电厂自动化技术设备、电厂电站水处理类、脱硫技术与设备、除尘技术与设备、烟气在线监测仪器与技术、洁净煤技术与设备等	上海展览中心	中国电机工程学会热电专委会 中国国际贸易促进委员会 上海浦东分会
3	3月8～10日	第二届中国国际环保,绿色城市与再生能源展览会 Pollutec China 2006	空气质量与环保控制、再循环处理、废弃物管理、水和污水、噪音预防和控制、能源、测试和技术测量以及实验室设备	上海国际展览中心	上海市环境保护产业协会 励展博览集团
4	3月22～24日	中国(上海)国际洁净和工业净水处理技术及设备展览会	膜技术及装置、过滤材料、反渗透技术及装置、废水处理和循环利用技术及设备、水质监测技术及设备给排水管道、系统及各类管材、直饮水、瓶装水及净水器材、各类泵、阀及其配件	世贸商城	上海市净水技术学会 上海市环境保护工业行业协会
5	3月22～24日	第八届中国国际膜与水处理技术及装备展览会	各类膜技术相关材料、产品,水处理技术与产品	上海展览中心	中国膜工业协会
6	3月8～10日	2006第二届中国(上海)国际节能(电)技术及设备展览会	宣传节能新产品、新材料、新设计、新技术、新发明	上海展览中心	世界银行 全球环境基金 中国节能促进项目执行机构
7	3月28～30日	DOPPE2006中国(上海)国际消毒、臭氧·光触媒暨净化技术产品展览会	消毒用品类、消毒设备类、臭氧技术及产品、光触媒、空气净化产品、水净化产品	上海国际新闻中心	全国高科技健康产业工作委员会 上海电子学会洁净技术专业委员会
8	3月29～31日	第三届上海国际膜与水处理技术与装备展览会	膜与膜组件;膜原材料与辅助设备;膜与分离设备的成套装置;废污水、海水苦咸水淡化处理技术与设备;节水和废水资源化应用技术与设备;水质分析仪器及水环境自动监测系统等	上海世贸商城	中国膜工业协会 上海市环保工业行业协会 上海市环境科学学会

(续表)

编号	时　间	展会名称	展会主要内容	展会地点	主办单位
9	3月29~31日	2006上海国际饮水技术与设备展览会	饮水设备、家用净水器(机)、净水器材及装备、杀菌设备及材料、其他净水处理设备	上海世贸商城	国际饮水资源保护组织 中国医促会健康饮用水专业委员会
10	4月3~5日	2006中国国际建筑节能与遮阳技术博览会	建筑节能、遮阳技术、产品及材料	上海国际展览中心	德国斯图加特国际展览公司 VNU亚洲展览集团 上海荷雅企龙展览服务有限公司
11	4月28~30日	2006上海国际环保水展览会	给水、排水、水处理设备、技术	上海国际展览中心	上海市环境保护产业协会 上海市净水技术协会主办 上海中贸展览服务有限公司
12	4月28~30日	EPTEE 2006第七届国际环保展览会暨高新技术成果交流会	与水环境相关的技术装备及产品、与大气污染防治相关的技术装备及产品、与固体废弃物处理相关的技术装备及产品、资源综合利用与新能源技术设备、其他相关内容	上海国际展览中心	中国环境科学学会 上海市净水技术学会 上海市环境保护产业协会 上海中贸展览服务有限公司
13	4月28~30日	第七届中国(上海)国际环保技术设备展览会	各类环保相关技术装备展示	上海国际展览中心	上海市环境保护产业协会 上海中贸展览服务有限公司
14	4月28~30日	WSDWTF 2006第七届中国国际给排水水处理暨流体机械展览会	各类给排水及泵、阀门等相关技术装备展示	上海国际展览中心	上海市环境保护产业协会 上海中贸展览服务有限公司
15	5月12~14日	2006上海国际室(车)内环境技术与产品展览会暨论坛	室(车)内环境污染治理产品、污染治理技术、控制技术和设备、控制设备保护、室(车)内环境抗菌、消毒、臭氧、清洁技术及产品等	上海东亚展览馆	中国室内装饰协会室内环境监测工作委员会 上海市环境保护产业协会室内环境治理分会

（续表）

编号	时　间	展会名称	展会主要内容	展会地点	主办单位
16	5月12～14日	2006上海国际活性炭展览会	广泛应用于糖、味精工业、水处理、溶剂回收、食品饮料提纯、空气净化、脱硫、载体、医药、黄金提炼、防毒、半导体、原子能及生物工程、纳米材料、高效催化剂载体领域等的国内外活性炭用设备、技术、产品	中国上海东亚展览馆	中国兵工学会活性炭专业委员会 中国林产工业协会活性炭专业委员会上海京海展览服务有限公司 上海市环境保护局
17	5月17～19日	2006上海科技节主题活动创建节约型社会论坛暨节能技术及设备应用展览会	节能及新能源科研成果、技术开发和循环经济、太阳能、建筑及家用节能、工业节能、节能服务、节能和新能源汽车等	上海东亚展览馆	上海市发展和改革委员会 上海市经济委员会 上海市建设委员会
18	5月24～26日	INVE2006中国（上海）国际噪声与震动控制技术展览会	安防器材／隔音吸声	上海展览中心	中国环境科学学会环境工程分会噪声与震动控制专业委员会 上海翰星展览服务有限公司
19	5月24～26日	2006上海国际烟气脱硫脱硝与工业除尘技术设备展览会暨论坛	推动我国在脱硫环保领域的国际合作，提高中国在烟气脱硫政策、管理、技术方面的能力，引入先进的环境管理理念，为中国的脱硫环保事业提供动力与支持	上海展览中心	中国环境科学学会大气环境分会 中国机械工程学会环境保护分会 中国国际贸易促进委员会上海分会 上海翰星展览服务有限公司
20	5月24～26日	2006上海国际过滤与分离技术展览会暨论坛	各类过滤相关产品、技术展示	上海国际展览中心	全国分离机械标准化技术委员会 全国筛网筛分和颗粒分检标准化技术委员会 上海翰星展览服务有限公司
21	6月10～12日	2006上海节能办公产品及设备博览会	以推广节能办公产品与技术，促进政府节能采购、引导消费者节能消费为主题，全面展示节能办公产品与技术，	上海国际展览中心	中国标准化研究院中标认证中心 绿典（北京）国际文化发展中心
22	6月10～12日	第三届中国节能、节水、环保科技新产品博览会	节能（环保）产品及技术设备、节能办公产品、节水产品与设备	上海国际展览中心	中国标准化研究院·中标认证中心

(续表)

编号	时　间	展会名称	展会主要内容	展会地点	主办单位
23	6月10～12日	2006全国节能宣传周(上海)系列活动暨建筑节能应用技术与产品展览分馆	节能技术和节能产品，绿色电力、建筑节能、交通节能、服务业和家庭节能及可再生能源等	上海国际展览中心	上海世贸商城三楼 上海市科学技术协会 上海市节能协会 上海市建筑节能办公室 上海英杰展览商务有限公司
24	6月27～30日	2006第二届中国国际环保、能源和资源综合利用博览会(IFATCHINA)	给水和污水处理、废弃物处理和回收、大气污染防治、环保能源技术与产品	上海新国际博览中心	德国慕尼黑展览集团 中国资源综合利用协会
25	6月28～30日	FIL2006第二届上海国际过滤工业展览会	过滤技术、产品、材料	上海光大展览馆	中国机械工程学会流体工程分会 中国流体工程学会
26	8月18～21日	2006第二届国际建筑节能及新型墙体展览会	建筑保温系统、节能门窗、太阳能利用、地热能利用、电气设备、墙体材料、屋面系统、保温、隔热材料、结构材料、外遮阳系统等	上海新国际博览中心	上海现代国际展览有限公司 上海市建材协会
27	8月31日	2006中国上海国际幕墙门窗技术展览会	建筑节能材料，幕墙、门窗技术与产品	上海展览中心	上海市装饰装修行业协会 中国国际贸易促进委员会上海市分会
28	9月8～10日	2006上海室内环境检测、净化 、治理技术与产品展览会	室内污染防治技术、产品、环境控制技术和设备、空气净化技术、设备等	东方明珠—上海国际新闻中心展览馆	上海市环境保护产业协会 上海市室内装饰协会 上海展中展览服务有限公司
29	9月8～10日	2006亚洲国际绿色建筑节能产品(上海)展览会	新型节能墙体和屋面保温、隔热技术材料、太阳能、地热可再生能源应用技术及设备、节能照明技术与节电产品、建筑集中冷、热、电联供技术、节水产品与污水处理技术、幕墙防水防腐技术与产品	东方明珠—上海国际新闻中心展览馆	上海市环境保护产业协会 上海展中展览服务有限公司

（续表）

编号	时　间	展会名称	展会主要内容	展会地点	主办单位
30	9月8～10日	2006上海国际家庭净水及供热展览会	家庭中央净水机、软化水系统、反渗透系统、超滤系统、太阳能热水器、家庭中央热水和供热采暖系统，地暖、地板采暖、地热采暖、采暖壁挂炉、取暖器、浴霸、水暖及相关配件、饮水机系列、中水回用以及污水处理、厨下式净水器系列	东方明珠—上海国际新闻中心展览馆	上海市环境保护产业协会 上海展中展览服务有限公司 上海市自动化学会 上海大洋展览展示有限公司
31	9月20～22日	上海国际医疗垃圾与废弃物处理技术设备展览会	医疗垃圾与废弃物处理的核心技术与新颖装备	上海光大会展中心	全国卫生产业企业管理协会
32	10月16～18日	2006年第五届上海国际袋式除尘技术与设备展览会暨研讨会	袋式除尘器、滤料及滤袋、配件、电控装置、阀门装置、其他相关设备	上海东亚展览馆	中国职业安全健康协会工业防尘专业委员会 东北大学、国家环境保护工业烟气控制技术中心
33	10月18～20日	第三届上海国际清洁设备与技术展览会	建筑物外墙清洗及保养设备、材料与技术、水域保洁、监测船舶与技术、城市市容环卫监测设备与技术、各类民用清洁设备及技术、各类卫生清洁消毒产品	上海展览中心	上海市国际展览有限公司
34	11月1～5日	2006CIIF-上海国际节能科技与产品展览会	节能型家用电器、工业节能工程、节能环保工程；节能型空调系统、节水、节电、节油装备、节能型机电、节能建筑产品及技术；空气热能利用技术与产品，节水工程；太阳能利用技术和产品、绿色电池等	上海新国际博览中心	国家发展和改革委员会 中国国际贸易促进委员会 上海市人民政府
35	11月1～5日	第三届上海国际固体废弃物专用设备与技术展览会	城市废弃物处理技术与装备，城市清洁技术与装备	上海展览中心	上海市市容环境卫生管理局
36	11月1～5日	第八届中国国际工业博览会可再生能源展	太阳能光伏、光电、热利用产品、太阳能工程、风力发电技术与产品、水力发电系统与设备、生物质能、地热能与空气热能、节能设备等	上海新国际博览中心	国家发展和改革委员会 科学技术部 信息产业部 上海市人民政府

（续表）

编号	时　间	展会名称	展会主要内容	展会地点	主办单位
37	11月6～7日	2006中国国际水处理化学品及技术设备展览	各种水处理药剂、技术、产品展示	上海世贸商城	中国化工信息中心 全国功能高分子行业委员会
38	12月6～8日	2006第四届中国（上海）国际绝热隔音（保温）材料工业展览会暨技术研讨会	绝热材料、隔音及吸音材料相关产品、技术展示	上海光大会展中心	中国绝热隔音材料协会 中国国际经济技术交流中心

2006年度各种环保相关交流会、研讨会

2006年度各种环保相关交流会、研讨会

编号	时　间	会议名称	会议主要内容	会议地点	主办单位
1	2月18日	推进循环经济、促进再生办公纸生产使用研讨会	分析本市推广再生办公纸的意义、前景、困难，提出抓住废纸回收、生产企业、品种质量三个环节，加快再生纸推广利用步伐	上海市市政大楼会议室	上海市环保局 上海市政府发展研究中心
2	3月3日	加中环保科技合作研讨会	废水治理、清洁能源、废弃物回收利用、除臭技术交流、研讨	上海巴黎春天大酒店	加拿大驻沪总领事馆 上海市环境保护产业协会
3	3月29～30日	2006国际水工业论坛	饮用水处理、市政水处理、工业水处理、反渗透系统维护运营与管理、综合水政策等	上海世贸商城7楼会议室	国家发改委环境与资源综合利用司 上海市环保局 上海水务局 国际饮水资源保护组织
4	5月28日	上海高校第一届环境学术论坛	涵盖了给水处理、废水和废气处理、固体废物处理和环境管理等环境研究中的重点、热点、难点问题，显示了上海高校环境研究的整体实力和良好的发展势头	同济大学环境学院	上海交通大学 同济大学 复旦大学三校环境学院研究生会

（续表）

编号	时　间	会议名称	会议主要内容	会议地点	主办单位
5	6月	黄浦江、苏州河水生生态评价和生态修复研讨会	专家们一致认为上海应该建立一套完整的基于生物多样性的河流水生态修复评价指标体系,用于评价和指导上海黄浦江、苏州河水生生态修复	上海市环境科学研究院	上海市环境科学学会 上海市环境科学院
6	7月12～14日	2006上海崇明生态岛国际论坛	分别从崇明生态岛发展定位、生态指标体系、科技支撑、水资源、绿色能源、绿色建筑等角度作主题报告。中外专家围绕自然生态、产业生态和人居生态三个专题进行分组交流，为推进崇明生态岛建设出谋划策	崇明东滩国家会议中心	上海市科学技术委员会 崇明县政府
7	9月16～18日	中国节能、制冷、环保与可持续发展高层研讨会	能源、生态环境、循环经济与可持续发展，节能制冷产品推介及新品发布，节能、制冷技术与可持续发展	上海银河宾馆	中国社科院可持续发展研究中心 中国生态经济学会 中国节能协会 中国制冷空调工业协会
8	10月15日	燃煤电厂袋滤技术研讨会	深入研讨电厂使用布袋除尘器对滤料、滤袋的选择及发展趋势	上海东亚展览馆	中国职业安全健康协会工业防尘专业委员会 东北大学 国家环境保护工业烟气控制技术中心
9	10月27日	2006年中日节能和新能源论坛	围绕中日能源领域研究开发的新趋势以及所涉及的技术创新、高新技术产业化、市场需求等问题，进行互相沟通、深入探讨，旨在促进学术界与产业界的良好协作	上海交通大学闵行校区	上海交通大学和日本NEDO
10	10月30～31日	第三届（上海）环保与新能源国际论坛	介绍《可再生能源发电有关管理规定》，可再生能源产生的绿色电力并网的优惠政策、2010年上海世博会能源规则及环保与太阳能利用工程项目信息发布、世界银行提供	上海国际会议中心	上海科学技术开发交流中心 上海市环境科学信息技术交流中心 上海世博（集团）有限公司

（续表）

编号	时　间	会议名称	会议主要内容	会议地点	主办单位
续10			贷款用于扩大中国可再生能源利用规模、中国清洁发展机制（CDM）与国际合作、《2005 年～2007 年上海市开发利用太阳能行动计划》实施情况介绍		
11	11 月 1～5 日	上海 2006 第四届亚太废弃物管理国际会议	旨在更广泛地交流和吸收国内外垃圾处理技术和经验，以进一步改善上海市的整体环境质量，提高中国乃至亚太地区垃圾处理和污染防治的技术及管理水平	上海展览中心	上海市市容环境卫生管理局

第三届上海国际固体废弃物专用设备与技术展览会

第三届上海国际固体废弃物专用设备与技术展览会于11月1～5日在上海新国际博览中心与2006中国国际工业博览会同期举行。本届展会由上海市市容环境卫生管理局、中国国际贸易促进委员会上海市分会和中国国际商会上海商会主办，上海市国际展览有限公司承办，上海市市容环境卫生协会协办，并得到上海世博（集团）有限公司、国际固体废弃物协会和欧洲废弃物管理与环境服务联盟的大力支持。

本届展会根据国际环境产业的发展趋势，重点展出近年来环卫、环保领域的先进设备和技术，特别是加强了室外展区的各类环卫车辆的现场动态演示成为一大亮点。本届展会以“生态城市，绿色世博”为主题，吸引了十多个国家和地区的著名企业：首次参展的法国雷诺卡车公司、利用再生资源发电的意大利 ASJA.BIZ 公司、瑞士 AEBI公司将展示两款多功能高级环保扫路/高压冲洗车、致力于废弃物焚烧并具备一流环保工程技术的日本杰富意工程技术公司、在垃圾焚烧发电等固废处理颇具创意的三菱重工业株式会社、具有最先进的处理技术的日立造船株式会社、从事垃圾焚烧的株式会社美达科和株式会社田熊等。除了上述国际知名企业之外，国内的企业也带来了最新的和各具特色的产品。

上海·汉堡生态建筑展

11 月 8 日至 10 日，“2006 上海·汉堡生态建筑展”在上海举办。

欧洲参展的建筑项目基本是现有建筑的生态节能改造，保存老建筑的外观及氛围，建筑节能标准甚至高于新建筑。这样改造完成的建筑受到消费者的普遍欢迎，几乎所有参展的项目都告售罄。

两年多前，德国汉堡市和友好城市上海签订了在上海合作举办生态建筑展备忘录，根据双方城市建设主管部门达成的框架协议，上海将选定多个分布在不同区域的建筑集中展示生态建筑的理念与技术。

德国汉堡市城市环境和城市发展局局长马勒齐和生态建筑展的两位德方负责人说，这样的生态展在德国及欧盟其他国家都办过，目的是演示怎么应用节能技术，让更多的人看到很多能源不应被浪费。

两年多来，参展的 9 个中德合作生态建筑项目得到了来自德国专家从设计、质量监控、培训、评估到认证各个方面的技术支持，这些项目的能耗设计与上海同类一般建筑比，节能率约 75%。这些项目类型广泛，涉及新建建筑和现有建筑。

负责任地使用宝贵资源

——奥特斯（中国）有限公司致力于做环保节能的典范

奥特斯（中国）有限公司是AT&S集团在中国设立的独资企业，也是迄今为止奥地利在华最大的投资项目。公司主要产品为HDI高密度微孔互联手机板。

AT&S从创立之初就秉承了奥地利优良的环保理念，并将严格的环境标准统一应用到全球各地的工厂中。公司在每一财政年度都会设定相关的节能指标，在每年的环境公报中，企业都会向社会公布当年的“降耗成绩”。

奥特斯（中国）有限公司在环保方面投入已经累计超过了1.5元亿人民币，工厂的气体处理采用全程PLC电脑自动控制，22条专用管道进行废水分类处理。公司先后通过了ISO14001、ISO/TS16949以及OHSAS18001等多项涉及环境、健康、安全的体系认证，并获得了“闵行区环保先进集体”的荣誉。

在节能方面，奥特斯（中国）从土建工程开始就投入了大量的资金，在占地近10万平方米的厂房外墙和屋顶金属板夹层中，均铺设了两层25毫米厚的硬性岩棉保温板。同时，为了取得最佳的保温效果，奥特斯（中国）所有冷热交替的风管、水管（总长度超过20公里）均采用了弹性闭泡绝热材料，从而保证了气体不会发生对流。此外，厂区内所有的货物进出卷帘门都加装了光电感应开关，从而最大限度地减少了能源损耗。

奥特斯（中国）在二期工厂建设中投资600万元人民币于天然气热电联供系统。天然气发电机组在运行中，所排出的高温烟气经过热交换机收集，可以再用于厂房内的空调系统；天然气发电机组的缸体热能经过收集，也可以再用于网水的加热。

奥特斯还致力于向社会公众宣传环保理念。在2007年世界环境日，奥特斯（中国）有限公司参与制作了公益广告宣传片，并在上海东方明珠公交移动电视上播出。同时参与制作了2007世界环境日主题宣传海报，发放到有关社区。

正如AT&S的环境指导方针所言：“我们要将质量、环境、人等各种要素构成一个有机的管理系统，负责任地使用一切现有资源。”

Alcatel·Lucent 上海贝尔

上海贝尔阿尔卡特股份有限公司

倡导绿色管理　注重环境保护

公司研发行政大楼全景图

上海贝尔阿尔卡特（以下称：公司）是隶属于国务院国有资产监督管理委员会的中央企业，也是中国电信领域第一家外商投资股份制企业。公司拥有国际级研发中心，开发应用于中国和向阿尔卡特朗讯全球客户出口的独创技术。公司生产制造平台设备先进，营销服务网络遍及全国，并在 50 多个国家开展海外业务。

作为我国电信行业中的骨干企业之一，公司历来注重保护环境，1995 年在上海浦东新建的厂房占地面积 16.2 万平方米，绿化面积达 7.5 万平方米。厂区中央空调系统采用了对臭氧层影响很小的冷媒介质 HFC134a，以替代传统的含氟制冷剂，2002 年底公司全面自行淘汰臭氧消耗物质 CFC113。

2000 年 10 月，公司顺利通过了 ISO14001 环境管理体系认证。2005 年 5 月，通过 ISO14001:2004 升版认证。作为通讯行业电子电气设备制造商，公司产品符合欧盟 RoHS、WEEE 及中国 RoHS 等要求。同时二级污水处理装置出水经深度处理后回用于绿化浇灌，水资源的再利用获得认可。2007 年被上海市水务局评为“上海市节约用水示范企业”。

公司定期将企业环境保护方面的政策措施和环境负荷现状向社会公布。2006 年，公司将环境保护活动延展到公司赞助的希望工程学校—位于云南省小凉山地区的上海贝尔阿尔卡特宁蒗希望中学，通过在学生中组织环保漫画、环保课、环保小论文比赛等活动，将环境保护的理念传播到希望学校的孩子们的心中。

公司的环境目标是：倡导绿色管理，推动绿色设计、绿色采购、清洁生产和节能减排。在已经构架的基于环境管理贯穿于产品生命周期概念的基础上，关注三再（再回收、再利用、再降耗）的环境管理理念的推广。寻找社会效益、经济效益和环境绩效的平衡发展，并探索出一套适合公司自身发展的环境管理模式。

中水灌溉绿化

污水处理站控制室

上海吴泾化工有限公司
SHANGHAI WUJING CHEMICAL CO., LTD.

上海吴泾化工有限公司建于1958年，隶属于上海华谊(集团)公司。

目前公司主营醋酸及其衍生物等系列产品。主要产品有醋酸、乙酸乙酯、氨基塑料、硫酸等20多种。吴泾牌工业冰乙酸、高纯度乙酸乙酯、硫酸连续数年荣获上海市名牌产品称号，氨基塑料获得国家银质奖。国产化20万吨/年醋酸低压羰基合成工艺技术、10万吨/年乙酸乙酯新型成套技术先后荣获上海市科技进步一等奖。公司坚持走科技创新道路，是上海市高新技术企业。

公司通过了ISO9001：2000质量管理体系和ISO14001:2004环境管理体系认证。吴泾化工有限公司坚持安全发展、清洁发展、节约发展的理念，积极落实吴泾地区环境整治三年行动计划，主动整合内部安全环保设施，调整产品结构，朝着建设清洁能源、新材料研发和循环经济产业化示范基地、构筑新吴泾、打造百年基业的目标不断前进。

吴泾化工有限公司将继续走科学发展的道路，努力转变经济发展方式，承担社会责任、承诺社会贡献、促进社会进步。

公司厂区一角

上海吴泾化工有限公司沿江景观

上海外高桥第二发电有限责任公司

SHANGHAI WAIGAOQIAO No.2 POWER GENERATION CO.,LTD.

上海外高桥第二发电有限责任公司地处上海市浦东新区东北端，公司拥有两台90万千瓦超临界进口燃煤发电机组。本工程为国家"十五"规划能源建设重点项目，上海市重大工程。

两台机组分别于2004年4月和9月投入商业运行。投产两年多来，先后获得中国投资协会"优质投资项目"、历年"迎峰度夏优胜单位"等荣誉。年发电量超过100亿千瓦时，发电能力占到整个上海的15%，是上海电网的中流砥柱和上海能源供应的主力军。

二期煤场

机组设备性能好，能耗低，2006年全厂供电煤耗仅为306.9g/kwh，该煤耗比全国供电煤耗366 g/kwh降低了59.1 g/kwh，相当于减少二氧化硫排放4781吨，减少氮氧化物排放1822吨，减少烟尘排放243吨，为环境保护作出了贡献。公司在全国600MW以上大机组评比中获得了2006年度超临界机组电厂"最佳供电煤耗奖"。

90万千瓦机组的汽轮机

公司在生产经营活动中不仅注重经济效益，更加注重社会效益，始终坚持生产过程中的生态环保，走可持续发展之路。二期工程配套的2台300MW烟气脱硫装置已于2006年5月底投入试生产，目前连续运行正常。每年将减排二氧化硫8963吨，减排烟尘280吨。同时，公司积极推进2台900MW机组脱硫工程的建设，2006年完成了工程环境影响评价和可行性研究。2007年5月18日，2台900MW机组脱硫工程正式开工，工程进展顺利。

办公大楼

赛得利国际集团

——“利民，利国，利业”

赛得利国际集团是全球领先的粘胶纤维及溶解浆一体化生产厂商之一，凭借先进的生产能力和优势互补的战略布局，赛得利活跃于国际市场，客户遍及全球各地。目前，集团拥有一家溶解浆厂和一家粘胶纤维厂，分别位于巴西和中国，此外，集团还在美国、欧洲等地设立了广泛的分销网络。

2007年9月，赛得利应邀参加首届“中国名企创建绿色企业宣言”活动，成为首批“创建绿色企业”的倡导者。

可持续发展的战略理念贯穿于赛得利集团生产经营活动始终。“利民、利国、利业”是公司坚定不移的经营宗旨，即做任何事情都要先对当地人民有利，再对国家有利，然后才会对企业自身有利。

赛得利拥有自己的土地和严谨的林木种植体系，保证公司的溶解浆产品百分之百来自于种植林木，此外，无论是在林木的开发阶段还是在利用过程中，公司都时刻不忘维护当地的生态环境，保持物种多样性。

赛得利推崇环境友好的生产过程，确保工厂经营的每一个方面都达到甚至优于国家环保标准。众多国际权威体系认证，包括ISO9001，ISO14001和OHSAS 18001等，是公司多年努力的见证。

在未来，赛得利国际集团将始终如一地致力于实践自身承诺：关注质量，关爱环境，关心健康与安全。

一切源于树木

赛得利在巴西拥有1500平方公里土地用于速生林的种植

1	2
3	4

1、巴伊亚制浆巴西厂
2、中国第一家外商独资的粘胶纤维厂商——赛得利（江西）化纤有限公司
3、赛得利集团位于巴西的林木培育苗圃，每年可提供大量优质树苗，以供林地再生
4、溶解浆浆板

上海城环水务运营有限公司

上海城环水务运营有限公司是由上海城投环境投资有限公司组建的专业化水务运营公司，公司成立于 2006 年，注册资本 1000 万元。

公司以城市供水、污水处理的运营管理服务为主业，同时致力于城市垃圾渗滤液处理及污泥处理和处置项目的运营管理服务，并涵盖水务项目的水监测管理、技术咨询、技术开发以及新课题研究等多个方面。

DareGlobal
大亚集团

旋风分离器

大亚集团是中国500强企业、中国民营上市公司100强和农业产业化国家龙头企业，是上市公司“大亚科技”和知名企业“圣象地板”的控股股东。集团拥有四大产业：包装、木业、信息、汽配，其中木业是四大产业之首，而木业中最大的当属人造板产业。大亚人造板从 2002 年起步并快速发展，两年做成中国第一，三年成为亚洲之最，四年跻身世界十强。

大亚木业在发展过程中，始终把坚持环保作为最高原则。在对大环境的影响上，生产人造板对木材资源的消耗仅为实木的 1/3，使用人造板更能节约森林资源，有效保护地球村的环境；从个人和家庭的环保角度看，大亚人造板的环保指标高，符合国际最高标准，大亚人造板能够达到 E0 甚至超 E0 水平，在技术层面，能够做到所含有的甲醛浓度绝不超过自来水含的甲醛浓度。

大亚的人造板生产线，可以把其它一些加工厂不能用的树枝、树杈、树根等，都能作为原料来制造高品质人造板，对木材的直接利用率达到 80%。另外，将生产过程中产生的树皮、废板、锯屑、砂光粉，甚至办公垃圾等作为燃料，提供企业生产生活所需的热能，使得对木材的综合利用率接近 100%。仅此一项，大亚每年可节省能源消耗费用十亿元。

长期以来，大亚集团一贯秉持做一个优秀企业公民的心愿，始终坚持履行对自然环境的责任，力争成为资源科学管理领域的典范，同时热心关注社会环保公益事业的发展，积极参与各项环保公益活动。

大亚全景图

上海赛科石油化工有限责任公司
大气环境自动监测站投入运行

上海赛科石油化工有限责任公司（以下简称 SECCO）成立于 2001 年 11 月，于 2005 年 6 月正式投入商业运行，主营石油化工产品。

SECCO 自成立之际就高度重视环境保护工作，制订了“无事故、无人身伤害、无环境破坏”的 HSE 目标。SECCO 投产后，环保工作在加强管理的同时，不断完善监测手段。2006 年 12 月，SECCO 大气环境自动监测站投入运行。该自动监测站包括 VOC 在线气相色谱仪、氮氧化物（含氨气）自动监测仪、常规气象参数仪等主体监测设施，以及数据处理系统、零气发生器、分析小屋等配套设施。站房安装在 SECCO 边界，可 24 小时对大气环境质量进行连续监控。其中 VOC 在线气相色谱仪的监测范围覆盖了 SECCO 目前包括苯、苯乙烯、丙烯腈等在内的主要特征污染物，能连续提供特征污染物的实时数据，结合气象参数可对异常情况进行及时跟踪和分析。数据采集后通过局域网进入控制系统。

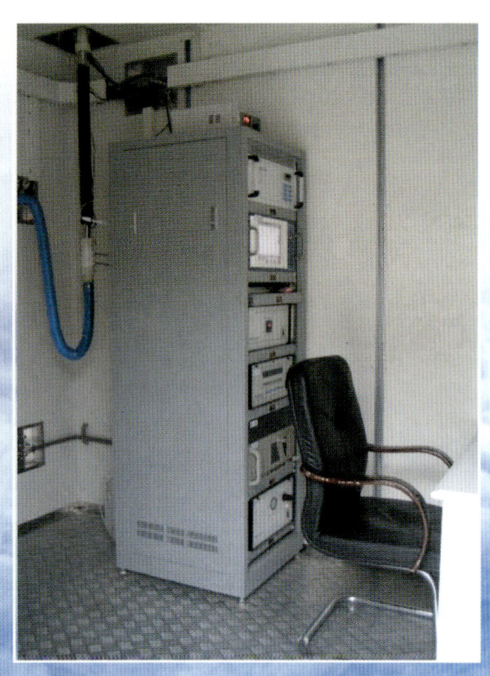

SECCO 大气环境自动监测站投用以来运行正常，并于 2007 年 7 月通过上海市环境监测中心和上海市气象部门组织的验收。

上海长盈环保服务有限公司（原名：上海闵行废弃物焚烧有限公司）创建于1990年，是上海地区首家工业废弃物处置企业。

公司占地面积20000平方米，现有仓库及场地2000平方米。仓库分为危险废物专用储存库，一般废物储存库，液体储存池等。根据废弃物不同特性及形态，均可归类储存。

公司引进了先进的干馏气化二次焚烧技术和新一代GB型干馏气化垃圾处置装置。干馏气化二次焚烧技术获日本、美国、欧洲、新加坡、韩国、中国最新专利。新一代GB型装置能有效地抑制二恶英等有毒物质的产生，是面向二十一世纪的绿色环保设备。

公司严格按照上海市环境保护局颁布的上海市废弃物经营许可证所核定的范围从事危险废物的收集、贮存、处置，年经营规模20000吨。

公司制定了各种严格管理制度，特别是加强对用户的知识产权保护，同时加强员工岗位培训，坚决杜绝在处置废弃物的过程中的再次污染。公司已经通过ISO9001质量管理体系认证。

致力于工业废弃物处置

上海长盈环保服务有限公司

PIV 浦江智谷
pujiang Intelligence Valley

上海鹏晨联合实业有限公司

“浦江智谷”商务园 节能建筑、生态环境简介

德国建设部长亲临“浦江智谷”颁发“节能证书”

“浦江智谷”商务园是由上海鹏晨联合实业有限公司投资建设的节能、健康、舒适的建筑和自然的生态环境的新型商务园区，主要吸引生产型服务业如软件研发、设计中心、动漫游戏、企业总部、外包服务等研发机构进驻园区。“浦江智谷”提出了开发、建设商务园的四大理念及标准：以“生态反哺”的理念作为环境建设标准；以“节能、健康、舒适”的理念作为建筑设计标准；以“先生活，后工作”的理念作为配套建设标准；以“满足客户需求”的理念作为管理服务标准。

“浦江智谷”商务园占地约 1100 亩，园区规划为独幢的商务楼群和多层研发楼群，可建面积约为 65 万平方米。

“浦江智谷”的节能建筑采用了当今国际上成熟实用的十大节能技术：外墙外保温、外遮阳卷帘、全新风置换+全热回收、楼板埋管、地源热泵、雨水收集综合利用、双面 Low-e 中空玻璃、屋顶绿化、太阳能光热利用、LED 节能照明。这类建筑恒温、恒湿、全新风、全日供，完全克服了传统办公楼普遍存在的新风量不足、室内空气浑浊、病菌交叉感染、能耗浪费等弊病。与传统建筑相比，其综合能耗可节省 75% 左右。

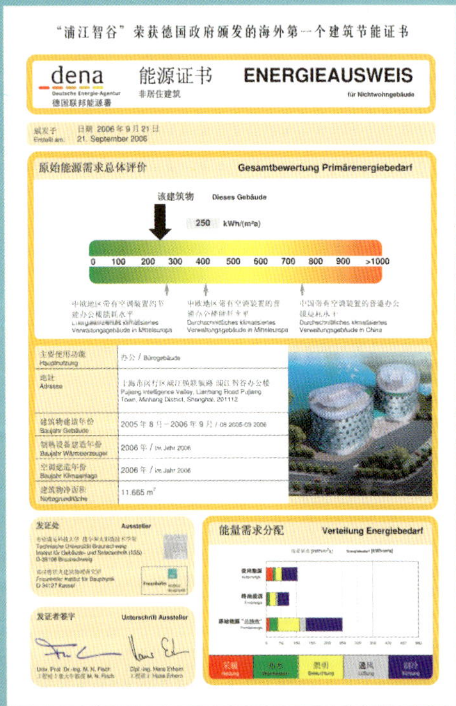

2006 年 1 月，“浦江智谷”商务园项目，经由建设部组织的“影响中国商务建筑”推介活动专家评审委员会的严格评审，获得“中国节能创新建筑”的称号。

2006 年 9 月 21 日，德国交通建设与城市发展联邦部部长沃尔夫冈•蒂芬泽（Wolfgang Tiefensee）先生亲临“浦江智谷”1# 商务楼，为该楼颁发了“德国建筑节能认证证书（dena）”。这是德国政府在海外颁发的第一个符合德国节能建筑的认证证书。

“浦江智谷”荣获德国政府颁发的海外第一个建筑节能认证证书

上海市滩涂造地有限公司是上海地产（集团）有限公司旗下独立承担全市滩涂圈围开发任务的专业公司，是目前上海最大的以滩涂造地为主营业务的投资管理型企业，具有较为雄厚的资金实力和人才优势。

公司在“十五”期间，为积极贯彻市府关于滩涂造地事业要“加大力度、加快速度”的要求，本着“多促少围，促二围一”的原则，在南汇、崇明、金山、奉贤、宝山等地先后实施了十九个促淤圈围工程，促淤 51.86 万亩，圈围 17.89 万亩，投资规模达 62.56 亿元。

生物促淤、增加滩涂面积

公司坚持社会效益和经济效益并举，在以下四个方面做到了有机地结合：

一、储备了土地资源，为市重大项目的实施提供了土地资源的保障，同时为市政府提供了 12 万亩（80km^2）的土地占补平衡指标。

二、保护了海塘安全，为社会经济发展提供了防潮安全保障。

三、充分利用泥沙资源，实现了滩涂资源、湿地资源的总体平衡。与 1984 年相比，本市滩涂资源总量总体上保持了稳定，为资源的可持续开发利用打好了基础。

四、以崇明北沿滩涂促淤圈围一期工程为标志，开展了从“圈地”到“圈水”的新尝试，为优化生态环境，促进生态旅游发展提供了物质基础。

崇明北湖远眺

上海市滩涂造地有限公司

上海新华净环保工程有限公司

上海新华净环保工程有限公司是专门从事噪声治理、油烟和空气净化、污水处理等环保设备生产和工程建设的专业公司。公司创建于 1992 年，下属有太仓华太消声通风设备有限公司、上海昊元净之王环保设备有限公司。工厂占地面积近25000平方米，固定资产超过2300多万元。公司具有环保工程专业承包叁级资质、江苏省环保综合治理甲级资质、国家环保颁发的消声器、声屏障和油烟净化器产品认证证书。公司已通过 ISO9001 质量管理体系认证，被评为 2006 年度中国环境保护产业骨干企业。

新华净公司 10 多年来完成了大众汽车、通用汽车、江苏南汽、浦东国际机场、上海新天地、中央音乐学院、上海东郊宾馆、上海英特尔、上海外环线隔声屏障、通用电气亚洲水电浙江基地、徐州贾汪发电有限公司、国电鹅城换流站等国内重点工程，开发了三大系列数百项产品。

上海西郊经济开发区成立于1992年8月，于1993年12月经青浦县人民政府批准为县级工业区，规划面积24平方公里，首期开发3平方公里。2006年8月经国家发改委核准为市级开发区，面积6.33平方公里。

主导产业：按照市经委、青浦区人民政府部署及虹桥综合交通枢纽规划，开发区以都市型工业、现代服务业、总部经济为主导产业。

经济发展：截止2006年底，累计引进实体型企业237家，吸引外资123280万美元，完成基础设施投资近10亿元人民币，已入驻星科金朋（上海）有限公司、妮维雅（上海）有限公司、上海尤尼佳有限公司、上海精元集团有限公司、上海家化联合股份有限公司青浦中心工厂为龙头的国内外知名企业。

基础设施建设：经过14年的建设，已完成七通一平，已建成网格化道路26公里。供电建成350千伏变电站3座，建有日处理2.5万吨污水处理厂1座（首期）。

坚持可持续发展

SHANGHAI XIJIAO ECONOMIC DEVELOPMENT ZONE

上海西郊经济开发区

SHANGHAI XIJIAO ECONOMIC DEVELOPMENT ZONE

神华煤制油研究中心有限公司

——为煤制油煤化工板块提供技术支撑

神华煤制油研究中心有限公司（以下简称研究中心）成立于 2003 年 12 月。研究中心注册资本为伍仟万元人民币，自成立以来已实现科研投入三亿捌仟万元人民币。研究中心总部设在上海浦东张江高科技开发区，研究试验基地位于上海市闵行区吴泾化工园区。

研究中心以“创新发展、造就人才、重点跨越、引领未来”的核心理念，以构造一流的技术创新体系、打造一流的研发队伍、创造一流的科技成果为目标，以洁净煤转化能源领域的关键技术为研发重点，开发具有自主知识产权的核心技术，为神华集团煤制油煤化工板块产业发展提供技术支撑。

目前正在筹建集实验室研究、大型仪器分析测试和表征、工程技术开发、国际信息交换平台等综合一体的基础设施——张江研发大楼、煤液化催化剂评价装置、油品加工装置、煤化工工艺和催化剂开发装置等一批科研设施和装备。试验基地二期工程已经启动，这些具有国际先进水平的科研设施和试验装置将大大提高研究中心的整体实力和研发速度。研究中心将持续致力于煤直接液化、煤间接液化、煤制烯烃、煤基油品加工、煤或油渣气化、煤基联产、煤化工等领域之工艺、催化剂装备和新材料技术的研发，向高层次、高水平、世界级的科研机构迈进。

SENZEN 申真®

德国阿里佳托涂料有限公司

华新总部

上海申真阿里佳托涂料有限公司

北京申真阿里佳托涂料有限公司

设备先进的生产车间

上海申真企业发展有限公司

上海申真企业发展有限公司是一家专业从事高新技术产品开发、生产、研究的集团公司。公司成立于 1997 年，公司化工产品涵盖建筑中高档环保型多功能内外墙涂料、家装漆、地面涂料、重防腐涂料、光固化涂料和氟碳涂料等六大类共 100 多种产品，以及涉及到建筑涂料上下游的领域。

公司旗下拥有除“SENZEN 申真”品牌之外，更拥有“ALLIGATOR 鳄鱼”国际知名品牌。

“ALLIGATOR 鳄鱼漆”进入中国十年，获得国家级和省市级环保认证和各类环保奖项近百项。上海申真阿里加托涂料有限公司是上海涂料行业首家通过“ISO14001 国际环境管理体系”认证的企业，也是上海涂料行业首家通过“中国环境标志产品认证委员会”认证的企业。2006 年，“ALLIGATOR 鳄鱼漆”入围中国第一份“政府采购绿色清单”，并列入国家免检产品。

www.senzen.com.cn

扬子江药业集团

上海海尼药业有限公司

上海海尼药业有限公司成立于 2001 年 1 月，公司坐落于南汇区周浦镇繁荣工业经济园内，厂区占地总面积约 13 万平方米，总建筑面积 5 万平方米。厂房按照 GMP 生产规范合理设计，引进具有 21 世纪国际水平的先进设备，工艺流畅、厂区环境优美，地面绿化、水池、道路等按医药行业标准建设，所有设施均通过国家 GMP 验证。

海尼药业致力于多种中药、西药的研究开发与生产经营工作，拥有药物研究院、企业博士后工作站、质量控制中心、固体制剂车间、水剂车间及辅助用房，现生产苯磺酸氨氯地平片、加替沙星胶囊和注射液、清乳消颗粒、止咳胶囊等产品。公司建立完善的质量检测体系和质量保证体系，配备先进的进口检测仪器，严格保证产品生产质量高于国家标准，使公司的产品质量得到有效的保证。

2004 年获得“上海市重合同守信用”单位称号。

20005 年 5 月成功通过了上海市计量检测验证，成为上海市医药行业第一家通过计量体系验证的企业。

2006 年度企业完成销售收入 3.6 亿元。参加上海市 120 家知名企业综合评估，各项指标均名列前茅。

追求绿色时尚　走向绿色文明

威盛亚（上海）有限公司

Wilsonart (Shanghai) Co., Ltd.

威盛亚公司是世界驰名的高压装饰耐火板等表面饰材生产及销售的跨国公司。它创建于1956年，总部位于美国德州，其母公司ITW在全球拥有700多个营运机构，年销售额逾百亿美元。

威盛亚公司在美国、加拿大、德国、中国、泰国、英国等国家拥有十大生产基地，销售网络遍布世界各地。在全球，威盛亚拥有四个国际知名品牌：美国的Wilsonart®、德国的Resopal®、加拿大的Arborite®和法国的Polyrey®。

自1996年进入亚洲市场，威盛亚公司已在上海和泰国建立了两家工厂，并在日本、韩国、新加坡、泰国、香港、台湾等国家和地区设立了分公司或经销点。

在中国，威盛亚已通过ISO9001认证，并在本行业中首家同时通过ISO14001认证。此外，作为美国国家环境基金会的会员，威盛亚公司始终坚持不懈地追求产品生产过程与成品的绿色环保，在中国威盛亚还是最早获得绿色建材产品认证及推荐的耐火板厂家之一。

不懈追求　绿色环保

上海赛科利汽车模具技术应用有限公司

SHANGHAI SEKELY DIE TECHNOLOGY CO., LTD.

上海赛科利汽车模具技术应用有限公司（由原上海上汽汽车模具技术应用有限公司投资方重新组建而成）成立于 2006 年 4 月，公司一期和二期总资本 9200 万美元。

一期工程占地面积 8.4 万平方米，有一流的联合厂房和冲压焊接设备。公司目前主要向上海通用汽车有限公司、上海汽车制造有限公司进行白车身总成供货，主要产品有外覆盖件焊接分总成和车身内部大型焊接分总成两大部分，拥有“内外板零件冲压—总成焊接—内外板涂胶包边—总成件检测”的现代化流水线生产工艺。

公司二期模具项目于 2007 年上半年正式启动，模具项目占地面积 11.3 万平方米，公司模具项目的建设将形成年产 210 副大型模具的生产能力，全面提升公司的汽车外覆盖件产品在质量、技术、价格、成本、服务等方面的优势，提高企业整体的竞争能力。

公司于 2006 年 9 月通过了德国 DQS 体系认证公司 ISO/TS 16949：2002 质量管理体系和 EN ISO14001：2004 环境管理体系的认证。

开拓进取　创新业绩

SHANGHAI SEKELY DIE TECHNOLOGY CO., LTD.

高田（上海）汽车安全装置有限公司
高田（上海）汽配制造有限公司

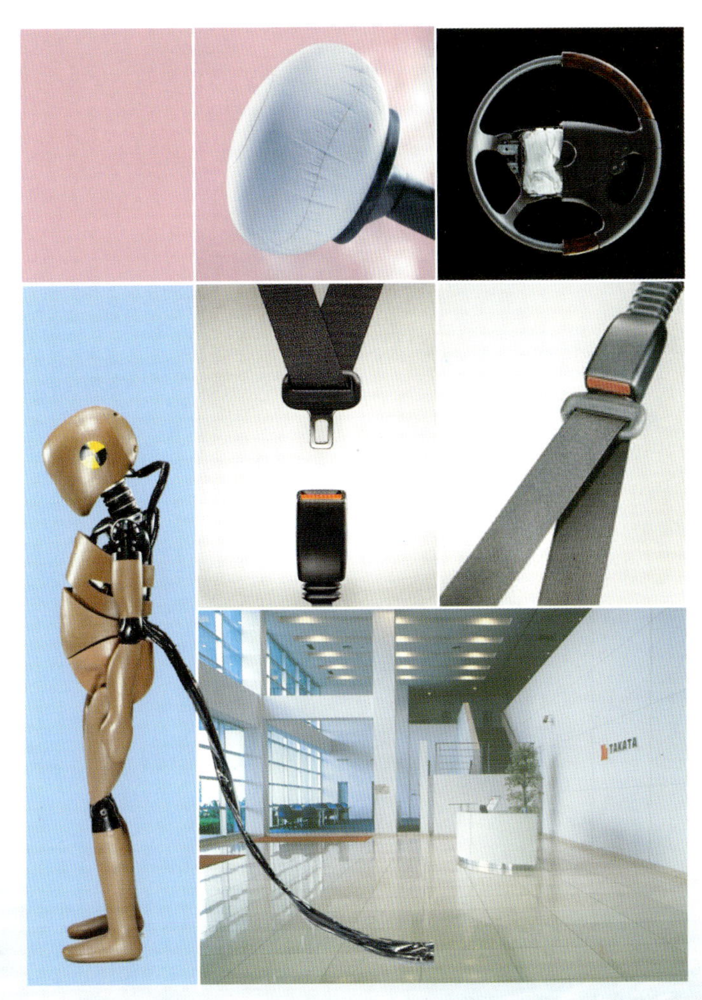

高田（上海）汽车安全装置有限公司和高田（上海）汽配制造有限公司是日本高田集团在上海的独资法人企业。

日本高田集团于 2002 年 5 月投资设立高田（上海）汽车安全装置有限公司，注册资本金 500 万美元，投资总额 1250 万美元。

2003 年 9 月，高田（上海）汽配制造有限公司落户上海青浦工业园区，注册资本金 1500 万美元，投资总额 4500 万美元，占地面积 75000 多平方米，工厂建筑面积 24000 平方米。

高田（上海）为诸多国际知名汽车品牌的多种车型配套，业务内容辐射全国，同时向海外出口产品。2006 年度高田（上海）整体销售额实现翻番，总金额超过 20 亿元。

高田（上海）已经通过 3C 、EC、ISO9001、ISO/TS16949 和 ISO14001 等产品、质量体系的国内、国际认证。

坚持优质服务 推进环境管理

上海宝隆(集团)股份有限公司

上海宝隆（集团）股份有限公司组建于 1994 年 3 月，公司主营酒店、旅店、出租汽车。2003 年 8 月，上海宝隆（集团）股份有限公司进行资产重组。

重组后的上海宝隆（集团）有限公司将继续秉承“全心投入，追求卓越”的企业精神，并融入巴士集团“尊重人的价值，勇于承担责任”的企业理念，把顾客的满意作为永远追求的目标。

主要业务

集团拥有四星级、三星级的酒店各一家。

集团还经营管理以“宝隆居家”为商号的连锁经济型旅店。家庭般温馨的服务、方便经济的特色，企业经营业绩不断上升。

宝隆出租汽车拥有出租车 1460 余辆和旅游大巴 20 余辆。以巴士集团品牌和集约化管理的优势，不断提高管理效能，达到以品牌扩张规模的目的。

集团同时还拥有宝隆加油站、北亚实业公司等企业。

获得荣誉

1994 年上海餐饮行业营业收入十强、1995 年上海市餐饮行业营业额第 4 名、1996 年上海餐饮业销售额十强第四名、1997 年上海餐饮公司营业额十强第 4 名、1998 年上海正餐行业销售额十强第 5 位、1999 年上海正餐行业销售额十强第 5 位、2001 年度全国餐饮行业百强企业排名第 26 位、2001 年上海市 A 类财务会计信用单位、2005 年被评为上海市 A 类财务会计信用单位、2005 年被评为上海市模范职工之家。

企业文化

企业精神 全心投入 追求卓越

管理风格 不求第一 只求最好

经营理念 利润是从不断得到满意的顾客那里取得的

道德原则 诚心 诚信

上海宝隆宾馆有限公司

上海宝隆旅店管理有限公司

上海金富门酒店有限公司

上海罗门哈斯化工有限公司

罗门哈斯公司创立于 1907 年，总部设在美国宾夕法尼亚州费城，是一家研究、生产、经营精细化学品，年销售额近 80 亿美元的跨国公司，在世界精细化工业界居领先地位（全球五大精细化学品公司之一，全球化工 50 强企业之一）。

上海罗门哈斯化工有限公司（简称 RHSCI）成立于 1998 年，是目前中国最大的离子交换树脂生产企业，公司经营范围为：开发、生产和销售离子交换树脂产品并提供相应的售后服务。该产品广泛应用于电力、电子、核电、冶金、制药、食品和石油化工等行业。

求实创新　　追求卓越

ROHM AND HAAS

SHANGHAI CHEMICAL INDUSTRY CO., LTD.

施诺聚氨酯（上海）有限公司

施诺聚氨酯（上海）有限公司地处上海市嘉定区，占地面积 47000 平方米，拥有先进的生产能力和设备。

公司主要产品有： 东亚牌高级家具用聚氨酯海绵、各种高科技聚氨酯海绵、美英不同标准高阻燃海绵、慢回弹海绵系列产品。产品用料选料考究，制作专业，工艺先进，种类繁多，性能各异。主要用于床、沙发、家居用品、玩具、汽车、室内装饰等等。依赖严格的品质管理和优质真诚的服务使产品赢得了广大客户的信赖，产品远销欧美、东南亚等 20 多个国家。

公司宗旨： 以质量开拓市场，以诚信满足顾客，坚持创新精神，持续不断地拓展技术空间的生机和变化，不停地向更大范围、更广领域、更高层次攀登！

SINOMAX POLYURETHANES (SHANGHAI) CO., LTD.

以质量开拓市场　以诚信满足客户

Export

- Overview
- Products
- Inquiry
- News Events

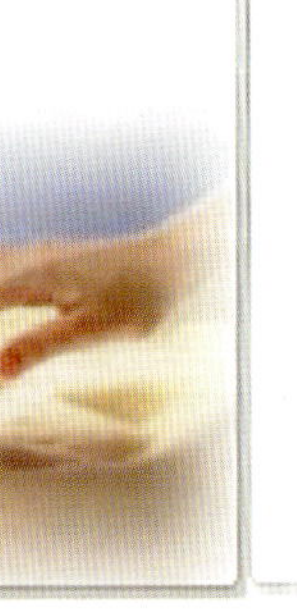

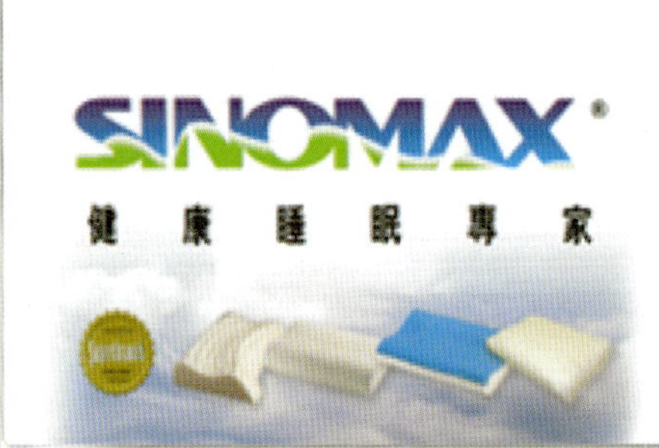

Sponge

- memory foam
- memory foam molecules
- equipment

爱森肉食

安全 卫生 优质

上海市著名商标　上海市名牌产品

上海爱森肉食品有限公司，成立于 2001 年 9 月，主要产品为“爱森”牌冷却猪肉和种猪。

公司现有上海市种猪场、PIC 五元杂交商品猪示范场、四个自营万头商品猪场和 18 万头规模的定点生猪基地、年生产能力 2 万吨的饲料厂、年屠宰加工 20 万头生猪及冷链系统配套的花园式的肉类加工厂和冷藏运输车队。

专用冷藏运输车队

公司生产经营的“爱森”牌猪肉获得上海市安全卫生优质农产品 001 号认证，是全国首家经中国人民保险公司进行产品质量保证保险的猪肉产品。2003 年公司下属肉猪示范场被上海市质量技术监督局和上海市畜牧办公室评为上海市标准化养猪场。2003 年“爱森”牌冷却肉被上海市食品协会评为上海市名优食品；2004 年本公司产品又通过农业部质量安全中心的“无公害农产品”认证，获得全国农产品示范加工企业称号。2006 年“爱森”冷却猪肉被评为上海市著名商标、上海市名牌产品，2007 年获得农业产业化上海市重点龙头企业称号。

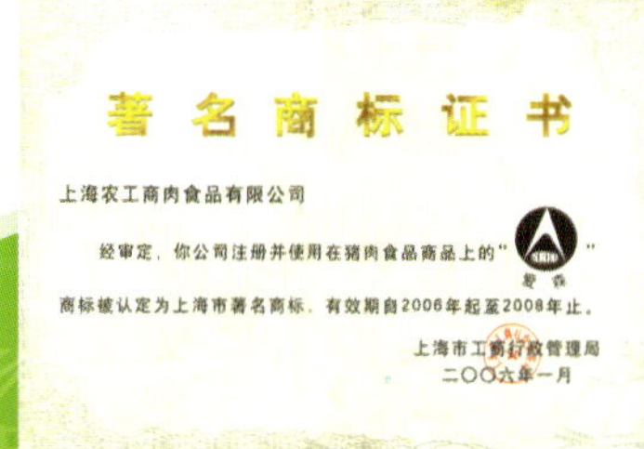

著名商标证书

上海农工商肉食品有限公司

经审定，你公司注册并使用在猪肉食品商品上的“SAIC 爱森”商标被认定为上海市著名商标，有效期自2006年起至2008年止。

上海市工商行政管理局
二〇〇六年一月

上海爱森肉食品有限公司

嘉里油脂公共设施（上海）有限公司

坚持高技术、高起点、高质量

嘉里粮油上海高东企业群介绍

嘉里粮油上海高东企业群是由嘉里油脂公共设施（上海）有限公司、上海嘉里食品工业有限公司、嘉里特种油脂（上海）有限公司、嘉里油脂化学工业（上海）有限公司组成，是由嘉里粮油（中国）有限公司投资兴建的集油脂精炼、食用油小包装、特种油脂生产加工、油脂化工、仓储等业务于一体的大型企业。

嘉里油脂公共设施（上海）有限公司

Kerry Industrial Services (Shanghai) Co., Ltd.

在嘉里粮油上海高东企业群中担任管理、后勤工作，为高东企业群中的上海嘉里食品工业有限公司（SKFI）、嘉里特种油脂（上海）有限公司（KSFL）和嘉里油脂化学工业（上海）有限公司（KOCI）提供油罐存储、办公设施、工业设施维修、污水处理、后勤保障以及相关管理工作。

上海嘉里食品工业有限公司

Shanghai Kerry Food Industries Co., Ltd.

主要生产精炼食用油及小包装油，拥有“金龙鱼”、“元宝“和“香满园”等著名品牌。

上海嘉里食品工业有限公司现拥有连续精炼油厂和小包装灌装厂，精炼能力达到 1000 吨 / 日；中转能力达到 2 万吨左右的油罐群；小包装车间包装产量为 1500 吨 / 日。

嘉里特种油脂（上海）有限公司

Kerry Speciality Fats (Shanghai) Ltd.

生产、加工、销售食品工业用特种油脂，包括：起酥油、人造奶油、代可可脂、氢化油脂等。

嘉里特种油脂（上海）有限公司现建有半连续精炼厂、油脂氢化厂、分提厂和特种油脂生产厂，分别引进世界先进工艺设备和生产线，采用全程电脑自动化控制生产，拥有中转能力达到 15000 余吨的操作罐群。半连续精炼能力为 300 吨 / 日，氢化能力为 150 吨 / 日，分提能力为 50 吨 / 日，特种油脂包装能力为 200 吨 / 日。

嘉里油脂化学工业（上海）有限公司

Kerry Oleochemical Industrial (Shanghai) Co., Ltd.

嘉里粮油集团首家精细化工产业公司，加工生产硬脂酸、甘油、皂粒、各类脂肪酸等精细化工产品，主要产品为锐龙牌硬脂酸、皂粒、甘油、各类脂肪酸。

KOCI 公司拥有具备世界先进水平的油脂水解设备、脂肪酸蒸馏设备、甘油精炼设备和脂肪酸连续氢化设备、皂粒设备和脂肪酸成型设备，还拥有中转能力达到 15000 多吨的操作罐群。

多鲜乐集团

Processing——Daily Fresh Group

福记集团为了进一步满足健康、环保、安全、便捷的现代人生活方式的需求，大力借鉴国外经验，在上海建立了现代化的生鲜食品加工中心、生鲜物流分拨中心和生鲜冷链物流系统一体化相结合的多鲜乐集团发展公司。

福记集团旗下的多鲜乐 123 家厨超市，于 2007 年 5 月 18 日首次落户上海。

多鲜乐 —— 有完整的食品供应源头及物流配送系统

一级商品多

庞大全面的生产基地保证品种更齐全。拥有最大的蔬菜培育基地，猪、牛、水产、养殖基地。

二倍更新鲜

先进的物流和服务体系确保食品更新鲜，并建立严格的食品与品质控制体系。

三餐美味乐

科学的生产体系提供品质保证。熟食区有各类中、西餐、面点，实现了超市餐厅化。

社会团体与中介机构

上海市环境污染治理设施运营资质获证单位名单

上海市环境污染治理设施运营资质获证单位名单

序号	单位名称	资质类别
1	上海闵欣环保设备工程公司	生活污水乙级、自动连续监测(水)
2	上海天丰环保有限公司	生活污水乙级
3	上海市环境监测技术装备有限公司	自动连续监测(水)临
4	上海市城市排水市中运营有限公司	生活污水甲级
5	上海闵行电力实业有限公司	工业废水乙级、工业固废乙级
6	上海市政工程设计研究院科学研究所	生活污水甲临、工业废水甲临
7	上海雷磁环保工程有限公司	自动连续监测(水)
8	上海同济建设科技有限公司	生活污水乙级
9	上海真源废物处理有限公司	工业固体废物乙级
10	上海多佳环境科技有限公司	生活污水乙级、工业废水乙级
11	上海通汇污水处理有限公司	生活污水乙级、工业废水甲级
12	上海叶轻舟环保科技有限公司	自动连续监测(水)正式、(气)临
13	上海石化寰保实业有限公司	工业废水甲级
14	上海申业环保设备有限公司	工业废水乙临
15	上海祥得环保科技有限公司	自动连续监测（气）临
16	上海明方环保工程有限公司	生活污水乙临、工业废水乙级
17	上海亚同环保实业有限公司	生活污水甲临、工业废水甲级
18	上海忠诚环保科技有限公司	工业废水乙临
19	上海松华技术工程有限公司	工业废水乙级
20	上海闵欣环保设备工程公司	工业固废乙临
21	上海绿然环保工程有限公司	工业废水乙临
22	上海青澄环境污染治理有限公司	工业废水乙级
23	上海有盈环保科技服务有限公司	工业废水乙级
24	上海侨亿环保科技发展有限公司	生活污水乙临、工业废水乙级
25	上海锦尚建设科技有限公司	工业废水乙级
26	上海环境节能工程有限公司	工业废水乙级
27	上海星月环保服务有限公司	工业固废乙级
28	上海汎滨环保设备有限公司	工业废水乙级
29	上海依科绿色工程有限公司	工业废水乙级

上海室内环境净化协会成立

为进行规范市场，方便市民对室内空气的检测、咨询和投诉，2006年，国内第一家室内环保协会——上海市室内环境净化协会正式成立。

上海市从事室内环境治理净化的相关企业已近200家，2006年总产值预计将达到10亿元，上海已经成为全国室内环境净化行业发展的中心。

市民可以通过上海市室内环境净化协会新开通的咨询投诉热线65122179，以及上海室内环境净化网www.12g.gov.cn，对室内空气的检测和整治进行咨询。协会同时还接受消费者的有关投诉。

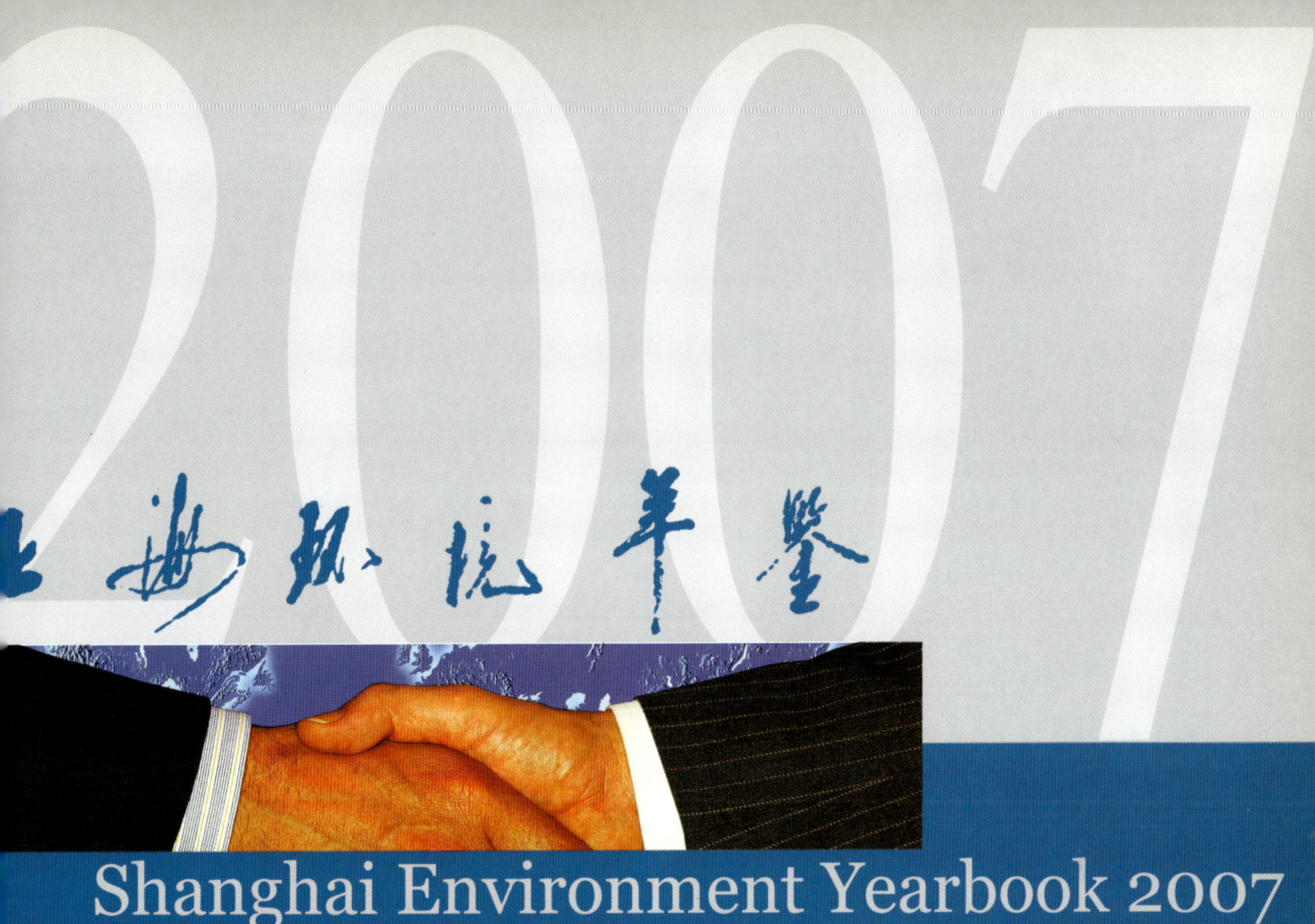

Shanghai Environment Yearbook 2007

国际合作与交流

国际合作项目

UNDP—上海环境友好型城市动议

在联合国开发和计划署（UNDP）和联合国环境署（UNEP）的支持下，“上海环境友好型城市动议”项目于2005年开始准备工作并计划于2006年年底签约。项目的执行期拟定为2006～2009年。

合作内容主要包括：结合上海市第三轮环保三年行动计划和“十一五”环境规划的实施，利用环境友好型城市指标体系跟踪和评估环保工作成效，反映成绩，找出问题，为今后规划和政策的制定提供科学依据；提高公众的环境意识，鼓励公众参与环境保护事务；建立政府与企业、公众的合作伙伴关系；提升政府在环境管理领域的能力建设；建立若干个示范点等领域。

中美合作上海环境空气质量AirNow系统合作

2006年4月，上海市环保局和美国国家环保局就环境空气质量AirNow系统展开合作达成协议。项目执行单位为上海环境监测中心。

合作内容着重于提高环境空气质量实时发布和预报业务系统的人员的能力建设。项目合作期预计3～4年，新建成系统将在2009年全面运作。其中，第一阶段将历时一年，到2007年4月结束。

中—意环境合作空气质量监测系统的改善

2005年1月，上海市环保局和意大利环境和国土部在北京签约，启动“中—意环境合作空气质量监测系统的改善”项目。项目主要针对建筑工地扬尘监控、重点污染源在线监测和机动车尾气排放监控等领域，帮助上海提高空气质量监测系统的硬件建设和人员能力建设。项目实施单位为上海市环境监测中心和意大利国家大气研究所。

2006年4月，该项目中的“上海大气监测项目可行性研究”完成。在此基础上，上海环境保护局与意大利环境、海洋与国土部（原意大利环境和国土部）签署第二阶段合作协议。第二阶段工作从2006年9月开始，至2006年底，项目已完成部分设备的进口，并开始选择若干个工地开展扬尘监测试验。

中—意合作崇明岛生态建设和环境保护研究

2005年8月2日，意大利环境、海洋与国土部，上海市环保局和崇明县政府在上海签订“中—意合作崇明岛生态建设和环境保护研究”合作协议，项目实施期为三年。

项目执行机构包括上海市环境科学研究院、同济大学、意大利Thetis公司和SGI公司。项目第一阶段工作主要针对崇明岛的总体规划开展环境评估。评估工作于2006年10月完成总报告的编写。中意双方于2006年11月14日了召开圆桌会议，市政府副秘书长洪浩出席会议并听取课题最终成果汇报。会议后，意大利方面和崇明县政府讨论了下阶段在具体项目上的合作意向。

中—意合作促进崇明岛东滩绿色农业发展的有机农业体系和技术

2006年主要完成的工作有：

1.建设和完善了田间道路、排水沟、灌溉水预处理沉淀池、滴灌系统设备房、嫁接育苗房和计算机控制房等示范基地基础设施。

2.收集、翻译和编辑了该项目所涉及的各项农业革新技术的培训教材，意方专家对中方技术人员和基地实施人员开展了革新农业技术的现场培训工作。

3.进行了滴灌滴肥系统和温室环境自动监控系统等革新农业技术设备的运输、安装与调试工作。

4.完成了第一茬目标农作物（梨、毛豆、南瓜）的田间试验，收集整理了第一茬农作物的田间管理和成本效益等数据，目前正在开展第二茬目标农作物的田间试验工作。

5.按计划开展了大田农业面源污染监测工作，获得了一年的监测数据。

6.中方两名技术人员完成了在意大利开展的为期四个月的农业革新技术培训。

7.进行了农业废弃物堆肥试验的资料收集和前期准备工作，目前正在制定堆肥试验方案。

“清洁发展机制”（CDM）培训

2006年3月，在意大利环境、海洋与领土部的资助下，市环保局与意大利威尼斯国际大学合作在上海举办了为期3天的“清洁发展机制能力建设”培训班，邀请本市政府相关部门，企业和咨询公司参加。来自中意两国的CDM专家和项目管理官员就清洁发展机制的概况、申请和批准程序，范例介绍等作了专题讲座。

中意环保合作项目清洁发展机制培训班

国际交流和友好城市交往

9月和10月，市环保局两个代表团访问了汉堡，参加了“德国汉堡、中国上海和俄罗斯圣彼得堡三市”可持续城市研讨会和汉堡市环境部组织的关于环境教育与环境友好型城市方面的富有成效的交流。

日本横滨代表团于11月访问上海，双方在水环境保护、污染源在线监测、水处理和水环境规划领域等方面进行了交流。

2006年，市环保局和美国旧金山代表团就2007年双方在环保方面的交流开展了初步的讨论。

11月，市环保局会同上海环境科学学会，和瑞士ICM公司召开了“2006上海资源回收国际论坛”，来自全球二十几个国家的200余名代表参加了论坛。

野生动物及湿地保护国际合作全面推进

2006年，林业部门与国际环境保护组织积极开展合作，推动本市野生动物及湿地保护事业发展。

与WWF（中国）联合举办上海淡水湿地保护国际研讨会，并与WWF长江项目协调员进行多次交流会谈，就建立湿地培训基地、开展培训工作和开展青浦淡水湿地保护达成初步合作意向。

与世界野生生物保护学会（WCS）中国项目协调员就东滩湿地生态恢复示范区扬子鳄重引入和野化工作进行交流会谈，协调了WCS与上实公司、华东师范大学和崇明东滩自然保护区管理处的工作联动。与TNC（美国大自然联盟）合作启动“崇明东滩鸟类国家自然保护区区域范围和功能区调整预研究”项目。

研究提出了启动崇明东滩自然保护区生态功能退化区域置换调整工作方案。为共同开展跨国迁徙鸟类保护，协助国家林业局国际合作司、保护司召开了中、日、澳、韩、俄五国候鸟保护工作会议，来自中、日、澳、韩、俄五国政府鸟类保护机构的官员和专家20多人，我国13个省市林业部门的观察员近50人参加了会议。

为推进全国15个濒危物种的拯救计划和落实《中国扬子鳄保护行动计划》，协助国家林业局全国野生动植物研究与发展中心、国际野生生物保护学会召开了“上海崇明东滩扬子鳄重引入研讨会”，来自国内外近30位扬子鳄保护专家参加了研讨。

为推进青浦湿地保护工作，会同青浦区淀山湖管委会办公室、世界自然基金会（中国）组织召开“淡水与湿地保护国际研讨会”，邀请国内外湿地保护专家20多人参加研讨。接待了世界自然基金会（WWF）亚太地区总监和WWF（中国）首席代表访问交流。

国际学术交流

国际城市景观灯光学术研讨会

国际灯光城市协会 2006 年度大会

国际城市景观灯光学术研讨会2006年11月10日在沪举行。副市长杨雄出席会议并致辞。

“国际灯光城市协会(LUCI)”于2002年6月在匈牙利成立，会上，上海市被大会选举为技术发展委员会主席城市。协会成立至今已有50多个城市和几十位国际专家成为该会会员。协会每年举行一次年会，前几届年会分别在匈牙利、意大利、摩洛哥、比利时、英国召开。2006年由市市容环卫局举办，首次在亚洲并首次在上海举行，英国、德国、俄罗斯等28个国家城市或地区的分管市长、专家学者出席。市长韩正为本次大会专门出版的《靓丽上海》大型彩色灯光画册作序，市市容环卫局局长主持开幕式。

国外智力引进项目

2006年度，市环保局通过市引进国外智力领导办公室和市外国专家局渠道，邀请国外专家7批共11人次来沪就国际环境前沿领域进行交流，从而提高上海环境管理和技术人员在这些领域的研究和技术应用水平。

1．邀请美国 AirNow 系统的专家来沪交流空气质量预测预报系统

美国Sonoma Technology公司的AirNow系统专家Alan Chan和Timothy S.Dye来沪交流空气质量预测预报系统的技术。交流内容包括日报过程中实测污染物浓度数据有效性判别；环境空气质量监测站点的分布优化；模型的验收标准及相关技术培训；分类回归树预报方法的建立；EPA空气质量日报统计模型的介绍及应用；实现实时空气质量报告的关键技术因素；空气质量日报、预报结果发布的可视化技术等。

2．邀请美国专家来沪交流大气污染输送模型

美国国家环保局专家Carey Jang来沪交流国际先进的第三代空气质量模型Models-3/CMAQ，专家介绍了大气污染物长距离输送与扩散方面的研究方法和技术手段。

3．邀请美国专家来沪开展大气有毒物排放监测与控制技术培训

美国国家环保局专家Conrad K. Chin先生和Penny E. Lassiter先生来沪举办讲座。讲课内容包括有毒大气污染物的理论知识；重要工业点源工艺过程中有毒大气污染物的排放估算及排放控制；面源类大气有毒物排放估算及排放控制；大气有毒物排放行业控制标准的制定原则及方法；颗粒物排放监测与控制技术。该项目的实施，不但可以提高环境监测中心的实际监测水平，同时也促进了理论方面的研究，为环境监测提供技术支持和保证。

4．邀请美国专家来沪交流生态监测技术

美国俄勒冈州环保局专家Eugene Foster Jr.和波特兰州立大学教授Yangdong Pan来沪交流生态监测技术。交流内容包括环境健康监测和评价方案；环境毒理学标准实验室规程的制定；环境毒理试验的质量保证条例的制定等。

5. 邀请美国专家来沪开展石化行业无组织排放定量技术培训

美国Research Triangle Park公司专家Jeffrey B. Coburn和Robert A. Zerbonia来沪开展石化行业无组织排放定量技术培训。培训的内容包括WATER9和TANK4.0软件介绍和应用；无组织排放模型的建立和参数设置的基本方法；美国在无组织排放方面的先进技术方法和规范；以及无组织排放定量方法。该项目的实施可以通过引进美国先进的定量模型、管理思路，培养上海本地的技术力量，建立适用于上海的计算模型，并能提高上海市环境保护局对无组织排放监测方面的能力。

6. 邀请美国专家来沪交流滨岸缓冲带技术研究

美国波特兰州立大学J.Alan Yeakle来沪交流滨岸缓冲带技术。交流内容有滨岸缓冲带工程改造与设计，包括：环境条件分析（土壤、水文、气候、坡度等因素）；适宜生物物种选择（建群植物、动物和底栖生物）；小规模工程性改造与建设，以及滨岸缓冲带试验与监测技术等。通过该项目，学习国外对滨岸缓冲带技术的最新研究动态、研究的关键技术和实施情况，对上海开展《苏州河干流上游滨岸缓冲带技术研究》提供技术支持。

7. 邀请美国专家来沪交流微生物群落及功能分子生物学测定技术

美国北卡罗来那州立大学FRANCIS L. DE LOS REYES III教授来沪就微生物群落分子生物学测定技术与方法开展交流，以提高市环科院在微生物群落分子生物学测定方面的技术水平。

中荷水资源管理创新研讨会

5月8日，中荷水资源管理创新研讨会在上海隆重召开。中国水利部胡四一副部长、荷兰国务秘书海根女士出席研讨会，并在开幕式上致辞。开幕式由中国水利部国科司高波司长、荷兰水协会柯亦菲主席主持。

第四届亚太固体废弃物管理国际会议

第四届亚太废弃物管理国际会议于11月2日至4日在上海展览中心顺利召开。本次会议由上海市市容环境卫生管理局、中国城市环境卫生协会、上海市市容环境卫生行业协会、日本废弃物研究协会（LSA）、日本废弃物学会（JSWME）联合主办，主要承办单位有：上海市环境工程设计科学研究院有限公司、上海城投环境投资有限公司、上海环境集团有限公司、上海日技环境技术咨询有限公司等四家公司。

第四届亚太废弃物管理国际会议

本次会议受到国内外同行的高度关注，共征集到国内外学术论文240篇。会议论文集共收录了15个国家的127篇论文，其中国外56篇、国内71篇。本次会议会期3天，主要包括开幕式、主题论坛、分会场演讲、海报展示、实地参观等议程，共有80多名国内外固体废弃物专家在7个分会场畅谈观点、交流技术和经验。有来自21个国家及地区的近400位人士参加，从参会国别到参会人数都超过了上届。

外事接待和对外宣传

截止到2006年底，市环保局全年组织接待涉外来访87批，共计577人次。代表团分别来自意大利、法国、荷兰、西班牙、比利时等20多个国家和地区。其中官方代表团42批次。重要官方来访人士有瑞典王储公主、美国国家环保局局长、美国白宫环境质量委员会主席、比利时环保大臣、丹麦环保大臣等；来访商务代表团30批次，重要商务来访代表团有美国Honeywell公司、日本三菱重工等。另外，还有来自美国、德国等国的大学生代表团和来自日本和法国等国的非政府组织共计10批次，日本、美国和英国等境外媒体5家。

美国国家环保局代表团访沪

4月14日，美国国家环保局局长Steven. L. Johnson先生率代表团访问上海。上海市市长韩正会见了代表团全体成员并介绍了上海环保状况。美方就上海市政府对环保的重视和取得的成绩表示赞赏。会见中，市环境监测中心向客人介绍了中美大气领域合作项目——Airnow框架及目前进展。代表团在沪期间还拜访了市港口管理局，与港口局商讨有关与洛杉矶港合作建立绿色港口项目。下午，代表团饶有兴趣地参观了外高桥一期码头和外高桥电厂主控室和脱硫设施等，听取了相关技术人员的介绍。

美国白宫环境质量委员会主席访沪

8月31日，市环保局有关领导会见美国白宫环境质量委员会主席James Connaughton先生一行。Connaughton先生此行是应国家发改委邀请，就应用清洁能源技术促进经济发展问题来沪进行交流的。市环保局有关领导回顾了同美国环保署的愉快合作并对美方的技术帮助表示感谢，就上海环境保护的历史和现状，特别是在大气污染治理方面的进展和措施作了介绍。Connaughton先生对上海在环保方面的成绩表示肯定，随后就关税对环境产品进出口的影响、本市烟气脱硫方法、废弃工厂的土壤修复以及环保预算等问题深入交换了意见。

印度尼西亚环境考察团访沪

9月19日，由印度尼西亚国家发展计划部、卫生部、环境保护部、交通部和工业部等组成的印度尼西亚环境考察团一行7人访问了上海市环保局。该代表团此行访问的主要目的是考察上海在大气污染防治，特别是机动车污染防治方面的经验和做法。市环保局有关领导会见了印度尼西亚代表团并详细介绍了上海在改善上海空气质量方面的成功经验和未来计划。

联合国环境署官员访沪

9月20日，市环保局有关领导会见了联合国环境署亚太地区主任斯莱斯塔先生。双方讨论了联合国环境署和上海进行合作的可能性。在联合国环境署参与上海创建环境友好型城市和提高上海环保系统能力建设等具体内容上初步形成一致意见。

芬兰环境部代表团访沪

10月17日，市环保局有关领导会见了由国务大臣Stefan Wallin先生率领的芬兰环境部代表团。Wallin先生此次是为参加芬兰环境合作项目在上海张江高科园总部的启动仪式。市环保局有关领导向客人介绍了上海在未来五年的环境保护重点。Wallin先生表示希望能通过此次芬兰环境合作项目在上海的启动，同上海市环保局建立长期的信息沟通平台，为双方在环境领域的交流和合作打下基础。

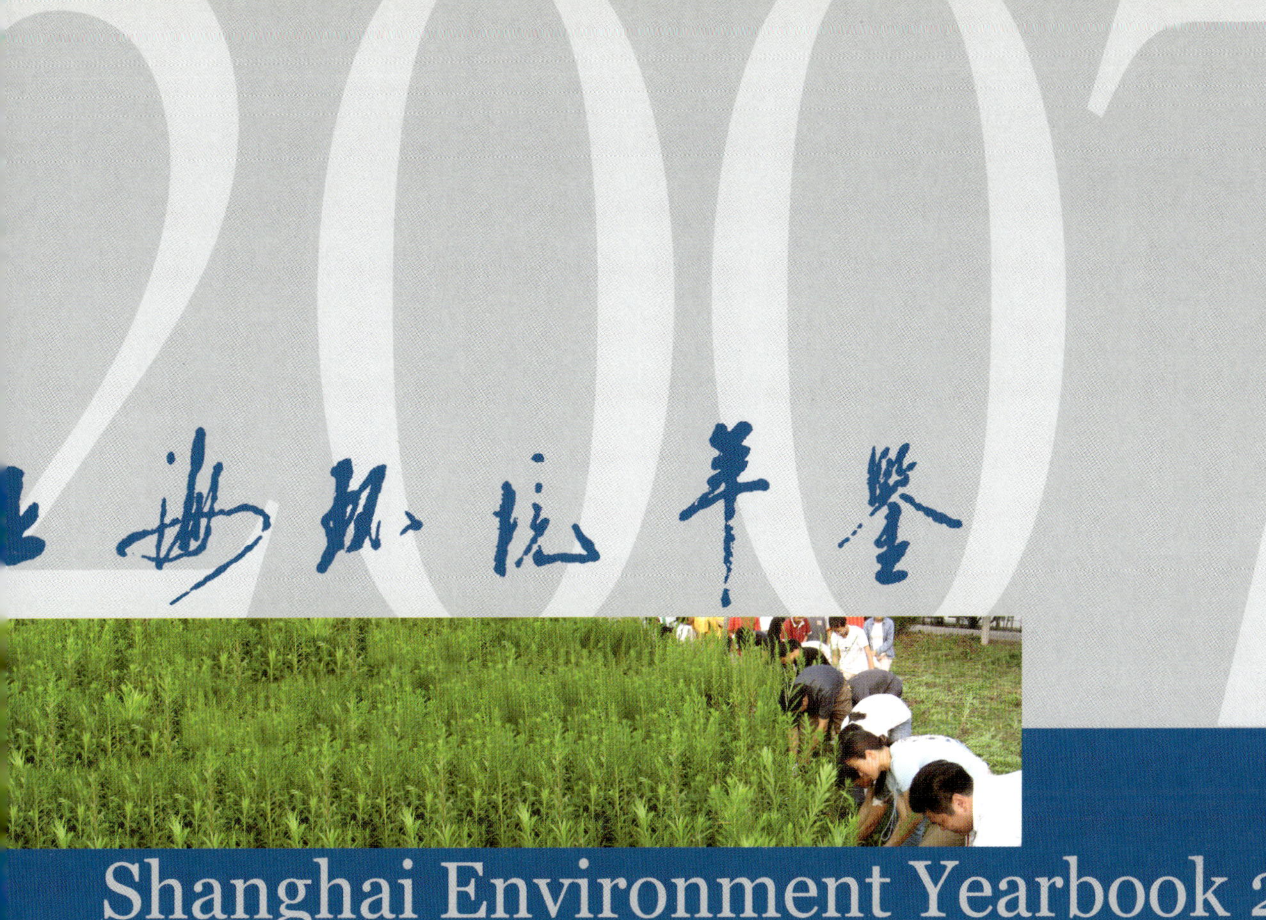

Shanghai Environment Yearbook 2007

公众参与

人大议案、政协提案办理

市十二届人大四次会议期间共收到书面意见528件

市十二届人大四次会议期间，共收到267位代表领衔提交的代表书面意见528件，代表书面意见内容广泛，涉及全市方方面面的工作，比较全面地反映了人民群众的意愿和要求。其中，城市建设和管理方面189件，占35.8%，分别涉及完善城市交通体系、优先发展公共交通、环境保护、推进“三个集中”、建筑节能等方面内容。

市十二届人大四次会议期间，大会主席团交付市人大城建环保委审议的代表议案共4件。大会闭幕后，城建环保委员会就议案的处理召开了由议案领衔代表、部分附议代表以及政府有关部门参加的座谈会，听取对议案处理的意见。城建环保委还专门召开委员会会议，对这4件代表议案进行审议，形成了审议结果意见。在4月26日召开的市十二届人大常委会第二十七次会议上，城建环保委员会关于议案审议结果的报告获得通过。

部分审议结果报告

关于尽快研究制定《上海市建设领域资源节约与综合利用管理条例》的议案（第25号）

许解良等19位代表提出，本市的建设领域在发展循环经济方面尚处于由粗放型向集约型转换的过渡阶段，具体表现为管理理念不新；相关政府规章的指导思想、立法原则较为滞后；技术创新和研发投入力度不够。为此建议，加快研究制定《上海市建设领域资源节约和综合利用管理条例》。

委员会认为，建设领域资源节约和综合利用，是上海建设节约型社会的重要方面。90年代起，市政府先后制定了《上海市散装水泥管理办法》、《上海市鼓励发展新型墙体材料管理办法》、《上海市粉煤灰综合利用管理规定》、《上海市禁止和限制使用黏土砖管理暂行办法》、《上海市建筑节能管理办法》等五部规章，大大促进了建设领域的资源节约和综合利用工作。代表议案中提出，要制定一部综合性《上海市建设领域资源节约与综合利用管理条例》，既对散装水泥、商品砂浆推广，墙体材料革新，黏土砖综合利用等进行规范，又要对建设工程中固体废弃物循环使用、建设过程中节能和水资源利用等进行规范，涉及的面太广，情况较为复杂，目前马上制定地方性法规的条件尚不具备。建议市政府有关部门抓紧开展相关的立法研究工作，争取在规章层面上先行一步。

书面意见提案信访处理情况统计表

区县	人大代表书面意见			政协委员提案			来访处理	
	收件数	已办理	办结率（%）	提案数	已办理	办结率（%）	总人次	反映单位数
浦东新区	7	7	100	5	5	100		
徐汇区	5	5	100	3	3	100	53	34
长宁区	10	10	100	1	1	100	60	32
普陀区	3	3	100				89	44
闸北区	3	3	100	2	2	100	68	39
虹口区	5	5	100	4	4	100	78	39
杨浦区	1	1	100	5	5	100	37	25
黄浦区	1	1	100	3	3	100	54	8
卢湾区	2	2	100	3	3	100	11	5
静安区				1	1	100	66	64
宝山区	7	7	100	3	3	100	67	14
闵行区	7	7	100	5	5	100	130	50

人大书面意见、政协提案办结率达 100%

2006 年“两会”期间，全市环保系统共收到人大代表书面意见 69 件，政协委员提案 68 件。其中市环保局共收到市人大代表书面意见 13 件（主办件 6 件、合办件 2 件、会办件 17 件），市政协委员提案 31 件（主办件 10 件、合办件 4 件、会办件 17 件）。各项书面意见、提案的处理均按时保质完成，办结率、满意率均达到 100%。

内容主要涉及吸取松花江水污染的教训、高度重视本市工厂企业的环境安全、关于尽快制定《上海市黄浦江水源保护条例》的建议、关于改善上海市大气质量的建议、建议调整大场地区化工产业结构并将其列入本市三年环保行动计划、声环境整治、电子废弃物、电动自行车废铅酸蓄电池的回收再利用、完善发展规划、切实推进崇明生态岛群建设、关于上海第三轮环保三年行动计划的思考与建议等方面内容。

公众来信、来访、来电及处理

市民环保投诉办结率达 97% 以上

2006 年，全市环保系统共受理市民投诉 50688 件，其中，环境污染投诉 35217 件，包括，来信 2927 件 /30384 人次，办结率为 98.0%；来电 29895 件，办结率为 99.4%；来访 768 批 /1637 人次，办结率为 97.7%；电子邮件 1627 件，办结率为 99.7%。

根据投诉内容分类，反映水污染投诉 2642 件，大气污染投诉 9484 件，噪声污染投诉 17752 件，固废污染投诉 315 件，放射性、辐射污染投诉 1027 件，油烟气污染投诉 3542 件，化学品农药污染 171 件，新建项目污染 284 件，分别占环境污染投诉总量的 7.5%、26.9%、50.4%、0.9%、2.9%、10.1%、0.5% 和 0.8%。

2006 年，市局信访室共收到市民咨询、投诉 2721 件，同比增加 16.2%。其中，受理来信 1067 件，同比增加 34.6%；受理来访 111 批 /361 人次，同比减少 13.9%；受理来电 320 人次，同比减少 39.7%；受理电子邮件 1223 件，同比增加 37.7%。

率（%）	来信处理				来电处理		
	总件数	其中		处理率（%）	总人次	反映单位数	处理率（%）
		批办件	来信件				
	1063			100			
00	74			100	238		100
00	53	27	26	100	470	408	100
00	137	63	74	100	629	629	100
00	155	20	135	100	584	584	100
00	111	6	105	100	945	945	100
00	282	157	125	100	367	367	100
00	82	29	53	100	811	401	100
00	112	51	61	100	38	35	100
00	137	33	104	100	253	231	100
00	42	5	37	100	959	102	100
00	402	21	381	100	2041	2041	100

（续表）

区县	人大代表书面意见			政协委员提案			来访处理	
	收件数	已办理	办结率（%）	提案数	已办理	办结率（%）	总人次	反映单位数
嘉定区	3	3	100	4	4	100	30	23
金山区	1	1	100	2	2	100	45	21
松江区	2	2	100	1	1	100	36	29
青浦区	1	1	100				106	55
南汇区				5		5	100	122
奉贤区							124	58
崇明县	1	1	100	2	2	100	198	59

环保热线受理投诉电话62800个

环保应急热线中心全年运行正常，环保热线受理群众电话62800个，其中环保投诉20333个，受理群众信访42件，处理率100%。投诉热点依然集中在噪声、废气污染扰民问题上，占80%以上。

投诉区域集中在宝山、浦东、杨浦、徐汇、普陀等区，中心城区主要反映建筑工地夜间施工噪声和餐饮业油烟气扰民；城郊结合地区主要以废水、废气为主。上海市新闻单位在“夏令热线”转来的群众投诉都得到了及时的解决。

市容城管投诉服务热线积极受理市民投诉

市容和城管服务热线受理总量为50277件，其中投诉43420件，表扬123件，属城管执法职责投诉为38092件（占87.5%），市容环卫职责投诉为5290件（占12.1%）。市民投诉比较集中的问题：设摊污染21401件（占 56.2%），工地噪音5905件（占15.5 %），违章搭建2266件（占5.9%）。

市容和城管服务热线与城管系统投诉处理部门加强联系、沟通，确保12319投诉处理、反馈落实到位。在2006年12319城建服务热线进行的考核中取得第二名。

夏令热线投诉处理满意率达95.8%

夏令热线期间，市市容环卫部门重点解决“脏、臭、吵”问题，组织召开了“市容城管系统夏令市容环境保障工作推进会”，邀请媒体、市民巡访团成员、行风评议员、投诉人代表等参加，有效促进了夏令市民投诉的处理工作。夏令热线期间，共受理市容环卫方面的投诉8645件，投诉处理的满意率达到95.8%。

交通噪音来信来访率下降

2006年，上海市公安局交警总队共收到群众反映交通噪音的信访85件，比上年下降33.59%，其中反映机动车违法鸣喇叭影响居民休息的36件；反映大型货运车通过居民区产生噪声影响居民休息的21件；反映货运车闯禁令标志区域影响居民休息的11件；反映公交站点车辆噪声影响居民休息的4件；反映进出工地车辆噪声影响居民休息的9件；反映摩托车、助动车非法增大发动机排量飚车而产生噪音的4件。

(%)	来信处理				来电处理		
	总件数	其中		处理率（%）	总人次	反映单位数	处理率（%）
		批办件	来信件				
00	87	44	43	100	609	527	100
00	99	39	60	100	671	671	100
00	225	5	220	100	409	409	100
00	269	27	242	100	1058	1058	100
	100	179	127	52	100	1068	100
00	145	120	25	100	710	656	100
00	141	80	61	100	184	184	100

绿色创建活动

闵行区成功创建国家生态区

根据闵行区人民政府的申请，市环保局于2006年3月对闵行区创建国家生态区工作进行了省级考核。对照国家环保总局《生态县、生态市、生态省建设指标（试行）》对生态市的有关规定，经过现场调研、听取汇报、查核数据，闵行区除三产比例指标与考核标准略有差距外，其余各项基本条件和建设指标均达到了国家生态市的考核要求。国家环保总局于2006年5月对闵行区创建国家生态区工作进行了考核验收，于2006年6月发文《关于命名张家港等市（区、县）为国家生态市（区、县）的决定》正式命名。

国家生态区——闵行区一景

闵行成上海首个“国家生态区”

昨天是世界环境日，闵行区从北京人民大会堂捧得了金灿灿的“国家生态区”奖牌。这是全国首次进行国家级生态区的评比表彰，而闵行则是唯一获此殊荣的地级行政区。

作为上海市重要的研发制造业基地、现代服务业中心和生态居住休闲区，自2003年起，闵行区委区政府就明确提出“生态优先”的原则，在生态区创建过程中，探索出一条经济发展与环境保护相协调的可持续发展之路。一个集生态环境、生态经济、生态文化于一体的“立体生态”新城区初步成型。

环境基础设施建设和污染综合防治，好比整个区域内的“气脉”。气脉顺畅，才能调理出优良生态大环境。

据统计，“十五”期间，闵行区环保投资指数年均超过3%，建成四大污水管网系统，实现污水收集处理率72%；建成基本无燃煤区74.5平方公里，实现天然气化率94.2%；建成闵行体育公园、浦江生态片林、旗忠森林体育城等一批大型公共绿地、道路绿化带和水源涵养林，实现绿化覆盖率39%，人均公共绿地面积15平方米。经过综合整治，全区河道水质改善率达23.5%，水质优于相邻区域，空气环境质量优良率连续三年稳定在85%以上。

在此基础上，区域经济发展呈现出“由内而外”的勃勃生机。经过不断调整、优化产业结构，以信息、机电、航天设备、生物医药、新能源、新材料为代表的先进制造业和研发产业迅速发展，并在实践中实现了GDP和工业污染物之间的反向增长。

目前，区内通过ISO14001环境管理体系认证和清洁生产审核的企业已突破200家，认证数量位居全国前列。上海富士施乐有限公司主动推行“废弃物零排放”，通过循环使用纸板包装箱、利用余热蒸汽造职工浴室等，实现公司废弃物循环利用率达99.5%以上。而上海焦化有限公司实施产品结构调整，最大限度地减少废水、废气产生量，利用周边公司产生的炭黑尾气作为焦炉原料气，一个以焦化公司为核心的循环经济产业链就此成型。

生态意识不仅体现于大地之绿，更融进了市民日常生活中。全区9个镇中有7个创建成“国家环境优美镇”。绿色小区、绿色学校、绿色医院、绿色商场遍布全区。去年，区政府认购绿电2万度，率先开展绿色办公。

“水更清了，鱼虾游得更欢了！”这是马桥镇彭渡村十八组村民徐美华的深切感受。自一年前全村3000多村民自发承诺使用无磷洗涤剂以来，不仅该村生活用水愈加清澈，更大大改善了取水口中下游的水质。同样，越来越多的闵行人习惯了“一水多用”、自带环保购物袋、使用无磷洗涤剂等。去年全区含磷洗衣粉销售比例已降至20%。目前，全区13家大卖场已全部销售无磷洗涤用品。

“建设生态城区的根本目的是要改变原先轻环境重经济的发展方式，推动整个社会走上生产发展、生活富裕、生态良好的文明发展道路。”区委书记黄富荣说。作为闵行的品牌和无形资产，生态的辐射效应也逐步体现。近几年，区经济增长率年均超过20%，吸引外资年均超过10亿美元，世界500强中有62家抢先入驻于此。

《文汇报》2006-6-6

浦东新区“国家环境保护模范城区”命名授牌仪式举行

浦东新区荣获国家环境保护模范城区称号

11月23日，浦东新区举行“国家环境保护模范城区”命名授牌仪式。国家环保总局副局长张力军为浦东新区荣获“国家环境保护模范城区”命名授牌，授牌仪式由国家环保总局污控司有关负责人主持，市委常委、浦东新区区委书记杜家毫，副市长杨雄，市政府副秘书长洪浩及浦东新区、市环保局和浦东新区有关方面负责人等800余人参加了授牌仪式。

7个镇创建为全国环境优美镇

市环保局继续组织有关区环保局，发动各镇开展了全国环境优美镇创建活动。2006年度，青浦区朱家角、赵巷，嘉定区黄渡，宝山区顾村，浦东新区花木、金桥、张江等七个镇在创建过程中，领导重视、责任落实、措施到位、宣传广泛、群众参与，并在截污纳管、河道整治、产业结构调整、污染源治理、绿化建设等方面开展了大量工作，创建工作卓有成效，各项指标已达到“全国环境优美乡镇考核规定（试行）”的要求。年底，7个镇已成功创建为全国环境优美镇。

上海新增7所全国绿色学校

本市广大中小学贯彻科学发展观、创建“绿色学校”行动呈现高潮态势。截止到2005年底，先后有四批共112所学校进入“上海市绿色学校”行列。112所“上海市绿色学校”中，小学有48所，中学有53所，幼儿园有8所，中等职业和特殊教育学校有3所。这些学校绝大部分是市、区的示范性学校（园）。2006年，市环保局、市教委共同推荐了7所学校参加全国绿色学校的评选。

2006年全国“创建绿色学校先进单位”名单

上海市市西中学
上海市吴淞中学
上海市向明中学
上海市闵行区七宝第二中学
上海市徐汇区教师进修学院附属实验中学
上海市长宁区愚园路第一小学
上海市江宁学校

上海通用汽车有限公司获得“国家环境友好企业”称号

2006年12月，国家环保总局正式命名上海通用汽车有限公司为“国家环境友好企业”，这是我国汽车行业首家被命名为“国家环境友好企业”的企业。上海通用汽车有限公司达到国家规定的22项考核指标，在清洁生产、污染治理、节能降耗、资源综合利用等方面都处于国内领先水平。

上海通用汽车有限公司在创建国家环境友好企业过程中，积极响应国家发展新能源、建设节约型社会的号召，将清洁生产作为一种全新的发展战略，以优化资源利用方式为核心，以提高资源利用率和降低废弃物排放为目标，开展了“建设节约型社会，大力发展循环经济”活动，采用清洁的生产工艺，将生产技术、经营管理、产品信息、物流支持、资源能源等生产要素有机结合起来，优化运行管理方式，并致力于成为国家实现可持续发展交通的最佳支持者和参与者。

绿色志愿者行动

举办“节约资源、保护环境、做保护地球小主人”活动启动仪式

2006年4月23日，作为“我与节约同行”系列活动之一的“节约资源、保护环境、做保护地球小主人”活动启动仪式在闸北区绿地广场举行。此次活动由市政协人口资源环境建设委员会与市房地资源局，团市委、闸北区联合举办。市政协人资环建委和市房地局、团市委、闸北区有关领导出席仪式，并向上海少年科学院小院士授书。

开展“小公民保洁队”活动

2006年开展的“小公民保洁队”活动被上海市教委纳入了上海市中小学弘扬和培育民族精神教育暨特奥进校园宣传周系列活动，市委宣传部、市文明办、市科委等相关单位的领导出席了活动启动仪式。全市19个区县的中小学中，共评选出86个2004～2005年度优秀“小公民保洁队”以及91个2004～2005年度市容小卫士，并给予了表彰。

上海市大学生绿色营开营

7月29日，以“探寻长江，保护洞庭”为主题的上海市大学生绿色营洞庭分部正式开营，以上海高校生为主

上海市大学生绿色营洞庭行

的志愿者在主营长沙集合后，奔赴洞庭湖地区进行生态考察和环保宣传。活动历时十余天，内容主要有深入农村、保护区进行入户调查、问卷调查和沿途考察等，对湿地保护、生态移民和环境经济等问题作综合调查分析，同时还开展了一系列的环保教育宣传活动。

本次上海市大学生绿色营以长江干流为主线，分成三支队伍奔赴青海省、湖南省、江西省三地，湖南的洞庭分部的行程是该活动中重要的一环。2006年上海市大学生绿色营由上海市大学生绿色论坛召集，营员来自同济大学、东华大学、上海财经大学、北京化工大学和广西医科大学等多所沪内外高校的环保社团。

环境宣传

“我与节约同行”系列宣传活动

“节约进社区”市民论坛颁奖仪式

2006年3月到12月，上海市政协、市文明办、团市委等单位联合举办了“我与节约同行”系列宣传活动。

3月11日，启动仪式在人民公园举行。市政协副主席宋仪侨及团市委、市市容环卫局有关领导出席了仪式。宋仪侨在仪式上作了节约资源和保护环境的动员讲话，市容环卫局有关领导正式向社会公布苏州河水面环境质量，并接受社会监督。启动仪式上，上海节能潜力调查队赴崇明等区县进行节能调查；市容环卫局苏州河水面环境质量报告网站点击开通；青年代表接过全民义务植树证书赴嘉定开展植树活动。市水务局、市环保局、市房地资源局、市电力公司、锦江汽车公司、新纳传媒、上海大学生绿色论坛、上海绿洲野生动物保护交流中心等单位、组织，围绕“四节约一综合”五大板块内容，通过节约主题flash、“我与节约同行随手可做的十件小事”等宣传资料，触摸屏有奖知识问答、参与式小游戏等丰富多彩的形式，向市民宣传如何从自身做起、从身边小事做起参与节约型社会的建设。

系列活动期间，开展了调研、视察、举办“节约进家庭”市民论坛、节约型社会专题系列讲座、“节约小窍门”征集与宣传活动、大学生公益广告设计大赛、大中学生节约型社会建设实践活动、“好习惯伴我快乐成长”节约体验行动等活动。“我与节约同行”系列活动，吸引了市民的积极参与，文汇报、解放日报、青年报、联合时报等媒体进行了报道。

12月23日，“节约进社区”主题活动暨市民论坛在浦东新区三林世博家园市民中心举行，为“我与节约同行”系列活动划上了圆满的句号。活动分市民论坛和四节约一综合成果展示两部分。市民论坛由市政协副主席谢丽娟主持，市政协主席蒋以任到会并讲话，浦东新区区长张学兵致辞，团市委书记为系列活动做总结发言，12名市民代表在论坛上发言，宣讲日常生活节能理念和成功经验，市政协副主席宋仪侨等领导和市民、青少年代表300多人参加会议。四节约一综合成果展上，上海泛洲净水设备有限公司、上海置本节能环保技术工程有限公司、上海吉洋节能科技有限公司等20家企业展示了他们的节能产品。

隆重举行世界水日暨中国水周纪念活动

3月22日，上海市纪念第十四届世界水日暨市郊黑臭河道整治开工仪式在青浦区徐泾镇隆重举行。上海市人大常委会副主任刘伦贤、副市长杨雄出席，并为上海市郊黑臭河道整治开工仪式纪念牌和上海市“万河整治行动”启动纪念牌揭牌。

3月22日下午，本市以“水环境与和谐社会”为主题，在嘉定举行纪念第十四届“世界水日”、第二十届“中国水周”推进水环境整治暨嘉定新城大众污水处理厂二期工程开工仪式，以此拉开“中国水周”宣传活动的序幕，并掀起全市水环境整治的新高潮。市人大常委会副主任刘伦贤宣布大众嘉定污水处理厂二期工程开工，副市长杨雄讲话，嘉定区委副书记、区长致辞，上海大众公用事业（集团）股份有限公司董事长杨国平发言，市水务局党委书记、局长主持纪念活动和开工仪式。出席人员还参观了嘉定新城大众污水厂一期工程（中控室）和嘉定城河河道整治现场。

3月24日，太湖局隆重召开纪念世界水日、中国水周暨《太湖管理条例》立法工作座谈会，座谈探讨太湖流域如何进一步转变用水观念，创新发展模式，加强流域管理，推进太湖管理立法工作。水利部政策法规司领导，浙江、上海人民政府法制办和流域片有关省市水利（水务）厅（局）政策法规部门的负责同志，以及长期从事太湖问题研究专家，局领导和有关部门负责同志参加会议。

全国城市节水宣传周活动

5月14日，2006年上海“全国城市节水宣传周”开幕式暨浦东新区节水型社会建设启动仪式在浦东陆家嘴中心绿地广场举行。市政府副秘书长洪浩宣布宣传周开幕，原市政协副主席、市供水协会会长陈正兴、市人大、市政协、市文明办、浦东新区领导共同启动开幕式按钮，标志着本次以“资源节约、人水和谐”为主题的宣传周系列活动正式拉开了帷幕。

2006“全国城市节水宣传周”开幕式暨浦东新区节水型社会建设启动仪式

宣传周以“资源节约、人水和谐”为主题，开展系列节水宣传活动，推出一系列节水管理举措，呼吁社会各界和广大市民，从自我做起，从身边一点一滴做起，关心、支持、参与水资源的节约和保护，以惜水、爱水、护水的实际行动推进本市资源节约型、环境友好型城市建设。

市发改委、市经委、市教委、市建设交通委、市爱卫办、市水务局、市环保局、市质监局、市环卫局、市房地资源局、市绿化局和浦东新区相关部门的领导以及部分机关、企事业单位、社区、学校代表共400余人参加了启动仪式。

利用上海科技活动周平台开展环保专题活动

为贯彻落实《上海中长期科技发展规划纲要》和《全民科学素质行动计划纲要》，大力推进科教兴市主战略，提高市民科学素养，提升上海竞争力，上海市科普工作联席会议于5月20～26日举办2006年上海科技活动周。

5月23日上午，上海市环保局会同杨浦区环保局在同济大学德国中心举办了以“科技创新，推进环境友好型社会建设”为主题的2006年上海科技活动周环保专题活动。来自杨浦区各街道的社区居民、环保孵化器的企业代表等一百五十余人参加了活动。市科协、杨浦区及市环境科学学会有关领导出席。

本次科技活动周环保专题活动是全市科技活动周的重点活动项目之一，也是市环保局利用本市科技活动周平台开展的“6·5”世界环境日宣传活动。科技活动周环保专题活动的各项活动安排紧紧围绕“科技创新，推进环境友好型社会建设”这一主题，以公众易于理解、接受和参与的方式为载体，开展各种形式的环保宣传活动。

在“环境与健康”专题报告会上，复旦大学公共卫生学院的有关人士为社区居民讲解环境污染对人体健康的影响以及如何关心我们身边的环境问题。市发改委、市经委、市科委、市环保局领导在“科技与环保产业座谈会”上与杨浦环保孵化器企业就新三年环保行动计划和本市环保产业发展等问题进行了交流。在图片展示区，本市三个ISO14000国家示范区展示了他们的环境管理理念、环境方针、目标及环境绩效；九段沙湿地国家自然保护区介绍了湿地现状及其生态价值；本市首家国家环境友好企业宝钢股份有限公司也展示了他们在清洁生产、资源再利用等方面的工作成绩。

“6·5”世界环境日宣传活动形式多样

围绕世界环境日“生态安全与环境友好型社会”的主题，以营造和谐社会，鼓励公众参与，弘扬生态文明，繁荣环境文化为目的，以本市第三轮环保三年行动计划启动实施、建设资源节约型、环境友好型社会及绿色创建活动为主要内容，本市开展了主题明确、形式多样的世界环境日宣传活动。活动面向媒体，通过召开新闻通气会，通报本市第三轮环保三年行动计划开局情况、上半年环境质量、发布环境空气质量分区日报、公布了一批环保违法单位名单及将环保信息纳入本市企业联合征信系统等内容；面向社会公众宣传，通过悬挂横幅、张贴宣传画、车身公益广告、环保知识竞赛、社区环保宣传等活动，将环保理念送至千家万户，同时积极吸引公众参与。各区县开展了不同形式、内容丰富的活动，营造了全社会了解环保、关心环保、支持环保、参与环保的良好社会氛围。

6月4日上午，本市纪念2006年“6·5”世界环境日主会场宣传活动在黄浦区南京东路步行街世纪广场隆重举行。市人大常委会副主任刘伦贤、副市长杨雄到会并作了重要讲话。现场举行了本市中小学“美境行动”获奖者颁奖仪式，并授予黄浦区东淮海小区等6个社区、大同中学等6所中小学校“绿色社区”、“绿色学校”称号。主会场内，本市文体界明星代表向全社会发出了环保倡议，演出了贴近百姓生活的文艺节目，进行了环保知识问答等活动，与现场观众展开了气氛热烈的互动。

刘伦贤强调，要不断加强本市的环境保护工作力度，抓住机遇，积极应对挑战，着眼长远，立足当前，突出重点，扎实推进经济结构调整和经济增长方式转变，推进资源节约型、环境友好型城市建设。

杨雄指出，要紧紧围绕提高城市综合竞争力这条主线，坚持科学发展观，人人倡导和树立生态环境意识和绿色文明意识，以环保三年行动计划的滚动实施全力推进本市环境保护和建设，为把上海建设成为人与自然相协调、适宜国内外人士发展创业和生活居住的环境友好型城市而共同努力。黄浦区区长致词，市政协副主席谢丽娟等领导出席了活动。

开展节能宣传举办节能培训

6月，市经委根据国家统一部署，与相关委办一起开展了以“节约能源，从我做起”为主题的全国节能周上海分会场活动，组织了节能产品技术博览会和节能论坛，并在工博会举办了“建设资源节约型社会：城市、产业和谐发展”2006市长与CEO对话论坛，起到了良好的社会宣传效应。

积极筹办上海能效中心的建设工作，其中上海科学节能展示厅于7月初建成，通过教育、研究、咨询和展示等手段来宣传节能、宣传可持续发展理念及有效提高自然资源利用效率的技术和产品等，目前，已接待近万人次参观学习。

为落实全市“十一五”节能降耗目标任务，提高各区县、各集团公司、重点用能单位对节能工作的管理水平，统一规范节能工作要求，学习推广最新节能成果，进一步推动节能降耗工作落实，针对各个层面的能源管理干部，市经委已经举办了六期“节能干部管理培训班”。

“节水中国行”记者团采访太湖局

11月18日，由中央电视台、中央人民广播电台、新华社、经济日报、工人日报、中国水利报、新华网等多家新闻单位组成的“节水中国行”记者团抵达太湖局，围绕太湖流域节水（防污）型社会建设情况进行了集中的采访。

“节水中国行”宣传活动是为了提高公众珍惜水爱护水的认识，增强节水意识，营造良好的舆论氛围。此次记者团到上海、江苏、浙江、太湖局等地采访，正是为了了解和总结丰水地区的节水经验。

太湖局副局长在接受采访时表示，太湖流域人口高密度，经济高密度，目前水污染引起的水质型缺水仍然十分严重。构建社会主义和谐社会，必须切实解决人民群众最关心、最直接、最现实的利益问题，保障防洪安全、供水安全和生态安全，构建和谐流域。在太湖流域，不治污没有出路，不节水也没有出路，必须扎实推进节水（防污）型社会建设。在流域层面上，要统筹规划、综合管理。通过制订流域水资源综合规划，对流域水资源进行合理配置和总量控制，引导经济社会以水定发展，以水资源和水环境的承载能力安排经济布局和生产布局，调整产业结构和种植结构。不论是流域和区域，都要加强水资源统一管理，一方面要落实好建设项目水资源论证制度和取水许可制度，另一方面要建立与之相应的水资源调控体系，对水资源进行有效控制和科学调度。太湖局副局长还就“太湖流域十一五节水规划”、“引江济太”、“水务一体化管理”等问题，回答了记者的采访提问。

市水管处有效推进社会宣传活动

市水管处以世界水日为契机，联合团市委共同举办了“与节约同行”的主题宣传活动；以苏州河水面质量评价工作为重点，正式宣布通过市容环卫网站向社会公布评价结果；完成了“四个一”宣传短片和《船民服务手册》的制作；加大媒体宣传力度，全年媒体宣传报道共计100余则。

市容环卫社会宣传活动

2006年市容环卫社会宣传工作充分发挥舆论的正面引导和监督作用，营造了全社会关心支持市容环卫工作的良好氛围。同时，加强对社会关注的市容环卫热点和难点问题的宣传引导，较好地完成了各项宣传任务，为市容环卫改革发展提供强有力的舆论支持和思想保障。据统计，全年共组织市容环卫和城管执法的宣传报道17次，在报纸上发表相关报道3000余篇（幅）；组织电视台记者及自己拍摄送电视台播出的各类电视新闻120多条，《新闻透视》《东视广角》等深度报道6集（次）。

“垃圾不落地，文明在我手中”宣传整治活动

2006年，市市容环卫部门联合市文明办，牵头爱卫办、建设交通委、经委、旅游委、文广局、交通局等9家相关部门，开展“垃圾不落地，文明在我手中”宣传整治活动。

大学生参加“当一天清洁工人”的主题实践活动

市市容环卫局召开局相关部门的协调会，分解落实局“垃圾不落地，文明在我手中”的具体实施方案，完成了宣传资料、宣传手册、公益广告片的制作。聚焦“公共场所乱抛杂物”顽症陋习，聚焦“十大公共场所”和大小社区，推行公共场所“垃圾不落地”门责制度和大型户外活动组织者“垃圾不落地”承诺制度，并策划形式多样的社区宣传实践活动，抓好“造氛围、除陋习、抓监管、建设施”四个环节，从治理“乱扔垃圾”不文明陋习入手，将学习贯彻荣辱观化为实际行动，为提升上海城市软实力做贡献。

暑假期间，本市12所高校的120名大学生，围绕宣传主题，重点对全市“手中不文明”现象、环卫工人劳动定额以及筹建市容环卫博物馆等专题开展统计调研。本次实践活动共收到实践报告近60篇，其中获奖11篇。7月21日，参加市容环卫暑期实践的大学生还积极投入“当一天清洁工人”的主题实践活动，分别在人民广场、上海南站等地通过清扫道路、捡拾杂物、清洁公共卫生设施等形式体验环卫职工的工作。

相关链接

每50米设一个废物箱　10类公共场所“垃圾不落地”

本报讯　（记者宋鹏霞通讯员刘维光）记者昨天从市市容环卫局召开的行业精神文明建设工作会议上获悉，为治理市民陋习，本市今年将在剧场、影院、赛场、展馆、公园、广场、商场、机场、车站和主要景观道路等10类公共场所，开展“垃圾不落地”专项活动。

据介绍，“垃圾不落地”专项活动，近期将率先在本市所有公交始末站开展。有关部门将通过公交公司落实问责制、环卫工人保洁到位、全覆盖宣传及一系列专项执法行动，创建1个至3个“文明整洁公交始末站”。在此试点基础上，逐步覆盖到空港、铁路、长途汽车客运站、水运客运港等“四大门户”。

改变市民陋习，相关环卫设施也将同步跟上。本市今年将加强公共厕所、垃圾箱等公共设施的建设和设置，使公共厕所、废物箱设施间距达到规范化标准。至2007年底，上海将新建公厕100座，改建1500座，设置废物箱1.2万只。其中，景观道路、主要干道上，每30米至50米至少设置一个废物箱，中小道路废物箱的设置间距为80米。

《解放日报》2006-4-25

防震减灾宣传教育取得明显成效

2006年是邢台地震40周年、唐山地震30周年，上海市地震局利用这一宣传契机，努力做好防震减灾强化宣传活动，基本做到了电视上有影、报纸上有字、电台上有声、道路上有牌。通过市委宣传部，邀请全市20余家主流新

市容环境卫生

市容环境卫生社会宣传情况汇总表

单　位	群众性宣传活动数量							
	设点（处）	宣传品（份）	横幅（条）	黑板报（块）	整治（吨）	参与人数（人次）	其他	户外广告
黄浦区	9	2387	11	13	1595	762	2136	
卢湾区	10	38000	150	50	980	4500		12
徐汇区	3	3220	2	11				19
长宁区	25	25000	52	177	127	7650		49
静安区	9	117377	106	74	70	24585		120
普陀区	19	3000	27	58	72	1570		2025
闸北区	10	1000	10	10	500	500		10
虹口区	30	5600	40	258	186	17861		
杨浦区	13	12000	176	157	123	2500		1535
闵行区	13	10000	13	20		3000		26
宝山区	25	120000	238	535	53000	15398		
嘉定区	15	1000	2	208		65	200	
浦东区	552	860000	828	552	798	15800		140
金山区	69	60959	400	423	9613	97618	620	483
松江区	100	486164	527	1048	8441	100920	2	254
南汇区	40	86000	820	200	4680	56800		120
奉贤区	6	2000	13	15	200	100		
青浦区								
崇明县	63	8324	18	11	6831	2813		
废管处		6000						
水管处	12	6500	40	50		250		7
合　计	1028	1854531	3473	3870	87216	352692	2958	4800

注：部分区县本年度未列入数据采集范围

闻媒体单位于4月份召开了一次“地震新闻宣传网络组建暨地震新闻宣传研讨会”，基本建成了本市防震减灾新闻宣传网络。全年共印发8期《上海防震减灾》报，累计发放量近2000份。接受新华社、解放日报等10余家平面媒体采访25次，刊登稿件25篇。接受上海文广新闻传媒集团广播新闻中心采访7次，并由上海教育电视台、东视文艺频道和上海新闻综合频道分别录制播出了《城市的防震减灾》等三档电视节目，取得了良好的宣传效果。根据地震信息公开和建立地震宣传长效机制的要求，全市第一块地震信息电子宣传牌安装完成。上海市第十四届中学生防震减灾知识竞赛圆满完成了初赛、复赛和决赛，本届竞赛结合学校的“生命教育”课程，从内容到形式都较往年有所改变。组织全市中学生开展了《南亚地震》征文评选活动，并将优秀作文编印成书。完成了由市科委组织策划的三维动画科普宣传片地震部分的制作。完成《上海市市民应急宣传手册》的修订，并发到广大市民手中。

野生动物保护科普宣传教育系列活动

一是组织开展了第25届“爱鸟周”宣传系列活动。来自本市各宣传、教育、管理部门，各区县管理机构，野

宣传情况汇总

各种宣传阵地（载体）数量					新闻报道（篇）		
环卫设施广告	媒体广告	小区设施	娱乐场所	其他	总体报道	专题报道	
						种类	数量
		30			38	2	38
20					61	3	61
1						1	2
960	61	145	10		16	2	11
					52	1	52
480		9			50	1	50
10	100	100			14	2	14
280					9	2	9
357	26	1326			27	2	27
					50	2	50
	23				68	2	68
					18	2	18
2650	12	560	10		40	2	40
805	38	3310		12	115	2	115
810	673	3815	82		89	2	134
1410	166	208	490	80	117	87	30
					34	4	34
					83	11	57
		7		190	115	1	6
7783	1099	9510	592	282	996	131	816

生动物保护特色学校等40余家单位共1000人参加了启动仪式，展出110块宣传版面。举办了“保护野生动物签名活动”，“南模杯爱鸟小明星评选”、图片展、野生动物保护特色学校颁奖等。组织了首届市民观鸟大赛及“爱鸟周”知识竞赛、“人与野生动物”FLASH动漫大赛、“救救野犬”和“野生鸟儿知多少”等科学知识普及实践活动。来自全市30余家中小学校的4.5万多名学生参加了上述活动。

二是积极开展未成年人生态道德教育。6月29日，在上海动物园召开上海市2006年未成年人生态道德教育活动阶段工作研讨会。丰田环保奖组委会、上海市野生动物保护协会、上海绿洲野生动物保护交流中心、上海市科普教育基地联合会、上海市青少年科技教育中心、上海动物园以及本市野生动物保护特色学校等30余家单位，共计60多人参加了本次研讨会。协助中国野生动物保护协会在上海召开2006年生态道德教育暨《绿野寻踪》节目总结表彰会。12月2日至4日，来自影视文化界、国家林业局、中央电视台、各地野生动物保护协会及儿童媒体等多家机构的100多位嘉宾和有关领导出席了此次会议，会上宣读了聘任未成年人生态道德教育委员会委员、《绿野寻踪》节目指导顾问的决定及先进单位、最佳组织收视和收视最佳学生名单，对栏目开播以来的制作和收视情况进行座谈交流，并广泛听取了与会人员的意见和建议。

三是精心编辑《野生动植物保护通讯》和《鸟情通报》。2006年以来，共编辑、印发上海市《野生动植物保护通讯》季刊4期，并刊登信息共计52条，组织人员编写《爱鸟、赏鸟、护鸟》科普书籍，制作完成蛙类保护宣传折页、野生动物保护管理宣传册、救救野犬等3个宣传材料。并依据本市的水鸟同步调查数据及以往资料，分析阶段性野生鸟类状况，共编写了6期《鸟情通报》。

四是认真筹备市野生动物保护协会换届工作，并于12月14日召开了秘书长扩大工作会议。

“倡导绿色消费，抵制食物浪费”消费者调查

在上海市环保局与静安区环保局的大力支持下，韩国乐扣乐扣公司和静安区绿色饭店上海人家联合开展了“倡导绿色消费，抵制食物浪费”公益活动。这次问卷设计是在市环保局有关人员指导下完成的，类似的调查在本市还是第一次，引起了媒体的广泛关注。

调查结果显示：1.消费者肯定了各区创建的绿色饭店。2.本市饭店消费有较严重的食物剩余问题。高达81%的被调查消费者表示有此现象。其中，30～40岁年龄段的人群更为突出。3.适度点餐的意识不够普遍，需要提醒。仅20%的被调查消费者表示已有适度点餐的意识。有超过一半的消费者希望饭店服务员在点菜时主动提醒，帮助他们适量点菜。4.餐后打包的习惯远未普及。高达53%的消费者表示只有在剩菜非常多时才会考虑餐后打包。目前只有约20%的被调查消费者有打包习惯。5.饭店服务员主动提供打包服务很有必要。63%的被调查消费者希望就餐结束时，饭店服务员主动提供打包服务。所以，在强化消费者餐后打包意识的同时，强化饭店工作人员的环保意识，提升饭店工作人员为客人打包的主动性与积极性十分必要。6.对此次活动给予了基本肯定。

消费者建议，希望类似的活动能够长期、持续地开展下去，才能对整个社会的“绿色创建”起到更为积极和广泛的影响。

中华环保世纪行（上海）宣传活动

2006年中华环保世纪行（上海）宣传活动计划确定

1月10日，市中华环保世纪行组委会办公室召开会议，研究2006年本市开展世纪行宣传活动计划。会议确定了2006年本市中华环保世纪行宣传活动的主题为“推进建设节约型城市”。会议决定：2006年的活动以贯彻落实科学发展观为指导，围绕提高城市国际竞争力这条主线，以近年来本市开展节能、节水、节材，发展循环经济为切入口，大力宣传本市在建设节约型城市方面所做的工作和取得的成果。

2005年度中华环保世纪行（上海）宣传活动工作总结会

3月30日下午，市中华环保世纪行组委会召开2005年度中华环保世纪行（上海）宣传活动工作总结、好新闻表彰暨2006年度新闻通气会，市中华环保世纪行组委会副主任关壮民主持会议。

会上通报了本市2005年度环保世纪行工作情况及2006年度工作计划，并为获奖作者颁发了奖状。市中华环保世纪行组委会副主任、市政府副秘书长洪浩，市中华环保世纪行组委会主任、市人大常委会副主任刘伦贤分别对2006年本市开展世纪行工作提出了要求。

洪浩指出，中华环保世纪行（上海）宣传活动已经成为上海环保宣传和舆论监督的一种有效形式，在推动社会进步和科学发展方面正发挥着越来越重要的作用。为此要把握好全市环保工作重点，突出“推进建设节约型城市”主题，进一步加大中华环保世纪行宣传力度，持续推进本市环境保护工作上新台阶。

刘伦贤在讲话中指出，一要提高认识，进一步领会开展建设节约型城市的重要意义；二要围绕全市工作大局，大力推进节约型城市建设；三要发挥舆论宣传作用，引导社会各方共同推进节约型城市建设。并对世纪行宣传活动的新闻报道工作提出了两点要求：一要坚持正面宣传引导，发挥导向作用；二要挖掘好题材，提高报道质量。

2005年度中华环保世纪行（上海）宣传活动好新闻评审会

2月28日，市中华环保世纪行组委会召开了2005年度上海市中华环保世纪行宣传活动好新闻评审会。2005年上海市中华环保世纪行宣传活动好新闻评审活动共收到本市19家新闻媒体、44位新闻记者推荐选送的稿件89件，其中文字作品70件，电视作品14件，广播作品3件，摄影作品2件。通过评审会，评选出好新闻特等奖作者1名；一等奖作品3件；二等奖作品8件；三等奖作品15件。市世纪行组委会主任、市人大常委会副主任刘伦贤以及部分组委会成员等30余人参加了评审会。

2005年度中华环保世纪行宣传好新闻颁奖

2006年，市中华环保世纪行组委会除组织大型集中采访活动外，还组织了多次对本市水环境保护进行舆论监督的采访活动。全年共有新闻媒体记者100多人次参加各类世纪行宣传活动。

2006年中华环保世纪行（上海）宣传活动好新闻获奖作品名单

一等奖3件

序号	作品标题及题材	发表单位及日期	作者
1	36个大项目被否决　300亿环保大投入 今年上海空气质量优良率90%	解放日报　2006.12.13 一版头条	宋鹏霞
2	环保上海在行动	文汇报　2006.1.9　经济观察	赵维光
3	人大决定权的法律力量	上海人大月刊　2006年第5期	陈余泓

二等奖9件

序号	作品标题及题材	发表单位及日期	作者
1	纸渣泥“变身”雕花护栏	文汇报　2006.4.18　一版头条	洪崇恩
2	近郊臭河道整治初见成效	文汇报　2006.11.17　一版	邵　珍
3	节能灯为啥不省钱? 节水不成反而浪费水 “太阳能”热水器省电不省钱	新民晚报 2006.9.6 A1−6版	郭剑烽 范小锋
4	节能房门做得像车门，无缝	新民晚报 2006.8.23　A1−4版	姚丽萍
5	街头垃圾箱分类标志让人犯晕	新闻午报　2006.11.27 B1、B3	王红梅

续表

序号	作品标题及题材	发表单位及日期	作者
5	街头垃圾箱分类标志让人犯晕	新闻午报　2006.11.27 B1、B3	王红梅
6	超支 2.4 倍的“背后”	上海人民广播电台　2006.2.19 990 早新闻	丁　芳
7	寻找白暨豚	上海人民广播电台　2006.12.25 《记录 2006》	邹一波
8	飘洋过海的“不速之客”	东视新闻娱乐　2006.10.23　热线传呼	赵菲菲
9	上海打造节水型社会循环利用水源，2010 年万元 GDP 耗水仅 105 立方米	上海电视台　2006.12.12 新闻综合频道	韩　琼

三等奖 16 件

序号	作品标题及题材	发表单位及日期	作者
1	申佳铁合金停产 吴淞工业区最后一家重点污染源关闭	宝山电视台 2006.6.25	张虹 梁晓峰 王珏婷 李畅
2	废品回收也进“E”时代	东方广播电台 2006.7.15 第一财经频道	迟文绮
3	英媒体错误引用指责中国“出口”空气污染物　美环保高官昨在沪专门予以澄清 美环保署长驳斥“中国污染论”	东方早报 2006．4.14 A1	余梦
4	大风车迎风取电　海上风电即将崛起	奉贤区广播电台　2006.12.27 奉广新闻	杨剑 朱玲玲
5	上海城市生态不断向好	解放日报　2006.8.20　一版头条	宋鹏霞
6	东海啤酒沼气发电　循环经济效益显著	金山区广播电视台　2006.12.2 《金视新闻》	周伟
7	站上国际领奖台	上海科技报　2006.9.27　B4 版	孙玲
8	又见红掌拨清波	上海科技报　2006.8.25　1 版	刘芃
9	《河·人·林》	松江电视台　2006.6.11　《今日松江》	龚　兵
10	电子垃圾也有“余热”可用	新民晚报　2006.2.22　A1–5 版	钱滢瓅
11	申城首幢节能样板楼今起免费向市民开放	新民晚报　2006.7.22　头版头条	秦武平 易蓉
12	上海要有地面沉降危机意识	新民晚报　2006.1.11　A1–5 版头条	董纯蕾
13	别把摄制组当回事 明知故犯罪加一等 陈凯歌的“绿与黑”	新民晚报　2006．4.13 2006．4.29　2006．10.30 综合新闻版	李天扬
14	申城拟设人居环境指标体系	新闻晨报　2006.12.18　都市时政	倪杰
15	中心城区、居民区禁夜间施工 5 种行为	新闻晨报　2006.7.7　A4 版	谢克伟
16	不用塑料袋，行吗	新闻晚报　2006.6.5　A3 版	孔　同

建筑节能工作调研活动

12月25日，市中华环保世纪行宣传活动组委会与市人大城建环保委员会、财经委员会共同组织开展了对本市建筑节能工作的调研活动。活动中对水电路海军干休所既有建筑节能改造的情况以及“浦江智谷”商务园节能技术的应用情况进行了实地察看，并与市政府有关部门负责人和有关专家进行了座谈交流。市人大常委会副主任刘伦贤、常委会部分组成人员、市人大代表、本市主要新闻媒体记者等30余人参加了调研活动。

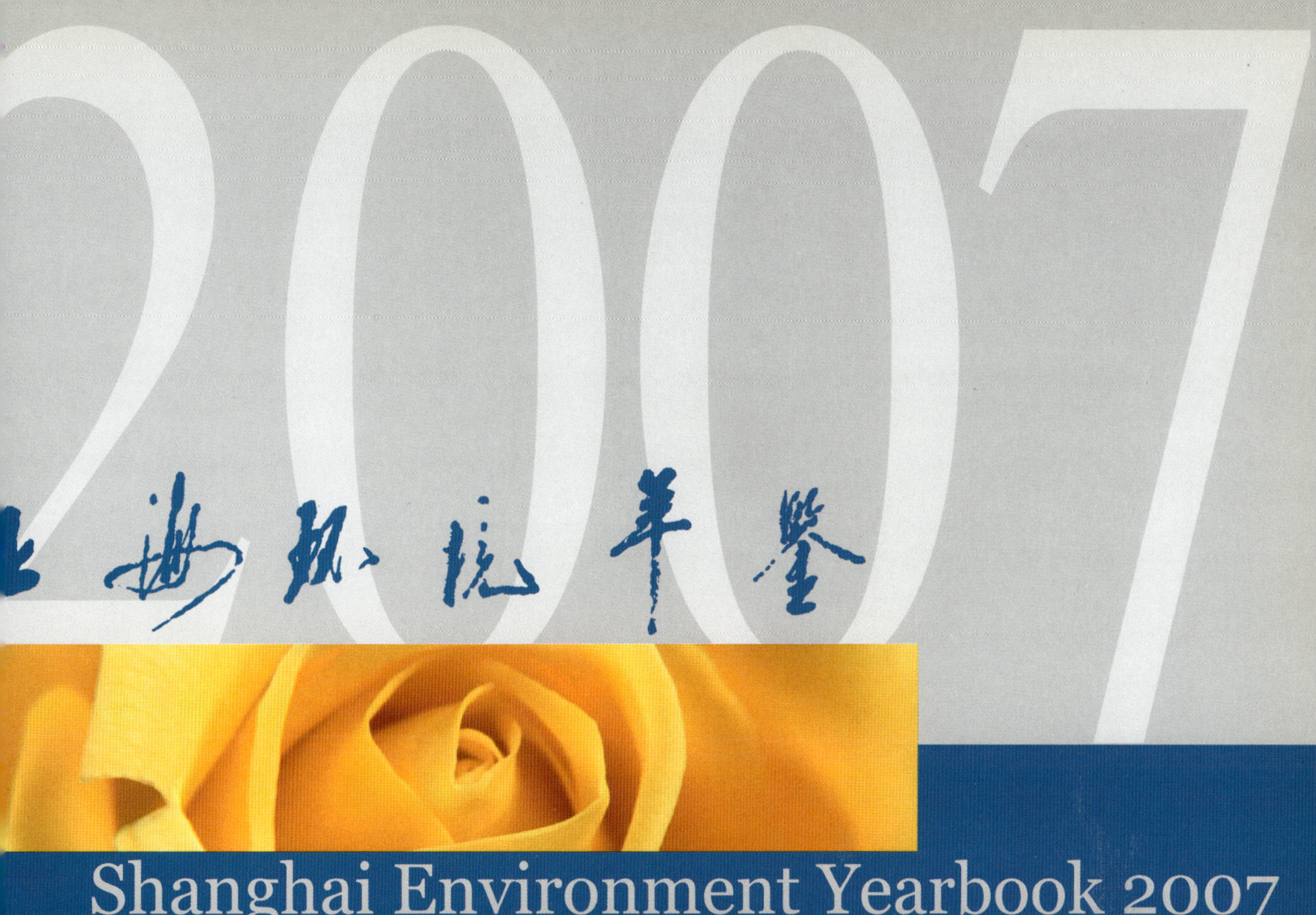

Shanghai Environment Yearbook 2007

环境教育与培训

学校环境教育

通用电气基金会资助上海中小学“环境教育”教材建设

三烈中学师生参与“消除加拿大一枝黄花”实践活动

上海市环境教育协调委员会中小学办公室在总结全市中小学环境教育教材建设的基础上，借通用电气基金会(GEF)资助，根据上海市教委“环境教育纲要”的要求，组织了中小学拓展型课程“绿色教育系列教材”建设。

这套教材分《绿色小天使》、《绿色小卫士》、《绿色志愿者》和《绿色探索者》四册，分别供小学低年级、高年级、初中和高中学生使用。教材的实施目标是：通过环境教育课程的实施，引导全体中小学生在相关学科学习的基础上，增强环境保护意识和科学发展观，关爱自然，关注家庭、学校、社区、国家和世界的环境问题，获得必要的环境知识，掌握一些基本的环保方法与能力，在自身实践“绿色生活”的同时，投入环保的宣传等活动，为推进社会的环境保护和可持续发展主动作出一定的贡献。

2006年，教材在浦东新区的若干学校进行了试验，并组织了试验学校教师培训。教材将在试验的基础上修改，并在更多的学校中推广。

课外教育活动及载体

上海中小学生积极参加“壳牌美境行动”

2006年的第七届“壳牌美境行动”，全市有619所学校的51285名学生提出了20167个方案，其中有10个一等奖和26个二等奖设计方案参与实施。经由对实施结果的评审，有9个项目获一等奖，7个项目获二等奖。“美境行动”项目不但推动了学生综合素质的提高，而且促使学生关注环境、关心社会、关爱生命，与此同时，学生的创新精神、实践能力也有了明显提高。

庄臣杯上海市青少年“共享绿色未来”系列活动

上海市环境教育协调委员会中小学办公室联合上海庄臣有限公司，共同举办了“绿色风——庄臣杯上海市青少年‘共享绿色未来’系列活动”。本市和区县绿色学校的所有环保学生社团都参与了这次系列活动。

根据未来上海将成为“人居生态绿色化、宜人化，人与自然和谐发展的环境友好型城市”目标，本次系列活动的主题为“生态校园、生态上海”。各社团都围绕主题，结合学校特色，在展示学校环保特色的同时，对学校的未来、上海的明天进行展望。具体活动项目主要有三项，即：“绿色校园”风采展：每所学校通过展板来展示学校环保社团活动的特色；“2010～2020绿色学校畅想”生态模型制作比赛：结合“5R”[Replace （替代)、Recover (修复)、 Reduce (节约)、 Reuse (再利用) 和Recyle (循环)]理念，发挥想象，对未来生态学校进行展望并设计制作生态模型；“绿色风”互动表演创作比赛：环保互动表演创作是指以环保为主题，上下互动为特色，并通过艺术表演为载体的创作活动。

“2006中国·上海可再生能源科技夏令营”活动

7月7～11日，来自北京、天津、湖南、湖北、浙江、江苏、陕西、山西和福建以及上海等地15个城市近250名学校师生，和40多名大学生志愿者，汇集于上海市进才中学，举办了为期四天的“可再生能源科技夏令营”活动。这次活动旨在展示学校开展《可再生能源》课程教育的成果，促进可再生能源教育的普及与推广。上海市人大科教文委主任夏秀蓉，以及市教委和市环保局有关领导参加了夏令营活动的开幕式。

《可再生能源》课程是在壳牌（中国）有限公司资助下，由北京环境与发展研究所会合有关专家编写，从试验到逐步扩大，形成现今在15个城市的部分中小学中实施的局面。上海有5个区的部分中小学从2004年开始试验该课程，并承担了部分教师培训的工作。这次夏令营活动由上海市环境教育协调委员会中小学办公室和环境与发展研究所共同主办。活动中，试验学校用“展板”交流了成果；中国科学院电工所可再生能源研究部、同济大学等有关专家作了报告；营员们到位于上海崇明前卫村的“上海市生态环境教育实践基地”进行了实地考察活动。夏令营活动使各地师生开展环境教育的经验得到交流，对上海中小学环境教育的实践情况有了感性了解。

上海首次举办大学生环保社团实践类竞赛

2006年，上海市环保宣教中心与赛得利国际集团(Sateri International Group)合作举办“赛得利杯上海大学生环保实践大赛”，这是上海市首次举办的面向大学生环保社团的实践类竞赛活动。本次活动旨在提高青年大学生参与环境保护的实践能力，支持高校环保社团的发展，并通过学生们丰富多彩的实践活动引起全社会对环保的关注。

大赛于九月正式启动，共分两阶段：

第一阶段，9月至10月，由各高校环保社团提交各自的环保实践活动创意方案，通过专家评审及网络投票选出若干“优秀创意方案”。大赛邀请知名环保人士及环境教育专家组成专业的评审委员会，对申报方案进行评估，并且也会通过网络获取更广泛的意见，力求评选出最具创新性及可操作性，同时又深受同学们欢迎的环保活动方案。

第二阶段，由主办方出资赞助获奖方案付诸实施，实施时间为2个月左右。届时，主办方将根据各个参赛社团的活动取得的实际成效评选出“优秀实践成果奖”，并为获奖社团颁发奖金，以资鼓励。

东北亚青年环境网络年会

第二届TUNZA-NEAYEN（东北亚青年环境网络）会议于9月17日至20日在同济大学召开，同济大学绿色之路协会参与协办了这一次青年人的环境盛会，承担了志愿者召集和主要的会务工作。协会派出两名代表作为此次会议的观察员。大会以沙尘暴为主题，来自中国、韩国、日本和蒙古等国的青年代表各抒己见，做了深入而广泛的交流。

青年代表参与讨论

联合国环境规划署亚太地区首席代表Surendra先生致开幕辞。各国青年在会上达成了一系列共同宣传环境保护以控制沙尘暴的共识，并形成了一定的互动联系机制。各国代表还参观了上海市郊区的化工园区。

TUNZA-NEAYEN是联合国环境规划署（UNEP）全球青年计划的一部分，由联合国环境规划署亚太地区办公室讨论批准并提供支持。TUNZA-NEAYEN的目标和职责是与亚太地区内其他类似区域性青年网络合作，动员东北亚区域内的青年和青年组织在可持续发展的原则下开展环境保护活动。

“绿色财大”活动别出心裁

2006年11月，上海财经大学90周年校庆之际，财经大学牵手社开展了主题为“牵手予筷，分享循环的快乐”的“绿色财大”活动。

社团成员制作了大量的筷套和筷子、环保心愿卡和环保倡议书，还精心制作了一棵以一次性筷子为材料的筷子树，形成强烈的视觉冲击：这不仅是一棵树，更是一个警钟——一次性筷子，我们不该再靠近！

同学们纷纷把写有自己美好祝愿的环保心意卡挂在了这棵筷子“树”上。每个写上心愿的人，都得到了牵手社赠送的一个筷套和一双筷子，希望大家一日三餐都使用自己自带的筷子，使一次性筷子不再有用武之地。

复旦大学举办环保电影展播周活动

10月30日～11月3日，复旦大学环保协会和环境科学与工程系团学联联合举办2006年度环保电影展播周。环保电影展播周是协会一年一度的传统活动，旨在通过电影这一形象生动的艺术形式，增进校园环保氛围。《平衡》、《亚特兰蒂斯》、《鸟的迁徙》、《永不妥协》、《今日中国环境问题》等国内外环保影片，以最直接的视觉冲击，宣传了环保理念。

东华大学绿手印环保社团

东华大学绿手印环保协会成立于1999年，现有注册会员216人。绿手印作为上海大学生绿色营、上海根与芽的成员协会，一直力所能及地履行着保护环境的职责，以“青春激扬为环保，矢志不渝求己任”为宗旨，不断在校园和社区普及环保理念，亲身实践于有利环保的行动。获“上海市大学生绿色营和绿色论坛的骨干成员社团”荣誉称号。

东华绿手印环保协会现有四个部门：秘书部、活动部、宣传部和外联部。社团的品牌活动有：黄页回收，向学校附近的居民区回收旧的黄页电话簿；金纸袋活动，挑选已用的环保宣传活动海报纸，制作成纸袋；苹果贺卡，引导同学用苹果作为贺卡，以代替纸制贺卡的使用；湿地使者，举办湿地保护图片展，进行湿地实地考察，宣传湿地保护对生态安全的重要意义。

复旦大学人与自然协会

复旦大学人与自然协会成立于1997年，是一个跨学科的综合实践类环保社团，为学校的四星精品社团，有自己的社团主页：http://www.5jia1.com/g/fdnature，并创有会刊《绿无涯》。

人与自然协会历来注重与其他社团或社会环保组织的合作共进，鼓励创意环保并努力创造着和谐、互助、积极的社团文化，为社团树立诚信、团结、亲切的形象，并积极开展各类倡导环保、感触自然的活动：绿色新视听，于每周五晚在立人生物楼107播放自然、环保、科技类纪录片和电影；出游活动和暑期实地考察活动，提供同学一个亲近自然、接触社会的舞台，在外面的世界有所发现；环保讲座，给大家一个开拓视野、领略不同文化的机会；另有水果贺卡、儿童互动探索馆义工服务等源源不断的环保创意。

上海市海事大学绿色联盟环保研究会

上海市海事大学绿色联盟环保研究会（简称“绿联”）成立于2002年。协会秉承“保护环境”的宗旨，以“遍撒绿的希望，成就绿的海洋”为口号，为环保的普及，为自然与社会的和谐发展，为世界更清洁、家园更美丽而积极努力。

2006年，社团积极与WCS、上海市野生动物保护协会、上海市野生动物园、根与芽、上海市环境宣传教育中心，及各兄弟学校环保社团等校外NGO合作，参与全国、广西大学生绿色营，爱鸟周，青年风尚节，绿色沙龙记者培训，环保进超市义卖，“赛得利”杯上海大学生环保实践竞赛（获优秀方案设计奖）等活动。参与校内“百年海大，绿色家园”主题植树节、“绿风送心”赠送盆栽活动、“苹果贺卡”减卡救树活动、节能月、环保电影周、环保摄影展等系列活动。

上海交通大学绿色之友环保协会

上海交通大学绿色之友环保协会成立于1998年，一直贯彻“绿色交大，绿化社会”的理念，希望通过协会成员的共同努力，在每个人的内心中架起通往绿色的桥梁，带动起所有人的热情，让每个人都能真正做到“从我做起，从小事做起”，为全交大，全社会，全人类的绿化事业尽自己的一份力量。协会的口号是“Our life Our future, Care and Share!”，2004～2005和2005～2006连续两次被评为学校十佳社团并在2006年10月的赛得利杯上海大学生环保实践大赛中获得优秀环保实践方案奖项。

上海理工大学环保社 Excellent Sky

上海理工大学环保社Excellent Sky组建于2000年，以“使社员能够自觉地关心爱护周围的环境，达成人与环境的默契，从积极方面改善环境”为宗旨，以“用自己的力量，让环保也成为一种信仰”为口号。社团加入了“根与芽”小组，积极开展保护环境，关爱动物，关心社区三个方面的活动：如废旧电池回收、旧报纸换海报、废品变工艺品、播放环保录像和图片展、“圣诞减卡救树送苹果”等活动。在此基础上，走出学校，步入社会，与纽巴伦公司合作开展校内旧鞋换新鞋活动，并开展延安绿地植树活动、泰瑞·福克斯慈善长跑活动、崇明观鸟活动、湿地考察活动等。

废品变工艺品展示

上海师范大学城市小组

上海师范大学城市小组成立于1987年秋，截止到2006年底共有成员130余名。城市小组秉持“城市让生活更美好”的理念，以学生自我培养社会责任感为宗旨，曾发起了三届大学生绿色营。社团紧扣上海城市问题，开展环境调查研究，先后获得各类奖励12项，其中8项为省部级科技奖，如“2006全国青少年生态环保创意传播大赛优秀社团称号奖”。

2006年，城市小组结合时代节奏，积极举办、参加了一系列富有创意且极具环保理念的活动。暑假，城市小组同财大牵手社一起赴江西鄱阳湖地区进行生态资源的考察。实地考察了当地的禁渔、采矿政策给当地居民带来的影响以及当地居民对这一系列政策的反应，取得了较大成效；圣诞期间开展“水果贺卡活动”，以水果系上红丝带代替贺卡表达祝福，旨在推广“减卡救树”的宗旨；此外城市小组还组织参与了废电池回收利用、赴安吉考察黄浦江源头、“3.11”节能启动式的志愿者活动、“绿色再生，拯救家园”再生纸宣传活动、电子废弃物调查、崇明节能潜力调查等一系列活动，为环境的调查研究做出了一定的贡献。

在职环境教育

市环保局组织环境标准培训活动

2006年，市环保局加强了环境标准宣传贯彻和标准制修订规范培训，组织召开了新制定的半导体、生物制药行业地方污染物排放标准宣讲培训会，向各区县环保部门、相关企业、监测、监察等人员进行标准讲解。并组织标准制修订人员学习贯彻《国家环境保护标准制修订工作管理办法》等相关管理文件，提高标准制修订的规范化水平。

市环保局开展环保法制宣传培训

为做好《上海市环境保护条例》的贯彻实施工作，市环保局2006年先后对全市环保系统、部分区县人大、政府有关部门工作人员、工业区和重点企业环保管理人员培训共计1800多人次。针对基层应用《上海市环境保护条例》中遇到的问题，市环保局还多次组织对有关区县进行现场调查和专门指导，共走访区县13个25次。此外，开展各类执法技能培训20余次，参训人员共计600余人次。

“清洁发展机制能力建设”培训

3月23日至25日，上海市环保局开展了“清洁发展机制能力建设”培训。

此次培训旨在帮助本市和CDM项目各方系统了解后京都议定书时代对中国的影响和带来的历史性机遇，熟悉清洁发展机制的运作方式和巨大商机，推动上海市从事CDM项目开发管理的人员能力提升并为相关各方搭建信息、交流与合作的平台。该培训由意大利环境领土部赞助，邀请了来自意大利威尼斯国际大学的CDM项目专家、中意项目北京办公室官员以及国家环保总局和上海市发改委负责CDM项目管理的官员分别就CDM机制产生背景、运行方式、项目申请注册程序、国际碳市场现状、中国CDM市场前景、项目注册及项目开发等问题作了专题讲座。来自上海市各相关企业、咨询公司、科研院所人员和政府官员参加了此次培训。

清洁生产内审员培训

2006年7月，市推进清洁生产办公室、杨浦区环保局和杨浦科技创业中心联合举办清洁生产内审员培训班，为区内企事业单位培训清洁生产骨干，来自发电、轻工、食品、化妆品、纺织、机电、医药、生物工程等30多家企业的领导和环保骨干参加了培训班。

环境类期刊图书

2006年环境类图书目录

2006年环境类图书目录

书名	作者	出版社
《大辞海 · 环境科学卷》	陈江涛等	上海辞书出版社
《保护上海母亲河——黄浦江水环境科学考察活动》	李汉云主编	华东师范大学出版社
《城市生态学》	宋永昌　由文辉 王祥荣主编	华东师范大学出版社
《空间环境生态学概论——“房屋病”及其防治》	刘　策　刘　杰	上海交通大学出版社
《崇明东滩生态化建设高层论坛文集》	东滩开发公司	同济大学出版社
《党政干部防灾减灾知识读本》	张仲德	同济大学出版社
《城市固体废弃综合管理》	Forbes MeDougall, Peter White,Marina– Frande,Perer Hindle	同济大学出版社
《第四届亚太废弃物管理国际会议论文集》	胥传阳	同济大学出版社
《污水处理厂规范化管理手册》	许洲	同济大学出版社

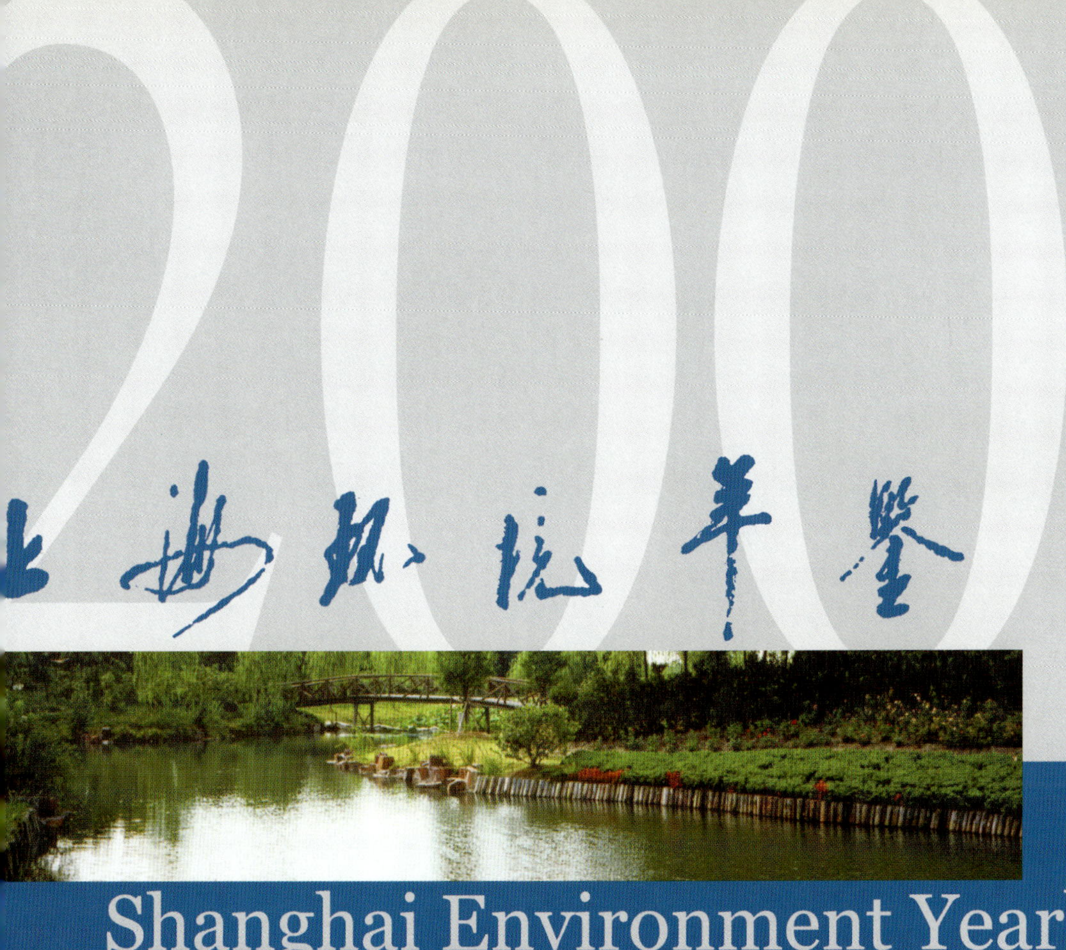

Shanghai Environment Yearbook 2007

区县环境保护

浦东新区

区域经济质量效益稳步提升

浦东新区世纪广场绿地

浦东新区经济持续快速增长，质量效益稳步提升，以金融为核心的现代服务业加快成长，外向型经济能级不断提高，综合配套改革试点向纵深推进，高新技术产业集群效应初步显现，科技进步对经济增长的贡献更加突出，万元生产总值能耗保持全国领先水平。

2006年，新区实现生产总值达到2365亿元，同比增长13.4%；完成财政总收入587亿元，同比增长18.6%，其中区级财政收入180亿元，同比增长13.9%；完成工业总产值4760亿元；完成全社会固定资产投资总额660亿元；实现社会消费品零售总额400亿元。

环保投入资金达41.2亿元

2006年，浦东新区共投入环保资金41.2亿元，其中河道整治工程投入1.57亿元，占总投入的3.81%；供水建设工程投资总额为0.2亿元，占总投入的1.20%；生活垃圾、城市污水处理、危险废物处置投入资金1.92亿元，占总投入的4.66%；污染源控制投入资金18.4亿元，占总投入的44.7%；城市园林绿化工程建设投入资金7.55亿元，占总投入的18.3%。

召开新区环境工作大会 贯彻国务院《决定》

4月18日，在浦东新区成立16周年之际，结合创模工作的总结表彰，召开新区环境工作大会，新区主要领导出席了会议。会议以深入贯彻落实胡锦涛同志“四个率先”的要求、贯彻《国务院关于落实科学发展观加强环境保护的决定》和第六次全国环保工作大会的精神，明确提出“十一五”期间，浦东新区将实施“环境优先,促进社会和谐”发展方针；确定一个目标，即：明确在“十一五”期末，世博会举办之时，浦东将建成最适宜人居和创业的“生态城区”目标。

会议颁布了《关于进一步加强浦东新区环境保护工作的决定》，出台了《浦东新区环境保护基金管理办法》，部署了全区实施第三轮“环保三年行动计划”各项工作，表彰在创建“国家环保模范城区”中作出重要贡献的先进集体和个人、以及2006年评选的绿色企业和绿色家庭等。

《关于进一步加强浦东新区环境保护工作的决定》正式颁布

2006年4月18日，浦东新区为贯彻落实《国务院关于落实科学发展观加强环境保护的决定》精神，颁布了《关于进一步加强浦东新区环境保护工作的决定》（浦府〔2006〕86号）（以下简称《决定》）。

《决定》确立一个发展方针：在浦东率先实施“环境优先”发展方针，以应对新区面临的五大压力即城市发展压力、资源供给压力、环境容量压力、环境安全压力和综合管理压力，从而进一步优化经济结构，促进新区经济增长方式加快转变；进一步改善环境，促进和谐浦东建设；进一步促进企业技术创新，提高自主创新能力；进一步完善环境管理体制、机制，促进政府职能转变，推进浦东综合配套改革。

《决定》确定一个目标：在“十一五”期末，世博会举办之时，浦东将建成最适宜人居和创业的“生态城区”目标。

《决定》设定八项约束型指标：结合国家生态市建设指标要求和新区的实际情况，设定的8项具体指标，即：单位GDP能耗达到0.45吨标煤／万元；主要污染物（化学需氧量、二氧化硫）排放总量削减10%；地表水环境质量达到功能区标准；全年环境空气质量指数（API）达到和优于二级的天数达到330天（90%以上）；单位工业增加值用水量降低30%；城镇生活污水处理率达到80%；生活垃圾无害化处置率保持100%，工业固体废物综合利用率保持95%以上；绿化覆盖率大于37%。

《决定》要求健全八大长效机制：一是实行环境保护领导目标责任制和实绩考核机制。把环境保护纳入领导班子和领导干部考核的重要内容，对环境保护主要任务和指标实行年度目标管理。二是加大环保投入，建立和完善多元化环保投入机制。新区全社会在环保方面的投入要占当年GDP的3%以上，各级财政部门在环保方面的投入要逐年增加。设立"环境保护基金"，引导多元化投入，探索国际筹资方式以及吸引民间资本投入环保和生态建设。三是注重源头管理，健全环保参与经济社会发展综合决策机制。坚持规划环评，对环境有重大影响的决策，要开展战略环境影响评价。规划未进行环境影响评价不予批准。提高环保"准入门槛"，对引进产业项目的能耗水耗以及污染物排放必须达到国际同行业先进标准。四是强化公众参与，完善环境保护的社会监督机制。通过实行环境质量公告制度，环境保护有奖举报制度，实行群众听证评价制度、企业信息公开制度和环保诚信制度、公众环保满意度评价制度、环保参与表彰制度，形成政府引导、企业自律、社会参与的"三位一体"的新型环境管理模式。五是发展环保科技，建立环境保护的科技支撑体系，将重大环保科研项目优先列入新区科技基金，给予重点扶持。六是加大环保监管执法力度，强化常态管理机制。建立网格化管理网络，实现全覆盖管理，严格执行总量控制和排污许可证制度，强化限期治理制度。七是加强环境保护宣传教育，普及生态文化。加大对领导干部、学生和市民的环境教育力度。注重对环保NGO和志愿者队伍的培育。八是加强能力建设，服务环境保护和环境建设。加强环境保护队伍的建设和环保监管能力建设，建立"数字环保"体系，提高环保执法、环境保护预警和环境事故应急处理能力；加强国际合作与交流。

浦东新区设立环境保护基金

2006年4月18日，为贯彻落实《关于进一步加强浦东新区环境保护工作的决定》，实施环境优先的发展战略，进一步加大环境保护的投入力度，营造全社会关心、支持环保工作的良好氛围。由浦东新区财政局会同环保市容局共同编制《浦东新区环境保护基金管理办法》。

基金按照"多方统筹、有效引导、重点聚焦、适度自主"的原则设立。资金的主要来源为排污收费收入新区部分、上级部门拨入的环保资金，资金专户利息收入和国内外企事业单位、组织和个人捐赠（包括实物）等。

基金服务对象主要是面对社会团体、企业和个人。主要用于鼓励新区范围内企业污染防治和控制，采用新技术、实施清洁生产，鼓励公众参与等方面。

环境保护基金的管理由环保基金理事会负责，下设由环保和财政部门组成的环保基金管理办公室（非常设机构），办公室设在环保市容局。基金账户设在新区财政局。

《浦东新区生态城区建设规划》编制完成

2006年，根据《上海市国民经济和社会发展第十个五年计划纲要》、《中共上海市委关于制定上海市国民经济和社会发展第十个五年计划的建议》，区委、区政府提出创建"国家生态城区"目标并组织编制了《浦东新区生态城区建设规划》（以下简称《生态规划》）。

《生态规划》提出要建成"经济社会协调发展、生态环境良性循环、资源能源高效利用、人与自然和谐共处、充满健康与活力的现代化城区"。"绿色浦东、生态城区"是努力的方向，"消耗最少，创造最多"是行为准则，"经济发展和环境保护协调发展，人与自然和谐共处"是规划的最终目标。

《生态规划》以2005年为基准年，在2006～2020年期间，制定近、中、远三期发展计划，达到相应目标。

到2008年，第三轮环保三年行动计划完成时，基本还清环境污染历史欠账，生态功能得到有效恢复，城区总体环境质量位居全市前茅，提倡环境优先的观念，初步建成资源节约型、环境友好型社会的框架。

2010年"世博会"举办时，新区主要污染物排放总量得到进一步削减，资源能源消耗处于国内领先水平，环境质量进一步改善，主要经济、社会、环境指标达到国家生态城市（区）建设标准，建设成为最适宜人居、最适宜创业的生态城区。

2020年，基本建成与国际接轨的生态城区。以循环经济为核心的生态经济全面实施，生态效益明显；空间布局合理，基础设施完善，环境整洁优美，生活安全舒适，生态良性循环；人与自然和谐共处，生态文化与传统文化交相辉映。

新区政府颁布“十一五”期间发展循环经济推进节能降耗实施意见

为贯彻落实科学发展观，促进经济增长方式转变，全面推动浦东新区建设上海市循环经济试点区进程。11月27日新区政府颁发了制定《浦东新区“十一五”期间发展循环经济推进节能降耗实施意见》(以下简称《实施意见》)。

《实施意见》就加快推进节水型社会建设、大力促进生活垃圾减量化、积极推进强制清洁生产审计工作等三方面提出了明确目标：“十一五”期间，新区加快推进新区集约化供水工作，提高供水水质，降低管网漏失率，2010年前实现供水管网漏失率在8%以下的目标。加强对集成电路等高耗水行业的节水管理，促进水循环利用，对月用水量超过1万吨的用水大户实行月考核制度，完成月用水量超过1万吨的工业考核户的水平衡测试工作，“十一五”期间，万元工业增加值水耗下降30%。推广节水型器具，2010年前政府机关内部和中心城区所有公共场所、学校、企事业单位的水龙头全部更换为节水型龙头。加大非常规水资源利用力度，推广公共绿化节水型养护新模式。2010年，在全市率先建成节水型城区。“十一五”期间，新区人均生活垃圾产生量增速降至3%以下，控制年产生总量增速低于10%；进一步深化发展“小分类、大分流”的生活垃圾收集模式。完善资源循环利用网络高效接口，初步建成浦东生活垃圾产业循环生态园。强化政府管理能力，构建全过程管理体系，实现“原生生活垃圾零填埋”。“十一五”期间对新区高能耗、高水耗的企业组织开展强制清洁生产审计，其中重点对电子、化工、制药、印染等行业实施强制清洁生产审计。

《实施意见》对实现上述目标，提出具体实施要求：一是重点推进实施建设生态工业示范园区、建设生活垃圾产业循环生态园、建设生态小区、开展房屋“平改能”研究和试点等4项专项工程。二是在金桥出口加工区建设国家生态工业示范园区，构建工业废弃物静脉产业链，推动园区内企业的中水回用；以生活垃圾产业循环生态园建设为抓手，加强生活垃圾分流转运中心能力的建设，对资源循环网络进行补链和补网设计，弥补设施缺陷，使近期生活垃圾一次利用率力争突破80%，远期生活垃圾一次利用率达到90%；在有关功能区域选择若干个小区开展生态小区建设试点，积极推广住宅节能改造，推进生活垃圾的分类收集，开展家庭节水活动；以实施“上海市太阳能屋顶计划”为契机，积极开展房屋“平改能”研究，选择有条件的现有建筑进行“平改能”试点，加快推广使用清洁能源。

第三轮“环保三年行动计划”实施情况良好

新区第三轮环保三年行动计划共54项任务，其中下达任务21项（工程性项目7项、管理性项目14项），新区计划任务33项（工程性项目14项、管理性项目19项）。

年内，市下达7项工程性项目均已开工，完成2项；管理性项目全部启动，完成5项。

新区计划工程性项目立项10项，立项率71.4%；管理性项目全面启动，完成1项。

绿化建设和管理取得新成效

2006年，浦东新增各类绿地299.87公顷，绿地总量达到8739.4公顷，其中公共绿地为4242.47公顷，人均公共绿地达24.21平方米，绿化覆盖率37.38%。全区3000平方米以上绿地有6块：桃林公园、三林公园、世博社区公园、世博三林北港绿地、世博东西高压走廊绿地、三林镇高压走廊绿地；一镇一园3个庙港公园、金枫公园、唐镇望园。在保证绿地建设总量的同时，注重绿地的布局与质量。

年内，新创3家“上海市花园单位”、11家“上海市园林式小区”。为完善绿地功能、方便老百姓就近享用，2006年，浦东又完成40余处休闲绿地建设和改造。

推进"五个一百"系列环境整治行动

2006年，继续在全区推进"五个一百"系列环境整治工作。

年内，完成了100家污染企业的整治任务。100条段道路被美化；81个居住区提高了卫生水平，86个污染源被铲除，39块绿地提高了养护标准，按"面清、岸洁、水畅、疏浚、绿化"的要求，区内92条段河道得到治理，100条段镇属河道得到整治，共疏浚河道长度77.8公里、土方147万方、种植绿化47.6万平方米、完成两岸维护33.6公里；塘桥街道完成了市容环境示范区创建，金杨街道完成了市容环境规范区创建，金桥、曹路、沪东、浦兴、张江等5个街道（镇）完成了市容环境达标街道（镇）创建；通过迎"上海合作组织峰会"市容环境保障工作，建设景观围墙5000余米。

完成了对12个镇、总长89公里、100条段河道的"百河整治"。

迎"峰会"、"国际立体花展"市容环境保障任务圆满完成

2006年，浦东新区作为"上海合作组织峰会"、"国际立体花展"承办单位，为更好展现浦东新区改革开放的成果，让世界了解中国，开展了一系列市容环境保障工作。

年内，完成了景观灯光建设，绿化景点布设，工地整治，道路美化，老公房整新，市容专项整治等工作，强化了小陆家嘴区域景观灯光建设，形成了精品更精、亮点更亮的景观灯光效果；陆家嘴功能区强化了梅园、潍坊等老城区的综合环境整治，消除小陆家嘴周边的景观盲区；强化了工地施工管理，严格控制夜间施工频次等，营造了安静祥和环境氛围。

林业资源保护工作得到加强

2006年，浦东新区注重林木安全，开展了"竹茎扁蚜危害情况"等专题调查，对实蝇、松墨天牛、红棕象甲等检疫性病虫害进行了监测。同时，立足预防与管理，进一步提高森林火灾的综合防控水平和应急反应能力。

年内，完成了市古树办下达的古树档案修订和GIS信息核查、古树后续资源核实申报工作，新建古树名木保护示范点1处，对9处、11株古树名木实施了技术性保护措施。结合浦东开发建设特点，重点加强古树名木的保护并建立巡查制度。

"腾笼换鸟"，合理利用土地资源

2005年，在创建国家环保模范城区的过程中，新区经委梳理了浦东地区8900多家工业企业，锁定了861家为土地低效利用企业，为落实科学发展观的战略，实施"腾笼换鸟"政策。

2006年，新区从中筛选出了第一批136户重点企业，涉及占地面积超过1.7平方公里，面积相当于一个小陆家嘴。由新区有关部门建立盘活工业存量联席会议制度，由新区分管领导牵头，经委、发改委、建交委、财政局、环保局、劳保局、工商分局及各功能区域管委会和各开发公司等单位组成，确定具体企业搬迁实施方案，并针对各开发区各自产业特点，编制了《浦东新区先进制造业产业导向目录》。

"腾笼换鸟"，是浦东转变经济增长方式，提升产业能级，为在更高起点上推进浦东开发，建设资源节约型、环境友好型社会的一条捷径。

中远集装箱厂土地置换案例引起中组部重视

中远集装箱厂是国内著名的大型集装箱（每年十几万标箱）生产企业，产品远销海外，是新区创汇大户，年出口创汇上亿美元，利税几千万元。由于生产过程中运用喷漆工艺，造成该厂与周边数万居民的环境需求严重冲突，居民投诉不断，强烈要求该厂停止生产并搬迁。由于该厂生产任务繁重，一旦停产损失巨大，加之搬迁费用

很高，一时难以筹集。虽经有关部门多次协调，问题还是无法解决。

新区区委、区政府强调要用科学发展观统领各项工作，要以群众根本利益作为全部工作落脚点。根据区委、区政府领导的要求，浦东新区环保市容局研究决定采取综合措施、多管齐下，积极稳妥推进问题圆满解决。

2006年，通过努力，各方形成共识，不但企业实施了搬迁，“老大难”问题也迎刃而解。由于措施得当，实现了各方多赢，群众满意率大幅上升，同时也促进了新区功能提升、产业结构调整，推进了“腾笼换鸟”政策实施，为新区现代服务业发展提供良好的空间。

中远集装箱案例是企业生产与群众环境需求之间的矛盾冲突，也是经济、社会和环境三者之间关系的体现。解决问题的关键在于，只要坚持以民为本，树立科学发展观、正确政绩观和群众观，按照国务院《决定》要求，积极实施“环境优先”方针，就能有效化解环境矛盾，实现用环境优化经济增长，用环境促进功能提升，用环境促进社会和谐发展的目的。

该案例作为浦东新区环保市容局《环境如何优化经济发展》领导工作实例，被中组部领导干部考试和测评中心录用。

环境安全保障能力不断提高

2006年，浦东新区进一步完善了《环境污染事故应急监测预案》，专门组建了一支专业小组，负责对重大污染事故或需要使用特殊监测仪器时的应急监测。对应急设备的日常管理与维护、应急监测队员的日常培训、应急监测技术 的日常交流和环境污染事故的应急监测演练作了明确的规定，同时进一步完善了对突发性环境污染事故的应急启动程序及各类保障措施。

年内，浦东新区环保市容局对浦东新区范围内18家水厂饮用水水源及800米以内周围的企业进行摸底调查，督促水厂及800米以内周围的企业制定了应急预案。

根据上海市环保局《关于开展本市环境安全大检查的紧急通知》要求，在全区开展了化工企业、IT企业、集中水源地上游企业、化学品运输和仓储地、危险废物堆放场所和处置企业等108家企业环境安全检查工作，督促企业制定了应急预案。

新区环境质量与污染源在线监测网络系统完成一期工程

新区政府投资2000万元，于2004年底立项，在浦东新区范围内构建环境质量及污染源在线检测系统的监测数据和监测图像的传输系统、存储处理分析系统、监测数据和图像显示系统，以现场监测系统为基础，实现对浦东新区范围内环境质量及污染源的远程集中监测，为浦东新区环境保护信息系统提供水环境、大气环境和物理环境的基础数据库，并与国家、上海市环境信息系统及相关单位的信息系统联网。

2006年12月，系统设备验收测试工作完成。该系统覆盖浦东新区范围8个空气自动监测点、2个地表水自动监测点、18个噪声自动监测点和新区25个重点污染源的在线监控系统。该系统的成功建设标志着浦东的环境监测技术又上了一个新台阶。

企业环保诚信体系管理办法正式实施

2006年，浦东新区环保市容局按照《浦东新区排污企业环境诚信等级管理办法》规定，对全区700家排污企业进行了评定。上海通用汽车有限公司等3家企业被评为绿色企业；上海外高桥造船有限公司等679家企业为蓝色等级企业；上海新鸿染整有限公司等14家企业为橙色等级企业；上海伊顿发动机零部件有限公司等5家企业为黑色等级企业。

6月5日，首次在媒体上向公众公布了绿色、橙色、黑色等级企业名单。

围绕主题开展环保宣传教育

以召开“浦东新区环境大会”为背景，结合巩固创建国家模范城区成果，分会前、会中、会后三个阶段开展了一系列宣传活动。在《中国环境报》、《文汇报》、《人民日报》、《解放日报》等专版刊登浦东环保工作成果。

积极打造“世界环境日”、“世界湿地日”等主题活动。“6·5”世界环境日期间，分别开展了以“人人参与，创建生态城区”为主题的倡议、签名活动，积极打造“世界环境日”宣传品牌。同时还编印了上万份环保宣传册、倡议书宣传资料。2006年，增设了高桥港环境教育基地。截止到2006年底，新区环境教育基地共有12家。

两会书面意见、提案和公众投诉处理

2006年，浦东新区环保系统认真处理“两会”书面意见和提案，主办件7件，会办件5件；协调、上报了5件人大、政协关于噪声提案的监测数据。书面意见和提案均按时、按要求办结，办结率、满意率达到100%。

全年共受理环境信访投诉1086件。其中，反映噪声污染投诉295件，占总案件数的27.2%，反映废气污染投诉356件，占总案件数的32.8%，反映油烟污染投诉158件，占总案件数的14.5%，反映综合性环境问题投诉145件，占总案件数的13.4%，反映水污染投诉103件，占总案件数的9.5%，反映固废污染1件，占总案件数的0.09%，反映电磁辐射1件，占总案件数的0.09%，反映其他27件，占总案件数的2.5%。

徐汇区

经济运行质量稳步提升

2006年，徐汇区完成生产总值535亿元，同比增长8.7%。实现财政收入117.7亿元，同比增长17%，其中区级财政收入48.3亿元，同比增长10%。

全区产业结构调整初见成效，以现代服务业为主、先进制造业、商贸业和房地产业为支撑的四大产业格局基本形成。2006年，现代服务业实现营业收入450亿元，同比增长32%；高新技术产业实现总产值275.7亿元，占先进制造业总产值的比重为54%；现代服务业和先进制造业占税收总量的比重分别达到25.5%、21.7%。商业实现社会消费品零售总额240.5亿元，同比增长12%；房地产业实现销售额94亿元。

徐汇区第三轮环保三年行动计划推进会

265

环保投入出现结构性调整

2006年，徐汇区共投入环保资金2.68亿元，同比下降1.24亿元。下降的主要原因是区域环保投入出现明显的结构性调整，从环保工程建设和绿化项目建设，向常态环境治理转变，特别是区域环境管理的费用有明显增加。以投入资金项目分类统计，其中生活垃圾、污水处理投入0.8亿元，占总投入的27.21%；工业废水、废气治理投入0.53亿元，占总投入的19.79%；绿化建设和维护投入0.5亿元，占总投入的18.66%；河道整治和截污纳管投入0.5亿元，占总投入的16.67%；区域环境管理投入0.14亿元，占总投入的5.11%。环保投入资金使用情况，显示本区环保工作重心已经开始从重建设向重管理转变。

区政府发布贯彻国务院《决定》的实施意见

11月，区政府根据《上海市人民政府关于贯彻〈国务院关于落实科学发展观加强环境保护的决定〉的意见》和第六次全国环境保护大会精神，结合区的实际情况制定并发布的贯彻国务院《决定》实施意见。《实施意见》明确提出了区“十一五”环境总体目标与具体指标，全区通过加快优化产业结构，加快污染源治理和环境基础设施建设，提高经济效益，努力实现区域经济、社会、环境的协调和可持续发展。不断提升工作能级，继续围绕创建“国家级环境保护模范城区（直辖市中心区）”的目标，以市、区环保三年行动计划的滚动实施为抓手，扎实推进环境保护工作，区域环境管理水平和环境质量有了明显改善。确定到2010年的环保目标是：环保重点监管企业污染物稳定达标排放率95%以上，全区工业和生活污水处理率达95%，城区河道全面稳定消除黑臭。全年二氧化硫（SO_2）排放总量控制在904吨以内，环境空气质量指数达到和优于二级的天数占全年天数大于85%，区域环境噪声达到功能区标准。

第三轮环保三年行动开局良好

年初，区环保局根据上海市第三轮环保三年计划，牵头编制完成徐汇区环保三年行动计划，经区政府批准后，拟定具体实施方案。

3月22日，区政府召开了实施第三轮环保三年行动计划动员大会，区政府委办局的主要领导和12个街道（乡镇）的主要负责人参加了会议。会上区政府对实施第三轮环保三年行动计划提出三点要求：一是加强沟通，提高公众参与率和知晓率；二是加强协调，建立各部门齐抓共管的机制；三是加强推进，确保各项目进度与质量。

每季度召开一次责任单位联络员会议，协调解决有关责任单位实施中的困难。在各相关单位共同努力下，实现了7个市级项目和45个区级项目的全面启动。还根据国家环保总局关于创建国家级环保模范城区的新标准，重新修订了创模规划书，构建新的区域环保创建目标体系。

内环线内5个街道建成“扬尘污染控制街道”

2006年，在内环线内的天平、湖南、枫林、斜土、徐家汇5个街道创建“扬尘污染控制街道”。区环保局开展了扬尘污染源的本底调查，布置了30个扬尘监测点，制定了明确职责分工、整治措施以及日常监管的扬尘污染控制方案，组织实施“蓝天一号行动”至“蓝天五号行动”的系列联合执法检查，对建筑施工、道路保洁、各类堆场、裸露土地、运输车辆5大类的扬尘污染源做到了即时监控和全面整治。

年内，徐家汇、斜土街道创建成“扬尘污染控制示范街道”，天平、湖南、枫林街道创建成“扬尘污染控制街道”。

高污染车辆限行任务圆满完成

根据全市的统一部署，徐汇区努力推进高污染车辆限行工作。区环保局在社区、停车场、加油站开展形式多样的宣传教育活动，提高市民的知晓率，24小时接受市民来电咨询，告知市民申领车辆环保标志的具体政策和申领地点。春节期间，每天派出专业技术人员到机动车检测站，配合做好车辆鉴别工作。在规定期限内，区域内注册的5万多辆机动车完成了车辆鉴定，符合有关规定标准的，均领取绿色环保标志。

开展环保专项整治行动

在全区范围内继续开展“整治违法排污企业，保障群众健康环保专项行动”：一是集中整治区域内威胁饮用水源安全的污染和隐患，对长桥自来水厂备用取水口周边的62家企业进行了排查，责令存在环境安全风险的3家企业进行整改。二是集中整治工业园区的环境违法问题，在漕河泾开发区等工业园区内30家单位开展专项监察，重点检查污染治理设施的运行情况和治理效果，对2家单位进行了依法整治。三是集中整治建设项目环境违法问题，实施专项监察363户次，加强对建设项目环保审批和验收的监管，对3家违法排污的单位进行了立案处罚。四是集中查处危险废物经营行业的违法问题，实施专项监察108户次，确保危险废物安全、规范地处理和转运。五是集中整治群众投诉的热点、难点问题，对上塑三厂的群访事件组织现场调查和监测，对厂方实施行政处罚并责令噪声整治，与多方协调，使该厂在年内提前实现了停产，有效地化解了矛盾。

市容环境整治有序推进

年内，区市容环境管理部门，围绕迎“上海合作组织峰会”、“特奥会邀请赛”开展市容环境综合整治行动，积极启动迎“特奥会”环境综合治理工作。徐家汇地区完成围墙改建800米，店招店牌整治更新86家，完成华山路大西洋、天钥桥路汇联商厦建筑立面综合改造工程，拆除各类广告152块；在徐家汇区域完成道路修整15636平方米，车行道修整16320平方米；整治周边绿化5141平方米。上海铁路南站、徐家汇、天平、湖南地区创建成上海市市容环境示范区域。继续开展中小道路、户外广告及占绿毁绿等专项整治，编制完成《非广告设施（店招店牌）设置方案导则》。完善城区道路废物箱设置，消除城区垃圾库房保洁盲点，居住区环卫作业扰民现象得到有效改进。

在有限的城区空间开展绿化建设

2006年，徐汇区围绕第三轮环保三年行动计划，加强景观绿地、公共绿地和外环线专项绿地建设，在有限的城区空间内，提高绿化率，改善区域生态环境。

年内，建成康平路余庆路绿地、虹桥路番禺路绿地等大型公共绿地，新辟公共绿地20.63公顷；完成7300平方米老街道绿地升级改造，包括绿地设施维修、改善植物生长空间以及增加新优品种植物为主，通过植物造景增加绿地的色彩、丰富绿化景观；精心设计实施了南站周边道路绿化环境整治工程，为南站建成通车营造出良好的环境，共接管了面积为8.94公顷的上海铁路南站广场绿地，并承担了日常专业绿化养护管理。至2006年底，全区人均公共绿地为4.63平方米，绿化覆盖率达到24.92%。

关注水环境热点为民办实事

春申港横贯罗秀新村，经过近年来的整治和水质治理，河道的生态功能已逐步得以恢复，出现了鱼类。吸引了周边不少居民来此钓鱼和休闲，由于一道齐胸高防汛墙阻隔，使垂钓者不得不坐在十几公分宽的防汛墙顶上，安全问题成为沿河群众和人大代表关注并多次呼吁解决的主要问题。年内，在该河道大修工程设计时，积极听取人大代表、地区街道和居委，以及周边单位的意见和建议，精心组织工程实施，在确保防汛安全的前提下，采取降低防汛墙增设栏杆，布置休闲平台和种植绿化等措施，因地制宜地创建和谐水环境，得到周边居民的一致好评。

位于田林地区的老蒲汇塘河全长450米，是市政泵站的排水河道。因宜山路拓宽工程，造成该河道建筑垃圾淤积严重，对地区防汛排水带来很大隐患。根据统一部署，组织实施该河治理建设工作，在完成临时防汛墙和清淤工作设计方案和预算编制基础上及时完成了防汛墙建设296.3米，河道疏浚1597.3立方米，绿花布置520平方米，解决了该地的排水问题，并大大改善了地区环境。

河道水质维护工作初见成效

年内，加强31条河道的水质维护措施，其中区级河道11条，镇级河道20条，并针对不同河道的水质特点和具体情况，实施了曝气、投菌、回流、种植水生植物等水质处理技术的实验和实践，积累了经验，也同时取得了一定的成效。在管理上，配置了DO、COD_{Cr}、NH_3-N等水质测量分析仪器，并组织操作人员培训班，掌握水质测量分析技术，及时了解水质情况以便采取应急措施，同时也为水质监控数据化工作打下了一定的基础。通过一系列技术和管理措施的落实，实现了河道基本消除黑臭的目标。

环境污染事故应急处置能力得到加强

为了继续完善区域突发性环境污染事故应急体系，购置了最急需的突发性环境污染事故的监测设备和防护装备，在环保系统中开展环境污染事故应急培训，提高全体人员事故的防范意识和应急处置能力。以提高监测技术能力和服务水平为抓手，在现场采样、分析检测、技术支持、服务保障等各个环节开展了竞赛活动，使环境监测能力得到全面加强。在全市“红五月”环境监测技能比武中获得了第二名的好成绩。

全年，共4次启动了环境污染应急预案，应急力量都及时到达事故现场，进行了有效的现场处置，未发现污染对区域环境质量造成明显影响。

六国峰会期间确保环保安全

为确保六国峰会期间的环境安全，区环保局落实了5项措施：一是对全区范围内存有环境安全隐患的单位进行全方位的排查，共排摸出81家存有隐患的单位；二是督促各项相关单位务必做到应急预案、应急措施、应急人员“三落实”；三是在六国峰会期间安排4个巡查组在全区范围内进行巡查，发现问题，及时处理；四是对34家隐患较突出的单位，派专人进行蹲点驻守；五是专门组织了一支由10名环境监察、环境监测人员共同组成的应急机动分队，处置疑难问题4起。

田林路、斜土路开展小餐饮单位油烟气排放专项整治

年内，在田林路和斜土路集中开展对小餐饮单位油烟气排放的专项整治行动。整治前，区环保局在街道的密切配合下，对两条道路所有餐饮单位全面排摸，不留死角，经调查确定了47家需要整治的餐饮单位名单。然后，逐一登门拜访店主提出具体整改要求，并加强督促检查。全年共整修维护高压静电油烟净化设施20台，新装与更换油烟净化板80片，4家餐饮单位改装了油烟排放管道，有效缓解了油烟排放对周边居民生活环境造成的影响；4户无证餐饮单位转变了经营业态或者终止营业，全面完成专项整治任务。在绩效评估中，该项整治工作得到周边群众的广泛好评。

高校实验室污染物排放实施专项整治

根据国家环保总局的要求，徐汇区对辖区内6所高校的实验室污染物排放加强监管。检查了各高校实验室排污的8项管理制度的执行情况，培训了高校有关环保管理人员，加强了实验室污染物排放监督和指导，建立了高校实验室的排污申报制度，提出了污染物治理具体要求，促使实验室中的污染物多样化、动态化达标排放。

结合绿色创建开展生动活泼的环保宣传活动

年内，区环保局围绕构建社会主义和谐社会的要求，在全区范围开展了形式多样、生动活泼的环境宣教和“绿色创建”活动。一是在徐家汇公园主办了世界环境日宣传活动，倡导市民从身边做起，保护生态环境，节约资源，宣传绿色消费；二是北京地球村环境教育中心和康健街道共同举办世界地球日环保宣传活动；三是修改“环保绿色特色小区”和“环保家庭”的创建标准，拟定徐汇区“绿色饭店”评比标准，完善和丰富了绿色创建的内容和形式，深入开展“环保绿色特色小区”的创建；四是依托东方讲坛，在天平街道、漕河泾街道和华泾镇开展了水环境和大气环境保护的专题讲座，获得了良好的社会效应；五是编制了2005年度区环境质量公报，并向社会发布；六是加强环境监测信息公开，利用上海铁路南站公共信息电子显示屏发布城区空气质量日报。全年共深入社区、学校开展环保宣传25次，编写《创模动态》24期、《徐汇环保》24期。

各类环保信访件处理

完善网络化的信访处复系统，严格按照时间节点处理好每一封环保问题的群众信访。全年共受理并处复信访430件，受理并处复人大政协提案和意见8起，处复率达100%。每季度撰写信访分析报告，每半年召开信访专题分析会，开展案例分析，组织经验交流，完善信访处复制度建设，不断提高信访处复的质量。对于矛盾激烈、解决难度大的9件群众信访实施领导包案制，由局领导直接处复，深入社区开展专题调研，耐心细致地做好沟通协调工作，组织实施污染治理，所有案件均得到圆满解决。

长宁区

环保投入占区增加值的4.9%

2006年，全区环保投入达12.69亿元，占全区增加值的4.9%，同比增加6.78亿元，增幅达114.7%。其中区财政拨款11.71亿元，占环保总投入的92.3%；市财政拨款0.38亿元，占环保总投入的3.0%，社会投资0.59亿元，占环保总投入的4.7%。

凯桥绿地

从投资项目分类来看，用于城市环境基础设施建设12.10亿元，占环保总投资的95.4%，其中用于园林绿化（包括郊区片林建设）为11.71亿元；用于污染源控制0.38亿元，占总投资的3.0%，用于环境管理能力建设（环保管理、监测、监理、信息、科技、宣传等）0.02亿元，占总投资的0.2%,；环保设施运转费0.18亿元，占总投资的1.4%。

区域经济保持较快发展速度

2006年，长宁区积极调整产业结构，加快转变经济增长方式，保持了区域经济较快发展速度。实现增加值205亿元，年均增长13.1%，全区财政收入达到89.4亿元，年均增长32.41%，区级财政收入达到39.78亿元，年均增长18.67%。现代服务业和现代商业税收占全区税收的比重分别为32%和18%。

整治违法排污企业保障群众健康环保专项行动继续开展

年内，由区环保局牵头，会同区发改委、经委、监委、工商分局、安监局、司法局等6个部门开展为期4个月的“整治违法排污企业保障群众健康环保专项行动”。共排查企业259户，其中群众反映强烈的油烟、扬尘、噪声等污染企业37户，工业园区生产性企业98户，建设项目违法企业124户。取缔无证无照企业11户，按环保要求治理整改企业13户，立案整治违反环保“三同时”制度企业2户。

道路与管线施工扬尘开展专项执法检查

8月，区环保局会同区建委、区市政署和区城管大队，联合开展对道路与管线施工扬尘污染专项执法检查。此次检查，由东向西覆盖全区道路开挖与管线施工所有建筑工地，主要检查施工企业新建和大修道路工程密闭围挡、预拌砂浆、露天搅拌、积土清除、物料尘埃及施工防尘措施、作业台账等。从检查情况看，建筑工地扬尘控制整体状况良好，但检查中也发现个别施工企业扬尘控制措施落实不到位，扬尘污染控制有制度但不执行，执法人员对“问题企业”和“问题工程”提出整改意见，要求限期整改；对一些措施得当，效果明显的施工单位，及时总结经验，向全区推广。

区十一五环境规划编制完成

2006年10月，区政府组织有关部门编制《长宁区十一五环境规划》。至年底，完成了编制任务。该《规划》的主要内容包括十一五环境规划的指导思想、环境总体目标、环境质量指标、主要污染物总量控制指标、工业污染治理指标、环境建设指标、具体措施等七个方面。

第三轮“环保三年行动计划”全面实施成效显著

第三轮环保三年行动计划，市、区两级共31项目，区政府作为第一责任的有24项，其中建设项目17项，管理项目7项。区环保局积极履行牵头协调推进职能，年内不仅如期完成三年行动计划编制工作和年度工作目标任务划分，而且进一步完善推进机制，加强重点项目督查。17项建设项目已启动15项，启动率88.23%，开工7项；7个管理项目已全部启动，其中部分项目完成50%以上。

第三轮三年行动计划实施后成效显著，主要体现在四个方面:一是水环境质量有所改善。11月份监测数据显示，严重黑臭类河道已减少到4条，同比减少3条，列入市级考核的2条河道新泾港、周家浜三个段面水质标识指数分别为6.43、6.03、6.23达到5类标准和三年计划指标；全区27条河道达标率为29.6%，同比增加2条；二是降尘量稳定控制。扬尘污染控制范围扩大，由中环线内扩大到外环线，在全区近100个建筑工地开工的情况下，区域降尘稳定控制在月均每平方公里9吨以内，在中心城区名列前茅；三是烟尘、二氧化硫污染总量得到控制。列入计划的13台燃煤炉改造任务提前于10月底完成，二氧化硫和烟尘总量分别削减105吨／年和27.7吨／年，完成三年总目标的77%和90%；四是绿化生态建设进展顺利。外环线400米林带已建成5万平方米，占三年总计划的13%；5块大型公共绿地建设，其中的1块已完成40%，另2块年底已开工建设。

“生态型社区”建设得到市环保局有关部门的肯定

10月26日上午，市环保局有关部门领导到长宁区就“生态型社区”建设工作进行调研。在听取区环保局关于程桥街道和新泾镇计划创建生态社区方案后，他们认为，本市将在2010年上海举办世博会之际建成生态城市基本框架，长宁区于2001年至2003年开展生态型社区创建试点工作，2004年市环保局批准程桥街道为本市首家“上海市生态型文明社区试点示范单位”，具有创新性和示范性，不仅对长宁区而且对全市城区建设产生一定的积极影响。近年来，长宁区不断加大生态型社区建设步伐，探索中心城区建设生态型社区的新模式。在污染源头控制、网格化管理、环保专项执法行动、环保绿色创建方面取得了一定的成效。他们同时建议：长宁在创生态型社区试点示范工作中坚持连续性，把生态型社区建议与环境规划紧密结合：一是要有创新型思路，在中心城区如何建设生态型社区探索一条新模式；二是要确定科学的指标体系，细化、完善生态建设指标；三是要积极依靠社会公众的资源和力量，进一步巩固升华生态型试点示范工作的做法和成果，充分发动群众参与；四是要有生态特色和亮点，注重学习外省和兄弟区县的经验，使“生态型社区”成为创建国家环保模范城区的特色和亮点。

污染源调查全面开展

9～11月，由区环保局牵头，区建委、区房地局、区市容局、区城管大队以及各街道（镇）共同参与的环境污染源调查工作启动。此次污染源调查，按生产、经营所产生的污染源种类和行业为单位，覆盖了所有涉及污染物产生的生产性或非生产性企业、工地、场所、堆场及相关门店，共14大类38项，是历年来规模最大、范围最广、种类最全的一次环境调查。通过调查核实、分类统计，将全区污染源分布情况录入数据库，从而形成全区污染源种类和污染源行业管理数据库，为区环境管理和城区网格化管理奠定基础。

区环保局开展燃煤设施、餐饮业执法检查

9月26日，区环保局对年内创建“无燃煤街道”的周家桥街道进行燃煤设施检查，抽查了纺织机械总厂以及天霞浴室。检查发现周家桥街道燃煤锅炉已经全部拆除或停炉，创建工作已进入收尾阶段，各项验收资料正在有序整理之中。

随后，区环保局对华阳路、仙霞新村、新华路、天山路街道的餐饮业进行突击检查，共检查了近20家餐饮企业，大部分餐饮单位环保设施运转情况正常，并定期保养维护。但少数几家单位环保设施不全或不能正常运转，执法人员当场向该单位负责人发出“约见通知书”，责令其整改。

公共绿地面积新增13.76万平方米

2006年，长宁区新辟公共绿地13.76万平方米，完成3300平方米的安顺绿地建设，实现长宁区消除500米服务半径盲点的目标；完成破墙透绿1045平方米，屋顶绿化3045平方米。至年底，全区绿化覆盖率达到30.12%。人均公共绿地面积6.35平方米。

年内，完成迎“峰会”绿化整治工作，绿地景点整治面积1.66万平方米、绿化整治面积12.38万平方米、行道树整治3287株。在公园、大绿地门口安装15块便民信息告示牌。

申报新增古树8株，新增古树后续资源9株；对92株古树、23株后续资源古树全部签订养护责任书。

市容环卫实施网格化管理凸显成效

年内，通过环卫管理、市容景观2个网格化处置终端，将区城管指挥中心下达的指令及时传达到各个处置单位，相关单位按流程和时限要求，及时处理各种事件、部件。2个处置终端工作运行有序，处理率达到99.8%，市民满意率达到98%。

2006年,区市容环逐步建立规范化作业制度,生活垃圾做到“日产日清”、现扒现装“三同时、一手清”以及垃圾车辆实行密封化运输标准；通过开展车辆添美活动，控制运渣、运浆车辆的飞扬散落和污水滴漏，严禁脏车和缺损变形车上路；新增11938户居民实施生活垃圾分类收集， 25条道路实行生活垃圾上门收集，道路两侧的暴露垃圾和60个居住小区建筑装修垃圾24小时清运。

全年共处置渣土泥浆200.73万吨、建筑垃圾94207.24吨、餐厨垃圾12890吨，回收白色污染盒袋2933.9万只。

通过推广新型保洁法，调整作业班次，规范作业方式，实行10条主干道机扫冲洗两班制运作，景观道路机扫覆盖率达100%，其余道路达70%，区内200条（段）中小道路的路面机扫和清洗、人行道的冲洗每三天不少于一次；虹桥开发区、中山公园商圈、古北新区内8个500平方米以上的公共广场达到“席地而坐”标准；加强垃圾箱房保洁，有进排水的垃圾箱房做到每天冲洗一次，无进排水的垃圾箱房每两天用水冲洗一次，夏季增加冲洗次数，有进排水的每天冲洗两次，无进排水的每天冲洗一次，减少异味扰民。

道路景观及灯光建设上新水平

年内，在巩固已建19条25段“十路十景”成果的基础上，全区完成13条15段景观道路建设工程。整个工程包括题为“童趣”、“童心”、“飞天”、“雨中情”、“陶醉”等艺术小品的景点建设17处、灯光建设41项、业态调整22处、店面形态调整802家、绿化增补3172平方米、围墙美化5238平方米、建筑物外立面粉刷及清洗60960平方米、弄口建设116处、平改坡施工88幢。在完成景观道路建设的同时，还在重点区域开展节日灯光布景工作：

完成世贸商城、虹桥宾馆、银河宾馆、扬子江大酒店和中山公园地区城宁花苑等13栋楼宇灯光建设；新建虹许路灯光雕塑小品及两侧动静态照明；新装虹桥路草坪灯和泛光灯1000只，修复两侧景观灯150只；完成“数字长宁”雕塑灯光增补和周边绿化的泛光照明。

两条生态型景观道路初步建成

在福泉路（金浜路—新渔路）和仙霞路（淞虹路—福泉路）两条生态型道路建设中，在道路周边，利用现有水环境资源 ，突出“魅力水源”，打造“休闲与健康”的和谐社区。在陆家浜建造“桃花胜景”、略有延伸的亲水平台、滨河休闲广场；午潮港因河畔有为数较多的别墅群，定位为“休闲河滨”、现代风格休闲住宅区；周家浜、新渔浦予以美化护栏、设置灯光，打造休闲美丽岸景和灯光夜景。在景观建设中调整商业业态，引进一些“老字号”的名特优商店，对集中的商业区（如仙霞西路丁字路口）进行集中改造，以提升景观道路的形态水平。

“三类区域”创建任务圆满完成

2006年，根据市政府《关于本市加强市容环境综合管理工作的方案》文件精神，区市容环卫局结合国际合作峰会市容保障工作任务，开展市容环境示范区域、规范区域、达标区域“三类区域”创建并实施“速建”行动，对新华、虹桥、新泾3个街镇提前进行设计与评审，对延安西路、虹桥路进行集中整治，以灯光建设、绿化布置为重点，打造一批市容景观新亮点。峰会后，新华、虹桥建成市容环境示范和规范区域、新泾建成市容环境达标区域，完成总面积9.73平方公里的创建任务。创建过程中立面整修8638平方米，立面粉刷288231平方米，电线杆粉刷4098平方米,小区弄口改造134处，店招店牌改造767处，卷帘门更换335处。

环境宣传教育工作着重做好“三抓”

2006年环境宣传工作主要着重在3个方面：第一抓环保信息报道。除按时编发“创模动态”外，还增编每月一期“环保信息”简报，使环保宣传更加全面，在更大范围得到传播。1～11月，环保信息被市环保局和区委情况(动态)、区府信息采用近90篇；被市、区报刊采用报道稿件49篇。第二抓“6·5”世界环境日宣传。以纪念“6·5”世界环境日宣传为契机，开展系列化宣传活动：在长宁时报出版“6·5”宣传专版；在区有线电视台《社区万花筒》栏目录播“我心目中的绿色家园”专题节目；6月3日在中山公园广场举行长宁区“6·5”世界环境日纪念大会。市环保局领导、区四套领导班子成员以及三年行动计划领导小组成员和社会各界环保志愿者千余人参加纪念活动。第三抓群众性宣传活动。主要是通过组织开展与居民关系密切、群众直接参与、直接受益的绿色单位、绿色小区、绿色学校、安静居住小区、生态型社区等创建活动。

“绿色家园”环保教育论文与教学案例评选揭晓

8月13日，长宁区环境教育协调委员会（区环保局、区教育局等组成）在区少科站举行“国际大都市建设中，绿色家园教育系列课程的设计与实施研究”研讨会暨“绿色家园”教育论文与教学案例评选总结表彰会。

“绿色家园”教育是长宁区的特色教育项目，自20世纪80年代初在区域范围内开展以来，取得了良好成效。2003年，课题《国际化大都市建设中，绿色家园教育系列课程的设计与实施研究》被立项为国家级项目，这是长宁区的首项国家级课题。

此次评选活动由区环境教育协调委员会主办，区教育学院和区少科站承办。评选内容和范围包括2003年以来，全区中小学教师围绕“绿色家园”教育撰写的论文或教学案例。评审组共收到参评论文73篇，教案62篇，最终评出论文类一等奖6篇、二等奖16篇、三等奖17篇，教案类一等奖2篇、二等奖11篇、三等奖14篇。

人大代表政协委员意见提案和环保信访受理

2006年，区环保局共受理环境投诉517件，受理率为100%，与上年同期相比，环保投诉减少0.5%。同时，受理人大代表、政协委员意见提案主办件1件，协办件4件，复查2003年以来意见提案21件，受理率、满意率均为100%。

区环保绿色创建交流文艺汇演成功举办

9月22日，来自各街道（镇）一百多个环保绿色小区、单位的代表欢聚在区少科站会议大厅，举行“长宁区环保绿色创建交流文艺汇演”，群众自编、自导、自演，用歌声、舞蹈、曲艺、演讲等形式交流环保绿色创建、建设绿色家园的亲身经历，寓意深刻、形象生动。这次汇演由区环保局、周桥、天山、虹桥街道办事处、区少科站共同主办。周桥街道办事处社区文艺团队的表演；天山街道环保家庭知识竞赛，获奖者的现场感言、家庭节约和废物利用演示；虹桥街道绿色小区（荣华居委）外籍代表表演的环保节目，虹储小区代表演讲的节电事例以及现场观众环保知识问答等使整个活动沉浸在浓浓的绿色旋律之中。

区妇联、区科委、各街、镇环保分管领导应邀参加了活动。

普陀区

区域经济平稳健康发展

2006年，普陀区以积极推进产业结构调整，区域经济平稳健康发展。全年实现增加值82.50亿元，同比增长10.70%；按新口径统计，完成财政总收入83.92亿元，同比增长2.50%，其中，完成区级财政收入35.02亿元，同比增长1.53%；引进内资项目1684个，注册资金61.16亿元；引进外资项目70个，合同外资2.50亿美元。现代服务业发展进一步加快。商业业态调整和能级提升取得成效。工业扶优汰劣工作进一步加强。房地产开发结构不断优化，土地供应进一步向现代服务业的载体和项目建设倾斜。以现代服务业为主体的第三产业增加值比重达到65.30%。

普陀区“6·5”世界环境日宣传会场

环保投入再创新高

普陀区委、区政府高度重视环境保护工作，在经济快速发展的同时，加大环境保护和环境建设力度，全年投入环保资金6.17亿元,比上年的4.07亿元有大幅度增长。

污染源控制合计完成投资6138.63万元，占环保总投资的9.95%。其中，废水治理1903.7万元；废气治理307万元；固体废物治理75万元；噪声治理18万元；其他治理2533.93万元。

城市环境基础设施建设合计完成投资49015.636万元，占环保总投资的79.46%。其中，污水收集处理工程7716.886万元；燃气工程和清洁能源替代256万元；集中供热工程100万元；园林绿化17102万元；河道整治工程9440.75万元；垃圾收集处理14400万元。

环境管理能力建设合计完成投资800万元，占环保总投资的1.30%。其中，环境管理270万元；环境监测230万元；环境监察260万元；环科所40万元。

环保设施运转费5730.787万元，占环保总投资的9.29%，全部用于生活垃圾、污水处理厂、危险废物处置厂运转。

国务院《决定》得到认真贯彻落实

2006年，普陀区以全面推进第三轮环保三年行动计划实施为抓手，认真贯彻落实国务院《决定》。年初，区委、区政府召开区环保三年行动计划暨扬尘污染控制大会，将新一轮区环保三年行动计划各项目标任务以责任制的形式分解、下达到各职能部门和街道、镇。区政府把环保重点工作列为督办项目。区人大将区环保三年行动计划的实施列为城建环保监督工作的重点，并听取区环保局关于《中华人民共和国环境保护法》执法检查后实施整改情况的专题汇报。全区形成党委领导、人大监督、政府负责、环保部门统一监管、有关部门分工负责、新闻媒体舆论监督、全社会积极参与的环境保护新机制。

2月20日，区环保局颁发了《普陀区2006年扬尘污染防治工作计划》（普环保[2006]9号），全面阐述了区域扬尘污染防治工作的指导思想、目标任务、部门职责任务及工作要求。同时颁布了《普陀区扬尘污染控制街道、镇考核指标》。

2月24日，区人民政府颁发了《普陀区人民政府办公室关于转发区环境保护和环境建设协调推进委员会普陀区2006年～2008年环境保护和环境建设三年行动计划的通知》（普府办[2006]8号），全面阐述了新一轮环保三年行动计划的指导思想、基本原则、总体目标和任务，确定了重点领域行动目标、措施及保障措施。

7月18日，区人民政府颁发了《普陀区人民政府办公室关于转发区环保局等九部门<普陀区2006年整治违法排污企业保障群众健康环保专项行动工作方案>的通知》（普府办[2006]22号），确定了专项行动的组织机构、整治重点、工作要求及主要措施。

环境保护“十一五”规划编制全面完成

根据科学发展观、科教兴市、构建和谐社会的指导思想和上海市环境保护和环境建设的总体目标，结合区国民经济和社会发展“十一五”规划纲要，精心编制了《普陀区环境保护“十一五”规划（2006年～2020年）》。总体目标为：到2008年，环境质量目标为地表水环境质量功能区达标率为60%，全年环境空气质量指数（API）达到和优于二级的天数约占全年的75%，主要环境空气质量指标达到国家二级标准。环保行动目标为：区重点环保监管企业污染物稳定达标排放；工业区污水集中处理率达到100%；全面建成“基本无燃煤区”，扬尘重点整治区域裸土覆盖率达到100%；医疗废物集中处置率达到100%。到2010年，环境质量目标为：力争地表水环境功能区达标率达到90%，全年环境空气质量指数达到和优于二级的天数占全年的80%以上，主要环境空气质量指标达到国家二级标准；环保行动目标为：建成20平方公里“无燃煤区”，巩固扬尘重点整治区域裸土100%覆盖率成果。2020年，全区在建成生态型城区基础上，产业结构进一步优化，环境质量全面提升。

为达到上述目标，普陀区将通过提高污水收集率和处理率，显著改善水环境质量；深化大气重点污染源治理，全面整治扬尘污染，继续控制煤烟型污染；提高固体废弃物减量化和资源化水平，切实保证无害化处置；全面建设工业区环境基础设施，确保污染得到有效治理；提高绿化覆盖率，推进生态型城区框架体系建设。

43项年度环保项目全面启动

2006年，区政府通过区环境保护和环境建设协调推进委员会及其运行机制这个平台，充分发挥领导指挥、沟通协调、检查督促、跟踪评估、责任追究等作用，调动各方面积极因素，扎实推进第三轮区环保三年行动计划的实施。在各方面共同努力下，第三轮区环保三年行动计划总体进展顺利，年度43个项目全部启动。

桃浦工业区环境质量有效改善

年内，普陀区以重污染企业产业、产品结构调整为抓手，继续推进桃浦工业区从化工区向都市型工业园区的转变。一是进一步深化治理，天光化工厂、染化八厂等15家企业完成第三轮环保三年行动计划年度工作任务；二是进一步优化结构，新深服饰有限公司、裕浩轮胎有限公司完成搬迁，化轻公司武威路供应站实施搬迁准备工作，三维制药有限公司落实产品结构调整方案；三是进一步加强执法监管，全年共出动环境执法人员1038人次，对桃浦地区62家污染企业和西北物流园区进行全面检查。桃浦工业区环境质量进一步改善。

扬尘污染防治工作大力推进

由于轨道交通建设和房地产业的发展，区域扬尘污染控制工作任务艰巨。针对这一状况，普陀区以区扬尘防治工作推进办公室为平台，以《普陀区贯彻<上海市扬尘污染防治管理办法>实施方案》和《普陀区扬尘污染防治工作联合执法方案》为指导，以街道、镇为责任主体和牵头单位，区各有关职能部门管理、执法、监督到位，形成条块结合、全面推进的工作格局。定期召开联络员会议，建立月报工作制度，各职能部门扬尘污染投诉电话全部上网公布。各部门加强沟通合作，组织18次扬尘联合执法，区域扬尘污染控制工作逐步走上法制化、规范化轨道。

年内开展全区9个街道、镇198条道路、153个工地和企事业单位的扬尘污染源调查，共核实、发现扬尘污染源和扬尘污染隐患262个点位，基本摸清区域扬尘污染源和扬尘污染隐患的相关情况，为进一步制订区扬尘污染控制方案、加强长效管理积累科学的基础资料。

区环保局对22家堆场进行专项检查，并督促其中14家进行整改，对5家进行行政处罚。完成长风、甘泉首批市级“扬尘防治模范街道”和曹杨、石泉、长寿、宜川4个“扬尘污染控制街道”创建，并通过市级验收。

全区扬尘污染控制工作有序推进并初见成效，与2005年相比，2006年区域降尘下降2.1吨/月·平方公里，降幅为15.2%。

机动车、货运车环保标志有序发放

为有效改善中心城区大气环境质量，保障广大市民的身体健康，根据《上海市人民政府关于对高污染车辆实施限制通行措施的通告》要求，2～3月，区公安交警支队、区环保局在全区范围内积极开展“机动车辆、货运车环保标志”的申领、发放工作。区内共设3个发放点，其中第44检测站是上海市唯一承担悬挂外省市号牌车辆鉴别工作的检测鉴别点。全区共有1.5余万辆本市车辆、457辆外地车辆领取环保标志。

清洁能源替代和“无燃煤街道”创建顺利完成

年内，完成合众汽车零部件厂1台、建滔化工绝缘有限公司1台、绿苑淀粉有限公司2台、同济医院3台、三维制药有限公司2台，共9台燃煤锅炉的清洁能源替代和拔点工作。全年减少用煤量1万吨，削减烟尘排放10.5吨、二氧化硫排放200吨。开展曹杨新村街道“无燃煤街道”创建，多次进行联合执法，取缔40余只燃煤炉具。11月27日，曹杨新村街道“无燃煤街道”创建工作通过市级验收，成为全区继甘泉、宜川后第三个“无燃煤街道”。

固体废物处置与利用力度继续加大

以危险废物管理为重点，以减量化、无害化、资源化为目标，全面加强基础工作，大力开展固体废物专项整治。严格实行危险废物管理有关制度，推行危险废物全过程监督管理。加强对医院、高校危险废物的管理。

年内，对全区17家公办医院、3家民办医院、各高校实验室进行专项执法检查。各医院、高校都能按照环保和卫生等职能部门要求，对污染物实施规范管理和处置。加强感光材料废液、废矿物油管理。对照相馆等57家感光材料废物产生单位、汽修行业等105家矿物油产生单位进行专项检查，并督促限期整改。区域内感光材料废液、废矿物油规范处置率分别达到70%和95%。

绿化建设指标全面完成

2006年，普陀区抓住新一轮绿化发展机遇，坚持发展，完善管理，全面提升，不断创新，荣获2006年度“白玉兰杯”绿化林业竞赛绿化城区组优胜奖。

在桃浦的新槎河以东、真南路至沪宁铁路之间实施了7.39公顷的生态专项建设，新建中环线配套公共绿地6公顷；建成万里小区新村路以北中心绿地1.5公顷、曹安路真光路东南角百联广场6500多平方米等大型公共绿地；建设了大渡河路、常和路、武威路沿线等39块零星绿地。同时，建成苏州河岸白玉路到曹杨路桥、普陀公园至光新路口以及长风生态商务区2号地块等三段景观岸线。完成公共绿地建设20公顷。此外在富水路、芝川路、金达路、金迈路等10条道路种植行道树1179株，全面完成年度绿化建设指标。

截止到2006年底，全区绿化覆盖率20.81%，人均绿地11.7平方米，人均公共绿地5.15平方米。

市容环境实事工程有新进展

2006年，完成了粪便预处理厂改造工程，重新进行了物流组织，全区每天600吨粪便全部进入预处理厂处理，原朱家湾粪便码头正式拆除。800吨生化处理厂一体化厂房设计和办公用房建设已完成，进入设备采购阶段。春节前将完成一体化厂房的钢结构施工。年内新建垃圾压缩站7座、小型废弃物中转站已竣工；新建公厕7座，改建7座；改建垃圾箱125座；改建倒粪站小便池11座。

环卫便民服务措施有新突破

年内，普陀区共投入资金943万元，新建、改建公厕14座，购置废物箱1800只，改造压缩式集装箱100个，制作公厕导向牌400块，有效改善周边市容环境。同时配置76辆小型保洁车，对6万平方米道路实行飞行保洁法，切实提高道路保洁质量。

苏州河景观走廊精心打造

2006年，区加大对苏州河防汛墙的改建力度，完成光新路至规划镇坪路353米、规划镇坪路至普陀公园348米新湖明珠城景观岸线建设。完成曹杨路东侧匝道至白玉路460米防汛墙、中江路至大渡河路桥460米防汛墙改造任务，4段防汛墙总长1.67公里。至年底，区域内苏州河21公里的景观岸线已建成三分之一。

建设项目审批监管进一步规范

区贯彻“预防为主”方针，严格控制不符合国家产业政策、不符合城市发展总体规划、不符合环境功能区划、污染物不能稳定达标、达不到总量控制要求的项目。对建设项目的选址、生产工艺、对环境影响程度、采取污染防治对策等方面进行科学论证，从环评文件审批和“三同时”验收两大关口着手，加强污染源头控制。根据《中华人民共和国行政许可法》的有关规定，进一步缩短建设项目审批时限，提高工作效率，为基层、企业和经营者提供优质服务。

2006年，共审批建设项目823项，其中环境影响报告表（书）437项，环境影响登记表232项，竣工验收80项，试生产74项。为加强建设项目中后期管理，区环保局共出动453人次，对已竣工的180家单位进行跟踪监察，对7家未规范执行建设项目有关规定的企业依法严肃处理并督促整改。

区域环境执法监管力度进一步强化

普陀区以“整治违法排污企业保障群众健康环保专项行动”为主线，进一步加大执法监查频次，加大对违法单位的打击力度，区域环境执法氛围进一步增强。

年内，对区域内20家医院、4所高校实验室、80家重点工业企业开展“严防环境污染事故环境安全大检查”；对苏州河支流28条主要河道两岸和李子园村、西北物流园区等重点地区进行专项执法检查，并督促30家企业封堵河道排放口；对长征、星云、新杨、未来岛4个工业园区及园区内63家企业开展环境集中整治；对直排河道沿岸排污企业、建设项目环境违法问题集中进行整治。开展了100家餐饮单位、10家大型超市、废矿物油、感光材料、医院医疗废物、工艺废气专项检查；开展了烟囱冒黑烟专项检查，杜绝烟囱冒黑烟现象。完成了上海合作组织峰会期间的各项环境监察工作，确保了区域环境安全。

四起环境突发事件得到及时妥善处置

2006年，启动《普陀区环境污染事故应急处置预案》，及时处置四起环境突发事件。3月6日，区环保局接到举报后，及时处置白玉路583弄下水道硫化氢气体外溢事件，保障周边居民生命安全。4月28日，接到上海革新电机厂有关中山北路3260号曾有放射源的情况报告后，区环保局及时联系上海市辐射环境监督站赶赴现场进行监测，最终未发现放射性异常。6月8日，成功处置常德路1226弄下水道硫化氢等气体溢出突发事件，为周边居民提供良好生活环境。9月28日，区环保局采取积极、妥当的措施，帮助一废旧物资回收利用公司及时处置一只装有900公斤氯气的钢瓶，使这一重大环境安全隐患得到及时消除，保障区域环境安全。

区环保局还积极督促区域内各企业制订应急预案，并将包括106家企业的《上海市普陀区环境污染事故应急处置预案》汇编成册。包括上海铬黄颜料公司等企业开展应急演练，企业应对环境污染事故能力得到有效提高。

环境监测能力着力提高

在完善《质量手册》、《程序文件》、《操作规范》等一系列规章制度的基础上，区域环境监测规范化进一步得到落实。区环境监测站将第三轮区环保三年行动计划作为监测工作的重点，将中小河道整治、区域降尘分析、桃浦工业区环境综合治理和信访投诉等作为监测工作的热点。全年共出动环境监测执法人员3万余人次，获得各类监测数据20277个，为区域环境质量提供科学数据，也为区域环境决策和环境管理提供科学依据。5月19日，普陀区环境监测站获“红5月上海市环境监测系统技能大比武”一等奖。

市容环境建设和管理有序推进

积极做好区城市网格化管理中心的建设和日常管理维护工作，区城市管理网格化中心于9月5日正式成立并运作。三类区域创建中，万里示范区域、甘泉规范区域、桃浦达标区域和石泉达标区域均通过市考核验收，在上海市率先实现“市容环境达标街道、镇”全覆盖。两线、三桥的灯光景观建设加紧推进。在甘泉街道试点开展以落实综合责任制为目标的“文明在手中，垃圾不落地”活动，全面试行垃圾上门收集，全区有54条路段沿街商店推进垃圾上门收集工作，全区综合门责签约率100%，履约率达到90%以上。

“安静居住小区”和“环境噪声达标街镇”创建成功

区环保局联合各街道、镇，以创建工作为抓手，大力开展噪声污染控制工作。一是开展“环境噪声达标街镇”巩固工作，完成对全区噪声固定源情况的调查摸底，梳理、解决一批群众关注的噪声热点、难点问题；二是深入开展桃浦镇白丽苑“安静居住小区”创建和甘泉路街道子长小区“安静居住小区”复验工作。11月29日，白丽苑“安静居住小区”创建工作通过市级验收，成为区内第6个“安静居住小区”；三是继续依法规范建筑工地夜间施工审批，加强现场检查和核实，严格夜间施工审批和监督，共审批建筑工地夜间施工351户，计3546个夜间，继续做好项目审批网上公布工作。

“树环保理念，创绿色工地”竞赛活动率先开展

5月，普陀区在全市率先开展“树环保理念，创绿色工地”竞赛活动，得到广大建筑施工单位的大力支持。全区共有52个大中型建筑施工单位报名参加竞赛活动，并按照参赛要求，加强工地环境管理，接受区有关部门检查考核。通过参赛单位自评和竞赛活动评委会现场考核，并经网上公示，浙江舜杰建筑集团股份有限公司、上海市第一建筑有限公司、浙江中成建工集团有限公司、广厦建设集团有限责任公司、上海隧道工程股份有限公司、江苏弘盛建设工程集团有限公司等6家单位获得2006年度普陀区“树环保理念，创绿色工地”竞赛活动优胜单位称号，朱伟泉等9人获得优秀组织者称号。竞赛活动对提高区内建筑工地环境保护管理的整体水平，为区域环境质量的提高，特别是为“扬尘污染控制街道”创建打下扎实基础。

“6·5”世界环境日等宣传活动隆重举行

区环保局围绕实施区环保三年行动计划等重点工作，加大环境宣传力度，强化环境宣传、公众参与和社会监督，弘扬绿色文明，积极倡导健康的社区环境文化。6月5日，在梅川路休闲街中心广场举行以“倡导循环经济，创建环境友好型社会”为主题的世界环境日宣传活动。市环保局、区四套班子和有关委办局，街道、镇的领导，重点企事业单位领导、环保干部、社区居民、环保专家、学校师生和环保志愿者等社会各界人士参加活动。会议表彰了地方天园等15个“环保绿色小区”、晋元中学等6所“绿色学校”、陈俊学等首批10名优秀环保教师、生态型社区真光“绿色家园”和环境友好型社会创建活动先进企业上海印钞厂,并为区绿色和谐环保志愿者队伍授旗；开展环保投诉、健康知识、法律知识等咨询服务，发送各类宣传资料,起到良好的社会宣传效应。

爱绿护绿意识深入人心

3月10日，区四套班子领导及市民等400多人参加了在长风现代商务区2A地块举行的以“绿色人生，绿色守望”为主题的全民义务植树活动，植树地块面积约4500平方米。3月12日，区绿化部门在长风公园2号门开展了绿化集中宣传活动，现场组织了绿化咨询、家庭养花展示、文艺表演、猜谜等广大市民喜闻乐见的活动。各街道、镇结合自身特点，在辖区内的公园或人流较多的广场设点进行绿化宣传。同时，普陀区充分发挥街道、镇社区分所的作用，开展楼道绿化、掌上盆景等“绿化知识进社区”活动，直接参与人数15370余人次。通过传统与创新有效的绿化宣传活动，爱绿护绿意识更为深入人心。

第十四届世界水日宣传活动隆重开展

3月22日，区水务局在真如港兰田路桥附近设立宣传点，开展纪念第十四届“世界水日”和第十九届“中国水周”宣传活动，展出反映区水环境治理成果的宣传展板30余幅、真如港沿河居委会自行创作的以爱河护河为主题的黑板报10余块。整个宣传活动，共向有关部门、街道、镇及朝阳小学、梅陇中学护河队等单位和市民发放上海水务《世界水日》宣传专刊1000份，宣传画50套100张。在主要河道悬挂宣传横幅20余条，并组织石泉河道保洁服务社，长征、桃浦水利排灌管理站，普环实业公司四分公司河道保洁队开展为期一周的河道保洁检查评比。

环境污染扰民问题及时解决

坚持以人为本，充分发挥“环保110”作用，切实解决关系群众切身利益的环境问题，不断满足群众对环境安全和环境质量的需求。年内，普陀区共办理区人大代表书面意见3件，办复率、办理态度满意率、办理结果满意率均为100%。处理环境污染投诉900件，接待居民3083人次，其中噪声污染投诉497件、大气污染投诉177件、油烟气污染投诉130件、废水污染投诉30件、新建项目投诉24件、电磁辐射投诉2件、其他类投诉40件。信访投诉热点依然集中在噪声、废气和餐饮业油烟污染上。信访办复率100%，确保一方稳定。

区政府下达贯彻国务院《决定》的意见

10月9日，区人民政府批转国务院《决定》以及市政府贯彻国务院《决定》的实施意见，并下发了《闸北区人民政府关于落实科学发展观切实加强环境保护的意见》（以下简称《意见》），《意见》明确了到2010年区环境保护工作的总体目标；提出了"在全面推进中重治本、在综合治理中重机制、在资金投入上重实效"的原则。《意见》对水环境治理与保护、大气环境治理与保护、固体废弃物治理、工业区污染治理、生态环境建设和工业污染企业搬迁或产业结构调整等领域的环境整治和建设任务作了全面部署。《意见》还要求通过认真执行环境影响评价制度、严格落实污染物排放总量控制制度、加强污染物排放总量动态管理以及加大环境执法力度等措施，进一步加强环境保护工作力度。

中兴路绿地

区域综合经济实力显著增强

2006年，闸北区按照中心城区发展现代服务业的要求，大力培育新兴产业，不断置换地段产业，逐步淘汰劣势企业，初步形成了以交通商务服务业为核心，商贸流通服务业、房地产业和生产性服务业为支撑，具有现代服务业特征的四个重点产业。

全年完成增加值72.45亿元，实现区级财政收入26.66亿元，其中四个重点产业实现区级税收18.53亿元，占区级财政收入比重的69.5%。

年环保投入资金达2.93亿元

2006年全区共完成环境保护投入资金2.93亿元。其中完成市财政投入0.13亿元，区财政投入2.37亿元，其他投入0.43亿元。环境投资，用于执行"三同时"项目0.41亿元，占环保总投入的14.0%；用于污水收集处理工程及园林绿化等城市环境基础设施建设2.05亿元，占环保总投入的70.0%；用于环境管理能力建设0.01亿元，占环保总投入的0.3%；环保设施运转费0.46亿元，占环保总投入的15.7%。

区"十一五"规划总体目标确定

《闸北区环境保护"十一五"规划》开始实施，该规划确定了两阶段环境总体目标。

到2008年，全区地表水环境质量基本达到功能区要求，水环境功能区达标率为80%，重点整治河道水质改善10%；全年空气质量优良率稳定在85%以上，主要环境空气质量指标达到国家二级标准；区级环保重点监管企业污染物稳定达标排放，水环境重点监管企业在线监测设备安装率达到100%；基本实现污水收集管网全覆盖，城镇污水处理率达到75%；全区建成"扬尘污染控制区"，控制区内裸土实现全覆盖；生活垃圾无害化处置率和医疗废物集中处置率达到100%；新增绿化总面积34.8公顷，绿化覆盖率达到20%。

到2010年，全区地表水环境功能区达标率达到100%，重点整治河道水质改善10%；全年空气质量优良率稳定在85%以上，主要环境空气质量指标达到国家二级标准；巩固“扬尘污染控制区”建设成果；城镇污水处理率达到83%；绿化覆盖率达到21%。

第三轮环保三年行动计划任务完成年度计划的82%

2006年，第三轮环保三年行动计划启动实施，列入年度计划共44个项目，年内完成36项，完成率达82%。这些项目的实施，取得显著成果：重点整治河道水质改善率达到了10.6%；完成5台燃煤锅炉清洁能源替代改造扬尘污染控制区的建设，使区域环境空气质量达到和优于二级的天数占总天数的86.8%；新建中环线绿地0.85万平方米，居住区绿地10万平方米，河道沿岸绿化2万平方米，全面完成中兴路绿地一期1.5万平方米的动迁任务。

河道综合整治继续推进

年内，全区拆除河道管理范围内违章搭建300多平方米；清捞水面垃圾800多吨；修复护岸长160米；种植河道绿化2万平方米；疏浚河道淤泥1万多立方米；铺设截污管道800米；从苏州河共调水3000多万立方米。完成苏州河中下游（闸北段）截污纳管工程，走马塘（共和新路—西泗塘）沿线69个污染源，新建检测井69座，日截污量为0.1立方米。采取种植水生植物、机械换水、曝气增氧的方法对中扬湖河道水质进行治理，河道水质明显改善。

5个街道建成扬尘污染控制区

2006年，按照《闸北区创建“扬尘污染控制区”工作方案》要求，在临汾、彭浦新村、大宁、共和新路街道和彭浦镇率先开展 “扬尘污染控制区” 创建，通过广泛宣传，提高了公众的知晓率和参与率。对创建区内各建筑工地等扬尘污染点进行现场指导和检查，督促采取扬尘污染防治措施，形成扬尘污染防治的长效机制。整合市政、城管、环卫等各种行政资源与管理力量，将扬尘污染控制纳入日常性城市管理轨道，道路机扫率和冲洗率分别达到78.5%和65%。建立了街道环保干部、环保协管员现场巡检制度、公布群众监督举报电话，鼓励公众参与。11月，5个街道（镇）通过了市级验收，其中临汾路街道达到优秀标准，创建活动取得明显成效。2006年，环境监测数据显示，全区域降尘量平均为8.8吨／平方公里.月，同比改善9.78%。

污染企业搬迁或产业结构调整进展顺利

列入第三轮环保三年行动计划的达能酸乳酪有限公司、申永烫金材料有限公司、申南纺织有限公司、上海螺钉厂、北益热处理有限公司等5家工业污染企业搬迁或产业结构调整项目全面启动。年内，达能酸乳酪有限公司已完成搬迁，申永烫金材料有限公司正在进行新厂房建设。

绿化面积新增20.7万平方米

全年新建各类绿地20.7万平方米，其中公共绿地14.4万平方米，居住区绿地6.3万平方米。大型公共绿地建设工作继续推进，完成共和新路、芷江路0.3万平方米绿地建设工程，并对外开放；完成市容示范区域（沪太路—广中路—东宝兴路—洛川路）3.4万余平方米的公共绿地、行道树树穴改造任务。全区行道树更换新型树穴盖板2500副，鹅卵石590副，植草砖2600余套，麦冬130副。

至2006年底，全区绿化总面积达489.91万平方米；人均公共绿地面积为2.78平方米，比上年增加0.2平方米；

绿化覆盖率为18.81%，比上年增加0.76%。

处置环境污染事故应急预变正式启动

2006年，区环保局根据市环保局《处置环境污染事故应急预案和区突发公共事件总体应急预案》的要求，在汇总各有关部门意见的基础上，编制了《闸北区处置环境污染事故应急预案》，并上报区政府审定转发。

年内，共接到突发环境污染事故投诉5起，均按照《预案》及时赶赴现场进行了妥善处理，未造成人员伤亡和重大财产损失。

市容环卫管理服务水平不断提高

区市容局结合创建文明城区创建以落实十大便民措施为抓手，全面提高环卫公共服务水平。

一是道路保洁上新水平。全力推进环卫作业机制的转换和制度的创新，推广“4＋1＋1”的重点地区保洁模式， “4”是指创建4个精细道路保洁区域；前一个“1”是指在彭浦镇创建道路保洁机械化区域； 后一个“1”指创建“席地而坐”保洁区域，实施“六位一体”的道路新型保洁法，即机扫， 冲洗， 普扫， 拣扫， 对沿街单位(商店)、居民实行上门收集， 配置满足垃圾投放需求的废物箱，对道路、绿化、环卫设施进行精细保洁。实施精细保洁的道路面积155.445万平方米，占全区道路面积的34.69%。这项工作推广以来，道路暴露垃圾得到有效控制，绿地保洁常态规范，道路路面基本见本色，道路保洁质量明显提高。

二是环卫设施整体提升。对重点保障区域和涉及道路周边的环卫设施进行更新。年内，共改建倒粪站50座，整修垃圾箱房258处，新建公厕4座，改建公厕20座，投放废物箱1275只。

三是固体废弃物管理有新的提高。继续推进餐厨垃圾处置监管。完善了收运台账制度，厨余垃圾收运量月平均达279吨；全区实施垃圾分类收集覆盖率达62.7%，涉及居住小区215个。2006年，全区收运可回收利用垃圾共4100.39吨、大件垃圾84871吨；治理暴露垃圾三级网络责任制度全面建立，全区道路市容面貌明显改观。此外，在重要活动保障期间，暴露垃圾治理机制还延伸到居住小区，实行居住区内装潢垃圾日产日清。

环境信访投诉数量同比减少23%

2006年，区环保局共受理环境信访投诉778件，比上年减少23%，信访处理率为100%。为做好信访工作，落实信访工作责任制，杜绝因环保信访处理不当而引发的不安定因素。通过严格依法行政，作出责令停止生产和罚款的行政处罚决定，并申请法院强制执行，妥善处理了上海新城石业发展有限公司噪声、粉尘扰民联名信访件。

艺康苑社区建成“上海市安静居住小区”

艺康苑小区在区环保局和街道指导下，居委会、居民代表、物业联合成立了创建领导班子，认真策划，积极部署，以建设安静、和谐、温馨的家园为目标，开展创建“安静小区”活动，一方面通过宣传栏、横幅以及发放宣传资料等形式，营造创建氛围，鼓励公众参与，同时开设环保知识讲座，让居民了解噪声对人体健康的危害，增强居民环保意识；另一方面，针对车辆管理、装修工程施工、公用设施管理、家用电器安装使用、宠物饲养、居民娱乐活动等引发噪声的问题制订预防噪声污染规章制度，要求居民自觉遵守和相互提醒。在创建过程中，艺康苑小区投资十余万元对居民楼防盗门进行改造以降低开关门的噪声，“货运车大客车出小区”等措施，使小区噪声显著下降。经艺康苑小区全体居民的共同努力，12月，通过市级验收，成为本区第三个《上海市安静居住小区》。

建设资源节约型社会，从各级政府机关自身做起

3月3日，区委办、区府办转发了机关党工委、文明办、机管局、环保局《关于开展“绿色办公”建设节约型机关活动的实施意见》，在区级机关积极开展建设节约型机关活动。通过组织学习开展大讨论、制作版面展示、举办科普讲座等形式，使广大机关干部，提高了环保、节约资源战略意义的认识。一致认为，建设资源节约型社会必须依靠全社会，各级政府机关应做出大表率，从而增强了紧迫感和责任心。大家积极行动起来，从小事做起，实施“绿色办公”。区政务大楼物业管理部门制定了空调、用电、用水一系列管理制度，干部自觉遵守，取得成效，与上年同期相比，节电2.6%，节水1.2%，节约煤气18.6%。

虹口区

区域经济较快增长，主导产业发展良好

扬尘污染控制区创建工作会

2006年，虹口区完成三级财政收入69.25亿元，同比增长12.77%，其中区级财政收入33.63亿元，同比增长12.07%。完成社会消费品零售总额135.3亿元，同比增长10.9%，为1997年以来最高。新引进内资企业注册资金50.4亿元，利用外商直接投资合同金额6.0亿美元。

航运服务业、知识服务业快速发展，区级税收同比增长分别达到42.4%和32.1%。新引进锐得、罗宾逊两家世界知名第三方物流企业。邮轮经济发展取得新突破，我国首个“邮轮发展实验基地”在虹口设立，美国嘉年华集团“爱兰歌娜”号邮轮以北外滩为母港，正式开通了首个以中国大陆港口为母港的国际邮轮定班航线，成功举办了一系列经贸文化交流活动。创意产业成为新的经济增长点，全区市级创意产业园区有11家、总面积超过16万平方米。绿地阳光园被评为“2006年中国十佳最具投资价值的创意基地”，虹口区被命名为上海市“推进创意产业发展示范区”。数字媒体产业成为知识服务业的新亮点，“上海数字媒体产业园”和“上海数字电视产业园”挂牌。企业创新能力不断加强，全年专利申请达756件，同比增长22.5%。完成大柏树知识创新和服务贸易圈发展规划。商贸旅游文化休闲服务业稳步增长，房地产业结构进一步优化，四大主导产业完成区级税收20亿元，同比增长26.1%，占区级税收比重达74%，同比上升12个百分点。

环保投资总额达4.32亿元

2006年，虹口区环保投入的资金达4.32亿元。其中市财政拨款0.452亿元，占环保总投入的10.5%；区财政拨款2.45余亿元，占环保总投入的56.8%；社会投资1.41亿元，占环保总投入的32.7%。

从投资项目分类来看，污染源控制方面，用于执行“三同时”项目环保投资2524万元，环评经费总额69万元，更新行政机关未达到“国一”标准车辆27辆，环保投入432万元，共计环保投入3025万元，占环保总投入的7%。城市环境基础设施建设方面，污水收集、处理工程环保投入资金32815万元，园林绿化390万元；河道整治工程4400万元，共计环保投入37605万元，占环保总投入的87.1%。环境管理能力建设方面，大气环境自动监测站建设环保投入150万元，区级重点监管企业水污染在线监测环保投入60万元，共计环保投入210万元，占环保总投入的0.5%。环保设施运转方面，生活垃圾、污水处理厂环保投入共计1100万元，占环保总投入的2.5%。另外，西宝兴路环卫污水预处理厂周边环境改造环保投入1248万元，占环保总投入的2.9%。

十一五环境规划总体目标确定

《虹口区“十一五”环境规划》明确提出了本区环境规划总体目标：

到2008年，环境质量目标为：地表水环境质量基本达到功能区要求，水环境功能区达标率为 90 %，重点整治河道水质在2004年基础上改善 5 %；全年环境空气质量指数（API）达到和优于二级的天数约占全年的88%，主要环境空气质量指标达到国家二级标准。

到2008年，环保行动目标为：区重点环保监管企业污染物稳定达标排放；城镇污水处理率达到 80 %，区水环境重点监管企业在线监测设备安装率达到100%；工业污水集中处理率达到100%；全面建成扬尘污染控制区23.48 平方公里，区大气环境重点监管企业在线监测设备安装率达到 100 %，扬尘重点整治区域裸土覆盖率达到 100 %；生活垃圾无害化处置率达到 95 %，医疗废物集中处置率达到100%；绿化覆盖率达到18.9 %。

到2010年，环境质量目标为：地表水环境功能区达标率达到100%，重点整治河道水质在2008年基础上改善5 %；全年环境空气质量指数（API）达到和优于二级的天数约占全年的90%，主要环境空气质量指标达到国家二级标准。

到2010年，环保行动目标为：城镇污水处理率达到 100 %；区大气环境重点监管企业在线监测设备安装率达到 100 %，扬尘重点整治区域裸土覆盖率保持100%；生活垃圾无害化处置率达到 100 %；绿化覆盖率达到 20 %。

第三轮环保三年行动计划年度目标任务顺利完成

2006年，完成俞泾浦、沙泾港骨干河道、沟道疏拓工程，改建俞泾浦（广中路——梦湖苑）防汛墙200米，建设虹口港翻水泵站前期工作，建成南空军械厂电镀废水在线监测。

内环线内10.66平方公里扬尘污染控制达标，出色完成了SO_2减排任务，淘汰低于“国一”标准的财政全额拨款的行政事业单位在用车辆27辆。新建凉城空气自动监测系统，开通市、区二级空气质量信息发布系统。

北外滩绿地瑞丰段开工，完成国客中心绿地规划，开放北外滩滨江绿地置阳段2.6公顷，改造海宁路绿地，整治轨道交通四号线地面绿化4000平方米，新种行道树1000棵。

新建小型生活垃圾压缩收集站6座，搬迁虹口港九龙路生活垃圾码头和启用虹口区生活垃圾中转站。

形成全区环境污染事故应急处置预案，落实辐射污染监管责任和人员，配置泄漏事件应急监测软硬件设施装备。

环境安全大检查全面开展

根据市环保局关于开展本市环境安全大检查的紧急通知精神，区环保局对本区相关企业进行排摸，确定11家单位为本区环境安全重点单位，包括3家化学品仓库、4家直排河道企业、1家有放射源的企业以及3家重点企业。并下发《关于开展本区环境安全大检查的紧急通知》，要求这些单位结合单位实际，修订企业应急预案。

区环保局于1月21～25日对列入检查范围企业，逐一进行环境安全大检查。对照企业上报的《环境突发事件应急预案》，对企业环境管理制度、治污设施和应急处理设施运行、环境污染事故应对措施落实情况等作重点检查。经核查企业落实情况总体良好，对部分企业存有不够完善地方，执法人员提出具体整改要求，企业都积极整改，落实防范措施。

虹口港水系综合整治力度加大

年内，完成虹口港水系三期综合整治工程，包括对梦湖苑、青云路小学、南泗塘等段未达标防汛墙进行改建，对沙泾港进行河道疏浚，对有条件地段辟通6米防汛通道改造，对水系沿岸景观绿化带进行改造等。整个工程费约3200万元。

虹口港水系俞泾浦（四平路桥—市河）、沙泾港（虹口港—市河）进行重点清淤和疏浚整治。其中俞泾浦疏浚淤泥工程量约为6.0069万立方米，费用为480.556万元；沙泾港疏浚淤泥工程量约5.353万立方米，费用约为349.26

万元。

组织实施俞泾浦梦湖苑防汛墙改建工程，改建防汛墙长度253.35米，新建亲水平台195米，疏浚河道长度290米，并对沿线绿化进行改造，工程总投资400万元。完成江湾地区5处污染源点的截污纳管工程，工程投资66.6万元。

一批道路、下水道改建工程完工

2006年，区投资3150万元，实施一批市政道路、下水道改建工程。先后完成安国路（周家嘴路—昆明路）、岳州路（通州路—公平路）、景祥路（西宝兴路—俞泾浦）、海拉尔路（海伦路—通州路）下水道、道路改建工程；物华路（四平路—溧阳路）、新建路（东大名路—东长治路）道路辟通工程。上述工程完工后，改善全区排水状况和路况，在交通排堵保畅中产生效益。

年内，区投资500万元，实施杨树浦路（临潼路—大连路）排水管网及改建工程。该工程共改排管道353米，将原645蛋形管改为新型的DN玻璃钢管，排设DN1200玻璃钢管260米、DN600玻璃钢管93米，同时对路面进行改建，改建道路长度为308米，面积4928平方米，路面由6粗3细沥青砂铺设而成。将两旁人行道改建为彩色人行道，改建人行道1800平方米。该工程列为区政府2006年实事项目。

新汉阳雨水泵站出口箱涵开工

12月，市排水公司和区建交委签订委托建设协议，新汉阳路雨水泵站开工，进行出口箱涵建设。新汉阳雨水泵站位于黄浦江以北，公平路西侧。根据《北外滩地区排水系统专业规划》，服务范围为：西起虹口港，东至大连路—长阳路—海门路—杨树浦路，北起周家嘴路，南至黄浦江，系统面积由原91公顷扩大为202公顷。

环保专项整治活动全面开展

年内，区环保局组织开展一系列环保专项整治行动。

一是开展整治违法排污企业、保障群众健康环保专项行动。成立由分管副区长任组长，区府办副主任、区环保局局长任副组长，区发展改革委、区经委、区建交委、区监察委、区工商分局、区司法局、区安全生产监督局、区市容管理局有关领导参加的区环保专项行动工作小组，对辖区内23家工业企业、16家餐饮酒店、11家医疗单位、主要道路沿线附近区域冒黑烟现象、建设项目环境违法问题、群众投诉热点难点问题等六项重点，开展专项整治内容共出动执法人员41批次、85人次，检查各类单位119户次，对3家违法单位进行处罚。

二是为确保上海合作组织峰会部分活动在虹口区顺利进行，区环保局牵头区建交委、区房地局、区市容局、区绿化局等单位部门，成立“629”环境整治工作小组，制定环境整治工作计划，对11家重点企业，9家餐饮业，4家建筑工地重点监控对象进行排查摸底，确保“629” 峰会期间虹口区烟囱不冒黑烟，重点区域（北外滩地区、内环高架道路两侧）无扬尘、异味等污染现象产生；重点区域建筑工地施工无扰民现象；全区环境无污染事故。

三是集中整治建设项目环境违法行为。对2003年～2004年底前已批复试生产，至今未办理环保竣工验收手续，未落实环保“三同时”，违反环保审批意见的建设项目实施执法检查。共出动180人次，对辖区内74家建设单位进行专项执法检查，对其中2家违法排污企业进行行政处罚。

二氧化硫排放总量年度总量控制目标完成

9月7日上午，市环保局领导与分管副区长分别代表市政府、区政府签订虹口区“十一五”期间二氧化硫总量控制目标责任书，市环保局有关领导、区委副书记出席了签订仪式。区“十一五”期末，二氧化硫排放将控制在2005年水平，为25吨／年；新、改、扩建项目所需二氧化硫总量在内部平衡，不能突破分配总量。

年内，全区通过清洁能源替代、控制燃料的含硫量、节能减排等措施，使工业二氧化硫排放总量达到21吨／年左右，完成年度二氧化硫总量控制目标。

良辰美景小区通过市级安静小区考核验收

11月25日，市“创建安静小区”考核组，对区江湾镇街道良辰美景小区进行现场检查、考评。考核组听取区环保局、街道办事处、物业管理公司，以及居委会创建工作汇报，查阅创建工作资料，审核考核指标，召开部分居民座谈会，发放问卷调查，实地察看良辰美景公寓环境。检查组采用分类打分和综合评比方法，通过综合评议，一致认为良辰美景小区在小区管理、环境绿化、噪声达标等方面符合验收标准。尤其是良辰美景小区在机动车鸣号、夜间摩托车熄火、燃放烟花爆竹、装修、家庭娱乐噪声、宠物饲养噪声，以及周边环境等七大考核指标方面符合要求。问卷调查显示，良辰美景公寓居民知晓率、满意率、参与率均达100%。考核组一致同意良辰美景小区为 “市级安静居住小区”。12月29日，凉城新村街道丽都苑通过2006年“安静居住小区“复查。

机动车尾气排放实施路检

10月27日，虹口区机动车尾气路检工作启动。监测点设置在广中路上匝道口前100米处。区环保局会同虹口交警支队，对过往车辆进行抽检，对机动车排放污染物碳氢化合物、一氧化碳、过氧空气系数等进行监测并登记备案。每日抽检150辆左右，至 11月底，共完成抽检3000辆目标任务。从抽检结果看，大部分车辆污染物排放符合标准，少数贴有“环保标志”车辆的污染物排放不符合标准，对于此类车辆，已要求及时保养、检修。12月底，区环保局会同区机关管理局，对全区政府各部门车辆进行尾气检测，抓好自身车辆管理。

内环区域扬尘污染控制区创建成功

区成立创建工作领导小组，分管副区长任组长，区环保局、区建交委、区房地局、区绿化局、区市容局、区公安分局、各街道等部门为成员单位，领导小组在区环保局设立办公室，负责协调推进，制定《关于开展扬尘污染控制区创建工作的实施意见》。

4月6日召开创建扬尘污染控制区动员大会， 4月6日、5月11日、10月24日召开部门联席会议， 5月25日、11月6日、11月9日召开建筑工地、拆房工地扬尘污染防治专项会议。

区政府采取了一系列切实有效的措施控制内环线内区域扬尘污染，主要从三方面着手。一是紧紧盯住内环线以内的20家建筑工地和39家拆房工地，实施严加布控和专项整治，把住源头。二是提高区内道路的机扫率和主要道路增加冲洗频次，始终保持道路整洁，有效控制道路扬尘。三是加强绿地管理，实现了裸土全覆盖。

在创建过程中，加大建筑工地检查执法力度，处罚案件达315件，处罚金额11.5万元; 做好服务指导，制作《扬尘污染防治方案》、《扬尘污染控制制度》、《工地环境公约》，制作50幅创建宣传横幅，发放2000份宣传画，赠送20套冲洗水枪、水增压泵; 购置迷你型现场粉尘监测仪、便携式降尘监测分析器。

12月5日，虹口区（内环区域）创建扬尘污染控制区通过市考核验收。

绿化建设稳步推进

2006年，区绿化管理局按照“落实，聚焦，突破”的工作主基调，结合迎世博、建设生态型城市的要求，围绕“突出重点、发展两翼”战略目标，坚持绿化发展，推进绿化建设，改善城区生态环境，强化绿化管理，全面提升绿化水平。

年内，新建广纪路、安汾路、新建路等多处公共绿地3万平方米; 完成中环线绿化建设7673平方米;完成轻轨四号线地面绿地805平方米;完成海宁广场绿地改造，新辟专用绿地9.09万平方米，建成屋顶绿化3500平方米。新种行道树1000株并成功推广生态型树穴技术，使用仿木纹树桩及生态型树穴盖板。

11月6日，区政府第31次常务会议审议通过区确定解决挡风、遮阳、影响安全的树木改造方案，首先选择凉城街道为改造工作试点，摸索解决这一问题的规范操作程序，其他小区则在2007年内基本解决。

12月6日，市浦江办、浦东新区政府、虹口区政府联合举行滨江公共绿地建成段开放仪式,北外滩滨江绿地和公共开放空间置阳段正式对社会公众开放。北外滩滨江绿地置阳段东起公平路码头、西至高阳路、南至黄浦江、北至新外滩花苑，占地面积约为2.6万平方米，岸线长度300米，地表绿化由景观、步道和亲水平台构成，地下设有停车库和防汛墙，具有文化休闲、泊车和防汛等多重功能，必要时还可作为国际客运中心备用码头停靠船只。

至2006年底，全区公共绿地面积达142.84万平方米，比上年增长4.1%，全区绿地覆盖率18.7%，人均公共绿地面积1.82平方米，比上年增加0.06平方米。

市政动迁小区改造工作取得突破

2006年，动迁工作取得突破，按时间节点完成轨道交通10号线、河南北路拓宽的动迁任务，积极推进虹镇老街旧区改造地块的动迁，年内，完成居民和单位拆迁5320户，其中动迁居民4795户，单位525户。拆除建筑面积24.9万平方米。发放拆迁许可证14件，延长拆迁许可证54件。

为加快实事项目推进力度，按照“市区联手、政策聚焦、突出重点、分类实施”的原则，全年完成平改坡10.65万平方米；旧小区平改坡综合改造12.59万平方米；旧住房综合整治46万平方米；成套改造近5万平方米；无障碍坡道改造35个。在修缮改造中注重新技术、新材料的运用，完成祥德路143弄轻钢结构“平改坡”屋面系统、海枫小区办公楼整体建筑节能保温改造等试点。

百路优化工程提前一年完成

年内，区市容管理局会同区相关部门、街道，共同完成28条（段）道路的优化工作，超额完成16条（段）目标，自2003年始，实际完成道路优化102条（段），提前一年完成五年100条（段）的道路优化计划。

九龙路生活垃圾码头关闭，生活垃圾压缩中转站正式启用

为了配合北外滩的建设开发，具有70余年历史的九龙路生活垃圾码头，于5月中旬停止使用。8月对外正式宣布码头关闭。九龙路生活垃圾码头关闭后，虹口区市民生活垃圾，由坐落在黄山路53号的垃圾压缩中转站承担压缩外运。

环卫设施不断完善

年内，全区试行垃圾箱房“户口”编码，全年新投放垃圾箱桶1200只，新增废物箱500只，其中大型废物箱200只，新增2辆大型扫路车，道路机扫和冲洗率达70%。新建公厕3座，投放流动公厕2座，大修公厕10座，。在4个街道，采用环保型电瓶车和人力手推车短驳生活垃圾，减少环卫作业扰民。

“三类区域”创建工作继续推进

继续推进市容环卫“三类区域”即示范区域、规范区域、达标区域创建工作。围绕社区环境、立面整治、绿化调整、道路改建、治理脏乱差等内容，完成四川北路街道示范区、凉城、广中街道规范区、乍浦街道达标区的市容环境“三类区域”建设。涉及面积4.05平方公里，道路71条。

城市管理网格化信息系统和实时监控系统建成并投入试运行

按照城市管理“一口受理、一网协同”的要求，实施虹口城市管理网格化“1+X”模式的建设。从9月1日起，

区城市管理网格化和实时监控系统试运行。分别建立中心指挥室和城市管理监督受理中心、指挥处置中心“两个中心”。全区47个管理部门单位设置处置终端，开通15个监督终端。以网格化为基本单位，将全区划分为1029个万米单元网格，100个责任网格，排摸出5大类86种41万多个部件。配备15名工作人员，安排60名在职职工担任网格监督员。在全区安装299个监控探头，设置10个主监控室，1个副监控室，组成区、街道两极平台，在全区实行全方位监控，快速有效处置，使城市管理水平得到进一步提高。

渣土运输车辆实施专项整治

11月～12月，区环保监察支队会同区城管监察大队等相关部门，采用守候伏击、巡查设卡等方式，对区域内渣土运输车辆翻盖破损、车身不洁、扬尘噪声污染、非法“黑车”运输等实施检查治理，重点整治乱偷倒等违规违法行为，共出动车辆15辆次，执法60人次。

环境综合整治有力度

为迎接上海合作组织成员国家峰会举行，区市容管理局会同相关部门、街道，对区域内市容环境卫生进行为期二个月的集中综合整治，整修广告牌2块，拆除广告牌5块，粉刷清洗外墙35327平方米，调整绿化地524平方米，修复人行道板3950平方米，整治更新店招牌1524平方米，拆除亭棚5处，计90平方米。围墙美化1419平方米，雨篷更新224平方米。

3月～10月，专项整治学校周边市容环境，做到三提前：学校上学前提前到岗巡查，放学前提前维护保障，学校周边可预见违章提前介入制止。城管大队联合公安、工商等部门对学校周边乱停车、排档摊等顽疾进行多次集中整治，共教育处理学校周边各类违章6146起，其中乱设摊921起。乱堆物155起，跨门营业254起。

下半年，对夏季乱设摊、西瓜摊、夜排档和非法食品原料窝点等实施专项执法整治。纠正乱设摊9126处，处罚2915起，清除“三乱”495981起，收缴非法小广告800公斤。

7～8月，城管大队开展重点整治建筑工地夜间施工扰民的城管“安静行动”专项整治，对辖区可能发生的夜间违章，进行24小时全天监控，共出动执法队员824人次，执法车辆240辆次，巡查道路223条，处理工地夜间违章施工案件136起，其中简易程序处罚131起，一般程序处罚5起。

“6·5”世界环境日宣传活动主题突出，形式多样

围绕2006年世界环境日主题 “沙漠和荒漠化” 及我国社会活动主题“生态安全与环境友好型社会”，联系虹口区“两翼发展” 实际，重点突出、注重实效、内容丰富、开展贴近市民生活的宣传活动。征订250套“6·5”世界环境日环保系列宣传画，分发到全区10个街道居委会和绿色小区、绿色学校、绿色企业等创建单位。在全区主要道路、社区、高校、政府机关等处悬挂宣传横幅，制作环保宣传画廊在区政府门口展示；与区青少年活动中心联手，开展“友好环境” 征文活动，举办演讲比赛，组织学生制作环境保护作品，参加“2006年‘建设资源节约型、环境友好型社会’学生公益广告设计比赛”和“ITT杯全国中学生水科技发明比赛”；利用媒体、网络，有线台播放环境保护公益广告网络，宣传“6·5” 世界环境日活动；组织题为《我国荒漠化土地的现状和治理》报告会，邀请社区工作人员参加；区环保局与区总工会组织放映三场环境警示教育片《中国生态安全报告》，全区机关干部、社区街道里委干部及中小学生1000余人次观看。

绿化宣传教育活动内容生动活泼

3月9日，虹口区绿化委员会、四川北路街道办事处、虹口区绿化管理局、虹口区园林协会，在四川北路公园广场举行“植树节”绿化宣传咨询活动，四川北路街道社区文化艺术团和区绿化局职工用歌声、琴声和舞姿讴歌祖国的春天，讴歌我们绿色的家园。区绿化局的绿化技术人员还在现场为市民提供家庭养花、植物保护、绿化法规咨询和插花艺术表演、花卉销售服务，受到市民欢迎。

为庆祝中华人民共和国诞生57周年，区绿化委员会组织迎国庆花卉景点上街活动。全区共布置花卉景点21处，花卉122815盆，突出欢乐、祥和、喜庆主题，展现虹口区人民积极向上的精神面貌，营造浓郁节日气氛。

区环保局组织4项环保培训活动

年内，区环保局共组织4次宣传培训。一是举办专题讲座，邀请市环保局法规处有关同志主讲《上海市环境保护条例》；二是由同济大学生命科学与技术学院副教授、区环保局副局长为区人大、区政协、区城建系统、十个街道、环线内建筑工地和拆房工地负责人，以及区环保局的干部职工近150人作题为《空气质量与身体健康》的讲座；三是区环保局领导为上海建工（集团）总公司上海市第二建筑有限公司所属的项目经理上环境保护宣传课；四是组织题为《我国荒漠化土地的现状和治理》报告会，邀请社区工作人员参加。

区环保局召开环保信访工作会议

4月12日，区环保局召开环保信访工作会议。会议传达市环保局环保信访工作会议精神，分析总结2005年度虹口区环保信访工作情况，部署2006年环保信访工作。切实增强做好环境信访工作的责任感和使命感；完善环境信访案件登记、书面告知、转办、交办、督办等制度；重视初信初访办理，坚持信访首问首办负责制，周四领导接待制，重大疑难件领导包案制；强化矛盾排摸和备案，力争从源头上预防和化解环境矛盾和纠纷，提前梳理有可能激化的矛盾隐患，做到重大矛盾“早发现、早介入、早解决”。10月21日，召开“构建和谐社会 做好环保信访工作”专题会议，加大信访处理力度，为民排忧解难。

人大、政协意见提案受理和公众投诉处理

2006年，区环保局共受理人大书面意见5件，政协提案4件，办结率、满意率100%。全年共受理环保信访件1116件/1969人次，其中来电945件，来信111件/925人次，来访39批/78人次，电子邮件21件。投诉热点仍然是建筑工地夜间施工噪声扰民和餐饮业油烟气污染等。

杨浦区

第三轮环保三年行动计划顺利开局

杨浦区扬尘污染集控中心

2月7日，区政府印发《关于印发上海市杨浦区2006年～2008年环境保护和建设三年行动计划的通知》，10日区政府召开实施第三轮环保三年行动计划动员会。

第三轮环保三年行动，全区共38项任务，其中市下达任务11项；区计划任务27项。截止到12月底，在全区各方努力下，市里下达的11项全部启动，项目启动率达100%。市重点工程项目骨干河道沟通和疏浚工程——改造随塘河3.3公里计划于12月初基本完成动拆迁任务，中心城区河道引清调水已完成6400万立方米；区列入2006年计划中确定的27项具体实施项目，计划在2006年启动的项目也已全面启动。

区域经济较快增长

2006年，杨浦区突出“落实、聚集、突破”工作基调，不断深化杨浦知识创新建设内涵，国民经济健康协调发展。全年实现生产总值（GDP）482.3亿元，同比增长10.0%。其中第一产业增加值4.7亿元，同比增长51.5%；第二产业增加值277.4亿元，同比增长8.7%；第三产业增加值200.2亿元，增长11.3%。一、二、三类产业占GDP比重为1.0：57.5：41.5。

环保投入资金7.31亿元

2006年，全区共投入环保资金7.31亿元。其中河道整治投入0.43亿元，占环保总投入的5.9%；城市绿化投入1.02亿元，占环保总投入的13.9%；城市污水收集、处理工程投入4.00亿元，占环保总投入的54.7%；新老污染源治理投入1.00亿元，占环保总投入的13.7%。

扬尘污染整治取得显著成效

近年来，杨浦区处于建设高峰期，轨道交通，市政建设重大项目正在施工，旧城区改造积极推进。区域内，施工工地多，各种材料堆场多，市容保洁能力不相适应，区域降尘量高居全市之首。

2006年，为改善环境空气质量，区委、区政府十分重视扬尘污染控制工作，成立了专门的领导小组，区环保局负责编制了“扬尘污染控制的实施方案”。各有关委办局齐抓共管，从建筑施工、各类堆场、车辆运输、道路保洁、裸露土地等全方位开始综合整治。在全区上下共同努力，取得显著成效，经市环境监测显示，区域扬尘污染改善率位居第一。

五角场街道“人防、技防、群防”的动态管理模式为全市扬尘污染控制区向纵深推进起到了积极示范作用。10月12日上海市扬尘污染控制表彰并推广先进成果与经验现场会在杨浦区召开，会上四平路街道、五角场街道被市环保局授予“扬尘污染控制示范街道”称号。市环保局和19个区县环保局和全市6个试点街道分管领导等70余人参加现场视察和交流活动。

实施清洁能源替代年减少用煤量1.34余万吨

2006年区继续推进燃煤锅炉清洁能源替代改造，完成上海申一毛条有限公司、上海针织厂、健美浴室、申丰食品有限公司、沪东汽车运输公司等10余台燃煤锅炉实施清洁能源替代改造。每年减少用煤量1.34余万吨，削减二氧化硫排放27.5吨。

水环境整治取得新的进展

2006年，杨浦区继续开展河道疏浚、调水、工程建设并实施长效管理制度。年内，完成杨树浦港等河道疏浚，疏浚淤泥7万立方米；实施杨树浦港、虬江泵闸等的调水，共调水1.1亿立方米。随塘河改造工程于3月22日正式开工。合流污水治理三期B块工程总管年底贯通。

垃圾处置设施不断完善

年内，杨浦区大件垃圾处理中心在军工路3701号建成并投入使用，日处理大件垃圾可达60吨。靖宇南路控江二村、政民路中央社区、爱国路建设新苑、平凉路中轩丽苑、大连路海上海、霍山路500号边、中山北二路大运盛小区建成7座小型压缩式生活垃圾收集站，超额完成年度新建5座的区政府实事项目建设任务。至2006年底，区域内已建成并投入使用的小型压缩式生活垃圾收集站有50座。

全区绿化覆盖率达到18.60%

2006年，控江路近军工路南北二侧新建绿地0.40公顷，建成中环线绿地面积10.84公顷，其中A2.2、A2.3标段2.96公顷，A1.1标段2.25公顷，A1.2标段4.28公顷，A2.1标段1.37公顷，种植行道树杜英1419株。上海烟草集团、海上海花苑建设屋顶绿化7000平方米。

至2006年底，绿地总面积970.25公顷，其中公共绿地 403.68公顷；专用绿地560.96公顷；生产绿地5.61公顷。绿化覆盖总面积达11.38公顷，人均公共绿地面积达到3.70平方米，绿化覆盖率达到18.60%。区拥有行道树30519棵。

延春公园改建竣工

因轨道交通8号延吉中路站施工，曾借用延春公园绿地1908平方米。在该工程项目地面施工基本完成后，9月30日对该公园恢复改建工程启动，12月30日竣工，第二天即向游客开放。

延春公园改建以“保留、恢复、提升”为原则，按照社区公园的功能，凸显休闲、健身、娱乐等特色。重点对公园厕所、上、下排水等基础设施进行改造，对陈旧、破损的建筑予以更新。公园结合原地形进行微地形设计，创造赋予生气的人性化空间，配以散步小径蜿蜒相接，平添意趣。在景观设计上，保留原有公园内姿态好，长势良好的乔、灌木，新增杜英、合欢、红叶梨、榉树、蔓长春等春景秋色的色叶类乔木、灌木、地被，形成稳定的生态群落，丰富景观效果。公园设立老年活动场地、儿童活动区、篮球场、茶楼等活动空间，满足不同年龄层次人群的需求。

至2006年底，杨浦区共有公园14座（其中市属森林公园1座，区城投公司所属黄兴公园1座），除黄兴公园实行每月三天免费开放外，区直属12座公园全部免费开放。

理工大学百年校庆绿化配套任务圆满完成

9月，在理工大学校门前、沿线道路两侧设计布局了各具特色的花卉景点，如立体塔形花架、单层双层花钵、花球、移动花箱和绿化带内的花带，种植加拿利海枣、广玉兰、桂花、慈孝竹等苗木10000余株，用花量达10万盆，营造浓厚的喜庆氛围。校门前新建40平方米绿化景点，海安路门南侧、控江路近军工路南北二侧新建绿地4000平方米。

快速处置环境污染事故的能力得到提升

区环保局与同济大学合作编制了《杨浦区环境突发污染事故应急预案》和《杨浦区环境突发污染事故应急处置操作手册》；与市辐射监督站合作编制了《杨浦区辐射污染事故应急预案》，完善了环境污染事故应急处置机制。

年内购置了芯片式多种气体检测仪、传感器多种气体检测仪、总挥发性有机物监测仪、放射线（α β γ x）监测仪等50多万元的应急监测仪器设备，增加了应急处置、快速机动和人员防护工具，不断提高应急监测、动态监控、消除污染的能力。在上海理工大学科技楼及创智天地二期工地建设中，发现原企业遗留废弃化学品并迅速采取应急处理，发挥了快速反应、快速判断和及时处置的作用，使这些化学品废弃物得到了安全处置，消除了环境污染隐患。

市容环境三类区域创建取得新进展

2006年，按照上海市市容环境示范区域、规范区域、达标区域创建导则的要求，结合迎接上海合作组织峰会为契机，以迎接同济大学和上海理工大学百年校庆，大力推进城区市容环境“三类区域”创建。

全年建成市容环境示范区域两块，分别为控江延吉部分区域（延吉中路—水丰路—周家嘴路—黄兴路）1.5平方公里，五角场街道复旦大学北校区（武川路—政立路—淞沪路—邯郸路）2.2平方公里。江浦路街道、五角场镇建成市容环境达标区域两块面积共11.84平方公里。

生活垃圾分类收集户数比上年增加5个百分点

按照环保三年行动计划和健康城区建设三年行动计划的要求，继续推进辖区内生活垃圾分类收集工作。对符合分类收集条件的区域，增加经费投入，配置分类投放设施，提高生活垃圾分类收集率。全年新增分类收集居民户数2.23万户，使全区累计户数达28.74万户，占全区居民总户数的65%，比上年提高5个百分点。

建筑节能工作全面推进

为全面推进区建筑节能工作，减少建筑能耗、节约能源，区质监站完善建筑节能的监督体系，拓展建筑节能工作的新领域。全区开展建筑节能专项检查，检查建筑节能措施的落实情况、建筑节能材料的复试按新规范标准执行等。对竣工工程，执行沪建安质监[2006]第119号文件精神，严格审核监理单位出具的建筑节能专项质量评估报告，符合要求的予以建筑节能备案。开展创建节约型工地活动，将建筑节能工作向广度推进。全年建筑节能备案登记43个（单位工程179个），建筑面积达222.3万平方米。建筑节能备案11个（单位工程50个），建筑面积38万平方米。

市科普周环保专题活动成功举办

2006年，区环保局承办了上海市科普周环保专题活动，活动紧紧围绕“科技创新，推进环境友好型社会建设”这一主题，通过“环境与健康”报告会、“科技与环保产业”座谈会、系列展示和科普智力竞赛等形式，大力宣传第三轮环保三年行动计划和新修订的《上海环境保护条例》，普及环保知识，倡导绿色生活理念，全面提高市民的科学素质和创新意识。市环境科学学会副理事长、分管副区长以及市发改委、市经委、市科委、市环保局等有关方面负责人、专家学者、企事业单位领导、社区居民、大学生等200多人参加了活动。

校地携手共建绿色家园

5月中旬，为期一个月的全区环保志愿者活动拉开帷幕，该活动由区环保局、团区委、同济大学、水产大学联合举办，依托各自优势，从环境治理、生态保护、绿色生活、海洋环境等方面，开设环保讲座、现场环保小实验、组织参观海洋馆等形式，开展了丰富多彩环保宣传教育活动，环保志愿者深入全区300多个居委会和50所中小学，吸引了全区6万多人积极参与。

11月21日下午“迎百年展学子风采，促共建联校地精英”百名同济环保志愿者进社区活动启动仪式在同济大学环境科学与工程系举行，同济大学党委副书记、区环保局局长和200余名活动志愿者、社区代表参加了启动仪式。这次活动首先在四平街道、五角场街道的50个居委会中展开，同济大学环境科学与工程学院“绿行者”志愿中队具体负责实施，与居委会一对一结对，长期合作开展环保宣传，普及环保知识，创建“绿色社区”、环境友好型社区，并协助社区居委会开展日常工作等，校地携手共建绿色家园。

青少年参与环境保护宣传

区环保局会同区少科站联合举行了“绿色杨浦，我能做什么”青少年征文比赛和“我眼中的绿色杨浦”青少年摄影比赛，此次活动得到了全区54所中小学近5000名学生的积极响应。

学生们用手中的笔写出了自己的所见、所闻、所感、所想，颂扬在创建绿色杨浦中，发生在身边的感人故事和事迹；批评社会上、学校里、家庭中存在的有损环境不良现象和不文明行为；对创建绿色杨浦积极献谋献策，提出了自己的想法和建议。学生们用手中的相机把绿色杨浦的美好景象和发生在社区、学校、家庭中对环境不友好行为拍摄下来。优秀征文和摄影作品以展板的形式在全区展示，颂扬“杨浦的变化”，倡导环保新理念，呼唤广大市民的环保意识，积极行动起来投入到创建绿色杨浦的行列中来。

围绕世界环境日主题开展宣传活动

2006年，围绕“6·5”世界环境日“沙漠和荒漠化”和中国“生态安全与环境友好型社会”两个主题开展宣传活动，把推进第三轮环保三年行动计划实施、宣传第二轮环保三年行动计划建设成果为重点，“校区、社区、园区”三区联动，群众参与、社会关注为主线。向人们展示杨浦区环保工作成效，宣传环境保护的法律法规，宣讲环境保护的科普知识，提高公众对环保工作的知晓度、认知度和参与度。五角场街道正文小区与上海电视台联手制作了一套宣传节目，在上海电视台播放。五角场镇兰花教师公寓、控江街道杨浦公寓小区等绿色小区开展了环保知识竞答、绿色生活咨询、环保作品展示、闲置生活用品交换等丰富多彩的活动。区环保局制作的环保折扇也在活动现场向群众发放，拿到环保折扇的群众都爱不释手，纷纷称赞环保折扇既鼓励人们节约能源、保护环境又很实用，东西虽小，涵义很深。

黄浦区

区域经济稳步增长

市中心鸟瞰

2006年，黄浦区实现地区生产总值510.28亿元，同比增长9.2%。其中,第三产业增加值443.66亿元，同比增长9.4%，占全地区生产总值的比重为86.9%；第二产业增加值66.62亿元，同比上年增长8.3%。全区财政收入90.46亿元，同比增长8.6%。其中区级财政收入42.55亿元，同比增长10%。全年财政支出59.09亿元，同比增长8.9%。全年完成固定资产投资106.49亿元，同比下降4.4%。其中，房地产开发投资55.99亿元，同比增长9.2%；城市基础设施投资50.50亿元，同比下降16%。

环保投入总额达3.891亿元

2006年，黄浦区环保投入总额达3.891亿元，占区生产总值的3.24%。其中，污染源控制完成投资6345万元，占环保总投资的16.31%；城市环境基础设施建设完成投资29476万元，（已包括污水收集、处理工程3486万元，燃气工程和清洁能源替代400万元，园林绿化工程23167万元，垃圾收集、处理2423万元）占环保总投资的75.75%；环境管理能力建设完成投资2389万元，占环保总投资的6.14%;环保设施运转完成投资650万元，占环保总投资的1.67%；扬尘污染控制区创建完成投资50万元，占环保总投资的0.13%。

区政府发布贯彻国务院《决定》的实施意见

为认真贯彻落实国务院《决定》和市政府有关文件精神，全面推进黄浦经济、社会和环境的协调发展，2006

年11月27日，《黄浦区人民政府关于贯彻<国务院关于落实科学发展观加强环境保护的决定>的实施意见》（黄府发〔2006〕26号）正式发布。《实施意见》简要回顾了黄浦区“十五”期间环保工作的总体情况，进一步明确了环境保护在区域经济、社会发展中的重要作用和战略地位及“十一五”环境保护的规划目标，以及实现规划目标必须切实做好的四项重点工作：一是严格执行环境保护法律法规，坚持走科学发展道路；二是坚持以人为本，着力解决影响环境的重点问题；三是增强监管能力，提高依法保护环境水平；四是认真落实环境保护责任制。

区环境保护“十一五”规划正式批准施行

2006年，以科学发展观和“科教兴市”主战略为指导编制完成的《黄浦区环境保护“十一五”规划》正式批准施行。该规划确定了一个核心目标：2010年，基本建成生态型城区框架体系，总体环境质量处于全市中心城区先进水平，成为环境基础设施完备，污染排放总量达标，环境质量明显改善，人居环境绿色安全，经济发达、环境良好、市民素质全面提高的国际大都市现代化中心城区。四项重点领域的主要任务：水环境治理与保护—提高污水收集率和处理率，不断改善水环境质量；大气环境治理与保护—确保大气污染得到有效控制，环境空气质量得到明显改善；固体废弃物治理—提高固体废弃物减量化和资源化水平，切实保证无害化处置；资源节约型、环境友好型城区建设—节能减排，积极改善生态环境质量。

第三轮“环保三年行动计划”实施开局良好

2006年，区第三轮环保三年行动计划(2006～2008)启动实施。4月12日区政府召开了区环境保护和环境建设协调推进委员会会议，动员和部署当年工作。截至年底，市下达的4项任务全部启动，当年完成1项。通过市专家组考核验收，成功创建成“扬尘污染控制区”。

全区创建成扬尘污染控制区

2006年11月28日，通过市专家组的考核验收，全区创建成“扬尘污染控制区”。全年区域内降尘量平均值为8.5吨／平方公里·月，同比减少了1.0吨／平方公里·月，改善率为10.5%，比同期外环线内城区降尘量平均值减少了1.3吨／月·平方公里。

环境监测数据显示区主要环境空气质量指标（二氧化硫、二氧化氮、可吸入颗粒物）达到国家二级标准的天数为323天，空气污染指数（API）平均值为65，环境空气质量优良率达89.0%，各项指标分别好于全市相应时段空气污染指数（API）平均值和优良率。

绿地总面积达118.99万平方米

年内相继建成成都北路6号地块、黄浦公园围墙外绿化3150平方米，完成蓬莱公园改扩建，扩大绿地7741平方米，新增公共绿地10891平方米；新建阳光里二期、华盛大公馆等处居住区绿地12431平方米；完成桃源新村、福海小区、天柱山路小区、西凌一村、西凌二村等8个老居住区3.24公顷绿地的调整改造。

至2006年底，全区有行道树9312株，绿地总面积118.99万平方米，人均绿地1.95平方米，公共绿地83.95万平方米，人均公共绿地1.37平方米，绿化覆盖面积152.6075万平方米，覆盖率13%。

市容环卫多项工作取得新成果

2006年，区环卫局全面提高中小道路保洁标准，组织开展二项竞赛活动，建成行业首个环境卫生教育基地，治理顽症陋习、探索生活垃圾分类分时投放等多项工作，取得阶段性成效。加大“数字环卫”建设力度，启用高科技环境卫生巡视车，建成道路保洁实时监控系统，提高了环境卫生的管理和督察能力，环境卫生综合保障能力有了新的提高，形成了新的工作平台。

整治违法排污企业专项行动继续深入开展

2006年，继续开展整治违法排污企业等保障群众健康的专项行动，全年共出动执法人员258人次，86批次，共计检查332户。重点对区内18家工业企业出租厂房的“厂中厂”问题进行了督促整改，对2004年度、2005年度新建的“三同时”未验收项目的143家单位进行了专项监察，对都市工业区进行现场监察，处理了一批违法排污企业；开展了对区内22家医院医疗废水、废弃物的专项检查，加强了对危险废物、放射源的监管；区环保局还会同半淞园路街道和区工商分局、食药监分局等部门开展了对徽宁路无证饮食店的整治。在继续巩固对全区50座以上餐饮业单位油烟气整治的基础上，依托街道全面开展了对50座以下餐饮业单位的油烟气整治，全年共计检查214家，发出《责令整改通知书》50份，完成54家50座以下餐饮业单位的整治任务。

环境管理能力建设得到加强

为提高环境污染事故应急能力，区政府投入78万元添置环境污染事故应急监测装备、设备，初步形成了水、气应急监测技术装备配套,修订完成了与环境应急预案相配套的环境监测方案，制订了本区9户重点工业企业的环境监测应急预案。

区政府拨款1756万元购置区环境监测站新站站房，完善了环境监测基础设施。初步建成了“黄浦区环境管理数据库”，将区域内的“环境质量数据、污染源数据和环境统计数据”进行整合，黄浦区环保门户网站投入运行，市区环保管理部门联动的网络和信息系统平台构架已基本成型。

网格化管理、信访受理、应急预警“三合一平台”建成

2006年，根据区政府“工作流程再造、管理资源整合”的要求，区环保局设立了环保受理处置指挥室，负责接受区城市管理指挥处置中心指令、现场调查处理和办理结果反馈等工作，同时承担12369环保热线分中心信访受理和环境污染事故、事件应急预警任务，构建了环境保护的“三合一平台”。进一步规范细化了各项运作规程和工作流程，整合了人力、物力资源，强化了工作人员的岗位责任意识，提高了信访办理工作效率，增强了环境污染事故、事件的及时预警和快速反应能力。

“6·5”世界环境日主会场宣传活动成功举办

2006年6月4日上午，上海市纪念2006年“6·5”世界环境日主会场宣传活动在南京东路步行街世纪广场举行。市人大常务委员会副主任刘伦贤、副市长杨雄、市政协副主席谢丽娟，市环保局、市人大城建环保委有关领导以及黄浦区四套班子有关成员出席了开幕仪式。现场举行了本市中小学“美境行动”获奖者颁奖仪式，并授予黄浦区东淮海小区等6个社区、大同中学等6所中小学校“绿色社区”、“绿色学校”称号。

绿色创建活动深入推进

2006年，全区深入推进“绿色学校”、“绿色小区”、“绿色饭店”、“环境友好型企业”和“安静居住小区”等各类创建活动。在区内中小学校中普遍开展环保科普知识讲座，组织环保展板评比和环境友好征文等宣传

教育，营造资源节约环境友好的文化氛围。万裕街小学和重庆北路小学创建成市级绿色学校。以上海大剧院宴会厅为试点，创建“绿色饭店”，旨在引导绿色餐饮，倡导环境保护理念，树立勤俭节约好风尚。12月28日上海大剧院宴会厅通过了考核验收，成功创建成区级“绿色饭店”。12月29日豫园街道“东淮海公寓”创建成为“市级安静居住小区”，同时太阳都市花园小区通过了市安静小区的复审。截至2006年底，区内共有4个“市级安静居住小区”。

人大、政协意见提案受理和信访处理情况满意率分别达到100%和94%

2006年区环保局共受理人大意见1件，政协提案3件，办结率100%、满意率100%。全年共受理各类环境信访1025件/2043人次，其中来电811件，来信82件/1036人次，来访67批/131人次，电子邮件68件，办复率为100%，满意率为94%。解决了一批环境矛盾突出的信访，维护了群众的环境权益。

卢湾区

区“十一五”环境保护和建设总体目标确定

在2006年2月10日卢湾区第十三届人民代表大会第五次会议批准的《卢湾区国民经济和社会发展第十一个五年规划纲要》中，明确了区“十一五”环境保护总体目标：

卢湾区第二轮环保三年行动计划总结大会

（一）2020年远景目标

到2020年，区域环境质量达到同类型国际化大都市中心城区的水平，努力建成生态型城区。使上海成为：天蓝地绿水清的舒适城市，污染全面控制的环境友好型城市，全民共同努力的资源节约型城市，人与自然和谐的自然生态城市。

（二）“十一五”规划目标

到2010年，基本建成生态城区框架体系，以良好的环境质量迎接世博会的召开，主要环境质量指标与国际标准接轨。主要体现在：环境基础设施完善，区内无污染排放大户，污染排放总量与环境承载能力相匹配，绿化布局合理，自然生态系统健康，环境质量明显改善，人居环境舒适安全。卢湾区“十一五”环境规划的发展目标为：

——环境基础设施基本完善，城区发展更和谐。全区污水纳管率达到100%；新增公共绿地10万平方米以上，人均公共绿地达到1.88平方米，绿化覆盖率达到18.62%。

——环境污染得到有效治理，城区环境更安全。“无燃煤区”成果进一步巩固和提高；生活垃圾无害化处置率100 %，工业固体废弃物资源化利用率达95%，工业废物、危险废物、医疗废物、放射性废物实现安全处置。

——环境监管体系不断完善，城区管理更科学。结合城市网格化管理，建立环境管理信息平台，不断提高环境监管能力，加强对各类污染源的监管，区属环保重点监管企业实现稳定达标排放。

——环境质量进一步改善，城区生活更美好。日晖港剩余河道基本消除黑臭；巩固环境噪声达标区的成果，声环境质量进一步提高，除交通干道执行《城市区域环境噪声标准（GB3096-93）》的四类标准外，全区环境噪声达到《城市区域环境噪声标准（GB3096-93）》的二类标准；固定源噪声达标率达到95%，车辆禁鸣控制鸣号率在5%以内；工业污染源相继迁出本区，工业污染物排放总量较大幅度地削减；环境空气质量稳步提高，优良率达到86%以上。

环保投资占全区增加值的4.92%

2006年，卢湾区实现增加值73.11亿元，环境保护总投资2.25亿元，占全区增加值比重4.92%，环境保护投资全部用于区内污染治理和城市环境基础设施建设。其中，投入污染治理投资2.25亿元，包括治理废水0.51亿元，治理废气0.63亿元，治理固废0.79亿元，治理噪声0.20亿元，其他治理0.10亿元；投入城市环境基础设施投资1.35亿元，包括污水处理工程建设0.42亿元，园林绿化工程建设0.13亿元，垃圾处理工程建设0.79亿元。

第三轮环保“三年行动计划” 全面启动

年初，完成了区环境保护“十一五”规划、区环境保护和建设第三轮“三年行动计划”和“区环境应急预案”的编制；调整充实了区协调推进委员会成员单位；召开了全区第二轮环保三年行动计划总结暨第三轮环保三年行动计划动员会和职能部门联络员会议；完成第三轮三年行动计划的责任分解及任务下达；全面部署和启动了第三轮三年行动计划。

第二轮环保三年行动计划，确定卢湾区的任务共有38项，其中市下达区作为第一责任单位5项任务；区计划33项任务。年内，市、区项目均全面启动，进展顺利。

扬尘污染控制区成果得到巩固和提高

区环保局与区建交委、区房地局、区公安分局、区城管大队等职能部门加强沟通协调，通过经常性的实地检查，及时掌握区内建筑工地、拆房工地和市政工地扬尘污染控制状况，并积极合力推进扬尘污染控制工作。对每个新开建筑工地，都进行了扬尘污染防治工作交底，督促并帮助工地制定扬尘污染控制方案，落实具体措施，在施工期以公告形式向社会作出承诺。

年内，区环保局出动220批次400多人次，对全区建筑工地扬尘污染防治工作开展了检查，对检查中发现的问题均要求限期整改。

2006年，环境质量监测数据显示，区域降尘量平均数为9.2吨／月.平方公里，较上年同期下降了21.2%。

绿化建设又上新台阶

根据区域面积小的特点，区的绿化工作实现了从建设为主向管理为主、从数量为主向质量为主、从单一功能向多功能、从单一领域向多领域的初步转变，在全市“白玉兰”杯区际绿化竞赛中获得城区组第一名的历史最好成绩。

至2006年底，全区绿化面积达到98.75万平方米。其中公共绿地为48.89万平方米；专用绿地为49.76万平方米；绿化覆盖率16.76%，人均公共绿地1.55平方米，人均绿地3.14平方米。

年内，新创三星级公园一座—丽园公园，新创区级景观道路一条—重庆南路（金陵路徐家汇路），新创优美绿地景点一处—世博林一期，新创上海市花园单位一家—卢湾区图书馆，新创上海市“园林式居住区”五处—翠湖天地雅苑、长乐村、桃源兴城苑、江南世纪新苑、复兴苑。

绿色建设增添2个新亮点

年内，完成“世博林”三期工程，新增绿地面积4500平方米。该工程引进萱草、八仙花、玉簪、石蒜、美国

鸢尾和黄花鸢尾等12个植物新品种，栽植了雪松、香樟、含笑、银杏、栾树、无患子等色叶乔木，形成错落有致的植物群落和景观，成为全区春景秋色示范点之一。L4绿地东块的改造中布置一个小型药草园，设置植物药用价值科普牌，向人们宣传介绍园林植物本身具有的药用价值和生态园林、健康园林的理念，作为市绿化局春景秋色示范点之一参加评比。

屋顶绿化建设全面启动

针对卢湾区区域占地较小，地面可绿化面积不多等特点，大力推进特色绿化，尤其是作为第五立面绿化——屋顶绿化的建设，区“十一五”发展规划中，已将3万平方米屋顶绿化建设计划列入其中，计划分五年左右时间基本完成建设。通过要求房地开发商建设，严把审核关；出台《关于屋顶绿化实施意见》，召开联合专题会议；对适合建设的单位进行全面排摸，拓展屋顶绿化空间等措施，年内完成屋顶绿化建设1万平方米。

轨道交通重大建设项目前期动迁全面完成

轨道交通建设项目在卢湾区有三线六站，共需动迁所在9个街坊中的3832户居民和149家单位，是全市今年轨道交通动拆迁量最大的一个区。为完成该项工作，区政府通过抓落实、抓聚焦、抓突破，不畏困难，连续作战，至6月30日，9号线、10号线动迁任务按时全面完成。7月15日，世博园区专用交通联络线中山南路站动拆迁工作也仅用一个月的时间提前全面完成。

旧区改造指标提前超额完成

2006年，市政府下达给卢湾区拆除旧里以下旧住房7.5万平方米的任务。为进一步推进旧区改造工作，全年共动迁居民4869户，共拆除各类旧房18.1万平方米，其中拆除旧里以下旧住房8.2万平方米，区旧区改造实事任务和市政府下达的旧区改造年度指标均提前超额完成，在全市各区旧区改造中名列前茅。

斜土路完成道路拓宽及架空线入地

为进一步改善卢湾区南部地区的环境，完成了斜土路道路拓宽及架空线入地。拓宽改建后的斜土路从原来的10米左右拓宽至32米，共拔除网通、移动等十余种架空线255根，入地搬迁管线68千米，新建2座变电站和3座箱变，扩大了斜土路沿线的用电容量，保证了沿线居民的用电安全，改善了沿线的环境质量。

围绕主题打造“围墙文化”

2006年，区环保局与建委、房地局联手，积极开展围墙美化工作。确定“三个主题”：即迎世博、迎奥运、凸现卢湾精神高雅文化，北部直观显示上海建筑风貌变迁，中部以体育运动为主题，南部突出文明迎世博。目前，全区工地围墙共有36处，总长度约为7981米，面积约为18284平方米。现已完成全部围墙美化工作的72%，共有14处，已拆除的工地围墙有7处，准备实施设计方案的有11处。

市容环境示范区域创建取得新进展

2006年，继续推进市容环境示范区域创建工作。一是完成11条（段）道路沿街市容景观改造任务，共修补粉刷建筑外立面22315平方米；更新更换店招店牌265处，面积达2610平方米；商店门面进行装饰292开间，面积为2242平方米；折除违章搭建3处。二是开展行道树盖板、25厘米以下行道树的倾斜整治、行道树补洞、无绿地整治，全年共整治行道树盖板5000余副；破墙透景约95米；整治绿地1.5万平方米以上，配合六国峰会专项建设绿化景点7座。三是景观灯光凸显亮点。以淮海中路灯光为主线，完成国泰电影院、古今内衣公司的灯光改建；对淮海中路跨街灯实施电子屏改造，变静态为动态效果；安装了太阳能草坪灯，提升了灯光科技含量。此外，还进行了多项小区实事项目的改建，帮助居民解决急难愁问题。

3座环保公厕改建等实事项目顺利完成

年内，完成复兴公园、丽蒙绿地、延中绿地3座环保公厕改建的区政府实事。针对老式里弄居民如厕难问题，分别在肇周路200弄合一居委和146弄志成居委，南昌路232弄的香山居委放置了三座流动公厕，开辟了为民办实事的新途径。

利用太阳能提供电能

年内，完成节能降耗方面投入资金180万，全年率先在15座公厕上使用太阳能照明设备，安装发电功率近30千瓦，去年约节约电量7000千瓦时；在打浦大楼上安装了6千瓦的太阳能供电设备，实现了上海中心城区第一座由太阳能提供电能的景观灯光楼宇。

建筑节能工作积极推进

区加大了资源节约型、环境友好型社会宣传力度，加强了建筑节能工作管理，全区推广使用新型建筑节能材料。年内安排民用建筑节能工程23项，其中被强制列入建筑节能清单的有8项，建筑节能投资约492万元。

城市综合管理水平进一步提高

在2005年启动城市网格化管理试点工作的基础上，进一步完善和拓展，依托网格化平台促进城市综合管理水平的不断提高，效果显现。

年内，对《卢湾区城市网格化管理指挥手册》进行了修订，使案件派遣更为准确。对应新管理机制，相关部门改变工作方法和作风，反应快捷，处置及时；发现问题从被动到主动，处置问题从重过程到重结果；重点地区和重点路段高发问题得到有效遏制；一些热点、难点和屡治屡犯的问题得到有效控制。不断拓宽网格化工作领域，完成市政、建筑业、绿化、防汛防台信息纳入网格化管理平台的各项探索工作，为逐步向其他领域拓展和延伸提供借鉴；管理平台逐步向社区和居委会延伸工作，使城市管理从街道延伸到社区和居委会。

全年城管中心共派遣案件15160件，结案15128件，结案率达到99.8%。其中，及时处置案件14943件，及时率为99.8%。媒体负面曝光和市民投诉率不断减少，城建热线12319的投诉率为全市最低。

建筑工地夜间施工实施规范管理

随着世博园区、轨道交通建设和旧城区改造等新一轮城市建设高潮的到来，区环保局在做好对建筑工地夜间施工审批严格把关的同时，还加强了同建委、城管、房地、街道等部门的沟通和协调，建立了同城管部门施工审批和执法情况的信息沟通平台，加强了对建筑工地施工行为的管理和规范。在依法审批的基础上，加强了夜间值班，24小时受理居民热线投诉，对噪声污染矛盾激烈的建筑工地通过召开协调会进行调解，确保稳定。通过一系列措施的实施，建筑工地施工环境管理工作整体上取得了较好的效果。

“629”上海合作组织峰会环境保障扎实有效

卢湾区作为上海合作组织峰会的主要活动区域之一，为确保峰会期间辖区内的各项环境安全和良好环境秩序，区环保局制定了《“629”上海合作组织峰会环境监管工作计划》和应急预案。以花园饭店等4家会议接待宾馆以及新天地、淮海中路沿线区域单位为重点，对可能造成环境污染的各餐饮、娱乐单位开展了全面监察，对可能造成冒黑烟情况的6家燃重油锅炉和焚烧炉单位进行了重点督查，对存在环境污染隐患的单位进行了责令改正，并对存在问题的单位进行了重点复查，保证了各单位整改措施的落实到位。共出动监察人员36批72人次，监察单位86家，立案处罚单位4家，处罚金额9500元，确保了峰会期间辖区内的环境保障工作。

群众绿化工作蓬勃开展

2006年，卢湾区作为试点在全市首创了网上绿化认建认养模式，发动和组织了社会各界、广大市民共同参与到认养绿地树木中来。网上认建认养为广大热爱绿化的各界人士和市民在一年四季都提供了一条“绿色”途径。

植树节期间，区绿化部门与市绿化局、区文明办、团区委、区教育局等部门联手以“绿色人生，绿色守望”为主题，在世博林绿地组织了100多名中外人士、学生种下百余株乔灌木。卢湾区作为主会场，全市所有区（县）绿化主管部门都集中到延中绿地参加了全市性的绿化宣传活动，通过“绿色同心结，生日有绿，我与小树一起成长”等方式，开展了植树宣传活动，吸引了全市一批市民参加植树活动。

各类环境信访矛盾认真调处

2006年，区环保局共受理人民群众各类信访150件（信访数量较去年同期下降23.5%），其中区政府查办件46件，来信55件，人大代表书面意见2件，政协提案3件，接待来访3批8人次，来电34件，电子邮件7件。另外，处理区环保24小时环保热线投诉528件，环境热线投诉269件。每件信访都做到及时、依法处理，在信访处理程序上严格按照国务院《信访条例》规定进行书面受理和答复居民。根据区信访办及联席办的要求，开展疑难信访矛盾和群体性矛盾的排查工作，把问题解决在萌芽之中，确保稳定大局。

静安区

区域经济平稳增长，结构趋优

2006年，静安区完成增加值97.07亿元，同比增长12.73%。区域经济结构在调整中得以优化，经济运行质量稳步提高。全区第二产业占全区增加值的比重为13.7%，同比增长1.3%；以现代服务业为主体的第三产业增加值，比重达86.29%，同比增长14.1%。区财政总收入79.76亿元，同比增长26.45%；其中区级财政收入34.62亿元，年均增长28.04%；

“十一五”环境规划目标和主要指标确定

《静安区环境保护十一五规划》确定环境目标是，加大环保投入，大力推进清洁生产、循环经济和绿色消费，

环境监察人员参与静安区突发公共事件应急演练

加大环境管理和执法力度，不断改善环境质量，基本形成与国际大都市中心城区相适应的生态环境和环保体系。主要有五项内容和措施，一是进一步优化大气质量，全年环境空气质量指数达到和优于二级的天数占全年85%以上，区域环境噪声指标达到国家二类功能区标准。二是完善区域生态和绿化建设，争取达到1万平方米以上公共绿地千米服务半径的目标，绿化覆盖率达到17%；三是以创建绿色单位为载体，进一步提高市民的环保理念；四是推广资源利用和节能，提高资源利用率，提倡循环用水，削减污水排放量，保持城区污水收集、外排处理率100%；五是加强环境监测监察和执法力度，强化环保监管能力建设。

环保投入比去年增长1.43%

2006年，全区环保投入资金达42649.73万元，占区增长值的4.39%，比上年提高1.43%。其中用于污染源治理7276.69万元；城市环境基础设施建设33930.09万元；环境管理能力建设129.18万元；用于环保设施运转费1315.77万元。

环保专项整治行动成效显著

7月17日，区人民政府印发了《静安区2006年整治违法排污企业保障群众健康环保专项行动工作方案》的通知，成立了由分管副区长任组长、区政府办公室主任任副组长，区环保局、区发改委、区经委、区监委、区建交委、工商静安分局、区司法局、区安监局、区城管大队、各街道办事处负责人参加的静安区环保专项行动领导小组。重点对辖区内17家都市型工业园区、80个建设项目的环境问题、202件群众投诉的热点难点问题进行了集中检查整治。专项行动从7月份开始，为期四个月，全区各有关部门共出动了3770人次，检查了569户次，区环保局、区城管大队及区安监站等对部分单位存在的影响群众健康和环境安全的违法行为进行了处罚，并督促有关单位及时整治。在行动中共立案查处24起违法行为，罚款41700元。

第三轮环保三年行动计划启动

第三轮环保三年行动计划静安区共35个项目，其中市下达作为第一责任的任务5项；区计划项目27项。

年内，市下达的5个项目全面启动，完成了1项，完成率20%

年内，开展了扬尘污染违法行为的专项检查，通过检查、指导，提高了工地扬尘污染防治工作水平，改善了大气环境质量；全面完成了区级财政全额拨款的行政事业单位低于“国一”标准的在用车辆的淘汰工作；开展了对不能稳定达标排放的区级环保重点监管企业的摸底调查，对全区71家区重点环境监管单位开展了专项环境监察，对违法行为及时查处；编制了《静安区环境污染应急预案》和《应急手册》，督促全区46家重点监管单位完成《上海市生产经营单位环境污染突发事件应急预案》的编制工作。建立了静安区环保化救应急小分队，通过培训和演练，提高了现场处置环境突发事件的能力；启动了环境监察、监测、监管“三监联动”的管理信息系统平台建设的调研和方案设计。上述市下达项目取得不同程度进展。区计划项目全面启动，第三轮环保三年行动计划实施开局良好。

大气环境质量不断提高

为巩固“无燃煤区”创建成果，全年对5个无燃煤街道内的清洁能源使用情况开展了6次检查。除每季度1次检查外，还结合一级卫生街道考评，检查了2次。累计检查了490家，1194只炉灶，对存在问题及时予以整改，销毁煤炉灶59个，收缴煤制品2970公斤。

继续加强扬尘污染控制工作，一是会同区城管大队、区安监站等有关部门组成联合检查组，对本区在建工地、道路管线施工以及闲置工地、拆房工地等处的扬尘污染防治工作进行了两次较为全面的联合执法检查，对检查中发现的问题依法处理。二是严格夜间施工审批，促使工地采取扬尘污染防治措施。三是召开全区建设工地施工单位负责人会议，针对各建筑工地的扬尘和噪声污染防治工作进行了环保法规的宣讲，确保责任落实，召开全区扬尘污染防治工作现场会，推广扬尘污染防治工作经验。

2006年，环境空气质量监测数据显示：区域可吸入颗粒物PM_{10}平均值0.0805mg／m^3，二氧化硫0.057mg／m^3，二氧化氮0.068mg／m^3，区域环境空气质量达到二级水平，优良等级天数329天，达到或优于二级的天数占全年的90.14%。区域降尘量7.6吨／平方公里·月，道路降尘量14. 8吨／平方公里·月。

污水排放全部达到纳管标准

全区污水纳管排放后，区环保局重点对全区38家有污水处理设施排污单位加强监管。并按其排污规模，划分为重点户和一般户。对其中9家重点排污单位每月监察一次，29家一般排污单位每两个月监察一次，并做到全年监测1～2次，使所有排污单位的污水处理设施确保正常运行，污水排放全部达到纳管标准。

梅龙镇广场冷却塔噪声污染完成治理

为解决梅龙镇广场冷却塔噪声过大、长期扰民的问题，区环保局组织同济大学声学研究所专家对冷却塔的噪声进行测试和评估，提出治理方案,梅龙镇广场投入150多万元资金对冷却塔的噪声进行治理，使周边居民区的环境噪声值下降了1.7dB(A)～4.3dB(A)；梅龙镇广场12～22层商务楼的环境噪声值下降了10.1dB(A)～11.5dB(A)，基本达到了设计要求和排放标准。

环境安全大检查全面开展

为贯彻落实全国环境污染事故应急电视电话会议精神，落实国家环保总局《关于进一步加强环境监督管理严防发生污染事故的紧急通知》精神，结合区的实际情况，对区内重点污染监管企业、各级医院及医疗机构、各都市工业园区及生产型企业和所有使用燃油锅炉单位及各大众浴室等计106家单位开展了环境安全大检查，并确定74家为重点监管对象。从1月中旬开始分成两个检查组，开展了约40批次，130人次为期一周的全面、认真的检查，达到安全大检查的要求。

7所高校实验室排污全部符合环境标准

根据教育部和国家环保总局联合下发的《关于加强高等学校实验室排污管理的通知》（教技[2005]3号）和上海市环保局《关于加强高等学校实验室排污管理工作的通知》的要求，区环保局对区内所有高校和科研机构进行了全面排摸，确定7所学校为申报对象，5月初全面完成了这些高校和科研机构的申报工作。经专项检查，7所学校实验室排污均符合环境标准。

上海合作组织峰会环境监管任务圆满完成

根据市环保局《上海合作组织峰会“629”环境监管工作计划》的部署和要求，静安区成立了工作小组，制订了《静安区迎接上海合作组织峰会“629”环境监管工作安排》，明确了工作目标和要求，将延安路高架、南北高架道路沿线的11个建筑工地列为整顿控制对象，加大环境监察力度，先后深入到20余家工地对扬尘污染进行检查、指导，提高检查频率，确保了峰会期间重要路段的大气环境质量，圆满完成任务。

绿地面积新增3.85万平方米

全年，新建绿地3.85万平方米。其中，建成公共绿地1.03万平方米，建成专用绿地2.15万平方米，建成屋顶绿化0.68万平方米。

年内，完成了12个综合整治绿化配套项目和凤凰苑、静鼎安邦等小区街面化建设以及愚谷村、涌泉坊等105个老式小区绿化环境整治工作。全区绿化合格单位50家，花园单位15家，园林式小区23个。全区绿化面积共124万平方米，绿化覆盖率至2006年底达到16.2%；人均公共绿地面积0.94平方米。

住宅建设与旧区改造稳步推进

全年住宅施工面积72.3万平方米，比上年下降48.5%；新开工面积42.3万平方米，比上年增长109%。

2006年，完成6幅地块的动迁，轨道交通M7线昌平路车站、苏州河“W”绿地二期等重大市政建设项目动迁工作，大中里、金城别墅等8幅地块动迁进展平稳，政府土地储备和老年健康中心等社会事业发展项目动迁前期准备工作扎实推进。

全年拆除房屋建筑面积9.54万平方米，比上年增长93.2%；动迁居民2253户，比上年增长162.6%；动迁单位55家，比上年增长12.2%。

年内，完成曹家渡街道整区域环境综合整治和改造，6个旧式里弄住宅小区房屋整治面积共21万平方米，其中保护建筑约11万平方米，受益居民3604户。11个高层住宅小区21幢大楼外立面及大堂综合整治全部竣工，总面积25.6万平方米，受益居民3942户。全区17个小区、18幢大楼以及14条道路沿线9021台室外空调机整治任务全面完成。巨鹿路等三处平改坡综合改造项目全面完成。1万户老式住宅公用卫生间独用改造全面完成。对8个地块2.2万平方米旧住房进行改造性大修。长期困扰居民的“急、难、愁”问题部分得到了解决。

生活垃圾减量化、无害化和资源化处置水平得到提高

结合江桥垃圾焚烧厂的运行及静安区固体废弃物流转中心的使用，按“大分流、小分类”的要求，建立了本区生活垃圾、餐厨垃圾、大件垃圾、建筑装修垃圾的收集、运输网络。对生活垃圾、粪便清运进行有效监管，确保全区每天320吨生活垃圾、300吨粪便的日产日清。投放了近600套分类收集桶，确保了分类收集覆盖率和分类收集率均保持在95%以上。完善餐厨垃圾监管、收运、处置系统。以“收”“申”“核”“签”相结合为原则，即街道申报和收费，餐厨垃圾收运公司核定，最后签订收运处置合同，将全部餐厨垃圾送往普陀区餐厨垃圾处理厂，确保餐厨垃圾无害化处置。启动了渣土车辆专项治理工作，成立了静安区渣土车辆整治工作协调小组，加大对建筑工地的监管、协调相关部门对渣土运输车辆的执法，渣土车辆整治工作按计划稳步推进。

“二级旧里”环卫设施改造扩容

2006年全区以静安寺、曹家渡街道为重点进行环卫设施的改造。全年共改造垃圾箱房215座，倒粪站（含小便池）60座。按照垃圾不落地的要求，对部分垃圾箱进行扩容或增高，增设圆桶1000个。完成7根高空管道垃圾箱的封闭及改建工作。完成了1座公厕的新建、2座三类公厕的改建，更新流动厕所1座以解决市民上厕难，投资30多万元对居民小区生活垃圾小型压缩机进行大修和保养。

辐射管理工作初步展开

根据市环保局部署，放射源及电磁辐射纳入区环保管理范围。区环保局及时成立了由局长为组长，建管科、污控科、监察支队相关人员参加的辐射管理工作小组。请市辐射监督站的专家对有关单位工作人员进行业务培训。区环保局给对各单位下达了拟定应急方案的任务。据统计，全区现有辐射单位51家，其中放射源单位10家，单纯X射线装置单位41家。新近办理安全许可证的5家，许可证在有效期内的9家，正在办理中的近10家。

建筑工地夜间施工管理更加规范严格

为贯彻实施《上海市环境保护条例》，进一步规范建筑工地夜间施工的审批，把夜间施工噪声扰民的现象降到最低的限度，区环保局对原建设工地夜间施工作业审批流程进行修改，变过去当场办理为提前五个工作日申请，三个工作日现场核实作出审批决定的新规定，使审批更规范，更严格。2006年，全区共受理夜间施工1184件，在审批过程中，针对达安锦苑108工地、远中峰画苑、东海园二期B楼和70号地块等四个工地存在的噪声扰民、扬尘污染等问题，采取了暂停夜间施工审批或调整为做二停一等措施，起到了缓和矛盾、减轻污染的积极作用。

静安环保flash设计大赛成功举办

区环保局、区科委和东华大学环境学院三家联合举办为期2个月的“绿色风，和谐情”静安环保flash设计大赛，大赛以“携手共创一个生态安全、环境友好型的和谐社会”为主题，以flash动画的形式来诠释环保主题、反映当前环境现状、倡导绿色环保行为，唤起广大市民、学生节约资源、保护环境、共创和谐环境的意识和理念。参赛对象覆盖了全区各中小学及松江大学城七所高校，活动期间共收到作品23件。经过三家主办单位的联合评审，对10件优秀作品进行了颁奖。

纪念“6·5”世界环境日宣传活动内容丰富

6月3日上午，静安区在地处南京西路闹市的静安公园举行“6·5”世界环境日大型宣传活动。围绕着世界环境日中国主题，结合第三轮环保三年行动计划实施，在主会场上开展了内容丰富、形式多样的宣传活动。一是以展板的形式展示全区绿色创建的成果和绿色单位的创建经验，介绍“第三轮三年行动计划”的主要内容；二是现场设置环保咨询投诉点，耐心细致地解答市民提出的疑难问题，并赠阅近三年《环保天地》汇编本和三年行动计划宣传本等资料；三是东华大学环境学院志愿者组织的有奖环保游戏、环保知识竞答、百米长卷签画和“环境树”环保建议征集等，寓环保宣传于娱乐游戏之中，并与广大市民形成互动；四是展示环保Flash征集大赛获奖作品；五是节能灯具公司、环保打印耗材公司等宣传展示各类环保产品，引导市民树立正确的消费观念，支持并选用环保产品；六是展出由区环保局、“老小孩”网站、PChome电脑之家联合举办的“2006年世界环境日环保主题摄影比赛”优秀作品。

各个街道、居委会和创绿单位悬挂宣传挂图、横幅，在《静安时报》环保天地栏目和环保局门户网站上开设纪念世界环境日专栏，发表纪念文章和刊登环保小知识，倡导绿色生活方式；环保大型显示屏宣传环境新闻、环保知识、新一轮环保三年行动计划等。

绿色单位创建机制进一步完善

静安区进一步完善创绿活动机制，注重创绿质量的提升。一是把创绿工作纳入了环保三年行动计划，由区三年行动计划推进办负责统一协调、监督推进和组织验收等工作;二是制订《静安区绿色单位创建暂行办法》,明确了创建时间节点、规范了创建流程、修订了创建标准;三是区环保局、教育局、经委、旅游局、房地局、各街道办事处分别成为“六个绿”的创建责任部门,对创建单位上门指导、环保宣讲、及时解决创建中存在的问题。

年内,在14家单位开展创建绿色单位的工作,验收通过建成13家,其中绿色机关3家;绿色学校2家;绿色小区4家;绿色商厦2家;绿色饭店2家。通过绿色单位的创建,提高了市民共同参与意识,宣传了绿色生活理念,倡导了节能环保行为。如“天鼎花园”小区在创绿活动中,注重发动居民广泛参与,小区建立了8支志愿者队伍,包括护绿队、公共卫生维护队、巡查队等,志愿者占小区总人数的15%。建立5支文体团队,每月举办环保主题文化活动,以联欢、外出参观、问卷调查等形式丰富了居民的环保知识;每周开设插花、植绿等各类兴趣班;每季度开展一次“绿色生活”培训讲座等;小区还开展了“环保节能”金点子征集等活动。

“环保进楼宇”活动有特色

区环保局针对静安区楼宇多的特点,积极探索,开展以“服务楼宇环境健康、提高白领环保素养”为宗旨的“环保进楼宇”宣传活动。一是通过触摸屏和宣传屏,播放包括白色污染、绿色食品、节能灯、空气洁净技术等环保宣传片,环保Flash公益宣传片,通过演绎环保故事、诠释环保主题、展示环境现状,警示人们关心人与自然的和谐发展。二是在街道的配合支持下,向全区49幢商务楼宇发放《高污染车辆限行措施问答》主题宣传单,广泛宣传“机动车辆环保标志”申领细则;三是围绕3·12中国植树节、6·5世界环境日等纪念日,不断普及《上海市环境保护条例》等环保法规和常识,在迎中秋、庆国庆期间,赠送“环保与健康”的主题书籍和《环保天地》小册子,获得楼宇广大员工的热情欢迎。“环保进楼宇”活动增强了白领们的环保意识和健康素养,为促进楼宇经济的和谐发展创造良好的人文环境。

环保各类信访件比上年下降4%

2006年,区环保局受理政协提案1件,办结率100%,满意率100%。全年共受理群众信访投诉456件,办结率100%。信访量比去年下降4%。在群众信访投诉中,反映大气污染的为11.2%,油烟气污染为25.9%,废水污染为1.1%,噪声污染为48.9%,其他污染为10.5%,新建项目为2.4%。噪声污染和餐饮业油烟气污染占到总量的74.8%,仍为中心城区居民投诉的热点。

宝山区

环保投入资金达14.7亿元

整治后的吴淞地区

2006年,宝山区环保投入资金共计14.7亿元。其中市级财政拨款5.5亿元,占环保总投入的37.6%;区及镇级财政投入6.2亿元,占环保总投入的42.0%;企业和社会投资3.0亿元,占环保总投入的20.4%。

投入资金用于水环境治理55287万元,大气环境治理1291万元,固体废物治理19588万元,工业污染源治理8900万元,生态保护和建设46768万元,区域环境网格化整治14650万元,监测监控能力建设490万元,绿色创建100万元。

第三轮环保三年行动计划任务完成市、区两级项目181项

2006年，宝山区列入市第三轮环保三年行动计划的项目有21项,其中，重点建设项目11项，管理项目10项。除神工生活垃圾综合处理厂因土地转让问题未能解决，未正式开工外，其他20个项目全部完成。

列入区环保三年行动计划的项目有193项,包括水环境治理和保护20项，大气环境治理和保护27项，固体废弃物处置9项，工业污染源治理19项，农村环境保护和生态建设16项，区域网格环境整治81项，监测监控能力建设6项，公众参与绿色创建15项。

年内，按时间节点全面完成市区两级计划项目共181项，完成率为93。8%，其中生态建设中的绿化项目因受到征地影响，仅完成计划数68.8%，未完成项目结转2007年实施。

水环境整治不断推向深入

2006年，宝山区水环境治理的重点是区域3条骨干河道、113条中小河道的综合整治和污水管网建设及区污染源纳管。

年内，完成沙浦（一期）、湄浦（二期）和新槎浦3条河道的整治，总长10.55公里；完成了月浦、顾村、杨行、罗店、罗泾五镇域内185条段村级河道的整治。总长达156.7公里，疏浚土方235.6万立方米，新建设河道护岸21.3公里，种植河道绿化60.5万平方米，涵改桥13座，水环境整治年内共投入资金19025.9万元，其中区级财政投入11369.9万元，镇级财政投入7656万元。资金投入中，其中工程费用16025.9万元，前期动迁费用3000万元。根据新农村建设整体安排，在罗店、罗泾两镇的3个村开展水环境全面系统整治工作，实现了“沟通水系、调活水体、营造水景、改善环境”的整体目标，为新农村建设的水环境建设积累了经验。在河道整治的同时，对前期已整治的河道进行了巩固，累计完成巩固提高河道123条段，其中镇级河道33条段，村级河道90条段，疏浚土方43.13万立方米，补种绿化2.7万平方米，并适时引进了各种生化处理技术改善河道水质，有效地遏制了河道的黑臭现象。

大气污染防治“三个区”创建取得明显成效

2006年，宝山区大气环境防治主要工作为创建扬尘污染控制区、烟尘控制区、基本无燃煤区（以下简称“三个区”创建）。全年建成扬尘控制区面积32.43平方公里，其中高镜镇6.97平方公里，淞南镇7.49平方公里，吴淞街道7.52平方公里，友谊街道10.45平方公里，建成工业园区烟尘控制区面积4.35平方公里；淞南镇南块区域7.49平方公里创建基本无燃煤区通过市级验收。通过“三个区”建设，淞南镇南块区域31台在用锅炉、1台茶水炉、283灶眼全部使用清洁能源；完成9户企业12台锅炉、大灶的清洁能源替代工作。庙行镇完成13台燃木柴茶水炉拆除、清洁能源替代，杨行镇完成1户企业茶水炉拆除工作。宝山城市工业园区炉、窑、灶设施排烟黑度达标率100%，烟尘排放达标率100%。

农村生活垃圾收集处置系统基本建立

2006年，在全区9个镇、116个村开展村容整治达标建设，以建立和完善生活垃圾集中收集和处置系统为核心，实行“三定”（定点投放、定时收集、定向处置）环卫作业流程，推进“三统一”（统一设计、统一标准、统一建设）环卫公共设施建设，全区农村生活垃圾集中收集处置系统基本建立，每天283吨生活垃圾全部实行外运处置，建成各类公共厕所540座（其中改建60座）独立垃圾箱房279座、独立化粪池508座、配置20升小垃圾桶5.2万只、240升标准垃圾桶5663只、人力收集车1033部，城镇生活垃圾管理和终端处置设施建设稳步推进。

固体废弃物处置能力不断加强

年内，泰和路环卫码头综合改造工程正式开工，该改造工程把增加码头粪便运输能力与岸线、防汛墙、污水

管道改造相结合，改造后的码头，生活垃圾和粪便外运能力分别达到1000吨/天和350吨/天。

至2006年底，全区建成生活垃圾压缩收集站60座，实行分类收集的小区数达147个。餐厨垃圾收集率达65%，其中东城区近100%，张庙、大华地区收集率50%，月浦、罗店、祁连等地区收集覆盖率30%，日均收集量约18吨。全区26家医院、3家专科防治所的医疗废物实现由具备资质的单位集中收集处理，民办医疗机构、私人诊所产生的医疗废物的集中收集系统正在建立。

绿化建设步伐不断加快

2006年，完成炮台湾公园、阳泉花园、潘泾路和宝杨路道路绿化、泗东路码头绿化等建设工程，顾村公园、步道二期工程正在建设之中，国家园林城区通过市级复验。

全年投入资金4.4亿元，建成各类绿地285余公顷，其中公共绿地156公顷；单位绿地13公顷；居住绿地95公顷；防护绿地21公顷。至2006年底，建成区绿化覆盖率达到40%，人均公共绿地面积达18平方米。

区域网格化环境管理凸显成效

年内，宝山区开始实施区域网格化环境管理，并作为区第三轮环境保护和建设三年行动计划的重要内容。网格化环境管理是指，将全区按行政区域划分为150个网格，根据污染程度重到轻分别用黑、红、橙、黄、绿5种颜色进行图示。对环境状况不同区域实施不同的管理模式，对黑色网格区域实施全区协调，齐抓共管的管理模式，红色网格实施依托环保，街镇主导型的管理模式，橙、黄色网格实施条块协作，条线联动的管理模式。黑色网格区域禁止新建项目、红色网格区域控制新建项目进入等措施，网格颜色的变化纳入各级政府政绩考核的内容。

实施区域网格化环境管理以来，促进了三年行动计划项目的完成。全区共计23.54平方公里的区域环境等级得到改善提升，其中改善提升黑色网格区域面积5.79平方公里，占原面积30.03%；改善提升红色网格区域面积9.63平方公里，占原面积28.44%；改善提升橙色网格区域面积8.12平方公里，占原面积9.93%。

污染企业分类管理在全区推进

2006年，宝山区对污染负荷占全区污染总量95%以上的330家企业进行污染指数评定，评定工作根据企业污染物排放强度、环境管理水平、环境污染影响范围与程度等要素，确定3级共计14项指标，通过量化指标全面考核企业，按照评定指数，实施企业分类管理，按指数从高到低用黑、红、橙、黄、绿5种颜色显示进行分类，对黑色企业实施关停整改为主、红色企业强化严格执法、橙色企业加强监督管理、黄色企业实施引导规范、绿色企业采取表彰及自主管理的分类管理模式。实施分类管理后，使环境保护工作对企业的管理由分散向系统，由隐性向显性，由软性向刚性转变。为推进对企业实施分类管理的创新举措，环保部门加强了对企业的培训工作，强化了企业环保意识。年内，17家企业完成了一定规模的污染源治理工程，其中14家企业摘掉了黑色，全区年削减COD污染总量39吨，削减二氧化硫污染总量442吨。2006年全区企业污染总指数为4030点，比上年下降了650点。优良率（绿、黄色等级企业）从2005年的7.4%上升为25.3%；污染率（红、黑色等级企业）从2005年的64.1%下降为45.6%。

一批重点污染源实施关停整改

年内，上海申佳铁合金有限公司整体关停；上海钢管股份有限公司环形重油加热炉、上海三冠钢铁有限公司重油加热炉、吴淞煤气制气有限公司重油炉和锅炉重新使用完成解决烟囱冒黑烟任务；上海富国皮革有限公司硝皮车间实施搬迁，有效缓解了上海大学周边地区空气异味的环境矛盾；杨行铜材厂年内实施搬迁，解决了长期困扰天馨花园居民的环境问题；上海海华集团锐诚家具有限公司油漆车间被区政府责令停产后，已实施整体搬迁，普陀区莲花小区居民环境问题得到解决，存在多年的跨区环境矛盾彻底消除。

大场、罗店化工区综合整治完成任务

为缓解大场、罗店化工集聚区域厂群矛盾，减少化工企业废气排放对环境影响，区委、区政府把大场、罗店地区化工企业整治列为2006年度区政府工作重点加以落实，区政府建立了区小化工企业环境综合整治联席会议制度，加强督办。年内，大场地区22家化工企业实现关停与结构调整，罗店地区6家小化工企业关闭，4家企业停产。位于大场地区的最大异味污染源——富国皮革有限公司染色皮硝皮车间实施搬迁，缓解了该地区厂群矛盾，改善了大气环境质量。

环境公众参与渠道不断拓展

为加强环境保护宣传教育，营造环境友好气氛，经区编委同意，正式成立宝山区环境保护教育培训中心（以下简称区宣教中心）。年内，区宣教中心与华东师范大学、世界自然基金会（WFF）组织开展了环境保护公众参与的多个课题研究和实践活动，邀请了世界环保工程知名企业美国麦王公司的工程技术人员为全区工业废水排放重点企业进行技术讲座，同时相继举办了教师、社区环保干部、环保志愿者、企业领导和环保人员培训班，宣传环保理念，强化环保意识。

绿色机关、绿色饭店创建活动在区首次展开，区机关事务管理局、区机关党工委首批成功创建为“绿色机关”，宝钢集团宝山宾馆、金富门大酒店成为区内首批“绿色饭店”。绿色学校、绿色小区创建工作不断普及，年内，新创建成功绿色小区18个，绿色学校3所。在“6·5”世界环境日，广泛开展环境保护宣传活动，张贴宣传画3000张，悬挂横幅250条，展出黑板报55块，发放各种宣传资料上万份，营造环境友好氛围，提高居民的环境意识。在区人大、政协两会期间，向参会代表发放相关环保资料，让代表全面了解区环境现状和环境保护工作，在参政议政中为建设环境友好型、资源节约型社会献计谋策。

闵行区

闵行区荣获“国家生态区”称号

2006年5月，国家环保总局组织各方面专家到闵行区对该区创建“国家生态区”工作进行全面考核和环境状况实地检查，国家考核验收组分别听取区政府有关各部门的汇报；查阅了档案资料；察看了城市基础设施，绿化建设状况；走访了部分企业、工业园区、乡镇、社区等。各位专家对闵行区的工作给予高度评价，一致通过“国家生态区”验收。

国家生态市（区）授牌仪式

6月5日，闵行区正式获得了“国家生态区”荣誉称号，成为全国首个获此殊荣的地级行政区，也为全区“十一五”期间重点工作任务的推进实施开了一个好头。

10月，国家环保总局发文（环发[2006]167号），分别授予区人大主任、区长为生态区建设优秀领导奖，分管副区长为生态区建设先进工作者，区环保局为生态区建设优秀组织奖，以表彰他们在创建“国家生态区”工作中所作出的贡献。

区域经济发展好中又快

2006年，闵行区以实现经济又好又快发展和全面提升城区管理水平为目标，以科学发展观为指导，进一步调整产业结构，在综合经济实力不断提高。全年完成增加值847.0亿元，同比增长15.2%；完成财政收入227.7亿元，同比增长16.8%；完成工业总产值3028.7亿元，同比增长27.0%；实现社会消费品零售总额236.6亿元，同比增长15%。

环保投入占增加值3.06%

2006年，区级及区级以下环境保护投资总额达25.9亿元，占增加值3.06%。环保投入资金用于：企业污染源治理3.55亿元；生态建设（主要包括农业面源污染治理、畜牧场关闭整治、绿色创建等）0.63亿万元；污水收集、处理5.42亿元；清洁能源替代、集中供热0.51万元；园林绿化2.45亿元；河道整治1.32亿元；垃圾处理、噪声治理等2.26亿元；环境管理能力建设0.44亿元；环保设施运行费4.61亿元；其他0.39亿元。

第三轮“环保三年行动计划”实施项目进展顺利

年初，区委常委会和区政府常务会分别讨论通过了“闵行区第三轮环保三年行动计划”，于2月下旬区政府正式发文《关于实施闵行区2006年～2008年环境保护与生态建设三年行动计划的决定》（闵府发[2006]3号）和《关于印发闵行区2006年～2008年环境保护与生态建设三年行动计划的通知》（闵府办发[2006]7号），并组织下达实施。

一年来，在区委、区政府领导高度重视和全区上下的共同努力、积极参与下，计划内各项工作任务全面启动，进展顺利。根据市区二级计划共有八大重点领域89项任务，区作为第一责任单位的任务有82项，其中市下达任务44项，截止到2006年底，已经完成9项任务，完成率为10.1%，其他所有项目正在实施过程中。

吴泾工业区环境综合整治取得实质性进展

吴泾工业区环境综合整治为全区实施第三轮环保三年行动计划以及“十一五”期间环境保护的工作重点。

2006年，区按照市政府“吴泾工业区环境综合整治实施规划”和“吴泾工业区环境综合整治实施计划纲要”的要求。在市、区、镇各相关部门的积极配合下，综合整治工作取得了实质性进展：上海焦化有限公司、川崎食品公司二分厂完成废水达标纳管排放；氯碱公司、吴泾热电厂、吴泾第二发电厂等6家单位实现雨污水分流；上海白水泥有限公司、宝隆白水泥公司、上海碳素厂、新誉化工厂、上海碳能厂已停产，上海联成化学工业公司已实施搬迁；上海焦化有限公司关停了1号焦炉、U-GAS气化炉，完成2台35吨／小时锅炉脱硫；上海京华化工厂关停了立德粉、碳酸锌生产装置，上海氯碱股份公司关停了12000吨／年的热氯化52%氯化石蜡装置，上海吴泾化工公司关停了硫酸二甲酯、十八胺以及氯磺酸生产线；上海威德纺织品有限公司完成3台蒸汽煤锅炉、燃重油锅炉清洁能源替代；上海吴泾第二发电公司和吴泾热电厂脱硫改造项目立项报批，上海摩根碳制品有限公司、福祥陶瓷有限公司、上海卡博特化工有限公司等企业的整治项目已经实施；堆场码头已关闭12家，规范整治19家。闵行区把环境综合整治与发展循环经济紧密结合，通过产业结构调整和优化升级，逐步向上海市循环经济工业园区的建设目标迈进。

主要污染物排放总量得到初步控制

根据市政府下达的闵行区“十一五”期间污染物减排任务，区政府委托区环保局牵头拟定闵行区污染物减排方案，并经区政府常务会议讨论通过。为确保减排任务的完成，区政府又制定了《闵行区招商引资产业导向环保指导意见》和《闵行区“十一五”期间主要污染物总量控制工作意见》。

2006年，闵行区以“全力推进第三轮环保三年行动计划”和巩固“国家生态区”创建成果为抓手，全面推进“节能减排”工作。在吴泾工业区环境综合整治中，通过一批重污染生产企业和生产线的关停、实施集中供热、清洁能源替代等措施，全年削减二氧化硫排放量440吨，同比削减了2.7%；通过对一些污染型劣势企业实施限期治理与关停，加强和完善全区污水收集管网建设，推进保留工业区企业污水纳管，全区污水收集处理率提高到73.6%，全年化学需氧量（COD）排放总量同比下降670吨，削减率2.2%。

污染物排放总量得到初步控制和削减。

水环境治理有序推进

2006年，闵行区紧紧依托苏州河六支流污水截流工程、浦江镇三鲁路污水总管工程等市重大工程的建设，全面建设并完善了污水收集系统，基本形成了“以集中外排为主，分散就地处理排放为辅”的城市污水收集、输送、处理系统。截至年底全区已建成污水管道775公里、污水提升泵站42座、污水处理厂3座，全区污水集中收集、处理率达到73.6%，日集中收集、处理污水量为47.2万吨。

继续开展春申塘、北竹港、三鲁河等7条河道的综合整治，年内，完成了涉及泰青港、大浦泾、中南河等16条段河道、整治河段全长24.33公里的浦江鲁汇生态河道建设工程及整治河道全长3.22公里的沈庄塘二期综合整治工程。

47家单位通过ISO14001贯标认证

2006年，区环保局在总结往年经验的基础上，采取3项措施继续推进ISO14001贯标认证工作：一是认证工作与创建“国家生态区”系列宣传工作结合在一起，扩大宣传面和宣传力度；二是将全区分为中、西、南、北、东五个片区，每季度召开一次培训交流会，邀请有关专家和在此项工作中做出突出成绩的单位对片区内的其他企业进行培训，介绍经验；三是区环保局将清洁生产、循环经济方面内容与指导贯标认证单位的工作有机结合起来，使全区ISO14001贯彻认证工作顺利开展。

年内共有47家单位通过认证，至2006年底，全区共有237家单位通过了ISO14001认证，位居全市前列。

78个拟建项目被否决

2006年，区环保局严格执行建设项目环评制度，否决了上海浦敏混凝土有限公司、上海绿铭环保科技有限公司（生物柴油）项目等78个选址不当、使用有毒有害化工原料、污染扰民的拟建项目，占全年行政许可受理项目总数1737个的4.5%。为提高项目环境影响评价报告编制质量，区环保局根据市环保局“建设项目环境影响评价工作会议”精神，按照“环评资质单位考核评分表”对每一份环评文件实行严格的评分制度，并对编制质量有重大问题的环评资质单位进行批评。

农业生态保护和建设取得新进展

2006年，正义园艺场建成上海市安全卫生优质蔬菜生产基地，区内另有三家粮食生产基地被确定为无公害粮食生产基地；全区秸秆机械化全量还田面积达2.18万亩，占粮食种植面积的96.1%，其中，机场半径15公里和国道、高速公路两侧2公里范围内，秸秆机械化还田率达到100%，其他地区达到95%；畜禽牧场污染的综合治理成果得到巩固，4家规模化畜禽牧场完成整治任务，共改建和清理污水沉淀池3650平方米、清理氧化塘6180立方米、改建和清理污水管道1684米，全年规范处理了养殖污水7963.2吨、猪粪6143吨，猪粪大部分经过发酵后还田，少部分作原料，制成优质复合有机肥。

生态工业园建设规划通过国家认证

2006年，历时近2年编制的《上海市莘庄生态工业园建设规划》通过了国家环保总局组织的专家评审，成为全国首批通过国家论证的生态工业园区规划。该规划提出的创建目标是：以循环经济和工业生态学原理为依据，结合创建生态工业示范区的要求，建立以知识创新和高新技术产业为主体、以工业共生和物质循环为特征的生态工业经济体系；合理进行功能布局，完善现有的产品代谢链和废物代谢链，促进区域产业结构优化和升级，提高经济增长质量，增强区域可持续发展能力；从企业、企业群和社会三个层面，通过结构性减耗、产业链减耗和制度性减耗全面推进循环经济建设；实现园区内废物、废能排放最小化。争取到2007年通过“国家生态工业示范园区”的试点验收工作；2010年完成第二批重点示范工程，生态工业园区初步成型；2020年完成第三批生态建设重点项目，全面建成生态经济发达、生态环境优美、生态文化繁荣的改造型生态工业园区。

按照规划要求，工业区投资6000余万元实现了驻区企业生活污水和生产废水的全部纳管排放；加大绿化建设力度，公共绿地面积为697万平方米，绿化覆盖率超过35%；建成设计能力70t/hr和105t/hr的二座热供站，实现了集中供热；对水质较差的北邱泾港实行生物酶治理，恢复河道原始生态；不断优化产业结构，初步形成了微电子信息及包装印刷两条高附加值、低污染、低物耗的产业链。

区环保局组织开展了13项环保专项整治活动

全年区环保局共开展了13次专项整治和突击抽查，1.环境安全大检查；2.放射源和射线装置专项检查； 3.限期治理企业专项检查； 4.水污染重点企业夜间突击抽查；5.堆场、码头扬尘污染专项检查；6.建设项目环保专项检查；7.“世界短池游泳锦标赛”环境保护专项行动；8.浦江镇畜牧场环境污染调查；9.工业园区环保专项检查；10.绿色护考专项检查；11.“629”环境整治工作；12.餐饮业普查；13.“整治违法排污企业保障群众健康”环保专项行动。

在专项整治中，区环境监察支队出动761批次、1856人次，检查单位1693户次，累计发现95户次各类违法排污行为，并作出了相应的处理。

围绕创建“国家生态区”开展环保宣传

2006年，围绕创建“国家生态区”这一重点工作，区环保局会同宣传、教育、科技等部门，面向广大市民开展了一系列贴近生活、贴近群众的宣传活动，促进了环保意识的不断提高；同时加强与新闻媒体的沟通和协调，《新华社》、《人民日报》、《解放日报》等主要媒体均对闵行生态区建设工作进行了采访报道，扩大了影响面，提升了环保形象；全面总结并组织编写了《闵行区循环经济发展实例》、《闵行区绿色创建工作汇编》、《生态闵行》画册等材料，并通过“6·5”世界环境日宣传活动，ISO14001贯彻认证各类绿色创建等，向社区居民、企业单位、机关学校发证，取得很好的确宣传效果。

全区绿色创建工作广泛深入开展，年内，新创建成“绿色小区”60个、“环境优美村”14个，评选出27名“环保卫士”和31户“绿色家庭”。

嘉定区

区域经济较快增长

2006年，嘉定区实现增加值478.3亿元，同比增长16.1%，其中，第一产业实现增加值2.5亿元，同比下降2.1%；第二产业实现增加值326.1亿元，同比增长16.1%，对全区经济增长的贡献率为66.9%；第三产业实现增加值149.7亿元，同比增长16.4%，对

嘉定毛桥村生态景观

全区经济增长的贡献率为33.1%。一、二、三产业占全区国民生产总值的比例分别为0.5∶68.2∶31.3。

随着产品结构调整，工业生产快速增长，产业能级进一步提高。全年完成工业总产值1565.9亿元，同比增长18.4%。非公经济企业完成工业总产值1307.9亿元，占全区工业总产值的83.5%。其中三资企业完成工业总产值912.7亿元，同比增长29.3%；私营企业完成工业总产值395.2亿元，同比增长1.1%。工业产销衔接良好,全年产销率为98.8%。

环境保护投入创历史新高

2006年，全区共投入环保资金13.51亿元，创历史新高。其中市级财政投入1.07亿元，区级财政投入10.55亿元，其他投入1.89亿元。从资金投入项目分类看，城市环境基础设施建设投入最多，为9.84亿元，占环保总投入的72.83%；其次是污染源控制投入，为1.19亿元；环保设施运转费0.73亿元；生态保护和建设投入0.42亿元；环境管理能力建设投入为0.06亿元；其他方面的环保投入为1.27亿元。

第三轮环保三年行动计划全面实施

第三轮环保三年行动计划中，嘉定区共实施市、区二级项目共62项，其中：市政府考核项目24项，区政府考核项目34项以及配合市相关部门实施且不考核项目4项。

市政府下达的24个项目中，11个管理项目，13个重点建设项目。11个管理项目中，2项完成（黄渡镇创建环境优美镇、完成357平方公里烟尘控制区建设），9项正在有序推进中，启动率100%；13个重点建设项目中，2项完成（建设残渣填埋场，嘉定北区污水处理厂建设工程），11项已启动建设，启动率100%。市、区二级政府下达的共62个项目中，启动完成率95%，未启动的3个项目调整至2007年实施。

嘉定新城生态建设规划编制工作启动

2006年，区环保局联合同济大学着手编制《上海市嘉定新城生态建设规划（2006～2020年）》，规划内容包括：生态建设指标体系、生态功能区划、生态环境建设、生态建设规划、节能及清洁能源发展、绿色交通建设、生态工业建设、新农村生态建设、生态文明建设、落实与保障体系建设、经费概算与效益分析等方面。

淘汰劣势企业工作取得新进展

2006年，嘉定区进一步加强产业结构和产品结构调整，共淘汰了108家环境污染大、安全隐患重、能源消耗大的企业，其中，72家企业实施停产关闭，36家企业转移至工业园区或提高能级进行转势，共计腾出土地123.9公顷。这些被淘汰的劣势企业主要集中在钢铁、金属制品、机械、电镀、化工、建材等行业。

污水处理设施建设完成投资1.81亿元

2006年，投资1.23亿元，完成了嘉定北区污水处理厂一期建设，处理能力为5万吨／日；投资2000万元，建成嘉定北区污水处理厂配套管网6.8公里；投资1000万元，完成嘉定新城污水处理厂配套管网建设方面，嘉罗路污水总管顶管工程（DN1200）770米，横仓路（DN800）2826米；投资2780万元，完成安亭污水处理厂配套管网泽普路段污水总管翻建（DN1000，1400米）及2号泵站改造。

河道综合整治继续深入

2006年，投资3394.2万元，完成江桥镇、南翔镇20公里镇、村级河道整治任务，新建石驳护岸22.3

公里，疏浚淤泥33.3万立方米，种植绿化4.8万平方米。其中，投资352.14万元整治南木浜1.5公里，河道疏浚2.5万立方米，建护岸225米、通道0.25万平方米，敷设截污管594米，建成绿化0.88万平方米；投资331.31万元，整治道士浜1.48公里，河道疏浚2.55万立方米，建护岸721米、通道0.28万平方米，敷设截污管1270米，建成绿化1.1万平方米；投资1217.27万元整治走马塘2.58公里，河道疏浚7.2万立方米，建护岸526米、通道0.84万平方米，敷设截污管1809米，建成绿化3.9万平方米；投资378.77万元整治车站河1.1公里，河道疏浚1.31万立方米，建通道0.29万平方米，敷设截污管403米，建成绿化1.44万平方米。

近九成生活垃圾实现无害化处置

年内，完成嘉定区残渣垃圾填埋场二期、三期基坑的建设工作，并启动建设四期基坑。结合郊区村容整洁达标工作，在全区各街镇改建垃圾中转房，添置垃圾收集桶，采用桶装式垃圾收集车，优化收集作业网络，推行“垃圾不落地”工程，新成路街道等11个街镇产生的生活垃圾全部进入安亭生活垃圾综合处置厂处置，真新街道产生的生活垃圾纳入市级生活垃圾处置系统，由真新中转站运往老港垃圾填埋场处置。截至年底，全区生活垃圾无害化处置率达88%。

绿化林地建设稳步推进

全年新增公共绿地面积195公顷，其中包括方泰广场绿地、四高小区配套公园等大型绿地及丰翔路、桃浦路等绿色廊道。至2006年底，人均公共绿地面积15.8平方米，绿化覆盖率达37.9%。

年内新辟生态公益林2940亩，外冈新镇周边和墨玉北路两侧建成800亩大型片林。

老城区环境综合整治改造一期工程顺利完成

2006年，作为区政府实事工程项目，老城区环境综合整治改造一期工程顺利完成。其中，投资1202.7万元，完成塔城路道路、绿化改造工程，清河路、城中路灯光改造工程和博乐路欧尚超市周边绿化改造工程；投资1200.7万元，完成南水关周边违章建筑拆除和绿化改造工程；投资2200万元，完成嘉定老城区范围内21.6万平方米住宅“平改坡”综合改造工程。

禽畜牧场整治完成8家

2006年，投入1320万元，关闭马陆镇棕坊牧场、马陆镇戬浜奶牛场、马陆镇北管奶牛场、外冈镇长征副食品基地场、工业区朱桥立新猪场和外冈镇长征蛋鸡场等6家规模化禽畜养殖场；分别投入92.5万元和54万元，实施外冈镇望新二牧场和娄塘二牧场畜粪治理工程。

秸秆机械化还田5.4万亩

在“三夏”、“三秋”农忙季节，区农委加强了秸秆禁烧工作，重点加强了各交通主干道周边的禁烧监管，同时引进秸秆机械化还田农机1台、拖拉机4台、配套农机36台。年内，全区秸秆机械化还田面积达5.4万亩。

农产品基地建设及有机肥料推广力度加大

年内，全区建成无公害农副产品基地2543亩，其中渔业基地2124亩，种植业基地419亩。同时，在外冈镇施晋村建设有机食品生产基地200亩。2006年，全区农作物专用肥和有机肥的推广力度进一步加大。通过为水稻种植户统一供应种子、肥料、农药，推广水稻专用BB肥2500吨，施用面积超10万亩次，推广商品有机肥7500吨、以羊粪为原料的优质有机肥2967.4吨、蔬菜等农作物的有机生物新制剂1850公斤，有机肥推广面积超过6万亩次。

环保执法力度进一步加大

2006年，区环保局进一步加大环保执法力度。年内，共出动现场监察1254批次、2544人次，监察企事业单位3022户次，检查各类“三废”治理设施2138台（套），正常运转率为97.66%。在“整治违法排污企业保障群众健康环保专项行动”中，区环保局分别会同区有关职能部门、市环境监察总队，联合开展环境安全大检查、饮用水源保护专项执法检查和畜牧场限期治理项目、区级重点污染源以及化工、电镀企业等各类专项检查17次，累计检查单位467余户次。全年立案查处违法案件76件，处罚金额124.5万元；责令停产整顿8家，发出限期整改通知42份，启动非诉讼法院执行4户次。年开征排污费494.20万元，实际入库473.12万元。

12家环保重点监管企业实行在线监测

2006年，污染源在线监测被列为区政府实事工程，上海亚明灯泡厂有限公司等12家区级水污染重点监管企业被列为首批实施在线监测的企业。至年底，总投资370万元的12套在线监测设备和信息控制中心顺利建成，并投入试运行。水污染源在线监测工程实施后，区环保局可以通过信息控制中心对企业的废水排放量、TOC、pH等污染指标实施全天24小时监测，动态实时掌握企业污染排放信息，并可对污染源排放特点进行分析，为环境管理提供科学根据。

黄渡镇成功创建国家优美镇

2006年，黄渡镇创建成为国家优美镇，继安亭、徐行、马陆镇之后，成为全区第四个创建为国家优美镇的镇。黄渡镇自2004年开始创建以来，镇政府投资1.5亿元，铺设完成了18.5公里污水总管和2座泵站，使年污水处理能力达到2737.5万吨；对全镇64条、总长度84公里的河道进行全面的整治，落实专业队伍进行长效管理；投资3000万元，铺设9.6公里长的天然气管道，完成了3100多户居民的供气配套设施的建设，并陆续开通使用；2006年实施烟尘控制区创建，对全镇97台锅炉，69眼食堂灶，1个工业炉窑逐步实施清洁能源替代；种植绿化1000多亩，形成了“三点二线”的绿化格局：即曹安路等三个路口各设计建成一个别致的绿化景点；绿苑路东西两侧各建成一条绿色长廊；镇区内建有占地近50亩的黄渡公园，其中绿化面积为27262平方米，全镇森林覆盖率达到17.6%，绿化覆盖率达到40%，人均公共绿地达到16.1平方米。

环保宣传教育形式多样

2006年，嘉定区开展了形式多样的环保宣传活动。一是开展“环保宣传进社区”活动，区环保局印发1000套环境宣传资料发放到社区、村介绍嘉定区第三轮环保三年行动计划、推广环境友好理念、倡导节约型消费、提倡垃圾分类收集等；二是在重点监管单位开展环保法制宣传教育，发放《上海市环境保护条例》，宣传环保法律规定企业的权利与义务，提高环境意识和法制观念；三是开展青少年环境宣传活动，举办环保漫画、论文比赛，组织百名环保小卫士“环保一日游”，参观嘉定区污水处理厂、现代农业园区、绿色企业和固体废物回收专业处置企业；四是开展“6·5”世界环境日宣传活动，举办“生态安全和环境友好型社会”主题宣传活动，活动现场布置大量有关保护生态安全、营造环境友好型社会的宣传板和宣传资料，通过现场咨询、信访接待、环保宣传绘画、环保承诺签名、环保制作展示等互动活动，提高群众环保意识。

年内，区环保局网站实现改版升级，完善了网站日常管理制度，让广大群众第一时间了解嘉定环保工作的最新信息，同时通过网站接受市民的投诉，公开对违法排污企业的行政处罚，提高全社会的环保意识。

金山区

区域经济发展平稳快速

车载 VOC 在线监测系统

2006年，金山区实现生产总值254.51亿元,同比增长26.2%。第一、第二、第三产业增加值占全区生产总值比重分别为3.3%、65.2%、31.5%。工业增加值实现154.1亿元，同比增长26.1%;工业总产值完成810.78亿元，同比增长31.4%。实现财政收入66.61亿元，同比增长16.2%，其中区级财政收入完成21.63亿元，同比增长11.8%。社会固定资产投资完成167.48亿元，同比增长18.8%,其中工业性投资完成114.4亿元、第三产业投资完成50.63亿元、第一产业投资完成2.44亿元，分别比上年增长19.3%、17.3%、19.2%。实现社会消费品零售总额138.61亿元，同比增长19.7%。城镇居民人均可支配收入18600元，同比增长11.8%;农村居民人均纯收入达到8680元，同比增长15.4%。

环保投入资金13.09亿元

2006年，金山区共投入环保资金13.09亿元，其中市级投入0.81亿元，占总投入的6.21%; 区级投入8.42亿元，占总投入的64.36%; 社会投入3.85亿元，占总投入的29.43%。

从投资项目划分，用于污染源控制与治理1.3亿元，占总投资的9.95%; 用于生态保护和建设0.53亿元，占总投资的4.06%; 用于城市环境基础设施建设5.00亿元，占总投资的38.18%; 用于环境管理能力建设0.05亿元，占总投资的0.39%; 用于环保设施运转费0.44亿万元，占总投资的3.40%; 其它环保投入5.76亿元，占总投资的44.02%。

创建国家环保模范城区正式启动

2006年，全区认真贯彻《上海市贯彻〈国务院关于落实科学发展观加强环境保护的决定〉的实施意见》，以实施第三轮环保三年行动计划为抓手，积极创建国家环保模范城区。4月12日，金山区人民政府召开了第三轮环保三年行动计划和创建国家环保模范城区动员大会,提出了七个方面的对策措施; 一是坚持金山特色，搞好城市规划和建设; 二是调整产业结构，扶持高科技产业和产品; 三是采取有效措施，努力改善水环境质量; 四是进一步加强农村生态建设，推进城乡一体化建设; 五是推进新一轮绿化建设，进一步加强城区环境管理; 六是坚持依法行政，进一步加强环境保护工作，力争在市环保部门的考核中名列前茅; 七是加大宣传力度，促进创建工作深入开展。在创建环保模范城区的28项指标中，年内,已有17项指标达到“创模”的要求。

加快淘汰劣势企业的工作意见出台

2006年9月12日，区政府颁布《金山区人民政府关于加快淘汰劣势企业的工作意见》(以下简称《工作意见》)及作为附件的《金山区2006年淘汰劣势企业专项补贴基金使用办法》、《金山区2006年淘汰劣势企业项目任务书》。

《工作意见》确立了实施原则和目标：按照科学发展观的要求，坚持“发展优势企业、稳定均势企业、淘汰劣势企业”的标准，坚持重点突破与整体推进相结合、企业自觉行动与政府的适当经济补贴相结合、日常监管与严格执法相结合的原则，切实加强对劣势企业的监控，加大对劣势企业的淘汰力度。通过淘汰劣势企业，逐步取消零星工业点，加快推进工业向园区集中；通过改造劣势企业，调整产业结构，提升产业能级；通过清理劣势企业，节约资源，美化环境，促使经济、社会和谐发展。

《工作意见》明确了劣势企业认定标准：凡生产产品产值能耗高、土地利用率低、环境破坏严重、安全隐患大以及生产能力和工艺落后的企业为劣势企业。

《工作意见》还明确了淘汰劣势企业的组织机构、职责单位、具体措施、职工安置及专项补贴资金使用等方面。

第三轮环保三年行动计划实施开局良好

区第三轮环保三年行动计划共有22项任务，其中重点工程建设项目12项，管理项目10项。年内，这些项目已全部启动，启动率为100%；重点工程建设项目中9项已开工。30项环保实事项目中已启动的有28项，启动率为93%，其中9项工作已完成；6项环保重点工作已全面启动。

4家重点污染企业完成限期治理任务

2006年，区政府对上海嘉德特种油脂有限公司、上海金凯树脂化工有限公司、上海佳田制造有限公司、上海鑫旺玻璃有限公司等4家企业下达了限期治理通知书，要求这4家企业与于当年8月31日前完成治理任务。通知书引起了企业领导的重视,通过新增三废处理装置，整修原污水处理设施，清理改造厂内污水管网和雨水管网，改革生产工艺等工程措施，4家企业按期完成限期治理任务，做到了稳定达标排放。

区辖6镇创建“烟尘控制区”通过市级验收

2006年，在枫泾镇、朱泾镇、亭林镇、张堰镇、漕泾镇、廊下镇开展了创建“烟尘控制区”工作，12月底全部通过市环保局考核验收。其中枫泾镇创建面积91.62平方公里;朱泾镇创建面积74.59平方公里;亭林镇创建面积79.12平方公里;张堰镇创建面积34.95平方公里;漕泾镇创建面积44.92平方公里;廊下镇创建面积47.82平方公里，总创建面积达373.02平方公里，完成全区创建总面积的63.7%。

31家劣势企业淘汰 环境效益明显

2006年，全区共淘汰31户重污染、高能耗、高危险、低效益的危化中小企业，土地总面积为264亩、建筑面积8.24万平方米、固定资产1.397亿元、工业产值2.49亿元，共减少废水排放量28万吨、削减COD排放量31吨；减少用煤量2.8万吨，削减二氧化硫排放量137吨，优化了化工行业产品结构，为全区经济发展腾出了一定的空间。

开展“百河千路万家”环境综合整治

2006年，金山区在全区范围内开展了“百河千路万家”环境综合整治行动。既对全区100 条河道、1000 公里道路、10000 家农户周边环境实施综合整治，确定的整治目标是“违章拆除、堆物整齐、立面白化、道路畅通、水清岸洁、环境净美、村容整洁、镇村和谐”。

年内，完成河道整治任务共827条段、1009公里，其中镇级河道162条段、336.1公里，村级河道665条段、672.9公里，总土方工程量达1017万方；全区共配备河道保洁员930名,船只312艘，市、区级保洁河道实现全覆盖,区内河道保洁覆盖率达75%；按照“河面无杂草、无漂浮物，河中无障碍、河边无垃圾”的要求，全年打捞水葫芦等水面垃圾

5万吨，拦截9万余吨，清除沉船残体72艘，氨水池残体4处；黄浦江引水8.76亿立方米；河道两岸种植白花三叶草273.6万平方米，种植香樟、黄杨球等苗木1.3万株。完成整治道路180条420公里，共清除垃圾和乱堆物4.6万吨，拆除乱搭建6.3万余平方米，整治影响市容景观的构筑物5.28万平方米，房屋立面白化304.8万平方米。

城区绿化形成新亮点

年内，完成城区11条道路2万多平方米绿化改造补缺，新建6条高速公路出口区域绿化，其中金山大道新世纪开放绿地、A6出口绿化形成新的亮点。全年完成新辟绿地面积100.7公顷，新建防污染隔离林56公顷，至2006年底，城区绿化覆盖率达到36%，人均公共绿地16.5平方米。金山区顺利通过国家园林城区复验，荟萃园西侧绿地、卫零广场、亭卫公路（A4出口—跃进路）被市绿化局认定为优美景点和景观道路。

城区市政设施建实施标准化、规范化

年内，学府路北段2.3公里拓宽工程竣工；完成城区道路大修和人行道改造；3条路段更新补缺222套路灯；11个主要路口安装交通信号灯；新建龙胜路临时停车场并投入使用，中心城区更换铸铁窨井盖2796个；路名牌补缺，桥载牌更新，同名路整治。城区公共设施设置逐步标准化，无障碍设施不断规范，被市有关部委授予“上海市无障碍设施建设示范区”称号。

市容环卫能力建设得到加强

2006年，中心城区简陋垃圾房整治和旱厕改造列入区政府实事项目，年内，简陋垃圾房拆除74座，改造86座，旱厕改造54座。新建、改建公厕55座，新增更新道路废物箱921只，新增环卫车辆20辆，改装环卫作业车11辆，推行“六位一体”新型保洁法，从16小时轮班作业延长到22小时保洁不间断，全年清运城市废物16.2万吨。

生态农村发展呈现良好势头

2006年，金山区以科学发展为指导，围绕“农业增效、农民增收、农村稳定”的总体目标，调整农业产业结构，保护农村生态，促进农村经济社会全面协调发展。全年完成农业总产值23.9亿元，同比增长2.5%。其中：种植业14.4亿元，同比增长8.9%；林业0.9亿元，同比下降15.1%；牧业5.2亿元，同比下降12.4%；渔业3.2亿元，同比增长8.1%；农业服务业0.2亿元，同比增长37.3%。种植业实现了稳粮扩经的大调整，养殖业基本完成了布局调整、综合整治的目标，都市现代农业建设加快推进，传统农业向现代农业加快转变。金山现代农业园区的带动效应逐步显现，种子种苗生产基地、出口花卉基地、冬枣生产基地、申漕特种水产养殖基地、6000头奶牛养殖基地等一批特色农业项目相继建成，全国现代农产品加工示范基地加快建设。建成了区级千亩杂交水稻制种基地、2000亩优质常规稻繁育基地和9万亩高标准设施粮田等一批农业产业化项目。培育了一批农业标准化生产基地，银龙蔬菜公司被列为国家级农业标准化示范基地。形成了“银龙”蔬菜、“多利升”西瓜、“皇母”蟠桃等一批品牌农产品。全区农业组织化程度达到67%，粮食生产规模经营面积达18万亩。

区环保局组织开展18项环境专项检查

2006年，区环保部开展了绿色护考、迎沙排赛及上海峰会、烟囱冒黑烟及秸秆禁烧、饮用水源保护区、专业化运行企业、打击违法排污行为保障群众健康专项整治和排污申报、排污口规范、重点污染企业、限期治理项目监管，以及放射源单位、化工码头、危险品码头、直排河道企业、高校实验室、无组织排放生产粉尘、环境安全隐患企业，建设项目执行“三同时”、工业区污染调查专业检查等18项整治、监管、检查活动，对其中80户企业环境违法行为进行行政处罚，共罚款116.3万元。

工业排污企业诚信等级管理形成规范

2006年，区政府出台了《金山区工业排污企业诚信等级管理暂行办法》（以下简称《办法》）。《办法》要求各工业企业加强环境保护自律，加大环保投入，做到污染物总量控制和达标排放；鼓励和支持企业采用污染物排放减量化、资源化、无害化的生产工艺和技术；引导社会公众爱护环境，参与环境保护各项活动，实行政府监管、公众参与、舆论监督的管理体系。将企业污染达标排放、污染物总量削减、推行清洁生产、有无违法行为等指标状况，纳入企业环保诚信档案，把企业分为四个等级，即绿色、蓝色、红色和黑色等级企业。其中，绿色等级企业为严格执行环保法律法规，自觉实施节能环保新技术，主动削减污染物排放总量，并通过ISO14001认证，与社区生态环境和谐良好的企业；蓝色等级企业：执行环保法律法规、污染物达标排放的企业；红色等级企业：有不稳定达标排放行为或环保信访投诉被查实，受到环保部门行政处罚的企业；黑色等级企业：存在严重环境违法行为，厂群矛盾突出、影响社区生态或发生严重环境污染事故，受到环保部门依法严肃查处或经区政府限期治理仍未达标的企业。

《办法》规定诚信等级企业一年评定一次，当年有效。每年由区环保局、区发改委、区经委、区质监局等相关部门负责对外公布。

企业一经评定为绿色等级企业即可享受推荐为国家、市环境友好型企业；日常监察（测）每三个月一次；连续三年被评为绿色等级企业的，可以适当减少日常监察（测）频次。蓝色等级企业日常监察（测）每二个月一次。红色等级企业依法进行行政处罚，对由于企业违法排污造成严重环境后果的，移交司法机关进行处理；增加环境监察（测）频次；在水源保护区以外的排污企业日常监察（测）每月不少于一次，在水源保护区内的排污企业日常监察（测）每半月不少于一次；严格控制企业排污总量；通过媒体向社会公布。黑色等级企业依法进行行政处罚、限期治理或责令停产，对由于企业违法排污造成严重环境后果的，移交司法机关进行处理；连续两年被评为黑色等级的，由区政府对其进行停产或关闭；加大日常环境监察（测）力度，在水源保护区以外的排污企业日常监察（测）每半月不少于一次，在水源保护区内的排污企业日常监察（测）每周不少于一次；严格控制企业排污量，执行限产限排，新项目一律不再审批；通过媒体向社会公布；停止享受地区优惠扶持；抄送区有关职能部门，密切关注该企业情况，从严把关、从严监管，从重处罚违法行为。

金山区通过实施排污企业环保诚信等级管理，提高了工业排污企业的社会责任感和信誉度，建立了激励先进、鞭策后进的管理机制，控制污染，优化环境，有利于促进金山区经济、环境、社会和谐发展。

车载VOC在线监测系统投入试运行

区环保局引进的本市第一套车载VOC在线监测系统，于9月份进入试运行。该系统所监测的气体因子库按照国际最高标准（EPA和EU）来制订并可不断扩充。高效的在线取样分析和车载系统保证了系统的在线应用和突发事件的应急处理。此车载VOC在线监测系统是国内第一套具有全方位、高精度、扩散预警和实时监测实时发布功能的专业监测检测系统。既可对化工企业产生的可挥发性有毒有害气体进行监测，也可进行金山区大气质量日常监测；该系统集本底调查、在线高精度移动监测、实时传输（无线网络传输）、实时发布（现场数字显示公告）等功能，在保证数据安全性的同时可将数据实时发布到相关领导的电子接收端。

围绕主题开展环境宣传教育活动

2006年，围绕“6·5”世界环境日主题——“生态安全与环境友好型社会”开展宣传活动。活动期间，自行制作了4×4米 的宣传海报，张贴宣传画100余张，在全区范围内悬挂宣传条幅20余条营造氛围；向市民免费赠送了1000余只无纺布的环保宣传手袋，制作了一批环保宣传手帕，免费向全区各乡镇、社区、机关单位、绿色环保学校赠送。开展了“环保青年环保行”活动，遍及乡村、绿色环保学校、居民社区。年内，区环保部编制了《环境月报》、《信访月报》、《三年行动计划和创模月报》等刊物，向市环保局、区委、区府等部门报送了各类信息

94篇，被上级部门评为信息报送先进单位。

2006年，对原有的网站进行了改版，并在5月底完成改版任务，正式接入区政府的政务信息平台，提高了网站信息发布的及时性，注重了网上办事的实用性，使网站内容更丰富，互动性更强，有利于公众参与环保工作，实施政务公开发挥群众民主监督作用。

环境信访下降率达23.3%

2006年，区环保局共受理环保类投诉809件/1129人次，市局转来39件/61人次，处理率100%，办复率93%。环保投诉中，反映环境污染问题大气污染359件/571人次，油烟气污染64件/66人次，废水污染128件/167人次，噪声污染174件/188人次，固废23件/71人次，电磁辐射3件/3人次，化学品农药9件/9人次，新建项目1件/1人次，其他48件/53人次。与上年同期相比，环境信访量下降246件，下降率达23.3%。重复信访率明显减少，群众满意率明显提高。年内，办理人大书面意见1件、政协提案2件，办结率100%，满意率100%。

松江区

国民经济保持平稳较快增长

2006年，松江区实现生产总值535.36亿元，按可比价格计算，比上年增长16.9%。其中，第一产业实现增加值7.10亿元，同比下降4.4%；第二产业实现增加值378.23亿元，同比增长16.6%，对全区生产总值增长的贡献率为67.8%；第三产业实现增加值150.03亿元，增长19.1%，对全区生产总值增长的贡献率为32.4%，比上年提高了5.9个百分点，形成了二、三产业共同推动经济增长的格局。第三产业所占比重比上年提高0.7个百分点。固定资产投资增幅回落，结构进一步优化，质量进一步提高。全年完成固定资产投资224.19亿元，同比下降5.6%。其中，城镇投资62.56亿元，农村投资45.63亿元，房地产业投资116亿元。

佘山世贸宾馆生活污水生态净化处理工程

环保投入再创新高

2006年，松江区环境保护投入再创新高，达16.28亿元，占全年生产总值的3.04%。其中，污染源控制完成投资24830万元，占环保总投资的15.25%；生态保护和建设完成投资69384万元，占环保总投资的42.62%；环境基础设施建设完成投资68448万元，占环保总投资的42.04%；环境管理能力建设140万元，占环保总投资的0.09%。

《十一五环境规划》制定完成

2006年初，区环保局组织编制《上海市松江区十一五环境规划》。根据全市环境保护和环境建设的总体目标，结合松江区国民经济和社会发展“十一五”规划纲要，区环境保护“十一五”规划的总体目标确定如下：

到2010年，环境质量目标为：地表水环境功能区达标率达到95%，重点整治河道水质改善30%；全年环境空气质量指数（API）达到和优于二级的天数占全年的90%，主要环境空气质量指标达到国家二级标准。

到2010年，环保行动目标为：重点环保监管企业污染物稳定达标排放；城镇污水处理率达到80%；水环境重点监管企业在线监测设备安装率达到100%；工业区污水集中处理率大于90%；全面建成烟尘控制区；大气环境重点监管企业在线监测设备安装率达到50%；生活垃圾无害化处置率达到100%；医疗废物集中处置率达到100%；城镇化地区绿化覆盖率达到41%，森林覆盖率达到18.5%。

主要措施是：

水环境领域重在“建”：大力加强集中式污水处理厂的建设，同步实施污水收集总管网、支管网建设，推进城镇污水和中小企业工业废水截污纳管，确保发挥工程效益；重点整治黑臭河道，使地表水环境质量得到显著改善。大气环境领域重在“创”：以推进清洁能源替代为突破口，全区创建“烟尘控制区”；以方松街道开展扬尘污染控制试点工作为突破口，全区创建“扬尘控制区”；加强对大气环境污染源的监管，确保大气污染物得到有效控制，环境空气质量得到明显改善。固体废弃物领域重在“管”：加强对固体废弃物的管理，建立健全医疗废物管理制度和集中收集处置系统，加强对区危险废物重点监管企业的管理，确保危险废物得到妥善安全处置，促进一般工业固体废物的综合利用；推进生活垃圾无害化处置设施的建设。工业区治理领域重在“控”：大力推进工业区环境基础设施的配套建设，确保所有工业取得污水得到集中收集和集中处理，以达到控制污染物排放总量的目的。农村领域重在“治”：重点通过农民新村环境综合整治、畜禽场污染治理、无公害农产品基地的建设和环境优美乡镇的创建，进一步改善农村生态环境。生态环境重在“增”：围绕上海市建设生态型城市的总体目标，大幅增加绿化面积，积极改善生态环境质量，营造城市绿肺。

第三轮环保三年行动计划实施开局良好

2006年，松江区实施第三轮环保三年计划总体进展情况良好，市区两级38项任务中（市级25项），完成三年总任务的有9项（市级6项），其余29项基本完成年度计划任务。其中，20项建设类项目，完成7项，已开工11项，已启动2项，基本完成年度任务；18项管理类项目，全面完成2项，完成年度任务16项。水环境状况总体较去年有所改善，重点整治河道蒲汇塘松江段已基本消除黑臭。大气环境质量状况良好，空气质量优良率88.2%；区域降尘5.46，比上年改善2.6%，好于全市平均水平。

已完成和进展突出的项目主要有：1.污水收集管网系列建设任务，共11项。6个保留工业区和佘山国家旅游度假区污水收集管网基本完善，完成了计划任务；各污水处理厂配套管网建设进展迅速，全年共完成黄浦江以北100公里、以南50公里的建设任务。2.创建类项目，共4项。方松街道创建成为本市郊区第一家“扬尘污染控制区”；九亭镇、佘山镇等8个区域创建成为“烟尘污染控制区”，创建面积达267平方公里；环保生态村的创建已经有了初步实施意见，创建名单初步确定；泗泾镇创建全国环境优美镇工作顺利，年内已完成规划编制和预申报工作。3.生态公益林建设项目。至年底，共建成石湖荡、叶榭等地水源涵养林967亩，同三国道、叶新公路等通道林1470亩，合计2437亩，占到市里下达三年任务量的70%。4.完善农村生活垃圾收集系统项目。完成全区农村地区生活垃圾收集系统，基本形成“户集、村收、镇运、区处”的农村地区收集处置模式，完成69个整洁村的创建工作。5.医疗废物处置项目。区医疗废物已纳入全市集中收集处置系统，集中收集处置率达到100%，提前完成第三轮计划总任务。

城镇化地区绿化建设项目圆满完成

2006年，区绿化部门按照“完成2000万元的绿化建设投资”总体要求，针对绿化建设的季节性、时段性的特点合理安排,提高绿化水平。

全年，城镇化地区共计新建绿化面积63500平方米、城区特色绿化面积500平方米、种植行道树400棵和铺设树穴盖板400个。相继完成了荣乐西路、园中路行道树移植工程、老水厂绿地、谷阳路、乐都路口西北角、绿舟苑等绿地增植工程，同时在中山二路、西林路、中山中路等路段新辟了城区特色绿地建设。因荣乐路架空线入地工程、祥和幼儿园施工而受到影响的荣乐西路隔离带绿化改造工程、祥和小区二期外侧绿化工程已完成。

截止到2006年底，城区绿化覆盖率为44.2%，人均公共绿地面积达26.1平方米。

污染物总量控制目标落实减排责任

8月29日，区政府与市政府签订了主要污染物总量控制目标责任书，松江区在“十一五”期间的控制目标是：到2010年，区城镇人口控制在75万基础上，化学需氧量（COD）排放总量控制在12082吨以内，其中，生活污水COD排放量10800吨，工业企业COD排放量482吨，调节量800吨；本区二氧化硫控制在2686吨。

为实现污染物总量控制目标，区政府以责任书的形式分解到了各镇、街道、园区和相关职能部门，层层落实了减排责任。实施三项减排措施：一是逐步提高污染物治理能力。年内，建成泖港、叶榭两座污水处理厂，新建污水收集管网135公里，全区实际污水处理能力已经达到每天24.4万吨，治理率较2005年提高了近10%；有序推进了工业区企业纳管工作，2006年全区8个保留工业区新增纳管企业83家，累计全区保留工业区内已纳管企业共计528家，污水纳管率达78.51%；二是严格环境准入制度，促进了产业结构调整，对60余个不符合产业发展导向、不符合资源节约和环境友好原则的项目予以否定；三是加大执法力度，严肃查处危害群众健康的环境违法行为，全年共出动3364人次，监察企事业单位1408户次，处罚各类环境违法单位112 家。

据统计，2006年全区水污染物化学需氧量（COD）排放总量为10023吨，二氧化硫排放总量为1580吨，两项指标均保持在2005年水平以下。

城乡水环境面貌得到较大改善

2006年，河道综合治理工作全面展开，共投入资金7252.1万元。

按照三年内全区基本消除河道黑臭的目标，在全区开展了治理黑臭河道攻坚战。全年共完成黑臭河道整治60条（段）、94.17公里、101.68万立方米，河道水质得到明显改善。

开展以治理村级河道为主的“万河整治行动”。成立领导小组，下达计划任务，区政府与各镇、街道、园区签订了《“万河整治行动”目标责任书》，下发了《关于全面开展“万河整治行动”的实施意见》、《松江区“万河整治行动”考核办法》和松江区“万河整治行动”竞赛评比办法》。全年共完成整治镇村级河道357条（段）、疏浚河道423.09公里、441.89万立方米，种植绿化98.92万平方米。

积极建设景观河道。完成大邱泾、银河一期、蒲汇塘景观河道建设，加强了河道保洁力度，永丰街道、泖港、叶榭、新桥等镇做到了“水清、面洁”。全区形成了一批水质改善、环境优美的乡村河道，有力地促进了新农村建设。

环保专项整治行动深入开展

为进一步维护群众环境利益，积极开展环境安全大检查，对辖区内的化工生产经营企业和饮用水源取水口周围企业进行调查摸底，落实了环境安全措施，制定了环境应急预案。组织对佘山国家旅游度假区及沪松公路两侧冒黑烟、佘山高家村废塑料加工、九亭镇久富开发区环境、餐饮业环境污染等专项整治，有力地遏制了环境违法行为，还对2005年度被处罚企业开展了“回访”。全年共出动现场监察630批次、3364人次，监察企事业单位1408户次，处罚各类环境违法单位112 家，处罚金额255.92万元，下达整改通知书113份，开征排污费358.86万元。

建设项目管理更趋规范化

2006年，区环保局制定了《关于项目设立意见征求和集体审查的暂行办法》，进一步规范了项目审批工作。建立项目审批和跟踪管理联系制度，及时掌握项目建设动态，落实“三同时”进程。在完成“5+1”保留工业区区域环评，新城区规划环评的基础上，开展了泗泾镇镇区规划环评工作。

一年来，共批准各类建设项目1724个，因不符合国家产业政策和城市总体规划，不予立项的高能耗、高水耗项目60个，其中投资过千万的项目8个；对不符合“三同时”验收条件的，坚决不予验收。

围绕主题开展“6·5”环境日宣传活动

2006年“6·5”世界环境纪念日的主题是“生态安全与环境友好型社会”。

围绕主题，区环保局编印了5万份环保宣传明信片，从6月初开始分别投寄给松江城区的5万户家庭；编印了1万册与日常生活密切相关的环保宣传小册子，分送给各街道居委会；开通了环保网站并公告本年度环保行政处罚企业名单；编印《松江区二〇〇五年环境质量报告书》、《松江区二〇〇五年环境状况报告书》，分送区四套班子领导和各镇、街道环保干部；向区9所创建绿色学校分送环保资料和挂图等宣传资料；6月4日组织环保干部在华亭老街开展环保宣传咨询活动

各类环保信访件及时办结

2006年，全区共受理环保信访投诉663件，按时办结区人大、政协书面意见和提案3件，调处区委、区府领导批阅的信访件2件，做到件件有着落，事事有回音。区人大代表反映，松江实验小学食堂因未安装油烟净化和降噪防噪装置，对周边人乐四村68幢、69幢居民生活造成影响。环保执法人员多次走访居民听取意见，主动与教育局联系，得到了教育局领导的大力支持。整改后，邀请居民代表对整改情况进行检查，居民代表表示满意，对环保执法人员深入细致的工作深表谢意。2006年10月，上海众新五金有限公司在夜间从事退镀作业时，大量酸雾排向外环境，对周围企业及居民造成严重影响，一时该厂大门外围满情绪激动的群众，并引起公安部门110夜间紧急出动。接到群众举报，环保执法人员立即赶赴现场调处，当即停止厂家作业，稳定了群众的情绪。一周后该厂将污染严重的退镀工艺移至专业的电镀厂。

青浦区

环保投入继续增长

2006年，青浦区共投入环保资金10.88亿元，比上年提高23%。其中，污染源控制投入资金2.08亿元，占总投入的19.14%；生态保护和建设投入资金0.40亿元，占总投入的3.71%；城市环境基础设施建设投入资金8.02亿元，占总投入的73.70%；环境管理能力建设0.01亿元，占总投入的0.10%；环保设施运转费0.36亿元，占总投入的3.35%。

2006年，青浦区被命名为“国家卫生区”，上海市淀山湖风景区被命名为“国家级水利风景区”，青浦新城获得“中国人居环境范例奖”。

国家优美乡镇——赵巷镇

区域经济平稳发展

2006年，青浦区经济结构不断调整优化，全区一、二、三产业结构比重为2.2:62.9:34.9，呈现二、三

产业共同推动经济增长态势。全区全年财政收入122.2亿元，同比增长6.2%；完成工业总产值1003.6亿元,同比增长18.6%；实现社会消费品零售总额118.5亿元，同比增长18.1%；完成全社会固定资产投资137.5亿元；合同外资6.6亿美元。

第三轮环保三年行动计划开局良好

青浦区第三轮环保三年行动计划确定了43个项目，其中，市政府下达的项目有29项，区政府下达的项目有14项。

截止到2006年底，市政府下达的项目完成3项，完成率10%，正式启动29项；区政府下达的项目完成9项，完成率64%，正式启动12项，总体进展顺利。

污水处理厂和污水管网建设逐步推进

2006年，完成金泽、西岑污水配套完善工程，其中金泽建污水总管3.3公里，支管7.1公里，西岑建污水总管3.1公里，支管3.7公里，并开始试运行；完成徐泾镇4.818公里污水管网建设工程；完成朱家角老镇区污水总管、支管、入户管铺设，管网贯通，朱家角污水处理厂于5月份正式投入运行，日处理污水近万吨；青浦第二污水处理厂建成长15公里的污水管网；华新污水处理厂主体工程基本结束，总管建成42公里，设备安装全面展开。

年内，青浦污水处理厂完成扩建工程的可行性报告，白鹤污水处理厂建设前期准备正式启动。

重点河道整治深入推进

年内，腰泾港、青浦城区上达河西段、西大盈港城区段三条河段完成整治任务；朱家角镇大淀湖及周边10条支河整治工程已完工，对持续改善大淀湖水质，提高水系防汛排涝能力起重要作用；徐泾地区4条骨干河道之一的南北蟠龙港完成整治，整治后河道水质明显改善，黑臭现象基本消除；东西向阳河完成了70%工程量；徐泾港东段整治了4.9公里，西段计划在2007年开工。

2006年，水环境监测数据显示，地表水共监测24个项目，区域河流对照国家地表水Ⅳ类标准，总氮、氨氮为劣Ⅴ类标准，总磷为Ⅴ类标准，其余项目均达到相应的Ⅳ类标准，区饮用水源地地表水基本上达到相应的Ⅲ类标准。

镇村“千河整治”掀起高潮

2006年，积极响应市“万河整治行动”计划，建设社会主义新郊区新农村的号召，全面启动“千河整治行动”。青浦区成立了由区长为组长、分管副区长为副组长，区委、区政府有关职能部门主要领导组成的领导小组。区先后召开3次专题会议加以推进，区与镇、镇与村层层签订责任状，区政府先后出台了实施意见、考核办法、竞赛评比办法、信息报送方法、验收细则等一系列制度，市、区、镇三级大幅度提高资金投入，按照“疏浚、清障、拆违、绿化、截污、沟通、管理”七位一体的标准要求，计划在2006～2008年三年内，将全区1084条（段）、长1186公里的镇村河道实施全面整治。至2006年底，全区共疏浚整治镇村级河道520条（段），515公里，土方812万立方米。

区环保局开展多项环保专项执法检查整治行动

2006年，区环保局围绕环保工作重点，开展了多项环保专项执法检查整治行动：

一是继续开展“整治违法排污企业，保障群众健康”环保专项行动。对辖区内的各饮用水源地上下游

1公里范围内的污染源进行了专项执法检查，共检查9家水厂附近的34家企业，对4家违法排污企业依法进行查处；会同各镇、街道和有关部门，对全区建设项目进行了环保专项检查，共出动检查人员12批次、48人次，检查企业106家，对其中26家企业进行了立案查处， 35家企业发出了责令改正书；对辖区内6个工业园区进行了环保专项检查，共出动检查人员10批次、30人次，实地检查了71家企业；对饮食服务单位比较集中、矛盾比较突出的区域进行了油烟气专项整治，共检查餐饮单位60家，发出责令改正书26份，行政处罚15家，关闭3家；分别会同区农委、华新镇、白鹤镇、重固镇、香花桥街道、夏阳街道、盈浦街道等，对辖区内畜禽养殖场（户）进行联合整治，共退养规模场11家，个体散养户126户，立案处罚13家（户）。

二是开展冒黑烟专项执法检查。对白鹤镇腾北工业区和金泽镇商榻地区冒黑烟进行重点整治，共检查了60多家企业的炉窑废气防治情况，对其中4家冒黑烟企业实施当场处罚，15家废气超标排放企业进行行政处罚，5家企业责令设施改造。

三是开展危险化学品生产、经营企业专项执法检查。要求企业编制环境污染突发事件应急预案，改进生产工艺，建立各类风险源的预防预警机制和具体处置措施。

四是开展“绿色护考”专项执法检查。“绿色护考”期间，区环境监察支队开展了3次噪声污染源专项执法行动，出动监察人员9批次、28人次，共检查和巡查建筑工地18家次、卡拉OK厅30家次、各类加工工作场所6家次。

五是开展考核河流直排水体工业污染源的执法检查。全面掌握徐泾镇蟠龙港、徐泾港、东向阳河考核断面上下游2公里范围内直排河道的55家企业污染情况，对15家污染不大、但违反审批程序的企业责令补办环保手续，限期验收；对污染较重的企业进行了行政处罚。

通过执法检查，进一步规范企业排污行为。全区重点监管企业污染物继续稳定达标排放。

污染源调查工作覆盖面广

2006年，深入开展了各类污染源的调查工作：对15家非保留工业区的水污染源企业污水排放和环保手续办理情况进行了调查，调查工业企业436家；对保留工业区的污水纳管工作进行了调查，共检查朱家角工业园区纳管企业19家、练塘工业园区纳管企业24家；对全区18家水厂的取水口位置、取水水量、供水服务范围、取水口周围企业、水厂应急预案的制定情况展开调查；对全区村办企业的三废排放和环保手续办理情况、村级河道、农村畜禽养殖以及农村生活垃圾处置情况进行调查，共调查村办企业1310家，初步摸清了村级河道的数量、农村畜禽养殖的基本情况以及生活垃圾的产生量等；对全区污染源进行了普查并明确了普查时间节点、落实了普查区域责任人等，同时还开展了全区1吨以上燃煤、燃重油锅炉调查工作等。

处置环境污染事故应急预案完成编制

年初，区环保局按照《上海市环保局突发环境事件应急预案》和《上海市青浦区突发公共事件总体应急预案》，组织编制《上海市青浦区处置环境污染事故应急预案》（以下简称《应急预案》），内容包括组织指挥体系、处置程序、应急措施、物质保障、信息报送和预警机制等，同时还将40多家区管重点监管企业和化学品企业的环境污染事故应急预案作为一个附件进行补充和完善。《应急预案》初稿形成后，广泛听取有关部门意见进行修改，五易其稿，于6月底定稿， 正式上报市环保局和区政府。

城镇绿化面貌进一步改善

2006年，青浦城区完成胜利路绿地、保安路绿地、常青绿地、万寿小区3块中心绿地的调整改造任务，面积约2.2公顷，投入资金900余万元；完成万寿路、保安路等八条道路的行道树改造任务，调整行道树1030株，改造树穴盖板696只，迁移树木550株；完成城区16个住宅小区绿化的调整改造，面积1.9公顷。

年内，建成环城东路绿地、318国道—漕盈路绿地，完成淀山湖大道景观绿化一期工程的建设。

市容环境综合管理水平不断提升

区结合各创建镇、街道的实际情况，扎实推进市容环境规范区、达标区创建工作。徐泾镇实施创建区域范围内路面改造、绿化补植、店招店牌改造、环卫设施改造，并请城市景观专业设计单位对徐泾中路、京华路等主干道进行整体景观设计，配置景观灯光，进一步提升创建水平；朱家角镇结合“国家卫生镇”创建实施全面整治，改造北大街等重要景观区域店招店牌，开展放生桥两侧市容环境整治，古镇旅游区的市容环境面貌得到了有效改善；赵巷镇结合创建全国环境优美乡镇活动，市容环境达标区域创建起步早，长效管理机制落实，创建成效明显；盈浦街道以创建“国家卫生区”工作为契机，重点开展居住区综合改造，对居住区内道路、绿化、围墙等实施改建，进一步提高了居住区的市容环境质量。

2006年，城区开展了公园路两侧户外广告、店招店牌集中整治，共拆除楼顶广告牌17块、落地灯箱5只、龙门架5处、候车亭广告4处、店招店牌21块、电子显示屏1处，改造店招店牌205块；结合城区车辆清洗场所专项整治，开展淀浦河路两侧店招店牌整治工作，搬迁了淀浦河路22家无证洗车摊点。同时继续做好全区店招店牌的专项整治工作，共整治店招店牌2833块、涉及道路41条。

环卫基础设施建设和改造稳步推进

2006年，区生活垃圾综合处理厂开工建设，基本完成生物堆肥主体工程土建；全区7座镇级生活垃圾压缩中转站，新购14辆运输车辆；完善农村生活垃圾收运系统，加强村级垃圾房到镇级垃圾压缩中转站的作业设施、设备的配套，新增吊桶车12辆、拉臂车14辆、后装压缩车7辆、垃圾收集桶2500只，投入资金700余万元；继续做好农村旱厕（简易厕所）的改造工作，共完成改造348座，比原计划增加103座；加大垃圾箱房的改造力度，全区共改造垃圾箱房327座，其中新建125座、改造202座。

生态保护和建设不断加强

年内，全区退养关闭了一批规模化畜禽场和小型畜禽场；整治内河水产养殖户1326家，拆除网箱3415亩；建成30个无公害农产品生产基地。同时加大了对全区减肥减药，推广有机肥的力度。

上半年还结合社会主义新农村建设，开展了创建环保生态村的工作调研，确定了金泽镇塘北村和夏阳街道金家村为环保生态示范村，环保生态示范村正在建设之中，争取在2007年完成创建任务。

建设项目强化监管

2006年，区环保局共审批小旅馆、小饭店、小浴室环评表165份，验收通过118家；拟建工业项目（包括房产）环评项目581个，验收通过229项，试生产34个。局项目评审小组组织了18次评审，共283个项目，其中否决了位于“1+5”工业区以外，基础设施配套不齐全，有一定环境风险的31个工业项目。还组织完成了“1+5”工业区的规划评估、跟踪评估和回顾评估。

大气污染防治工作扎实推进

2006年8月12日，青浦区政府发文转发了由区环保局编制的《青浦区开展“扬尘污染控制区”创建工作方案》；盈浦街道、夏阳街道、重固镇、徐泾镇创建烟尘控制区通过区级验收；年内， 6家重点大气污染物排放超标企业进行达标治理，其中，上海青浦赵巷五金拉丝厂、上海春良拉丝厂将原燃煤加热炉改成使用清洁能源的电炉，大大减少了污染物排放；上海青浦凤溪热处理厂对燃煤加热炉彻底改造，将手动加煤改成自动加煤，并控制加煤速度及加煤量，消除了冒黑烟现象。

主要污染物总量控制方案制定并实施

2006年，根据上海市人民政府关于《本市“十一五”期间工业和生活化学需氧量（COD）总量控制方案》和《本市“十一五”期间二氧化硫（SO_2）总量控制方案》的要求，青浦区制定了《青浦区“十一五”期间工业和生活化学需氧量（COD）、二氧化硫（SO_2）总量控制方案》，明确到2010年，青浦区工业和生活化学需氧量总量控制在11221吨/年以内，二氧化硫总量控制在3042吨/年以内。

11月1日，区政府与各镇、街道、水务局签订了总量控制目标责任书，要求各有关部门在“十一五”期间必须加大污水处理厂和污水管网建设力度，提高城镇地区污水处理率和加快工业企业污水纳管工作，保证完成全区主要污染物控制目标。

赵巷镇、朱家角镇建成国家优美乡镇

2006年7月，赵巷镇、朱家角镇创建全国优美乡镇通过市级验收。

在创建过程中，赵巷镇、朱家角镇分别制定了创建全国环境优美镇活动的实施意见和具体工作方案，编制了镇环境规划，并成立了领导小组。朱家角镇根据功能定位还编制了《朱家角中心镇镇区总体规划》、《朱家角镇环境保护和生态建设规划》、《朱家角中心镇镇域结构规划》、《朱家角镇土地利用总体规划》、《朱家角生态工业区控制性详细规划》以及新镇区内环卫、污水、绿化、水利、民防等10多个专业规划。创建工作得到市、区二级政府的大力支持，两镇在基础设施建设、绿化建设、环境治理、产业结构调整、生态农业建设、市容环境整治、环境管理等方面做了大量工作，投入相当大的资金。

经过两年的创建，成效显著，两镇都建成和完善污水管网系统，生活污水都进入污水处理厂处理；河道经过整治，主要河道“水清岸绿”；城镇工业煤炉实施清洁能源替代，居民煤气普及率达到95%以上，农村地区基本实施生活用能燃气化；污染严重企业关闭停业实施结构调整，现有工业企业稳定达标排放，有不少企业通过ISO14000认证；城镇绿化覆盖率10%以上，人均公共绿地面积达11平方米以上，共建成水源涵养林、生态林、经济林等12175亩；淀山湖周边关闭所有畜禽养殖场，淀山湖取缔网箱养殖，建成一批无公害产品基地；城镇市容整洁，环境优美；农村建成一批卫生村。

区环保局系统开展主题教育活动

为使环境保护工作适应新形势的需要，进一步促进依法行政，塑造环保形象，提高队伍素质，切实履行时代赋予环保工作者的光荣使命，区环保局于9月上旬至10月底在全局系统开展了以“环保在我心中，责任重于泰山”为主题的教育活动。

主题活动以集中教育、考察调研、评选十佳好事、举行演讲等形式，总结经验、树立典型、表彰先进，充分调动了全局系统干部职工的工作积极性、创造性。通过主题活动使全局干部职工认清了当前环保工作的形势，明确环保工作者肩负的责任，找出思想观念上的差距，振奋精神，开拓创新，做到知难而上、敢办新事、会办难事，在全系统上下形成为环保事业多做贡献的浓厚氛围。

三起突发环境污染事故被迅速处置

2006年3月23日、6月20日、6月27日，青浦地区突发了装载5吨10%次氯酸钠水溶液化学品车翻车、集装箱卡车与危险化学品槽车相撞造成纯苯泄漏、上海新东周涂料有限公司发生火灾等三起污染事故，区环境监察支队、环境监测站会同区相关职能部门立即启动处置环境污染事故应急预案，按照预案规定的程序迅速采取了有效的应急措施，成功阻止了污染的蔓延和扩散，使环境的污染程度降到了最低。

环境日大型主题宣传活动隆重举行

“6·5”世界环境日，青浦区在赵巷镇社区文化活动中心隆重举行“‘绿色青浦、和谐家园’——2006年纪念‘6·5’世界环境日暨青浦区创建环境优美镇（赵巷镇）大型主题宣传活动”。市人大城建环保委副主任委员，市环保局有关领导和区4套班子有关领导参加了活动。

主题活动围绕“生态安全与环境友好型社会”的主题，结合“国家卫生区”和赵巷镇“环境优美镇”的创建，表彰了青浦区首届“环保之家”评选活动评选出的15家环保家庭；部分企业代表向全区企业发出了争创“环境友好企业”和“绿色友好工程”的倡议书；现场进行废电池换鲜花、青少年百米长卷画环保彩绘、百余名长三角知名记者和上海摄影家协会农村分会成员的环保摄影展示以及“绿色青浦、和谐家园”文艺演出等丰富多彩的活动。

环境信访件办复率99.6%

2006年，区环保局受理区人大代表书面意见1件，办结率100%，满意率100%。区环保局全年共受理环境信访件1382件，办结1377件，办复率99.6%。其中反映大气污染的498件，占36%；油烟气污染的182件，占13.2%；废水污染的274件，占19.8%；噪声污染的356件，占25.8%；其他污染的72件，占5%。大气污染仍是群众投诉的热点和焦点。

南汇区

第三轮环保三年行动计划项目启动率达到93%

鲜花港

2006年3月1日，根据市政府召开的第三轮环保三年行动计划工作会议精神，区政府及时召开了动员大会，并以区政府4号文的形式，成立了第三轮环保三年行动计划协调推进领导小组。区政府签发5号、6号文，明确全区第三轮环保三年行动计划的目标、任务，计划安排45个项目，其中建设类项目32个；管理类项目13个。

年内，完成6个建设类项目，占重点建设项目总数的19%；19个项目已开工，占重点建设项目总数的59%；4个项目已完成立项，占重点建设项目总数的12%。13个管理类项目已全面启动实施。计划项目总启动率达到93%。

区域经济发展增速居本市郊区各区县首位

2006年，南汇区主要经济指标增速居上海各郊区县首位。完成生产总值350.2亿元，同比增长26.8%，增幅比上年提高11个百分点；完成财政收入106.9亿元，同比增长28.1%，其中地方财政收入33.5亿元，同比增长28.9%；引进合同外资（新口径）5.5亿美元，同比增长59.3%，其中实际到位外资3.6亿美元，同比增长30.8%；完成出口创汇18.8亿美元，同比增长51.7%。

生态片林建设工程完成278.26公顷

年内建成汇农沿海防护林40公顷；A30南老公路储备中心段通道林17.20公顷，滨海森林公园防护林221.07公顷，共完成生态片林建设278.26公顷，总投资3300万元，其中政府补贴资金1824万元。10公顷外环绿带的建设工程也将开工建设。

河道综合整治完成总投资近1.5亿元

2006年，南汇区政府决定由区环境保护局牵头，会同区水务局，成立了南汇周康地区水环境整治领导小组，全面开展周康地区黑臭河道的整治工作。年内，投入资金1730万元，完成了咸塘港（康桥段）1.8公里的河道整治；投入资金2940万元，完成了咸塘港整治工程(三期)总工程的60%；投入资金3815万元，完成了康桥地区陆家浜、网船浜、梓康河、康花河4条黑臭河道的整治；投入4100万元，完成七灶港河道整治工作，六灶港完成了总工程量的30%；投入1100万元，完成了宣六港河道疏拓工程（一期）的60%；投入1234万元，完成了区域内镇村级黑臭河道整治工程。现全区市、区级河道保洁覆盖率达100%，镇村级河道保洁覆盖率达到80%。

烟尘控制区新增面积225平方公里

2006年，全面完成了书院、宣桥、六灶、祝桥4个镇，南汇和康桥2个工业园区烟尘控制区创建任务面积达225平方公里，使创建区域内1吨以下96台燃煤设施的烟气黑度达标率达到99%，1吨以上61台燃煤设施的烟尘排放浓度和烟气黑度达标率达到98%，该区域的大气环境质量得到了明显改善。

惠南镇扬尘控制区创建通过市级验收

2006年，开展了惠南镇10平方公里的扬尘控制区创建工作，在环保、建委、城监、绿化、环卫等部门的支持配合和共同努力下，经过现场检查、限期整治，达到了创建的要求，于2006年12月1日通过了市专家组的考核验收。

污水管网建设稳步推进

2006年，以周康地区截污纳管为重点，推进各级污水管道建设。共投入资金1.3亿元，完成横新公路总管（周邓公路—机场高速）工程量的90%、大麦湾工业区航头延伸段污水总管工程量的87%、横新公路总管（机场高速—沪南公路）工程量的60%、航头地区支管（航梅路、方窑路）工程量的30%、新场地区支管（东二路、向阳路、西环路）工程量的20%、污水处理厂进水总管扩建工程。管网覆盖区域内的238户企业排放的污水纳管率达到50%。

污染物总量控制指标分解落实

8月29日，市环保局受市政府委托与区政府签订总量控制目标责任书，要求到2010年全区二氧化硫排放量控制在2847吨/年以内，化学需氧量排放量控制在16788吨/年。区政府召开常务会议讨论通过了“十一五”期间本区二氧化硫、化学需氧量总量控制分配方案。10月区政府召开动员大会，与各镇政府签订污染物总量控制目标责任书，对任务进行分解落实。区环保局还制定了南汇区污染物总量控制实施细则。

全国优美乡镇创建逐步展开

年内，航头镇完成全国环境优美乡镇创建预申报工作。按照创建指标推进各项环境整治工作，新场镇完成全国环境优美乡镇创建的环境规划编制，航头镇海桥村、书院镇塘北村环保生态村创建工作按规划推进实施。

农业生态保护工作进展良好

根据第三轮环保行动计划，需关闭、搬迁禁养区内畜禽养殖场共33家。年内，禁养区、适度养殖区、控制养殖区内畜禽养殖场的达标治理计划50家，15家实施关闭、搬迁，控制养殖区内畜禽养殖场内其中完成了20家，分别占三年总计划的45.5%和40%。

2006年，政府已投入470万元补贴农户，推广使用有机肥1.45万吨，优质专用BB肥1800吨。年内，已完成无公害和绿色农产品基地建设1800亩，超额完成了各450亩的计划任务。

燃煤锅炉脱硫改造拉开帷幕

为了削减全区大气污染物的排放总量，改善本区域大气环境质量，区环保局加强了重点监管企业的监督管理，推进实施燃煤锅炉脱硫技术改造。年内，上海轮胎橡胶（集团）东海轮胎有限公司等18家25台6吨以上的燃煤锅炉完成脱硫技术改造，脱硫率达到60%以上，年削减二氧化硫的排放量200多吨。为“十一五”污染物总量控制工作开了好头。

环保局共组织13次环保专项执法整治行动

年内，区环保局共组织了13次代号为“绿盾”的专项执法行动，对化工、电镀、畜牧业、废品收购站、主要交通干线两侧的大气污染源、纳管与排海管道沿线企业、大治河沿线企业、重点监管企业以及厂群矛盾较激烈的排污企业等进行9次突击检查，共出动执法人员404人次，检查企业878户次。结合工作实际，开展5次专项整治行动，一是扬尘污染专项整治，检查大治河、卫星河沿岸的堆场码头，遏制扬尘污染；二是“629”峰会巡查，反复巡查主干道两侧烟囱冒黑烟现象；三是绿色护考行动，高考中考期间对各考点、施工工地、娱乐场所组织连续抽查，为考生创造了安静的迎考环境；四是畜禽牧场专项整治，抓重点，查处一批严重影响环境的养殖场；五是废品收购站专项整治，遍布于村宅的56家违规废品收购站被依法取缔。

全年对环境违法企业共立案处罚204起，罚款金额353.2万元，有效地制止了环境违法行为，有效地维护了群众的环境权益和安全。

环境污染事故应急预案更加完善

年内，区内50家化工、电镀企业编制了突发性环境污染事故应急处置的“一厂一案”，11户工业园区编制了“一区一案”，全区污染源动态数据库建设也粗具雏形。

“6·5”世界环境日宣传活动形式多样

区环保局围绕世界环境日中国地区主题——“生态安全与环境友好型社会”开展宣传活动。在南汇电视台上播放环保执法工作专题片和“6·5”世界环境日宣传字幕。在惠南、周浦设立会场，展示环保法律法规宣传版面、周康地区水环境整治工作宣传版面；开展环保宣传咨询活动，发放环保问卷和环保宣传小册子5000册，赠送环保公益广告伞3000把、小盆花500盆等。在各镇、园区悬挂横幅标语、张贴宣传画，组织各类讲座、培训、座谈会等；举办“向环境污染宣战”环保FLASH动画比赛，收到包括外省市学生在内的应征作品40件；向全区小灵通用户发送环保宣传语30万条。

政协提案办结率、信访处理率均达到100%

2006年，区环境保护局共受理政协提案主办件4件，会办件1件，在承办过程中，主动上门与政协委员进行沟通，取得他们的理解和支持，办结率达到了100%。

环保信访处理贯彻“依法、迅速、认真、反馈”的调处原则，区环境保护局全年受理环保信访及“110”投诉1320件，其中日常信访893件（来电641件，来信177件，来访73批122人次），“110”投诉受理427件，夜间出动178次，处理率达100%，重复信访率为4%，信访总量比上年下降了11%。

奉贤区

环境基础设施建设的投入明显加大

2006年，奉贤区环保总投入11.07亿元，占全区GDP的4.12%。其中污染源控制完成投资5864万元，（废水治理1895.50万元，废气治理1486万元，固体废物治理48万元，噪声治理16.50万元）占环保总投资的5.30%；执行“三同时”项目环保投资2374万元，占环保总投资的2.14%；生态保护和建设340万元，占环保总投资的0.31%；环境管理能力建设45.10万元，占环保总投资的0.04%；环保设施运转费2213万元，占环保总投资的2.0%；城市环境基础设施建设10.23亿元，（污水收集处理工程73648.94万元，燃气工程和清洁能源替代222万元，园林绿化建设3130万元，河道整治工程15780万元，垃圾收集处理9500万元）占环保总投资的92.41%。

南桥街景

区域经济持续健康稳步增长

2006年,奉贤区实现增加值268.8亿元，同比增长20.0%。全区一、二、三产业的结构比重为3.8: 67.0: 29.2。全区的财政收入为71.16亿元，同比增长13.1%；税收收入为67.1亿元，同比增长18.8%。全区社会固定资产投资总额完成125.42亿元，同比增长8.0%。投资结构不断调整优化，按投资项目管理分析，城镇投资完成49.9亿元；房地产开发投资完成31.25亿元；农村非农户投资总额44.27亿元。三种投资项目的比例为40:25:35。

“十一五”期间污染物总量控制目标责任书签订

为贯彻落实《国务院关于落实科学发展观加强环境保护的决定》以及第六次全国环境保护大会精神，切实做好大气污染和水污染防治工作，实现大气污染和水环境总量控制目标，区人民政府与市环境保护局受市政府委托签订了“十一五”期间奉贤区二氧化硫、工业和生活化学需氧量（COD）总量控制目标责任书。根据目标责任书，全区“十一五”期间除电厂和上海化学工业区外，二氧化硫排放总量应控制在4618吨以内；工业和生活化学需氧量（COD）控制在12134吨以内，城镇污水截污率达到51%。此后,区政府与各镇、开发区也签订了责任书。

奉贤区“十一五”环境规划总体目标确定

环境规划总体目标分为二个阶段。

到2008年，环境质量目标为：地表水环境质量基本达到功能区要求，水环境功能区达标率为80%，重点整治河道水质改善5%；全年环境空气质量指数（API）达到和优于二级的天数约占全年的90%，主要环境空气质量指标达到国家二级标准。环保行动目标为：区重点环保监管企业污染物稳定达标排放；南桥新城污水处理率达到90 %，市水环境重点监管无法纳管企业在线监测设备安装率达到100%；保留工业区污水集中处理率达到100%；全面建成烟尘控制区，市大气环境重点监管企业在线监测设备安装率达到100 %，扬尘重点整治区域裸土覆盖率达到80 %；生活垃圾无害化处置率达到95%，医疗废物集中处置率达到100%；绿化覆盖率达到34%，森林覆盖率达到14.5 %。

到2010年，环境质量目标为：地表水环境功能区达标率达到100%，重点整治河道水质改善15 %；全年环境空气质量指数（API）达到和优于二级的天数约占全年的90%，主要环境空气质量指标达到国家二级标准。环保行动目标为：城镇污水处理率达到80%；区大气环境重点监管企业在线监测设备安装率达到60 %，扬尘重点整治区域裸土覆盖率达到100%；生活垃圾无害化处置率达到97%；绿化覆盖率达到36 %，森林覆盖率达到16 %。

新农村建设三年行动计划纲要批准实施

由区农委、区委政研室牵头编制了《奉贤区推进社会主义新郊区新农村建设2007～2009三年行动计划纲要（草案）》。并在奉贤区委一届九次全会通过了《奉贤区推进社会主义新郊区新农村建设2007～2009三年行动计划纲要》。

第三轮环保三年行动计划开局顺利

本轮环保三年行动计划市政府下达奉贤区的任务有20项，其中工程性项目9项，管理性项目11项；区政府计划工程性项目、管理性项目等17项

2006年，市政府下达的9项工程性项目启动8项，启动率达到88.9%；11项管理性项目已全面启动，其中完成工作量50%以上的有3项。区政府下达的17项，全面完成的有8项，完成工作量50%以上的有1项。河道综合治理工程项目中的3条河道，其中之一的彭公塘已全面完成。

年内，3家不能稳定达标排放的区级重点监管企业实施限期整改；完成南桥镇、庄行镇、柘林镇、海湾旅游区264 平方公里烟尘控制区的创建；发放了12854 辆轿车和7415 辆货运卡车的绿色环保标志；建成2个生活垃圾中转站和1个专用码头；建成4 座生活垃圾压缩站；完成了28家畜禽场的污染源改造。

2006年，环境监测数据显示全区空气质量达到或优于二级的天数占全年天数的93.2 %；区域降尘量年均值为5.7吨／平方公里·月,与去年持平；全区主要河道水环境质量继续保持稳定。

污水处理厂建设取得实质性进展

根据第三轮环保“三年行动计划”的总体目标，正式启动东西部两大污水处理厂建设工程。东西部污水处理厂至年底分别已完成土建工程量的85%和90%。同时加快了污水收集管网的建设。上海海港综合经济开发区污水

收集管网已完成投资额的67.5%。西部污水处理厂配套管网工程项目中，主管网建设工程和海湾旅游区管网工程已分别完成投资额的54.3%和52.3%；年内计划敷设区级管网98.4 公里，泵站28座，总投资8.3亿元。至年底，已敷设管网33.6公里，在建泵站26座，完成工程概算2.5亿元。年内计划敷设镇级管网118.7公里，至年底已敷设镇级管网82.6公里，占计划数的70%。

绿化建设实施“五个结合”

2006年，全区计划新建各类绿地面积200公顷，实际完成绿地建设267公顷，超额完成绿化建设任务。

结合水环境治理，积极开展河道绿化建设，全年共完成河道绿化面积23万公顷，基本做到水清岸绿。

结合道路改造工程，加快推进道路绿化建设。建成A30浦卫公路出口通道、浦星路延伸段等道路绿化143万公顷。

结合新市镇建设，推动“一镇一园”等公共绿地建设。完成庄良路东侧4.8万公顷绿化建设；新建 绿地面积“和谐之星”广场1.5万公顷。

结合文明城区创建，进一步改善南桥城区绿化面貌。按照“以人为本，规划建绿”原则，结合文明城区创建，实施南桥中心城区公共绿地建设3.6万公顷，完成A30江海路下穿口南侧、南亭路沪杭路口、电影院北侧、南桥路三角地等绿化21公顷。

结合环保三年行动计划，加强绿化市容综合整治。对沪杭公路A30高架桥下货运停车场周边、南亭公路庄行镇区段、解放路古华路口、对A4西闸路出口两侧绿化进行整治，改造绿化10公顷。

供水集约化迈出关键一步

2005年6月、9月分别开工建设的奉贤第二水厂和奉贤第三水厂二期扩建工程，于2006年7月18日正式并网供水，为奉贤区2007年底全面关闭18个镇级水厂奠定了基础，走出了供水集约化进程的关键一步。为加快推进供水集约化工作进程，12个标段已全部进场施工，至年底已敷设各类管径的清水管网85公里，确保了10个镇级水厂按计划切换。

南桥镇老居住区绿化调整改造工作全面推进

南桥镇解放、古华等居住小区是二十多年老居住区，由于以前树木种植不够科学合理，影响居民正常生活，成了“扰民树”。通过绿化部门调查摸底，制订了《奉贤区解决大树扰民三年行动计划》。全年共解决了17个老居住区的大树影响通风采光问题，搬迁890株乔木，修剪3388株乔木。并在改造中增设了休闲座椅、健身器材、小园路、垃圾筒等设施，增加了绿地的休闲功能，受到居民普遍欢迎。

首批村容整洁村创建通过市级验收

根据《上海市新郊区村容整洁达标建设指导意见（2006～2008年）》的文件精神，年初区政府举行 “奉贤区新郊区村容整洁达标建设誓师大会”，向全区发起村容整洁村创建总动员。大会确定87个村作为创建试点村，并建立完善联络、验收、汇报制度；实行统一设施设备图纸、统一作业质量标准、统一资料内容，确保各镇（开发区）整洁村工作的顺利开展，至10月底，87个行政村接受并全部通过市级验收。

年内，结合村容整洁村的创建，在全区新建和改建公厕188座，其中25座旱厕改造列入区政府实事工程，

全面推进粮田基础设施建设

2006年，全区新建设施粮田达2936.7公顷，比上年增长193.7%。在庄行、柘林镇分别建成规模化优质粮食

基地138.5公顷和70公顷。市、区、镇三级总投资6224.1万元，其中市投资4638.3万元、区投资1057.2万元、镇投资528.6万元。设施粮田建设为农业规模化经营、提高农业综合生产力奠定了基础。

化肥、农药使用呈现“双减”

全年推广水稻商品有机肥9500吨，比上年增长5.5%，水稻、经济作物专用BB肥2848吨，比上年增长172.2%。施用面积达1.2万公顷次，比上年增长71.6%。种植绿肥3261公顷，比上年增长25.37%。农作物秸秆还田1.2万公顷次，比上年增7.3%。化肥、农药“双减”量明显，年平均每公顷用肥525千克，少用化肥总量662吨；作物病虫防治推广高效、低毒、低残留、低剂量的新型化学农药和生物农药，累计推广面积5.84万公顷次，禁用限用农药12种。

7.5万人次围歼“加拿大一枝黄花”

“加拿大一枝黄花”系外侵有害生物，近年来已呈蔓延之势。其危害性日趋突出，根据市政府集中整治要求，区政府召开专题会议进行部署，全区有7.5万人次，500台机械投入围歼工作，使95%的受害面积得到治理。

环保执法专项活动力度加大

围绕“开展清理整顿不法排污企业，保障群众健康环保行动”为目标开展环保专项行动。先后开展了饮用水源安全隐患调查，建设项目环保“三同时”调查、工业园区企业违法行为整治、危险废物处置检查、夜间施工场地专项执法检查、冒黑烟执法检查、餐饮业环保专项整治等专项活动，并对废塑料加工行业和居民区铝合金加工行业环境污染整治进行调研。全年执法工作共出动3882人次、1248批次，检查单位4166户次。检查水污染防治设施及大气污染防治设施3876台（套）次，正常运转达标率95.8%。同比在出动人次、批次和检查单位户次上都有明显增加。

应急预案启动见效，化工企业泄漏事故得到妥善处理

2006年，在区政府统一部署下，相应建立环境保护和生态破坏应急预案，完成了《奉贤区环境保护和生态破坏污染事故应急预案》的编写，明确污染事故的工作机制和工作程序。参与了区应急办组织的突发事件应急演习，开展了化工企业环保安全大检查，并对重点监管企业建立“一厂一档”制度。7月30日晚8点左右，青村镇上海彭化工贸有限公司发生部分原料泄漏。厂值班人员立即查明原因、采取安全措施，并即刻向区环保局报告。区环保局接报后，启动环境污染事故应急预案，市环境监察总队、区政府各相关职能部门相继到达现场进行事故处理。经查，此次泄漏为成品锅玻璃液位计泄漏，该厂已用蛭石和水雾进行浇扑，减少液体原料挥发，但因在事故处理过程中产生了氯化氢气体飘泄场外（约5分钟左右），冲洗水虽被引导到废水处理池，但仍有部分外溢至周边河道。及时进行现场指导排险，并对周边地表水进行采样分析。经分析，现场pH值和地表水水质监测报告均显示周边水质因子正常。企业周围居民在当地政府安排下到卫生所接受体检。至7月31日晨，该化工厂泄漏事故已基本得到妥善处置，周边环境未受较大影响。同时由于措施到位、数据报告及时，周边居民情绪稳定。该厂已停产整改。

环境空气质量实施日报制

为了让广大市民更好地了解全区环境空气质量状况，区环保局从6月5日“世界环境日”起，在原

发布空气质量周报的基础上，通过区政府门户网站、区环保门户网站、室外噪声显示屏对外发布空气质量日报。

燃料电池获市发明专利三等奖

由奉贤区上海神力科技有限公司发明的燃料电池获得第四届上海市发明创造发明专利三等奖。2001年至2006年间，上海神力科技有限公司已申请中、美两国专利 250多件，授权70多件。

环保宣传开展活动有计划

3月12日植树节，在南桥镇文化广场举办以“绿色人生，绿色守望”为主题的大型广场宣传活动，吸引了数千市民。活动现场，20块宣传版面展示了绿化建设的成果；免费发放《家庭养花指南》及全民义务植树宣传画；上百盆花卉树桩盆景供人们观赏；50名青少年用彩笔在洁白的伞面上描绘出对绿色的歌颂。制作了1万把绿化宣传小扇子向市民发放，宣传文明游园。

“6·5”世界环境日，区环保局上街进社区开展环境保护宣传活动，期间共发放宣传材料1500余份，大力宣传环保法律法规，同时还接受群众咨询和举报，环保工作人员现场为群众解疑释惑。

结合《上海市市容环境卫生管理条例》颁布实施四周年和全国卫生月活动，围绕“人人动手，创造健康环境”的主题，组织开展宣传和环境整治等活动，发放宣传资料10000多份。

第十四届“世界水日”、第十九届“中国水周”活动期间，分管副区长发表了“努力构建人水和谐社会”的电视讲话。活动期间共悬挂横幅40条，宣传版面15块，发放各种宣传资料5000余份，水务知识问卷500多份。

配合重大活动全面开展市容环卫整治活动

在“迎六国峰会”、“迎特奥会奉贤板球赛区活动”、“第二十七届世界乳业大会”、“南桥镇国家卫生城镇复查”等各类重大活动保障工作中，全区共出动巡查人员2200人次、机动、非机动管理人员1.8万人次、清“三乱”车辆582车次，清除横幅广告、杂牌467条（块），“三乱”38万余张，整治粉刷“乱涂写”5万平方米，保障道路32条，并抽调力量协助街道、居委对小区内“三乱”和车库门进行清洗，有效保障了市容环境的有序整洁。

环保信访继续保持下降

2006年，区环保局共受理各类群众环境投诉966件，其中大气信访410件，水环境信访205件，噪声信访198件，油烟气信访93件，固废信访30件，新建项目21件，电磁辐射2件，其他环境信访7件，处理率100%，按期办结率100%。做到各类信访不转化，能依法及时处理问题，使历年信访总量不断攀升的趋势在2005年得到遏制的基础上，继续下降。信访总量同比去年下降3.4%。信访数量在减少，但信访更趋综合化、复杂化，处理难度越来越大。年内，区环境监察支队被市环保局评为“十五”上海市环保系统环境信访先进集体。

崇明县

崇明三岛总体规划编制完成

崇明总体建设目标确定为世界级生态岛后，按照“统一规划、资源整合、优势互补、联动发展”的要求，崇明县政府组织编制了《崇明三岛总体规划》（以下简称总体规划）。该总体规划综合体现崇明岛“长江入口绿色之

崇明瀛东村一景

岛，人与自然和谐发展”的理念。将崇明三岛划分为七大功能分区：崇东分区主要以生态居住、休息运动、国际教育为主的科教产业集聚区和门户景观区；崇南分区主要是人口集聚的田园式新城和新市政区；崇西分区主要以国际会议、滨湖度假为主的景湖会展区；崇北分区主要以生态农业为主的规模农业区和战略储备区；崇中分区主要是以森林度假、休闲居住为主的中央森林区；长兴岛主要是以船舶港机制造业为主的海洋装备区；横沙岛是以休闲度假为特色的生态旅游度假区。

《总体规划》围绕建设世界级生态岛的总体目标，提出将崇明三岛建成具有六大生态功能的生态岛：

森林花园岛。形成以长江口湿地保护区、国际候鸟保护区、平原森林、河口水系为主体的生态涵养功能。

生态人居岛。形成布局合理、环境幽雅、交通便捷、文化先进的生态居住功能。

休闲度假岛。形成以休闲度假、运动娱乐、疗养、培训、会展为主体的生态旅游功能。

绿色食品岛。形成以有机农业、特色种养业和绿色食品加工业为主体的生态农业功能。

海洋装备岛。形成以现代船舶制造和港机制造业为主体的海洋经济功能。

科技研创岛。形成以总部办公、科技研发、国际教育、咨询论坛为主体的知识经济功能。

区域经济运行质量稳步提升

2006年，全县实现增加值108.3亿元，同比增长13.1%。其中第一、第二、第三产业增加值分别为16.5亿元、51.4亿元和40.4亿元，同比分别增长2.8%、17.2%和12.8%。产业结构进一步优化，可持续发展趋势进一步增强。全县实现农业总产值44.9亿元，同比增长2.5%；工业主导行业发展较快，全县实现工业总产值131.3亿元，同比增长12.4%；建筑业继续保持较快发展，全县实现建筑业产值100.4亿元，同比增长20.8%；商业发展趋势良好，全年实现社会消费品零售总额26.9亿元，同比增长11.2%；旅游业逐年上升，全年共接待游客85.9万人次，同比增长8.4%，旅游直接营业收入2.1亿元，同比增长13.0%；固定资产投资稳步增长，全年实现全社会固定资产投资总额34.6亿元，同比增长25.1%。

环保投入占县增加值的8%

2006年，崇明县环境保护投入8.7亿元，占全县增加值的比重达到8.0%。其中，用于污染源控制3531万元，占总投入的4.1%；生态保护和建设25932万元，占总投入的29.8%；城市环境基础设施建设51273万元，占总投入的59.0%；环境能力建设469万元，占总投入的0.5%；环保设施运转费5900万元，占总投入的6.8%。

“十一五”环境规划编制完成

2005年1月，县政府委托上海市环境科学院编制的《崇明县“十一五”环境规划》于2006年1月正式完成，该规划提出了“十一五”环境基本目标和主要措施：

基本目标。到“十一五”期末，本县生态环境保护方面要达到如下目标：

——万元增加值综合能耗比“十五”期末降低20%左右；

——环保投入占全县增加值比重达到5%以上；

——空气质量二氧化硫和氮氧化物指标保持在国家一级标准;
——地表水环境质量基本达到三类功能区标准;
——城镇污水处理率达到60%以上;
——岛域森林覆盖率达到24%左右;
——生活垃圾无害化处理率达到100%。

主要措施:

通过加强湿地资源保护，建设崇明岛国家地质公园、东滩湿地公园、鸟类自然保护区和中华鲟自然保护区等，加大生态保护力度;

通过建设城乡和绿地生态网络，建设生态水系景观和改善水环境等，进一步优化生态环境;

通过加强环境综合整治，加强水、大气、固废和其他污染的治理，进一步改善生态环境;

通过节能降耗，强化土地节约和集约利用，推进水资源和原材料的节约，创建资源节约型社会。

第三轮环保三年行动计划扎实推进

在县委、县政府的领导下，县环境保护和建设协调推进委员会各专项工作组，以科学发展观为指导，紧紧抓住崇明建设现代化生态岛区的大好时机，按计划扎实推进各项工作的实施。15个重点项目全面启动，进度顺利，为全面完成第三轮环保三年行动计划打下了坚实的基础。2006年，环境检测显示，本区域的环境质量继续保持在良好水平。地表水质量达到国家Ⅲ—Ⅳ类标准，饮用水源基本保持在国家Ⅱ类标准，大气环境质量保持在国家一、二级标准，一级标准的天数达到124天，环境空气优良率达90.1%。

2006上海崇明生态岛国际论坛成功举办

7月12日～14日，由上海市科委和崇明县政府共同主办的2006上海崇明生态岛国际论坛暨“崇明生态指数”国际专家县长咨询会议在东滩国际会议中心举行。来自中国、美国、英国、德国、法国、澳大利亚、荷兰、日本等10个国家和地区的150多名专家和政府官员与会。

长江三角洲9家网站关注崇明生态岛建设

9月18日，由县委宣传部、县信息委主办的“生态崇明长三角网络媒体岛上行”活动启动。该活动为期一个月。活动期间，东方新闻网、中国江苏网、浙江在线、新浪上海站、搜狐上海站、今日扬州网、名城苏州网、杭州网、宁波网等长三角地区9家网站的记者走进崇明，围绕崇明三岛总体规划、新农村建设、生态产业等主题进行采访报道，并开展“绿色畅想、聚焦生态崇明”网上征文及摄影活动。

“万河整治行动”起步早开局好

11月21日，县政府按照市“万河整治行动”的要求，召开专题会议，下发了《崇明县“万河整治行动”实施意见的通知》和《崇明县“万河整治行动”考核办法》，明确了“万河整治行动”三年行动计划。2007～2009年，计划完成3303公里，4730条段的镇、村级河道的整治。

截至到年底，全县完成河道整治2117条段，1350公里，土方738万立方米，河道绿化8.98万平方米，改造路涵1075道，清除五棚1760只计7000多平方米，清除阻水渔具1200多道。2006年，县级河道整治主要为新建港和八滧港。新建港投资608.97万元，工程整治长度8882米，清理土方336767立方米；八滧港投资613.44万元，工程整治长度10254米，清理土方239305立方米。

县4镇通过市级“烟尘控制区”考核验收

按照第三轮环保三年行动计划，确定中兴镇、向化镇、港沿镇和竖新镇为“烟尘控制区”，面积共223平方公里。对所在区域内74家企事业单位燃煤设施进行监测，对未达标企业组织实施限期整改，年内4个镇通过市级考核验收，完成创建任务。

危险废物得到安全处置

按照有关法律、法规对危险废物管理规定，加强对各类危险废物的收集处置。全年安全处置医疗废物120吨，农药瓶、袋150吨，工业危废12吨。其中华星牙膏厂积存的10多吨氯磺酸残渣在县府10多个部门和单位的支持配合下，做到安全无污染处置，为危险废物的管理和处置积累了成功经验。

全县生活垃圾收集处置全覆盖

自2004年底开始建造的崇明生活垃圾综合处置场一期主体工程于2006年完工。总投资约1.0亿元，设施库容量为267万立方米，日处理垃圾300～600吨，使用年限11年。

2006年重点进行了长兴、横沙两岛农村生活垃圾收集处置系统建设，总投资348.21万元。在两岛建立垃圾房64座，配置垃圾运输车4辆、人力三轮收集车140辆，农户分捡垃圾桶45630个，从而实现了全县生活垃圾收集处置系统的全覆盖。2006年还加强了建筑渣土的管理。全年共受理建筑垃圾、工程渣土、泥浆排放申报、回填申报71起，许可69起，共计排放、回填22万余吨。处罚5起违章行为，罚款2500元。

工业污染防治取得新进展

根据市委、市政府“三个集中”的总体要求和崇明建设生态县的战略定位，把发展清洁型先进制造业作为崇明生态岛建设的重要组成部分，积极推进工业向园区集中，构建层次分明、布局合理、特色明显、凸现实力的生态型工业新格局，使工业园区成为本县产业集聚和产业升级的主要载体。

经国家发改委审核保留的上海崇明工业园区和上海富盛经济开发区，年内共引进落户企业45家，完成产值8.5亿元，主导产业集中度达到6.5%。同时上海崇明工业园区对区内污水收集系统进行专项规划，对一期引进的企业进行调研，制订污水纳入城桥污水处理厂的方案。第二期开发区域，企业实行雨污分流，污水纳入城桥污水处理厂处理。对现有污染企业加大整治力度，关闭淘汰污染严重的造纸、漂染、电镀等劣势企业。全面启动节能降耗工作，大力推行清洁生产，积极实施循环经济，企业经济效益显著提高。

绿化建设取得新成就

2月27日，县委、县政府在陈家镇上海长江隧桥入岛生态林地段召开植树绿化现场会。县四套班子领导出席会议。会议表彰了2005年度植树绿化先进集体、优胜单位和先进个人，部署了2006年度植树绿化工作。

年内，新增林地面积4.6万亩，其中公益林4万亩经济林0.6万亩；全县林地面积达36万亩，森林覆盖率为17%。

城桥、堡镇两镇新辟公共绿地4.42万公顷。其中城桥镇3.49万公顷，堡镇0.93万公顷。2006年，城桥、堡镇两镇分别新建小区绿化15.48万平方米和1.84万平方米。两镇居住区绿地面积分别达到26.51万公顷和5.55万公顷。

截止到2006年底，城桥镇绿化覆盖面积141.57万平方米，堡镇绿化覆盖面积37.44万平方米；城、堡两镇绿化覆盖率分别达到26.71%和15.47%；公共绿地面积分别达到49.60万平方米和4.20万平方米；人均公共绿地面积分别为8.86平方米和1.40平方米。

农业生态保护和建设取得新突破

积极开展农业标准化建设。年内，制订本县“十一五”农业标准化工作发展规划，对原有51个农业标准化示范基地按照“绿色食品”和“无公害产品”示范基地的要求，重新进行确认43个。其中国家级示范基地3个，市级4个，县级36个。

按照国家无公害农产品、绿色食品、有机食品及上海市安全卫生优质农产品的环境和产品质量要求，在原有38只无公害农产品标准化生产技术规程的基础上，新增6只绿色食品、有机食品及上海市安全卫生优质农产品的生产技术规程，加强生产基地的环境监管，对产地环境(土壤、水)、农资投入品(主要是有机肥料)、产品进行检测，确保标准化工作全过程控制。

加强畜禽污染防治。编制完成了崇明县畜牧业总体规划(2006～2020年)，规划在崇明岛东西部各建立一座万吨级、高起点现代化的禽畜有机肥加工处理分中心。完成了猛东畜禽养殖场畜粪收集系统和污水处理系统的改进。

继续开展化肥农药“双减”工作。一是大力推广秸秆还田，改善土壤质地。全年完成秸杆机械化还田面积43.75万亩，还田秸秆14.42万吨及其他综合利用7.5万吨。秸秆综合利用率达72.31%。二是大力提倡种植绿肥和使用商品有机肥。2006年绿肥种植面积 为5万多亩，在水稻生产上商品有机肥使用量为1.9万，折使用面积为12万亩。建设万亩有机农业基地，完成复耕7000亩，种植有机稻5000亩，产量200多万斤。三是加强水稻病虫害测报网点和病虫害防治指导服务体系建设，建立农作物病虫害综合防治示范方，全面使用高效低毒、低残留无公害对环境友好的新农药和生物农药。推广面积在100万亩次以上。

县环保局开展环境质量本底调查

2006年，县环保局组织监测力量对全岛各类环境质量、污染负荷承载能力进行全面监测、调查，掌握环境容量及环境质量变化趋势，为编制整治规划，提出污染防治对策提供科学依据。这次调查共对全县47个地表水监测段面、7个空气环境质量监测点、34个声环境质量监测点、26个土壤环境监测点进行了采样分析，获得数据1125个。

预防为主抓好源头控制

根据崇明三岛总体规划，全面执行《环评法》，完成上海崇明工业园区和上海富盛经济开发区区域环境影响评价和污水排放专业规划。全年办理环境审批项目190个，其中环境影响评价报告书8个，环境影响评价报告表125个，环境影响评价登记表57个。“三同时”执行率100%，对不符合崇明总体规划和产业发展方向的30多个建设项目不予行政许可，切实执行“环保一票否决制”。

生态村创建继续推进

生态村创建工作是推进新农村建设中的新亮点。县环保局定期编制生态村建设宣传资料，指导24个村开展生态文明村的创建工作。同时加强生态村环境质量监测，每季度实施监测一次，通过比照分析，对存在问题督查整改。针对农村小型畜禽养殖场粪便露天堆放，尿液直排沟河污染环境的状况，组织实施小型畜禽养殖场沼气试点工程，为在新农村建设试点镇村和24个生态文明村中推广，作出了示范。

长江禁渔加大宣传和执法力度

为加强组织领导，建立长江禁渔领导小组和工作小组，加大了长江禁渔的宣传和执法力度。禁渔期间，先后出动宣传人次200人次，张贴通告50余张，发放宣传资料500份，张挂宣传横幅和沿江堤岸印刷宣传标语10条。在禁渔期间，共出动执法人员1500人次，查处各类违规案件53件，清除无主鳗苗网200顶、浮子1500顶，没收深水网13顶，摧毁沿岸插网2万多米。

环境宣传形成合力

2006年环境宣传教育除了环保部门开展的“6·5”世界环境日和为乡镇、学校举行生态环境专题讲座，编写生态村建设资料等日常环境宣传外，紧密结合崇明建设生态岛区的实践，继续深化拓展社会化宣传的内容和方式。

3月15日，县委召开动员大会，部署动员崇明三岛功能定位宣传实践活动，旨在通过这一活动进一步树立和落实科学发展观，推进现代化岛区建设。

县委宣传部、县文广局精心策划，周密部署，充分发挥崇明电视台、崇明县人民广播电台、《崇明报》三大宣传媒体的作用，共播发“三岛联动共建生态家园”方面的各类动态消息532篇，电视专题片7部，特别报道5篇，评论5篇，领导访谈8期，开辟专栏24个，同时向中国黄河电视台选送电视专题21部，分别在美国SCOLA卫星电视网和美国ECHOSTAR电视网播出。县委宣传部还组织“看家乡新貌，建生态家园”活动，共有8600多人参与活动，各参观点累计接待38694人次。县沪剧团组织排练“三岛联动 共建生态家园”主题文艺专场，共演出105场，观众达15万余人次。

县文明办抓组织宣传发动，通过召开各类会议、设置板报、画廊、标语、广告，发宣传年画、资料、倡议书，组织观看生态知识电教片等多种形式，教育公民不断提高生态环保意识，掌握生态知识，培育生态道德，养成生态习惯。

县团委组织开展“我永远的绿色家乡”、“我为生态崇明献一计”活动，在网上向全市青少年征集“生态崇明”建设的小创意、小点子。

县教育局继续把“创建绿色学校”作为生态环境教育的抓手，2006年，新建8所县级绿色学校。确立9所重点实验学校和3所综合性实验学校开设《生态崇明》实践乡情教育综合课程，建立了生态教育网站，成立了崇明县生态教育研究所，创办生态教育研究刊物并形成了一批子课题。继续深入做好“崇明县鸟文化教育体系构建的实践研究”项目的后续研究工作，各校紧密结合爱鸟周做好“爱鸟、护鸟”的宣传活动。陈家镇小学举办了第八届“鸟文化节”。大公中学和三烈中学组织学生参加了上海市第25届爱鸟周活动，分别获得野外识鸟竞赛活动一等奖和个人爱鸟小明星二等奖。

崇明县青少年活动中心组织实施“消除加拿大一枝黄花，保护崇明生态家园”科普主题宣传活动，全县共有50多所中小学近5万名师生参与这项活动。还组织学校组队参加英特尔上海市第三届高中名校环保辩论邀请赛，上海市青少年环境科学爱好者协会理事竞选活动，开展“共建生态家园”为主题的征文活动，全县共有1000多名师生参与。

31.2万人参与“环境洁净日”活动

2006年围绕“植树”、“世界环境日”、“绿色生态休闲”、“建设和谐生态崇明”四个主题，全县开展了四次“环境洁净日”活动。各委办局的县级机关干部深入到挂钩联系的村、居委，各乡镇机关、企业、行政村开展了形式多样的环境活动，拔杂草、除一枝黄花、清除各类垃圾和乱张贴，打捞河道漂浮物等，使周边环境焕然一新，全县共有31.2万人参与。形成了保护环境人人有责，优化环境人人参与，共建生态家园的生动局面。

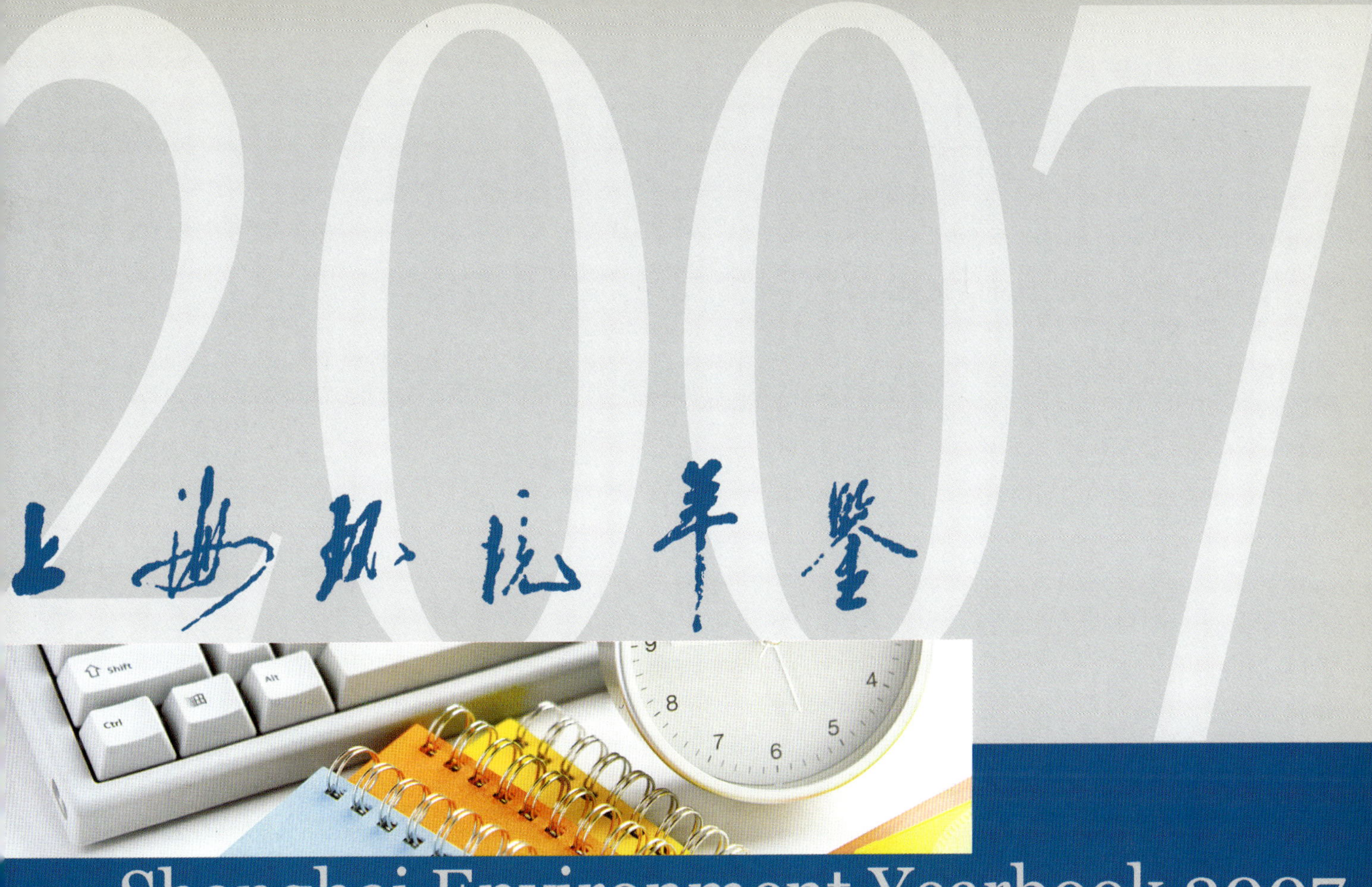

与环境相关的统计

社会经济

主要年份社会经济主要指标

指标	1978	1990	2000	2005	2006
人口就业					
年末户籍人口（万人）	1098.28	1283.35	1321.63	1360.26	1368.08
# 非农业人口	645.23	864.46	986.16	1148.94	1173.30
家庭总户数（万户）	291.69	415.28	475.73	496.69	499.54
从业人员(万人)	698.32	787.72	745.24	863.32	885.51
城镇登记失业率（%）	2.3	1.5	3.5	4.4	4.4
国民经济核算					
上海市生产总值(亿元)	272.81	781.66	4771.17	9164.10	10366.37
第一产业	11.00	34.24	76.68	90.26	93.80
第二产业	211.05	505.60	2207.63	4452.92	5028.37
第三产业	50.76	241.82	2486.86	4620.92	5244.20
固定资产投资					
全社会固定资产投资总额(亿元)	27.91	227.08	1869.67	3542.55	3925.09
财　政					
全市财政收入(亿元)	190.67	284.36	1752.69	4095.81	4798.93
# 地方财政收入	169.22	166.99	497.96	1433.90	1600.37
地方财政支出(亿元)	26.01	75.56	622.84	1660.32	1813.80
科　技					
科技成果　（项）	694	2092	1102	1701	1953
从事科技活动的科学家、工程师（万人）	11.20	13.36	14.55	15.04	
研究与发展经费支出（亿元）		10.13	76.73	213.77	256.78
生　活					
市区人均居住面积(平方米)	4.5	6.6	11.8	15.5	16.0
农村居民人均居住面积(平方米)		37.08	53.58	56.56	59.99
城市居民人均可支配收入（元）	406	2182	11718	18645	20668
农村居民人均可支配收入（元）	281	1665	5565	8342	9213
城市建设					
城市基础设施投资额（亿元）	4.46	47.22	449.90	885.74	1125.54
自来水售水量（亿立方米）	9.11	12.25	19.75	22.81	23.30
城市排水管道长度（公里）	1301	1892	3920	6933	7430
用电量（亿千瓦时）	147.09	264.74	559.42	921.97	990.15
城市煤气供应量（亿立方米）	8.31	12.72	21.31	22.86	21.76
年末出租车运营总数（辆）	1720	11298	42943	47794	48022
运营公交车辆数（辆）	2983	6264	17939	17985	17284
道路长度（公里）	905	1631	6641	12227	14619
公共绿地面积（公顷）	383	983	4812	12038	13307

注：1.2000年以后从业人员为在岗从业人员。
2.本表总量指标中的价值量指标均按当年价格计算。
3.1978年、1990年农村居民年人均可支配收入为农村居民年人均纯收入。

城市建设

主要年份用电量

指　　标	1990	2000	2005	2006
用电量（亿千瓦·时）	264.74	559.42	921.97	990.15
＃工业用电	220.97	393.13	617.59	656.10
农业用电	7.22	8.92	5.76	5.34
城市居民生活用电	14.44	53.2	109.2	122.37

主要年份自来水情况

指　　标	1990	2000	2005	2006
水厂个数(个)	8	218	179	146
水厂生产能力(万立方米／日)	462	1048	1096	1138
供水管道长度(公里)	3483	15943	23718	26619
供水总量(亿立方米)	13.32	24.00	28.65	29.19
售水总量(亿立方米)	12.25	19.75	22.81	23.3
＃工业用水	5.90	5.49	6.42	6.43
生活用水	6.36	14.26	16.39	16.88
＃居民生活用水	3.29	6.82	8.12	8.52
日用水量(万立方米)	335.60	541.20	624.8	638.5

注：1990年数据为原中心城区数据，2005年起生活用水口径调整。

主要年份煤气、液化石油气、天然气情况

指　　标	1990	2000	2005	2006
煤　气				
煤气生产能力(万立方米／日)	488	984	1134	1013
煤气管线长度(公里)	2700	6606	8468	8778
煤气供气总量(亿立方米)	12.72	21.31	22.86	21.76
煤气销售总量(亿立方米)	12.15	18.40	19.97	19.22
＃生产用气	4.50	2.53	1.91	1.75
生活用气	7.63	15.77	17.88	17.19
家庭煤气用户数（万户）	113.19	255.89	236.54	230.22
液化石油气				
液化石油气销售总量(万吨)	5.97	45.94	45.26	45.86
＃家庭用量	4.27	20.47	23.97	26.7
液化石油气用户数（万户）	30.23	242.73	257.41	265.73
＃家庭用户数	29.64	239.30	253.89	260.1
天然气				
天然气销售总量(亿立方米)		2.16	17.5	22.58

(续表)

指　　标	1990	2000	2005	2006
天然气管线长度(公里)		1742.40	6370.43	8349.2
家庭天然气用户数（万户）		38.10	186.37	216.93

主要年份公共交通和轮渡情况

指　　标	1990	2000	2005	2006
公共汽电车				
公交线路长度(公里)	18593	23260	21794	21776
公交线路条数(条)	390	978	940	944
运营公交车辆数(辆)	6264	17939	17985	17284
# 公共汽车	5341	17358	17509	16899
客运总量(亿人次)	54.37	26.49	27.81	27.4
出租汽车				
运营车辆(辆)	11298	42943	47794	48022
#小客车	8095	40806	45900	45959
载客车次(万次)	2129	37599	56401	58920
运营里程(亿公里)	3.76	46.48	58.12	61.05
#营业里程	2.97	24.35	34.75	36.72
运营收入(亿元)	5.76	76.68	115.41	124.97
运营单位(个)	1666	1178	3600	3646
轮　渡				
年末轮渡船数(艘)	111	95	54	53
乘客人数(亿人次)	3.74	1.85	1.25	1.19

主要年份市政工程设施情况

指　　标	1990	2000	2005	2006
道路长度(公里)	1631	6641	12227	14619
# 高级、次高级		6136	12121	14365
道路面积(万平方米)	1787	8147	20942	21490
城市桥梁(座)	553	4432	8070	10199
防洪堤长度(公里)		335	1070	1070
城市排水管道长度(公里)	1892	3920	6933	7430
污水处理厂污水处理能力(万吨/日)	41	463	471	488
防汛泵站(座)	134	160	159	159

注：1.2005 年、2006 年，防洪堤包括海塘。

2.2006 年起，道路中包括公路中的村道。

主要年份城市设施水平

指　标	1990	2000	2005	2006
指　　标	1990	2000	2005	2006
人均年生活用水(立方米)	78.4	86.9	92.2	93.0
城市人口用水普及率(%)	100.00	99.97	99.99	99.99
人均拥有道路长度(公里)	2.08	5.84	8.99	10.69
人均拥有道路面积(平方米)	2.28	7.17	15.4	15.7
每万人拥有城市排水管道长度(公里)	1.47	2.86	5.10	5.43
每万人拥有公共车辆 (辆)	7.43	14.30	13.22	12.63
每万人拥有出租汽车 (辆)	8.80	32.49	35.14	35.10
人均拥有公共绿地面积 (平方米)	1.02	4.60	11.01	11.50
每万人拥有公共厕所(座)	0.79	1.67	2.67	2.74

注：1990年平均每人生活用水、自来水普及率为中心城区数据；自2005年起人均年自来水生活用水口径调整。

主要年份城市园林绿化情况（1999～2006）

年份	城市园林绿地面积(公顷)	其中					公园数(个)	游园人数(万人次)	植树数(万株)	行道树实有数(万株)	新辟绿地面积	绿化覆盖率(%)
		#公共绿地(公顷)	其中		#专用绿地(公顷)	#园林苗圃(公顷)						
			公园面积(公顷)	街道绿地(公顷)								
1999	11117	3856	993	2863	6888	318	115	9601	845	54	1315	20.3
2000	12601	4812	1153	3658	7346	388	122	8184	827	57	1458	22.2
2001	14771	5820	1291	4529	8624	248	125	8561	1384	65	1374	23.8
2002	18758	7810	1411	6399	9591	267	133	8796	2729	68	2600	30.0
2003	24426	9450	1473	7977	10218	335	136	9629	2540	74	4904	35.2
2004	26689	10979	1481	9498	10921	335	136	13381	2037	80	2434	36.0
2005	28865	12038	1521	10516	11591	335	144	13656	2117	83	2116	37.0
2006	30609	13307	1529	11782	12202	331	144	16652	2187	86	1691	37.3

各区绿化情况（2006）

地区	园林绿地面积(公顷)	# 公共绿地面积(公顷)	公园数(个)	公园游园人数(万人次)	绿化覆盖面积(公顷)	绿化覆盖率(%)	绿化种植数(万株)	行道树实有数(万株)	人均公共绿地面积(平方米)
总　　计	30608.97	13306.81	144	16651.69	32304.30	44.8	2186.63	86.02	11.50
浦东新区	8739.40	4242.47	17	1379.42	8998.49	44.8	196.19	37.19	24.20
黄浦区	118.99	83.95	7	2124.68	152.61	12.4	11.38	0.93	1.37
卢湾区	98.75	48.89	5	821.29	134.43	16.7	12.19	0.97	1.56
徐汇区	1107.36	410.78	11	1377.78	1364.50	24.9	12.08	3.63	4.63
长宁区	1052.94	392.35	13	1704.14	1153.49	30.1	18.62	2.56	6.37

（续表）

地区	园林绿地面积（公顷）	# 公共绿地面积（公顷）	公园数（个）	公园游园人数（万人次）	绿化覆盖面积（公顷）	绿化覆盖率（%）	绿化种植数（万株）	行道树实有数（万株）	人均公共绿地面积（平方米）
静安区	77.49	29.22	2	202.91	123.76	16.2	9.77	1.17	0.94
普陀区	1005.95	442.51	16	1365.01	1140.77	20.8	75.63	4.56	5.15
闸北区	488.78	196.18	7	829.04	548.98	18.8	55.94	1.76	2.81
虹口区	376.24	142.85	9	2087.27	438.81	18.7	63.99	2.26	1.81
杨浦区	970.25	403.68	14	1558.99	1136.59	18.7	53.53	3.05	3.74
宝山区	3745.05	1380.44	10	1641.75	3848.93	40.1	468.78	4.48	18.90
闵行区	3227.47	1821.50	9	578.82	3379.05	49.8	310.34	7.03	24.71
嘉定区	1894.92	990.59	5	214.31	1966.80	46.6	0.97	4.88	23.59
金山区	1083.85	464.87	7	125.85	1143.96	37.8	156.36	2.77	15.48
松江区	1317.19	437.98	4	250.94	1347.92	42.5	…	1.85	11.31
青浦区	1808.37	814.10	3	54.88	1852.47	47.0	251.76	2.76	29.42
南汇区	1523.30	523.73	2	144.80	1544.86	52.1	212.21	0.89	11.57
奉贤区	1807.84	414.78	1	168.40	1831.61	55.0	208.69	1.67	13.46
崇明县	164.83	65.94	2	21.41	196.27		68.20	1.61	

注：绿化覆盖率、人均公共绿地面积不包括崇明县在内。

环保投入和“三废”综合利用(1999～2006)

单位：亿元

年份	环境保护投资	# 城市环境基础设施建设投资	环境保护投资相当于GDP(%)	“三废”综合利用产品产值(亿元)	自然保护区覆盖率（%）
1999	111.57		2.66	8.69	
2000	141.91		2.97	9.16	7.8
2001	152.93		2.94	5.00	10.5
2002	162.39	126.99	2.83	7.25	11.8
2003	191.53	144.05	2.86	7.13	11.8
2004	225.37	166.90	2.79	13.04	11.8
2005	281.18	201.01	3.07	9.11	11.8
2006	310.85	177.81	3.00	9.72	11.8

工业固体废弃物综合利用(2000～2006)

指　标	2000	2001	2002	2003	2004	2005	2006
工业固体废弃物产生量（万吨）	1354.74	1605.09	1595.25	1659.38	1810.80	1963.62	2063.19
# 危险废物	28.32	38.14	33.50	30.57	36.47	48.77	40.79
工业废弃物综合利用量（万吨）	1515.90	1581.71	1603.86	1643.19	1777.84	1891.62	1953.11
# 危险废物	27.05	29.92	24.92	22.34	31.26	39.21	29.13
工业废弃物综合利用率（%）	93.26	96.50	97.78	97.20	97.19	96.31	94.66
工业固体废物处置量（万吨）	90.96	55.25	27.28	47.27	44.29	64.66	103.22
# 危险废物	1.08	8.50	9.21	8.31	6.05	9.64	14.10

水环境保护（1999～2006）

年份	废水排放总量（亿吨）	其中		废水化学需氧量排放总量（万吨）	其中		工业废水排放达标量（万吨）	工业废水排放达标率（%）	工业重复用水量（万吨）	污水处理厂数个	污水处理厂污水处理量（万吨）
		工业	生活及其他		工业	生活及其他					
1999	20.28	8.52	11.76	34.98	8.92	26.06	76664	89.9	605772	22	17479
2000	19.37	7.25	12.12	31.87	6.93	24.94	67553	93.2	592055	27	23028
2001	19.50	6.80	12.70	30.48	5.27	25.21	64876	95.4	709913	26	29487
2002	19.21	6.49	12.72	32.96	4.78	28.18	61521	94.9	654133	27	30658
2003	18.22	6.11	12.11	28.38	4.38	24.00	58020	94.9	690068	30	39891
2004	19.33	5.64	13.70	29.38	3.76	25.62	54255	96.3	750803	37	95301
2005	19.97	5.11	14.86	30.44	3.66	26.78	49590	97.1	886503	42	117833
2006	22.37	4.83	17.54	30.20	3.53	26.67	47146	97.5	843970	43	155726

大气环境保护（1999～2006）

年份	废气排放总量（亿标立方米）	其中		烟尘排放总量（万吨）	其中		废气二氧化硫排放总量（万吨）	其中		废气二氧化硫去除量（万吨）	工业烟尘去除量（万吨）	工业粉尘去除量（万吨）
		工业	生活及其他		工业	生活及其他		工业	生活及其他			
1999	5480	4947	533	13.57	9.00	4.57	40.31	31.09	9.22	3.36	261.04	184.61
2000	6398	5755	643	14.12	8.32	5.80	46.49	32.68	13.81	3.77	308.35	218.08
2001	7620	6964	656	13.52	6.23	7.29	47.26	30.00	17.26	2.14	326.35	263.89
2002	7902	7440	462	10.74	5.60	5.14	44.66	32.49	12.17	5.58	366.44	301.92
2003	8391	7799	592	11.54	4.97	6.57	43.54	30.07	13.47	4.86	402.89	348.02
2004	9466	8834	632	12.27	5.25	7.02	47.31	34.95	12.36	5.53	655.27	208.07
2005	9103	8482	621	11.52	4.95	6.57	51.28	37.52	13.76	7.49	574.24	150.53
2006	10045	9428	617	11.29	4.73	6.56	50.80	37.43	13.37	9.45	520.54	146.80

环境空气状况(2000～2006)

指　标	2000	2001	2002	2003	2004	2005	2006
中心城区二氧化硫年日平均值（毫克／立方米）	0.045	0.043	0.035	0.043	0.055	0.061	0.055
中心城区二氧化氮年日平均值（毫克／立方米）	0.090	0.063	0.058	0.057	0.062	0.061	0.051
中心城区可吸入颗粒平均浓度（毫克／立方米）		0.100	0.108	0.097	0.099	0.088	0.086
降水 pH 平均值	5.19	5.20	5.39	5.21	4.92	4.93	4.73
酸雨频率（%）	26.0	25.2	10.9	16.7	32.7	40.0	56.4
环境空气质量优良天数（天）	295	309	281	325	311	322	324
环境空气质量优良率（%）	80.8	84.7	77.0	89.0	85.2	88.2	88.8

声环境及治理(2000～2006)

指　标	2000	2001	2002	2003	2004	2005	2006
区域环境噪声平均等效声级							
昼间时段(LeqdB(A))	56.6	56.7	56.8	56.7	56.5	57.3	56.6
夜间时段(LeqdB(A))	49.2	48.2	49.4	49.1	49.1	49.8	49.7
交通环境噪声平均等效声级							
昼间时段(LeqdB(A))	70.5	69.5	69.6	70.4	72.3	72.0	72.0
夜间时段(LeqdB(A))	64.1	64.5	65.8	66.4	66.2	65.8	64.9

城市环境卫生情况(1999～2006)

年份	清运垃圾(万吨)	其中		清运粪便(万吨)	公共厕所(座)	生活垃圾收集箱(座)	废物箱(只)	倒粪站(座)	化粪池(只)
		生活垃圾(万吨)	建筑垃圾(万吨)						
1999	767	500	267	172	1311	66067	17326	2192	44694
2000	858	641	217	256	2215	22470	23189	2045	46921
2001	901	644	257	219	2406	17694	24672	1890	47500
2002	760	467	293	238	3776	26787	29517	1846	49220
2003	800	585	215	251	3468	27814	31272	1709	48831
2004	802	610	192	258	3640	28649	34571	1611	47579
2005	777	622	155	254	3640	28388	39539	1689	47424
2006	805	658	146	247	3746	29812	44888	2253	46217

Shanghai Environment Yearbook 2007

大事辑要

1月

4日 副市长杨雄主持召开上海市2006～2008年环境保护和建设三年行动计划（简称第三轮环保三年行动计划，以下同）专家座谈会。华东师范大学陈吉余院士、同济大学高廷耀教授等本市20多名环境专家出席。

12日 市政府召开上海市2003～2005年环境保护和建设三年行动计划（简称第二轮环保三年行动计划，下同）总结表彰暨第三轮环保三年行动计划动员大会。市委副书记、市长韩正指出，加强环境保护和生态建设是持续、渐进的过程，必须全力以赴、持续推进。市委常委、副市长周禹鹏，副市长杨雄，副市长胡延照等出席会议并讲话。

16日 市环境保护局、市公安局、市市政工程管理局三部门联合召开新闻记者通气会，通报本市高污染车辆限行措施的具体安排并回答记者提问。

20日 市政府批复原则同意市城市规划管理局会同市经济委员会、市环境保护局编制的《吴泾工业区环境综合整治实施规划》。

2月

7日 2006年苏州河环境综合整治工作会议召开。专题讨论二期工程总结、三期工程实施方案和年内工作安排。副市长杨雄出席并讲话。市政府副秘书长、市苏州河环境综合整治领导小组办公室主任洪浩主持会议。

8日 《2005年上海市国民经济和社会发展统计公报》称，2005年本市整体生态环境得到改善。全年用于环境保护的资金投入281亿元，相当于全市生产总值的比例达到3.07%。苏州河干流基本消除黑臭，主要水质指标已稳定达到景观水标准。中心城区河道水质明显改善。污水处理能力达到418.1万吨／日，比上年增加28.4万吨／日；城市污水集中处理率达到70.2%。大气环境质量明显提高，全年空气质量优良天数达322天，空气质量优良率达到88.2%。全年新增生活垃圾无害化处理能力5400吨／日。吴淞、桃浦工业区实现环境综合整治目标。全市万元生产总值综合能耗从上年的0.95吨标准煤降至0.93吨标准煤，万元工业总产值综合能耗从上年的0.32吨标准煤降至0.29吨标准煤。全年新建绿地2100公顷。城市绿化覆盖率达到37%，人均公共绿地面积达到11平方米。郊区林业建设平稳发展。年内新增造林面积6329公顷，森林覆盖率达到11.6%。

12日 市市容环境卫生管理局和市城市管理行政执法局发布《上海市突发公共事件市容环境卫生及城管执法应急预案》。

13日 市政协主席蒋以任带队赴上海国翔科技公司调研"人造煤"项目研发情况。

15日 按照市政府颁布的《关于对高污染车辆实施限制通行措施的通告》，今日起持有"环保标志"的本市牌照和领有外省市牌照长期在沪使用的汽车才能在申城高架通行，违者将被处以罚款并扣分。

18日 推进循环经济、促进再生办公纸生产使用研讨会举行。

21日 市政府批复原则同意市城市规划管理局、宝山区政府组织编制的《上海市宝山区区域总体规划（2005～2020）》。

23日 《上海市人民政府关于表彰2005年度上海市科学技术进步奖获奖项目（人）的决定》发布。一批环境保护科研成果获奖。上海市水务局等单位参加研究的"长江口北支咸潮倒灌控制工程和南支水源地建设专题研究"等项目荣获2005年度上海市科学技术进步奖一等奖。此外，上海市畜牧兽医站等单位参加研究的"亚型禽流感灭活疫苗的研制及应用"与华东师范大学等单位参加研究的"中国海岸带环境遥感监测与信息系统技术集成及其应用"项目分别荣获2005年度全国科学技术进步奖一、二等奖。

23日 上海科技成果转化促进会与市科协、文汇新民报业集团联合举行"建设资源节约型社会主题沙龙"——日本环保节能技术专场。市政协副主席谢丽娟等出席。

23日 全国人大财经委来沪开展《节约能源法》执法检查的前期调研工作。

28日 市中华环保世纪行宣传活动组委会召开2005年度上海市中华环保世纪行宣传活动好新闻评审会。市中华环保世纪行宣传活动组委会主任、市人大常委会副主任刘伦贤以及部分组委会成员等30余人参加。

3月

1日 市政府批复同意市发展和改革委员会、市建设和交通委员会和市苏州河环境综合整治领导小组办公室联合上报的《关于苏州河环境综合整治三期工程的请示》。苏州河环境综合整治三期工程总投资计划31.4亿元，期限为2006年至2008年。

1～3日 2006上海国际节能节电及新能源展览会展出。

7日 英国贸易投资总署环保产业处主办的“英国土地污染修复技术”研讨会举行。英国驻沪总领事毕晓普女士以及市环境保护局、市环境科学研究院、英国贸易投资环保产业处等代表参加。

7日 市人大城市建设环境保护委员会会见肯尼亚议会经贸和城建委员会代表团。

9日 市政府召开“上海市推进燃煤电厂脱硫工程工作会议”。

9日 市委常委、常务副市长冯国勤率市发展和改革委员会、市经济委员会、市农业委员会等市有关部门赴崇明县调研本市滩涂资源开发利用情况和“十一五”期间的规划。

9日 深圳市市长许宗衡、市委副书记白天率团考察苏州河环境综合整治情况。市政府副秘书长、市苏州河环境综合整治领导小组办公室主任洪浩陪同。

10日 市政协人口资源环境建设委员会赴上海老港四期生活垃圾填埋场，考察“垃圾无害化填埋”项目情况。

11日 由市政协人口资源环境建设委员会、团市委联合主办的“我与节约同行”系列宣传活动举行启动仪式。市政协副主席宋仪侨、团市委书记等参加。

12日 《上海市绿地认建认养实施意见（试行）》实施。据本市19个区县统计，今春约有200家单位参与认建认养活动，其中有香港汇丰银行、日本东芝公司及东风日产乘用车公司等。

14日 四川省人大常委会副主任李洪仁一行来沪考察循环经济方面的法制建设等。

17日 上海科技成果转化促进会、市海外经济技术促进会、澳大利亚澳华友好协会联合举办“‘奥得利’涂膜技术推介会”。

17日～19日 湖南省人大环资委一行7人来沪考察水污染防治、环保三年行动计划和崇明岛自然保护区等方面的情况。

17日 市环境保护局领导会见台中市环境保护局代表团。双方就市容建设、生活垃圾处理、机动车污染控制与管理以及环保相关法律法规的制订、地方规章与国家法律之间的关系等问题进行广泛的交流。

20日 市政府批复原则同意市城市规划管理局、金山区政府组织编制的《金山新城总体规划（2004～2020）》。

20日 市政府批复原则同意市城市规划管理局组织编制的《上海市公共厕所规划纲要》。

22日 以“水环境与和谐社会”为主题，在青浦区与嘉定区举行纪念第十四届“世界水日”、第二十届“中国水周”活动。市人大常委会副主任刘伦贤、副市长杨雄等出席。

27日 市政府批复原则同意市城市规划管理局、崇明县政府组织编制的《崇明三岛总体规划（崇明县区域总体规划）2005～2020年》。

29日 市人民政府、国家林业局、中国林业科学研究院在上海签订合作协议，围绕世博生态环境建设、植物引种驯化、湿地保护研究等方面加强配合，协调联动。市委副书记、市长韩正，国家林业局副局长赵学敏，中国林业科学研究院院长江泽慧，副市长杨雄出席签约仪式。

30日 市中华环保世纪行宣传活动组委会召开2005年度中华环保世纪行（上海）宣传活动工作总结、好新闻表彰暨2006年度新闻通气会。市中华环保世纪行宣传活动组委会主任、市人大常委会副主任刘伦贤和市中华环保世纪行宣传活动组委会副主任、市政府副秘书长洪浩出席并讲话。

4月

1日 《上海市危险化学品安全管理办法》施行。

4日 水利部会同江苏省、浙江省、上海市政府在苏州市召开太浦河工程竣工验收会议。水利部副部长胡四一、江苏省副省长黄莉新、水利部总工程师刘宁、浙江省政府副秘书长俞仲达、上海市政府副秘书长洪浩等出席。

4日 市人大常委会副主任周慕尧赴上海交通大学闵行校区、上海建筑科学研究院（集团）有限公司和上海太阳能科技有限公司等单位，实地考察大楼天然气冷热电联供系统、生态建筑示范楼及太阳能电池生产线。

5日 市委副书记、市长韩正及市区有关部门领导视察北外滩地区开发进展情况，并召开黄浦江两岸开发领导小组第五次会议。韩正提出“两个强化、两个优化”的要求，即进一步强化面向社会、面向市民的公共空间和基础设施建设，体现“人民之江、造福人民”的要求；进一步强化世博园区和功能性项目建设，实现整体带动浦江两岸建设和发展。进一步优化综合规划和城市设计，立足“百年大计”，打造“世纪精品”，在改变形象、塑造功能的同时，尤其要保护好历史文脉；进一步优化生态环境、公共环境，为提升城市整体形象做出贡献。

11日 市人大常委会副主任刘伦贤、王培生视察碧林湾苑小区并召开座谈会，听取设计单位、开发商等有关方面对建筑节能的意见和建议。

11日～13日 青岛市人大常委会副主任程友新一行11人来沪考察水环境整治、水源地保护、清洁生产等方面的情况。

11日～16日 沪滇环保对口合作交流第十四次会议在云南召开。

12日～17日 青海省人大常委会副主任洛桑一行6人来沪考察水环境保护、农业面污染防治和土地管理等方面的立法情况。市人大常委会副主任刘伦贤参加座谈会。

13日 市人大常委会副主任包信宝就本市民用生活节能情况赴上海国美电器有限公司调研并与部分市人大代表及有关节能专家进行座谈。

14日 美国国家环保总局局长Steven · L · Johnson率团访问上海。市委副书记、市长韩正会见代表团全体成员。该代表团还拜访市环境保护局与市港口管理局并参观外高桥码头、外高桥电厂主控室和脱硫设施等。

17日 市政府批复原则同意市城市规划管理局、松江区政府组织编制的《松江新城总体规划（2004～2020）》。

17日 第六次全国环境保护大会电视电话会议在北京召开。会后，上海分会场举行贯彻会议。市委副书记、市长韩正要求各区县、各部门切实把思想和认识统一到党中央、国务院对环保工作的总体部署上来，切实把行动和措施落实到当前推进第三轮环保三年行动计划的各项工作中去。

21日 市人大常委会副主任刘伦贤对本市建筑节能工作进行调研。视察奉贤区碧海金沙 · 嘉苑钢结构节能住宅建筑施工现场。

23日 市政协人口资源环境建设委员会与市房地资源局、团市委、闸北区政府联合举办“节约资源、保护环境、做保护地球小主人”活动启动仪式。

25日～26日 市十二届人大常委会第二十七次会议审议并通过《关于进一步加强节约能源工作的决定》。

27日 国家环保总局副局长王玉庆到青浦区视察环保工作。市环境保护局领导等陪同。

27日 市人大城市建设环境保护委员会召开《上海市环境保护条例》实施工作座谈会。市人大常委会副主任刘伦贤出席并讲话。

28日 上海科技成果转化促进会与市科协、文新报业集团、闸北区政协、闸北区科委等单位共同举办“建设资源节约型社会主题沙龙——科技走进闸北”专场活动。市政协副主席宋仪侨等出席。

29日 市人大城市建设环境保护委员会组织部分人大代表视察青浦区南蟠龙港、骑龙港、官路浜、福人台港等郊区河道，并听取市水务局关于新一轮中小河道水环境治理工作的汇报。市人大常委会副主任刘伦贤等出席。

30 日　市政协人口资源环境建设委员会组织部分委员对虹口足球场地铁站、上海火车站北广场、人民广场绿地、中山公园地铁站等地区开展市容环境随机视察活动，对市容卫生死角进行曝光，检查结果在电视台播出。

5 月

8 日　市政协召开“本市能源形势发展和对策研究”专题研讨会。政协委员与有关方面领导、专家学者 100 余人出席。市政协主席蒋以任主持会议，副市长周禹鹏讲话。会上形成市政协常委会建议案《上海市能源发展形势分析和若干建议》。会后，市委常委会听取课题组的专题汇报，市政府采纳建议案的部分内容。

8 日　中荷水资源管理创新研讨会召开。中国水利部副部长胡四一、荷兰国务秘书海根女士出席并致辞。

8 日　市长韩正主持召开市政府常务会议，审议《上海市地面沉降防治管理办法（草案）》。

9 日～10 日　中国科学院上海分院组织 22 位院士赴崇明岛考察，期间举行“生态立岛、科教兴县”为主题的恳谈会。

14 日　2006 年上海“全国城市节水宣传周”暨浦东新区节水型社会建设启动仪式举行。本次活动的主题是“资源节约 · 人水和谐”。市政府副秘书长洪浩出席。市经济委员会、市发展和改革委员会、市建设和交通委员会、市教育委员会、市爱卫办、市环境保护局、市市容环境卫生管理局、市房屋土地资源管理局等单位领导以及企（事）业单位、社区、学校代表 400 余人参加启动仪式。

16 日　市人大城市建设环境保护委员会组织有关部门赴嘉定区伟翔环保科技发展（上海）有限公司调研本市电子废弃物处理情况。该公司 2005 年 9 月在上海投资设立的电子废弃物处理厂已开始运营。

17 日　原中共中央政治局常委、国务院副总理李岚清专程赴崇明岛考察。市委副书记、市长韩正，副市长杨雄陪同。

18 日　市政协主席蒋以任与部分政协委员赴老港垃圾填埋场调研，听取该填埋场四期项目总体设计、建设和运营情况的介绍。副主席俞云波参加。

19 日　由市科学技术委员会、崇明县政府和上海市中国工程院院士咨询与学术活动中心共同主办的“落实《崇明三岛总体规划》及推进崇明生态岛建设科技支撑”研讨会召开。翁史烈、陈吉余、项海帆、沈允钢 4 位院士及有关部门的专家学者 60 余人参加。

22 日　市人大城市建设环境保护委员会召开专题会议，听取市环境保护局、市水务局、市市容环卫局关于本市贯彻执行《中华人民共和国固体废物污染环境防治法》、《中华人民共和国水污染防治法》、《中华人民共和国大气污染防治法》的情况。市人大常委会副主任刘伦贤出席并讲话。

25 日　市人大城市建设环境保护委员会组织部分市人大代表视察南汇区康桥镇、大团镇和松江区九亭镇等郊区河道，并听取两个区关于水环境治理工作的汇报。

25 日　上海科技成果转化促进会、市科协、文新报业集团联合举办“建设资源节约型社会主题沙龙——建筑节能专场”。

26 日　市人大城市建设环境保护委员会以及市人大常委会法工委听取市水务局、市府法制办等关于《上海市滩涂管理条例》修订情况的汇报。

28 日　市政协人口资源环境建设委员会组织部分委员赴盐城市、连云港市考察湿地保护和新城建设情况。

31 日　国家环保总局、发展和改革委员会、监察部、工商总局、司法部、安全监管局、电监会等国家七部委联合召开全国开展整治违法排污企业环保专项行动电视电话会议。市政府副秘书长洪浩出席上海分会场。

31 日　市环境保护局与上海资信有限公司签署合作备忘录，将企业环保违法或荣誉等信息纳入上海市企业联合征信系统。

31 日～6 月 9 日　为给考生创造安静的复习和考试环境，环保部门以建筑施工、社会娱乐场所等为重点，开展环境噪声专项执法检查及考试期间巡查等工作。

6月

4日 本市纪念2006年世界环境日宣传活动在黄浦区南京东路步行街世纪广场举行。2006年中国世界环境日的主题是“生态安全与环境友好型社会”。市人大常委会副主任刘伦贤、副市长杨雄出席。同时在其他18个区县设分会场。市、区环保部门在世界环境日前后组织开展不同形式的宣传活动。

4日 市环境保护局通过“上海环境”网站公布当年全市环保系统查处的729家违法单位的名单，年底又公布了741家。

5日 《上海市环境状况公报》(2006)发布。

5日 黄浦江水域突发性污染应急处置演习举行。演习得到市市容环境卫生管理局、国家交通部上海海事局、市水上公安局、市市容环境卫生行业协会等部门的支持。新华社、中国新闻报、解放日报、上海文广新闻传媒集团、国际金融报、劳动报、青年报、新闻晨报、新闻晚报、城市导报、东方早报等十多家传媒对演习进行现场采访报道，新浪、搜狐、上海热线等20多家网站予以转载。

5日 市环保部门在原有发布全市空气质量信息的基础上，通过市环境保护局政府网站、室外噪声屏和公共媒体等对外发布19个区县的环境空气质量分区日报，内容包括各区县的空气污染指数、污染等级以及可吸入颗粒物、二氧化硫、氮氧化物等三种污染物的分指数情况。

9日 国家环保总局在京举行颁奖仪式，授予全国10个建设项目“国家环境友好工程”荣誉称号。本市苏州河环境综合整治一期工程获此殊荣。市政府副秘书长、市苏州河环境综合整治领导小组办公室主任洪浩代表上海市政府出席颁奖典礼并讲话。

12日 市人大常委会副主任刘伦贤率部分人大代表先后视察嘉定、金山、奉贤等区的10多个河道整治现场。

19日 中日环境资源高新技术交流合作研讨会举行。该活动由上海科技成果转化促进会、日本日中中小企业交流中心联合举办。

20日 市人大城市建设环境保护委员会、财经委、预算工委部分委员分别听取市市容环境卫生管理局关于征收生活垃圾处理费的有关情况汇报和听取市水务局关于水价调整方案的汇报。

22日 市十二届人大常委会第二十八次会议表决通过关于修改《上海市河道管理条例》、《上海市供水管理条例》、《上海市排水管理条例》等三件地方性法规的决定。

26日 由市委组织部、市环境保护局和市委党校联合举办的领导干部“学习贯彻《国务院关于落实科学发展观加强环境保护的决定》、落实第六次全国环保大会精神专题研讨班”开班。本市各区县分管环境保护工作的副区长（副县长），以及部分大口党委、委、办、局、企业（集团）相关领导干部60人参加学习。副市长杨雄出席开班仪式并讲话。

28日 由市科协、新民晚报社主办的第20期新民科学咖啡馆在华东师范大学校园内举行。

29日 上海科技成果转化促进会和市节能技术服务中心联合举行“建设资源节约型社会主题沙龙——节能技术服务专场”。

7月

5日 市委副书记、市长韩正率领有关部门领导赴崇明岛调研。韩正指出，崇明岛要按照科学发展观的要求，坚持环保优先、生态优先的基本原则，坚定不移地推进生态岛建设。副市长胡延照参加调研。

7日 “可再生能源科技夏令营”开营。来自北京市、天津市、湖南省、湖北省、浙江省、江苏省、陕西省、山西省、福建省和上海市等15个省市近250名中学师生以及40多名大学生志愿者参加。

8日～9日 2006中国国际循环经济博览会（苏州）暨循环经济立法与政策研讨会在苏州市举行。全国人大常委会副委员长盛华仁、全国人大环资委主任委员毛如柏出席会议并讲话。市人大常委会副主任刘伦贤及市人大城市建设环境保护委员会领导参加会议。

10日 经市政府批准，市建设和交通委员会、市市容环境卫生管理局联合下发《关于印发<上海市渣土运输车辆专项整治方案>的通知》。

10日 中国致公党上海市委副主委张立军等作客“人大网议日”嘉宾聊天室，与网友共话“关注世博文化环境建设”。

12日～14日 由市科委和崇明县政府共同主办的2006上海崇明生态岛国际论坛举行。来自中国、美国、英国、德国、法国、澳大利亚、荷兰、日本等10个国家和地区的150多名专家和政府官员与会。

13日 市政协经济委员会、上海德国商会联合召开“节能——让生活更美好”研讨会。市政协委员、中德专家学者以及企业界人士共160余人参加。市政协主席蒋以任致词，副主席宋仪侨出席。

13日 “上海节能科技成果主题展”展出。展览由上海科技成果转化促进会、市政协经济委员会、市节能行业协会等联合举办，共向社会推出200余项节能成果。

20日 市政协经济委员会邀请市节能行业协会、市设备管理协会、市资源综合利用协会、市废旧物资回收行业协会和市化学建材行业协会，围绕“进一步发挥行业协会的作用和功能”举行座谈会，并考察市建筑科学研究院莘庄科技园区。

21日 全国水污染防治工作电视电话会议结束后，上海分会场召开贯彻会议。市政府副秘书长洪浩出席并讲话。市环境保护局、市发展和改革委员会、市水务局、市城市建设投资开发总公司等相关部门、各区县政府及区县环保局、水务局有关负责人参加。

24日 市政府常务会议审议并原则通过《上海市贯彻<国务院关于落实科学发展观加强环境保护的决定>的意见》。市委副书记、市长韩正指出，加强环境保护是落实科学发展观的重要举措，是促进可持续发展的重要支柱，也是上海建设“四个中心”和现代化国际大都市的必然要求。

31日 根据本市第三轮环保三年行动计划的要求，经市政府批准，今日起本市的公交、出租行业新车提前实施国家机动车第三阶段排放标准。

8月

1日 市政府颁布《关于贯彻<国务院关于落实科学发展观加强环境保护的决定>的意见》。明确本市2010年基本建成生态型城市框架体系，单位生产总值能源消耗要比“十五”期末降低20%，化学需氧量排放总量要削减15%，二氧化硫排放总量要削减26%，城镇污水处理率达到80%，生活垃圾无害化处理率达到80%，环保重点监管企业污染物稳定达标排放率达到95%，环境空气质量优良率稳定在85%以上，饮用水源水质达标率达到90%以上。

2日 市政协副主席宋仪侨率部分政协委员视察本市节能工作情况。

2日 国家环境保护总局召开上海江桥生活垃圾焚烧厂一期、二期工程环保验收会。

10日 市委副书记、市长韩正视察位于普陀区梦清园的苏州河展示中心。

11日 市人大常委会发布《关于修改<上海市人民代表大会常务委员会关于市人民政府制定规章设定行政处罚罚款限额的规定>的决定》，将市政府规章设定的涉及生态环境保护方面违反行政管理秩序行为的罚款上限，从原来的3万元提升到10万元。

15日 陕西省人大常委会法工委来沪考察有关建筑节能方面的举措。

17日 市人大城市建设环境保护委员会领导和部分市人大代表现场检查杨浦、闸北、普陀、长宁、徐汇等区的河道整治状况。

21日 上海科技成果转化促进会、市工商联、日中环境资源建设交流中心联合举行“环境、资源、建设高新技术交流合作研讨会”。

21日～22日 副市长杨雄以及市政府副秘书长洪浩等一行调研黄浦江水源地管理工作。

22日～24日 在沪全国人大代表第四调研组到本市金山区、浦东新区和松江区专题调研农村水环境保护工作。

28日～31日 应全国人大邀请，由爱尔兰议会通讯、海洋和自然资源委员会主席诺埃尔·奥弗林率领的代表团一行7人访问上海。市人大常委会副主任任文燕会见并宴请奥弗林主席一行。

29日 市政府召开贯彻《国务院关于落实科学发展观加强环境保护的决定》暨市环境保护和环境建设协调推进委员会第12次会议。市委副书记、市长韩正指出，加强环境保护是落实科学发展观的重要举措，必须把环境保护摆在更加突出的战略位置，坚持不懈地滚动实施好环保三年行动计划，实现环境保护与经济社会发展相互协调、相互促进。副市长杨雄就落实污染物总量控制、加快推进第三轮环保三年行动计划做了部署。市委常委、副市长周禹鹏，市人大常委会副主任陈豪，副市长胡延照，市政协副主席谢丽娟等出席会议。

9月

6日 市人大城市建设环境保护委员会对《上海市绿化条例（草案）》进行立法调研。

13日～15日 全国人大环资委主任委员毛如柏一行来沪对《中华人民共和国环境保护法》修改的必要性和可行性进行调研。市人大常委会副主任刘伦贤参加座谈会。

14日 市人大常委会副主任包信宝听取上海高新铝质股份有限公司关于企业开展建筑节能工作的情况汇报。

15日 “2006上海国际立体花坛大赛”揭幕。本次大赛以“地球·家园”为主题。由立体花坛国际委员会、上海市人民政府、中国风景园林学会主办，市政府外事办公室、市绿化管理局、浦东新区政府承办。

17日～20日 第二届东北亚青年环境网络会议在沪召开。来自中国、韩国、日本和蒙古等国的青年代表以沙尘暴为主题，进行深入而广泛的交流。

18日 市政府批复原则同意市城市规划管理局按照建设部《关于抓紧组织开展近期建设规划制定工作的通知》，结合《上海市国民经济和社会发展第十一个五年总体规划》组织编制的《上海市近期建设规划（2006～2010）》。

19日 由印度尼西亚国家发展计划部、卫生部、环境保护部、交通部和工业部等组成的印度尼西亚环境考察团一行7人来沪访问。

20日 市政府批复原则同意市城市规划管理局、奉贤区政府组织编制的《上海市南桥新城总体规划（2004～2020）》。

20日 市政府批复原则同意市城市规划管理局、嘉定区政府组织编制的《嘉定新城主城区总体规划（2006～2020）》。

21日 市人大常委会副主任刘伦贤及部分常委会组成人员赴浦东新区视察本市建筑节能推进情况。

29日 市人大城市建设环境保护委员会召开专题会议，研究深入开展水环境保护监督检查工作。

10月

3日 市政府批复原则同意市城市规划管理局、浦东新区政府组织编制的《张江高科技园区中区总体规划》。

8日 市人大城市建设环境保护委员会召开座谈会，听取市政府有关部门和市人大代表对《上海市绿化条例》（草案）的意见。

12日 全国人大常委会副委员长蒋正华接受上海东方卫视的专题采访，重点介绍“中华环境奖”。

16日 市政府批复原则同意市城市规划管理局组织编制的《苏州河滨河地区控制性详细规划》。

16日 广东省政协“发展循环经济情况”学习考察团考察上海太阳能科技有限公司和上海市建筑科学研究院生态楼等。

22日 内蒙古自治区呼伦贝尔盟人大常委会副主任姜宝水一行来沪考察生态环境保护工作。

23日 市政协副主席宋仪侨调研城市污泥处理工作进展情况。

23日 市政协副主席谢丽娟率人口资源环境建设委员会部分委员赴河北省考察水环境保护情况。

25日 市十二届人大常委会第三十一次会议审议《上海市绿化条例（草案）》。

26日～27日 浙江省人大常委会副主任李志雄一行11人在沪考察滩涂管理、河口划界定线等方面的情况。还实地参观海港新城围海大堤以及南汇东滩工程等。

27日 市政协副主席王新奎主持召开“加快在本市推广建筑节能措施”重点提案办理协商会。

30日～11月3日 国家环保总局组成调研组来沪调研本市贯彻落实《国务院关于落实科学发展观加强环境保护的决定》和第六次全国环保大会精神的情况。

11月

1日～12月10日 在全市范围内组织开展以打击破坏林地和野生动物资源违法犯罪活动为主要内容的“绿盾行动”。南汇区野生动物保护管理检查站在本次行动中表现突出，被国家林业局授予“绿盾行动”先进集体称号。

2日～4日 第四届亚太废弃物管理国际会议在上海召开。本次会议由上海市市容环境卫生管理局、中国城市环境卫生协会、上海市市容环境卫生行业协会、日本废弃物研究协会（LSA）、日本废弃物学会（JSWME）联合主办。来自21个国家及地区的近400人参加。

6日～7日 国家环保总局局长周生贤一行5人视察上海市环境保护工作。副市长杨雄，市政府副秘书长、市苏州河环境综合整治领导小组办公室主任洪浩和市环境保护局党政领导等陪同。周生贤还看望市环保系统干部职工并合影留念。

10日 市人大常委会副主任刘伦贤率市人大城市建设环境保护委员会赴市水务局，就市十二届人大常委会第三十二次会议将审议的河道水环境综合整治工作报告进行商谈。

14日 意大利环境部、市环境保护局和崇明县政府三方合作项目——“中—意合作崇明岛生态建设和环境保护研究”第一阶段工作总结会议举行。市政府副秘书长洪浩出席并听取课题最终成果汇报。

16日 市人大常委会组成人员分两路对本市郊区河道水环境综合整治工作进行集中检查并听取市水务局关于本市今年河道水环境综合整治工作情况的汇报。市人大常委会主任龚学平、副主任周慕尧、包信宝、刘伦贤、王培生以及部分委员、媒体记者等40余人参加。

20日 嘉定区法院以重大环境污染事故罪一审判处被告肖苍旺有期徒刑1年6个月，罚金人民币10万元。这是自1997年新刑法修订以来本市查获的第一起重大环境污染事故案。

23日 浦东新区政府举行“国家环境保护模范城区”命名授牌仪式。国家环保总局副局长张力军，市委常委、浦东新区区委书记杜家毫，副市长杨雄，市政府副秘书长洪浩及浦东新区、市环境保护局和浦东新区有关方面负责人等800余人参加。

24日 国家环保总局副局长张力军到青浦区考察环保工作。

24日 “人大网议日”活动以“环境保护工作与市民生活”为话题，邀请市人大城市建设环境保护委员会会员会、市环境保护局等部门领导与网民们就“上海目前的空气质量如何、公园周边是否允许建造高楼、如何协调环境保护和经济发展之间的关系”等展开讨论。

30日 市十二届人大常委会第三十二次会议听取并审议市水务局关于本市河道水环境综合整治专项工作报告，听取市人大常委会检查组关于以河道整治为切入点的水环境保护工作跟踪监督情况的报告。

30日 市十二届人大常委会第三十二次会议听取市人大法制委员会关于《上海市绿化条例（草案）》审议结果的报告，并进行了第二次审议。

30日 市政协主席蒋以任、副主席俞云波率领部分市政协委员视察崇明岛"三岛联动"建设发展情况和崇明县新农村建设情况。

12月

7日 副市长杨雄、市政府副秘书长洪浩视察虹口区城市管理网格化、信息化建设和管理情况。市政府办公厅、市公安局、市建交委、市房地局、市市容环卫局、市水务局等部门以及虹口区领导陪同。

7日 市政府邀请部分人大代表、政协委员进行座谈，听取对今年本市环保重点工作的意见和建议。会议由副市长杨雄主持，市政府有关委办局领导出席会议。

13日 副市长杨雄，市政府副秘书长沈骏、洪浩到市水务局调研指导工作。市建交委领导参加。

14日 市人大首次在社区举行立法听证会，听取市民对《上海市绿化条例（草案）》（修改稿）作进一步修改的意见和建议。徐汇区康健社区的20位居民作为听证陈述人参加会议。

15日 新疆维吾尔族自治区人大常委会副主任胡吉汉·哈克莫夫一行来沪考察资源开发中的法制建设问题。

17日 首届"赛得利"杯上海大学生环保实践竞赛颁奖典礼举行。上海大学生绿色论坛的《上海市高校学生环保社团普查》、华东师范大学O3协会《上海市民绿色消费状况的调查》、华东理工大学 Green Zone 环保协会《"节约以养德，打造华理节约型校园"绿色环保宣传月》等15个环保实践方案获奖。本次竞赛由市环境保护宣传教育中心等单位主办，赛得利国际集团协办。

18日 市政府批复原则同意市城市规划管理局、南汇区政府组织编制的《上海市南汇区区域规划纲要（2005～2020）》。

23日 市政府批复原则同意市城市规划管理局、市城市交通管理局组织编制的《上海市综合客运交通枢纽布局规划》。本次枢纽布局规划在市域范围内选择145个枢纽站点，根据枢纽承担的交通功能和规模大小，分为A、B、C、D四类。

23日 由市政协、市文明办、团市委、浦东新区政府和政协联合主办，市政协人口资源环境建设委员会承办的"节约进社区"主题活动暨市民论坛举行。论坛由市政协副主席谢丽娟主持，市政协主席蒋以任出席并讲话，12位市民发言，市政协副主席宋仪侨等领导和市民、青少年代表300多人参加。同时举办节能产品展示。

25日 市中华环保世纪行宣传活动组委会与市人大城市建设环境保护委员会、财经委员会共同组织开展对本市建筑节能工作的调研活动。市人大常委会副主任刘伦贤、常委会部分组成人员、部分市人大代表、本市主要新闻媒体记者等30余人参加。

26日 市人大城市建设环境保护委员会、市人大常委会法工委召开座谈会，听取市环境保护局关于《实施<大气污染防治法>办法》修改工作的汇报。

26日 《大辞海·环境科学卷》由上海辞书出版社出版。该卷精选条目3000条。由总类、环境地学、环境生物学、环境化学、环境物理学、环境医学、环境工程学、环境管理学、环境经济学和环境法学共10类组成。

28日 市人大常委会组织市人大代表对本市水资源保护、城市垃圾处理情况开展集中视察。部分市人大代表和部分在沪全国人大代表参加。

主要撰稿者（以姓氏笔画为序）

戈立新	王一和	王兴邦	王　羽	王秀臣	王　建
王建华	王晓燕	王　晨	王　强	王朝勇	王　勤
邓一露	叶子瑞	刘卫星	刘东胜	刘　怡	刘　敏
孙敏震	孙　媛	成　新	朱天恩	朱俏逍	朱重德
朱锡培	汤水易	汤臣栋	齐玉霞	吴劲松	吴幸勳
吴　健	宋妲音	张向敏	张秀芬	张秩通	张　雁
张　颖	李富生	李静梅	杨宏伟	杨雪萍	汪湖北
沈忠东	沙剑波	邵曦钟	陆经东	陈如俊	陈　琳
周小山	周小平	周建敏	周钰明	茅国梁	郑晓红
金　英	金　科	金惠宇	姚卫萱	施　敏	洪　韵
胡国良	胡袁净	赵才欣	赵晓怀	唐　军	唐国妹
唐　炜	展晶晶	徐世平	徐正利	徐国岁	徐　枫
徐　彬	徐　琳	郭建利	郭荣卫	戚建人	曹海云
黄国良	黄　蕾	喻　霞	彭振发	程　刚	蒋　皓
臧敏芳	蔡五三	蔡　珏	蔡智刚	谭　静	樊富美
霍新阁					

主要摄影者（以姓氏笔画为序）

王佩华	申卫星	鸥阳鹤	殷淑荣	蔡宝庆

图书在版编目（CIP）数据

2007 上海环境年鉴/《上海环境年鉴》编辑委员会编.
上海：上海人民出版社，2007
ISBN 978 -7 -208 -07567 -2

Ⅰ. 2... Ⅱ. 上... Ⅲ. 城市环境—上海市—2007—年鉴
Ⅳ. X321.251 -54

中国版本图书馆 CIP 数据核字(2007)第 180233 号

责任编辑　张　珏
封面装帧　赵为群

2007 上海环境年鉴

《上海环境年鉴》编辑委员会 编

世 纪 出 版 集 团
上海人民出版社出版

(200001　上海福建中路 193 号　www.ewen.cc)

世纪出版集团发行中心发行

上海中华印刷有限公司印刷

开本 889×1194　1/16　印张 27　插页 5

2007 年 12 月第 1 版　2007 年 12 月第 1 次印刷

ISBN 978 -7 -208 -07567 -2/Z·172

定价 350.00 元